TRAITÉ

DE

DROIT MARITIME

II

Chaque exemplaire doit porter la signature de l'un des auteurs et celle de l'éditeur.

PARIS. — IMP. F. PICHON, 282, RUE SAINT-JACQUES, ET 24, RUE SOUFFLOT.

TRAITÉ

DE

DROIT MARITIME

PAR

CH. LYON-CAEN
Membre de l'Institut,
Professeur à la Faculté de Droit de Paris
et à l'Ecole des Sciences politiques.

L. RENAULT
Professeur à la Faculté de Droit de Paris
et
à l'Ecole des Sciences politiques.

TOME SECOND

PARIS

LIBRAIRIE COTILLON

F. PICHON, SUCCESSEUR, IMPRIMEUR-ÉDITEUR,

Libraire du Conseil d'Etat et de la Société de législation comparée,

24, RUE SOUFFLOT, 24.

1896

TRAITÉ
DE DROIT MARITIME

CHAPITRE V.

**DES AVARIES ET DE LEUR RÈGLEMENT (1). — DE L'ABORDAGE (2).
DU SAUVETAGE (3) ET DE L'ASSISTANCE.**

858. Les navires et leurs cargaisons sont exposés à des dangers nombreux. Ces dangers proviennent, soit des événements de la nature, soit des fautes de l'homme, soit des règles spéciales du droit des gens maritime qui, en cas de guerre, ne protègent pas la propriété privée ennemie comme le font les règles du droit des gens terrestre. La réalisation de ces risques de mer ou de guerre peut être la cause, soit de dommages matériels pour le bâtiment ou les marchandises, soit de dépenses extraordinaires; ces dommages ou ces dépenses sont désignés sous le nom d'*avaries* (4). Les risques attachés à la navigation sont tels que le nombre des personnes qui, comme propriétaires ou comme chargeurs, exposent des navires ou des marchandises à ces risques, serait bien réduit si, grâce au contrat d'assurance, les uns et les autres ne pouvaient se mettre à l'abri des préjudices pécuniaires qu'ils peuvent éprouver (V. chapitre VI).

Quand une avarie se produit, il importe de déterminer celui des intéressés à l'expédition maritime qui doit la supporter : selon la nature de l'avarie, elle est supportée par le propriétaire du navire ou par celui de certaines marchandises, ou, à la fois, par les proprié-

---

(1) Art. 397 à 489, art. 436, C. com.
(2) Art. 407 et 435, C. com.; L. 10 mars 1891 *sur les accidents et les collisions en mer.*
(3) *Ordonnance de* 1681, livre IV, titre 9, art. 27; *Déclaration* du 15 juin 1735.
(4) V. sur l'étymologie du mot *avaries*, n° 862.

taires du navire et des marchandises. La question se pose également, que le navire et la cargaison aient été ou n'aient pas été assurés; mais, pour bien comprendre les règles de l'assurance maritime et se rendre compte de l'importance de ce contrat, il faut préalablement savoir qui supporte les avaries en l'absence de toute assurance. Aussi les rédacteurs du Code de commerce ont-ils commis une erreur de méthode en ne traitant des avaries (art. 397 à 429) qu'après s'être occupés des assurances (art. 322 à 396) (1). Du reste, en suivant cet ordre vicieux, les rédacteurs du Code de commerce n'ont fait que reproduire l'Ordonnance de 1681 (V. livre III, titres VI, VII et VIII). Cette critique de l'ordre suivi par le Code s'applique aussi à la place assignée au prêt à la grosse (art. 311 à 331). Il sera expliqué (chapitre VII) que, dans ce prêt, le prêteur joue le rôle d'un assureur; il supporte les risques auxquels est exposé sur mer le bien (navire ou marchandises) affecté au remboursement de la somme prêtée. Par suite, la matière du prêt à la grosse doit, dans un Code, suivre et non précéder celle des avaries. L'ordre du Code sera donc renversé dans cet ouvrage : ce chapitre sera consacré aux avaries et à leur règlement, le chapitre suivant sera réservé aux assurances maritimes (2).

Les avaries proviennent assez fréquemment d'un abordage ou collision en mer (*collision at sea*). L'abordage est régi par des règles spéciales au point de vue, soit des personnes qui ont à supporter les avaries qu'il cause (art. 407, C. com.), soit des délais dans lesquels les personnes lésées doivent intenter leurs actions en indemnité (art. 436, C. com.).

Quand, par suite de fortune de mer, un navire est réduit à l'état de débris, des droits spéciaux variant selon les circonstances sont accordés à ceux qui les trouvent et les sauvent. En dehors du cas de *sauvetage*, il est possible qu'un navire menacé de périr soit assisté par le capitaine et par l'équipage d'un autre bâtiment. Des questions multiples que nos lois, à la différence de plusieurs lois étrangères,

---

(1) Le projet de 1865 n'avait pas à cet égard modifié l'ordre suivi par le Code de commerce. Le même ordre vicieux est suivi par les Codes de commerce *italien, roumain, espagnol, portugais, argentin*. Les Codes de commerce *allemand* et *chilien*, les Codes maritimes *suédois, danois* et *norvégien* traitent, au contraire, des avaries avant de s'occuper des assurances maritimes. Il en est de même de la loi *belge* du 21 août 1879.

(2) Il sera traité du prêt à la grosse dans le chapitre VII consacré notamment aux moyens de crédit maritime.

n'ont nullement tranchées, se posent en cas d'*assistance maritime*.

Le présent chapitre sera divisé en trois sections : *Section* I. DES AVARIES ET DE LEUR RÈGLEMENT. — *Section* II. DE L'ABORDAGE. — *Section* III. DU SAUVETAGE ET DE L'ASSISTANCE MARITIME.

SECTION Ire.

Des avaries et de leur règlement.

859. Le mot *avaries* n'est pas seulement employé dans la langue du droit maritime. Ce mot est usité aussi en matière de transport par terre ; on le trouve dans plusieurs articles du Code de commerce lui-même (art. 98, 103, 105 et 108). Il y désigne les détériorations par opposition à la perte totale ou à la perte partielle des marchandises (1). En droit maritime, le sens de ce mot est plus large. Une définition des avaries est donnée par l'art. 397 en ces termes : *Toutes dépenses extraordinaires faites pour le navire et les marchandises, conjointement ou séparément, tout dommage qui arrive aux navires et aux marchandises, depuis leur chargement et départ jusqu'à leur retour et déchargement, sont réputés avaries.*

Il résulte de cette définition que les avaries ne sont pas seulement des dommages matériels, soit perte totale ou partielle, soit détérioration, comme la rupture des câbles ou des mâts, la détérioration de la cargaison par l'eau de mer, la prise des marchandises par des vaisseaux de guerre ou par des pirates, etc..., mais aussi des dépenses faites pour le bâtiment ou les marchandises ; ainsi, il y a avaries lorsque, par suite d'une voie d'eau, il faut, en s'arrêtant dans un port pour la réparer, payer les frais d'entrée et de sortie du port de débarquement, de magasinage et de rembarquement des marchandises qui ne sont pas en sûreté à bord pendant le temps des réparations ; lorsque des marchandises sont vendues en cours de route, à raison de l'arrêt du navire, pour un prix inférieur à celui du port de départ ou de destination, etc... On distingue, par suite, *les avaries-dommages et les avaries-frais* (2). Cette distinction n'a pas qu'un

(1) Le mot *avaries* employé par opposition au mot *perte*, comprend les détériorations ; mais, employé seul, il s'applique même à la perte totale ou partielle.
(2) V. n° 863 A.

simple intérêt théorique. En matière d'assurance, les avaries de ces deux espèces ne sont pas traitées absolument de la même manière. Le sens large du mot *avaries* est aussi celui des expressions correspondantes employées dans les pays étrangers (n° 862) (1).

Sous un certain rapport la définition de l'art. 397 est trop étroite. Les marchandises et le navire ne sont pas les seules choses pouvant subir des avaries. Il en est de même du fret. Lorsque l'armateur perd, en tout ou en partie, le fret par suite de fortune de mer (art. 302 et 303), on peut dire qu'il y a une avarie du fret.

Il y a aussi des pertes qui atteignent les loyers des gens de mer. Par suite d'accidents de mer, ils sont perdus en tout ou en partie (n°s 422 et suiv.).

860. Tous les dommages matériels subis par le navire et par les marchandises, toutes les dépenses faites pour eux ne sont pas des avaries. Il faut que ces dommages ou ces dépenses soient occasionnés par une cause extraordinaire, qu'ils ne soient pas une conséquence nécessaire et, par suite, prévue à l'avance, de la navigation maritime. Ainsi l'on ne peut dire d'un navire que le voyage a usé et qui a diminué, par conséquent, de valeur, qu'il a subi une avarie. De même, les frais ordinaires de navigation ne sont pas des avaries ; ils sont, sauf convention contraire, à la charge du navire, c'est-à-dire que le fréteur doit les supporter sur son fret. L'art. 406 consacre cette dernière solution en disposant : *les lamanages* (2), *touages* (3), *pilotages* (4), *pour entrer dans les havres ou rivières, les droits de congés* (5), *visites* (6), *rapports* (7), *tonnes* (8), *balises* (9), *ancra-*

---

(1) V. Codes de commerce *allemand*, art. 702 et 703; *italien*, art. 642; *roumain*, art. 654; *portugais*, art. 635; *chilien*, art. 1034; *argentin*, art. 1312.

(2) Ce sont les droits payés aux pilotes qui dirigent la marche des navires à l'entrée ou à la sortie; ces pilotes sont souvent appelés *pilotes-lamaneurs*. V. sur le pilotage, n°s 594 et suiv., et sur cette expression, Valin, art. 8, liv. III, tit. VII de l'Ordonnance de 1681.

(3) Ce sont les droits payés pour remorquer les bâtiments.

(4) V. note 2.

(5) N° 558.

(6) N°s 540 et suiv.

(7) N°s 605 et suiv.

(8) Il s'agit de droits proportionnels au tonnage perçus dans beaucoup de pays pour des buts divers, notamment pour l'entretien des ports.

(9) Les *balises* sont des perches surmontées de quelque objet, ordinairement

ges (1) *et autres droits de navigation, ne sont point avaries ; mais ils sont de simples frais à la charge du navire.* C'est donc la cause d'une dépense, ce n'est pas sa nature qui la fait considérer comme une avarie ou comme une charge ordinaire de la navigation. Ainsi, les dépenses dont il est parlé dans l'art. 406 sont de simples frais à la charge du navire, lorsqu'elles sont faites à l'occasion de l'entrée d'un navire dans le port de destination ou dans un port d'échelle où le capitaine entre volontairement ; mais ce sont des avaries, si elles sont faites par suite de l'entrée dans un port où un navire doit se réfugier pour échapper au mauvais temps ou à la poursuite de l'ennemi.

La disposition de l'art. 406 aurait été inutile, si l'Ordonnance de 1681 n'avait admis à certains égards une règle différente. L'art. 8 (livre III, titre VII) décidait que les lamanages, touages, pilotages pour entrer dans les havres ou rivières et pour en sortir étaient de menues avaries qui devaient être payées un tiers par le navire et les deux tiers par les marchandises, tandis que les droits de congé, visite, rapport, tonnes, balises et ancrages n'étaient pas réputés avaries et étaient acquittés par le navire seul (art. 9). Cette distinction entre deux classes de dépenses prévues ne pouvait se justifier et il était nécessaire de revenir, comme l'a fait l'art. 406, aux véritables principes en faisant de toutes les dépenses ordinaires une charge du fret (2). Mais rien n'empêche les parties de déroger à cette disposition ; il est parfois stipulé dans les chartes-parties ou dans les connaissements que les dépenses ordinaires de navigation seront, pour une certaine portion, supportées par les marchandises. C'est là le résultat de la clause, *les avaries selon les us et coutumes de la mer*, insérée dans la charte-partie ou dans le connaissement (3).

Par abus de mots, on appelle parfois *menues avaries* (4) les

d'un petit baril, et servant d'indice à la navigation. Les droits de balises sont des droits payés pour couvrir les frais de balisage.

(1) Ce sont des droits payés pour mettre à l'ancre dans un port.

(2) La règle de l'art. 406, C. com., est consacrée aussi expressément par les Codes de commerce *allemand*, art. 622 ; *italien*, art. 642, 3ᵉ alin. ; *portugais*, art. 634, 2ᵉ alin. ; *espagnol*, art. 807 ; *hollandais*, art. 708 ; *chilien*, art. 1085 ; *argentin*, art. 1315.

(3) V. nᵒˢ 657 et 786 et suiv.

(4) En anglais, on appelle souvent ces dépenses *petty charges* (petites charges ou petites dépenses).

dépenses de navigation qui, en réalité, ne sont nullement des avaries.

. Au surplus, c'est surtout au point de vue des assurances qu'il importe de distinguer des avaries les dommages et les dépenses ne résultant pas de causes extraordinaires. Pour les premières, l'assureur est responsable envers l'assuré, tandis que celui-ci supporte ces dommages et ces dépenses, sans avoir contre son assureur aucun recours; elles ne proviennent pas de fortunes de mer (art. 350, C. com.).

861. L'art. 397 paraît exiger une condition spéciale de temps pour qu'il y ait *avarie;* il parle des dommages soufferts ou des dépenses faites *depuis le chargement et départ jusqu'au retour et déchargement.* Mais il ne faut pas s'attacher à cette disposition; un navire qui se trouve dans un port et qui n'est pas encore chargé ou la cargaison d'un navire non encore parti peut subir un dommage; ainsi, un navire et sa cargaison sont parfois endommagés dans un port par suite d'un abordage. On ne voit pas pour quelle raison on ne considérerait pas le dommage comme une avarie. On doit seulement observer que certaines avaries ne peuvent se produire ni avant le chargement ni après le déchargement, ce sont les avaries communes; elles supposent que le navire et les marchandises sont exposés en commun aux risques de mer au moment que l'on considère. En outre, en matière d'assurance ou de prêt à la grosse, quand il s'agit de savoir si l'assureur ou le prêteur est responsable du dommage ou de la dépense, le moment où il a été subi, où elle a été faite, doit être considéré, par cela même que l'assureur et le prêteur à la grosse ne courent les risques que pendant un temps limité (art. 328 et 341, C. com.).

862. Les *avaries* sont, en général, désignées dans les principales langues étrangères par des mots ayant avec le mot français beaucoup d'analogie. On dit en allemand, *Haverei;* en anglais, *Average;* en italien, *Avaria;* en espagnol, *Avéria;* en portugais, *Avaria;* en hollandais, *Averij.*

On est loin de s'accorder sur l'étymologie du mot *avarie.* Emérigon constatait déjà les grands dissentiments existant à cet égard. Il dit (*Traité des assurances,* chapitre XII, section XXXIX) : « Les « docteurs que je viens de citer ont tâché de découvrir l'étymologie

« du mot avarie. Ce point n'a pas encore été éclairci ; et peut-être il
« ne le sera jamais. » La diversité des opinions est demeurée très
grande (1). On a prétendu que le mot *avarie* vient des mots allemands *Hafen* (port) ou *haben* (avoir) (2). On lui a trouvé aussi une
origine soit arabe, soit grecque, soit hébraïque. L'étymologie suivante est, au moins, assez spécieuse.

Au xiie et au xiiie siècle, les nations maritimes de la Méditerranée appelaient généralement les marchandises composant le chargement l'*avere*, l'*aver*, la *haver*, l'*avoir;* au pluriel, *havers* ou
avers. Il était alors admis que certains frais de navigation devaient
être supportés en commun par les chargeurs. Cela donnait lieu à la
tenue d'un compte appelé compte des *avers* ou de l'*averie;* le montant en était réparti entre les divers chargeurs en proportion de l'*aver*
de chacun. L'expression de compte de l'*averie* présenta ainsi l'idée
d'une contribution; on s'habitua à dire qu'un chargeur avait à payer
tant pour *averie*. On finit par appeler *averies* les dommages donnant lieu à un recours des chargeurs ou du propriétaire du navire
contre leurs assureurs, puis tout dommage ou toute dépense extraordinaire en l'absence même d'une assurance.

863. Les avaries sont très variées, et l'on peut en faire différentes
classifications.

Les classifications les plus usuelles des avaries sont les suivantes :

A. — Il y a des *avaries-dommages* et des *avaries-frais*. Les premières consistent dans des dommages matériels, les secondes dans
des dépenses extraordinaires n'impliquant aucune détérioration matérielle (n° 859).

La distinction entre ces deux classes d'avaries, outre son importance de fait, est utile à faire à différents points de vue, qu'il s'agisse
des rapports respectifs du propriétaire du navire et des propriétaires
des marchandises de la cargaison (nos 934 et suiv.) ou des rapports
de ces personnes comme assurés avec leurs assureurs (n° 859).

B. — On distingue les *avaries* et les *sinistres majeurs*. Dans un

---

(1) V. Govare, *Traité des avaries communes et de leur règlement*, n° 2; Richard Lownder, *The law of general average english and foreign*, p. 11 à 13;
Frémery, *Etudes de droit commercial*, p. 298 et suiv.; Desjardins, IV, n° 951.
(2) Glück, *Erlæuterung der Pandekten*.

sens large, on comprend parmi les avaries les dommages consistant
même dans la perte ou l'anéantissement complet du navire ou des
marchandises; mais parfois on oppose les avaries aux sinistres majeurs qui consistent dans la perte totale ou presque totale, réelle ou
présumée, du bâtiment ou des marchandises. Ce langage n'est usité
qu'en matière d'assurances maritimes; la distinction des sinistres
majeurs et des avaries y est d'un grand intérêt pratique au point de
vue du *délaissement* qui n'est admis que dans les cas de sinistres
majeurs (V. chap. VI).

C. — La principale division des avaries est celle en avaries *sim-*
ples ou *particulières* d'un côté et *avaries grosses* ou *communes* de
l'autre côté. Cette distinction est faite par le Code de commerce et
énoncée dans l'art. 399 de ce Code. Elle est très ancienne; elle était
admise par le droit grec (1) et elle fut empruntée par les Romains au
droit de l'île de Rhodes (2). Elle a passé dans les coutumes du
moyen âge et des temps modernes (3), puis elle a été consacrée par
l'Ordonnance de 1681 (livre III, titre VII) et par toutes les législations
contemporaines, écrites ou coutumières (4). — C'est à cette distinction qu'avec le Code de commerce il faut s'attacher.

864. Elle présente un intérêt pratique considérable quand il s'agit

(1) Le plaidoyer de Démosthène contre Lacritus prouve l'existence de la dis-
tinction des avaries en avaries communes et en avaries particulières dans le
Droit grec. V. *Les plaidoyers civils de Démosthène* (traduction Dareste),
I, p. 114 et suiv., spécialement p. 317 et 319.

(2) Le titre du Digeste, *Ad legem Rhodiam de jactu* (XIV, 2), traite, en réalité,
des avaries communes par opposition aux avaries particulières; seulement, dans
la rubrique du titre, le cas le plus ordinaire d'avarie commune, le jet maritime,
est seul visé.

(3) Rôles d'Oléron, art. 8 et 9 (Pardessus, *Lois maritimes*, I, p. 328 et 329);
Consulat de la mer, chapitres LIII, LXVII, CL et CLI (Pardessus, *op. cit.*,
II, p. 102, 114, 166, 168, 355); *Guidon de la mer*, chapitre V, *Des avaries*
(Pardessus, *op. cit.*, II, p. 386 et suiv.).

(4) Codes de commerce *hollandais*, art. 698; *allemand*, art. 702 et 703; *ita-*
lien, art. 642, 2ᵉ alin.; *portugais*, art. 635; *espagnol*, art. 808; *roumain*,
art. 654, 2ᵉ alin.; *chilien*, art. 1088; *argentin*, art. 1314; L. *belge* du 21 août
1879, art. 101; Codes maritimes *suédois*, *danois*, *norvégien*, art. 187 et suiv.;
finlandais, art. 133 et suiv. — En *Grande-Bretagne* et dans les *Etats-Unis d'Amé-*
rique, la grande division des avaries en avaries grosses (*general averages*) et
avaries particulières (*particular averages*) est consacrée par la jurisprudence
et admise par les auteurs. V. Richard Lowndes, *The law of general average en-*
glish and foreign; Abbott's, *Law of merchant ships and seamen*, p. 497 et suiv.;

de déterminer par qui les avaries sont supportées. En effet, les avaries *simples* ou *particulières* sont supportées par celui dont la chose (navire ou marchandises) est endommagée ou pour la chose duquel une dépense extraordinaire a été faite, conformément à la règle *res perit domino* (art. 404, C. com.). Les avaries *simples* ou *particulières* sont celles qui ont leur cause soit dans un cas fortuit soit dans la faute du capitaine ou des gens de l'équipage. Il va de soi seulement que, lorsque l'avarie est causée par une faute, celui qui la supporte a un recours contre l'auteur de la faute (art. 405, C. com.); c'est l'application des principes généraux du droit (art. 1382 et 1383, C. civ.).

Au contraire, les avaries *grosses* ou *communes* sont supportées en commun par le propriétaire du navire et par les propriétaires des différentes marchandises composant la cargaison. Il arrive souvent qu'en présence d'un péril qui menace à la fois le navire et la cargaison, le capitaine fait, dans l'intérêt du salut commun, un sacrifice volontaire atteignant soit le navire, soit une partie des marchandises. Cela a lieu, par exemple, lorsque, pour alléger un navire et lui permettre, en se réfugiant promptement dans un port, d'échapper à la poursuite de l'ennemi ou à la tempête, un capitaine a jeté une partie de la cargaison; ou quand, pour remettre à flot un navire échoué et en danger de périr avec sa cargaison, des dépenses extraordinaires sont faites. Alors tous ceux qui ont profité du sacrifice ou de la dépense, c'est-à-dire le propriétaire du navire et les propriétaires des marchandises, doivent y contribuer. Ces avaries sont appelées *grosses*, parce qu'elles sont supportées par le *gros*, c'est-à-dire par la totalité des choses exposées aux risques maritimes; elles sont qualifiées aussi de *communes*, parce qu'elles sont supportées *en commun*. On dit qu'il y a lieu à *contribution* entre les divers intéressés.

Ce qui permet de distinguer les avaries grosses de l'avarie simple, c'est donc leur cause; ce n'est ni la nature ni la gravité du dom-

Robert Desty, *A Manual of the law relating to shipping and admiralty*, v° *general average*, p. 290.

Dans la doctrine, quelques voix fort peu nombreuses se sont élevées contre cette division en demandant la suppression des avaries communes. Les motifs de cette opinion législative sont indiqués et réfutés plus loin. V. n° 872.

mage ni l'importance de la dépense. Selon sa cause, un même dommage ou une même dépense appartient à l'une ou à l'autre des deux classes d'avaries. En outre, une avarie grosse peut être plus ou moins grave qu'une avarie simple.

865. Quand des avaries se sont produites durant un voyage, il faut en déterminer la nature et le montant, puis, quand il y a avarie commune, il faut arriver à fixer la part contributive de chacun. Les opérations ayant ces buts sont ordinairement faites par des experts spéciaux et constituent ce qu'on appelle un *règlement d'avaries*.

866. Il sera traité successivement : A. *Des avaries communes.* B. *Des avaries particulières.* A propos de chacune des deux classes d'avaries, il y a à déterminer leurs caractères distinctifs et à indiquer les principales d'entre elles. Pour les avaries communes, il faut de plus poser les règles d'après lesquelles on fixe la part contributive à supporter par chacun.

867. Au surplus, les règles posées par le Code de commerce en cette matière ne sont pas impératives. Elles sont interprétatives de la volonté des parties ; celles-ci peuvent donc y déroger et elles ne manquent pas d'user de cette faculté. Selon l'art. 398, C. com., *à défaut de conventions spéciales*, les avaries sont réglées conformément aux dispositions ci-après. Il y a seulement quelque difficulté sur les limites à apporter à la faculté de déroger à ces règles (n° 966).

Les règles posées par les lois étrangères ont le même caractère. Elles l'indiquent, pour la plupart, expressément comme notre Code de commerce. V. notamment Codes de commerce *hollandais*, art. 697 ; *espagnol*, art. 642, dern. alin.; *portugais*, art. 634, § 2 ; *chilien*, art. 1086 ; *argentin*, art. 1313 ; loi *belge* du 21 août 1879, art. 100.

A. — DES AVARIES COMMUNES.

868. ORIGINE ET FONDEMENT DE LA THÉORIE DES AVARIES COMMUNES. — Le principe, selon lequel tous les intéressés à une expédition maritime doivent contribuer au sacrifice fait volontairement pour le salut commun, paraît remonter au moins aux lois grecques, spécialement aux lois rhodiennes, dont le droit romain s'était approprié les dispositions. La loi Rhodia *de jactu*, comme son titre l'indique,

s'était occupée spécialement du cas de jet de marchandises fait pour
le salut commun; mais la règle consacrée par elle fut étendue à tous
les cas analogues où soit un sacrifice matériel, soit une dépense
extraordinaire a lieu dans l'intérêt commun du navire et de la cargaison. Le principe est posé, à propos du jet, dans la loi 1 de Paul
au Digeste (XIV. 2) : *Lege Rhodiâ cavetur ut, si, levandæ navis
gratiâ, jactus mercium factus est, omnium contributione sarciatur,
quod pro omnibus datum est;* mais il est appliqué par d'autres textes
du même titre à d'autres hypothèses (1). Les littérateurs latins font
aussi allusion à des cas d'avaries communes (2).

869. Il n'est pas douteux que l'obligation pour les intéressés de
contribuer aux avaries communes est conforme à l'équité. Les textes
du Droit romain le proclament. On lit dans la loi 2 *princip.* Dig.
XIV. 2 : *Æquissimum enim est commune detrimentum fieri eorum
qui propter res alienas consecuti sunt ut merces suas salvas
haberent.*

Il ne suffit pas toutefois de constater qu'il y a là un principe équitable. Il faut encore prendre parti sur deux questions : 1° L'obligation de contribuer aux avaries communes est-elle une obligation contractuelle dérivant du contrat d'affrétement ou une obligation quasi-
contractuelle? 2° La théorie des avaries communes est-elle spéciale
au droit maritime ou faut-il, même sur terre, dans des cas semblables à ceux où il y a des avaries communes, admettre l'obligation
de contribuer?

870. 1° On a soutenu que l'obligation de contribuer aux avaries
communes dérive du contrat d'affrétement. Tel paraît avoir été le
système du droit romain. Quand un sacrifice volontaire des marchandises avait été fait, le propriétaire des marchandises sacrifiées
avait contre le capitaine l'action dérivant de l'affrétement, sauf au
capitaine à agir à son tour par une action née du même contrat
contre les propriétaires des marchandises sauvées (3). Les actions
exercées étaient les actions *locati* et *conducti*.

Cette doctrine doit être repoussée. L'obligation de contribuer aux

(1) V. notamment L. 2, § 3; L. 3; L. 5, § 1 (*Dig.*, XIV, 2).
(2) Juvénal, satire XII; Quinte-Curce, livre IV, chapitre IX.
(3) L. 2, princip. — *Dig.*, XIV, 2.

avaries communes dérive du principe général d'équité selon lequel
nul ne doit s'enrichir au préjudice d'autrui, de telle façon que
cette obligation est quasi-contractuelle (1). Quand des marchandises sont sacrifiées dans l'intérêt du salut commun, le propriétaire
du navire et les propriétaires des marchandises sauvées s'enrichiraient au préjudice du propriétaire des marchandises sacrifiées, s'ils
n'étaient pas tenus de contribuer au dommage subi par ces marchandises. De même, sans l'obligation de contribuer, les propriétaires
des marchandises sauvées s'enrichiraient au préjudice du propriétaire du navire, quand c'est sur le navire qu'est tombé le sacrifice
(mât rompu, ancre abandonnée, etc.), ou quand le propriétaire du
navire a fait une dépense extraordinaire dans l'intérêt commun.

Une solution, admise sans difficulté aujourd'hui contrairement au
Droit romain implique bien, du reste, qu'il n'y a pas là une obligation résultant du contrat d'affrètement. Il est reconnu qu'en cas de
sacrifice de marchandises dans l'intérêt commun, le propriétaire de
celles-ci a, pour obtenir la contribution, action non seulement contre
le capitaine, mais encore directement contre les propriétaires des
marchandises sauvées. Or les propriétaires des marchandises ont
chacun contracté avec l'armateur ou le capitaine qui l'a représenté,
mais ils n'ont pas contracté les uns avec les autres et, dans nos
usages, ils n'accompagnent pas leurs marchandises sur le navire et
ne sont pas, par suite, en situation de consentir au sacrifice et de
s'obliger à en supporter chacun leur part (n° 892) (2).

Seulement il est vrai, qu'en principe, pour qu'il y ait avarie commune et qu'une contribution soit due, il faut supposer qu'il a été
conclu un ou plusieurs contrats d'affrètement en vertu desquels des
marchandises appartenant à d'autres personnes qu'au propriétaire
d'un navire sont transportées sur ce bâtiment (3). C'est là le motif

(1) De Courcy, *Questions de droit maritime* (1re série), p. 238 et suiv. — Consulter Lauterbach, *Disputatio juridica de æquitate et extensione legis Rhodiæ*
(Tübingen, 1671).

(2) Les art. 400, dern. al., et 410, C. com., en parlant d'intéressés au chargement qui se trouvent sur le navire, font allusion à un usage généralement
abandonné depuis longtemps.

(3) Nous disons que cela est vrai en principe, parce que, dans le cas où un
navire et une cargaison appartenant à la même personne ont été assurés par

purement pratique qui peut sans doute expliquer que la loi belge du 21 août 1879 consacre aux avaries un chapitre (le chapitre III) comprenant les art. 99 à 119 du titre III qui traite de la *charte-partie* ou du *contrat de louage maritime*.

871. 2° On a prétendu qu'il y a là une théorie spéciale au droit maritime et que la loi a voulu, en la consacrant, favoriser le com-- merce de mer. Sans le principe de la contribution, le capitaine, qui est le préposé de l'armateur, en présence d'un péril auquel il est posssible de se soustraire, ou essaierait de ne rien sacrifier, ce qui pourrait causer la perte du navire ou de la cargaison, ou sacrifierait toujours de préférence une partie de la cargaison. Grâce au principe de la contribution, le capitaine n'a pas, en général, d'intérêt à faire tomber le sacrifice sur des marchandises plutôt que sur le navire. Le résultat pécuniaire définitif est toujours le même.

Il n'est pas douteux qu'en matière maritime, la théorie de la contribution aux avaries communes a le grand avantage pratique signalé. Mais ce n'est pas à dire que cette théorie doive être restreinte aux voyages en mer, elle constitue l'application d'un principe général de droit : *nul ne doit s'enrichir au préjudice d'autrui* (n° 870). Ce principe a une portée générale ; il n'y a aucun motif pour le restreindre aux matières maritimes.

De là résultent deux conséquences : l'une purement théorique, l'autre ayant une certaine portée pratique.

a. Dans le silence même de nos lois, la contribution aux avaries communes aurait dû être admise. Le législateur a seulement posé des règles qu'on n'aurait pu suppléer sur la fixation de la part contributive de chaque intéressé. Des auteurs, mécontents des difficultés qui résultent de la rédaction obscure des dispositions légales, des contradictions existant parfois entre elles, du caractère arbitraire de quelques-unes, ont été jusqu'à dire qu'il eût été préférable que la loi gardât le silence sur les avaries communes. Il y a là un peu d'exagération ; il était utile, pour éviter des controverses, que le légis-

---

deux assureurs distincts, en cas de sacrifice de marchandises ou d'accessoires du navire, il y a lieu à contribution entre les assureurs. Le sacrifice de marchandises profite à l'assureur du navire ou, à l'inverse, le sacrifice d'une partie du navire profite aux propriétaires des marchandises.

lateur fixât la manière dont on détermine la part contributive de chaque intéressé.

b. Même sur terre, quand tout ou partie d'un bien est sacrifié volontairement pour assurer le salut d'autres biens, les propriétaires de ceux-ci doivent contribuer au dommage, de façon à ce qu'il soit supporté en commun. Il est seulement vrai, en fait, que des cas de ce genre, qui se présentent souvent sur mer, sont rares sur terre (1).

C'est en s'attachant à ce caractère général de la théorie des avaries communes qu'on doit décider qu'en cas d'incendie dans un port, lorsqu'un navire est coulé ou sacrifié de toute autre façon pour empêcher la propagation du feu, les propriétaires des autres navires et de leurs cargaisons doivent supporter entre eux le dommage causé au propriétaire du navire sacrifié. Ce cas ne rentre pourtant pas dans les limites de l'espèce visée par notre Code de commerce qui suppose toujours le sacrifice d'une partie du navire fait dans l'intérêt de son changement et non le sacrifice d'un navire fait dans l'intérêt d'autres navires et des chargements de ceux-ci (2). Des

(1-2) Les auteurs, qui restreignent au droit maritime la théorie des avaries communes, citent à l'appui de leur doctrine un arrêt de la Cour de Paris du 17 janv. 1862, D. 1862. 2. 30 (Cauvet, *op. cit.*, I, n° 338). Cet arrêt écarte, en effet, l'application de cette théorie en dehors de la navigation maritime. Mais un examen attentif de l'espèce curieuse dans laquelle il a été rendu, prouve que, même en adoptant notre opinion, on aurait dû, dans cette espèce, écarter la contribution, comme l'a fait la Cour de Paris, parce que les caractères constitutifs de l'avarie commune ne se trouvaient pas réunis. Voici quels étaient les faits : quatre hommes masqués avaient arrêté une diligence près de Draguignan, en enjoignant au conducteur de leur livrer l'argent qu'il avait près de lui à sa gauche. Il leur jeta deux sacs contenant l'un 2,400 fr., l'autre 1,500 fr.; après quoi, ils s'éloignèrent; il y avait encore sur l'impériale un group de 28,000 fr. qui fut sauvé. Les destinataires des deux sacs jetés aux voleurs prétendirent qu'il y avait lieu à contribution; leur prétention était mal fondée. Le sauvetage des 28,000 fr. était dû à un cas fortuit, c'est-à-dire à l'ignorance où les voleurs étaient de l'existence de cette somme dans la diligence et à leur précipitation à s'esquiver. Dans des circonstances de ce genre, se produisant même sur mer, il n'y aurait pas avarie commune donnant lieu à contribution. Ainsi, dans le cas où des pirates se bornent à s'emparer d'une partie de la cargaison, parce que tel est leur caprice ou parce qu'ils ignorent la présence à bord d'autres marchandises, aucune contribution n'est due par les propriétaires de celles-ci (n° 912). Au contraire, il y aurait avarie commune donnant lieu à contribution si, en vertu d'une convention, des pirates avaient consenti à ne pas prendre ou à relâcher la cargaison moyennant l'abandon à eux fait de certaines marchandises. On se trouve alors dans le cas de choses données par composition et à titre de rachat du navire et des marchan-

Codes étrangers, pour éviter toute difficulté, ont pris soin de prévoir l'hypothèse dont il s'agit et admettent expressément la contribution des navires et des cargaisons sauvés. (V. Codes de commerce *espagnol*, art. 818; *chilien*, art. 1127 1°; *argentin*, art. 1317).

La même idée générale doit conduire à décider que des avaries communes peuvent exister en matière de navigation fluviale et donnent lieu à contribution (1).

872. Tout ce qui vient d'être dit sur le fondement de la théorie des avaries communes implique que cette théorie doit être approuvée au point de vue rationnel et qu'elle est de nature à rendre service à la marine marchande en laissant au capitaine une grande liberté quant aux choses sur lesquelles il a à faire tomber un sacrifice dans l'intérêt commun.

Cependant quelques voix se sont parfois élevées pour demander la suppression de la théorie des avaries communes (2). En faveur de cette réforme, on insiste surtout sur les difficultés que présente souvent le classement des avaries et sur les fraudes que commettent les capitaines pour faire considérer comme communes des avaries qui, en réalité, sont particulières et devraient être supportées, en conséquence, par le propriétaire du navire. Mais ces raisons ne sont pas décisives et elles n'ont encore convaincu aucun législateur. La théorie des avaries communes est fondée sur l'équité et les inconvénients pratiques qu'elle peut présenter parfois dans l'application sont supprimées, ou tout au moins, notablement diminuées par le soin que prend le législateur de déterminer nettement les caractères des ava-

---

dises (art. 400 1°, C. com.). Il y aurait lieu à contribution aussi à l'occasion d'une convention de cette sorte conclue sur torre même avec des voleurs dans un cas analogue à celui sur lequel a statué l'arrêt précité de la Cour de Paris du 17 janv. 1862.

(1) Le Code de commerce *hollandais* (art. 760 et 761) admet l'application des règles sur les avaries communes dans les rivières et dans les eaux intérieures tout au moins pour le cas de jet et de perte de marchandises chargées sur des allèges pour sauver le navire et le chargement. En Allemagne, un projet de loi sur la navigation intérieure admet la théorie des avaries communes (art. 77 et suiv.).

(2) Elle fut réclamée dès 1823 par un assureur de Hambourg. En 1877, le Lloyd anglais adoptait cette opinion qui a été également soutenue dans la brochure suivante : Schneider, *Seerechtliche Fragen nebst einer Abhandlung betreffend die überlebte Institution der gemeinen Haverei* (Berlin, 1879).

ries communes et de mentionner les principales d'entre elles dans la
loi même.

873. A propos des avaries communes, trois questions principales
sont à résoudre :

1° Quels sont les caractères distinctifs des avaries communes?
2° D'après quelles règles se détermine la part contributive à supporter dans les avaries communes par chaque intéressé? 3° Par
cela même que, sur ces deux points, les lois des divers pays diffèrent,
des conflits de lois s'élèvent. De quel pays doit-on appliquer la loi
aux avaries communes?

Ces conflits de lois peuvent, ici comme partout, occasionner des
procès, par suite des pertes de temps et des frais. Aussi est-ce particulièrement en cette matière que des efforts ont été faits pour arriver
à l'uniformité des lois. L'*Association pour la réforme et la codification du droit des gens* a, en 1864, dans sa session d'York et, en
1877, dans sa session d'Anvers, adopté des règles qui, selon elle,
doivent régir les avaries communes. Ces règles ont été modifiées par
cette Association en 1890 dans la session qu'elle a tenue à Liverpool (1). Elles n'ont encore été adoptées complétement dans aucun
pays, mais elles n'en ont pas moins une grande importance pratique.
D'abord, dans tous les pays où l'on touche à la législation, ces règles
sont au moins consultées et le législateur leur fait des emprunts
parfois assez nombreux. Puis, usant de la liberté des conventions, les
parties stipulent très souvent en tous pays dans les chartes-parties et
dans les connaissements que les avaries seront réglées selon les
règles d'York et d'Anvers (3). Ces règles seront citées à côté de celles

----

(1) Les règles primitives d'York et d'Anvers sont reproduites et appréciées
dans les *Questions de droit maritime* (2e série), p. 265 et suiv., de M. de
Courcy. Les règles nouvelles adoptées en 1890 à Liverpool se trouvent dans la
France judiciaire, 1891, p. 376 et suiv. V. aussi sur ces dernières règles :
York-Antwerp Rules 1890, *Erlaeuternde Bemerkungen* von Jacob Ahlén
(Hambourg, 1890); Léon Van Peborgh, *Règles d'York et d'Anvers*, 1890, rap-
port sur la 14e conférence internationale de l'Association pour la réforme et la
codification du droit des gens (Anvers, 1890).

(2) Des travaux du même genre ont été faits, soit par le *Congrès international de droit commercial de Bruxelles* (1888) (actes du *Congrès de Bruxelles*,
p. 418 et suiv.), soit par le *Congrès du droit maritime de Gènes* (1892). V. sur
ces congrès, n° 92.

des principales législations étrangères à propos des différentes questions auxquelles elles se réfèrent.

874. CARACTÈRES DISTINCTIFS DES AVARIES COMMUNES. — Le Code de commerce (art. 400) a donné, comme la plupart des Codes étrangers (1), une énumération des avaries communes, mais cette énumération n'est pas limitative ; cet article contient dans le dernier alinéa une formule générale qui l'indique suffisamment. Aussi est-il indispensable de déterminer, en général, les caractères constitutifs de l'avarie commune, afin de pouvoir se prononcer sur la nature des avaries que le Code n'a pas formellement classées. C'est seulement après que seront indiquées, soit les avaries rangées expressément par l'art. 400 parmi les avaries communes, soit des avaries dont le Code ne parle pas et sur le classement (2) desquelles s'élèvent parfois des difficultés.

875. Malgré le caractère non limitatif de l'énumération faite par la loi, elle a une utilité pratique incontestable. Grâce à elle, le caractère des avaries les plus fréquentes n'est pas douteux et les exemples mêmes donnés par la loi font mieux comprendre la portée des conditions dont la réunion est exigée pour qu'il y ait avarie commune. Mais il est certain que cette énumération n'a pas été faite dans toutes ses parties par notre Code de commerce avec une suffi-

---

(1) C. com. *hollandais*, art. 699; *allemand*, art. 702, 704, 705 et 708; *italien*, art. 643; *roumain*, art. 655; *espagnol*, art. 811 ; Codes maritimes *suédois*, *danois*, *norvégien*, art. 187 et 188; *finlandais*, art. 133; *chilien*, art. 1089 et 1090; *argentin*, art. 1316. Le Code de commerce *portugais* (art. 635, 1er alin.) se borne à définir les avaries communes. La loi *belge* du 21 août 1879 (article 102) donne une définition générale et classe quelques avaries sur le caractère desquelles il y a controverse (art. 103).

Le Congrès international de droit commercial de Bruxelles (1888) a procédé comme le font la plupart des lois du continent; il a, dans son projet de loi recommandé à l'adoption de toutes les nations, défini les avaries communes et donné une énumération des principales d'entre elles. V. *Actes du Congrès international de droit commercial de Bruxelles*, p. 418 et suiv.

Quant aux règles d'York, d'Anvers et de Liverpool, elles ne définissent aucunement les avaries communes, mais donnent des solutions sur le classement d'un certain nombre d'avaries assez fréquentes sur le classement desquelles il y a, soit des difficultés dans quelques pays, soit des conflits entre les différentes lois.

(2) Quand on parle d'une question de *classement* en matière d'avaries, il s'agit du point de savoir si une avarie constitue une avarie particulière ou une avarie commune.

sante clarté. Aussi quelques dispositions de l'art. 400, rapprochées de l'art. 403, C. com., qui énumère les principaux cas d'avaries particulières, ont donné naissance à des difficultés.

876. Il a déjà été dit plus haut (n° 864) que les avaries communes sont des dommages soufferts volontairement ou des dépenses extraordinaires faites dans l'intérêt commun du navire et de la cargaison. C'est bien là l'idée générale qu'en donne l'art. 400 *in fine*, en disposant que sont avaries communes... *en général les dommages soufferts volontairement et les dépenses faites d'après délibérations motivées, pour le bien et salut commun du navire et des marchandises, depuis leur chargement et départ jusqu'à leur retour et déchargement.* Mais cette disposition ne donne assurément pas une idée complète et exacte des conditions dont la réunion est exigée pour qu'une avarie soit commune. Elle manque de précision, indique des conditions qui ne sont pas essentielles et en omet, au contraire, qui le sont, ainsi que cela résulte d'autres articles du Code lui-même. En outre, la jurisprudence ajoute une condition très contestable (n° 894) à celles que mentionne la définition finale de l'art. 400.

876 *bis.* Il faut évidemment retrancher ce qui est dit dans l'art. 400 *in fine* de l'époque à laquelle doit se placer le sacrifice ou la dépense pour constituer une avarie commune, selon les observations faites plus haut (n° 861) pour écarter ce qui est dit d'une semblable mention faite dans l'art. 397, C. com., au sujet de la définition générale des avaries.

877. En combinant ensemble l'art. 400, dern. alin., C. com., avec les autres dispositions, et en laissant de côté la condition spéciale exigée par la jurisprudence (n° 894), on peut dire que les conditions constitutives de l'avarie commune se réduisent à trois. Il faut, pour qu'une avarie soit commune :

1° Qu'il y ait eu un acte de volonté du capitaine en vertu duquel un dommage a été causé, soit au navire, soit à des marchandises, ou une dépense extraordinaire a été faite. C'est en faisant allusion à cette condition qu'on dit que l'avarie commune suppose essentiellement un *sacrifice volontaire*;

2° Que le sacrifice ait été motivé par l'intérêt *commun* du navire et de la cargaison ;

3º *Qu'un résultat utile ait été obtenu*, c'est-à-dire que les intéressés aient tiré profit du sacrifice, qu'il n'ait pas été fait en pure perte.

En résumant ces trois conditions, on peut donner la définition suivante :

L'avarie commune est un dommage matériel causé volontairement par le capitaine, soit au navire, soit à des marchandises de la cargaison, ou une dépense extraordinaire faite par lui dans l'intérêt commun du navire et de la cargaison, dommage ou dépense qui a eu un résultat utile.

Chacune des trois conditions constitutives de l'avarie commune doit être examinée séparément. On n'est pas absolument d'accord sur leur portée.

878. 1º *Acte de volonté.* — La nécessité d'un acte de volonté de la part du capitaine est la condition la plus caractéristique de l'avarie commune. Celle-ci ne saurait exister quand le dommage est subi ou que la dépense est faite par suite d'un cas fortuit ou de force majeure, d'une faute du capitaine ou des gens de l'équipage. Il résulte de là que, si des marchandises sont emportées ou que des mâts sont rompus par le vent, le dommage n'est pas une avarie commune. Peu importe même qu'au moment où ces accidents se produisent, le capitaine ait eu la volonté de jeter les marchandises ou de couper les mâts pour essayer de sauver le reste de la cargaison et le bâtiment. La volonté du capitaine ne suffit point, il faut qu'elle ait en quelque sorte reçu son exécution par le sacrifice. De même, il n'y a pas avarie commune, quand des marchandises sont, pendant une tempête, mouillées par l'eau de mer qui s'introduit dans la cale, ni quand, par suite de la force du vent ou d'une faute du capitaine, un navire échoue sur une côte et est détérioré, soit seul, soit avec des marchandises du chargement.

878 *bis.* Toutes les législations s'accordent sur la nécessité d'un acte de volonté comme cause de l'avarie pour qu'elle soit commune. M. Arthur (*The contract of marine insurance*, p. 165) dit très bien :
« A loss, in order to be the subject of general average, must be « voluntary, id est the consequence of an act and not the effect of a « physical cause (1). »

(1) V. aussi Lowndes, *The law of general average*; Arnould, *On law of maritime insurance*, II, p. 758.

879. Cette première condition d'un acte volontaire existe, alors même que le navire et la cargaison sont exposés à un danger si grand que, sans le sacrifice, l'un et l'autre doivent périr certainement. Il y a bien eu en pareil cas un acte de volonté du capitaine ; il a fait une sorte d'option ; de deux maux il a choisi le moindre. On peut appliquer ici l'adage latin : *Qui mavult vult.* Du reste, si l'on n'admettait pas cette opinion, on arriverait à ce singulier résultat de refuser la contribution dans les cas où la gravité du péril justifierait le plus le sacrifice (1) (2). Mais, par cela même que l'acte volontaire doit consister dans un sacrifice, il ne faut pas qu'il porte sur un objet qui était destiné à une perte certaine que l'acte du capitaine a seulement avancée, ou sur un débris.

Ainsi, il n'y a pas de sacrifice volontaire, quand un navire n'ayant aucun secours en mer est entouré de flammes et que le capitaine jette des marchandises à la mer ; il n'y a pour celles-ci qu'une mesure de préservation. De même, on ne saurait considérer comme avarie commune le dommage que cause à des marchandises atteintes par les flammes l'eau qu'on a jetée sur elles (3).

880. Pour qu'un dommage ou une dépense constitue une avarie commune, il faut qu'il y ait un lien entre ce dommage ou cette dépense et l'acte de volonté du capitaine.

Ainsi, le dommage que le capitaine a eu directement en vue en faisant le sacrifice, est assurément avant tout une avarie commune. Mais il faut reconnaître le même caractère à toutes les suites nécessaires de la résolution prise par le capitaine, qu'elles aient été prévues ou non par lui. Ainsi, que le jet de certaines marchandises soit décidé et que, pour le préparer, elles soient sorties du navire et chargées sur le pont, si un coup de vent les emporte avant le jet, il y aura une avarie commune. Le capitaine ne savait pas que cet acci-

---

(1) Benecke (*Traité des principes d'indemnité en matière d'assurances maritimes*, traduction de Dubernad) adopte l'opinion contraire. Mais elle est contredite par des auteurs anglais eux-mêmes. V. Arnould, *On the law of marine insurance*, II, p. 759 et 760 ; Lowndes, *The law of general average*, p. 40 et 41.

(2) Rennes, 28 déc. 1863, D. 1864. 5. 27 ; *Journ. de jurispr. de Marseille*, 1865. 2. 9.

(3) V. sur ce dernier cas, n° 924.

dent se produirait ; mais, dans le but d'opérer le jet, les marchandises ont été exposées à un péril plus grand que le reste de la cargaison. De même, des marchandises sont chargées sur des allèges afin de permettre au navire déchargé en partie de gagner plus promptement un port de refuge, il y a avarie commune si elles périssent (art. 427, al. 1) ; le capitaine n'avait pas leur perte en vue, mais, dans un intérêt commun, il les a placées dans une situation spécialement dangereuse. C'est en vertu de ces idées que les dépenses faites à la suite de la résolution prise d'entrer dans un port, pour réparer des avaries communes, ont elles-mêmes ce caractère (1) ; que le dommage causé au navire par la rupture d'un mât opérée dans l'intérêt commun, que le dommage causé par les marchandises jetées aux marchandises restées dans le navire sont des avaries communes (art. 400 5°, C. com.). Corrélativement, les conséquences des avaries particulières constituent elles-mêmes des avaries particulières (2).

Si le dommage est une avarie commune, alors même que le capitaine ne l'a pas eu directement en vue, du moins faut-il qu'il ait sa cause directe dans la résolution du capitaine. Dans les hypothèses précitées, les marchandises n'auraient pas péri s'il n'avait résolu de les jeter ou de les placer sur des allèges ; les dépenses extraordinaires de navigation n'auraient pas été faites, si l'on ne s'était décidé à entrer dans un port. Mais si le capitaine se résout, pour réparer une avarie commune, à entrer dans un port et que le navire et la cargaison périssent ensuite dans une tempête ou soient frappés par la foudre, la perte de l'un ou de l'autre est une avarie particulière (3). La cause s'en trouve dans un cas fortuit, non dans la décision du capitaine d'entrer dans un port de relâche (4).

On exprime souvent les règles qui viennent d'être expliquées en

---

(1) Cass. 18 déc. 1867, D. 1868. 1. 145.
(2) Cass. 10 août 1880, D. 1880. 1. 448.
(3) Cass. 27 déc. 1871, D. 1871. 1. 36.
(4) L'art. 189 des Codes maritimes *suédois*, *danois* et *norvégien* consacre expressément ces idées en disposant : « Ne sont pas réputés avaries communes « les dommages éprouvés par cas fortuit pendant l'exécution des mesures « prises pour le salut du navire et de la charge, ni les dommages ou les pertes « qui n'ont qu'un rapport indirect ou accidentel avec de pareilles mesures. »

disant que les conséquences directes et nécessaires d'une avarie commune sont classées aussi en avaries communes (1).

881. 2° Le sacrifice volontaire ou la dépense doit être motivé, et il faut certainement que le motif s'en trouve dans l'intérêt *commun* du navire et de la cargaison ; c'est même cette communauté d'intérêt qui justifie la contribution. C'est à cela que fait allusion la loi 2, XIV, 2 (*ad legem Rhodiam de jactu*), en parlant de *quod pro omnibus datum est*. L'art. 400, dern. alin., C. com., exprime la même idée, quand il parle des dommages soufferts volontairement et des dépenses faites pour le bien et salut *commun* du navire et des marchandises.

En conséquence, il n'y a pas d'avarie commune, si la mesure a été prise par le capitaine dans l'intérêt du navire seul ou de la cargaison seule. Ainsi, quand par suite d'une voie d'eau qui ne fait courir aucun danger à la cargaison ou d'un emballage défectueux qui ne fait courir aucun danger au navire, le capitaine se décide à faire relâche dans un port pour réparer la voie d'eau ou pour remettre l'emballage en bon état, les frais d'entrée, de séjour et de sortie ne sont pas à classer comme avaries communes, mais comme avaries particulières au navire ou à la cargaison. En vertu de la même idée, les dommages causés au navire qui n'a plus sa cargaison à bord, ne sont donc pas avaries communes, alors même qu'ils l'auraient été si le déchargement n'avait pas eu lieu (2). Il n'en serait autrement que dans le cas où le dommage causé au navire proviendrait exclusivement de la situation dans laquelle il a été placé pour le salut commun. Ainsi, pour éviter que le navire ne soit projeté sur des rochers et ne périsse avec la cargaison, le capitaine le fait volontairement échouer sur une plage voisine ; les dommages produits par cet échouement volontaire sont des avaries communes. Il en est même ainsi de ceux de ces dommages qui n'auraient été subis qu'après que les marchandises ont été mises en sûreté à terre ; car ils sont toujours une conséquence du sacrifice volontaire fait par le capitaine pour le salut commun.

(1) V. de Courcy, *Questions de droit maritime* (1re série), p. 260 et 261.

(2) En vertu de la même idée, il n'y a pas avarie commune donnant lieu à contribution quand un navire a subi des dommages alors que les marchandises destinées à être chargées sont encore à terre. V. Codes de commerce *portugais,* art. 644; *argentin,* art. 1323.

882. Tout le monde est d'accord pour reconnaître qu'il n'y a pas avarie commune sans intérêt commun. Mais quelle doit être la nature de cet intérêt commun ? Sur ce point, des systèmes divers sont soutenus.

On a été jusqu'à prétendre qu'il n'y a intérêt commun justifiant la contribution qu'autant que le navire et la cargaison courent un *péril imminent* auquel le capitaine veut les faire échapper. Emérigon paraissait adopter cette opinion sous l'empire de l'Ordonnance de 1681. Dans le *Traité des assurances* (chapitre XII, section 39, § 6), il dit : « il faut qu'il ait été question d'éviter un péril immi- « nent. *Periculi imminentis evitandi causâ.* » Les mêmes expressions se retrouvent dans quelques arrêts (1).

Cette opinion doit être rejetée. Selon la doctrine dominante, il faut et il suffit que le capitaine ait eu en vue la sécurité commune, c'est-à-dire qu'en présence d'un danger, il ait cherché à sauver le navire et la cargaison en faisant un sacrifice ou une dépense (2).

Il est hors de doute qu'aucune cause ne justifie mieux un sacrifice ou une dépense qu'un péril *imminent*. Mais la formule exigeant l'imminence du péril est trop restrictive. Le danger commun doit suffire ; les précédents ne sont pas contraires à cette opinion, le texte du Code de commerce la confirme et il y aurait de graves inconvénients à ne pas s'y attacher. Emérigon, à la suite du passage invoqué à l'appui de l'opinion contraire, se borne à parler de *danger réel* et fait observer que *la prudence ne permet pas d'attendre la dernière extrémité*. L'art. 400, dern. alin., n'exige pas l'imminence du danger, il parle de sacrifices faits *pour le bien et salut commun du navire et de la cargaison*. Cela n'implique nullement que le navire soit sur le point de couler et l'équipage en présence de la mort. Bien plus. l'article 400, dern. alin., suppose que le sacrifice ou la dépense a été précédé d'une délibération des principaux de l'équipage et l'on ne délibère pas en présence d'un péril imminent.

On ne voit, du reste, pas pourquoi il n'y aurait pas lieu à contribution par cela seul qu'il y a eu danger commun, sans que ce danger soit imminent ; les intéressés auxquels le sacrifice a profité s'enrichi-

---

(1) Cass. 29 mars 1892, *Journ. de jurispr. de Marseille,* 1892. 2. 173.
(2) Aix, 19 août 1874, D. 1877. 1. 115. — De Valroger, V, n° 1998.

raient sans cause. Ce n'est pas tout : il y aurait un grave inconvénient à exiger que le péril soit imminent ; le capitaine hésiterait
parfois, au grand préjudice du propriétaire du navire et des chargeurs, à faire un sacrifice utile ; il attendrait, et le danger pourrait
s'aggraver au point de devenir inévitable. Dans la pratique, on
admet sans difficulté dans certains cas l'existence d'une avarie
commune, bien que les circonstances même excluent l'idée d'un
péril *imminent*. Ainsi, quand le navire a une simple voie d'eau et
que le capitaine se décide à une relâche donnant lieu à des dépenses qui, comme cela sera dit plus bas (n⁰ˢ 919 et suiv.), sont classées en avaries communes, le capitaine reste souvent plusieurs
semaines avant de prendre le parti de relâcher, il ne le fait que parce
qu'il est éloigné de sa destination et rapproché d'un port où se trouvent des ressources : il n'y a donc pas de danger *imminent*.

Il paraît même qu'on peut aller jusqu'à soutenir qu'un danger
commun n'est pas nécessaire, qu'un intérêt commun, sans qu'il y ait
danger, suffit (1). L'équité qui sert de base à la théorie des avaries
communes semble exiger que, même dans des cas de cette sorte, il
y ait contribution. Ainsi, un navire est en relâche dans un port de
peu de ressources ; une réparation complète de ses avaries entraînerait un long retard et de grands frais. On lui enlève une partie de
son chargement qu'on fait parvenir à destination par un autre bâtiment affrété exprès. Le navire allégé peut enfin reprendre la mer
après des réparations provisoires. Le fret du bâtiment auxiliaire est
une avarie commune. Il y a là une dépense extraordinaire qui peut
éviter aux intéressés, en même temps qu'un long retard, des dépenses
plus considérables (2).

---

(1) **De Courcy**, *Questions de droit maritime* (1ʳᵉ série), p. 263 et 264 ; Govare,
Traité des avaries communes, n⁰ 4.

(2) La jurisprudence n'est pas favorable à cette opinion. On peut citer à cet
égard un jugement du tribunal de Marseille du 1ᵉʳ mai 1880 (*Journ. de jurispr.
de Marseille*, 1880. 1. 155). Dans l'espèce de ce jugement, le capitaine, voyant
que son navire était arrêté par les glaces, sans qu'il y eût aucun danger, dans
le seul but d'éviter un retard, avait fait creuser un chenal pour y continuer
sa route. Le jugement refuse d'admettre en avaries communes les frais occasionnés par ce travail, en s'appuyant sur ce *qu'il ne s'agit point de dispositions
caractérisées par la volonté d'échapper à un danger actuel ou à une situation
périlleuse*. — V., en ce sens, Desjardins, IV, n⁰ 976 ; de Valroger, V, n⁰ 1978.

L'art. 400, dern. alinéa, n'est pas contraire à cette doctrine. Il ne parle pas seulement du *salut commun*, mais aussi du *bien commun*. Un certain doute peut, il est vrai, résulter de ce que ces deux mots sont unis par la conjonctive *et;* aussi, dans le projet de 1865, avait-on pris soin de la remplacer par la disjonctive *ou* (1).

883. Du reste, si, quand une dépense extraordinaire ou un sacrifice a été fait par le capitaine dans l'intérêt commun sans qu'il y ait péril, l'avarie n'est pas commune, ce n'est pas à dire qu'il n'y ait aucun recours pour la personne qui a fait la dépense ou dont la chose a été atteinte par le sacrifice. On peut considérer cette personne comme un gérant d'affaires ayant en cette qualité le droit de réclamer, d'après les principes généraux du droit, le remboursement des dépenses utiles qu'il a pu faire (art. 1375, C. civ.) (2).

884. En fait, c'est presque toujours un danger commun qui justifie le sacrifice ou la dépense. Aussi est-ce, pour plus de simplicité, le cas qui sera toujours visé par la suite.

884 *bis*. DROIT ÉTRANGER. — Les lois étrangères font mention de l'existence d'un péril commun ou du salut obtenu grâce au sacrifice ou à la dépense, ce qui implique bien l'idée d'un danger à éviter. V. Codes de commerce *allemand*, art. 702; *hollandais*, article 699 23°; *portugais*, art. 635 1°; *espagnol*, art. 811, 1er alin.; *argentin*, art. 1316; loi *belge* de 1879, art. 103. Le Code de commerce *italien* (art. 643) mentionne, comme le Code de commerce français, le bien et salut commun (*per il bene e per la salvezza; comune*). Les Codes maritimes *suédois, danois, norvégien* (art. 187); *finlandais* (art. 133 1°) parlent d'un péril commun. La nécessité d'un danger commun est aussi exigée par la jurisprudence anglaise (3) et par celle des États-Unis d'Amérique (4). Le Code de commerce *argentin* (art. 1089) parle de péril *imminent*.

885. Le danger doit évidemment être réel. Le dommage causé ou

---

(1) Art. 403, 1er alin., du projet de 1865.

(2) Arth. Desjardins, *Traité de droit commercial maritime*, IV, n° 976; de Valroger, V, n° 1998.

(3) Lowndes, *op. cit.*, p. 39 (*b*) s'exprime ainsi : *Danger, there can be no doubt, is a necessary condition a general average;* M. Arthur (p. 166 et 167) dit : *The starting point of a general average act is danger, and its objective point is safety.*

(4) Desty, *Shipping and admiralty*, v° *General Average*, § 290.

la dépense faite par un capitaine pusillanime qui redoute un danger dérisoire ou n'existant pas, ne constitue pas une avarie commune. Il y a alors faute du capitaine ; aussi est-il seul tenu des conséquences de son acte et le propriétaire du navire est-il responsable.

En fait, il est très difficile de savoir exactement la vérité à cet égard. Pour être éclairé, on consulte le rapport de mer et le livre de bord ; ceux-ci sont rédigés par le capitaine. Il est toujours disposé, pour échapper avec le propriétaire du navire à toute responsabilité, à présenter les choses sous le jour le plus favorable, de façon à ce que les avaries soient considérées comme des avaries communes. Mais ce sont là des difficultés de fait qui ne portent pas atteinte aux principes en eux-mêmes.

886. 3° La dernière condition exigée pour qu'il y ait avarie commune est que le sacrifice ait atteint son but, qu'un résultat utile ait été obtenu par suite de ce sacrifice. La théorie de la contribution aux avaries communes est une application du principe que nul ne doit s'enrichir au détriment d'autrui (n° 870), et non des règles de la gestion d'affaires d'après lesquelles l'utilité d'un acte s'apprécie au moment où il est accompli, indépendamment de son résultat effectif (1).

Par cela même que d'ordinaire c'est le danger commun qui a motivé le sacrifice volontaire ou la dépense extraordinaire, le résultat utile consiste dans le salut.

On parle quelquefois du *salut commun*. C'est là une formule vicieuse (2). Avec elle, si on la prenait à la lettre, il n'y aurait pas avarie commune et partant il n'y aurait pas lieu à contribution quand le navire entier a été sacrifié pour sauver la cargaison ou quand, au contraire, le sacrifice de toute la cargaison a été fait pour sauver le navire. Ainsi, la contribution serait exclue dans les cas où le sacrifice a été le plus considérable et où, par suite, elle serait le plus équitable (3).

---

(1) Ulpien, L. 10, § 1, Dig., *de negotiis gestis* (III, 5).

(2) La formule repoussée au texte se trouve notamment dans Cauvet, *Traité sur les assurances maritimes*, II, n°ˢ 355 et suiv. Elle est critiquée par de Courcy, *Questions de droit maritime*, 1ʳᵉ série, p. 235 et suiv.

(3) Droit étranger. — Les Codes maritimes *suédois*, *danois* et *norvégien*, art. 143, indiquent expressément qu'il y a lieu à contribution même si le navire ou

887. Le Code de commerce ne pose nulle part en termes généraux la règle selon laquelle il faut qu'un résultat utile soit obtenu ; il se borne à la consacrer à propos du cas de jet. D'après l'art. 423, al. 1, C. com., *si le jet ne sauve le navire, il n'y a lieu à aucune contribution.* Peu importerait, alors que le navire n'est pas sauvé, que les marchandises le fussent, si leur salut a été dû à des efforts spéciaux ou au hasard et non au jet qui a allégé le navire. C'est là le sens de l'art. 423, al. 2 : *les marchandises sauvées ne sont point tenues du paiement ou du dédommagement de celles qui ont été jetées ou endommagées.* Toutefois cela cesserait d'être vrai si le jet, tout en ne sauvant pas le navire, avait contribué à assurer le sauvetage d'une partie de la cargaison. A défaut du navire, les marchandises, au moins, devraient contribuer.

Si la règle concernant le résultat utile obtenu n'a été consacrée qu'à propos du jet, c'est par suite d'un défaut de méthode du législateur ; les règles sur les avaries communes ont été réparties dans le titre des avaries et dans le titre du jet, alors que celui-ci n'est qu'un cas d'avarie commune et des règles générales applicables à toutes les avaries communes ont été posées seulement à propos du jet. Il faut donc généraliser la règle sur le résultat utile contenue dans l'art. 423, C. com.

On peut faire des applications nombreuses de cette règle. En voici quelques-unes :

a. Une partie de la cargaison a été placée sur des allèges, afin de permettre au navire d'échapper à la tempête ou à la poursuite de l'ennemi en entrant plus promptement dans un port ; les marchandises placées sur les allèges périssent et il y a aussi perte ou prise du navire et du restant de la cargaison.

b. Des voiles ont été coupées pour empêcher que le bâtiment ne coule bas, et le sinistre n'est pas prévenu.

Dans ces deux cas, comme dans tous les cas analogues, il n'y a pas avarie commune donnant lieu à contribution.

c. Un échouement volontaire a lieu, le navire périt, mais, grâce à cet échouement fait sur une plage accessible, on a pu sauver des

le chargement a été complétement sacrifié ou si le navire seul ou le chargement seul a été sauvé.

marchandises qui auraient sans doute péri avec le bâtiment si, à
défaut de l'échouement volontaire, il avait été précipité sur des
rochers. Le navire n'a pas été sauvé; cependant il doit y avoir lieu
à contribution. On peut, du reste, rattacher cette solution à ce qui a
été dit plus haut (n° 886), quand il a été indiqué que le sacrifice du
navire entier n'empêche pas qu'il y ait avarie commune, si le sacrifice volontaire a profité à la cargaison.

887 *bis*. Droit étranger. — L'idée d'un résultat utile se retrouve
bien dans les diverses législations; mais avec des différences parfois
assez notables. La règle du Droit français qui exige à la fois qu'il y
ait un résultat utile et que ce résultat ait sa cause dans le sacrifice
volontaire ou dans la dépense est consacrée par la loi *belge* du
21 août 1879, art. 111; par les Codes de commerce *hollandais*,
art. 734; *espagnol*, art. 860; *italien*, art. 650; *argentin*, art. 134;
les Codes maritimes *suédois*, *danois* et *norvégien*, art. 193. Les
Codes de commerce *allemand*, art. 705 et *portugais*, art. 639 et
642, veulent que le navire *et* la cargaison aient été sauvés en tout ou
en partie. En *Grande-Bretagne* (1), et dans les *États-Unis d'Amérique* (2), il faut sans doute que des choses soient sauvées pour qu'il
y ait avarie commune donnant lieu à contribution; mais on n'exige
pas que le salut se rattache au sacrifice comme un effet à sa cause,
de telle sorte qu'en cas de jet, si le navire périt, mais qu'on parvienne à sauver des marchandises, il y a avarie commune. L'idée est,
en effet, que les propriétaires des objets sacrifiés ne doivent pas
être laissés dans une situation pire que les autres intéressés (3).

888. Mais, une fois le résultat utile obtenu, le caractère de l'avarie
est définitivement fixé et ne peut être modifié par des événements
postérieurs. Aussi le droit à contribution subsiste, quels que puissent
être ces événements. C'est là ce qui arrive notamment quand, après

---

(1) Lowndes, *op. cit.*, p. 38 et 39; Arnould, *op. cit.*, II, p. 763.
(2) Desty, *op. cit.*, § 292.
(3) Frémery (*Études de Droit commercial*, p. 2260 et suiv.) soutient qu'il en
doit être ainsi.
C'est la doctrine anglaise qu'en 1888 le Congrès international de Droit commercial de Bruxelles a recommandée à l'adoption de tous les États, en décidant
qu' « il importe peu que le salut, au lieu de procéder directement du sacrifice,
« se produise par suite de circonstances indépendantes. »

avoir été sauvé une première fois par un jet, le navire périt dans une tempête postérieure ou est pris par l'ennemi. En pareil cas, la contribution est due. Sans doute elle ne l'est que par les marchandises sauvées (art. 424), mais cela tient, comme cela sera expliqué (n° 948), à ce que les choses sauvées contribuent d'après leur valeur à destination et qu'on ne peut connaître la valeur à destination d'un navire qui a péri avant d'y parvenir.

Il résulte bien de là que, lorsqu'après le sacrifice, il y a eu perte du navire ou des marchandises, il importe au plus haut point de déterminer si cette perte provient de la réalisation du risque que le sacrifice avait pour but d'écarter ou d'un accident postérieur. Dans le premier cas, il n'y a pas d'avarie commune faute de résultat utile obtenu (n° 886); dans le second, il y a avarie commune et pour les marchandises sauvées du second accident il y a lieu à contribution (art. 424, C. com.) (1). En fait, la distinction peut être très difficile à faire. La doctrine contraire admise en Angleterre est moins rationnelle, mais a l'avantage d'éviter les difficultés.

889. Si la perte survenue postérieurement à l'avarie commune n'empêche pas que la contribution ne soit due par le propriétaire des effets sauvés, par contre les choses sacrifiées dans l'intérêt commun n'ont pas à contribuer aux dommages subis par les marchandises ou par le navire postérieurement au sacrifice.

Ainsi, en présence d'une tempête, des marchandises ont été jetées à la mer et ce sacrifice a assuré le salut du navire et du restant de la cargaison. Si une nouvelle tempête cause des avaries aux marchandises sauvées, le propriétaire des marchandises sacrifiées n'a pas à y contribuer, que ces marchandises aient été ou non recouvrées.

C'est ce que décide : 1° pour les dommages survenus aux marchandises, l'art. 425, al. 1, C. com., en disposant : *les effets jetés ne contribuent en aucun cas au paiement des dommages arrivés depuis le jet aux marchandises sauvées;* 2° pour les dommages survenus au navire, l'art. 425, al. 2, C. com., suivant lequel *les*

---

(1) Emérigon (*Traité des assurances*, chapitre XII, section 41) fait cette distinction à propos de l'art. 16, livre III, titre 8, de l'Ordonnance de 1681, dont l'art. 424, C. com., reproduit la disposition.

marchandises ne contribuent pas au paiement du navire perdu ou réduit à l'état d'innavigabilité.

889 *bis.* Cette dernière disposition a donné naissance, en tant qu'elle vise l'innavigabilité, à une difficulté. Quand l'avarie consiste dans un dommage causé au navire, par exemple dans la rupture des mâts, il y a avarie commune et la contribution est due, si le navire est sauvé et conduit les marchandises à destination. Au contraire, l'avarie n'est pas commune si le navire périt et que les marchandises soient pourtant sauvées, grâce à des efforts étrangers au sacrifice lui-même. Mais il est possible que le navire ainsi privé de parties essentielles par suite du sacrifice qui a été fait, parvienne à gagner avec peine le port de déchargement des marchandises et y soit déclaré innavigable. Les marchandises sauvées doivent-elles, même en ce cas, contribuer à l'avarie causée au navire? On a cru pouvoir le nier, en s'attachant littéralement au texte de l'art. 425, al. 2, C. com., selon lequel *les marchandises ne contribuent pas au paiement du navire perdu ou réduit à l'état d'innavigabilité* (1). Cette doctrine serait inique et dénaturerait le sens de l'art. 425, al. 2, C. com. (2). En définitive, malgré l'innavigabilité déclarée, le navire a rempli sa tâche; il a transporté les marchandises. Le sacrifice qui a atteint le navire a profité aux propriétaires de celles-ci. Sans ce sacrifice, ces marchandises auraient péri. Pour les marchandises, le navire n'est pas innavigable, puisqu'il les a conduites au port où elles devaient être déchargées. Il est vrai qu'un navire innavigable est réputé perdu, mais cela n'est vrai que dans les rapports entre l'assureur et l'assuré (au point de vue du délaissement). V. art. 369, C. com. Du reste, l'art. 425, al. 2, ne vise nullement cette hypothèse; il prévoit le cas où, après un sacrifice de marchandises constituant une avarie commune, le navire a péri ou est devenu innavigable par suite d'un fait postérieur au sacrifice et il décide que les marchandises ne contribuent pas au dommage subi par le navire;

---

(1) Trib. comm. Marseille, 6 août 1851, *Journ. de jurispr. de Marseille*, 1851. 1. 327; Trib. comm. Bordeaux, 21 juin 1855, D. 1856. 1. 314.

(2) Cass. 23 juill. 1856, D. 1856. 1. 313 ; Cass. 18 déc. 1867., D. 1867. 1. 145; Trib. comm. de Marseille, 23 déc. 1873, *Journ. de jurispr. de Marseille*, 1874. 1. 75. — De Courcy, *Questions de Droit maritime* (1re *série*), p. 240 et suiv.; *D'une réforme internationale du Droit maritime*, p. 183 et suiv.

il y a une corrélation étroite entre l'alin. 2 de l'art. 425 et l'alin. 1 du même article qui prévoit le cas où des dommages postérieurs à l'avarie commune ont été subis par des marchandises sauvées (1).

890. Au reste, si les objets sacrifiés ne contribuent pas aux dommages subis depuis le sacrifice par le navire ou par les marchandises sauvées (art. 425, alin. 1 et 2, C. com.), cela n'est vrai qu'autant que les dommages postérieurs sont des avaries particulières. Quand ils constituent des avaries communes, il y a lieu à contribution pour les objets précédemment sacrifiés. Le second sacrifice a profité aux propriétaires de ceux-ci ; car, sans ce second sacrifice, les objets sauvés une première fois auraient péri dans le second accident et, par suite, ils ne pourraient pas être soumis à contribution.

890 bis. En définitive, les dispositions des art. 424 et 425, C. com., n'étaient pas utiles; on les supplée aisément à l'aide des principes généraux; elles avaient été supprimées dans le projet de 1865.

891. Aux trois conditions indiquées précédemment pour qu'il y ait avarie commune, le Code de commerce (art. 400, dern. alin. et 410) paraît en ajouter une quatrième, et la jurisprudence, avec la plupart des auteurs, exige une autre condition qu'aucun texte de nos lois ne requiert expressément.

La condition que paraît exiger le Code de commerce (art. 400, dern. alin. et 410) est la délibération du capitaine et des principaux de l'équipage et des intéressés au chargement, prise avant le sacrifice ou la dépense. En outre, on admet généralement que, pour qu'il y ait avarie commune, il faut que le danger commun ait eu sa cause dans un cas fortuit ou de force majeure, de telle sorte qu'il y aurait avarie particulière quand ce danger provenait, soit de la faute du capitaine ou d'un chargeur de marchandises, soit du vice propre du navire ou des marchandises.

Il est impossible de prendre à la lettre les textes du Code de commerce concernant la première de ces conditions et, selon nous, on ajoute arbitrairement à la loi et on méconnaît les principes sur les-

(1) V. à propos de l'art. 17, livre III, titre VIII de l'Ordonnance de 1681, auquel correspond l'art. 425, C. com., Emérigon, *Traité des assurances,* chapitre XII, section 41; Pothier, n° 124.

quels repose la théorie des avaries communes en exigeant la seconde :
c'est ce qui va être établi (nᵒˢ 892 et suiv.).

892. L'art. 400, dern. alin., parle de dommages soufferts volontairement ou de dépenses faites d'après des délibérations motivées et
l'art. 410 prescrit de prendre, au cas de jet, l'avis des intéressés au
chargement qui se trouvent dans le vaisseau et celui des principaux de
l'équipage. Mais il est bien des cas où l'imminence du péril empêche
qu'on ait le temps de convoquer ces personnes et de délibérer. Du
reste, dans les usages actuels, les propriétaires des marchandises formant la cargaison n'accompagnent pas celles-ci sur le navire et, par
suite, il est impossible de les consulter (nᵒ 870). Le capitaine doit
seulement se conformer, autant que possible, à cette prescription.
Malgré son inobservation, il peut y avoir avarie commune (1). Il n'y
a là qu'une sorte de moyen de preuve n'ayant rien d'exclusif.

La délibération, déjà mentionnée dans l'Ordonnance de 1681
(livre III, titre VIII, art. 1) à propos notamment du jet, a donné lieu
à une distinction entre le *jet régulier* et le *jet irrégulier;* le
premier est celui qui est précédé d'une délibération et le second
celui qui est fait sans délibération préalable. Les anciens auteurs
constataient déjà que le *jet régulier* était rare. A cet égard, Emérigon (*Traité des assurances*, chapitre XII, section 40, § 2) donne
des indications intéressantes et reproduit des observations curieuses
du jurisconsulte italien Targa. Emérigon s'exprime ainsi : « On dis-
« tingue deux sortes de jet, *le régulier et l'irrégulier.* Le jet
« régulier est celui qui se fait non dans le moment même qu'on va
« périr, mais pour prévenir le danger qui s'approche. Quelque peu
« de temps reste encore pour délibérer si on fera le jet, comment et
« de quoi. On prend l'avis des marchands et de l'équipage. Tout
« s'opère avec ordre et sans confusion. — Le jet irrégulier est celui
« qui se fait dans l'instant même du danger. Les formalités et les
« discours sont hors de saison. On va périr. Tout moyen de salut est

---

(1) Rennes, 28 déc. 1863, S. 1864. 2. 168; *J. Pal.* 1864. 878; Paris,
27 mai 1885, *Revue int. de Droit marit.*, 1885-86, p. 594.; Trib. comm. Havre,
21 janv. 1890, 2 déc. 1890, *Revue int. du Droit marit.*, 1889-90, p. 637; 1890-
1891, p. 537.; Cass. 12 juin 1894, *le Droit*, nᵒ du 23 juin 1894. — V. aussi
Trib. comm. Dunkerque, 9 avr. 1888, *Revue int. du Droit marit.*, 1888-89, p. 26.
—Desjardins, *op. cit.*, IV, nᵒ 973, p. 175 et suiv.; de Valroger, V. nᵒ 2006, p. 34.

« légitime. Chacun jette ce qui se présente sous la main. — Targa
« observe que, pendant soixante ans qu'il a été magistrat du consulat
« de la mer à Gênes, il n'a vu que quatre ou cinq exemples de jet
« régulier, lesquels furent suspects de fraude, par cela seul que les
« formalités avaient trop bien été observées. — Voilà pourquoi le jet
« est toujours présumé avoir été de la classe des *jets irréguliers*. »
Aussi ne faut-il pas s'étonner que le projet de 1865 ne reproduise
pas la mention de la délibération préalable et que les Codes étrangers
n'en fasse généralement pas non plus mention.

893. Si l'absence de délibération préalable n'empêche pas qu'il y
ait avarie commune, l'existence d'une délibération ne fait pas, nécessairement, qu'un sacrifice ou une dépense constitue une avarie
commune. Le juge a toujours, malgré la délibération, à rechercher,
quand il y a contestation, si les conditions constitutives de l'avarie
commune étaient bien réunies (1). Autrement il dépendrait d'un
capitaine peu scrupuleux de faire considérer tous les dommages et
toutes les dépenses comme des avaries communes, s'il était d'accord
avec les principaux de l'équipage pour prendre une délibération. L'observation de Targa, rapportée par Emérigon dans le passage cité plus
haut (n°892), montre bien quel serait le danger d'une doctrine opposée.

893 *bis*. DROIT ÉTRANGER. — Cependant quelques Codes mentionnent encore la délibération préalable à prendre. Il en est ainsi des
Codes de commerce *espagnol*, art. 813 et 814; *italien*, art. 657;
hollandais, art. 699 23°; *argentin*, art. 1316, 1er alin.; des Codes
maritimes *finlandais*, art. 139; *suédois, danois* et *norvégien*, art. 194.

Mais le Code de commerce *allemand* (art. 702) ne fait aucune
mention d'une délibération préalable. La loi *belge* du 21 août 1879
(art. 202) et le Code de commerce *portugais* sont également muets
sur la délibération préalable. La loi *belge* (art. 116 et 117) se borne à
prescrire au capitaine de rédiger par écrit le procès-verbal du jet et
des autres sacrifices faits, aussitôt qu'il en a les moyens, et d'affirmer
les faits contenus dans ce procès-verbal au premier port où le navire
abordera.

En *Grande-Bretagne*, la nécessité d'une délibération n'est pas

(1) Cass. 10 août 1880, S. 1880. 1. 421 ; *J. Pal.* 1880. 1055; Cass. 8. juin
1891, S. 1892, 1. 241 et *J. Pal.* 1892. 1. 241 (note de Ch. Lyon-Caen).

admise ; on reconnaît qu'il y a là un ancien usage se rattachant à l'habitude qu'avaient les chargeurs d'accompagner leurs marchandises sur le navire qui les transportait (1).

894. Le danger commun à raison duquel le capitaine s'est décidé à faire le sacrifice ou la dépense, peut provenir de causes diverses. Il est incontesté qu'il y a avarie commune, lorsqu'il provient d'un cas fortuit ou de force majeure, par exemple de la tempête ou de la poursuite de l'ennemi, comme le suppose, du reste, expressément l'art. 410, C. com. Mais doit-on aussi admettre qu'il y a avarie commune donnant lieu à une contribution, lorsque le danger commun venait, soit de la faute du capitaine ou d'un chargeur, soit d'un vice propre du navire ou des marchandises de la cargaison?

La jurisprudence exige que le danger commun ait sa cause dans un cas fortuit ou de force majeure. Quand le danger commun a une autre cause, elle admet que l'avarie doit être supportée par la personne qui, par sa faute, a causé le danger ou dont la chose était atteinte du vice propre qui l'a occasionné (2-3). Une quatrième condi-

---

(1) Mac Arthur, *op. cit.*, p. 165.

(2) Cass. 16 mai 1881, D. 1882. 1. 349 ; Cass. 16 nov. 1881, S. 1882. 1. 250 ; *J. Pal.* 1882. 1. 608 ; D. 1882. 1. 399 ; Cass. 6 juin 1882, S. 1882. 1. 49 ; *J. Pal.* 1882. 1. 1020 (note en sens contraire de Ch. Lyon-Caen) ; D. 1883. 1. 185 (note approbative de M. Levillain) ; Trib. comm. Havre, 5 mai 1886, Trib. comm. Marseille, 9 janv. 1888, Trib. comm. Dunkerque, 20 mars 1888, *Revue internat. du Droit maritime*, 1886-87, p. 170 ; 1887-88, p. 594 ; 1888-89, p. 25 ; Rouen, 29 déc. 1891, Cass. 29 mars 1892, *Journ. de jurispr. de Marseille*, 1893. 2. 88 ; 1892. 2. 173 (d'après ce dernier arrêt, une décision qui admet l'existence d'une avarie commune sans indiquer la cause du danger commun, est insuffisamment motivée, en ce qu'elle ne permet pas à la Cour de cassation d'exercer son pouvoir d'appréciation). Dans les différentes espèces sur lesquelles ont statué ces arrêts, le danger commun provenait de la faute du capitaine. L'arrêt de la Cour de la Réunion du 27 mars 1881 a statué sur une espèce dans laquelle le danger commun dérivait de la faute d'un chargeur. V. pour le cas de danger commun provenant du vice propre du navire, Trib. comm. Havre, 20 déc. 1892, *Revue int. du Droit marit.*, 1892-93, p. 353. — C'est à cette opinion que paraît s'être rangé le projet de 1865. D'après l'art. 404 de ce projet, si la relâche est motivée par une avarie provenant d'un vice propre, les dépenses sont des avaries particulières au navire ou aux marchandises, selon que le vice propre existait pour le navire ou pour les marchandises. La note explicative (p. 127) qui sert d'exposé de motifs dit : « si la défense est commune, l'auteur du mal est connu et doit être seul responsable des conséquences qu'il entraîne. »

(3) Locré, *Esprit du Code de commerce*, IV, p. 359 ; Arth. Desjardins, IV;

tion se trouve ainsi ajoutée par la jurisprudence à celles qui ont été précédemment indiquées.

Selon nous, cette quatrième condition doit être écartée et, quelle que soit la cause du danger commun, dès l'instant où il a été fait soit un sacrifice soit une dépense extraordinaire qui, ayant pour but d'y échapper, a eu un résultat utile, il y a avarie commune et, par suite, il y a lieu à contribution (1).

Les arguments produits en faveur du système de la jurisprudence sont très spécieux. On fait d'abord remarquer qu'à propos du jet, l'art. 410, C. com., prévoit un danger résultant de la tempête ou de la poursuite de l'ennemi et qu'il n'y a pas de raison pour ne pas généraliser cette disposition et pour ne pas l'appliquer à tous les cas de sacrifice ou de dépense extraordinaire ayant pour but d'échapper à un danger commun. En ce qui concerne spécialement le cas de faute, on ajoute qu'il est naturel et juste que le dommage retombe sur l'auteur de la faute, qu'en conséquence, celui dont la chose a été atteinte par le sacrifice ne doit avoir de recours que contre lui. A l'appui de cette idée, on cite l'art. 405, C. com., selon lequel les dommages arrivés aux marchandises par tous accidents provenant de la négligence du capitaine ou de l'équipage sont des avaries particulières supportées par le propriétaire des marchandises, mais pour lesquelles il a son recours contre le capitaine, le navire et le fret. On invoque aussi l'art. 403 1°, C. com., qui classe parmi les avaries particulières le dommage arrivé à des marchandises par le vice propre.

On dénature ainsi le sens des dispositions légales qu'on invoque et on méconnaît les considérations d'équité qui servent de base à l'obligation de contribuer aux avaries communes. Il est vrai que l'art. 410, C. com., vise seulement les cas où le jet a eu pour cause un danger de perte ou de prise provenant de la tempête ou de la

---

n° 1019 ; Govare, *Traité des avaries communes et de leur règlement*, n° 17 ; Morel, *Des avaries*, p. 22 et 23; Droz, *Traité des assurances maritimes*, I, n°s 386, 404 et 506.

(1) Aix 1er août 1892, *Revue internat. du Droit marit.*, 1892-93, p. 48. Lyon-Caen, note dans le *Recueil de Sirey*, 1882. 1. 409 et dans le *Journal du Palais*, 1882. 1. 409; de Courcy, *Revue critique de législation et de jurisprudence*, 1883, p. 654 et *Questions de Droit maritime, Une doctrine fantaisiste en matière d'avarie commune* (3e série, p. 181); de Valroger, V, n° 2002.

poursuite de l'ennemi. Mais l'art. 410, C. com., n'est pas limitatif; il indique seulement à titre d'exemples les cas les plus ordinaires. Du reste, l'art. 410 ne définit pas les avaries communes ; c'est dans l'art. 400, dern. alin., que s'en trouve une définition. Or, cette dernière disposition parle de dommages soufferts volontairement ou de dépenses faites pour le bien et salut commun, sans faire aucune allusion à la cause du danger auquel le capitaine a voulu échapper, ce qui implique que cette cause n'est point à considérer pour distinguer les avaries communes des avaries particulières. Cette indifférence de la cause du danger commun est, du reste, seule conforme aux idées d'équité servant de base à la théorie des avaries communes. Dès l'instant où il y a eu danger commun, il est juste que le sacrifice ou la dépense qui a été fait pour l'éviter et qui a atteint son but, soit supporté en commun. Autrement ceux qui ont profité du sacrifice ou de la dépense réaliseraient un profit injuste au préjudice de celui dont la chose a été atteinte par le sacrifice ou qui a fait la dépense. Cela n'a nullement pour conséquence, en cas de danger commun causé par une faute, de faire échapper à la responsabilité celui qui l'a commise ; c'est sur lui que les conséquences de la faute doivent retomber en définitive. D'abord la personne atteinte par le sacrifice, ou ayant fait la dépense, peut, si elle le préfère, s'en prendre directement à l'auteur de la faute, sans réclamer la contribution. Celui-ci n'a pas alors de recours contre les divers intéressés pour les faire contribuer. Dans le cas où la contribution aurait lieu, tous les contribuables pourraient aussi recourir contre lui pour se faire rembourser par lui le montant de leur part contributive. Enfin, lorsque c'est l'auteur de la faute qui a fait la dépense ou dont la chose a subi le dommage volontaire, il est certain qu'il ne peut prétendre qu'il y a une avarie commune à laquelle les divers intéressés dans l'expédition sont tenus de contribuer (1).

L'art. 405, C. com., ne peut être invoqué contre cette opinion. Il vise les cas où le dommage a sa cause directe et immédiate dans une faute du capitaine. Dans les espèces à propos desquelles s'élève la

_____

(1) On discute sur le point de savoir s'il en doit être ainsi même quand, en vertu d'une clause du connaissement, le propriétaire ne répond pas des fautes du capitaine. V. n° 895.

question qui vient d'être examinée, le dommage provient de la décision prise par le capitaine, pour éviter un danger commun, de faire une
dépense ou de causer un dommage. C'est ce danger qui provient
d'une faute; celle-ci n'est pas la cause directe du dommage. De même,
l'art. 403 1° suppose un dommage causé directement par le vice propre à des marchandises et non un dommage causé par le capitaine à
des marchandises pour les faire échapper à un danger résultant d'un
vice propre à d'autres marchandises.

895. Les clauses des chartes-parties ou des connaissements, devenues si fréquentes, qui excluent la responsabilité du propriétaire du
navire à raison des fautes du capitaine, ont fait naître une question
se rattachant aux solutions précédemment données (n° 894). Lorsque
le danger commun provenait d'une faute du capitaine, celui-ci n'a
pas, en principe, le droit de réclamer une contribution aux chargeurs pour la dépense faite par le capitaine ou le dommage causé
par celui-ci au navire. Faut-il, au contraire, accorder ce droit au
propriétaire du navire dans le cas très fréquent où, en vertu d'une
clause du connaissement ou de la charte-partie, il n'est pas responsable
des fautes du capitaine? Cette question suppose naturellement
qu'avec la jurisprudence on admet la validité des clauses de non-responsabilité (n° 744). Pour accorder au propriétaire le droit de réclamer
la contribution, on allègue que, le propriétaire n'étant pas responsable des fautes du capitaine, les événements provenant directement
ou indirectement de ces fautes doivent être traités en droit comme
provenant de cas fortuits ou de force majeure (1). Il y a là une exagération de la portée des clauses de non-responsabilité. Malgré elles,
le propriétaire du navire ne peut demander aux intéressés de contribuer au sacrifice fait dans l'intérêt commun qui a atteint le navire
quand le danger évité provenait de la faute du capitaine (2). Le but
de ces clauses est de donner au propriétaire du navire un moyen de
défense contre l'action des propriétaires de la cargaison, non de lui

(1) Cass. 2 avr. 1878, D. 1878. 1. 474; Cass. 12 juin 1894, *le Droit*, n° du
23 juin 1894. — V. aussi Aix, 1er août 1892, *Revue internat. du Droit maritime*,
1892-93, p. 48.
(2) Rouen, 2 nov. 1891, *Revue internat. du Droit marit.*, 1891-92, p. 659.
— *Journ. de jurispr. de Marseille*, 1893. 2. 88. — O. Marais, *Revue internat.
du Droit marit.*, 1891-92, p. 606.

conférer un droit d'action qu'il n'aurait pas sans elles. Nonobstant ces clauses, la faute du capitaine existe et ne peut être assimilée à un cas fortuit ou de force majeure. Seulement cette faute n'a pas sa conséquence ordinaire quant à la responsabilité du propriétaire du navire envers les affréteurs.

896. Dans le même cas où le propriétaire est, par une clause de la charte-partie ou du connaissement, dispensé de répondre des fautes du capitaine, une autre question est encore à résoudre pour les partisans de la jurisprudence qui exige, pour qu'il y ait avarie commune, que le danger n'ait pas eu sa cause dans une faute. Le propriétaire des marchandises sacrifiées peut-il faire considérer le dommage comme une avarie commune et faire contribuer les propriétaires des autres parties de la cargaison, malgré l'existence d'une faute du capitaine, si le propriétaire n'est pas responsable de celle-ci? Selon nous, en admettant que, contrairement à notre opinion (n° 894), la faute du capitaine soit exclusive de la contribution, celle-ci doit être écartée malgré les clauses de non-responsabilité. Cette clause ne peut avoir d'effets que dans les rapports entre le propriétaire du navire et chaque affréteur. Un affréteur ne peut l'invoquer contre les autres pour lesquels elle est *res inter alios acta*.

896 bis. DROIT ÉTRANGER (1). — Les différentes législations ne s'accordent pas sur la question de savoir si l'existence d'une faute ou d'un vice propre, ayant causé le danger commun, met obstacle à ce qu'il y ait avarie commune.

Le Code de commerce *allemand* admet qu'il y a avarie commune même au cas de faute. L'art. 704 de ce Code dispose, en effet : « L'application des règles sur les avaries grosses n'est pas exclue par « la circonstance que le danger provenait de la faute soit d'un tiers, « soit d'une partie intéressée. — La partie intéressée à qui une « pareille faute est imputable, est non-seulement privée de tout re- « cours à raison des dommages qu'elle a éprouvés, mais, en outre, « responsable envers tous ceux qui doivent la contribution à l'avarie

---

(1) V. dans l'*Eco di Guirisprudenza commerciale italiana* (n° du 15 février 1885) un article de M. Berlingeri intitulé : *Se la colpa d'una delle parti o d'un terzo escluda il carattere d'avaria comune dal sacrifizio incontrato per la comune salvezza.*

« grosse, du préjudice résultant pour eux de ce que le dommage est
« considéré comme avarie grosse. — Toutefois, si le danger provient
« de la faute d'une personne de l'équipage, l'armateur en supporte
« aussi les conséquences, conformément aux art. 451 et 452. » La
même doctrine est consacrée par les Codes maritimes *finlandais*
(art. 135), *suédois, danois* et *norvégien* (art. 191, 1er alin.).

Les Codes de commerce *italien* (art. 643) et *roumain* (art. 655)
refusent de considérer comme avaries communes même les avaries
subies pour le bien et salut commun, quand le danger provenait, soit
du vice propre ou de la vétusté du navire, soit d'une faute du capitaine ou de l'équipage (1). Il en est de même des Codes de commerce *hollandais* (art. 700) et *argentin* (art. 1518). C'est ce
système que consacre également la loi belge du 21 août 1879. Sans
doute elle ne l'énonce nulle part en termes généraux, mais elle
donne des solutions d'espèce qui en impliquent nécessairement
l'adoption. Après avoir indiqué que *sont considérées comme avaries
communes les dépenses de toute relâche effectuée à la suite de fortune de mer qui mettrait le navire et la cargaison, si la navigation
était continuée, en état de péril commun*, l'art. 103, 2e et 3e alin., de
la loi belge ajoute les restrictions suivantes : *si la relâche est motivée
par des avaries qui soient reconnues provenir du vice propre
du navire ou d'une faute imputable au capitaine ou à l'équipage,
les dépenses sont avaries particulières au navire. Si la relâche est
motivée par la fermentation spontanée ou par d'autres vices propres
de la marchandise, toutes les dépenses sont avaries particulières à
la marchandise.*

En *Grande-Bretagne*, la jurisprudence refuse tout droit à contribution à celui dont la faute a été la cause du danger commun, mais
admet que celui dont la chose a été atteinte par le sacrifice et qui n'a
pas participé à la faute peut demander la contribution, ce qui
implique la reconnaissance d'une avarie commune (2). Tout au
moins, la contribution est admise facilement quand l'auteur de la

---

(1) Cpr. Cour de cassation de Turin, 19 avril 1887, *Revue internat. du Droit
maritime*, 1887-88, p. 372.

(2) Lowndes, *The law of general average*, p. 28 et suiv.; Charles Mac Arthur,
The contract of marine insurance, p. 165.

faute est insolvable, parce qu'alors le recours existant contre lui est inefficace.

Le système du Code de commerce *allemand* qui, selon nous, mais contrairement à la jurisprudence, est celui du Code de commerce *français*, a été recommandé à l'adoption des États par le Congrès international de droit commercial de Bruxelles (1888) dans une résolution ainsi conçue : « Les règles relatives à l'avarie commune doivent s'appliquer même lorsque le danger, cause directe du sacrifice ou de la dépense, a été amené, soit par la faute du capitaine, de l'équipage ou d'une personne intéressée au chargement, soit par le vice propre du navire ou de la marchandise. — Le recours que donne la faute ou le vice propre est indépendant du règlement de l'avarie commune. »

897. On peut rapprocher du cas où le danger commun provenait de la faute du capitaine, celui où, le danger ayant été occasionné par un cas fortuit, le capitaine a fait une dépense exagérée ou un sacrifice excessif pour y échapper. Il n'est pas douteux que le capitaine n'a pas, en pareil cas, d'action pour l'excédent contre les divers intéressés. Mais ce n'est pas à dire que celui dont la marchandise a été l'objet d'un sacrifice excessif n'ait pas le droit de faire contribuer pour le tout les autres intéressés. Il serait injuste de le priver d'une partie de la contribution, alors qu'il n'y a aucune faute à lui reprocher. Mais tous les contribuables ont un recours contre le capitaine pour l'excédent de leur part contributive sur celle qu'ils auraient eu à supporter si le sacrifice n'avait pas été excessif (1).

898. DES PRINCIPALES AVARIES COMMUNES. — Les avaries communes sont d'une très grande variété. Le Code de commerce en a énuméré un certain nombre dans l'art. 400 comme l'ont fait, du reste, aussi, la plupart des lois étrangères. Il est utile de parcourir l'énumération du Code qui n'est pas sans soulever parfois quelques difficultés; il importe aussi de mentionner des avaries non visées par un texte légal et sur le classement desquelles on peut avoir quelque

---

(1) DROIT ÉTRANGER. — Ces solutions sont données par les Codes maritimes *suédois, danois* et *norvégien*, art. 194.

hésitation. Il sera parlé d'abord des avaries communes figurant dans l'énumération de l'art. 400, C. com.

899. En considérant les avaries communes en elles-mêmes, on peut en distinguer trois catégories : 1° les unes consistent dans des dommages causés à des marchandises de la cargaison, 2° les autres dans des dommages causés à un navire ou à ses accessoires, 3° les autres enfin dans des dépenses extraordinaires. Les avaries des deux premières sortes sont des avaries-dommages, celles de la troisième sorte sont des avaries-frais. Cette division tripartite est suivie ci-après, soit pour les avaries mentionnées dans le Code de commerce (n°s 900 et suiv.), soit pour les avaries dont il ne fait point mention (n^cs 922 et suiv.).

900. Du JET. — Le type des avaries communes est le jet des marchandises. On entend par là le fait par le capitaine de précipiter dans la mer tout ou partie de la cargaison pour assurer le salut, soit du navire et du restant de la cargaison, soit du navire seul. Par cela même que le jet constitue une avarie commune, les rédacteurs du Code auraient dû en traiter dans le titre des avaries et ne pas lui consacrer un titre spécial (art. 410 à 429). Ainsi que cela a été dit (n° 887), ce défaut de méthode a fait poser à propos du jet des règles générales qui s'appliquent à toutes les avaries communes (1).

901. Le jet est le plus souvent déterminé par la tempête ou par la chasse de l'ennemi qui fait courir au navire et aux marchandises un grave danger de perte ou de prise. Mais ces deux causes du jet, indiquées par le Code de commerce (art. 410), ne sont pas les seules. Il pourrait y avoir un jet constituant une avarie commune dans le cas où le capitaine se croirait obligé de le faire pour relever le navire échoué, soit par suite d'un cas fortuit, soit par toute autre cause, même par la faute du capitaine ou des gens de l'équipage, si l'on admet, conformément à l'opinion adoptée plus haut (n° 894), que la faute du capitaine n'exclut pas la contribution.

902. C'est particulièrement à propos du jet que la loi prescrit une

_____

(1) Les rédacteurs du projet de 1865 n'avaient pas commis cette faute de méthode. Un seul titre (le titre XI, art. 400 à 419) était consacré aux avaries et à leur règlement, y compris le jet. — Dans la loi belge du 21 août 1879, le chapitre III du titre III (art. 99 à 119) comprend aussi toutes les dispositions sur les avaries. *Sic*, Code italien de 1882 (titre II du livre VII); Code allemand (titre VIII du livre V).

délibération préalable du capitaine, des chargeurs et des principaux de l'équipage (art. 410). Aussi les anciens auteurs appelaient-ils *jet régulier* celui qui est précédé d'une délibération et *jet irrégulier* celui qui est opéré sans délibération préalable (1). Conformément à ce qui a été dit précédemment (n° 892), la délibération n'est pas une des conditions essentielles de l'avarie commune; le jet irrégulier est de beaucoup le plus fréquent et donne lieu à contribution. A l'inverse, l'existence d'une délibération ne suffit pas pour qu'il y ait une avarie commune, si le dommage souffert ou la dépense faite n'en réunit pas tous les caractères (n° 893).

903. A l'imitation des lois anciennes, le Code de commerce n'abandonne pas au capitaine le libre choix des objets à jeter. Aux termes de l'art. 411, *les choses les moins nécessaires, les plus pesantes et de moindre prix, sont jetées les premières, et ensuite les marchandises du premier pont au choix du capitaine, et par l'avis des principaux de l'équipage.* Cet ordre doit seulement être suivi autant que possible; il n'y a rien de rigoureux. Le trouble que cause un danger imminent (motif le plus fréquent, sinon exclusif de l'avarie commune), empêche souvent que l'on s'y conforme. L'obstacle peut aussi provenir des circonstances : ainsi l'on comprend que le capitaine ne jette pas d'abord les marchandises lourdes, lorsqu'elles se trouvent à fond de cale et qu'elles ne peuvent être retirées qu'avec difficulté.

Peu importe, du reste, que le jet ait porté sur une partie de la cargaison ou sur la cargaison entière. Dans ce dernier cas même, il y a avarie commune (n° 886).

Emérigon (*Traité des assurances*, chapitre XII, sect. XL, §§ 5 et s.) donnait d'assez longs détails sur l'ordre à suivre pour le jet, mais il prenait soin d'ajouter : « Ce choix... n'a lieu que lorsque la « délibération est praticable. Mais il arrive souvent qu'en pareil cas, on « n'a le temps ni de choisir, ni de délibérer, et qu'on jette tout ce « qui se présente sous la main. » Aussi la plupart des Codes récents gardent-ils le silence sur l'ordre dans lequel les marchandises doivent être jetées. V. cependant, C. *italien* de 1882, art. 645; C. *es-*

(1) Emérigon, *Traité des assurances*, chapitre XII, sect. XL. — V. le passage cité plus haut, n° 892.

pagnol, art. 815 ; C. *finlandais,* art. 140. Si, en fait, le capitaine avait jeté des choses précieuses alors que, d'après les circonstances, il aurait pu atteindre le même résultat en sacrifiant des choses de moindre valeur, il y aurait une faute du capitaine et l'on appliquerait les solutions admises plus haut (n° 897) pour le cas où le sacrifice a été excessif (1).

904. Le jet n'est pas un abandon de propriété ; du reste, le plus souvent le propriétaire des marchandises jetées ne voyageant pas avec elles ne participe pas au jet en y donnant son assentiment (n° 892). Aussi, dans le cas où les marchandises jetées seraient retrouvées, appartiendraient-elles à leur ancien propriétaire qui n'a pas cessé de l'être. Les textes du Droit romain faisaient déjà cette observation ; ils indiquaient qu'en cas de jet de marchandises, il n'y a pas *derelictio,* parce que l'intention d'abdiquer la propriété n'existe pas et ils en concluaient que la personne qui s'emparait de marchandises jetées à la mer *levandæ navis causâ,* commettait le délit de *furtum* (2). V. sur les effets du recouvrement des effets jetés, n° 971.

905. *Cas exceptionnels où le jet ne constitue pas une avarie commune.* — Le jet n'est pas toujours une avarie commune, bien qu'il réunisse les conditions générales qui viennent d'être indiquées. A raison de circonstances spéciales, le Code de commerce exclut en quelques cas exceptionnels la contribution à raison du jet et laisse

---

(1) Emérigon constate que jamais on n'a admis que le jet pût porter sur des esclaves. Il s'exprime ainsi dans le *Traité des assurances,* chapitre XII, section XL, § 5 : « De ce que les nègres sont considérés comme des choses, on « n'a jamais poussé le déraisonnement jusqu'à dire qu'on peut les jeter à la « mer pour décharger le navire, tout comme on jette les autres marchandises. « — Si, par rapport au droit civil, les esclaves sont nuls, il n'en est pas de « même par rapport au droit naturel, selon lequel tous les hommes sont égaux. « On doit plutôt jeter tous les effets du navire, même les plus précieux, que « de jeter le moindre des esclaves. S'il fallait supposer qu'on fût dans la « nécessité absolue de jeter partie des hommes, Kuricke et Devicq disent qu'on « devrait recourir au sort. — Mais une pareille théorie ne serait jamais adoptée « en justice. Ceux qui, sous prétexte de sauver le navire, auraient jeté des « hommes à la mer, libres ou esclaves, par le sort ou sans le sort, seraient « coupables d'homicide ; car, pour sauver ma vie, il ne m'est jamais permis « de donner la mort à des hommes qui ne m'attaquent point. »

(2) *Institutes de Justinien,* § 48, *De rerum divisione,* II, 1 ; *Dig.* Paul, L. 2. § 3, Julien, L. 8, *Ad legem Rhodiam de jactu,* XIV, 2.

supporter le jet par le propriétaire des marchandises sacrifiées, conformément à la règle admise pour les avaries particulières.

906. *a.* Ne donnent pas lieu à contribution les marchandises chargées sans connaissement ou déclaration du capitaine (art. 420) (1). Le législateur a voulu ainsi réprimer les chargements frauduleux de marchandises. On peut ajouter que les marchandises chargées sans connaissement peuvent être aisément dissimulées et échapper ainsi à la contribution quand elles sont sauvées. L'égalité ne serait donc pas maintenue entre les diverses parties de la cargaison, s'il y avait lieu à contribution pour le jet de marchandises qui ont été chargées sans connaissement (2).

L'absence de connaissement est un fait d'autant plus rare que la loi du 30 mars 1872 (art. 3 et suiv.) exige un connaissement pour tout transport de marchandises opéré dans le rayon de l'inscription maritime (n° 704). Au reste, il résulte du texte même de l'art. 420, C. com., que, malgré l'absence de connaissement, le jet de marchandises donne lieu à contribution quand il y a une déclaration écrite du capitaine, comme il peut parfois en être fait une sur le livre de bord. Cela concorde bien avec le principe posé précédemment (n° 711), d'après lequel le connaissement est le mode de preuve le plus ordinaire, mais non le seul mode de preuve du chargement.

Il est toutefois des cas où il semble qu'on doive se montrer plus rigoureux quant à la preuve du chargement des marchandises, preuve nécessaire pour que le jet en donne lieu à contribution. Lorsque les marchandises jetées appartiennent au capitaine ou à des gens de l'équipage, il faut, pour que la contribution soit due, que les formalités des art. 344 et 345 aient été observées (n° 712); on ne saurait admettre qu'un capitaine puisse se faire un titre à lui-même ou en

---

(1) Reproduction de l'art. 12, livre III, titre 8, de l'Ordonnance de 1681.

(2) DROIT ÉTRANGER. — L'exception de l'art. 420, C. com., relative aux marchandises chargées sans connaissement, se retrouve dans les législations étrangères : Codes de commerce *allemand*, art. 710 2°; *italien*, art. 646; *hollandais*, art. 732; *portugais*, art 640. Codes maritimes *suédois*, *norvégien* et *danois*, art. 203 ; loi *belge* du 21 août 1879, art. 109.

En *Grande-Bretagne*, on n'exclut la contribution en cas de jet de marchandises chargées sans connaissement qu'autant que le chargement en a eu lieu frauduleusement (*fraudulently*), non quand il a été opéré de bonne foi (*honestly*). V. Arnould, *On the law of marine insurance*, II, p. 767 et suiv.

créer un à ses subordonnés en énonçant pour la première fois l'existence des marchandises à propos du jet. C'est cette considération
qui doit faire appliquer les art. 344 et 345, C. com., au point de
vue de la contribution aux avaries communes, bien qu'ils ne visent
textuellement que les rapports entre assureurs et assurés.

907. *b.* Ne donnent pas lieu non plus à contribution les marchandises chargées sur le pont (art. 421, al. 2). Il est défendu au capitaine de charger les marchandises sur le pont, sans le consentement
par écrit du chargeur (art. 229) (nos 688 à 693). Ce mode de chargement gêne les manœuvres et peut compromettre le sort du navire en
déplaçant l'équilibre. En outre, les marchandises ainsi chargées sont
plus exposées que celles qui sont placées dans le navire et quand un
jet devient nécessaire, c'est sur elles qu'on fait de préférence tomber
le sacrifice. Si le capitaine a ainsi chargé, sans le consentement du
chargeur, des marchandises qui ont été ensuite jetées à la mer,
celui-ci n'a qu'un recours en responsabilité contre lui (art. 421, 2e al.).
Quand le chargeur a consenti, ce recours n'existe pas; il n'y a pas
faute du capitaine, mais la contribution n'en est pas moins exclue.
L'art. 411, 2e al., ne fait pas de distinction; du reste, les motifs de
cette disposition s'appliquent dans tous les cas et on ne concevrait
pas que le consentement d'un chargeur pût empirer la situation des
autres en les obligeant à contribuer dans un cas où ils n'y seraient
pas tenus sans ce consentement (1).

Par cela même que les marchandises chargées sur le pont ne sont
pas, en cas de jet, classées en avaries communes, le jet de ces mar-

(1) Bordeaux, 2 fév. 1846, D. 1846. 2. 167.
Droit étranger. — On retrouve, en général, dans les législations étrangères
des dispositions qui correspondent à l'art. 421, al. 2. V. art. 720, C. *allemand;*
loi *belge* du 21 août 1879 (art. 109); C. *italien* de 1882 (art. 650, 2e al.);
C. *portugais* (art. 641); C. *espagnol* (art. 855); C. *argentin* (art. 1341). Il faut
seulement constater qu'il résulte des articles des deux derniers Codes que, lorsqu'il y a consentement du chargeur, le jet des marchandises chargées sur le
pont donne lieu à contribution entre le navire, le fret et les autres marchandises chargées sur le pont dans les mêmes conditions. En *Grande-Bretagne,*
on n'admet pas en avarie commune le jet des marchandises chargées sur le
pont (*deck cargo*), à moins que le chargement sur le pont ne soit conforme à
un usage constant: Arnould, *On marine insurance*, II, 766. — La jurisprudence
américaine paraît être plus absolue et ne pas tenir compte des usages, sauf
pour les bâtiments à vapeur. V. Dixon, *The law of shipping*, p. 465 et suiv.

chandises est pour les intéressés préférable à celui de toutes les autres, puisqu'ils n'ont pas à contribuer. En conséquence, s'il était prouvé que le capitaine a sans motif suffisant jeté les marchandises chargées sous couverte (1), les intéressés obligés par là à contribuer auraient contre lui un recours en dommages-intérêts (n° 894). Mais, comme cela a été dit plus haut, il n'y a pas en cette matière d'ordre rigoureux à suivre ; le capitaine a un large pouvoir d'appréciation (2). Il est d'autant plus naturel de le lui accorder que le jet des marchandises chargées sur le pont prive l'armateur d'un gain que le jet d'autres marchandises ne l'empêche pas de réaliser. En effet, le jet de marchandises ne met pas d'ordinaire obstacle à ce que le fret entier ne soit dû pour elles (art. 301, C. com.), par cela même que le propriétaire en reçoit la valeur par voie de contribution (n° 776 B). Mais, au contraire, le fret n'est pas dû en cas de jet de marchandises chargées sur le pont par cela même qu'alors, il n'y a réception au port de destination ni des marchandises elles-mêmes ni de leur valeur par voie de contribution.

La disposition qui exclut la contribution au cas de jet de marchandises chargées sur le pont, ne s'applique pas lorsqu'il s'agit de la navigation au petit cabotage (3) (4). L'art. 421, en parlant de recours contre le capitaine, ne peut pas viser cette sorte de navigation ; car au petit cabotage le capitaine peut, à moins de convention contraire, charger sur le pont (n° 692). Quand le chargement sur le pont est

(1) C'est-à-dire dans le navire autrement que sur le pont.

(2) Trib. comm. Marseille, 27 janv. 1880, *Journ. de Marseille*, 1880. 1. 101.

(3) Cass. 20 mai 1845, S. 1845. 1. 243 ; Cass. 25 juill. 1892, *Revue internat. du Droit maritime*, 1892-93, p. 19 ; D. 1892. 1. 532.

(4) DROIT ÉTRANGER. — Cette exception est consacrée expressément par les Codes de commerce *allemand*, art. 710 ; *italien*, art. 650 2° . V. aussi C. *espagnol*, art. 855 ; C. *argentin*, art. 1344 et 911 2e alin. Cette solution est aussi conforme à celle que consacre la jurisprudence anglaise en présence d'usages autorisant le chargement sur le pont.

La loi *belge* du 21 août 1879 (art. 20) n'admet pas d'exception de ce genre au principe selon lequel le jet de marchandises chargées sur le pont ne constitue pas une avarie commune.

La règle I d'York, d'Anvers et de Liverpool dispose aussi, sans faire d'exception pour aucune navigation, qu'aucun jet de marchandises chargées sur le pont ne sera admis en avarie commune. A Liverpool, on proposa une exception pour les marchandises qu'on est dans l'usage de charger sur le pont. Cette proposition fut repoussée.

interdit au capitaine dans la navigation au petit cabotage, la contribution doit être exclue. Le doute n'est pas possible à cet égard lorsqu'il a été stipulé que le chargement aurait lieu *sur le pont aux
risques du chargeur* (1).

En dehors de la France continentale, pour les navigations ayant
leur point de départ dans les colonies, l'art 421, C. com., s'applique.
Il faut, pour déterminer les limites du petit cabotage, s'attacher, à
défaut de texte, aux usages et aux distances ordinairement admises
dans les colonies (2).

908. *Dommages causés par le jet des marchandises.* — Lorsqu'un jet est opéré, le dommage n'est pas toujours restreint aux
marchandises jetées. Le jet est parfois la cause d'autres dommages,
soit pour le navire, soit pour les autres parties de la cargaison. Ces
dommages doivent être eux-mêmes classés en avaries communes dès
qu'il est reconnu qu'ils dérivent directement du jet des marchandises
(n° 880). L'art. 400 5° range expressément parmi les avaries communes *les dommages occasionnés par le jet aux marchandises restées
dans le navire.* En conséquence, lorsqu'en ouvrant les écoutilles
pour opérer le jet, l'eau pénètre dans la cale et détériore une partie
de la cargaison, le dommage causé par l'eau est une avarie commune (3).

908 *bis.* Un dommage causé au navire peut aussi se rattacher à un
jet de marchandises. En ce qui concerne ce dommage, l'art. 422 décide
qu'*il n'y a lieu à contribution que dans le cas où le dommage a
été fait pour faciliter le jet.* Cette disposition prise à la lettre semble exiger que le dommage ait été causé volontairement au navire.
Mais on ne peut s'attacher rigoureusement à ce texte ; les principes
généraux conduisent à classer en avaries communes les dommages
causés au navire même accidentellement en cas de jet ; il y a là un
dommage résultant directement d'une avarie commune (n° 880). Il
y aurait donc lieu à contribution, soit dans le cas où l'on aurait
sabordé le navire pour en extraire les marchandises à jeter (art. 426),

(1) Cass. 24 juin 1884, *Revue int. du Droit marit.*, 1885-86, p. 344; *le Droit*,
n° du 1er oct. 1884.

(2) Cass. 25 juill. 1892, *Revue int. du Droit marit.*, 1892-93, p. 19.

(3) Trib. comm. Marseille, 29 déc. 1873, *Journal de Marseille*, 1874. 1. 77.

soit même dans le cas où l'on aurait, en opérant le jet, détérioré sans le vouloir les cloisons mobiles (1).

908 *ter*. *Chargements sur des allèges*. — On peut rapprocher du cas de jet, une hypothèse spéciale prévue par l'art. 427, al. 1, et dans laquelle il s'agit d'un sacrifice ayant aussi pour objet les marchandises.

Il se peut qu'afin d'échapper à la tempête, à un autre risque de mer ou à la poursuite de l'ennemi (2), le capitaine se décide à alléger son navire en chargeant une partie des marchandises sur des barques ou allèges. Si ces marchandises périssent et si le navire est sauvé, leur perte constitue une avarie commune (art. 427, al. 1). Sans doute, la volonté du capitaine n'a pas été, comme dans le cas de jet, la cause directe et immédiate de la perte, mais, dans l'intérêt du salut commun, le capitaine a placé les marchandises dans une situation spéciale qui a occasionné leur perte (3). Les frais faits pour transborder les marchandises sur les allèges sont également des avaries communes (art. 400 2°, C. com.).

Dans cette même hypothèse, si le navire périt avec le reste de son chargement, les marchandises placées dans des allèges ne doivent pas de contribution, bien qu'elles arrivent à bon port (art. 427, al. 2). On ne saurait dire que, pour les marchandises restées à bord, il y a eu un sacrifice volontaire (4).

---

(1) Voici, du reste, ce que dit Emérigon, sur l'art. 14, livre III, titre 8 de l'Ordonnance de 1681 qu'a reproduit le Code de commerce dans l'art. 422 : « A prendre même à la lettre la fin de cet article, le droit du propriétaire du « navire se trouverait fort restreint, et il en faudrait conclure qu'il ne pour- « rait demander raison du dommage arrivé à son bâtiment qu'autant qu'il y aurait « eu jet et que le dommage aurait été fait exprès pour le faciliter ; mais nulle ap- « parence d'admettre cette interprétation, comme ne pouvant s'accorder ni avec « l'équité naturelle ni avec la disposition de l'art. 6 du titre des avaries. » Valin rapportait l'article de l'Ordonnance au cas de naufrage ou d'échouement fortuit où, les dommages causés étant bien des avaries particulières, on ouvre le navire pour en extraire les marchandises. Selon lui, l'art. 14 (correspondant à l'art. 422, C. com.) visait donc le cas même sur lequel il y avait dans l'Ordonnance une disposition expresse, celle de l'art. 13 (livre III, titre 6) qu'a reproduite l'art. 426, C. com.

(2) Trib. comm. Marseille, 6 juin 1887, *Revue int. du Droit marit.*, 1887-88, p. 67.

(3-4) M. De Courcy (*Questions de Droit maritime*, 1re série, p. 285 et 286) critique le classement en avaries communes de la perte des marchandises mises dans des barques pour alléger le navire entrant dans un port de relâche.

909. DOMMAGES CAUSÉS AU NAVIRE OU A SES ACCESSOIRES. — Des dommages à classer en avaries communes peuvent être subis par la coque même du navire. Si, par exemple, le navire est sabordé pour en extraire des marchandises qu'on veut sauver (art. 426), il y a avarie commune. Il en est de même quand, dans un but de ce genre, le pont est coupé.

910. D'autres sacrifices assez fréquents consistent à couper les câbles ou cordages qui retiennent les mâts, parfois même à couper les mâts, pour alléger ou redresser le navire (art. 400 3°). L'avarie commune s'étend en pareil cas aux dommages causés par la chute des mâts; il y a là une conséquence du sacrifice fait par le capitaine (n° 880).

911. Parfois la violence du vent fait courir à un navire ancré dans un port ou dans une rade un danger tel que le capitaine se décide, pour partir plus vite, à abandonner l'ancre et la chaîne qui le retient; l'abandon de l'ancre et de la chaîne constitue une avarie commune (art. 400 4°) (1). Mais il n'y aurait, au contraire, qu'une avarie simple ou particulière, si le capitaine, sans qu'il y eût un danger commun à éviter, se décidait, pour ne pas retarder le départ, à un abandon de ce genre à raison des difficultés qu'il y a à retirer l'ancre.

Les capitaines doivent, quand ils abandonnent une ancre, y attacher, autant que les circonstances le leur permettent, un crin et une bouée (Décret du 12 décembre 1806, art. 39) qui signalent l'endroit où l'on pourra la retrouver. Le capitaine qui néglige de se conformer à cette prescription, peut être déclaré non recevable à réclamer le classement en avarie commune de la perte de l'ancre (2).

« La perte des marchandises mises dans des allèges est, dit-il, fortuite et n'a « nullement le caractère de sacrifice volontaire. Le navire, bien qu'allégé, pourrait « se perdre avec sa cargaison en franchissant le banc, tandis que les marchan- « dises mises dans les allèges seraient la seule chose sauvée. » Le motif donné au texte nous paraît prouver que la critique du regretté et savant auteur est mal fondée. La solution consacrée par notre Code et par les Codes étrangers était, du reste, déjà admise par le Droit romain (L. 4 *princ.*, Callistrate, Dig. XIV. 2).

(1) C. de commerce *allemand*, art. 708 1°; *italien*, art. 643 3° et 4°; *espagnol*, art. 811 3°.

(2) Trib. comm. Marseille, 17 mars 1857 et 21 avr. 1857, *Journ. de Marseille*, 1857. 1. 137 et suiv.

912. Dépenses extraordinaires faites dans l'intérêt du navire et de la cargaison. — *Choses données par composition et à titre de rachat du navire et des marchandises.* — Lorsque le navire et la cargaison sont sur le point d'être capturés ou même le sont par des vaisseaux ennemis en temps de guerre ou par des pirates, le capitaine peut, afin d'assurer le salut commun, faire avec les capteurs une convention en vertu de laquelle ils restituent ou ne capturent pas le navire et la cargaison moyennant une somme qui leur est payée, ou des marchandises qui leur sont abandonnées à titre de rançon ou de rachat (1). Il y a là une avarie commune (art. 400 1°) (2).

Il va de soi qu'au contraire, il y aurait avarie particulière dans le cas où soit un ennemi, soit un pirate, après s'être emparé d'un bâtiment, le laisserait aller en s'appropriant seulement quelques marchandises (3) et dans celui où, manquant à la foi promise, malgré le paiement de la rançon, il s'emparerait du navire et de la cargaison ; dans le premier cas, il n'y a pas de sacrifice volontaire ; dans le second, le sacrifice n'a pas eu de résultat utile (n°s 886 et suiv.).

913. *Échouement volontaire. Frais de renflouement.* — Le capitaine se croit quelquefois obligé, pour échapper à l'ennemi ou pour éviter que son navire poussé sur des rochers ne soit brisé et que la cargaison ne soit détériorée, de faire échouer son navire à un endroit qu'il choisit ; il y a alors ce qu'on appelle *échouement volontaire.* Les dommages matériels causés par cet échouement au navire détérioré et à la cargaison sont assurément des avaries communes. Le Code de commerce ne les vise pas dans l'art. 400, C. com. ; mais ils réunissent

(1) Les instructions du ministre de la marine défendent aux commandants des navires de guerre de l'Etat de conclure des traités de rançon.

(2) Disposition semblable dans les Codes *allemand* (art. 708 6°); *italien* de 1882 (art. 643 1°) ; *argentin* (art. 1316 1°); V. aussi L. 2, p. 3, Dig. (XIV-2). — En Angleterre, la même solution est admise pour la rançon payée aux pirates. Mais, à l'égard des ennemis, la rançon n'est pas admise en avaries communes en vertu de lois anciennes. Cela donne intérêt au capitaine à se défendre. — V. plus loin (n° 946) la question de savoir si, dans les cas de rançon ou de rachat, il n'y a pas des règles spéciales pour la contribution.

(3) V. ce qui est dit plus haut (note 1 de la page 14) à propos d'une espèce dans laquelle il s'agissait de savoir si le principe de la contribution, en cas d'un sacrifice fait dans l'intérêt commun, s'applique en dehors de la navigation maritime.

bien les conditions exigées pour qu'il y ait avarie commune (1) (2).
Une fois que le navire est échoué, il faut le relever et cela occasionne
des dépenses à classer en avaries communes (art. 400 8°).

914. Les frais de pansement et de nourriture des matelots blessés
en défendant le navire contre des ennemis ou des pirates sont des
avaries communes (art. 263 et 400 6°) ; car ils proviennent de
ce que les matelots se sont exposés à de graves dangers dans l'intérêt
commun. Il en est de même, soit des frais de nourriture des
matelots blessés (art. 263 et 400 6°), soit du loyer dû depuis le jour
où ils ont cessé leur service jusqu'à la fin du voyage (3). On devrait
assimiler à ces dépenses, en cas de mort du matelot blessé dans ces
circonstances, les frais d'inhumation, et, en cas de retour de ce matelot, les frais de rapatriement.

915. *Loyers et frais de nourriture des gens de mer.* — Les loyers
des gens de mer et leurs frais de nourriture sont parfois classés en
avaries communes et supportés, en conséquence, par les chargeurs
et par l'armateur en dehors même du cas où les matelots ont été blessés. Cela se présente quand le navire est obligé d'interrompre son
voyage par suite d'un arrêt de puissance ou par suite d'une relâche
rendue nécessaire pour réparer des dommages soufferts volontairement
pour le salut commun. Le Code (art. 400 6°), mettant ces deux cas
sur la même ligne, décide que le loyer et la nourriture des matelots

(1) V. Desjardins, IV, n° 978 ; de Valroger, V, n° 2010 ; de Courcy, *Questions de Droit maritime* (1re série), p. 254 ; J. Cauvet, II, n° 356, p. 129.

(2) DROIT ÉTRANGER. — Les dommages causés par un échouement volontaire sont rangés expressément au nombre des avaries communes par un grand nombre de Codes étrangers. V. Codes de commerce *hollandais*, art. 699 ; *allemand*, art. 708.3° ; *chilien*, art. 1090 16° ; *argentin*, art. 1316 16° ; Code maritime *finlandais*, art. 133. En Grande-Bretagne, les opinions sont divisées sur le point de savoir si les dommages résultant d'un échouement volontaire sont des avaries communes : Lowndes, *op. cit.*, p. 120 à 146 ; M. Arthur, p. 193.
Dans les règles d'York, d'Anvers et de Liverpool, la règle V range parmi les avaries communes les pertes et dommages qui sont la conséquence d'un échoue-ment volontaire, à moins que la résolution n'ait été prise dans des circonstances où le navire aurait inévitablement sombré ou se serait échoué.

(3) L'art. 700 5° du Code de commerce *allemand* range parmi les avaries communes, quand le navire a été défendu contre l'ennemi ou contre des pirates, les frais de maladie, frais de funérailles et indemnités à payer quand des gens de mer ont été blessés ou tués. V. même disposition dans les Codes de commerce *italien*, art. 643 8° ; *roumain*, art. 655 8° ; V. aussi, C. de com. *espagnol* 811 8° ; *chilien*, art. 1090 5° ; *argentin*, 1316 7°.

pendant l'interruption de voyage sont des avaries communes, lorsque le navire est affrété au mois ; ce genre d'affrétement étant fort rare (n° 629), le plus souvent il y a là des avaries particulières. La disposition de l'art. 400 6° est fort critiquable sous plusieurs rapports. Pour en apprécier la portée et en juger les vices, il y a lieu d'examiner distinctement les deux cas prévus et de déterminer, pour chacun d'eux, si, à raison de l'interruption de voyage, il est dû un supplément soit de fret, soit de loyers.

916. *Cas de détention par arrêt de puissance.* — Lorsqu'un navire est arrêté dans un port par ordre d'une puissance, les loyers des gens de mer subissent ou ne subissent pas de modification selon la nature de l'engagement. S'il a été conclu au voyage ou au profit et au fret, les loyers demeurent invariables, car il y a eu un forfait ou une sorte d'association qui exige que les conséquences des cas fortuits soient supportées en commun (n° 432). Mais, en cas d'engagement au mois, les loyers courent pendant la détention ; ils sont seulement, tant qu'elle dure, réduits de moitié à raison de ce que les gens de l'équipage ne rendent pas les mêmes services que durant la navigation (art. 254, 3° alin.) (n° 432). Quant à l'affrétement, la détention n'a aucun effet sur lui, si le fret est stipulé au voyage ; il a été fixé à forfait et demeure invariable. En cas d'affrétement au mois, l'arrêt empêche le fret de courir (art. 300) (n° 782).

Pour décider qui supporte les loyers et les frais de nourriture supplémentaire pendant la détention, la loi s'attache à la nature de l'affrétement. Est-il au voyage ? C'est une avarie particulière que l'armateur seul supporte. Le législateur suppose que, le fret ayant été fixé à forfait, l'armateur a entendu s'engager à payer toutes les dépenses qu'il a pu prévoir. Mais, en cas d'affrétement au mois, on a pensé qu'il serait trop dur de faire supporter les loyers et les frais de nourriture supplémentaire par un armateur qui ne touche aucun fret pendant la durée de la détention ; aussi ces dépenses sont-elles classées par la loi en avaries communes. En réalité, il y a plutôt là des dépenses *réputées avaries communes*, comme le disait l'Ordonnance de 1681 (art. 16, livre III, titre III et art. 7, livre II, titre VII) que des avaries communes proprement dites. Car, en cas d'arrêt de puissance, il n'y a pas de sacrifice volontaire fait par le capitaine.

Au reste, l'existence de l'obligation de contribuer à un dommage ou à des dépenses n'implique pas nécessairement qu'il y a une avarie commune. C'est ainsi qu'au cas de vente de marchandises faite par le capitaine pour subvenir à des besoins urgents, il y a contribution entre tous les propriétaires des marchandises de la cargaison pour qu'ils supportent en commun le dommage provenant de la faculté d'abandon exercée par le propriétaire du navire pour se soustraire à l'obligation de rembourser le prix des marchandises. Art. 298, dern. alin., C. com. V. n° 587.

947. *Relâche ayant pour but de réparer des avaries communes.* — Quand un navire s'arrête dans un port de relâche pour subir des réparations rendues nécessaires par une avarie commune, il y a à déterminer l'effet produit, soit sur les loyers, soit sur le fret. Sur l'un et l'autre point, il règne un grand désaccord. Il paraît juste de décider que les loyers des gens de mer engagés au mois sont réduits à moitié pendant le temps de la relâche, comme dans le cas d'arrêt par ordre de puissance. C'est toujours un cas fortuit qui oblige le navire à ne pas continuer le voyage pendant un certain temps. V. n° 434. — Quant au fret, il est certain qu'il n'est pas augmenté en cas d'affrétement au voyage. Mais on discute sur le point de savoir si le fret stipulé au mois court pendant la relâche. L'affirmative, soutenue par des auteurs, a été précédemment écartée (n° 783) en faveur de l'opinion qui suspend le cours du fret comme dans le cas d'arrêt par ordre de puissance.

S'attachant à la nature de l'affrétement, le Code ne considère les loyers et les frais de nourriture supplémentaire comme des avaries communes que lorsque l'affrétement est au mois. Le législateur a voulu déduire une conséquence de l'idée selon laquelle les dépenses occasionnées par une avarie commune sont supportées avec elle. Mais la solution est fâcheuse, dit-on généralement ; les cas d'arrêt de puissance et d'interruption de voyage pour réparations ne sont pas assimilables. Dans le dernier cas, le fret stipulé au mois continue de courir ; il est injuste de faire supporter une partie des dépenses résultant des loyers et frais de nourriture supplémentaires par l'affréteur qui paie déjà l'intégralité du fret pendant l'interruption du voyage (1).

(1) Frémery, *op. cit.*, p. 214 ; Desjardins, IV, n° 1014.

Nous ne pouvons pas admettre cette critique, puisque nous avons décidé que le fret stipulé au mois ne court pas plus pendant une relâche rendue nécessaire par des réparations que pendant la détention résultant d'un arrêt de puissance (n° 783). Mais il s'en faut que la disposition de l'art. 400 6° doive être approuvée. Lorsqu'il y a relâche pour réparer des dommages constituant des avaries communes, les loyers supplémentaires dûs aux matelots devraient, dans une bonne législation, être toujours classés en avaries communes, sans qu'il y eût une distinction fondée sur la nature de l'affrètement. Cela paraît bien résulter du principe selon lequel toutes les dépenses extraordinaires, se rattachant à une avarie commune, ont le même caractère qu'elle (n° 920). Cette solution est, au point de vue législatif, recommandée par tous les auteurs. Le projet de 1865 (article 403 4°) la consacrait. Elle est admise par le Code de commerce *italien*, art. 643 11° ; par la loi belge du 21 août 1879, art. 103, 2ᵉ alin. L'adoption de cette solution en France aurait une grande importance pratique. Car, par cela même que les affrètements sont presque tous au voyage, les loyers dûs aux gens de mer pendant le temps de la relâche nécessaire pour réparer des avaries communes, sont, sauf dans des cas fort rares, classés en avaries particulières à la charge du propriétaire du navire (1).

918. *Loyers et frais de nourriture supplémentaires dûs pendant la relâche ayant pour but de réparer des avaries particulières.* — Il est possible qu'un navire relâche dans un port à raison de la réparation d'avaries particulières. Les solutions admises ci-dessus (n° 917), quant aux loyers et au fret pour le cas d'avaries communes à réparer, s'appliquent également. Mais qui supporte les loyers et les frais de nourriture supplémentaire? Aucun texte ne résout la question expressément. L'art. 400 6° suppose des réparations de dommages volontairement soufferts pour le salut commun. Mais l'on peut déduire de l'art. 403 4° qu'en cas de réparation d'avaries particulières, les loyers et les frais supplémentaires de nourriture des gens de mer sont supportés comme des avaries communes lorsque le navire est affrété au mois. En effet, l'art. 403 4°, C. com., suppose qu'on est obligé de faire des réparations au navire, sans distinguer selon qu'il

(1) Cass., 30 janv. 1856, D. 1856. 1. 133.

s'agit d'avaries particulières ou d'avaries communes et il ne range le loyer et la nourriture des gens de mer parmi les avaries que *si le navire est affrété au voyage*. Cela paraît impliquer qu'il y a là des avaries communes quand l'affrétement est au mois (1). Il serait, du reste, inique de faire supporter les frais de nourriture et les loyers supplémentaires par l'armateur pendant un laps de temps où le loyer, bien que stipulé à temps, ne court pas à son profit. En réalité, il y a encore dans ce cas des dépenses réputées avaries communes, non des avaries communes proprement dites, puisqu'elles ont leur cause dans des avaries particulières qu'il s'agit de réparer (2).

919. *Dépenses diverses occasionnées par des relâches.* — Les relâches peuvent être causées par des événements très divers et donnent lieu à des dépenses variées en outre des loyers supplémentaires et des frais de nourriture des matelots (nos 917 et 198). Il n'est pas toujours facile de déterminer si ces dépenses constituent des avaries particulières ou des avaries communes.

920. Il faut laisser de côté le cas où la relâche a lieu sans aucune cause extraordinaire, en vertu d'une clause de la charte-partie ou d'un connaissement. Les dépenses y afférentes ne sont que des frais de navigation à supporter par les chargeurs ou par l'armateur selon qu'elles sont relatives aux marchandises ou au navire (art. 406). V. n° 860. Mais, en dehors de ce cas normal, des relâches imprévues ont souvent lieu dans le but de faire réparer des avaries, ce sont des relâches forcées. Outre les loyers et frais de nourriture supplémentaire dont il a été question ci-dessus (nos 197 et 198), ces relâches occasionnent de nombreuses dépenses extraordinaires. On peut en distinguer deux catégories, ce sont : 1° les frais d'entrée au port, de séjour et de sortie ; 2° les frais de déchargement, de magasinage et de rechargement des marchandises qu'on n'a pas pu conserver à bord pendant la durée des réparations.

Il va de soi que les dépenses faites pour ces réparations sont

---

(1) En sens contraire, Desjardins, IV, n° 1032.

(2) Nous laissons de côté le cas où, une avarie particulière mettant en danger le navire et la cargaison, le capitaine se décide à relâcher dans un port pour la faire réparer. Ce cas donne lieu à une question examinée plus loin (n° 920).

supportées soit en commun soit par le propriétaire du navire ou des marchandises, selon la nature même des dommages à réparer.

Mais que décider pour les deux sortes de dépenses qui viennent d'être indiquées?

Il est certain que, quand les dommages à réparer sont des avaries communes, toutes les dépenses qu'elles occasionnent ont le même caractère.

Il est plus difficile parfois de se prononcer sur le classement de ces dépenses lorsque la relâche a lieu pour réparer des avaries particulières. Deux cas sont à cet égard à distinguer. Les avaries particulières à raison desquelles la relâche a eu lieu pouvaient n'être pas de nature à mettre ou, au contraire, être de nature à mettre en danger commun le navire et la cargaison.

Dans le premier cas, c'est-à-dire quand le capitaine a relâché à raison d'avaries particulières ne mettant pas en danger commun le navire et la cargaison, les dépenses de relâche ne se rattachent en rien à une détermination prise dans l'intérêt commun. Aussi ces dépenses sont supportées comme avaries particulières par le navire ou par la cargaison, selon qu'elles se rattachent à l'un ou à l'autre.

Mais il y a difficulté pour le classement des dépenses lorsque, l'avarie particulière mettant en danger par sa gravité le navire et la cargaison, le capitaine s'est décidé dans l'intérêt commun à s'arrêter dans un port de relâche pour faire réparer l'avarie particulière? C'est là ce qui a lieu, par exemple, lorsqu'une voie d'eau constituant une avarie particulière, risque d'amener la perte du navire et des marchandises.

Cette question n'a pas donné lieu à moins de trois systèmes différents.

D'après un premier système, toutes les dépenses devraient alors être considérées comme des avaries particulières au navire (1). On argumente en faveur de cette opinion de ce que les dépenses se rat-

---

(1) Desjardins, IV, nos 1011 à 1013; Boistel, no 1287.
Le Droit romain paraît avoir admis cette solution : L. 6, Julien, *Ad. legem Rhodiam de jactu*, Dig., XIV. 2. — Emérigon, *Traité des assurances*, chapitre XII, section XLI, donne ce commentaire de cette loi, mais il n'approuve pas la solution qui y est contenue.

tachant à des avaries particulières doivent être traitées comme elles. En outre, on invoque l'art. 403, selon lequel *sont avaries particulières... 3° les dépenses résultant de toutes relâches occasionnées par voie d'eau à réparer.* Il y a là, dit-on, une décision qu'il faut généraliser et appliquer dans tous les cas où une avarie particulière quelconque décide le capitaine à faire une relâche imprévue dans le but de la réparer.

D'après un second système, toutes les dépenses seraient bien en pareil cas des avaries particulières, mais les unes le seraient pour le navire, les autres pour les marchandises (1). On rangerait dans la première catégorie les droits d'entrée et de sortie, tandis qu'on placerait dans la seconde les dépenses de déchargement, de magasinage, et de rechargement. Les partisans de cette distinction font observer que l'art. 403 3° dit bien que toutes les dépenses occasionnées par la relâche sont des avaries particulières, mais sans ajouter *au navire.* La formule générale qui termine cet article est, disent-ils, favorable à la distinction, puisqu'il y est question de dépenses faites, soit pour le navire seul, soit pour les marchandises seules.

Ces deux opinions doivent être écartées. Il faut reconnaître avec la jurisprudence (2), avec la plupart des auteurs (3) et avec presque toutes les législations étrangères (4), que toutes les dépenses, à

---

(1) Lemonnier, *Commentaire des polices d'assurances maritimes,* II, n° 303.

(2) Civ. rej. 16 juill. 1861, S. 1861. 1. 696; D. 1861. 1. 316; 18 déc. 1867, 9 nov. 1868, D. 1868. 1. 145 et 480; Ch. req. 10 août 1880, D. 1880. 1. 448; Cass. 29 mars 1892, *Journ. de jurispr. de Marseille,* 1892. 2. 173.

(3) Emérigon (ch. XII, section XLI) adoptait cette opinion en réfutant la décision contenue au Digeste dans la loi 6, *Ad legem Rhodiam de jactu* (XIV-2) et il constate que telle était la jurisprudence des Amirautés du royaume. — Frémery, *op. cit.,* p. 215 et s.; de Courcy, *D'une réforme internationale du Droit maritime,* p. 166 et s.; *Questions de Droit maritime,* 2ᵉ série, p. 274 et 275; Govare, *op. cit.,* n° 20, p. 110 et suiv.; Droz, *Traité des assurances maritimes,* II, n° 428; J.-V. Cauvet, *Traité des assurances maritimes,* nᵒˢ 365 et suiv. — Cette doctrine était admise par le projet de 1865 (art. 403 8°).

(4) C. *hollandais* de 1838, art. 699 14°; C. *allemand,* art. 708 4°; loi *belge* du 21 août 1879, art. 103; C. *italien* de 1882, art. 643 10° et 11°. — Dans les Etats-Unis d'amérique, la jurisprudence admet la même doctrine, V. Dixon, *Law of shipping,* n° 586. En Angleterre, les principes ne paraissent pas fixés; d'après certains auteurs, les dépenses faites pour les marchandises sont classées en avaries communes jusques et y compris le déchargement; les frais de magasinage sont avaries particulières à la cargaison et les frais de rechargement sont supportés par le fret: *Law Times,* 18 nov. 1850, p. 50 et s. et *Journal du Droit intern. privé,* 1877, p. 137; d'autres adoptent le système des Codes pré-

l'exception de celles qui ont pour objet direct les réparations, sont des avaries communes. Il en est d'abord ainsi des frais d'entrée et de sortie du navire. Il est de principe que toutes les dépenses se rattachant à une résolution prise dans l'intérêt commun doivent être rangées dans cette catégorie. C'est dans l'intérêt du salut commun que la relâche a été décidée; les frais d'entrée et de sortie en sont une conséquence directe; on ne saurait les considérer comme un accessoire des réparations des avaries particulières du navire; car ces frais n'auraient pas été faits si l'on n'avait pas renoncé dans l'intérêt commun à les retarder jusqu'à l'arrivée au port de destination. Le classement parmi les avaries communes des frais de déchargement, de magasinage et de rechargement des marchandises, est aussi conforme à une règle qu'on peut ainsi formuler : toutes les fois que le navire et la cargaison courent un danger commun et qu'on ne peut les en préserver qu'en les séparant, les frais de l'opération par laquelle on effectue la séparation, sont des avaries communes. Ce principe s'applique notamment dans les cas suivants : *a.* lorsqu'à la suite d'un échouement volontaire, on décharge les marchandises dans le but de relever le navire, ces frais, ceux de magasinage et de rechargement, sont classés en avaries communes; *b.* lorsqu'une partie de la cargaison est transbordée sur des allèges pour faciliter, en présence d'un danger imminent, l'entrée d'un navire dans un port, les frais de transbordement constituent des avaries communes (art. 400 7°, C. com.) (1). On peut aussi, pour classer comme avaries communes les frais de déchargement, de magasinage et de rechargement, invoquer une considération pratique d'une grande valeur. Ces frais sont ordinairement de 1 à 5 0/0 de la valeur de la cargaison; ils sont donc fort élevés quand la valeur de la cargaison est grande. Au contraire, le fret ne varie pas, en général, en proportion de la valeur des marchandises, mais à raison de leur poids, de telle sorte que, si l'on classait les frais dont il s'agit en avaries particulières, ils pourraient absorber presque complétement le fret. Si donc ce classement

cités et de la jurisprudence française; c'est cette dernière doctrine qui semble prévaloir: Abbott, *Law of merchants ships and seamen,* part. VI, n° 3, p. 508, et suiv. *Les règles d'York, d'Anvers et de Liverpool* (règle X) ont adopté les solutions admises au texte et consacrées par la plupart des législations.

(1) V. n° 908 *ter.*

était admis, un capitaine préfèrerait souvent exposer son navire, la cargaison, la vie des hommes de l'équipage et des passagers, plutôt que de faire une relâche qui serait pour l'armateur une cause de ruine. Avec le classement de ces dépenses en avaries communes, on évite ce grave danger. La richesse de la cargaison augmente sans doute les frais de déchargement et de rechargement; mais, par contre, elle diminue le montant de la contribution du navire. Ainsi l'on n'arrive point à cette anomalie d'une cargaison sauvée grâce à la relâche et qui rend cette relâche d'autant plus désastreuse pour l'armateur qu'elle vaut plus et que, par suite, il y a plus d'intérêt à la conserver.

L'art. 403 3°, dont on se prévaut pour classer en avaries particulières toutes les dépenses, n'est pas, en réalité, contraire à cette doctrine. On peut le considérer comme se référant au cas où les avaries du navire à réparer n'étaient pas assez importantes pour mettre le bâtiment et sa cargaison en danger. Cette disposition spéciale doit être combinée avec la disposition générale qui termine l'art. 400 et qui entraîne le classement en avaries communes de toutes les dépenses faites dans l'intérêt commun.

924. Une question spéciale s'élève encore dans le cas où une avarie particulière, mettant en danger le navire et la cargaison, a déterminé le capitaine à relâcher, pour la faire réparer, dans un port intermédiaire. Les frais de réparation constituent certainement des avaries particulières (n° 920).

Presque toujours ces frais sont plus élevés dans un port de relâche qu'ils ne l'auraient été au port de destination. Y a-t-il lieu, du moins, de classer en avaries communes l'excédent des dépenses? Emérigon (*Traité des assurances*, chapitre XII, section XLI. I, § 6) l'admettait, en disant : « Mais on n'y admet *(en avaries grosses)* ni les « frais de radoub, ni le coût des réparations, ni le prix des mâts, « voiles et autres agrès qu'il a fallu acheter. Si cependant il y « avait excès dans la valeur de tous ces objets, soit par la rareté « des ouvriers, soit par la cherté des bois, agrès et autres maté- « riaux, le surcroît du prix entrerait en avarie grosse. » Cette opinion est avec raison repoussée : même pour l'excédent de frais qui provient de ce que les réparations ont été faites dans un port de relâche, les dépenses sont des avaries particulières. L'armateur représenté par le capitaine doit entretenir le navire en bon état jusqu'à la fin du voyage. En faisant réparer des avaries particulières en cours de route dans un port de relâche, il ne fait que remplir cette obligation.

922. *Cas divers d'avaries communes non prévus par le Code de commerce.* — En dehors même des cas expressément prévus par le Code de commerce, beaucoup d'avaries peuvent être communes à raison de ce qu'elles réunissent les conditions générales exigées pour avoir ce caractère. On peut aussi pour ces avaries distinguer celles qui consistent dans des dommages subis par des marchandises, dans des dommages subis par le navire ou par ses accessoires, dans des dépenses extraordinaires.

923. *Emploi de marchandises à titre de combustible.* — En présence d'un danger commun, dans le but d'y échapper, des marchandises sont parfois employées par le capitaine à un usage autre que celui auquel elles étaient destinées. Le dommage qui en résulte constitue une avarie commune (1). C'est ainsi qu'il y a avarie commune lorsque, le charbon venant à manquer, pour assurer le salut du navire et du restant de la cargaison, le capitaine s'est décidé à employer des marchandises à titre de combustible (2).

Il en est certainement ainsi lorsque l'insuffisance du combustible provient d'un prolongement du voyage causé par un cas de force majeure. Mais faut-il admettre la même solution lorsque cette insuffisance provient de l'imprévoyance du capitaine ? La solution à donner à cette question dépend du parti qu'on adopte sur le point de savoir s'il n'y a pas avarie commune dès que le danger commun provient de la faute du capitaine (n° 894). Ce qui est certain, c'est que le capitaine, qui serait coupable d'imprévoyance, ne pourrait se refuser à indemniser entièrement le chargeur dont les marchandises

---

(1) La règle générale est posée spécialement dans les Codes maritimes *suédois, danois* et *norvégien*, art. 188 8°.

(2) Trib. comm. de Marseille, 1er déc. 1874, *Journ. de jurispr. de Marseille*, 1875. 1. 66; Trib. comm. de Marseille, 2 mai 1888, *Revue intern. du Droit marit.*, 1888-89, p. 78.

ont été employées comme combustible en alléguant qu'il y a une avarie commune (1).

Il va de soi que l'on doit aussi considérer comme constituant une avarie commune l'emploi à titre de combustible d'accessoires du navire (2).

Toutefois il y a nécessairement lieu de déduire de la valeur des objets ainsi sacrifiés celle du charbon qui eût été consommé si l'on en avait eu à bord ; car les dépenses de combustible sont supportées comme charge du fret par l'armateur (3).

924. *Incendies. Dommages causés pour les éteindre.* — Les incendies sont fréquents à bord des navires. Ils sont causés, par exemple, par l'imprudence des passagers ou des gens de l'équipage, par la foudre, par l'échauffement des marchandises, etc... Les dommages qu'occasionne le feu sont évidemment des avaries particulières. Mais l'eau employée pour éteindre le feu détériore parfois les marchandises ; ces détériorations sont-elles des avaries communes ? Il paraît conforme aux principes de faire une distinction entre les détériorations causées aux marchandises atteintes par le feu et les détériorations causés aux autres marchandises. Les premières ne peuvent être que des avaries particulières ; les secondes sont des avaries communes, elles proviennent d'une mesure prise dans l'intérêt du salut commun (4).

---

(1) Trib. comm. de Marseille, 10 juill. 1874, *Journ. de Marseille*, 1874. 1. 223; 21 avr. 1891, 10 déc. 1891, 28 mars 1893, *Revue intern. du Droit marit.*, 1890-91, p. 695; 1891-92, p. 321; 1893-94, p. 53.

(2) V. les décisions judiciaires citées à la note précédente.

(3) La règle IX des règles d'York, d'Anvers et de Liverpool est ainsi conçue : « La cargaison, les accessoires du navire et les provisions ou l'un de ces « objets seulement qu'il aura fallu brûler comme combustible pour le salut com- « mun au moment du danger, seront admis en avarie commune quand et seu- « lement un ample approvisionnement de combustible avait été embarqué; « mais la quantité estimée de charbon qui aurait été consumée, calculée à la « valeur courante au dernier port de départ du navire et à la date de son « départ, sera portée en compte à l'armateur du navire et portée au crédit « de l'avarie commune. » — Le tribunal de commerce de Marseille, dans un jugement du 10 déc. 1891, *Revue internat. du Droit maritime*, 1891-92, p. 321, a interprété cette règle comme refusant au capitaine qui n'a pas embarqué un approvisionnement de combustible suffisant, le droit de réclamer la contribution, mais comme ne refusant pas ce droit au propriétaire des marchandises sacri- fiées en cas d'insuffisance de cet approvisionnement. Cette doctrine est conforme à celle que nous avons admise au n° 894.

(4) Trib. comm. du Havre, 8 mai 1870, *Journ. de jurispr. de Marseille*, 1871.

La jurisprudence, en s'attachant à la doctrine générale repoussée plus haut (n° 894), admet qu'il n'en est ainsi que lorsque l'incendie n'est pas dû à la faute du capitaine ou des gens de l'équipage (1). C'est une solution que nous rejetons, puisque, selon nous, l'existence d'une faute ayant produit le danger commun n'est pas exclusive de l'avarie commune.

Les dommages causés au navire, par l'eau en cas d'incendie ayant atteint les marchandises, sont aussi des avaries communes. Mais il va de soi que le capitaine qui, par sa faute, a causé l'incendie, ne peut réclamer la contribution (n° 894).

925. *Echouement fortuit. Frais de renflouement.* — Quand un échouement fortuit se produit, les dommages matériels subis par le navire ou par des marchandises sont sans doute des avaries particulières, à la différence de ce qui a lieu en cas d'échouement volontaire (n° 913) ; mais on doit classer comme avaries communes les frais de renflouement que le capitaine se décide à faire pour le salut commun (2). C'est à tort qu'on a voulu contre cette solution se pré-

2. 12 (Dans l'espèce, il y avait eu immersion du navire par ordre des autorités du port). — Desjardins, IV, n° 994 ; de Courcy, *Questions de Droit maritime* (2e série), p. 270 ; Govare, *op. cit.*, n° 10, p. 82.

La solution donnée au texte est consacrée expressément par le Code de commerce *italien*, art. 643 7° ; par les Codes maritimes *finlandais*, art. 133 7° ; *suédois*, *danois* et *norvégien*, art. 188 3°. Elle l'était aussi par le projet de 1865, article 403 6°.

La règle III des règles d'York, d'Anvers et de Liverpool, est ainsi conçue : « Le « dommage causé au navire et à la cargaison, conjointement ou séparément, « par l'eau ou autrement, y compris le dommage résultant de l'échouement ou « du sabordement d'un navire en feu, en vue d'éteindre un incendie à bord, sera « réputé avarie commune ; toutefois aucune bonification ne sera faite pour « dommages aux parties du navire, aux parties de la cargaison en vrac ou aux « colis des marchandises qui auraient été en feu. »

(1) Trib. comm. Havre, 5 mai 1886, *Revue intern. du Droit marit.*, 1886-87, p. 170.

(2) Marseille, 13 juill. 1871, 12 mai 1879, *Journ. de Marseille*, 1871. 1. 177, et 1879. 1. 193 ; Aix, 16 déc. 1872, même recueil, 1873. 1. 214. (C'est à tort qu'on a cité en sens contraire l'arrêt de la chambre des requêtes du 3 fév. 1864, D. 1864. 1. 57. Cet arrêt est, en réalité, plutôt favorable à notre doctrine ; car il décide seulement que les frais de renflouement sont des avaries particulières au navire, quand il n'est pas prouvé qu'ils ont été faits dans l'intérêt du salut commun du bâtiment et de la cargaison). Aix, 6 août 1893, *Journ. de jurispr. comm. et marit. de Marseille*, 1893. 1. 60. — Govare, *op. cit.*, n° 17, p. 103 ; J.-V. Cauvet, II, p. 230.

C'est en ce sens que se prononçait formellement le projet de 1865 ; l'artivaloir de ce que les suites d'une avarie particulière revêtent le caractère de celle-ci et de ce que l'art. 400 3°, C, com., ne range parmi les avaries communes que « les frais faits pour remettre à flot « le navire échoué, *dans l'intention* d'éviter la perte totale ou la « prise (1). » Cela n'est vrai que des suites directes et inévitables de l'avarie particulière. Les frais de renflouement ne sont pas inévitables, on pourrait abandonner le navire échoué avec sa cargaison. Ces dépenses proviennent donc d'une résolution spéciale, c'est elle qui sert à les caractériser.

Il faut ranger parmi les avaries communes non seulement les frais mêmes du renflouement, mais les frais de remorquage, de déchargement du navire, les dépenses de charbon faites pour la machine en vue du renflouement.

926. *Défense du navire. Dommages causés au navire ou aux marchandises.* — Les navires de commerce sont parfois attaqués par des navires ennemis en temps de guerre ou par des pirates. Il est certain que les dommages causés à un navire ainsi attaqué ou à sa cargaison, alors qu'il prend la fuite et qu'on ne tente aucune défense, sont des avaries particulières. Mais que décider pour les dommages soufferts pendant un combat auquel le capitaine s'est résolu? Le Code de commerce s'est prononcé pour les frais de traitement et de pansement des gens de mer blessés en défendant le navire (nos 461 et 914); il est muet sur les dommages subis par le navire ou par les marchandises. Aussi les auteurs modernes, comme déjà les anciens commentateurs, sont-ils très divisés sur le classement à faire de ces dommages. On a dit qu'il y avait là des avaries particulières (2); la

cle 403 5° réputait avaries communes les frais faits dans l'intérêt commun pour remettre à flot le navire échoué. Il ne distinguait pas entre les causes d'échouement.

(1) Rennes, 27 avril 1860, D. 1861. 2. 38; Bordeaux, 2 juin 1869, D. 1870. 2. 39; Cass. 27 déc. 1871, D. 1872. 1. 36. V. aussi Trib. comm. de Rouen, 2 août 1891, *le Droit*, n° des 14-15 sept. 1891. — Boistel, n° 1281; Desjardins, IV, n° 1005.

(2) Émérigon, *Traité des assurances*, chap. XII, sect. 41, § 1 (*Dommage causé par le feu de l'ennemi*), dit : « le dommage occasionné par le feu de l'en-« nemi est une avarie simple. La rencontre des ennemis est une fortune de mer « tout comme l'écueil ou la tempête. » Valin était d'une opinion opposée. V. la note 1 de la page suivante.

résolution de se défendre aurait pu n'entraîner aucun dommage et le hasard seul fait que le feu de l'ennemi endommage le navire plutôt que la cargaison, telles marchandises plutôt que telles autres. Mais, en raisonnant ainsi, on semble oublier que, pour qu'il y ait avarie commune, il n'est pas nécessaire que la résolution prise dans l'intérêt commun ait pour objet de causer un dommage ou de faire une dépense ; il suffit qu'elle amène à placer le navire ou la cargaison ou l'un et l'autre dans une situation qui lui fait courir des dangers spéciaux qui n'auraient pas existé sans cette résolution (V. nos 880 et 909 bis) (1) (2).

927. *Forcement de voiles ou de vapeur.* — Un cas qui donne lieu à de grandes difficultés est celui qu'on désigne sous le nom de *forcement de voiles* ou de *forcement de vapeur*. Quand un navire est près d'être jeté à la côte par des vents contraires, doit doubler une pointe dangereuse, ou bien est poursuivi par l'ennemi ou par les pirates, ou enfin court tout autre risque auquel il a chance d'échapper par une vitesse exceptionnelle, le capitaine se résout à déployer les voiles d'une façon extraordinaire ou fait donner à la machine un mouvement inaccoutumé. Sous cette pression excessive, souvent les voiles se déchirent, les mâts craquent ou même le navire se disloque. Ce forcement de voiles ou de vapeur est-il une avarie commune ? La négative est soutenue par beaucoup d'auteurs (3) et

(1) Valin, sur l'art. VI, livre III, titre 7 de l'Ordonnance de 1681, s'exprime ainsi : « Par identité de raison, le dommage souffert par le navire et par « quelques marchandises, en combattant pour éviter la prise, est aussi avarie « commune, quoique Kuriche, Targa et Casaregis soient d'avis contraire. » — Pothier (*Traité des louages maritimes*, n° 144) adoptait la même opinion que Valin. Il indiquait fort justement que les raisons qui font classer en avaries communes les nourriture et pansements des marins blessés dans un combat pour la défense du navire, doivent faire classer aussi en avaries communes les dommages soufferts par le navire dans le combat.

(2) Droit étranger. — Les dommages subis durant la défense du navire sont classés en avaries communes par le Code de commerce *allemand*, art. 708 5°, par les Codes maritimes *finlandais*, art. 133 4°, *suédois*, *danois* et *norvégien*, art. 188 4°.

La question est discutée en *Grande-Bretagne*. Lowndes, *op. cit.*, p. 96, § 25, décide que les dommages sont des avaries particulières. Il combat sur ce point l'opinion de Benecke. L'opinion de Lowndes est admise aussi par Mac Arthur, *The contract of marine insurance*, p. 187.

(3) De Courcy, *Questions de droit maritime* (1re série), p. 258 et suiv.; (2e série), p. 272 et 273.

expressément admise par plusieurs lois étrangères (1). Il n'y a pas, dit-on, dans une pareille manœuvre de sacrifice volontaire. Le capitaine n'a pas eu la volonté de sacrifier ses voiles, sa mâture ou le navire; il a seulement essayé de conjurer un péril par un autre péril qu'il juge moindre. Si ce moindre péril cause des dommages, soit au navire, soit même (ce qui est possible) à la cargaison, ce n'est pas une raison pour qu'il y ait lieu à contribution. Cependant nous croyons, conformément à la doctrine de nos anciens auteurs (2) et à la jurisprudence (3), que les dommages provenant du forcement de voiles ou de vapeur sont des avaries communes. Dès l'instant où il est constaté qu'en présence d'un danger commun le capitaine a recouru, dans un esprit de sacrifice, à une manœuvre outrée qui place le navire dans une situation particulièrement périlleuse, toutes les conditions constitutives de l'avarie commune sont réunies. La difficulté est seulement de distinguer ce cas de celui dans lequel il n'y a qu'une manœuvre ordinaire de navigation. Peut-être la jurisprudence n'a-t-elle pas toujours bien fait cette distinction. Cela a donné lieu à des abus, et c'est par réaction que les lois étrangères récentes écartent des avaries communes les dommages provenant du forcement de voiles ou de vapeur (4).

(1) DROIT ÉTRANGER. — Code de commerce *allemand*, art. 709 2°. V. pour la Grande-Bretagne, Lowndes, *op. cit.*, p. 93 à 95; Mac Arthur, *Contract of the marine insurance*, p. 187.

Au contraire, les dommages causés par le *forcement de voiles* sont rangés parmi les avaries communes par le Code de commerce *argentin*, art. 1316 3°.

(2) L'Ordonnance de 1681 (livre III, titre VII, art. 1) parlait expressément du cas où le capitaine *force ses mâts*. C'était sous le nom de *forcement de mâts* qu'était connue autrefois la manœuvre extraordinaire appelée aujourd'hui *forcement de voiles*. — Emérigon, *Traité des assurances* (chap. XII, sect. XLI, § 5).

(3) Trib. comm. Marseille, 18 mars 1872, 30 avr. 1862, 23 sept. 1863, 17 janv. 1866, *Journ. de jurispr. de Marseille*, 1862. 1. 132 et 54; 1863. 1. 276; 1866. 1. 131; Rouen, 28 déc. 1874, D. 1878. 5. 58; Trib. comm. de Marseille, 13 mars 1834, *Revue intern. du Droit maritime*, 1888-89, p. 696; Morel, *Des avaries*, p. 103 et suiv.; Govare, *op. cit.*, n° 15, p. 95 et suiv. — Le projet de 1865 (art. 405) avait adopté la solution opposée.

(4) V. note 1 ci-dessus. — Les règles d'York, d'Anvers et de Liverpool, n'admettent pas, en principe, que les dommages causés par le forcement de voiles soient des avaries communes; mais elles apportent à ce principe une exception. La règle VI est ainsi conçue : « Le dommage aux voiles et espars « ou leur perte ayant pour cause les efforts faits pour renflouer le navire ou « pour le placer plus haut sur la côte en vue du salut commun, sera bonifié

928. *Frais de remorquage.* — En vertu des principes généraux, les frais de remorquage, qui, en principe, sont des dépenses ordinaires à la charge de l'armateur, constituent des avaries communes quand, un navire étant hors d'état de naviguer seul, le capitaine s'est décidé, pour assurer le salut de son bâtiment et des marchandises, à le faire remorquer (1).

Il en est de même des frais extraordinaires du pompage auquel le capitaine a eu recours pour pourvoir à la sécurité commune (2).

929. *Frais d'assistance.* — Parfois le capitaine recourt, en présence d'un danger commun, à l'aide du capitaine et des gens de l'équipage d'un autre bâtiment; il y a alors ce qu'on appelle *assistance* (3). Quand une rémunération est due à l'assistant, elle est à classer en avaries communes et, doit, par suite, être répartie entre le navire assisté et les marchandises qui en forment la cargaison. Il est aussi conforme aux principes généraux de ranger parmi les avaries communes les dommages causés au navire assisté et à son chargement par le navire assistant au moment où le second a abordé le premier (4).

Peu importe que le danger commun provînt d'une avarie commune ou d'une avarie particulière. Car il est toujours exact de dire que les dépenses faites ou les dommages causés dérivent du recours qu'a eu le capitaine au navire assistant. V. analog., n° 920.

Mais cela n'est certainement vrai que lorsque le navire n'a ni fait naufrage ni été abandonné en mer. Quand il y a eu naufrage, l'aide donnée par des sauveteurs n'a pas eu pour but de prévenir un sinistre, mais d'en atténuer les conséquences, une fois qu'il s'est réalisé. Quand un navire a été abandonné par le capitaine et l'équipage, puis recueilli par des sauveteurs avec sa cargaison, les conditions constitutives de l'avarie commune pour la rémunération réclamée par les sauveteurs font aussi défaut. Il n'y a pas d'acte de volonté du capitaine; le sau-

---

« en avarie commune; mais le navire étant à flot, aucune perte ou dommage
« causé au navire, à la cargaison et au fret, conjointement ou séparément, en
« forçant de voiles, ne sera admis en avarie commune. »

(1-2) Desjardins, IV, n° 1002, p. 265 à 267.

(3) Voir la *Section* III du présent chapitre.

(4) V. Rouen, 6 fév. 1878, *Journ. du Havre*, 1878. 2. 102; Caen, 5 décembre 1893, *Revue internat. de Droit maritime*, 1894-95, p. 25. Cpr. Desjardins, IV, n° 1006. Ces solutions sont formellement données par les Codes maritimes *suédois, danois* et *norvégien,* art. 188 4°.

vetage ultérieur a été fortuit (1). Il est donc contraire aux principes de la matière de comprendre parmi les avaries communes la rémunération payée dans ces circonstances aux sauveteurs (2).

Mais de ce qu'il n'y a pas d'avarie commune, il ne faut pas conclure que la rémunération payée aux sauveteurs doit être supportée exclusivement par le propriétaire du navire; il en résulte seulement qu'elle n'est pas répartie par voie de contribution conformément aux art. 401 et 417, C. com. Mais il y a eu tout au moins gestion d'affaires de la part des sauveteurs pour les propriétaires de la cargaison comme pour celui du navire; il est juste que chacun supporte une part de la rémunération dûe aux sauveteurs (3). La répartition paraît devoir se faire en proportion de la valeur des effets sauvés dans le lieu où le sauvetage est opéré (4).

930. *Frais de sauvetage des objets sacrifiés.* — Quand des objets qui auraient dû être remboursés à titre d'avaries communes sont sauvés, les frais de sauvetage doivent être classés en avaries communes. Car le sauvetage a pour conséquence de supprimer ou de réduire la contribution dûe par les divers intéressés (5). Mais cette solution n'est exacte que si l'on admet que le motif justifiant le sacrifice ou la défense peut être un intérêt commun autre que le salut du navire et de la cargaison (n° 882). Car, dans l'espèce, le sauvetage des effets remboursables est fait dans l'intérêt commun, mais n'assure pas le salut.

931. *Pertes sur le fret.* — Dans notre législation, la perte totale ou partielle du fret ne constitue jamais une avarie commune. Le sacrifice fait par le capitaine ne tombe naturellement jamais sur le fret et, d'après la règle admise dans nos lois, la perte du fret pour l'armateur n'est jamais une conséquence du sacrifice des marchandises, puisque, nonobstant ce sacrifice, le fret est dû par cela seul que le

(1) De Courcy, *Questions de droit maritime* (1ᵉ série), p. 251 et 252; Desjardins, IV, n° 1006, p. 276 à 278.

(2) V. pourtant Caen, 13 fév. 1861, D. 1861. 5. 41; Cass. 16 avr. 1863, D. 1863. 1. 346; Rouen, 14 juin 1876, D. 1877. 2. 68; Cass. 2 avr. 1878, D. 1878. 1. 479.

(3) V. Desjardins, IV, n° 1006, p. 278. — Trib. comm. Marseille, 15 nov. 1880, *Journ. de jurispr. de Marseille*, 1881. 1. 47.

(4) Desjardins, IV, n° 1030, p. 355.

(5) V. Code maritime *finlandais*, art. 133 5°.

propriétaire des marchandises en obtient la valeur par voie de contribution. V. art. 301 (n° 776).

Il n'en n'est pas ainsi dans les pays où il est admis que le fret n'est pas dû pour les marchandises sacrifiées : la perte du fret pour l'armateur est une avarie commune donnant lieu à contribution (1).

932. CONTRIBUTION. RÈGLEMENT D'AVARIES. — Lorsqu'une avarie commune s'est produite, il y a lieu à *contribution*, c'est-à-dire qu'en principe, tous ceux qui ont profité du sacrifice volontaire, doivent payer une partie du dommage ou de la dépense extraordinaire. La part que chaque intéressé doit supporter n'est pas la même ; pour arriver à la déterminer, il est procédé à des opérations qui font partie du *règlement d'avaries*.

Un *règlement d'avaries* est destiné à fixer le montant des avaries, à en déterminer la nature et à faire la répartition des avaries communes. Le règlement d'avaries pourrait, sans doute, être fait par les parties intéressées elle-mêmes ; mais, comme elles sont rarement toutes présentes au même endroit et n'ont pas les connaissances techniques nécessaires, il est procédé au règlement par des experts appelés *dispacheurs* (2), qui peuvent être choisis par les parties, mais qui, le plus souvent, pour des motifs indiqués ci-après (n° 967), sont nommés par les tribunaux ou par le consul. Le règlement est parfois aussi appelé *dispache* (3) (4).

933. *Divisions ordinaires des règlements d'avaries.* — Les règlements d'avaries relatent généralement tous les faits de la navigation, afin qu'on puisse bien apprécier les caractères des avaries sur le classement desquels les experts donnent, du reste, leur avis. Puis, lorsqu'il y a des avaries communes, le travail se divise, d'après son but même, en trois parties principales. *a.* La première comprend la masse *active ou créancière*, c'est-à-dire le montant des

(1) Codes maritimes *finlandais*, art. 134; *suédois, danois* et *norvégien*, art. 188 11°. V. pour la *Grande-Bretagne*, Lowndes, p. 86, §. 28; pour les *États-Unis d'Amérique*, Dixon, *law of shipping*, n° 560, p. 473.

(2-3) Les mots *dispache* et *dispacheur* ont leurs analogues dans un grand nombre de langues diverses. Le mot *dispache* vient sans doute de l'italien *dispaccio;* on dit en anglais *dispatch*, et *dispatcher* en espagnol.

(4) Il ne faut pas confondre le *règlement d'avaries* avec le *règlement par avaries*. Ce dernier se rattache intimement à l'assurance maritime; on l'oppose au *délaissement*.

sommes à payer en commun à raison des dommages soufferts ou des dépenses extraordinaires faites. *b*. La seconde indique la masse *contribuable* ou *passive*, c'est-à-dire la valeur des choses à raison desquelles la contribution est dûe (1). *c*. Enfin, en comparant la masse contribuable et la masse active, on fixe la proportion dans laquelle chaque intéressé doit contribuer; c'est l'objet de la troisième partie du règlement.

La composition de la masse active et de la masse contribuable et l'évaluation de chacun des éléments qui la composent, constituent le fond du règlement : une fois que les deux masses sont formées, la répartition n'est plus qu'une affaire de calcul, étrangère aux règles de droit.

934. FORMATION DE LA MASSE ACTIVE ET DE LA MASSE PASSIVE. PRINCIPES GÉNÉRAUX. — Deux principes fondamentaux régissent la formation des deux masses.

a. Chacun de ceux dont la propriété a été sacrifiée ou qui ont fait une dépense dans l'intérêt du salut commun, doit être placé dans la même situation pécuniaire que si le sacrifice avait porté sur une autre chose ou si la dépense avait été faite par un autre intéressé.

b. L'armateur et les chargeurs doivent contribuer au sacrifice ou à la dépense en proportion de l'avantage pécuniaire qu'ils en retirent.

Par cela même que les divers intéressés contribuent en proportion du profit réalisé par eux et que ce profit est proportionné, en principe, à la valeur des biens qui, exposés aux risques de mer, auraient péri sans l'avarie commune, on dit (et nous emploierons nous-mêmes ces locutions) que les marchandises, que le navire, que le fret contribuent, ou bien encore que telle somme est dûe à titre de contribution par le navire, telle autre par les marchandises, quoique ce soient l'armateur et les chargeurs qui supportent la charge de la contribution.

935. MASSE ACTIVE (OU CRÉANCIÈRE). — Dans la masse active (ou créancière) on comprend, en général, les marchandises sacrifiées

_____

(1) M. Govare prend les expressions *masse active* et *masse passive* dans un sens opposé au sens ordinaire qui est indiqué au texte, V. Govare, *Traité des avaries et de leur règlement*, p. 138, n° 3. Il fait remarquer qu'il est singulier d'appeler actif la somme des dettes et passif l'avoir. L'observation est juste. Mais, pour éviter les confusions, il est préférable de se conformer au langage usuel consacré par la tradition.

à l'exception de celles qui, à titre exceptionnel, ne donnent pas lieu
à contribution (n°s 905 et suiv.), les dommages subis par le navire,
les dépenses extraordinaires faites dans l'intérêt commun, les frais
du règlement d'avaries. L'addition du montant de ces dommages et
du montant de ces diverses dépenses donne comme total la somme à
répartir à titre d'avaries communes. Des règles spéciales s'appliquent
à chacun des éléments de cette masse, au point de vue de l'estimation à en faire pour fixer la part contributive de chacun.

936. *Estimation des marchandises sacrifiées.* — Les marchandises jetées ou, d'une façon plus générale, les marchandises sacrifiées (1) sont estimées d'après leur prix courant au lieu du déchargement (art. 415). C'est, en effet, là le prix que le propriétaire de
ces marchandises aurait touché sans le sacrifice, et dont le sacrifice
l'a privé, c'est celui que touchent les propriétaires de marchandises
sauvées. En estimant les marchandises d'après la valeur qu'elles
avaient au port de départ, on priverait le chargeur atteint par le sacrifice du bénéfice sur lequel il comptait légitimement.

937. Mais le prix de marchandises semblables au port de déchargement pour lequel les marchandises sacrifiées figurent dans la
masse active, n'y doit pas être porté sans déduction. Ce prix ne
représente pas exactement la perte pécuniaire éprouvée, par suite du
sacrifice, par le propriétaire des marchandises.

La somme pour laquelle se vendent des marchandises parvenues
au port de destination, se compose de quatre éléments principaux :
1° le prix d'achat et les frais d'embarquement ; 2° le fret ; 3° les frais
de débarquement et les droits de douane ; 4° puis souvent un excédent qui constitue le bénéfice du vendeur (2).

Le chargeur perd, par l'effet du sacrifice, le prix d'achat et les
frais d'embarquement, il perd même le fret, puisque celui-ci est dû
pour les marchandises sacrifiées (art. 301). Pour indiquer qu'il n'y
a pas à déduire le fret, on dit parfois que les marchandises sacrifiées
figurent dans la masse créancière pour leur *valeur brute* prise au
port de destination (3). Le chargeur est privé de l'excédent qui

(1) V. n°s 923 et 924.
(2-3) C'est cet excédent qui constitue le *bénéfice espéré*, selon l'expression consacrée en matière d'assurances maritimes. V. art. 334, C. com.

devait constituer son bénéfice ; mais il n'a pas à débourser les frais de débarquement et les droits de douane. Aussi ces frais et ces droits doivent-ils être déduits du prix des marchandises semblables au port de destination. Autrement le chargeur dont les marchandises ont été sacrifiées, serait placé dans une situation meilleure que si ses marchandises étaient parvenues à bon port ; il recevrait des autres intéressés, par voie de contribution, des sommes que, par suite de la de la non-arrivée des marchandises, il n'a pas déboursées. Le but d'équité de la théorie des avaries communes ne serait pas atteint.

Ce qui vient d'être dit du chargeur qui a expédié les marchandises par mer dans le but de les vendre au port de déchargement est, du reste, aussi exact du destinataire pour le cas où les marchandises transportées appartiennent à celui-ci. La personne, chargeur ou destinataire, qui a la propriété des marchandises sacrifiées, n'exerce aucune influence sur l'évaluation de celles-ci dans la masse active ou créancière.

938. On doit, en principe, pour fixer le prix courant des marchandises semblables au port de déchargement, les considérer à l'état sain. Il en serait autrement s'il était prouvé que, lors du sacrifice, les marchandises sacrifiées étaient en mauvais état. On doit présumer qu'il en était ainsi quand les marchandises sauvées, d'espèce semblable, ne sont pas arrivées en bon état (1). Mais il n'y a là évidemment qu'une présomption de fait que les circonstances peuvent faire écarter.

939. Afin de connaître exactement la qualité et l'espèce des marchandises sacrifiées, on se réfère aux connaissements et aux factures (art. 415, C. com.) Aussi comprend-on que, pour avoir droit à une indemnité plus forte en cas de sacrifice, un chargeur déguise la véritable qualité des marchandises de manière à en augmenter la valeur. Il pourrait se faire qu'à l'inverse, afin d'éviter de contribuer dans une proportion égale à la valeur réelle des marchandises (n° 952), un chargeur eût amoindri leur qualité dans le connaissement. Afin de déjouer ces fraudes, le législateur a admis que l'on fait abstraction du déguisement ou que l'on en tient compte dans la masse contribuable, lorsque l'un ou l'autre parti est plus défavorable au char-

(1) De Courcy, *Questions de droit maritime* (1e série), p. 261 et suiv.

geur, auteur de la fraude. D'après l'art. 418, 2ᵉ et 3ᵉ alinéas, si la
qualité des marchandises sacrifiées a été déguisée par le connaissement et qu'elles se trouvent d'une plus grande valeur, elles sont
payées d'après la qualité inférieure désignée par le connaissement.
Au contraire, dans le cas où les marchandises sacrifiées sont d'une
qualité inférieure à celle qui est indiquée par le connaissement, elles
sont payées sur le pied de leur valeur.

939 bis. Droit étranger. — Les règles qui viennent d'être posées
et qu'en France, on déduit des principes généraux à défaut de textes
légaux qui les consacrent, sont admises expressément par les lois
étrangères (1). Elles le sont aussi par les usages en *Grande-
Bretagne* (2) et dans les *Etats-Unis d'Amérique* (3). Mais les déductions à faire sur la valeur brute ne sont pas identiques partout. Ainsi,
il va de soi que, comme il y a lieu de déduire de la valeur qu'ont
les objets sacrifiés au port de déchargement, les dépenses que le
sacrifice même a fait épargner, dans les pays où le fret n'est pas dû
pour les marchandises sacrifiées (nº 776 B), celles-ci s'évaluent dans
la masse active pour leur valeur au port de déchargement, déduction
faite spécialement du montant du fret; en d'autres termes, les marchandises sacrifiées sont comprises dans la masse active pour leur
valeur nette (4).

940. Lorsque le sacrifice a atteint le navire ou ses accessoires, on
s'attache au chiffre de la dépense effectivement faite pour les réparations ou pour le remplacement des objets sacrifiés. Mais ce chiffre
ne peut être admis que sous certaines déductions, afin que le propriétaire du bâtiment soit mis seulement dans la situation où il eût
été au port de destination sans la mesure de salut commun et non
dans une situation meilleure. Il faut tout d'abord déduire le prix

---

(1) Codes *allemand*, art. 713 et 714; *hollandais*, art. 729 et 730; *argentin*, art. 1340; Codes maritimes *suédois*, *danois* et *norvégien*, art. 200; *finlandais*, art. 144.

(2) R. Lowndes, *The law of general average*, p. 291 et 295.

(3) Desty, *op. cit.*, nᵒˢ 299 et 300.

(4) Dans ces pays, les marchandises sacrifiées sont évaluées dans la masse
créancière et dans la masse contribuable pour la même somme. Il en est autrement en France. V. ci-dessous, nº 951.

pour lequel les objets sacrifiés (mât, voile, ancre, etc...) ou les débris remplacés (vieux cuivre, etc.) ont pu être vendus. Autrement le propriétaire du bâtiment ferait un bénéfice illégitime. Une déduction plus importante est celle qui est connue sous le nom de *déduction pour différence du neuf au vieux*. Le navire et ses accessoires se détériorent par l'usage, tellement que les diverses pièces du navire ont besoin d'être renouvelées plusieurs fois pendant le temps de sa durée. Si le propriétaire du navire pouvait se faire rembourser intégralement, il aurait des objets neufs pour des vieux et réaliserait un bénéfice au préjudice des autres intéressés soumis à la contribution. Aussi y a-t-il lieu de déduire une somme égale à ce bénéfice, c'est ce qu'on appelle la *déduction pour différence du neuf au vieux*. Afin d'en déterminer avec exactitude le montant, il faudrait connaître le degré d'usure du navire ou de ses accessoires au moment du sacrifice et la perte de valeur en résultant. Une détermination exacte à cet égard n'est pas possible, lorsque des objets ont été sacrifiés, ou est, tout au moins, fort difficile. Aussi, à défaut de règle légale, l'usage a-t-il introduit une sorte de forfait qui est du tiers du prix ou de la dépense; généralement cette déduction ne se fait pas sur les objets tels que les ancres et les chaînes dont l'usure est imperceptible. Dans des cas exceptionnels, du reste, on conçoit que la déduction opérée soit moins forte ou plus forte (1). Ainsi, il est évident qu'une déduction du tiers est excessive lorsqu'il s'agit d'un navire qui faisait son premier voyage au moment où l'avarie commune s'est produite (2). Dans un système rationnel, la déduction devrait être graduée selon que le navire est construit en fer, en acier, en bois ou qu'il a une construction mixte; elle devrait l'être aussi suivant l'âge du bâtiment et la nature des objets sacrifiés. C'est un système de ce genre qu'admettent les règles d'York, d'Anvers et de Liverpool (3) et des Codes étrangers (4). Les polices d'assurances établissent aussi d'ordinaire

(1) Rouen, 2 février 1849, D. 1851. 2. 202; Marseille, 6 sept. 1860, *Journ. de Marseille*, 1860. 1. 259.
(2) Rouen, 5 mars 1880, *Journ. du Havre*, 1880. 2. 116. — Desjardins, IV. p. 442.
(3) *Règle* XIII.
(4) Codes de commerce *allemand*, art. 722; *espagnol*, art. 854, 6°; Codes maritimes *finlandais*, art. 143; *suédois*, *danois* et *norvégien*, art. 198.

une gradation de cette sorte (1) pour la fixation de l'indemnité dûe par l'assureur à l'assuré.

La déduction s'opère sur les sommes payées pour remplacer des objets du bord ou certaines parties du navire comme des mâts ou des voiles sacrifiés, mais non sur des dépenses qui, faites pour réparer des dommages causés au navire, n'ont fait que lui rendre la valeur qu'il avait lors du sacrifice (2).

940 *bis.* Il faut comprendre aussi parmi les déductions à faire l'excédent du fret auquel peut donner lieu indirectement l'avarie, lorsque le capitaine a pris de nouvelles marchandises en remplacement des marchandises sacrifiées. Cet excédent de fret vient en déduction du préjudice éprouvé si on l'attribue au propriétaire de ces marchandises.

941. DE LA MASSE PASSIVE OU MASSE CONTRIBUABLE. — Après avoir déterminé le montant des avaries communes dans la *masse créancière* ou *active*, il faut former une seconde masse des objets soumis à contribution; c'est la *masse contribuable* ou *passive*.

En principe, tout ce qui a profité du sacrifice ou de la dépense doit contribuer (3), pourvu que le profit soit susceptible d'être estimé en argent et cette contribution doit, en règle générale, être proportionnelle au profit pécuniaire que chaque intéressé a tiré du sacrifice ou de la dépense. Aussi faut-il évaluer, pour déterminer ce profit, chacune des choses comprises dans la masse contribuable. Toutefois, d'après le système adopté par notre Code de commerce, la règle de la contribution proportionnelle au profit ne s'applique pas réellement au navire. V. n°s 953 et suiv.

942. Il résulte évidemment de ces règles que les propriétaires des marchandises sauvées doivent contribuer et que, par conséquent, ces marchandises doivent figurer dans la masse contribuable. Une contribution est due aussi par le propriétaire du navire; grâce à l'avarie

---

(1) *Police française d'assurance sur corps*, art. 20. V. de Courcy, *Commentaire des polices françaises d'assurance maritime*, p. 131 et suiv.

(2) Trib. comm. Marseille, 27 déc. 1888, *Revue internationale du Droit maritime*, 1889-90, p. 60. — Desjardins, *op. cit.*, IV, p. 442.

(3) Cette règle était déjà posée en Droit romain : *Placuit omnes quorum interfuisset jacturam fieri conferre oportere.* Paul, L. 2, § 2, Dig., *de lege Rhodia de jactu* (XIV-2).

commune, il obtient le salut de son bâtiment et la conservation du fret qu'il perd d'ordinaire en cas de perte du navire et des marchandises (art. 302, C. com.) (1).

On doit même comprendre dans la masse contribuable les marchandises ou les accessoires du navire sacrifiés. L'art. 417, C. com., le décide spécialement pour les marchandises jetées. Les propriétaires du navire ou de ces marchandises sont donc à la fois créanciers et débiteurs; aussi font-ils confusion sur eux-mêmes jusqu'à dûe concurrence (n° 964). Si ces objets n'étaient pas soumis à contribution, le sacrifice qui en a eu lieu, ferait réaliser un bénéfice à leurs propriétaires, ils seraient remboursés par voie de contribution de la valeur entière des choses sacrifiées; ils ne supporteraient, à la différence des autres intéressés, aucune portion du préjudice causé. Cela serait contraire sous un double rapport à la théorie des avaries communes. Elle a pour but de placer tous les intéressés dans la même situation pécuniaire, quelle que soit la chose atteinte par le sacrifice. En outre, en réalité, celui dont la chose a été sacrifiée dans l'intérêt commun, a lui-même profité du sacrifice. Sans le sacrifice, la chose aurait péri par suite de la réalisation du danger sans que le propriétaire eût à en réclamer la valeur par voie de contribution; car alors l'avarie eût été particulière (2).

943. Les motifs mêmes qui viennent d'être donnés, doivent empêcher de comprendre dans la masse contribuable distinctement les dépenses qui, faites pour réparer les dommages causés au navire, n'ont eu pour but et pour résultat que de lui conserver la valeur qu'il avait lors du sacrifice (3).

944. Malgré la force des raisons qui doivent faire comprendre dans la masse contribuable même les objets sacrifiés, il ne semble pas qu'en Droit romain, on admît que ces objets dussent contribuer. Les

(1) V. n°s 765 et suiv.

(2) Droit étranger. — Beaucoup de lois étrangères font expressément mention des marchandises sacrifiées parmi les éléments à comprendre dans la masse contribuable ou passive. V. Codes de commerce *allemand*, art. 720, 2°; *italien*, art. 647, 3e alin.; *espagnol*, art. 812; *roumain*, art. 659, 3e alin.; *chilien*, art. 1092; *argentin*, art. 1348; Codes maritimes *finlandais*, art. 146; *suédois, danois* et *norvégien*, art. 207.

(3) Trib. comm. Marseille, 27 déc. 1888, *Revue internationale du Droit maritime*, 1889-90, p. 60.

textes du Droit romain ne parlent jamais que de la contribution des
objets sauvés. Cette solution est fort critiquable; mais elle peut dans
une certaine mesure se justifier par cette considération qu'en Droit
romain, les objets sacrifiés n'étant admis dans la masse active que
pour leur prix d'achat (1), et non pour leur valeur prise au port de
déchargement, comme cela a lieu d'après les règles des législations
modernes (n° 936), le propriétaire de ces objets était privé du bénéfice sur lequel il comptait à raison du prix plus élevé qu'ont d'ordinaire les marchandises au port de déchargement. Une certaine perte
restait donc à sa charge sans qu'il contribuât.

945. Par application du principe selon lequel il faut, pour être
tenu de contribuer, que ce qui a été sauvé puisse être évalué en
argent, les personnes dont la vie a été sauvée grâce au sacrifice ou à la
dépense, n'ont pas à contribuer pour cette cause (2). Cela n'est évidemment vrai que pour les hommes libres. Les esclaves considérés
comme des marchandises devaient figurer dans la masse contribuable, afin que les propriétaires des esclaves contribuassent aux avaries
communes.

945 *bis.* Les principes qui viennent d'être posés ont fait naître
une question intéressante pour les *coolies.* L'affranchissement des
esclaves a eu pour résultat d'enlever un grand nombre de bras à la
culture. Aussi recrute-t-on dans l'Inde et en Chine des travailleurs
libres, appelés *coolies,* pour les introduire dans les colonies. Ces travailleurs sont engagés moyennant un prix fixe par des sortes d'entrepreneurs ; ceux-ci comptent réaliser des bénéfices en cédant ces
engagements aux propriétaires qui ont besoin d'ouvriers agricoles.
En cas d'avarie commune, ces entrepreneurs doivent-ils contribuer ?
On serait tenté au premier abord d'admettre la négative en argu-

---

(1) Paul, L. 2, § 4, Dig., *de lege Rhodia de jactu* (XIV 2).

(2) C'était la décision du Droit romain : *Corporum liberorum nullam æstimationem fieri oportere,* Paul, L. 2 § 2, Dig. (XIV. 2).

Il est vrai que ce principe ne s'applique pas d'une façon très rigoureuse, en
ce sens du moins qu'on évalue parfois le dommage causé par la mort d'une
personne; c'est ce qui a lieu notamment quand une personne est tuée et que
des dommages-intérêts sont réclamés à celui qui, par sa faute, a causé la mort
de cette personne. Mais, en matière d'avarie commune, une difficulté très
grande résulterait de ce qu'il faudrait évaluer, à la fois, le profit tiré par des
personnes et par des marchandises de l'avarie commune.

mentant de ce que le salut d'hommes libres ne donne pas lieu à contribution. Mais, en réalité, le principe : *corporum liberorum æstimationem nullam fieri posse*, est ici hors de cause. Ce qu'il y a à estimer, ce n'est pas la valeur des coolies, c'est le prix de cession de leurs engagements. L'entrepreneur, en cas de perte du navire, eût perdu ses avances et le profit sur lequel il comptait. Il est juste qu'ils contribue au sacrifice grâce auquel il a évité cette perte pécuniaire. La Cour de la Réunion a admis la contribution de l'armateur en proportion de la valeur des engagements qui avaient fait l'objet de sa spéculation (1).

946. *Exceptions à l'obligation de contribuer.* — Il y a quelques exceptions à la règle générale, consacrées par le Code de commerce ou par l'usage : certaines choses auxquelles a profité le sacrifice volontaire ou la dépense ne contribuent pourtant pas. Ainsi, il n'est pas dû de contribution pour les munitions de guerre et de bouche, ni pour les hardes des gens de l'équipage, bien que, d'ailleurs, la valeur de ces objets soit payée par contribution quand ils sont jetés (art. 419). Ces exceptions se justifient par des raisons diverses. Les munitions de guerre forment elles-mêmes l'instrument du salut commun et peuvent d'un instant à l'autre être employées à ce titre. Il en est de même des munitions de bouche qui assurent la nourriture de ceux par les soins de qui le navire doit être conduit jusqu'à destination. Cette exception s'appliquerait par identité de raison aux vivres appartenant aux passagers; ceux-ci peuvent être tenus de les mettre en commun (art. 249, C. com.). Mais les objets servant à la nourriture de l'homme doivent évidemment contribuer, lorsqu'ils sont transportés à titre de marchandises.

La faveur dont le législateur entoure les gens de mer, fait exclure leurs hardes de la contribution (art. 419). C'est aussi elle qui a toujours empêché d'admettre que les gens de mer contribuent à raison de leurs loyers que le sacrifice a sauvés. Dans l'ancien Droit français, il était généralement admis que, dans le cas spécial de rachat, les gens de mer contribuaient au prix du rachat (2). Aussi l'art. 304,

_____

(1) Morel, *Des avaries*, p. 225 et suiv.
(2) Dans l'ancien Droit français, il était généralement admis qu'au cas spécial de rachat, les gens de mer contribuaient au prix du rachat : Ord.

C. com., exclut-il d'une façon spéciale la contribution des loyers pour le rachat. Mais il en est certainement de même pour toutes les avaries communes.

Un usage constant fait aussi exempter de la contribution les bagages des passagers (1).

947. Il ne suffit pas de savoir quels objets doivent être compris dans la masse contribuable comme soumis à contribution. Il faut encore fixer pour quelle valeur ils y figurent. C'est ainsi qu'à propos de la masse active, il y a à déterminer les choses entrant dans sa composition et le mode d'évaluation de chacune d'elles (n°s 936 et suiv.).

948. Les marchandises contribuent à raison de leur valeur au lieu de déchargement (art. 401 et 417, C. com.). Elles doivent donc être comprises dans la masse contribuable pour cette valeur. Celle-ci représente, en effet, l'avantage que le propriétaire des marchandises a tiré du sacrifice; sans lui, c'est de cette valeur qu'il aurait été privé.

949. Pour fixer cette valeur, il y a lieu de considérer, soit le prix pour lequel les marchandises ont été vendues, soit, si elles n'ont pas été vendues, le prix courant des marchandises semblables, en tenant compte, dans ce dernier cas, de leur état au moment de leur arrivée, soit enfin l'expertise, s'il n'y a ni vente ni prix courant pour les marchandises de la même espèce. Il résulte de là que la part contribu-

---

de 1681 (liv. III, tit. III, art. 20); Emérigon, *op. cit.*, chap. XII, section XLII; Pothier, *Louages maritimes*, n°s 137 et 141. — M. Bugnet (édit. de Pothier, IV, p. 437, note 1) commet une singulière erreur : il prétend que, même dans notre législation actuelle, en cas de rachat, les gens de mer contribuent à raison de leurs loyers qui ont été sauvés. Le savant auteur n'était évidemment pas aussi familier avec les textes de nos lois commerciales qu'avec ceux de nos lois civiles. Il oubliait que l'art. 304, C. com., déclare expressément à propos du rachat que *les loyers des matelots n'entrent point en contribution*. — En Grande-Bretagne, la règle de l'Ordonnance de 1681 est encore consacrée par l'usage.

(1) DROIT ÉTRANGER. — Les exceptions à l'obligation de contribuer indiquées au texte se trouvent aussi dans les législations étrangères : V. Codes de commerce *allemand*, art. 725 ; *italien*, 648 ; *roumain*, art. 660 ; *espagnol*, art. 856 ; *portugais*, art. 639, § 2 ; *argentin*, art. 1362 ; loi *belge* du 21 août 1879, art. 106 ; Codes maritimes *finlandais*, art. 147 ; *suédois, danois, norvégien*, art. 212. V. pour la *Grande-Bretagne*, Lowndes, *op. cit.*, p. 324 et suiv., § 76 ; pour les *Etats-Unis d'Amérique*, Desty, *Shipping and Admiralty*, v° *General Average*, §§ 298 et 299.

tive du chargeur dans les avaries communes diminue avec leur valeur. Si elles périssent après le sacrifice, elles ne contribuent pas ; leur contribution manque de base.

950. La valeur des marchandises, à raison de laquelle elles contribuent, n'est pas leur valeur brute ; car ce n'est pas elle que le sacrifice a sauvée. Il y a lieu de déduire de cette valeur les sommes qu'en cas de perte, le propriétaire des marchandises n'aurait pas eu à débourser, c'est-à-dire les frais de débarquement, les droits de douane et, en principe, le fret (art. 302). Mais la déduction du fret de la valeur brute des marchandises implique qu'il n'aurait pas été dû en cas de perte. En conséquence, elle ne devrait pas être faite dans la mesure où le fret avancé aurait été stipulé non restituable. Dans ce cas, on ne peut pas dire que, sans le sacrifice, le fret n'aurait pas été dû ; tout au contraire, c'est grâce au sacrifice que le fret n'a pas été payé en pure perte. Toutefois cette solution est contestée et il est soutenu que la déduction du fret doit s'opérer sur la valeur des marchandises sauvées, alors même que le fret est payable à tout événement. V. n° 958.

951. Les règles qui viennent d'être posées s'appliquent à l'évaluation des marchandises sacrifiées en tant qu'elles figurent dans la masse contribuable (n° 942). Il résulte de là que la valeur des marchandises sacrifiées ne s'estime pas dans la masse contribuable comme celle des mêmes marchandises sacrifiées dans la masse active. Les marchandises sacrifiées figurent dans les deux masses ; mais, tandis que, dans la masse active, on ne déduit pas le fret de leur valeur brute (n° 937), cette déduction s'opère dans la masse contribuable (1).

952. On se réfère souvent au connaissement pour déterminer la qualité des marchandises sauvées ou sacrifiées ; mais des fraudes peuvent être commises dans le but d'en déguiser la qualité réelle. Les marchandises, en cas de déguisement de ce genre, contribuent d'après la plus haute valeur, soit réelle, soit indiquée au connaissement (art. 418, 1er et 2e alin.). Cpr. n° 939.

953. *Contribution du propriétaire du navire.* — Le propriétaire

(1) Il a été fait observer plus haut (n° 939 *bis* et note 4 de la page 72) qu'il y a des pays, spécialement la *Grande-Bretagne* et les *Etats-Unis d'Amérique*, où les marchandises figurent pour leur valeur nette dans les deux masses.

du navire doit contribuer aux avaries communes ; il en profite, puis-que, grâce à elles, il a sauvé son navire et n'a pas perdu son fret. Le principe de la contribution du propriétaire du navire a toujours été admis dans tous les pays. Mais les législations diffèrent beaucoup sur le point de savoir en proportion de quelles valeurs le propriétaire du navire contribue et, par suite, quelles choses figurent de son chef dans la masse contribuable. Toutes les législations, du moins, s'accordent en un point : aucune n'admet que le propriétaire du bâtiment con-tribue à la fois en proportion de la valeur du navire au moment et dans le lieu du départ et de l'entier montant du fret (ou fret brut). La raison en est qu'avec un tel système, la part contributive du pro-priétaire du navire dépasserait le profit tiré par lui de l'avarie com-mune. En effet, l'avarie commune ne sauve qu'un navire déjà plus ou moins usé par la navigation et le fret doit supporter des dépenses diverses, qui auraient été évitées si le navire avait péri en cours de route, spécialement les loyers des gens de l'équipage au moins pour le temps postérieur à la perte (art. 258, C. com.). Il résulte de là que, dans la rigueur des principes, le propriétaire du bâtiment devrait contribuer en proportion de la valeur du navire au port de déchar-gement et du fret net, c'est-à-dire du montant du fret sous la déduc-tion des sommes que la perte du navire et de sa cargaison aurait fait épargner au propriétaire du bâtiment, si le sacrifice volontaire ou la dépense extraordinaire n'avait pas eu lieu (1). C'est, du reste, là le système adopté par plusieurs législations, avec cette variante que, dans quelques-unes, les dépenses à déduire du fret brut, sont fixées à forfait, de telle sorte que le fret contribue, par exemple, pour la moitié ou pour les deux tiers (n° 957). Ce n'est pas du tout le sys-tème de notre Code de commerce (n° 955).

954. *Droit romain et ancien Droit.* — Les textes du Droit ro-main ne parlent expressément que de la contribution du navire (2).

D'après les jugements d'Oléron (art. 8) et l'Ordonnance de Wisby (art. 40), la contribution portait sur le navire ou sur le fret, l'un à l'exclusion de l'autre ; les premiers laissaient le choix au capitaine, la seconde au marchand ou chargeur. Le Consulat de la mer (chap. 50

---

(1) Desjardins, IV, n° 1062.
(2) Dig. XIV, 2, *De lege Rhodia de jactu*, Paul, L. 2, § 2.

et suiv.) adoptait un système plus compliqué : d'après lui, le navire contribuait pour moitié de sa valeur et le fret pour le tout ; mais le maître pouvait s'affranchir de cette dernière contribution en abandonnant le fret des marchandises sacrifiées. A Marseille, selon Cleirac (*Us et Coutumes de la mer*), il y avait un usage particulier d'après lequel le maître était libre de contribuer pour la moitié de la valeur du navire ou pour le montant du fret, mais s'exonérait de toute contribution par l'abandon du fret entier.

Ces divers systèmes avaient l'inconvénient de faire une situation par trop favorable à celui auquel l'option était laissée (1). L'Ordonnance de 1681 (liv. III, titre 8, art. 7) consacra un système nouveau selon lequel le propriétaire du navire contribuait en proportion de la moitié de la valeur du navire prise au port de départ et de la moitié du fret brut (2). Les anciens auteurs s'efforçaient d'expliquer cette règle toute spéciale. Valin s'exprimait ainsi sur l'article de l'Ordonnance : « Il était juste par une règle unique de ne faire contribuer « ces deux objets ensemble que pour moitié ; car enfin, s'il y a un « fret, c'est aux dépens du propriétaire ou du maître, tant à raison « des victuailles consommées et des loyers des matelots que de la « diminution que souffre nécessairement le navire dans sa valeur « durant le voyage, par le dépérissement inévitable de son corps et « de ses agrès et apparaux ; à quoi il faut joindre l'intérêt de toute « la dépense de la mise hors. Ainsi, nulle apparence de faire con-« tribuer le fret pour le tout et le navire en même temps aussi pour « le tout, puisque le fret ne fait que le remplacement de ce que le « navire est censé avoir perdu de sa valeur pour le gagner. — En-« core une fois rien de plus juste que cette contribution des deux « objets réunis pour moitié seulement. » Pothier exprime des idées semblables. Il dit dans son *Traité des louages maritimes* (n° 119) : « Comme le fret ne leur est dû qu'à raison de leur navire et que « c'est une espèce de remplacement de ce que le navire perd de sa « valeur dans le voyage et des dépenses qu'il faut faire, on a trouvé

---

(1) Valin, sur l'art. VII, livre III, titre 8, de l'Ordonnance de 1681.

(2) L'article de l'Ordonnance était ainsi conçu : *La répartition pour le paiement des pertes et dommages sera faite sur les effets sauvés et jetés et* SUR MOITIÉ DU NAVIRE ET DU FRET, *au marc la livre de leur valeur.*

« que ce serait un double emploi que de les faire contribuer tout à la
« fois et pour la valeur entière du navire et pour tout le fret. C'est
« pourquoi les anciennes lois maritimes ne les faisaient contribuer
« que pour l'un ou pour l'autre, ou pour le navire ou pour le fret ;
« les jugements d'Oléron, art. 8, leur en donnaient le choix ; l'or-
« donnance de Wisby, art. 4 donnait ce choix aux marchands. —
« Notre Ordonnance, au titre *du jet*, art. 7, a pris un autre tempé-
« rament ; elle fait contribuer à la vérité les propriétaires du navire
« tout à la fois pour le navire et pour le fret ; mais elle ne les fait
« contribuer que pour la moité de la valeur du navire et pour la moi-
« tié du fret. »

955. SYSTÈME DU CODE DE COMMERCE. — Le Code de commerce
(401 et 417) a reproduit la règle de l'Ordonnance de 1681 avec une
modification : les avaries communes se répartissent sur la moitié du
fret et sur la moitié du navire en proportion de sa valeur prise au
port de *déchargement*, non au port de *départ ;* sur ce dernier point,
l'art. 417, C. com., est formel.

Le système de l'Ordonnance était déjà exorbitant ; un navire ne perd guère dans une seule traversée la moitié de sa valeur. Mais on pouvait, à la rigueur, dire qu'il y avait là une
sorte de forfait. Le système du Code de commerce ne peut plus
même s'expliquer par une idée de ce genre, puisqu'on s'attache, pour
en prendre la moitié, à la valeur du navire au port de déchargement.
Il y a une faveur non justifiée faite au propriétaire du navire ; il ne
contribue pas, en réalité, en proportion du profit tiré par lui du sacrifice ou de la dépense. Cette faveur tourne au préjudice des propriétaires des marchandises qui ont à payer la part dans l'avarie
commune que supporte en moins le propriétaire du navire. Les
motifs parfois allégués pour défendre le système du Code de commerce
n'ont pas de valeur. On a dit notamment qu'il fallait se montrer favorable au capitaine, souvent propriétaire ou copropriétaire du navire,
qui a le mérite de concevoir et d'exécuter la mesure de salut, et ne
pas le décourager de se résoudre à un sacrifice volontaire ; mais l'on
a répondu que les capitaines n'ont pas besoin d'être excités à se débarrasser d'un excès de charge et que, le plus souvent, ils sont déjà
trop enclins à donner à des pertes fortuites le caractère de sacrifices

volontaires. Valin déclarait « qu'il n'y a rien de plus juste que cette « contribution de deux objets réunis, pour moitié », et il défendait le système de l'Ordonnance en disant qu'il y avait un forfait relativement aux dépenses de navigation supportées par le fret et au *dépérissement* du navire causé par le voyage (1). Ces explications n'étaient pas justes, puisqu'il est rare qu'un navire perde en un seul voyage la moitié de sa valeur ; elles sont surtout inadmissibles sous l'empire du Code de commerce, qui s'attache à la valeur du navire au port d'arrivée (2).

Aussi le système du Code de 1807 était repoussé par le projet de 1865 qui admettait (art. 413 et 414) que le propriétaire du navire contribuait en proportion de la valeur du navire au port de déchargement et de la moitié du fret. Le système de notre Code est aussi écarté par le plus grand nombre des législations étrangères (n° 957).

956. Il est certain que le prix de passage doit, en matière de contribution aux avaries communes, être traité comme le fret et, par suite, être compris dans la masse contribuable pour la moitié de son montant brut. Le prix de passage cesse comme le fret d'être dû en cas de perte du navire (n° 836, V. p. 579). L'avarie commune sauve le prix de passage aussi bien que le fret. Le propriétaire doit contribuer, par suite, pour l'un comme pour l'autre et il serait déraisonnable de le faire contribuer pour ces deux sortes de fruits civils du navire dans des proportions différentes.

956 *bis*. DROIT ÉTRANGER.—La plupart des lois étrangères ont adopté

(1) V. le passage de Valin cité au n° 954.
(2) M. de Courcy critique vivement la loi française (*Questions de droit maritime*, 1re série, p. 229 et suiv.). Il constate qu'elle aboutit parfois à des conséquences véritablement révoltantes ; elles se produisent spécialement quand la cargaison se compose de marchandises de peu de valeur. Voici ce que suppose à cet égard M. de Courcy : un navire valant avec son fret 100,000 francs, a un chargement de charbon ou de minerai de fer d'une valeur de 5,000 francs. Après le sacrifice de la mâture et des réparations dispendieuses faites à l'étranger, on constate une avarie commune du chiffre de 55,000 francs. Si le règlement a lieu en France, le capital contribuable sera de 55.000 francs, c'est-à-dire précisément égal à l'avarie. Le taux de la contribution sera de 100 0/0 pour le chargeur qui perdra tout et ne profitera ainsi nullement du sacrifice, tandis que le propriétaire du navire ne supporte, en réalité, l'avarie commune que pour 50 0/0 des valeurs lui appartenant. M. de Courcy (*loc. cit.*) ajoute même : J'ai vu mieux, et plus d'une fois j'ai vu des taux de contribution qui dépassaient 100 0/0 pour les chargeurs. »

système différent de celui du Code de commerce français. Mais il s'en faut qu'il y ait uniformité entre elles, surtout en ce qui concerne la contribution du fret. En *Grande-Bretagne*, le navire contribue d'après sa valeur au port de destination et le fret pour son montant brut, déduction faite des dépenses que la perte du navire aurait épargnées (1). Aux États-Unis d'Amérique, le navire contribue aussi en proportion de sa valeur à l'arrivée (2) ; mais, d'après les usages, on fait une déduction à forfait d'une certaine portion du fret pour fixer sa part contributive ; ainsi, dans les États de New-York, de Virginie, de Californie, etc., le fret contribue pour moitié ; dans les Etats de Massachusetts, de Pensylvanie et de Louisiane, il contribue pour les deux tiers (3). Le Code allemand admet la contribution du navire pour sa valeur à l'arrivée (art. 729), celle du fret pour les deux tiers du montant brut acquis, mais il réserve aux législations particulières des divers Etats de réduire les deux tiers à la moitié (art. 723). La loi belge du 21 août 1879 décide que le navire contribue pour sa valeur au lieu de déchargement (art. 105 et 110) et le fret pour la moitié de son montant (art. 205). Ce dernier système est aussi celui du Code de commerce *espagnol* (art. 854), des Codes maritimes *finlandais* (art. 146), *suédois, danois, norvégien* (art. 207, 209 et 211). Les Codes *italien* (art. 647), *roumain* (art. 659) et *portugais* (art. 636) ont pourtant consacré les règles du Code français.

Les règles d'York, d'Anvers et de Liverpool (art. xvii) ont adopté le système anglais (4).

(1) Abbott, *Law of merchant ships and seamen*, part. VI, p.527 ; Lowndes, *op. cit.*, §§ 69 et 75.
(2) Dixon, *Law of shipping*, p. 519 et suiv.
(3) Dixon, *op., cit.* p. 522 et suiv.
(4) La règle XVII est ainsi conçue: *La contribution à l'avarie commune sera établie sur les valeurs réelles des propriétés à la fin de l'expédition en y ajoutant le montant bonifié en avarie commune pour les objets sacrifiés. — Du fret et du prix de passage en risque pour l'armateur seront déduits les frais de port et les gages de l'équipage qui n'auraient pas été encourus si le navire et la cargaison s'étaient totalement perdus au moment de l'acte d'avarie commune ou du sacrifice, mais pour autant seulement qu'ils n'auront pas été bonifiés en avarie commune. — De la valeur des propriétés seront également déduits tous les frais y relatifs depuis l'événement qui donne ouverture à l'avarie commune, mais pour autant seulement qu'ils n'auront pas été bonifiés en avarie commune.*

957. Le seul fret soumis à contribution est celui qui était en risque lors du sacrifice et qui a été sauvé grâce à lui. En conséquence, le fret déjà acquis au moment du sacrifice par suite du débarquement des marchandises, n'est pas à comprendre dans la masse contribuable (1).

958. *Cas où le fret est stipulé non restituable ou payable à tout événement.* — Le propriétaire du navire doit contribuer certainement en proportion de la valeur de la moitié du navire et de la moitié du fret quand il est exposé à perdre le fret en cas de perte du navire et des marchandises, ce qui, d'après l'art. 302, C. com., est le cas normal (n⁰ˢ 766 et suiv.).

Mais la solution doit-elle changer et le propriétaire a-t-il à contribuer pour le fret en proportion de la moitié de son montant, même quand le fret a été stipulé payable à tout événement ou non restituable?

Selon nous, le propriétaire du navire n'a pas à contribuer pour la moitié du fret lorsque celui-ci est non restituable ou payable à tout événement; il contribue seulement alors pour la valeur du navire (2). Chaque intéressé doit contribuer en proportion du profit réalisé par lui. Or, le sacrifice ou la dépense n'a été dans l'espèce la cause d'aucun profit quant au fret pour le propriétaire du bâtiment; le fret eût été payé ou n'eût pas été restitué même en cas de perte du navire. Ce n'est pas à dire que le fret ne figure pas dans la masse contribuable. Il y figure et cela pour le tout comme compris dans la valeur des marchandises. Quand le fret est exposé à être perdu, on le déduit de la valeur des marchandises soumises à contribution (n⁰ 950), parce que, sans le sacrifice ou la dépense, elles auraient péri et le fret n'aurait pas été dû pour elles. Au contraire, en cas de fret payable à tout événement ou non restituable, le sacrifice a fait éviter au propriétaire des marchandises le préjudice résultant de l'obligation de payer le fret pour des marchandises qui, ayant péri, n'auraient pas été délivrées à destination. Ainsi, les résultats suivants sont produits : le fret figure bien dans la masse contribuable comme lorsqu'il est en risque pour l'armateur; mais il y figure pour le tout et dans le but de

(1) Desjardins, IV, n° 1062, p. 463 ; de Valroger, IV, n° 2182.
(2) De Valroger, IV, n° 2184.

fixer la part contributive du propriétaire des marchandises et non
de l'armateur. Par suite, le total de la masse contribuable est augmenté de la moitié du fret, la part contributive de l'armateur calculée
seulement sur la valeur du navire est moindre, tandis que celle du propriétaire des marchandises est plus grande. Ces résultats se justifient
aisément. Aucune disposition légale n'autorise à ne faire figurer le fret
que pour moitié lorsqu'étant en risque pour le propriétaire des marchandises, le fret est compris dans la masse contribuable pour fixer
la part contributive de celles-ci. Au reste, l'idée de dépenses qu'on
a faites et qu'on aurait évitées en cas de perte ne peut être invoquée
dans ce dernier cas pour ne tenir compte du fret que pour moitié ;
c'est l'armateur qui supporte ces dépenses ; elles ne sont nullement
à la charge des propriétaires de marchandises. Par cela même que
la clause de paiement du fret à tout événement diminue les risques
pour l'armateur et les augmente pour le propriétaire des marchandises, il est juste et conforme aux principes formant la théorie des
avaries communes, que, par suite de l'existence de cette clause, les
éléments entrant dans la masse contribuable diminuent pour le premier et augmentent pour le second.

On soutient, dans une opinion tout opposée, que la composition
de la masse contribuable et, par suite, le total ne sont en rien modifiés par la clause de non restitution ou de non paiement du fret à tout
événement. La règle, selon laquelle le propriétaire du navire doit
contribuer en proportion de la valeur du navire prise au port de
déchargement et de la moitié du fret, consacre un forfait dans lequel
le navire et le fret sont identifiés et solidarisés. Cela donne à l'obligation de l'armateur de contribuer au fret le caractère d'une indivisibilité
solutione ; cette indivisibilité empêche qu'on ne puisse déplacer les éléments contribuables. Du reste, une dérogation à la règle générale ne
pourrait s'induire que d'une stipulation claire ; celle qui se borne à
déclarer le fret payable à tout événement ne vise nullement la question de contribution (1).

(1) Trib. comm. Marseille, 10 déc. 1867, Trib. comm. du Havre, 11 juill.
1882, *Journ. de jurispr. de Marseille*, 1868. 1. 62; 1882. 2. 208;
Bordeaux, 4 avr. 1892, D. 1894. 2. 108; *Revue internat. du Droit marit.*,
1892-93, p. 41; *Journ. de jurispr. de Marseille*, 1893. 2. 155.

On oublie, en produisant ces raisons, qu'une convention doit produire, outre les effets mêmes qu'elle vise expressément, ceux qui en sont une suite naturelle et logique. Dès que le fret est non restituable ou payable à tout événement, il est en risque pour l'affréteur, non pour l'armateur ; c'est donc le premier, non le second, qui profite du sacrifice et il y aurait injustice à ne pas faire contribuer l'affréteur de ce chef. Si les parties veulent écarter cette conséquence logique de leur convention, c'est à elles à l'indiquer. Elles peuvent toujours le faire ; aucune disposition légale n'est en cette matière impérative (art. 398, C. com.). Il est vrai qu'à raison de l'espèce de forfait établi par le Code de commerce pour la contribution de l'armateur, celui-ci est très avantagé s'il ne contribue que pour la moitié de la valeur du navire. Mais il l'est même lorsqu'il contribue en sus en proportion de la moitié du fret. Il n'est pas étonnant que la stipulation qui empêche le fret d'être en risque pour lui rende sa situation meilleure encore. Il ne sert de rien de parler d'une obligation indivisible pour l'armateur envers l'affréteur. Il est vrai qu'en principe, l'armateur doit une contribution pour le navire et pour le fret et qu'il ne peut se libérer qu'en payant la part contributive afférente à l'un et à l'autre. Mais on ne saurait nier que la convention contraire est possible ; l'art. 398, C. com., indique que les règles légales ne sont applicables qu'autant que la convention des intéressés n'y déroge pas. Les conventions tacites ont la même force que les conventions expresses. Dans notre espèce, la convention tacite imposant à l'affréteur l'obligation de contribuer pour le fret et en dispensant l'armateur, se déduit de la stipulation de non restitution ou de paiement du fret à tout événement, combinée avec les principes généraux sur la contribution aux avaries communes.

Une opinion intermédiaire a été défendue. D'après elle, l'unique effet de la stipulation dont il s'agit serait de faire changer la place du fret dans la contribution des intéressés, de telle sorte que le chargeur contribuerait aux lieu et place de l'armateur pour la moitié du fret, tandis que l'armateur ne contribuerait que pour la moitié de la valeur du navire. Avec ce système, le total de la masse active n'est pas changé ; il est identique, que le fret soit en risque pour l'armateur ou pour l'affréteur. C'est même là aux yeux de ses partisans ce qui doit recommander ce système (1). Ce système, sans doute, ne méconnaît pas l'idée selon laquelle l'armateur ne doit pas contribuer à raison d'un fret qu'il n'est pas exposé à perdre ; mais il tombe dans l'arbitraire, en déduisant de la valeur brute des marchandises à destination la moitié seulement du fret y afférent. Le fret entier est en risque pour l'affréteur, quand il est stipulé payable à tout événement ou non restituable. Il n'y a, comme cela a été dit plus haut, aucune raison pour ne faire contribuer le propriétaire des marchandises que pour la moitié du fret sauvé pour lui en totalité grâce à l'avarie commune.

958 bis. DROIT ÉTRANGER. — L'opinion, selon laquelle le propriétaire du navire n'a pas à contribuer en proportion du fret, quand celui-ci n'est pas en risque pour lui, était adoptée par le projet de 1865 (article 414) ; elle est consacrée expressément par de nombreuses lois étrangères (2) et admise par le droit coutumier de la *Grande-Bretagne* (3) et des *États-Unis d'Amérique* (4).

959. Le plus souvent c'est une partie seulement du fret qui est avancée et stipulée non restituable, ce n'est pas le fret entier. Alors ce qui vient d'être dit n'est applicable qu'à la portion avancée, c'est-à-dire que le propriétaire du navire ne contribue pas pour la moitié de cette portion et que celle-ci n'est pas déduite de la valeur des marchandises prise au port de déchargement. Pour l'excédent, le propriétaire du navire contribue à raison de la moitié de son montant conformément au principe général et cet excédent est à déduire de la valeur des marchandises au port de déchargement.

960. Il est fréquent qu'un navire soit affrété à la fois pour l'aller et le retour. A raison de quoi le fret contribue-t-il alors, soit que l'avarie commune se produise durant le voyage d'aller, soit qu'elle se produise pendant le voyage de retour ? Il faut, pour résoudre cette question, distinguer selon qu'un fret est payable distinctement pour

---

(1) Arth. Desjardins, *Traité de Droit commercial et marit*, IV, n° 1062, p. 463.

(2) Loi *belge* du 21 août 1879, art. 105 et 107 ; Codes de commerce *italien* art. 654, 2ᵉ alin.; *roumain*, art. 666, 2ᵉ alin.; Codes maritimes *suédois*, *danois* et *norvégien*, art. 210.

(3) Lowndes, *op. cit.*, n° 74.

(4) Desty, *op. cit.*, n° 296.

chaque voyage ou qu'il a été convenu que le fret ne serait dû qu'au retour en cas d'heureuse arrivée. Dans le premier cas, le fret soumis pour la moitié à contribution est celui afférent au voyage dans lequel s'est produite l'avarie commune. Dans le second cas, le fret entier contribue à raison de la moitié de son montant, si l'avarie a eu lieu dans le voyage de retour; car, sans l'avarie commune, aucune partie du fret n'aurait été due; mais il n'est point dû de contribution pour le fret, quand il y a eu avarie dans le voyage d'aller: alors, en effet, l'avarie n'a sauvé aucune partie du fret, puisque rien ne sera dû sur le fret, même pour l'aller, si le navire périt en revenant (1).

961. Lorsque l'avarie commune concerne le navire, il y a lieu de faire figurer la valeur des objets sacrifiés, des dépenses faites ou à faire pour les réparations, dans la masse contribuable comme dans la masse active. Autrement les objets sacrifiés ou la valeur du navire qui correspond au dommage souffert seraient seuls exempts de la contribution. Telle est la raison qui justifie la contribution due par les marchandises sacrifiées (n° 912) (2). Mais de ce chef la contribution est-elle due pour moitié seulement comme pour le navire lui-même? La question est discutée. On a soutenu, d'un côté, qu'il faut joindre à la moitié de la valeur du navire à l'état d'avarie au port de reste le montant intégral des dépenses faites ou à faire pour les réparations. En faveur de cette doctrine, on a dit que, dans le cas où les réparations ne sont pas encore faites lors du règlement, il n'y a aucune raison de texte pour faire contribuer le navire pour la moitié de sa valeur et seulement pour la moitié des réparations à faire, puisque, d'après l'art. 417, C. com., c'est uniquement pour le navire et pour le fret que la contribution est réduite à moitié; que la même solution doit évidemment être donnée lorsque les réparations ont eu lieu avant l'arrivée au port de reste, la date à laquelle elles sont faites ne pouvant faire varier la part contributive du navire (3). Selon nous, au contraire, le montant des réparations classées en avaries commu-

(1) Govare, *op. cit.*, n° 15, p. 161 et suiv.; Desjardins, IV, n° 1062, p. 465
(2) Le Code de commerce *allemand* (art. 729, 2°) consacre expressément cette solution, en disposant que le navire contribue « 2° à raison du dommage « qu'il a éprouvé avec ses agrès et apparaux et qui entre en ligne de compte « comme avarie grosse. »
(3) Morel, *op. cit.*, p. 244.

nes ne doit contribuer que pour moitié (1). On peut d'abord en quelque sorte retourner l'argument produit dans le sens de l'opinion
opposée. Lorsque les réparations de l'avarie commune ont été faites
avant l'arrivée au port de reste, on ne se conforme pas à la loi (article 417, C. com.), si l'on ne prend pas la moitié de la valeur du
navire y compris les réparations. Or, ainsi qu'on le fait observer dans
la doctrine contraire, on ne peut admettre deux solutions variant
avec le moment où les avaries communes ont été réparées. Du reste,
on arrive autrement à une véritable anomalie ; on impose au propriétaire du navire une contribution plus forte, quand ce sont ses propres
biens qui ont été sacrifiés, que dans celui où ce sont les marchandises
des chargeurs. En effet, qu'on suppose un jet d'agrès de 10,000 fr.,
fait d'un navire qui sans avarie eût été estimé 30,000 fr. et qui, par
suite de l'avarie, ne peut l'être que pour 20,000 fr. Ce navire contribuerait pour la moitié soit 10,000 fr., qu'on augmenterait des
10,000 fr., montant de la valeur des agrès sacrifiés, de telle sorte
que le navire contribuerait au total à raison de 20,000 fr. S'il y avait
eu seulement un jet de marchandises, la contribution ne serait due
qu'à raison de la moitié de la valeur du navire, soit 15,000 fr.

962. A la différence des dommages subis par le navire ou par des
marchandises de la cargaison, les dépenses extraordinaires n'ont évidemment pas à figurer dans la masse contribuable. Leur exclusion
de cette masse n'a pas pour conséquence de placer dans une situation
privilégiée le propriétaire du navire qui a fait ces dépenses, il y contribue en proportion de la moitié de la valeur du navire et de la
moitié du fret. C'est là un des points de vue auxquels, en dehors de
toute assurance maritime (2) (n° 863), il importe de distinguer les
avaries frais des avaries-dommages (3).

963. *Frais du règlement et autres frais accessoires.* — La confection d'un règlement d'avaries entraîne généralement avec elles
des frais divers ; car des hommes spéciaux sont désignés non-seulement

_____

(1) Rouen, 6 fév. 1843, *Journ. Pal.*, 1843, p. 657. — Bordeaux, 15 mai 1866,
Cass. 18 déc. 1867, D. 1868. 1. 145. — V. J. Cauvet, *op. cit.*, n° 426, p. 237 et
238 ; de Valroger, V, n° 2182 ; Desjardins, IV, n° 1061.

(2) Au point de vue des assurances maritimes, la distinction a quelque intérêt pratique.

(3) Frémery, *Études de droit commercial*, p. 242, note 1.

pour dresser le règlement, mais encore parfois pour procéder à l'évaluation du navire et des marchandises (1). Ces frais sont évidemment des accessoires des avaries communes et, comme tels, ils doivent être compris dans la masse active, afin d'être répartis proportionnellement entre les intéressés comme les avaries communes elles-mêmes.

Il en est de même des frais faits pour se procurer l'argent nécessaire aux dépenses constituant des avaries communes (primes d'emprunts à la grosse, frais de négociation de lettres de change, etc...) et des pertes pouvant s'y rattacher (ventes à perte de marchandises, par exemple) (2).

964. Après que les deux masses active (ou créancière) et passive (ou contribuable) ont été formées suivant les règles précédentes, le règlement d'avaries fait la répartition entre les divers intéressés. Pour cela, il n'y a qu'à faire une règle de proportion. Si, par exemple, le montant de la masse à répartir est de 20,000 fr., et que la masse contribuable ait une valeur de 200,000 fr., chaque élément de cette masse contribue pour 10 0/0 de sa valeur fixée conformément aux règles précédentes.

Il ne faut pas oublier qu'il y a des décomptes à opérer pour ceux qui sont en même temps créanciers et débiteurs, qui ont à recevoir en même temps qu'ils doivent contribuer. Il en est ainsi des propriétaires des marchandises sacrifiées et du propriétaire du navire qui a subi des dommages. On dit de ces personnes qu'elles font confusion sur elles-mêmes pour la part de l'avarie commune qui ne leur est pas remboursée, parce qu'elle représente leur propre contribution (n° 942).

965. *Insolvabilité des contribuables.* — Les différents contribuables ne sont pas tenus solidairement ; chacun n'est, en principe, tenu de payer que la part mise à sa charge par le règlement. La solidarité qui est de droit commun en matière commerciale (3), est implicitement exclue par les dispositions légales fixant la part de chaque con-

(1) Trib. comm. d'Anvers, *Revue intern. du droit marit.*, 1889-90, p. 110.
(2) V. sur ces points des dispositions expresses dans les Codes de commerce *hollandais*, art. 699, 19° ; *italien*, art. 643, 18° et 19° ; *espagnol*, art. 811, 12° ; Codes maritimes *finlandais*, art. 134 ; *suédois*, *danois* et *norvégien*, article 188, 18°.
(3) V. ce *Traité*, III, n° 38.

tribuable. Mais, d'après un usage très-ancien, les contribuables sont considérés comme se garantissant réciproquement leur solvabilité. La part afférente à un contribuable est, quant il ne peut pas la payer, répartie entre les autres contribuables au *prorata* de leur intérêt (1). L'insolvabilité est en quelque sorte un risque accessoire des avaries communes.

966. Dérogations aux dispositions légales sur les avaries communes. — Les règles relatives aux avaries communes et à la contribution sont-elles d'ordre public, de telle façon qu'il ne puisse y être dérogé par des clauses des chartes-parties ou des connaissements? L'art. 398, C. com., touche à cette question en disposant que : *à défaut de conventions spéciales entre toutes les parties*, les avaries sont réglées conformément aux dispositions ci-après. Cette disposition implique tout au moins que les intéressés peuvent, par une convention préalable, faire dépendre le classement des avaries en avaries communes de conditions différentes de celles déterminées par le Code de commerce, ou modifier les règles de la contribution. C'est ainsi qu'assez souvent il est stipulé dans les chartes-parties ou dans les connaissements, que les avaries communes seront réglées d'après le système de telle ou telle législation étrangère, d'après les usages du Lloyd anglais ou d'après les Règles d'York et d'Anvers (2). Mais une pareille clause ne peut avoir un plein effet qu'autant qu'elle a été acceptée par tous les intéressés. Autrement elle ne peut valoir que dans les rapports entre le capitaine et ceux qui l'ont acceptée (article 1165, C. civ.) (3).

Les intéressés peuvent-ils aller jusqu'à convenir qu'il n'y aura pas de contribution aux avaries communes, que chaque partie supportera seule les pertes qu'elle aura éprouvées ou les dépenses qu'elle aura

---

(1) Valin, sur l'art. 7, livre III, tit. VIII de l'Ordonnance de 1681; Emérigon, *op. cit.*, chap. XII, sect. 43, § 7. — Frémery, *op. cit.*, p. 227. V. pourtant Morel, *op. cit.*, p. 258.

(2) Cass. 2 avr. 1872, D. 1873. 1. 132; Trib. comm. Rouen, 18 avr. 1890, *Revue intern. du Droit maritime*, 1890-91, p. 42.

(3) Trib. comm. du Havre, 4 juin 1890, *Revue intern. du Droit marit.*, 1890-91, p. 166; Trib. comm. Rouen, 18 avr. 1890, *Revue intern. du Droit marit.* 1890-91, p. 662; Trib. comm. Rouen, 2 août 1891, *le Droit*, n° des 14-15 sept. 1891.

faites dans l'intérêt commun? On a soutenu la nullité d'une pareille clause (1), en alléguant qu'elle nuit aux intérêts de la navigation parce quelle dispose le capitaine à sacrifier toujours de préférence la cargaison. Mais il n'y a là qu'une simple considération ; elle ne saurait prévaloir contre la disposition de l'art. 398 qui semble autoriser sans aucune distinction toutes les dérogations aux règles du Code de commerce sur les avaries communes. Les termes de l'art. 398 sont très généraux et il précède immédiatement l'article qui fait la division des avaries en avaries particulières et en avaries communes (art. 399). D'ailleurs, c'est aux intéressés à peser les avantages et les inconvénients que présente pour eux une pareille clause. Son annulation serait d'autant plus exorbitante que le plus souvent une réduction du fret compense le désavantage ou le danger qu'elle présente incontestablement pour ceux auxquels appartient la cargaison (2).

967. *Formes des règlements d'avaries.* — Les parties peuvent, en principe, faire procéder au règlement des avaries communes où bon leur semble et par des experts choisis par elles (art. 398, C. com.). Mais un règlement purement amiable a de graves inconvénients : il n'est opposable qu'à ceux qui ont consenti à ce qu'il y fût procédé (art. 1165, C. civ.) ; aussi, quand il existe des assurances, faut-il que

(1) Trib. comm. Marseille, 13 déc. 1861, *Journ. de Marseille*, 1862. 1. 7. (Ce jugement a été infirmé par un arrêt de la Cour d'Aix mentionné dans la note suivante). — Govare, *op. cit.*, n° 10, p. 192.

(2) En ce sens, Aix, 30 janv. 1862, *Journ. de Marseille*, 1862. 1. p. 9 et suiv. (cet arrêt infirme le jugement rapporté à la note précédente). V. aussi Marseille, 7 fév. 1878, 13 nov. 1883, *Journ. de Marseille*, 1878. 1. 98 ; 1884. 1. 45. Des jugements antérieurs du tribunal de commerce de Marseille avaient déjà admis la doctrine consacrée par la Cour d'Aix en 1862 : Marseille, 15 mai 1820, *Journ. de Marseille*, 1820. 1. 209 ; 24 nov. 1853, même recueil, 1862. 1. 5 et 6 (en note). — Desjardins, IV, n° 958 ; de Valroger, V, n° 1985. J. V. Cauvet, *op. cit.*, I, p. 80 et suiv., n° 339. Cet auteur insiste en faveur de notre doctrine sur ce que l'obligation de contribuer aux avaries communes dérive du contrat d'affrétement et non de l'équité. Nous sommes sur le fondement de la théorie des avaries communes d'un avis tout opposé. Néanmoins nous sommes d'accord avec M. J. V. Cauvet sur la faculté pour les intéressés d'exclure complètement les avaries communes. Cela montre que, pour la solution de notre question, l'idée générale à laquelle on rattache cette théorie est indifférente. Quelle que soit cette idée générale, l'argument tiré de l'art. 398, C. com., a toute sa force et, du reste, aucun principe de droit ne s'oppose à ce que les parties intéressées excluent par une convention volontaire l'application de règles d'équité.

les assureurs y soient appelés ou y consentent, si les intéressés ne veulent pas courir le risque grave de voir le règlement méconnu par eux. La loi elle-même a pris soin de déterminer les formes du règlement d'avaries communes et le lieu dans lequel il doit être dressé pour être opposable à tous, même aux assureurs (1) (art. 414 et 416).

Le capitaine a la mission, comme représentant les divers intérêts engagés dans l'expédition, de faire nommer par l'autorité compétente des experts (*dispacheurs*) (n° 932), chargés de dresser le règlement (2). Si le capitaine néglige de remplir cette obligation, les autres intéressés (propriétaire du navire, affréteur ou destinataire) peuvent poursuivre la confection du règlement, mais le capitaine peut être déclaré responsable de sa négligence à le faire dresser (3).

968. *Où se fait le règlement.* — Le règlement se fait dans le lieu du déchargement ; c'est, en effet, là que sont, en général, les principaux intéressés et qu'on a les éléments nécessaires pour le dresser. Le lieu du déchargement est celui de la destination, à moins que, par suite d'un accident, le navire n'ait été arrêté en cours de voyage et qu'on n'ait pu trouver un autre bâtiment pour achever le transport des marchandises (4). Le retrait des marchandises opéré volontairement par le chargeur ou fait d'un commun accord entre lui et le capitaine ne peut changer le lieu de la confection du règlement, en ce sens que le règlement opéré dans le lieu où les marchandises

---

(1) Bordeaux, 27 mai 1885, *Revue intern. du Droit maritime*, 1885-86, p. 594.

(2) Il y a auprès des tribunaux de commerce des experts auxquels ils renvoient d'ordinaire les règlements d'avaries à faire (V. art. 731, C. allemand).

(3) Disposition consacrant expressément ces règles dans le Code *allemand* (art. 730).

(4) Quand la cargaison a pu être transbordée sur un autre navire, le lieu du déchargement et, par suite, du règlement est celui où cet autre navire les conduit : Trib. comm. Marseille, 20 juin 1878, *Journ. de Marseille*, 1878. 1. 200. — Cette solution était celle qu'admettait Valin sur l'art. 6, livre III, titre 8 de l'Ordonnance de 1681. Il disait à propos de la règle selon laquelle l'état des pertes et dommages devait se faire dans le lieu de la décharge du bâtiment : « Que ce soit le port de la destination, ou tout autre où il y aura nécessité de « faire le déchargement du navire, ce qui ne peut arriver toutefois qu'au cas « que le navire n'ait pu être radoubé pour continuer sa route et qu'en même « temps il ne se soit pas trouvé d'autre bâtiment pour porter les marchandises « à leur destination. »

ont été, en fait, déchargées ne serait pas opposable à ceux qui n'y auraient pas consenti (1). Mais rien n'empêche tous les intéressés de convenir entre eux que le règlement d'avaries se fera ailleurs qu'au port de déchargement. La règle posée par le Code de commerce à cet égard n'est pas plus d'ordre public (2) que les autres règles concernant les avaries (art. 398, C. com.).

969. *Par qui sont nommés les experts dispacheurs.* — La nomination des experts chargés de dresser le règlement est faite en France par le Tribunal de commerce, ou, à défaut, par le juge de paix du port de déchargement ; en pays étranger, par le consul de France, et, à son défaut, par le magistrat du lieu (art. 414, C. com.). Les art. 28 et 29 de l'ordonnance du 29 octobre 1833 *sur les rapports des consuls avec la marine marchande* prescrivent les règles à suivre par nos consuls en cas de règlement d'avaries.

970. Ces règles de compétence, quant à l'autorité chargée de nommer les experts dispacheurs, s'appliquent aisément quand les intéressés sont tous de nationalité française. Mais il n'en est pas toujours ainsi ; parfois ils sont tous des étrangers ou il y a parmi eux des étrangers et des Français. Il va de soi que l'on ne peut obliger les étrangers, à moins qu'une exception ne résulte de conventions diplomatiques, à accepter la compétence du consul de France (3). Il faut alors s'adresser au magistrat du lieu (4).

971. Mais cela ne tranche pas la question de savoir quel est le tribunal compétent pour statuer sur les contestations auxquelles peut

---

(1) Marseille, 20 juin 1878, *Journ. de Marseille*, 1878. 1. 200.

(2) Bordeaux, 21 janv. 1875, D. 1876. 5. 48; Bordeaux, 23 nov. 1885, *Revue intern. du Droit maritime*, 1886-87, p. 16; Trib. comm. Marseille, 16 sept. 1890, *Revue intern. du Droit maritime*, 1890-91, p. 565. — V. aussi Trib. comm. Marseille, 18 août 1887, *Revue intern. du Droit maritime*, 1887-88, p. 320.

(3) C'est la même idée qui fait décider que les consuls et les agents diplomatiques français n'ont pas compétence pour célébrer les mariages entre Français et étrangers. V. art. 47 et 48, C. civ. Mais, dans ce cas, l'incompétence des consuls est absolue, en ce sens que le consentement des intéressés ne peut la faire disparaître, tandis que les intéressés même étrangers pourraient accepter la compétence d'un consul français. Cela résulte de la liberté des conventions admise en cette matière par toutes les législations comme par la nôtre (art. 398, C. com.). Il resterait seulement à déterminer en pareil cas si le règlement d'avaries est opposable aux tiers, spécialement aux assureurs.

(4) V. Desjardins, IV, n° 965.

donner lieu le règlement d'avaries. Il y a là des actions personnelles, puisqu'elles sont relatives à une question d'obligation. Aussi pourrait-on croire qu'il faut appliquer la règle *actor sequitur forum rei*, sauf l'exception qu'y apporte l'art. 14, C. civ., pour le cas où le demandeur est Français et le défendeur étranger. Mais l'attribution de compétence faite, pour la nomination des experts (1), au consul ou au magistrat du lieu du déchargement doit faire supposer que le législateur a entendu reconnaître aussi compétence au tribunal de ce lieu pour les procès qui peuvent naître entre les intéressés. Au surplus, n'est-ce pas ce tribunal qui est le mieux à même de connaître les faits dont l'examen est nécessaire pour rendre une décision éclairée?

Des auteurs qualifient de *réelle* l'action en règlement (2). Mais il y a là, si l'on prend cette expression dans son sens ordinaire, une véritable erreur, puisque l'action en règlement ne tend pas à la reconnaissance d'un droit réel. La qualification dont il s'agit n'est exacte qu'en tant qu'on veut indiquer, en l'employant, que l'obligation de contribuer aux avaries ne peut dépasser, pour chacun de ceux qui en sont tenus, la valeur des choses à raison desquelles ils contribuent (3). Mais cette limitation n'empêche pas que l'action ne soit personnelle en ce sens qu'elle tend à faire reconnaître l'existence d'une obligation à la charge de ceux qui ont à contribuer aux avaries communes.

972. *Exécution du règlement. Homologation.* — Une fois que la répartition des pertes a été faite par les experts, le règlement ne peut pas être, par cela seul, exécuté contre tous les intéressés : il faut qu'il soit revêtu de l'homologation de l'autorité qui a nommé les experts (art. 415, C. com.).

Le règlement ainsi opéré n'a évidemment pas l'autorité de la chose jugée, car il ne statue pas sur une contestation entre les intéressés; c'est un acte de juridiction gracieuse que fait l'autorité compétente, soit en nommant les dispacheurs, soit en accordant son homologa-

---

(1) Et pour l'homologation du règlement. V. n° 972.

(2) V. Desjardins, IV, n° 965. Cpr. Cass. 28 août 1866; Cass. 2 avr. 1884, D. 1884. 1. 449.

(3) V. ce qui est dit plus loin (n° 975) de l'action en contribution.

tion (1). Chaque contribuable a donc la faculté de contester le règlement, en s'opposant à l'homologation.

Voici comment le plus ordinairement les choses se passent. A son arrivée au port de reste, le capitaine dépose son rapport de mer (nos 605 et suiv.), et, s'il croit qu'il y a des avaries à faire classer en avaries communes, il signifie ce rapport à ses réclamateurs. Il peut alors intervenir entre les intéressés un règlement amiable. Mais, pour les motifs indiqués plus haut (n° 967), les règlements amiables sont rares ; aussi le capitaine assigne-t-il ses réclamateurs pour voir nommer un dispacheur par le tribunal ou par le consul et voir dire que tel dommage ou telle dépense sera classé en avarie commune. Une fois le règlement dressé, le capitaine assigne à nouveau ses réclamateurs pour faire homologuer le règlement qui devient exécutoire. Généralement les destinataires ont un représentant au lieu de reste ou se font représenter par des commissionnaires porteurs des connaissements. Tout intéressé peut former opposition à l'homologation. La question litigieuse doit alors être portée devant le tribunal compétent (n° 971).

973. Quand un règlement d'avaries communes est devenu définitif, soit par l'acceptation de tous les intéressés, soit par l'homologation de l'autorité compétente au port de déchargement, soit enfin, en cas d'opposition à l'homologation, par un jugement rendu sur les contestations des intéressés et passé en force de chose jugée, chaque contribuable doit payer la part contributive qui lui a été assignée. En principe, ce qui a été payé en vertu du règlement ne peut être répété. Il y a cependant un cas exceptionnel dans lequel une répétition au moins partielle est admise, c'est celui où des objets jetés sont recouvrés. Ainsi que cela a été dit plus haut (n° 904), ils n'ont pas cessé d'appartenir à celui qui en était propriétaire lors du jet ; en conséquence, par suite du recouvrement des objets sacrifiés, il n'a pas subi le sacrifice à raison duquel la contribution a eu lieu. Aussi, en pareil cas, le propriétaire de ces objets doit-il rapporter aux intéressés ce qu'ils ont reçu dans la contribution. Mais, comme les objets jetés ont été endommagés et que leur recouvrement a occasionné des

_____

(1) Au reste, sauf dans les pays d'Orient, les consuls n'ont pas de juridiction contentieuse.

frais, il y a lieu de procéder à un *nouveau règlement* comprenant
seulement ces dommages et ces frais (art. 429). Il va de soi que, si
les objets jetés étaient recouvrés avant que le règlement n'eût été fait
ou exécuté, il n'y aurait pas lieu à répétition, il serait procédé à un
règlement ne comprenant que les dommages et les frais de recouvrement et ce règlement recevrait seul son exécution (1) (2).

974. DE L'ACTION EN CONTRIBUTION. — Une fois que le règlement est
revêtu de l'homologation, celui auquel est due la contribution peut
agir pour s'en faire payer le montant contre les divers contribuables.
Cette action par laquelle l'exécution du règlement est réclamée,
reçoit le nom *d'action en contribution.* Elle peut être exercée, non
seulement par le capitaine contre un affréteur ou par un affréteur
contre le capitaine, mais encore par l'un des affréteurs contre chacun
des autres affréteurs (n° 870).

Sous ce rapport la procédure est plus simple qu'elle ne l'était en
Droit romain. On y considérait l'obligation de contribuer aux avaries
communes comme dérivant du contrat d'affrétement. Aussi le capitaine avait une action dérivant de ce contrat contre les affréteurs et
chaque affréteur avait une action ayant la même source contre le capitaine ; mais les affréteurs ne pouvaient pas, par cela même qu'ils
n'avaient pas contracté ensemble, agir les uns contre les autres. Cela
conduisait à un circuit d'actions. L'affréteur dont les marchandises
avaient été sacrifiées, ne pouvait agir que contre le capitaine, sauf à

_____

(1) Cette hypothèse du recouvrement des objets jetés est prévue par la loi 2,
§ 7, Dig. (XIV, 2); le cas où il a lieu après que le règlement a été exécuté et
le cas contraire y sont très nettement distingués : « Si res quæ jactæ sunt,
« apparuerint, exoneratur collatio ; quodsi jàm contributio facta sit, tunc hi,
« qui solverint, agent ex locato cum magistro, ut is ex conducto experiatur, et
« quod exegerit, reddat. » Seulement, le Droit romain n'admettant pas qu'il y
eût des rapports entre les affréteurs (n° 974), ceux qui avaient payé indûment
n'avaient pas d'action contre les autres propriétaires de marchandises; ils ne
pouvaient agir que contre le capitaine qui agissait à son tour contre celui dont
les marchandises avaient été recouvrées; c'est ce qu'explique très nettement le
texte qui vient d'être cité.

(2) DROIT ÉTRANGER. — Beaucoup de Codes étrangers prévoient le cas de recouvrement des marchandises sacrifiées. V. notamment : Codes de commerce *espagnol*, art. 863 et 864; *portugais*, art. 646; *argentin*, art. 1349; Codes maritimes *suédois*, *danois* et *norvégien*, art. 149.

celui-ci à recourir contre les autres affréteurs (1). Pothier reproduit encore ces règles (2). Mais Emérigon, plus au courant que Pothier de la pratique maritime, après avoir rappelé les règles du Droit romain, constate qu'elles ne sont plus observées de son temps (3).

975. *Caractère réel de l'action en contribution.* — L'action en contribution est souvent qualifiée d'action *réelle* (4). Cette qualification a ici un sens tout particulier. Sans doute, à prendre les mots dans leur acception ordinaire, il y a là une action personnelle ; elle tend, en effet, à l'exécution d'une obligation, celle de contribuer aux avaries communes (n° 971). Mais cette action a un caractère spécial qui fait dire qu'elle est réelle. Elle s'attache aux objets soumis à contribution. Ceux-ci doivent contribuer en proportion de leur valeur. Aussi l'obligation de contribuer disparaît-elle en cas de perte de ces objets. Ainsi, le montant de la contribution ne peut dépasser la valeur de ceux-ci. Les propriétaires, soit du navire, soit des marchandises, peuvent échapper à cette obligation en faisant abandon des choses à raison desquelles ils doivent contribuer. Cette dernière solution est certaine à raison de l'art. 216, C. com., pour le propriétaire du navire. Elle doit être aussi adoptée pour les propriétaires de marchandises : il serait déraisonnable que ceux qui n'ont pas participé au choix du capitaine, fussent tenus plus rigoureusement à raison d'un acte du capitaine que celui qui l'a choisi. V. n° 277.

Au reste, cela cesse d'être vrai à partir du moment où le propriétaire de marchandises les a reçues. Depuis lors il est tenu sur tous ses biens de payer sa part contributive. La perte des marchandises ne

---

(1) Dig. Paul, L. 2 pr. (XIV. 2.— *De lege Rhodiâ de jactu*). — *Si laborante nave jactus factus est, amissarum mercium domini, si mercedes vehendas locaverant, ex locato cum magistro navis agere debent ; is deinde cum reliquis, quorum merces salvæ sunt, ex conducto, ut detrimentum pro portione communicetur, agere potest.*

(2) Pothier, *Du contrat de charte-partie*, n° 12.

(3) Emérigon (*Du contrat d'assurance*, chap. XII, sect. 43) s'exprime ainsi : « Parmi nous, si le capitaine négligeait de requérir la contribution, elle pourrait être demandée, soit par les armateurs, soit par des chargeurs particuliers ; « car il suffit d'avoir intérêt pour être écouté en justice. »

(4) C'est la qualification que donnait à l'action en contribution Emérigon (*Traité des assurances*, chap. XII, sect. 43). C'est aussi celle que lui donne la Cour de cassation : Cass. 2 avr. 1884, S. 1885. 1. 25 ; *J. Pal.* 1885. 1. 39, note de Ch. Lyon-Caen) ; D. 1884. 1. 449.

peut pas faire disparaître cette obligation. Il y a eu un fait du propriétaire, la réception des marchandises, par suite duquel il ne
peut plus, par l'abandon de celles-ci, mettre sa fortune de terre à
l'abri (1).

976. *Garanties attachées à l'obligation de contribuer.* — *Privi-
léges.* — Afin d'assurer l'exécution de l'obligation de contribuer, le
Code de commerce accorde au propriétaire du navire un privilège
sur les marchandises et le prix en provenant pour le montant de la
contribution (art. 308 et 428, C. com.). Réciproquement on doit
reconnaître au propriétaire des marchandises sacrifiées un privilège
sur le navire par application de l'art. 191 7°, qui admet un privilège
sur le navire pour toutes les avances faites pour la conservation de
celui-ci (2).

977. *Droit de rétention.* — L'armateur représenté par le capitaine n'a-t-il pas, en outre, le droit de retenir les marchandises,
lorsque le réceptionnaire qui en réclame la délivrance ne paie pas sa
part contributive ou ne donne pas une garantie estimée suffisante?
Les principes généraux du droit, selon lesquels le droit de rétention,
même en l'absence de texte formel, est admis sur toutes les choses
relativement auxquelles existent des obligations corrélatives (3),
paraîtraient devoir faire reconnaître ici le droit de rétention au capitaine. Mais les motifs qui ont fait exclure le droit de rétention pour
le paiement du fret (art. 309 1ᵉʳ alin., C. com.) (4), doivent empêcher aussi de l'admettre pour le paiement des parts contributives
ces affréteurs dans les avaries communes. Il faut seulement reconnaître, par analogie de ce que décide au sujet du fret l'art. 306
2ᵉ alin., C. com., que le capitaine peut faire ordonner le dépôt des
marchandises en mains tierces ou, au besoin même, faire avec autorisation de justice procéder à la vente des marchandises pour prendre

---

(1) DROIT ÉTRANGER. — Le Code de commerce *allemand* (art. 728) consacre
le caractère réel de l'action en contribution dans le sens déterminé au texte
pour le Droit français. V. aussi Codes maritimes *finlandais*, art. 148 ; *suédoi* ,
danois et *norvégien,* art. 216; Codes de commerce *hollandais*, art. 738 et *argentin,* art. 1348.

(2) J. V. Cauvet, II, n° 491, p. 372 et 373.

(3) V. Demante et Colmet de Santerre, *Cours analytique du Code civil,* IX,
nᵒˢ 5 *bis*, III, IV et V; Aubry et Rau, III, § 256 *bis.*

(4) V. n° 808.

sur le prix le montant de la contribution à la charge de ceux auxquels elles appartiennent (1).

Le Droit romain admettait le droit de rétention (2). L'Ordonnance
de 1681 (livre III, titre VIII, art. 21) disposait formellement que le
capitaine pouvait retenir des marchandises appartenant à des contribuables qui refusaient de payer leur contribution, jusqu'à concurrence de leur contribution. On discutait sur le point de savoir si,
pour la contribution, à la différence de ce qui était admis par l'Ordonnance pour le paiement du fret, le capitaine pouvait retenir dans
son navire les marchandises ou s'il n'avait pas seulement le droit,
comme pour le fret, de les faire saisir dans des allèges (art. 23,
livre III, titre III). Généralement on prenait à la lettre l'art. 21,
titre VIII, livre III, de l'Ordonnance (3). Le projet de Code de commerce portait aussi que le capitaine pourrait retenir les marchandises
ou en faire ordonner la vente. Mais le conseil et le tribunal de commerce d'Anvers firent remarquer qu'il convenait de n'autoriser le
capitaine à user de ce droit qu'avec l'autorisation du juge. Sur ces
observations, on se borna à faire mention du privilège (4).

977 bis. Droit étranger.— Beaucoup de lois étrangères admettent
expressément le droit de rétention du capitaine. Le Code de commerce
allemand (art. 616) le lui accorde comme pour le paiement du fret.
L'art. 733 dispose que « le capitaine ne peut délivrer des marchandises
« grevées de contributions pour avaries grosses avant que celles-ci
« soient acquittées ou garanties. S'il contrevient à cette défense, il
« devient personnellement responsable du montant des contributions,
« sans préjudice de la garantie fournie par les marchandises. »
D'après l'art. 732 du même Code, une garantie doit être fournie
avant que le navire soumis à contribution puisse quitter le port où le
règlement doit être fait. — La loi *belge* du 21 août 1879 (art. 114)
implique que le capitaine a le droit de rétention jusqu'au paiement
de la contribution, quand le contribuable ne fournit pas caution,
bien que cette loi (art. 79) n'admette pas le droit de rétention pour

(1) Cpr. de Valroger, V, n° 2245.
(2) L. 2 pr., Dig., *de lege Rhodiâ de jactu* (XIV, 2).
(3) V. sur la controverse, Pothier, *Traité des louages maritimes*, n° 134.
(4) V. Locré, *Esprit du Code de commerce*, IV, p. 421.

assurer le paiement du fret. D'après l'art. 868 du Code de commerce *espagnol*, si l'intéressé, au moment où il reçoit les effets sauvés, ne donne pas caution suffisante pour répondre de la part qui lui incombe dans l'avarie grosse, le capitaine pourra différer la remise des dits objets jusqu'au paiement de l'avarie. Les Codes maritimes *finlandais* (art. 153), *suédois, danois* et *norvégien* (art. 217) décident en même temps que le navire soumis à contribution ne pourra pas quitter le port de déchargement et que les marchandises soumises à contribution ne pourront pas être retirées avant le paiement de la contribution, à moins qu'il ne soit donné une garantie.

978. L'action en contribution et, par voie de conséquence, l'action en confection du règlement d'avaries, quand il n'en a pas été dressé, sont soumises à des fins de non-recevoir et à une prescription spéciales.

979. Le droit de réclamer la contribution aux avaries communes existe, quelque minime que puisse être l'avarie dont il s'agit par rapport à la valeur totale du navire et de la cargaison. Le contraire semblerait pourtant résulter de l'art. 408, selon lequel *une demande pour avaries n'est point recevable si l'avarie commune n'excède pas un pour cent de la valeur cumulée du navire et des marchandises*. Mais cette disposition, quoique placée dans le titre des avaries, ne s'applique que dans les rapports entre assurés et assureurs (V. ci-dessous, chap. VI). Ce qui le prouve, c'est que l'art. 408 parle aussi bien des avaries particulières pour lesquelles il n'y a pas lieu à contribution que des avaries communes. Il suffit de prendre un exemple pour faire apercevoir combien il serait exorbitant et injustifiable d'exclure de la contribution les avaries communes n'atteignant pas la quotité fixée par l'art. 408. Soit un navire valant 1,500,000 fr. et une cargaison d'une valeur de 500,000 fr. Si des marchandises ne valant pas plus de 20,000 fr. étaient sacrifiées, la perte devrait retomber entièrement sur le propriétaire. Avec ce système, jamais il n'y aurait lieu à contribution pour les marchandises de peu de valeur, par cela seul que la valeur du navire et celle de la cargaison seraient élevées. On peut, en outre, invoquer les précédents. La disposition correspondante de l'Ordonnance de 1681, à laquelle l'art. 408, C. com., a été emprunté, était placée dans le titre des *Assurances* (livre III, titre VI). L'art. 47 de ce titre disposait que : *on ne pourra faire... ni aucune demande d'avarie, si elle n'excède un pour cent* (1).

980. Si l'exiguité du montant de l'avarie commune n'est pas une fin de non-recevoir contre l'action en règlement, cette action est, du moins, soumise à des fins de non-recevoir spéciales fondées sur la grande difficulté que présentent, au bout même d'un assez court laps de temps, la vérification des avaries et les évaluations que le règlement rend nécessaires. Le consignataire est déchu de son action contre le capitaine lorsqu'il a reçu la marchandise sans protestation (art. 435, 1er al.). Toute action contre l'affréteur est aussi non-recevable lorsque le capitaine a livré les marchandises et reçu son fret sans avoir protesté (art. 432, 2e al.). Ces protestations doivent être faites dans les vingt-quatre heures et suivies, dans le mois de leur date, d'une demande en justice (art. 435).

De ce que la réception des marchandises est une condition essentielle des deux fins de non-recevoir dont il s'agit, il résulte qu'elles sont inapplicables au cas où il y a eu jet et qu'elles ne sont applicables qu'en partie, lorsqu'il y a réception d'une portion seulement du chargement (2).

En ce qui concerne la seconde fin de non-recevoir (contre le capitaine), elle suppose à la fois le paiement du fret et la réception des marchandises : elle ne serait donc pas admissible si l'une de ces conditions seulement était remplie (3).

981. *Prescription.* — Lorsque les fins de non-recevoir de l'article 435, C. com., sont inapplicables, le droit de réclamer la contribution aux avaries communes ne dure cependant pas trente ans ; il est soumis à une prescription annale (4). Cette courte prescription n'est pas établie expressément pour les avaries communes par le Code de

(1) Cependant un arrêt de la Cour de Bordeaux du 2 juin 1869 (*Journ. de Marseille*, 1869. 2. 191) a appliqué l'art. 408, C. com., à la contribution aux avaries communes. Cet arrêt a été cassé: Cass. 27 déc. 1871, *Journ. de Marseille*, 1872. 2. 102.
(2) Trib. comm. Marseille, 23 déc. 1873, *Journ. de Marseille*, 1874. 1. 75.
(3) Trib. comm. Marseille, 17 juin 1880, *Journ. de Marseille*, 1880. 1. 237. — De Courcy, *Questions de Droit maritime* (1re série). p. 201 et suiv.
(4) J. V. Cauvet, II, p. 214, n° 406.

commerce, mais on peut arriver à en reconnaître l'existence en combinant l'art. 433 avec les dispositions de l'art. 435, C. com., concernant les fins de non-recevoir.

Le droit de réclamer une contribution est éteint un an après la fin du voyage. En effet, si, après ce délai, le capitaine réclamait une contribution, il pourrait lui être répondu que son action est non-recevable, par cela même qu'il est présumé avoir livré les marchandises et avoir reçu le fret, l'action en délivrance et l'action en paiement du fret étant éteintes un an après le voyage fini (art. 433, C. com.) (1). De même, le capitaine pourrait opposer à l'action en contribution d'un destinaire qu'il est présumé avoir reçu les marchandises.

Grâce à cette prescription, l'action s'éteint assez promptement même dans les cas où les fins de non-recevoir ne sont pas opposables, soit que la protestation ait été faite et signifiée en temps utile, soit que, par suite du sacrifice des marchandises, il n'y ait pas eu réception.

On a pourtant voulu écarter la prescription d'un an ; en l'adoptant, on créerait, dit-on, une présomption légale (2) en dehors des cas déterminés par la loi. Il est vrai qu'il n'y a pas une disposition légale consacrant expressément cette présomption ; mais elle paraît se déduire nécessairement de la combinaison des dispositions concernant la prescription annale de l'art. 433, C. com., avec les dispositions relatives à la fin de non-recevoir contre l'action en contribution.

Avec le dernier système, on arriverait à la conséquence fâcheuse au point de vue pratique, de ne soumettre l'action en contribution qu'à la prescription de trente ans (3).

982. L'avarie commune a pour conséquence nécessaire une contribution entre les intéressés. On ne peut admettre avec des auteurs que, dans le cas où aucun résultat utile n'a été obtenu, il y a avarie commune sans que cependant il y ait lieu à contribution. Il paraît ressortir de toutes les dispositions du Code de commerce que l'idée d'avarie commune et celle de contribution sont indissolublement liées.

(1) V. nᵒˢ 820 et suiv.
(2) Desjardins, *op. cit.*, VIII, nᵒ 1708 *bis*, p. 185 et 186.
(3) Le projet de 1865 (art. 430) déclarait non-recevables toutes actions à fin de contribution des réclamateurs de marchandises non livrées, si la demande n'est pas faite en justice dans les trois mois de l'arrivée du navire au port de destination.

Au reste, il y a là un point ne présentant aucun intérêt pratique ; c'est une simple question de langage.

A l'inverse, une répartition de dépenses par voie de contribution n'implique pas l'existence d'une avarie commune.

Ainsi, dans le cas où, conformément à l'art. 298, des marchandises ont été vendues pour se procurer des victuailles ou pour subvenir à des nécessités urgentes (n° 537), si le propriétaire du navire abandonne aux propriétaires des marchandises vendues le navire et le fret, la perte qui résulte de l'abandon se répartit entre tous les propriétaires de la cargaison (art. 298) ; il n'y a pourtant pas d'avarie commune, car les marchandises ont été vendues pour subvenir à des dépenses concernant le navire seul (1). Cette décision est équitable (2). La nécessité de vendre une partie du chargement a frappé en quelque sorte la totalité des marchandises ; chaque objet composant la cargaison a été menacé par cette mesure, et le propriétaire sur qui elle est tombée n'a pu sacrifier ses biens et libérer les autres qu'à la condition qu'ils partageraient sa perte, s'il n'était pas remboursé ; le capitaine, obligé de donner ses soins à toutes les marchandises, n'a pas pu en vendre une partie à d'autres conditions. — Il va de soi qu'ici, à la différence de ce qui a lieu pour les avaries communes, le navire et le fret n'ont pas à contribuer. La contribution n'a, en effet, qu'un caractère subsidiaire ; elle n'est due par les autres chargeurs que lorsque celui dont les marchandises ont été vendues n'est pas remboursé de leur prix par l'abandon du navire et du fret.

Il n'y a pas non plus réellement avarie commune en cas d'arrêt par ordre d'une puissance, bien que les loyers et nourriture des matelots soient supportés en commun, si le navire est affrété au mois (art. 400 6°, C. com.) (3). Dans cette hypothèse, il n'y a pas, en effet, un acte

_____

(1) Il pourrait se faire que des marchandises fussent vendues pour subvenir à des dépenses faites dans l'intérêt commun. Il y aurait alors une avarie commune ; on serait en dehors du cas prévu expressément par l'art. 298, C. com.

(2) Elle n'a été consacrée expressément que par la loi du 14 juin 1841 modifiant les art. 216, 298, etc....; mais, à raison même des motifs d'équité qui la justifient, elle était déjà admise antérieurement par des auteurs (V. Frémery, *op. cit.*, p. 227). — V. une disposition semblable dans le Code allemand (art. 734).

(3) V. ci-dessus, n° 916.

de volonté du capitaine, condition essentielle de l'avarie commune.

De même, il n'y a pas avarie commune dans le cas prévu par l'article 46 du décret du 2 décembre 1806 sur le pilotage. Cet article suppose que, lors d'un gros temps, la chaloupe, en abordant un navire à la mer, reçoit quelques avaries ; il décide qu'elle sera réparée aux frais du navire et de la cargaison et qu'il en est de même si la chaloupe se perd en totalité. La condition initiale de toute avarie commune qui est un acte de volonté du capitaine, fait aussi complètement défaut dans ce cas.

983. CONFLITS DE LOIS EN MATIÈRE D'AVARIES. — Si dans tous les pays on distingue les avaries communes des avaries particulières et si partout on admet la contribution aux avaries communes, il s'en faut que cette matière soit régie par des règles uniformes. Les différences entre les lois maritimes se réfèrent à deux points principaux : *a.* certaines avaries, traitées comme particulières dans un pays, le sont comme communes dans un autre ou à l'inverse ; *b.* les règles de la contribution quant à l'évaluation du capital contribuable, spécialement du navire et du fret, ne sont pas les mêmes (n°s 953 et suiv.).

Ces divergences législatives font naître des conflits de lois par suite de ce que les intéressés appartiennent à des nationalités différentes ou de ce que le pays auquel appartient le navire et le pays du port de déchargement sont différents.

De quel pays doit-on appliquer la législation, quand il s'agit de classer les avaries ou de déterminer les règles de la contribution ?

D'après l'opinion de presque tous les auteurs (1) que confirme la jurisprudence à peu près constante de tous les États (2), la législa-

---

(1) Asser, *Des internationale Privatrecht*, p. 130 et 131 ; Asser et Rivier, *Eléments du Droit intern. privé*, n° 119 ; Govare, *op. cit.*, n° 7, p. 185 et suiv.

(2) V. pour la *Hollande*, arrêt de la Cour de La Haye du 11 fév. 1878, *Journ. du Droit intern. privé*, 1879, p. 311 ; — pour l'*Allemagne*, jugement du tribunal supérieur de commerce de Leipzig du 23 déc. 1872, *Journ. du Droit intern. privé*, 1874, p. 133 ; Consult. traduction du Code de commerce allemand, publiée par le Comité de législation étrangère, note 1 de la p. 313 sous l'art. 729.

Le Code de commerce *portugais* tranche expressément la question en ce sens dans l'art. 650 ainsi conçu : « Les avaries grosses ou communes seront réglées « et réparties selon la loi du lieu où la cargaison aura été livrée. »

tion applicable est celle du port de reste. En faveur de cette opinion, on a invoqué des arguments divers. On a dit principalement qu'il s'agit d'obligations se rattachant à l'affrétement et que, au moins pour tout ce qui concerne son exécution, ce contrat est régi par la loi du pays de destination. On a aussi fait valoir qu'il s'agit de questions relatives à des biens mobiliers, au navire et aux marchandises composant sa cargaison, et qu'il y a lieu, par suite, de se référer à la *lex rei sitæ* qui est celle du port de reste, et que, d'ailleurs, il est naturel d'appliquer, au point de vue du fond, au règlement d'avaries communes la législation qui régit sa forme.

Selon nous, il faut appliquer à la contribution aux avaries communes, d'une façon invariable, la législation du pays auquel le navire appartient (1). Il n'y a pas de lien indissoluble entre les règles de forme et les règles de fond ; l'application de 'la *lex rei sitæ* doit être écartée dans un grand nombre de cas (nᵒˢ 86 et 268), en matière de Droit maritime. Il n'y a point à s'occuper de la législation applicable à l'affrétement, puisque l'obligation de contribuer aux avaries communes présuppose ce contrat, mais n'en dérive pas (nᵒ 870). Aucun principe n'est contraire à l'application de la loi du pavillon et, grâce à elle, en appliquant une loi certaine à l'avance, on pourrait éviter bien des singularités auxquelles conduit le système usuel. En effet, le port de reste d'un navire n'est pas toujours connu par avance des intéressés ; sa détermination dépend en partie du hasard ; il y a beaucoup de navires ayant une destination alternative (nᵒ 654), et, en tout cas, un événement imprévu peut obliger le navire à s'arrêter en cours de route, sans que la cargaison puisse être conduite au port fixé pour le déchargement. Il n'est pas rationnel que la volonté de celui qui détermine le port de déchargement, en cas de destination alternative, ou le hasard, en cas d'accident de mer, puisse déterminer la loi applicable. Il est naturel de supposer que, pour éviter toutes les incertitudes auxquelles conduit le système opposé, les parties ont entendu s'en remettre à la loi du pays du navire.

Bien que la doctrine favorable à l'application de la loi du pays

(1) V. Ch. Lyon-Caen, *Études de Droit intern. privé marit.*, nᵒˢ 35 à 59, p. 49 à 54.

de destination ne soit pas sérieusement contestée dans la pratique (1), les inconvénients ne peuvent en être niés (2). Ils sont diminués par ce fait que les intéressés sont le plus souvent non les affréteurs, mais les consignataires des marchandises, de telle sorte qu'on ne peut parler de l'incertitude des propriétaires des marchandises sur leurs parts contributives en cas de destination alternative. Ce sont, au surplus, ces inconvénients qui ont fait émettre le vœu d'une législation uniforme sur les avaries (3). On peut éviter ces inconvénients, et on le fait assez fréquemment, en stipulant que les avaries seront réglées conformément à la législation d'un pays déterminé ou aux règles d'York et d'Anvers (4).

984. La grave question examinée dans le numéro précédent concerne le fond même du règlement d'avaries. Elle est relative à la loi à appliquer au classement des avaries, à la formation des masses active et passive et à l'estimation de chacun des éléments qui les composent. Mais des conflits de lois peuvent aussi s'élever quant à la forme des règlements d'avaries et aux autorités compétentes pour nommer les experts dispacheurs et homologuer les règlements. Il va de soi qu'à la forme on doit appliquer simplement la règle *locus regit actum;* elle est donc régie par la loi du pays de la confection du règlement c'est-à-dire du port de déchargement. En ce qui concerne les autorités compétentes, on s'accorde, en général, à appliquer la loi du pavillon (5). C'est là, tout au moins, le système admis par le Code

---

(1) Les Congrès d'Anvers et de Bruxelles ont repoussé l'application de la loi du pavillon, même pour le cas de destination alternative.

(2) Ils résultent surtout de ce que la loi française, quant à la contribution de l'armateur, diffère de celle de la plupart des grandes nations maritimes (n°s 953 et suiv.). Voici ce que dit à cet égard M. de Courcy (*Questions de Droit maritime*, 1re série, p. 232-234), en critiquant le système du Code de 1807 : « Le pire désordre est que la loi française diffère de celle de la plupart « des autres nations maritimes, notamment des États-Unis et de l'Angleterre. « Ce désordre est surtout intolérable depuis que s'est répandu l'usage des des- « tinations alternatives. Ainsi, le capitaine, qui aura jeté des marchandises à la « mer avant d'atteindre la rade de Belle-Isle ou de Queenstown, où doit être « fixée sa destination, contribuera aux avaries communes, pour la valeur « entière de son navire s'il est dirigé sur Liverpool, pour la moitié seulement « s'il est dirigé sur le Havre. »

(3) V. ci-dessus, n° 873.

(4) V. n°s 873 et 966.

(5) V. de Valroger, V, n° 2173.

de commerce français; il détermine les autorités compétentes même pour le cas où le règlement se fait en pays étranger (art. 414, C. com.) (1). Mais, comme il a été dit plus haut (n° 970), la nationalité des intéressés doit jouer un certain rôle dans la solution à donner à cette dernière question, par cela même que les consuls ne peuvent avoir de compétence qu'à l'égard de leurs nationaux.

B. — DES AVARIES PARTICULIÈRES.

985. Aux avaries grosses ou communes on oppose les avaries simples ou particulières (art. 399, C. com.). A la différence des avaries communes qui sont supportées par les différents intéressés à l'expédition entre lesquels on les répartit, les avaries particulières sont supportées ou payées par le propriétaire de la chose qui a subi le dommage ou pour laquelle la dépense a été faite (art. 404, C. com.). On peut, par suite, dire qu'il y a des avaries particulières au navire et des avaries particulières à la cargaison ou à certaines des marchandises qui la composent (2).

986. Les avaries particulières sont des dommages matériels ou des dépenses causés, soit par un cas fortuit, soit par la faute du capitaine ou des gens de l'équipage, soit par le vice propre de la chose. C'est par leur cause qu'elles diffèrent des avaries communes (n° 864).

987. La recherche de la cause d'une avarie particulière présente un intérêt pratique à plusieurs points de vue. D'abord, en cas de faute du capitaine, le propriétaire des marchandises a contre lui et, par suite, contre le propriétaire du navire, un recours (art. 405) (3). Puis, en matière d'assurances, l'assureur répond ou ne répond pas des avaries particulières selon leur cause. Ainsi, l'assureur répond des avaries provenant de fortunes de mer, mais il ne répond pas, sauf clause contraire, des avaries provenant, soit du vice propre, soit des fautes du capitaine ou des gens de l'équipage (art. 352 et 353, C. com.). V. *Chapitre* VI.

988. L'art. 403, C. com., fait des principales avaries particulières

---

(1) V. n° 969.

(2) Il sera expliqué plus loin (n° 994) qu'il y a aussi des **avaries particulières** au fret.

(3) V. n° 178.

une énumération, qui correspond à celle que fait l'art. 400, C. com.,
pour les avaries communes. L'art. 403 n'est, d'ailleurs, pas plus limitatif que l'art. 400 (1); il se termine comme celui-ci par une formule générale : *Sont avaries particulières... et, en général, les dépenses faites et le dommage souffert pour le navire seul ou pour
les marchandises seules, depuis leur chargement et départ jusqu'à
leur retour et déchargement.*

Ainsi que cela a été dit à propos de la définition générale soit des
avaries en général (art. 397, C. com.) (2) soit des avaries communes
(art. 400, dern. alin., C. com.) (3), la dernière partie de la définition concernant l'époque à laquelle les dommages doivent s'être produits ou les dépenses avoir été faites, est inexacte.

989. Les dommages matériels suivants sont, d'après l'art. 403 1°, avaries particulières aux marchandises : les dommages causés aux marchandises par la tempête, le naufrage, l'échouement, la prise, le vice
propre, la faute du capitaine ou des gens de l'équipage. Les mêmes
causes peuvent produire des dommages constituant des avaries particulières pour le navire. L'art. 403 3° suppose seulement que, par
une de ces causes, des câbles, ancres, mâts, voiles, cordages, sont
perdus; il va de soi que, s'ils produisent aussi des dommages à la
coque même du bâtiment, ce sont des avaries particulières à celui-ci.

On entend par *tempête* l'agitation violente des flots produite par le
vent. Le *naufrage* est la submersion du navire disparaissant sous les
flots. Il y a *échouement*, quand un navire touche sur un fond qui ne
présente pas assez d'eau pour permettre au navire de marcher. Il
faut, d'après les principes posés ci-dessus, pour qu'il y ait avarie
particulière en cas d'échouement du navire, que le capitaine ne l'ait
pas fait échouer volontairement en vue du salut commun. Mais,
même en cas d'échouement fortuit, les sacrifices faits postérieurement
pour remettre le navire à flot constituent des avaries communes;
il en est spécialement ainsi du jet des marchandises opéré pour alléger le bâtiment et le relever alors qu'il est en danger de périr avec
la cargaison. La *prise* est le fait en vertu duquel un navire ennemi

(1) V. n°s 874 et 898.
(2) V. n° 861.
(3) V. n° 876 *bis*.

ou des pirates s'emparent d'un navire et de sa cargaison. Le *vice propre* est un principe de détérioration inhérent à certaines marchandises : ainsi l'échauffement des grains, le coulage des liquides, la fermentation des fruits, etc., sont des avaries provenant d'un vice propre. Pour le navire, le *vice propre* résulte de la mauvaise qualité des matériaux qui le composent ou de sa vétusté. Du reste, il arrive souvent que les avaries sont causées à la fois par le vice propre et par des accidents de navigation qui ont contribué à le développer. C'est ce qui a lieu, par exemple, lorsque, par suite du mauvais temps, le voyage a été prolongé et que l'avarie due en partie au vice propre se produit pendant la prolongation.

990. Des accidents ayant pour cause la *faute du capitaine ou des gens de l'équipage* peuvent occasionner des avaries, soit aux marchandises seules, soit au navire seul, soit aux marchandises et au navire ; ces avaries sont particulières. En même temps qu'il pose ce principe général, l'art. 405 mentionne plusieurs cas d'avaries particulières aux marchandises provenant de la faute du capitaine : *dommages arrivés aux marchandises faute par le capitaine d'avoir bien fermé les écoutilles.* On appelle écoutilles les ouvertures pratiquées dans le pont du navire, pour y introduire les marchandises formant le chargement ; elles sont closes par des panneaux que l'on ferme hermétiquement lors du départ : lorsqu'elles ne sont pas bien fermées, les marchandises peuvent être détériorées par la pluie ou par l'eau de mer. — *Dommages causés aux marchandises, faute par le capitaine d'avoir amarré le navire.* Un navire se trouvant dans un port doit être amarré au quai ; les dommages pouvant se produire par suite du défaut d'amarrage ou de l'amarrage défectueux sont des avaries particulières. — *Dommages causés aux marchandises, faute par le capitaine d'avoir fourni de bons guindages.* On appelle guindages les cordages qui servent à charger les marchandises dans le navire ; si ces cordages sont de mauvaise qualité, les marchandises peuvent tomber dans la mer ou sur le pont et se détériorer.

Le capitaine peut, dans d'autres cas très variés, causer par sa faute des dommages au navire. Cela se présente notamment quand il dirige mal les manœuvres et occasionne ainsi un accident, quand il prend un chargement excessif, lorsqu'il ne se trouve pas sur son bâtiment à l'entrée ou à la sortie d'un port, comme le prescrit l'art. 227, C. com.

Dans le cas où l'avarie particulière provient de la faute du capitaine ou des gens de l'équipage, la personne lésée a un recours contre le capitaine et contre le propriétaire du navire, sauf pour celui-ci la faculté d'abandonner le navire et le fret, art. 405 *in fine* et article 216, C. com. (1).

990 *bis*. Parmi les dépenses extraordinaires qui sont avaries particulières aux marchandises, le Code mentionne : les frais faits pour sauver les marchandises (art. 403 2°). Il résulte du rapprochement entre cette disposition et l'art. 403 1° qu'il s'agit là de frais faits pour préserver ou sauver les marchandises des accidents prévus par l'art. 403 1°. Ainsi, lorsqu'il se produit une tempête, un naufrage, un échouement, et que des frais de sauvetage des marchandises sont faits, leur propriétaire les supporte à titre d'avaries particulières. Il en est de même des sommes payées à des ennemis ou à des pirates pour éviter la prise de certaines marchandises ou pour les racheter; des dépenses faites dans une relâche destinée à prendre les mesures nécessaires pour éviter le développement d'un vice propre aux marchandises.

Dans l'hypothèse où, le navire ayant été déclaré innavigable, il en a été loué un autre afin d'achever le voyage et cela pour un fret supérieur au fret primitif, l'excédent du second fret sur le premier constitue une avarie particulière aux marchandises, si l'on admet, selon la doctrine qui a justement prévalu, qu'il doit être supporté par l'affréteur (n° 678).

991. Trois catégories de dépenses sont indiquées par l'art. 403, C. com., comme avaries particulières au navire :

a. Les dépenses résultant de toutes relâches occasionnées, soit par perte fortuite des câbles, ancres, voiles, mâts et cordages, soit par le besoin d'avitaillement, soit par une voie d'eau à réparer. Il a été expliqué plus haut (n° 920) que ces dépenses ne sont classées en avaries particulières au navire qu'autant que la résolution de relâche n'a pas été prise en présence d'un danger commun menaçant le navire et sa cargaison.

(1) V. sur la responsabilité du capitaine, n°ˢ 518 et suiv.

b. La nourriture et les loyers des matelots pendant la détention, quand le navire est arrêté en voyage par ordre d'une puissance, et pendant les réparations qu'on est obligé d'y faire, si le navire est affrété au voyage, art. 403 4°. Cette disposition correspond à celle de l'art. 400 6°, relative au classement parmi les avaries communes des frais de nourriture et des loyers des gens de l'équipage, lorsque le navire est affrété au mois (V. nᵒˢ 915 et 916).

c. La nourriture et les loyers des matelots pendant la quarantaine, que le navire soit loué au voyage ou au mois, art. 403 5°, C. com. (1).

992. Il a été admis précédemment (nᵒˢ 894 et suiv.) que les sacrifices et les dépenses faits dans un intérêt commun sont des avaries communes, alors même que le danger que le capitaine a eu pour but d'éviter provenait d'un vice propre ou de la faute, soit du capitaine, soit du propriétaire de marchandises. Mais telle n'est pas la jurisprudence; elle range ces dommages ou ces dépenses parmi les avaries particulières. Ce système entraîne naturellement une augmentation assez notable du nombre des avaries particulières (2).

993. Les deux grandes classes d'avaries différant par la nature de leur cause, il va de soi qu'une même avarie ne saurait être à la fois particulière et commune. Cependant on parle quelquefois d'*avaries mixtes.* Cette expression qui ne se trouve, du reste, dans aucun texte de loi, est employée dans l'usage pour indiquer que, dans un même événement de mer, il y a à la fois des avaries particulières et des avaries communes; mais les unes et les autres sont distinctes. Ainsi, le navire a subi des dommages qui constituent une avarie particulière, mais cette avarie met en danger le navire et la cargaison. Pour échapper à ce danger commun, le capitaine se décide à faire relâche dans un port où les dommages du navire seront réparés. Les dommages sont des avaries particulières au navire, tandis que les dépenses extraordinaires occasionnées par la relâche sont des avaries communes. Dans un cas de ce genre, on dit que les avaries sont mixtes.

994. Le fret subit des avaries toutes les fois qu'il n'est pas dû ou qu'il l'est seulement en partie (nᵒˢ 764 et suiv.). Les avaries du fret sont toutes particulières, c'est-à-dire qu'elles sont supportées par le

(1) V. n° 784.
(2) V. n° 894.

propriétaire du navire seul, à moins qu'il n'ait été stipulé payable à tout événement (n° 769). Il n'y a pas d'avaries communes pour le fret; car, en cas de sacrifice des marchandises fait dans l'intérêt commun, le fret est dû comme si elles arrivaient à bon port (article 301, C. com.). Il en est autrement dans les pays, comme la Grande-Bretagne, où le fret des marchandises sacrifiées n'est pas dû (1). Il est perdu pour le propriétaire du navire et la perte du fret étant une conséquence du sacrifice, le montant du fret est réparti à titre d'avarie commune entre les contribuables (2).

995. Il n'a pas été parlé, parmi les avaries, des dommages causés par les abordages. Ce sont là des avaries particulières, sauf dans un cas très exceptionnel (3). Mais des règles spéciales s'appliquent aux abordages et l'on peut dire qu'en certains cas les dommages qui en résultent ne sont traités, ni comme avaries particulières, ni comme avaries communes, au point de vue des personnes qui les supportent. Aussi la Section suivante sera-t-elle spécialement consacrée aux abordages.

<h2 style="text-align:center">SECTION II.</h2>

<h3 style="text-align:center">De l'abordage (4).</h3>

996. Le mot *abordage* a, dans la langue maritime, des sens variés. Il sert parfois à désigner le fait par un navire de se jeter sur un autre dans un combat pour le faire couler ou le fait, par deux ou plusieurs navires, de se heurter l'un contre l'autre par suite d'un accident de mer (cas fortuit) ou d'une faute de manœuvre (5). C'est en ce second sens que le mot *abordage* est pris dans le Code de commerce et qu'il est employé dans cette *Section* (6). On peut considérer comme synonyme l'expression *collision en mer*, traduite de

(1) V. ce *Traité*, volume précédent, note 4 de la page 534.
(2) V. n° 939 *bis*.
(3) V. n° 1017.
(4) Code de commerce, art. 407 et 435 modifiés par la loi du 24 mars 1891, L. 10 mars 1891 *sur les accidents et collisions en mer*.
(5) On dit aussi qu'un navire *aborde* pour indiquer qu'il touche à terre; qu'il entre dans un port.
(6) V. n° 999 sur le sens précis du mot *abordage* dans le Code de commerce.

l'anglais (1), qui se trouve, du reste, dans la rubrique d'une loi du 10 mars 1891 (2).

997. Un abordage donne naissance à des questions de droit diverses. Il entraîne souvent des avaries pour les navires et pour les cargaisons ; il est parfois même la cause de morts ou de blessures. Les principales questions à résoudre à propos d'un abordage sont les suivantes :

a. Qui supporte les dommages causés par un abordage? *b.* Dans que délai les actions en indemnité pour abordage doivent-elles être exercées? Les intéressés ont-ils, pour la conservation de leur droits, à remplir certaines formalités et en quoi consistent-elles? *c.* Quels sont les tribunaux compétents *ratione materiæ* ou *ratione personæ* pour connaître des actions relatives à un abordage? *d.* Ces questions ne sont pas tranchées de la même manière dans tous les pays. Aussi des conflits de lois naissent fréquemment en cette matière. Ils s'élèvent lorsque l'abordage s'est produit entre navires de nationalités différentes ou même entre navires de la même nationalité dans les eaux d'un État autre que celui dont ils portent le pavillon.

La première et la seconde de ces questions sont seules résolues par des dispositions expresses de notre Code de commerce qui apporte des dérogations aux règles du droit commun. Mais, pour être complet, il sera nécessaire d'examiner et de résoudre toutes les questions qui viennent d'être indiquées.

998. Il y a là une matière devenue d'une grande importance pratique ; il n'en a pas toujours été ainsi.

Les abordages étaient autrefois rares en pleine mer, ils ne se produisaient guère que dans les ports ou dans les rades par suite de l'encombrement. Valin le constate sur l'art. 10, livre III, titre VII, de l'Ordonnance, en disant :

« *Les abordages en mer sont fort rares; ceux en rade le sont* « *moins; mais au port ils sont assez communs par la quantité de* « *navires qui abordent au quai ou qui le quittent.* »

(1) On dit en anglais *Collision at sea.* — Les expressions employées pour désigner l'abordage sont en allemand *zusamnenstoss von Schiffen*, en italien, *urto di navi.*

(2) V. p. 114 note 4, le titre de la loi du 10 mars 1891 et sur les dispositions de cette loi, nos 1019 à 1022.

En outre, les abordages ne causaient le plus souvent que des détériorations et non la perte des navires et de leurs cargaisons. Il n'en est plus ainsi depuis que la navigation à vapeur s'est développée. Les navires sont devenus plus nombreux, ils suivent, en général, les mêmes routes et leur force d'impulsion est telle qu'il est difficile de les arrêter ou de les détourner subitement. Aussi les abordages sont-ils fréquents même en pleine mer et occasionnent-ils souvent la perte entière des navires et des cargaisons ainsi que la mort de nombreux passagers ou de gens de l'équipage.

La fréquence des abordages et la gravité des dommages qu'ils causent souvent expliquent que les lois étrangères plus récentes que notre Code s'en soient occupées avec détails (1), que de nombreux ouvrages aient été consacrés à ce sujet surtout dans les dernières années, soit en France (2) soit à l'étranger (3), et que des mesures diverses aient été prises pour prévenir les abordages ou pour punir ceux qui par leurs fautes les ont occasionnés.

999. *Sens du mot abordage dans le Code de commerce.* — A raison des dérogations que le Code de commerce apporte en matière d'abordage aux règles du droit commun, il importe de bien préciser le sens qu'a ce mot dans le Code.

Il ne s'y agit que de l'abordage *maritime*.

L'abordage est le choc entre deux navires. Aussi les règles qui vont être posées ne sont pas faites pour le cas où un navire heurte une

---

(1) Pour le droit *anglais*, Marsden, *The law of collisions at sea* (1885, Londres); Abbott, *Law of merchants ships and seamen*, p. 173 et suiv.; pour le droit *américain*, Dixon, *op. cit.*, p. 634 et suiv.; Desty, *op. cit.*, p. 353 à 406, p. 359; à 436 (1879); pour le droit *italien*, Giacomo Grasso, *L'urto di navi* (1886-1887)

(2) Codes de commerce *allemand*, art. 736 à 741; *hollandais*, art. 534 à 544; *italien*, art. 660 à 665; *roumain*, art. 672 à 677; *espagnol*, art. 826 à 830; *portugais*, art. 664 à 675; *chilien*, art. 1129 à 1131; *argentin*, art. 1261 à 1273; loi *belge* du 21 août 1879, art. 228 à 231; Codes maritimes *finlandais*, art. 154 à 158; *suédois, danois* et *norvégien*, art. 219 à 223.

Le titre XI du projet français de 1865 (art. 420 à 428) s'occupait des abordages et modifiait sur des points importants les dispositions du Code de 1807, en même temps qu'il en comblait les lacunes.

(3) Sibille, *Jurisprudence et doctrine en matière d'abordage* (1853); Deloynes, *Questions pratiques en matière d'abordage* (étude extraite de la *Revue critique de législ. et de jurispr.*, 1878; de Courcy, *L'abordage* (1876) et *Questions de Droit maritime*, 1re série, p. 183 à 223; Autran, *Code international de l'abordage maritime* (1890).

jetée (1), un ponton de bâtiment à vapeur (2) ou même un autre navire réduit à l'état de débris ou d'épave (3).

Ces diverses hypothèses n'ont été expressément prévues par aucune de nos lois. Aussi, quand elles se produisent, il y a lieu de s'en tenir aux principes généraux du droit.

Tout abordage entre navires n'est même pas régi par les règles spéciales du Code de commerce. L'abordage peut être *fluvial* ou *maritime*. L'abordage *fluvial*, qui n'est pas visé par le Code, est soumis aux règles du droit commun. Le Code de commerce et les lois qui l'ont complété, ne s'occupent que de *l'abordage maritime*. V. nos 1017 et 1031.

L'abordage maritime est celui qui a lieu en mer ou, tout au moins, dans les limites de l'inscription maritime (4). *L'abordage fluvial* est celui qui se produit hors de ces limites dans les eaux intérieures (5).

Il n'y a donc pas à distinguer entre les navires de mer et les navires de l'intérieur. Il serait déraisonnable de soumettre, au point de vue de l'abordage, des navires naviguant en fait dans les mêmes eaux à des règles différentes selon leur destination habituelle.

Ce sens n'est pas seulement celui qu'a le mot *abordage* dans la loi, il l'a aussi dans les polices d'assurances maritimes où il est souvent employé (6).

1000. PAR QUI SONT SUPPORTÉS LES DOMMAGES CAUSÉS PAR UN ABORDAGE. — Des dommages peuvent être causés par un abordage à des navires, à des marchandises ou enfin à des personnes (passagers ou gens de l'équipage tués ou blessés). Le Code de commerce (art. 407) ne s'est occupé de la question qu'au point de vue des dommages cau-

---

(1) Douai, 13 mai 1859.

(2) Trib. comm. de Nantes, *Journal de Marseille*, 1882. 2. 112. — V. aussi Trib. comm. Marseille, 17 janv. 1871, *Journ. de Marseille*, 1871. 1. 65 ; Cass. 27 janv. 1880, *Journ. de Marseille*, 1880. 2. 117.

(3) Bordeaux, 13 nov. 1860, *Journal de Marseille*, 1861. 2. 112.

(4) Rouen, 25 mai 1860, *Journ. de Marseille*, 1862. 2. 174.

(5) Amiens, 4 mai 1858, *Journal de Marseille*, 1858. 2. 152; Rouen, 30 juin 1875; *le Droit* du 20 oct. 1875; Paris, 3 janv. 1884, *la Loi*, n° du 28 janv. 1885.

(6) Trib. comm. Seine, 2 juin 1887, *Revue intern. du Droit maritime*, 1887-88, p. 183.

sés aux navires. Il distingue, pour la résoudre, trois espèces d'abordages, qu'on appelle dans l'usage : abordage *fortuit*, abordage *fautif* et
abordage *mixte* ou abordage *douteux*.

1001. L'*abordage fortuit* est celui qui a sa cause dans un cas fortuit ou de force majeure comme, par exemple, la force du vent ou
l'intensité du brouillard. Il implique l'absence de toute faute de la
part des capitaines et des gens composant les équipages des navires
entre lesquels il s'est produit.

L'*abordage fautif* est celui qui est causé par la faute d'un capitaine
ou des gens de l'équipage d'un navire. Il est possible qu'il y ait faute
des capitaines des deux navires ou de leurs équipages. C'est un cas que
notre Code de commerce n'a nullement prévu (n°s 1010 et 1011 *bis*).

A proprement parler, un abordage ne peut être que fortuit ou fautif. Mais il arrive assez souvent qu'il y a incertitude sur la cause
réelle de l'abordage, soit qu'on ne sache pas s'il y a eu cas fortuit ou
faute, soit que les juges, tout en ayant la preuve que l'abordage n'est
pas fortuit, ne puissent déterminer quel est le capitaine en faute. On
dit alors que l'abordage est *mixte* ou *douteux* (1). Cet abordage est
traité par le Code de commerce d'une façon toute spéciale au point
de vue des personnes qui ont à supporter les dommages causés aux
navires.

La distinction entre ces trois sortes d'abordages maritimes a une
grande importance pratique au point de vue de la détermination des
personnes qui supportent les dommages causés par eux.

---

(1) Il y a quelque incertitude sur ce qu'on doit entendre au juste par abordage *mixte* ou *douteux*. L'opinion adoptée au texte a été consacrée notamment
par un arrêt de cassation du 30 juin 1875 (Rapport de M. Massé), *J. P.*, 1875,
1164; S. 1875. 1. 45. V. aussi Trib. comm. Marseille, 23 déc. 1887, *Revue
internat. du Droit maritime*, 1887-88, p. 589. Mais des auteurs soutiennent que l'abordage est douteux, dans le sens légal, seulement quand l'existence d'une faute paraît certaine, sans qu'on puisse déterminer qui l'a commise. Dans ce système, l'abordage devrait être traité comme fortuit dans le
cas où il y a incertitude sur l'existence d'un cas fortuit ou d'une faute : Sibille, *op. cit.*, n° 66, p. 79; Dalloz, *Répertoire*, v° *Droit maritime*, n° 1138;
Delvincourt, *Institutes de droit commercial*, I, note 1 de la page 175. — Le
texte de l'art. 407, 3° al., C. com., nous semble bien condamner cette opinion.
Il est conçu en termes très généraux : *s'il y a doute*, dit-il, *sur les causes de
l'abordage*, etc... Cette formule convient plus encore au cas où l'on ne sait
s'il y a faute ou cas fortuit qu'à celui où il y a seulement incertitude sur le
point de savoir quel est l'auteur de la faute.

1002. *Abordage fortuit.* — Dans le cas d'abordage fortuit, chaque propriétaire de navire supporte, sans aucun droit de répétition, le dommage causé à son bâtiment (art. 407, 1er alin.). C'est l'application de la règle de droit commun, *res perit domino*, admise spécialement pour toutes les avaries particulières par l'art. 404, C. com.

Sans doute, quand le navire qui a subi un dommage par suite de l'abordage fortuit est assuré, le propriétaire du navire a un recours contre l'assureur. L'abordage constitue une fortune de mer et est compris à ce titre parmi les risques dont répond l'assureur, à moins de convention contraire (art. 350, C. com.). Mais ce recours contre l'assureur dérive du contrat d'assurance, non de l'abordage (1).

1003. *Abordage fautif.* — En cas d'abordage causé par la faute d'un capitaine (2), le dommage est supporté par celui qui l'a occasionné (art. 407, 2e alin., C. com.). Il y a encore ici une application des règles du droit commun. L'abordage causé par la faute d'un capitaine est un délit ou un quasi-délit, selon qu'il y a eu intention mauvaise ou simple négligence du capitaine (3). La loi maritime applique les art. 1382 et 1383, C. com.

D'après le principe général de l'art. 216, C. com., le propriétaire du navire dont le capitaine est en faute, est responsable sauf faculté pour lui de faire au propriétaire de l'autre navire lésé, l'abandon du navire et du fret (4). Il va de soi que le propriétaire du navire a un recours contre son capitaine.

1004. En vertu des principes du droit commun, on doit comprendre dans les dommages-intérêts non-seulement les dommages matériels soufferts par le navire (*damnum emergens*) et toutes les dépenses que l'abordage a occasionnées, mais encore les bénéfices dont le propriétaire, le capitaine et les gens de l'équipage du bâtiment endom-

---

(1) Aussi cette action n'est pas soumise à la prescription d'un an qui, d'après l'art. 436, C. com., s'applique à toutes actions en indemnité pour dommage provenant d'abordage. V. nos 1028 et suiv.

(2) V. pour le cas de faute commune des capitaines, nos 1011 et 1011 *bis*.

(3) Dans la plupart des cas, depuis la loi du 10 mars 1891, l'abordage est un délit *pénal*, qu'il soit, au point de vue civil, un délit ou un quasi-délit. V. n° 1019.

(4) Le cas d'abordage est un des cas les plus fréquents où les propriétaires de navires font usage de la faculté d'abandon.

magé ont été privés (*lucrum cessans*) (art. 1149, C. civ.) (1). Ainsi, il faut tenir compte : 1° du fret que le propriétaire a pu perdre par suite de l'interruption du voyage nécessitée par les réparations, en déduisant les frais épargnés pendant la durée du chômage ; 2° des loyers que le capitaine aurait touchés, s'il n'y avait pas eu perte totale du bâtiment (2).

Il a pourtant été soutenu que, pour fixer le montant de l'indemnité, il ne doit être tenu compte que du dommage matériel. On a invoqué en ce sens le texte de la loi qui paraît, dit-on, impliquer que le législateur s'est seulement préoccupé des conséquences matérielles du choc ; puis on invoque une considération. Le système opposé, prétend-on, donnerait aux gros bâtiments un avantage très grand ; le choc ne leur cause le plus souvent que des dommages matériels peu importants ; le chômage de quelques jours ferait monter leur quote-part à une somme qui pourrait absorber la valeur du petit navire abordé. — Le texte de l'art. 407 n'est pas décisif ; il parle seulement du *dommage* causé et le mot dommage comprend le *lucrum cessans* d'après le principe général de l'art. 1149, C. civ. Pour autoriser une dérogation à ce principe, un texte formel serait nécessaire : une simple considération pratique ne saurait suffire (3).

1004 *bis*. DROIT ÉTRANGER. — Les règles relatives aux personnes qui supportent les dommages en cas d'abordage, soit fortuit, soit fautif, sont les mêmes dans toutes les législations, parce qu'elles sont conformes aux principes du droit commun identiques partout (4).

1005. *Abordage mixte ou douteux.* — D'après les principes du droit commun (art. 1315, C. civ.), tout abordage devrait être considéré comme fortuit par cela seul qu'aucune faute n'est prouvée à la charge

(1) L'indemnité due pour le chômage se calcule, d'après les usages les plus répandus, au taux des surestaries (n°s 293 et suiv.) : Rouen, 24 janv. 1876, *Journ. de Marseille*, 1877, 2. 62 ; S. 1876. 2. 65 ; Aix, 20 nov. 1876, *Journal de Marseille*, 1877. 1. 175.

Mais ce n'est pas là une règle admise partout sans contestation : Bordeaux, 28 juill. 1885, *Revue intern. du droit marit.* 1886-87, p. 654.

(2) Trib. comm. Marseille, 30 mai 1873, *Journ. de Marseille*, 1873. 1. 175.

(3) De Fresquet, *Des abordages maritimes*, p. 53 et suiv.

(4) V. Codes de commerce *allemand*, art. 736 et 737 ; *italien*, art. 660 et 661 ; *portugais*, art. 664 et 665 ; *espagnol*, art. 826 et 840 ; *roumain*, art. 672 et 673 ; *chilien*, art. 1129 et 1130 ; *argentin*, art. 1261 et 1262 ; Codes maritimes *finlandais*, art. 154 et 155 ; *suédois, danois et norvégien*, art. 220 et 221.

d'un capitaine et, par suite, chaque propriétaire de navire devrait supporter le dommage causé à son bâtiment. En effet, en matière de faute délictuelle ou quasi délictuelle, c'est au demandeur à prouver l'existence de la faute qu'il reproche au défendeur, sous peine de rejet de la demande.

Mais, par dérogation à ces principes, le Code de commerce décide que, *s'il y a doute dans les causes de l'abordage, le dommage est réparé à frais communs et par égale portion par les navires qui l'ont fait et souffert.*

On fait donc une masse des dommages subis et on les répartit par moitié entre les propriétaires des deux navires. Il n'y a pas à tenir compte de la valeur respective de ceux-ci pour faire entre eux une répartition proportionnelle. Ainsi, dans le cas où le dommage causé à un navire monte à 50.000 francs et où le dommage subi par l'autre est de 100.000 francs, on répartit par moitié le dommage total de 150.000 francs, de telle sorte que le propriétaire du navire qui a subi le plus fort dommage a le droit de réclamer 25.000 francs à l'autre.

1006. Dans la masse des dommages à répartir, on comprend les dommages matériels subis par les navires. On n'y comprend pas, au contraire, les dommages subis par les marchandises (nº 1012, 3). Cela résulte du texte même de l'art. 407, 3e alin., qui parle du dommage fait et souffert *par les navires* (1).

Doit-on dans la masse des dommages comprendre, outre le dommage matériel causé aux navires, le bénéfice dont chaque propriétaire de navire a été privé par suite de l'interruption de la navigation pendant la durée des réparations? Le texte de l'art. 407, 3e alin., pris à la lettre, semblerait devoir faire exclure ce bénéfice; il parle du dommage souffert par les navires (2). Mais c'est là un argument purement littéral contre lequel les principes doivent prévaloir. Il faut comprendre dans la masse à répartir les bénéfices dont les propriétaires ont été privés par suite de l'abordage (3). Dans le langage

(1) V. sur les règles à appliquer aux dommages subis par les marchandises ou par les personnes, ci-dessous, nos 1012 et suiv.

(2) C'est là l'opinion que nous avions soutenue à tort dans notre première édition. V. *Précis de Droit commercial*, II, nº 2011, p. 279.

(3) AUTRAN, *Code international des abordages*, nº 195, p. 123.

légal, le dommage comprend le bénéfice dont la personne lésée est privée comme la perte qu'elle éprouve (art. 1149, C. civ.). Au reste, le texte lui-même n'a réellement aucune portée. Souvent les navires sont personnifiés, en ce sens qu'on parle du navire pour viser le propriétaire du bâtiment. V. analog. nº 1003.

1007. Par cela même qu'il n'y a, en cas d'abordage douteux, ni faute prouvée ni même faute présumée, les capitaines n'encourent aucune responsabilité et les propriétaires qui ont supporté leur part dans la masse des dommages, n'ont pas de recours contre eux.

De la même idée une autre conséquence doit être encore déduite. Si le propriétaire d'un navire se borne à réclamer des dommages-intérêts en se fondant sur un abordage *fautif*, sans avoir le soin de conclure, pour le cas de doute, au partage du dommage souffert, la demande doit être repoussée au cas où la preuve de la faute n'est pas faite. On ne saurait argumenter de ce que notre droit n'admet point les règles de la *plus petitio* du Droit romain et de ce que le plus comprend le moins. La demande fondée sur l'abordage fautif et l'action en partage du dommage dérivant de l'abordage douteux sont deux actions distinctes, fondées sur des causes différentes, la première seule dérive des art. 1382-1383, C. civ. En réalité, le tribunal ou la Cour qui méconnaîtrait cette règle, statuerait *ultrà petita* (1) (2).

1008. D'après l'art. 407, dern. alin., dans les cas d'abordage soit fautif, soit douteux, l'estimation du dommage est faite par experts. Cette disposition n'a rien d'impératif. Le montant des dommages subis peut se prouver par tous les moyens. On n'est pas plus obligé de recourir à une expertise que dans le cas de l'art. 297, C. com. (3). Quand le législateur veut exiger impérieusement une expertise, il s'exprime en termes très formels. V. art. 1678, C. civ.

(1) La Cour de cassation a pourtant admis une solution opposée : Ch. civ. 30 juin 1875, S. 1875. 1. 457; *J. Pal.*, 1875. 1164.

(2) Une autre conséquence de la même idée doit être admise en matière d'assurance maritime. L'assureur ne répond pas des fautes du capitaine et des gens de l'équipage, sauf convention contraire (art. 353, C. com.). Il résulte bien de là qu'en principe, l'assureur n'est pas tenu en cas d'abordage causé par la faute du capitaine du navire assuré ou du navire qui transporte les marchandises assurées; mais l'exclusion de la baraterie de patron de l'assurance ne met pas obstacle à la responsabilité de l'assureur en cas d'abordage douteux

(3) V. nº 779.

1009. La disposition spéciale relative à l'abordage mixte ou douteux, qui vient de l'ancien Droit (1), ne peut se justifier par aucune bonne raison (2). Elle peut avoir le fâcheux inconvénient d'exciter le juge à la négligence en lui permettant de fonder une décision sur un doute. Il y a là une règle très rudimentaire que les anciens auteurs ont parfois appelée *judicium rusticorum*. Cleirac (*Us et coutumes de la mer*) compare cette règle au fameux jugement de Salomon : « tel « fut, dit-il, le jugement reconnu tout juridic du sage Roy Salomon « qu'il donne sur la question d'entre deux mères. » — On a bien allégué que par la disposition du Code de commerce sur l'abordage mixte ou douteux, on a voulu protéger les petits navires en excitant les capitaines de gros navires à être très prudents. Il peut se faire que cette prétendue protection nuise, au contraire, aux petits navires.

(1) La règle du partage par moitié vient des anciennes lois maritimes du Moyen-Age et de l'Ordonnance de 1681. Le Droit romain se bornait à distinguer entre le cas d'abordage fortuit où chacun supportait son dommage et le cas d'abordage fautif où l'action de la loi Aquilia pouvait être exercée contre le capitaine en faute : Ulpien, L. 29, § 2, 3 et 4 (Dig. IX. 2, *Ad legem Aquiliam*). Le Consulat de la mer se bornait à consacrer la distinction du Droit romain. Mais les rôles d'Oléron admettaient le partage par moitié (*le domage doit estre apprisé et parti moitié entre les deux nefz*, art. 15), au cas où il n'y avait faute d'aucun côté et c'était généralement la règle admise dans le nord. L'Ordonnance de 1681 contient sur l'abordage, dans le titre VII du livre III, les deux dispositions suivantes : Art. 10. *En cas d'abordage de vaisseau, le dommage sera payé également par les navires qui l'auront fait et souffert, soit en route, en rade ou au port.* — Art. 11. *Si toutefois l'abordage avait été fait par la faute de l'un des maistres, le dommage sera réparé par celui qui l'aura causé.* — Les deux principaux commentateurs de l'Ordonnance étaient en désaccord sur la portée de la première de ces dispositions. Valin admettait qu'elle s'appliquait même au cas d'abordage fortuit. Il justifie ainsi la disposition de l'art. 10 entendue de cette façon : « C'était le moyen le plus propre à rendre « les capitaines ou maîtres de navires extrêmement attentifs à éviter tout abor- « dage, surtout ceux des bâtiments faibles et plus susceptibles d'être incommodés « par le moindre choc, en leur rendant toujours présente la crainte de sup- « porter la moitié du dommage qu'ils en pourraient recevoir. Et si l'on dit « qu'il aurait été plus simple et plus court de laisser pour le compte particu- « lier de chacun le dommage qu'il aurait reçu comme provenant d'un cas for- « tuit, la réponse est qu'alors les capitaines des gros navires n'auraient plus « craint de heurter les bâtiments d'une beaucoup moindre force que les leurs : « rien donc de plus juste que la contribution par moitié. » Emérigon (*Traité des assurances*, chapitre XII, section XIV, § 3) référait l'art. 10 au cas d'abordage douteux seulement et arrivait ainsi à distinguer trois espèces d'abordages. C'est ce dernier système que notre Code a adopté dans l'art. 407.

(2) De Courcy, *Questions de droit maritime*, 1re série, p. 188 et suiv.; Desjardins, V, n° 1129, p. 135; de Valroger, V, n° 2113.

Emérigon (*Traité des assurances*, chapitre XII, section XIV, § 3) disait : « De là il peut très fort arriver que l'entière valeur d'un des « navires soit absorbée par la demie du dommage, tandis que l'autre « navire, beaucoup plus important, supportera avec aisance la demie « restante. »

La plupart des législations ont repoussé la solution du Code de 1807 en cette matière et admis, par suite, en vertu des principes généraux du droit, qu'en cas d'abordage mixte ou douteux, chaque propriétaire de navire supporte le dommage causé à son bâtiment (1). C'était le système adopté par le projet de 1865 (2).

1010. *Abordage entre plus de deux navires.* — L'abordage n'a lieu ordinairement qu'entre deux navires, mais le choc peut se produire entre un plus grand nombre ; on conçoit que le navire abordeur heurte à la fois plusieurs bâtiments ou que le navire abordé soit lancé sur un autre bâtiment. On applique toujours les mêmes règles, quel que soit le nombre des navires endommagés. En conséquence, en cas d'abordage douteux entre plus de deux navires, le dommage total est réparti non par moitié, mais par égales parts entre les navires, par tiers ou par quart, s'il y a trois ou quatre navires. Au reste, le texte de l'art. 407, 3e alin., est conçu en des termes très généraux qui conviennent à tous les abordages douteux, quel que soit le nombre des navires entre lesquels ils ont lieu (réparation *à frais communs et par égale portion*).

(1) DROIT ÉTRANGER. — En cas d'abordage douteux, chacun supporte son dommage d'après les Codes de commerce *allemand*, art. 736 et 737 ; *italien*, art. 662 ; *roumain*, art. 674 ; *portugais*, art. 668 ; *espagnol*, art. 828 ; Codes maritimes *finlandais*, art. 155 ; *suédois, danois, norvégien*, art. 221. On ne traite pas non plus d'une façon spéciale l'abordage douteux ni en *Grande-Bretagne*, ni dans les *Etats-Unis d'Amérique*. Marsden, *The law of collision at sea*, p. 2. Le Code de commerce *chilien* (art. 1133) admet encore la règle du partage par moitié. Le Code de commerce *hollandais* (art. 538. et le Code de commerce *argentin* (art. 1264) adoptent un système tout particulier : ils décident que les dommages causés aux navires et aux chargements sont réunis en une seule masse et supportés par chaque navire en proportion de sa valeur, sauf à répartir ensuite ces dommages comme avarie grosse sur chaque navire et sur chaque chargement. Le Congrès international de droit commercial de Bruxelles (1888) a voté une résolution portant : « l'abordage douteux est traité comme abordage fortuit. »

(2) L'art. 420 de ce projet ne parle que de l'abordage fortuit et de l'abordage fautif, ce qui implique qu'on devait appliquer les principes généraux du droit au cas de doute sur les causes de l'abordage.

1011. *Faute commune des capitaines.* — L'art. 407, C. com., n'a pas prévu tous les cas possibles d'abordages même au point de vue des dommages causés aux navires seuls. Il peut y avoir, et c'est là un cas assez fréquent, faute commune de la part des deux capitaines. Qui doit supporter les dommages soufferts par les navires ? Dans le silence de nos lois, il faut s'en référer aux principes généraux. Or, d'après ces principes, quand deux personnes ont commis une faute commune, le dommage se répartit entre elles d'après le degré respectif de leurs fautes, sauf à faire la répartition par moitié si l'on ne parvient pas à comparer exactement les fautes. En matière d'abordage, s'il y a faute commune, les propriétaires des navires supportent, par suite, les dommages dont il est fait masse en proportion du degré des fautes des capitaines (1) ; mais, si l'on ne parvient pas à fixer le degré respectif des fautes, la répartition se fait par moitié.

1011 *bis.* Droit étranger. — Les législations étrangères sont très divisées sur la solution à admettre en cas de faute commune.

La loi *belge* du 21 août 1879 (art. 229) et le Code de commerce *portugais* (art. 860) admettent le système consacré par la jurisprudence française. Deux autres systèmes principaux se partagent les législations. En *Angleterre*, les dommages se partagent par moitié sans considération du degré respectif des fautes (loi du 5 août 1873 sur *l'établissement d'une Haute Cour de justice* (art. 25, 9) (2). Les Codes de commerce *allemand* (art. 737), *italien* (art. 662), *roumain* (art. 674), *hollandais* (art. 535), *espagnol* (art. 827), *chilien* (article 1130), *argentin* (art. 1263), admettent une sorte de compensation entre les fautes, par suite de laquelle, sans qu'il y ait à se préoccuper de leur gravité respective, chacun supporte le dommage subi par son navire.

Le Code maritime *finlandais* (art. 155) reconnaît qu'en principe, chacun supporte son dommage, mais que, s'il est prouvé que l'un des capitaines est plus coupable que l'autre, il appartiendra au tribunal

---

(1) Aix, 15 déc. 1870, Cass. 15 nov. 1871, *Journ. de jurispr. de Marseille*, 1871. 1. 78 ; 1874. 2. 158 ; Bordeaux, 23 mars 1887, *Revue intern. du droit maritime*, 1887-88, p. 26.

(2) V. *Annuaire de législation étrangère*, 1874, p. 43. — Conf. Marsden, *The law of collisions at sea*, p. 126 et suiv.

d'examiner les faits et la part de responsabilité de chacun, puis de décider dans quelle proportion le plus coupable doit dédommager l'autre.
Les Codes maritimes *suédois, danois* et *norvégien* (art. 220) reconnaissent au juge le pouvoir de fixer l'indemnité à payer par l'une des parties ou de décider que chaque navire supportera les dommages qu'il a
soufferts. Les dispositions de ces Codes maritimes se rapprochent de
la règle admise en France.

De ces divers systèmes, le premier, adopté en France, en Belgique
et en Portugal doit être préféré (1). On allègue contre lui qu'il donne
au juge à résoudre une question insoluble, en l'appelant à comparer
les degrés respectifs des fautes. Mais l'objection n'est pas décisive ; on
exagère en parlant de question insoluble. Il y a des cas où elle peut
être résolue et lorsqu'elle ne peut pas l'être, le juge a la ressource
d'admettre le partage par moitié. Puis, il est exorbitant d'admettre ou
un partage par moitié ou l'obligation pour chacun de supporter le
dommage souffert par son navire, quand la faute de l'un est très
légère et celle de l'autre très lourde.

1012. *Dommages causés aux marchandises et aux personnes.* —
Le Code de commerce ne contient aucune disposition sur le point
de savoir qui supporte les dommages causés par un abordage, soit aux
marchandises, soit aux personnes. De ce silence de la loi il résulte
qu'on doit appliquer ici les règles du droit commun. Cela implique
les conséquences suivantes :

1. En cas d'abordage fortuit, le dommage est supporté par le propriétaire des marchandises endommagées ou par les personnes qui
ont subi le dommage.

2. En cas d'abordage provenant de la faute d'un capitaine, il
répond des dommages causés.

3. A défaut de preuve d'une faute, l'abordage est traité comme
fortuit et, par suite, le dommage reste à la charge de celui qui l'a

---

(1) Ce système était consacré par l'art. 421 du projet de 1865. C'est aussi
celui qu'a admis en 1888 le Congrès international de droit commercial de
Bruxelles dans les termes suivants : *S'il y a faute commune, il est fait masse
des dommages causés : cette masse est supportée par chacun des navires proportionnellement à la gravité des fautes respectives.*

souffert. A l'égard des dommages causés aux marchandises ou aux personnes, il n'y a pas d'abordage mixte ou douteux. Cela concorde avec ce qui a été dit plus haut (n° 1005) qu'en cas d'abordage mixte ou douteux, le montant des dommages causés aux marchandises n'est pas à comprendre dans la masse des dommages à répartir par égales portions entre les bâtiments (1). On comprend combien il est irrationnel et compliqué de considérer l'abordage comme fortuit à l'égard des marchandises et des personnes et de le traiter comme douteux à l'égard des navires.

La preuve de la faute incombe au demandeur dont les marchandises ont été endommagées. Cela, du moins, est vrai au cas où l'action est exercée par le propriétaire de marchandises contre le capitaine du navire sur lequel ses marchandises ne se trouvaient pas. Mais, quand un propriétaire de marchandises s'en prend au capitaine du navire qui les transportait, la preuve du cas fortuit incombe au capitaine par cela même qu'il s'agit là d'une responsabilité contractuelle (art. 1147, 1302, 1784, C. civ., art. 222, C. com.). Le point de savoir s'il faut admettre une solution identique pour le cas où, à raison soit de morts soit de blessures, une action est intentée contre le capitaine du navire sur lequel se trouvaient les personnes mortes ou blessées, dépend d'une question toujours discutée en matière de transport de personnes : V. *Traité*, III, n°s 709 et 709 *bis* ; et dans le volume précédent, n° 835 5°.

4. En cas d'abordage causé par la faute commune des capitaines, il y a à résoudre deux questions qui doivent être soigneusement distinguées. *a*. Qu'est-ce que le propriétaire des marchandises avariées, la personne blessée ou l'héritier de la personne morte, peut réclamer aux capitaines et aux propriétaires de navires ? — *b*. Comment les dommages-intérêts à payer à ces personnes se répartissent-ils entre les capitaines ou les propriétaires ?

a. Dans le cas où il y a délit correctionnel de la part des deux capitaines (2), il y a solidarité entre eux en vertu du principe général de l'art. 55, C. pénal. Alors même qu'il n'y a pas délit correctionnel, mais un simple délit civil ou un simple quasi-délit de la

---

(1) Rouen, 24 janv. 1876, *Journ. de Marseille*, 1877. 2. 54.
(2) C'est le cas le plus fréquent depuis la loi du 10 mars 1891. V. n° 1019.

part des capitaines, ceux-ci sont tenus *in solidum* (1) (2). Toutefois si, ce qui est fort rare, on pouvait arriver à déterminer dans quelle mesure la faute commise par chacun, prise séparément, a contribué au dommage, l'action en dommages-intérêts ne serait donnée contre chacun que dans cette mesure.

b. Mais, dans les rapports entre les capitaines ou les propriétaires des navires (n° 1010), la répartition des dommages-intérêts se fait en proportion du degré respectif des fautes de chacun (3). A cet égard, il n'y a aucune raison pour distinguer entre les navires d'un côté et les marchandises avariées, ou les personnes tuées et blessées de l'autre côté.

1013. Il résulte de tout ce qui a été dit qu'en cas d'abordage, il est fort important de savoir s'il y a cas fortuit ou faute, soit d'un capitaine, soit des deux capitaines. Tous les moyens de preuve sont admis par cela même qu'il s'agit de délit ou de quasi-délit (art. 1348 4°, C. civ.).

Les difficultés qui peuvent s'élever quant à l'existence d'une faute sont diminuées par une présomption de fait que les tribunaux admettent généralement. Afin d'éviter les collisions en mer, il a été établi, à la suite d'une entente entre les États maritimes, des règles communes. Il y a un règlement, rédigé en 1862 sur l'initiative de la France et de la Grande-Bretagne, qui a été revisé pour la dernière fois en 1884 (4).

Lorsque les règles contenues dans ce règlement ont été observées, les juges présument le cas fortuit, tandis qu'ils présument la faute du capitaine qui les a violées. Il n'y a là que des présomptions de fait, aucun texte n'admettant en cette matière des présomptions légales (5) (6).

(1) V. sur le principe général à appliquer aux coauteurs d'un délit civil ou d'un quasi-délit, Aubry et Rau, IV, § 445, p. 749 et § 446, p. 755.

(2) Cass. 11 juill. 1892, S. et J. P. 1892. 1. 505; *Revue intern. du droit maritime*, 1892-93, p. 258; Cass. 1er juill. 1892, *Revue intern. du droit maritime*, 1892-93, p. 6.

(3) V. l'arrêt visé à la note précédente.

(4) Le règlement est contenu dans un décret du 1er sept. 1884 publié dans le n° du *Journal officiel* du 5 sept. 1884.

(5) Des Codes étrangers admettent des présomptions légales de fautes dans les cas qu'ils déterminent, V. Code *chilien*, art. 1134.

(6) V. Sur une autre présomption de fait analogue, n° 1022.

1014. *Abordage au cas où un pilote obligatoire est à bord.* — C'est particulièrement au cas d'abordage que se pose la question de savoir si le capitaine et, par voie de conséquence, le propriétaire du navire demeurent responsables malgré la présence à bord d'un pilote obligatoire. Il a été dit précédemment (1) que le pilote est un simple guide qui n'enlève pas au capitaine la direction du navire et qui, par suite, ne fait pas disparaître sa responsabilité.

1015. *Abordage en cas de remorquage.* — Quand un abordage se produit entre un navire remorqué et un autre bâtiment, des questions spéciales se posent à raison même du lien plus ou moins étroit qui existe entre le remorqueur et le remorqué.

Le capitaine du remorqueur prend à sa charge la conduite et la direction du navire remorqué. Il y a entre les deux navires une sorte d'indivisibilité par suite de laquelle le remorqueur doit être responsable envers les tiers des dommages causés par l'abordage qui s'est produit entre le navire remorqué et un autre bâtiment, à moins que le capitaine du remorqueur ne prouve l'existence d'un cas fortuit ou une faute commise par le capitaine du remorqué (2).

Quand il y a doute sur les causes de l'abordage, les dommages subis par les navires sont répartis pour la même raison entre le remorqueur et l'autre bâtiment, tout au moins dans le cas où il est établi qu'il n'y a pas faute de la part du remorqué (3).

Mais on conçoit qu'en cette matière, les faits, spécialement le lien plus ou moins étroit établi entre le remorqueur et le remorqué, aient sur la solution à donner une grande influence (4).

Au reste, il s'agit ici des rapports du remorqueur et du remorqué avec les tiers et non des rapports du remorqueur et du remorqué entre eux (5).

1016. *Concours des créanciers pour dommages causés aux personnes et pour dommages causés au navire et aux marchandises.* — DROIT ÉTRANGER. — Quand il y a des dommages causés à la fois à des

---

(1) V. ce *Traité*, volume précédent nos 190 et 595.
(2) Douai, 20 juin 1883, *Revue intern. du Droit marit.*, 1885-86, p. 117.
(3) Cass. 23 avr. 1873, S. 1873. 1. 365; D. 1873. 1. 342.
(4) V. Autran, *Code international des abordages*, p. 125.
(5) V. sur ce dernier point, *Traité*, volume précédent nos 191 et 192.

personnes, aux navires et aux marchandises, toutes les créances d'indemnité viennent en concours, par cela même qu'un privilège n'est accordé à aucune d'elles. A raison de l'abandon qui peut être fait par les propriétaires des navires responsables (art. 216, C. com.), ou de leur insolvabilité, les créanciers peuvent ne pas être complétement indemnisés.

Le projet de 1865 (art. 422) admettait que les indemnités allouées en cas de mort d'homme ou de blessures devaient être prélevées de préférence sur les produits du recours. Ce privilège est admis par un certain nombre de lois étrangères (1).

1017. *Cas où les dommages causés par un abordage constituent des avaries communes.* — Conformément à l'observation faite précédemment (n° 995), les avaries causées par un abordage, qu'il soit fautif, fortuit ou douteux, sont presque toujours des avaries particulières. Il est pourtant des cas exceptionnels où elles peuvent constituer des avaries communes. C'est ce qui a lieu lorsque, pour éviter que son navire ne soit projeté sur des rochers ou sur un autre navire et échapper à la perte de son bâtiment et de la cargaison, un capitaine a heurté son navire contre un autre et a obtenu par là le résultat utile qu'il se proposait. Sans doute le Code de commerce ne prévoit pas ces hypothèses un peu spéciales et rares ; mais les avaries sont alors des avaries communes par cela même que les conditions constitutives de ces avaries se trouvent réunies (n° 874).

Plusieurs Codes étrangers ont expressément prévu ces cas spéciaux et reconnu aux avaries qui se produisent alors le caractère d'avaries communes. V. Codes de commerce *argentin*, art. 1271 ; *brésilien*, art. 752.

1018. *Abordage fluvial.* — Les règles posées ne s'appliquent pas à l'abordage fluvial, en tant qu'elles dérogent au droit commun (n° 999). En conséquence, en matière d'abordage fluvial, il ne peut être question d'abordage mixte ou douteux ; lorsqu'il y a doute sur les cause de l'abordage, celui-ci est traité comme fortuit par

(1) V. Codes de commerce *italien*, art. 661 ; *roumain*, art. 673 ; *espagnol*, art. 838.

cela même qu'aucune faute n'est prouvée et, par suite, chaque propriétaire de navire supporte le dommage subi par son bâtiment (1).

1019. *Actions pénales.* — Les fautes d'un capitaine n'ont pas pour unique conséquence de faire naître des actions en dommages-intérêts. Les fautes d'un capitaine reçoivent aussi des sanctions pénales. Celles-ci ont même été très étendues par la loi du 10 mars 1891, *sur les accidents et collisions en mer.*

Avant cette loi, c'était seulement en cas de mort ou de blessures qu'il y avait un délit correctionnel, celui d'homicide ou de blessures par imprudence (art. 319 et 320, C. pén.). En dehors de ce cas, aucune peine proprement dite n'était encourue, y eût-il eu perte d'un navire ou violation des règlements ; des peines disciplinaires seulement pouvaient être appliquées. Ces sanctions ont paru insuffisantes en présence du nombre toujours croissant des abordages et de l'aggravation de leurs conséquences dommageables. La loi du 10 mars 1891 a créé des délits nouveaux et édicté des peines pour les réprimer.

a. Tout capitaine, maître, patron ou officier de quart qui se rend coupable d'une infraction aux règles prescrites par les décrets en vigueur sur les feux à allumer la nuit et les signaux à faire en temps de brume, est puni d'une amende de 10 à 300 francs, d'un emprisonnement de trois jours à un mois, ou de l'une de ces peines seulement (art. 1er).

b. Si l'infraction dont il s'agit ou toute autre infraction aux règles prescrites sur la route à suivre ou les manœuvres à exécuter en cas de rencontre d'un bâtiment, est suivie d'un abordage, l'amende peut être portée à 500 francs et l'emprisonnement à trois mois.

c. Si l'abordage a pour conséquence la perte ou l'abandon d'un des navires abordés ou s'il entraîne, soit des blessures, soit la mort pour une ou plusieurs personnes, le coupable est puni d'une amende de 500 à 1000 francs et d'un emprisonnement de six jours à six mois ; le retrait de la faculté de commander peut, en outre, être prononcé pour trois ans au plus.

d. Tout homme de l'équipage qui se rend coupable d'un défaut de

(1) Cpr. une application du même principe, au n° 1032.

vigilance ou de tout autre manquement aux obligations de son service, suivi d'un abordage ou d'un naufrage, est puni d'une amende de 16 à 100 francs et d'un emprisonnement de 10 jours à quatre mois, ou de l'une de ces peines seulement (art. 3) (1).

Il résulte de ces dispositions diverses que la seule violation de certaines règles est parfois punie indépendamment de toutes conséquences dommageables (art. 1er), que la violation des règlements sur la route à suivre entraîne des peines variant avec leurs conséquences, plus ou moins graves. La disposition qui vise le cas de mort ou de blessures, est utile malgré les articles du Code pénal (art. 319 et 320), sur l'homicide et les blessures par imprudence. La jurisprudence n'admet pas toujours que l'imprudence soit suffisante pour que ce délit pénal existe. En cas d'abordage, en vertu de la loi de 1891, le fait matériel de la mort ou de blessures d'une ou de plusieurs personnes par suite d'un abordage suffit pour qu'il y ait lieu à l'application des peines que cette loi prononce.

1020. *Assistance obligatoire en cas d'abordage.* — Quand un abordage se produit en mer, les capitaines se hâtent souvent de s'éloigner du lieu de l'accident, en évitant même de donner le nom de leur navire. Ils espèrent ainsi échapper à toute action en responsabilité. Cette espérance détermine parfois un capitaine à s'éloigner le plus promptement possible, sans prêter assistance à un autre navire compris dans l'abordage, alors que ce navire est peut-être sur le point de périr avec sa cargaison, son équipage et ses passagers. Jusqu'à la loi du 10 mars 1891, un capitaine pouvait ainsi s'éloigner impunément. Cette loi a mis un terme à cet abus funeste, en imposant aux capitaines des obligations nouvelles sanctionnées par des peines.

D'après l'art. 5 de la loi du 10 mars 1891, *après un abordage, le capitaine, maître ou patron des navires abordés, est tenu, s'il le peut sans danger pour son navire, son équipage et ses passagers, de faire connaître au capitaine de l'autre bâtiment les noms de son propre navire et des ports d'attache, de départ et de destination*

---

(1) L'art. 463 du Code pénal sur les circonstances atténuantes est applicable aux cas prévus par la loi du 10 mars 1891 (art. 9).

de celui-ci, sous peine d'une amende de 50 à 500 francs et d'un emprisonnement de six jours à trois mois.

L'art. 4 de cette même loi est relatif à l'obligation d'assistance. Il est ainsi conçu : *Après un abordage, le capitaine, maître ou patron de chacun des navires abordés est tenu, autant qu'il peut le faire sans danger pour son navire, son équipage et ses passagers, d'employer tous les moyens dont il dispose pour sauver l'autre bâtiment, son équipage et ses passagers du danger créé par l'abordage. Hors le cas de force majeure, il ne doit pas s'éloigner du lieu du sinistre avant de s'être assuré qu'une plus longue assistance leur est inutile, et si ce bâtiment a sombré, avant d'avoir fait tous ses efforts pour recueillir les naufragés. — Tout capitaine, maître ou patron qui enfreint les prescriptions précédentes, est puni d'une amende de 200 à 3000 francs, d'un emprisonnement d'un mois à un an et du retrait temporaire ou définitif de la faculté de commander. — L'emprisonnement peut être porté à deux ans, si une ou plusieurs personnes ont péri dans le naufrage.*

1021. La dernière disposition mérite surtout d'être remarquée. L'assistance est, en principe, purement facultative en France. A titre exceptionnel, elle est obligatoire en cas d'abordage. Il y a donc là une de ces hypothèses assez rares où une personne est tenue d'agir dans l'intérêt d'autres personnes envers lesquelles elle n'est liée par aucun contrat. Ordinairement nous ne sommes tenus, envers les tiers avec lesquels nous n'avons pas contracté, que de nous abstenir d'actes dommageables (1).

1022. En vertu des principes généraux du droit (art. 1382 et 1383, C. civ.), les personnes lésées par le défaut d'assistance d'un capitaine ont le droit de lui demander des dommages-intérêts (2).

Mais aucune présomption *légale* de faute n'est admise par la loi de 1891 à la charge du capitaine qui a manqué aux obligations que cette loi impose en cas d'abordage. On ne saurait donc décider que l'abordage est légalement présumé provenir de la faute de ce capitaine (3). Mais, en fait, le juge est facilement amené à supposer la

---

(1-2) V. les principes posés, à propos des art. 1382 et 1383, C. civ., par Aubry et Rau, § 444, p. 746.

(3) Au reste, la commission de la Chambre des députés avait d'abord adopté.

faute du capitaine qui, en violation de la loi du 10 mars 1891, s'est enfui avec son navire du lieu de l'abordage (1).

1023. DROIT ÉTRANGER. — Les dispositions de la loi de 1891 qui viennent d'être rappelées, ont été empruntées à des lois étrangères. Le *Merchant shipping act* de 1894 (57 et 58 Vict. Ch. 60) reproduisant une disposition d'une loi de 1873, impose aux capitaines les mêmes obligations que notre loi de 1891, pour le cas d'abordage. Le Code italien pour la marine marchande (art. 120) impose au capitaine l'obligation d'assistance dans tous les cas où un navire est en danger de se perdre et pas seulement au cas d'abordage (2).

Le Code de commerce *argentin* (art. 1273) admet l'obligation d'assistance en cas d'abordage et décide que le capitaine qui ne s'y conforme pas est présumé avoir causé l'abordage par sa faute. Les Codes maritimes *suédois*, *danois* et *norvégien* (art. 223) (3) se bornent à admettre l'obligation d'assistance en cas d'abordage et celle de faire connaître le nom du navire.

Le Congrès international de droit commercial de Bruxelles de 1888 a, dans son projet de loi maritime, recommandé à l'adoption de toutes les nations, inséré une disposition établissant pour les capitaines l'obligation d'assistance en cas d'abordage.

1024. Il résulte de tout ce qui vient d'être dit sur les conséquences juridiques des abordages que ces événements de mer font naître d'assez nombreuses actions. En cas d'abordage *fautif*, les propriétaires des navires endommagés, des marchandises détériorées ou perdues, les personnes blessées ou les héritiers des personnes tuées ont des actions contre le capitaine en faute et contre le propriétaire qui l'a préposé à la direction du navire. Celui-ci a un recours contre

une disposition consacrant une présomption légale que cette commission a ensuite écartée, pour ne pas introduire une règle de droit civil dans une loi pénale.

DROIT ÉTRANGER. — En *Grande-Bretagne* et aux *États-Unis*, le capitaine qui, après un abordage, s'éloigne du lieu du sinistre sans porter secours à l'abordé, est présumé légalement être en faute : *Merchant shipping Act* (57 et 58 Vict. ch. 60) art. 422 ; loi des *États-Unis d'Amérique* du 4 septembre 1890.

(1) V. une présomption de fait analogue mentionnée au n° 1013.

(2) V. la fin de la note 3, p. 133, sur la présomption légale admise en *Grande-Bretagne* et dans les *États-Unis d'Amérique*.

(3) Ces codes ont été traduits par M. Beauchet, sous le titre de *lois maritimes scandinaves*, dans la *Collection des principaux Codes étrangers*.

son capitaine, mais ce recours résulte du contrat par lequel il l'a chargé de ses fonctions et non de l'abordage (1). En cas d'abordage *douteux*, les propriétaires des navires ont action l'un contre l'autre pour faire répartir par égale portion le dommage causé par l'abordage aux bâtiments (2). L'abordage *fortuit* ne donne naissance à aucune action, puisque chacun supporte sans recours le dommage qu'il a souffert. Sans doute, comme cela sera expliqué plus bas (chapitre VI), les propriétaires de navires ou de marchandises ont des actions pour se faire indemniser, contre leurs assureurs ; mais, ces actions dérivant du contrat d'assurance et non de l'abordage (n° 1002), il n'y a pas à en traiter dans ce chapitre.

1025. En fait, les actions pour abordage intentées par les propriétaires de navires s'entrecroisent, c'est-à-dire que ceux-ci, n'étant pas d'accord sur le capitaine qui a commis la faute, intentent souvent les uns contre les autres en sens contraire des actions en dommages-intérêts. La seconde demande intentée joue par rapport à la première le rôle d'une demande reconventionnelle.

1026. Prescription des actions nées des abordages maritimes. Fin de non-recevoir admise par les anciens art. 435 et 436 c. com. Modification faite par la loi du 24 mars 1891. — Si la loi ne contenait sur la durée des actions nées des abordages maritimes aucune disposition spéciale, elles seraient soumises à la prescription de trente ans (art. 2262, C. civ.). Une aussi longue prescription présenterait en cette matière de graves inconvénients pratiques. Les avaries résultant d'événements de mer peuvent se renouveler fréquemment. Si, après un abordage, les personnes qui se prétendent lésées n'agissaient pas promptement, on serait parfois dans l'incertitude sur le point de savoir si des avaries sont dûes à l'abordage ou

---

(1) Cette remarque n'a pas une portée purement théorique. Car, au point de vue des obligations dérivant du contrat d'engagement du capitaine, c'est à celui-ci à prouver le cas fortuit qu'il allègue, tandis qu'en principe, en cas d'abordage, la preuve de la faute du capitaine incombe à la personne qui agit contre lui. V. *Traité*, tome précédent, n° 519.

(2) Le propriétaire du navire qui prétend que son bâtiment a subi le dommage le plus important, agit contre l'autre.

proviennent de faits postérieurs (1). Du reste, il importe qu'on soit éclairé sur la cause réelle de l'abordage et cette cause est difficile souvent à démêler après qu'un certain temps s'est écoulé.

Pour éviter un aussi fâcheux résultat, l'Ordonnance de 1681 (livre I, titre XII, art. 3) avait admis que *toute demande pour raison d'abordage sera formée 24 heures après le dommage reçu, si l'accident arrive dans un port, hâvre ou autre lieu où le maître puisse agir* (2).

En s'inspirant de cette disposition de l'Ordonnance, le Code de commerce admettait une fin de non-recevoir résultant de l'ancien art. 435, dernier alinéa et de l'ancien art. 436, qui étaient ainsi conçus : *Sont non-recevables ... toutes actions en indemnité pour dommages causés par l'abordage dans un lieu où le capitaine a pu agir, s'il n'a point fait de réclamation. — Ces protestations et réclamations sont nulles si elles ne sont faites et signifiées dans les vingt-quatre heures, et, si, dans le mois de leur date, elles ne sont suivies d'une demande en justice.* Ainsi, pour que des actions en indemnité pour abordage fussent recevables, il fallait que le capitaine eût fait et signifié une réclamation dans les 24 heures et qu'une demande en justice eût été formée dans le mois de sa date. A défaut d'observation d'une de ces formalités ou d'un de ces délais, les actions en indemnité pouvaient être repoussées par une fin de non-recevoir.

1027. Ces dispositions et la jurisprudence qui les avaient interprétées étaient l'objet de vives et légitimes critiques (3). Elles avaient

(1) Valin dit sur l'art. 8, liv. I, tit. XII de l'Ordonnance de 1631 : « Les accidents maritimes sont si fréquents qu'il se pourrait qu'un navire, après avoir été abordé par un autre, souffrît, dans un intervalle assez court, d'autres avaries dont on dissimulerait la cause, pour les faire regarder comme une suite naturelle ou même comme un effet direct de l'abordage. Tel est le motif de la brièveté de l'action concernant l'abordage, et rien assurément n'est plus juste, pour éviter les surprises. »

(2) L'Ordonnance ne prévoyait donc pas expressément le cas d'abordage en pleine mer, sans doute parce que c'était un cas assez rare (n° 998). Mais Valin n'en appliquait pas moins à ce cas la disposition de l'Ordonnance. Il dit : « Si l'abordage s'est fait en pleine mer ou tellement hors du port qu'il ne soit pas possible au maître d'intenter son action dans les vingt-quatre heures après le dommage reçu, le délai ne courra que du jour de l'arrivée de son navire dans le port. »

(3) M. de Courcy va jusqu'à dire en parlant de la jurisprudence : « Elle révolte chez moi le sens moral en même temps que le sens juridique. » *Questions de droit maritime* (1re série), p. 209.

été édictées, à ce qu'il semble, en vue d'abordages se produisant dans des ports et causant aux navires des avaries plus ou moins légères (1). Elles avaient de graves inconvénients quand on les appliquait aux abordages ayant lieu en pleine mer et entraînant la perte même des bâtiments et des cargaisons.

Les délais donnés au capitaine étaient très courts, 24 heures pour la signification d'une réclamation et un mois pour la formation d'une demande en justice.

La réclamation exigée du capitaine ne se serait justifiée que si elle avait impliqué une constatation des circonstances dans lesquelles l'abordage s'était produit et des dommages avaient été subis. Mais il n'en était nullement ainsi : un capitaine se bornait à signifier à un autre qu'il se réservait, comme il réservait à tous les intéressés, le droit d'agir en indemnité contre celui-ci.

La fin de non-recevoir était d'une excessive rigueur. Les intéressés, ne se trouvant pas, en général, sur les lieux, ne pouvaient pas agir pour la conservation de leurs droits. Le capitaine, en agissant, conservait sans doute les droits de tous ; mais la négligence du capitaine compromettait les droits de tous les intéressés ; la fin de non-recevoir était opposable aux chargeurs de marchandises comme aux propriétaires du navire, quoique les premiers n'eussent pas participé au choix du capitaine. Celui-ci était aisément entraîné à ne pas agir en temps utile, lorsque le navire était assuré pour une somme suffisante.

La rigueur de ce système était surtout grande dans le cas de la perte d'un navire causée par l'abordage. En pareil cas, en effet, le capitaine du navire qui a péri est souvent recueilli sur l'autre bâtiment. La reconnaissance empêchait aisément ce capitaine de protester dans les 24 heures et il était facilement circonvenu (2-3).

(1) Cpr. nos 998 et 1026 et note 2 de la page 136.

(2-3) La question de savoir si les anciens art. 435 et 436, C. com., s'appliquaient au cas de perte totale d'un navire causée par l'abordage comme au cas de simples avaries était quelque peu discutée. En cas de perte totale, on n'a pas à craindre que, par suite du retard apporté aux réclamations, on fasse payer comme provenant d'abordage des dommages causés, en réalité, par des événements postérieurs; mais les anciens art. 435 et 436 ne faisaient aucune distinction. Puis la non-application de la fin de non-recevoir au cas de perte

1028. Le législateur a reconnu la justesse des critiques dirigées contre la fin de non-recevoir des art. 435 et 436, C. com. La loi du 24 mars 1891, modifiant ces deux articles, a remplacé la fin de non-recevoir qu'ils admettaient par une prescription annale. Aux termes de l'art. 436, C. com., modifié par cette loi, *toutes actions en indemnité pour dommage provenant d'abordage, sont non recevables si elles n'ont été intentées dans le délai d'un an à compter du jour de l'abordage.*

L'intérêt des personnes lésées doit les pousser à agir promptement, afin que le temps écoulé ne leur rende pas la preuve trop difficile. Chacune d'elles a le même délai pour agir et ainsi la négligence du capitaine ne peut plus compromettre les droits des autres intéressés.

Le délai d'un an court du jour de l'abordage et non du moment où chacun a connaissance de l'événement. On évite ainsi des contestations sans nombre. Du reste, le délai fixé est bien suffisant pour que chacun soit averti de l'abordage ainsi que du dommage qui en est résulté pour lui (1).

totale aurait conduit à une conséquence exorbitante : les actions en indemnité auraient duré trente ans. Ces actions auraient pu être intentées à un moment si tardif que la cause réelle de l'abordage eût été impossible ou très difficile à démêler. La jurisprudence était fixée dans ce sens : Cass. 21 avr. 1874, S. 1875. 1. 147 (note de M. Labbé); Cass. 12 août 1878, S. 1879. 1. 1; *J. Pal.*, 1879. 1. 1. La Cour de Rennes, après avoir admis l'opinion contraire, avait adopté le système de la Cour suprême : Rennes, 11 déc. 1861, *Journ. de Marseille*, 1866. 2. 48. — Sous l'empire de l'Ordonnance de 1681, Emérigon (*Traité des assurances*, ch. XIX, section 16, § 2) n'admettait pas de fin de non-recevoir spéciale au cas de perte totale d'un navire. Mais la Cour de cassation avait repoussé cette opinion avant la promulgation du Code de commerce, en s'appuyant notamment sur la généralité des termes de l'art. 2, titre XII, livre I, de l'Ordonnance de 1681. — M. de Courcy (*Questions de droit maritime*, 1ʳᵉ série, p. 209 et suiv.) soutenait que les anciens art. 435 et 436 étaient étrangers en cas de perte totale. V. en sens contraire, Desjardins, VII, n° 1745.

La rigueur excessive de la fin de non-recevoir des anciens art. 435 et 436, C. com., avait, par une sorte de réaction, amené parfois des tribunaux à l'écarter arbitrairement. Ainsi, la Cour de Douai, dans un arrêt du 5 juill. 1886 (*Revue internat. du Droit marit.*, 1886-87, p. 258), avait décidé que la fin de non recevoir ne s'appliquait pas quand c'était le second, remplaçant le capitaine, qui n'avait pas satisfait aux art. 435 et 436, C. com. V. observations de M. Ch. Lyon-Caen sur cet arrêt dans la *Revue critiq. de législ. et de jurispr.*, 1887, p. 625 et suiv.

(1) Le projet de 1865 modifiait les art. 435 et 436 pour les actions nées de l'abordage, mais il posait une règle tout autre que celle de la loi du 24 mars

1029. Le nouvel art. 436 est conçu en termes très-généraux. Il s'applique donc certainement au cas de perte totale comme au cas d'avaries (1). Le lieu où l'abordage s'est produit est aussi indifférent, c'est-à-dire que la prescription annale est faite pour le cas d'abordage en pleine mer comme pour le cas d'abordage dans un port ou dans une rade (2).

1030. Les anciens art. 435 et 436 n'étaient pas appliqués aux actions en indemnité pour dommages causés aux personnes par un abordage (mort ou blessures). On s'en tenait alors aux règles du droit commun, c'est à-dire que ces actions étaient soumises, soit à la prescription de trente ans, soit à celle de dix ou de trois ans, si l'abordage résultait d'un crime ou d'un délit (art. 637 et 638, C. instr. crim.) (3).

Rien n'indique que le législateur de 1891 ait entendu rendre la situation des personnes ayant subi un dommage personnel moins bonne qu'elle ne l'était d'après les anciens art. 435 et 436, C. com. Par suite, les actions pour abordage, en cas de mort ou de blessures, ne sont pas soumises à la prescription d'un an. Si elles y étaient soumises, cette prescription s'appliquerait dans tous les cas, à l'exclusion de celle des art. 637 et 638, C. instr. crim. Sans doute, ces articles déclarent, sans distinguer, la même prescription de trois ou de dix ans applicable aux actions publiques et civiles. Mais il

---

1891. D'après l'art. 431 de ce projet, *sont non-recevables toutes actions en indemnité pour faits d'abordage, si la demande n'est pas faite en justice dans le mois de la connaissance acquise de l'événement par les intéressés.* Au reste, la demande formée par le capitaine ou le propriétaire du navire abordé devait conserver les droits des hommes de l'équipage, des tiers chargeurs, des passagers et de tous autres intéressés. A défaut du propriétaire et du capitaine, chacun de ceux-ci avait le droit d'agir (art. 428).

(1) V. la note 2 de la page 137.

(2) Les expressions de l'ancien art. 435, C. com., qui parlait de l'abordage *dans un lieu où le capitaine a pu agir,* avaient fait naître la question de savoir si la fin de non-recevoir des art. 435 et 436 s'appliquait au cas d'abordage en pleine mer. M. de Courcy défendait la négative. V. de Courcy, *Questions de droit maritime* (1re série), p. 211 et suiv. — L'opinion contraire avait prévalu dans la jurisprudence. V. aussi Deloynes, *op. cit.,* p. 211 et suiv.; Desjardins, VIII, n° 1744.

(3) Bordeaux, 20 déc. 1853, *Journ. de Marseille,* 1854. 2. 9; Trib. civ. de Marseille, 2 mai 1865, *Journ. de Marseille,* 1865. 1. 58. — V. de Courcy, *Questions de droit maritime* (1re série), p. 217 et suiv.

résulte avec certitude des motifs et du but de ces dispositions que la prescription de l'action civile doit être aussi courte que celle de l'action publique, non que la durée de la première doive être prolongée à raison de la durée de la seconde (1).

1031. L'application de l'ancienne fin de non-recevoir au cas d'abordage causé par la faute du capitaine d'un vaisseau de l'Etat a été écartée (2). Pour exclure l'application des anciens articles 435 et 436, C. com., on se fondait sur ce qu'aucun texte n'ayant étendu ces articles aux demandes tendant à faire établir la responsabilité de l'État à raison de la faute d'un de ses agents, il y avait lieu d'appliquer non les règles du Code de commerce, mais celles qui déterminent la responsabilité que l'État peut encourir du fait de ses agents (3). Si ces raisons sont bonnes, elles ont conservé toute leur valeur, depuis la loi du 24 mars 1891, pour la prescription annale du nouvel article 436. Le résultat est tout au moins fort singulier : l'État se trouve plus mal traité qu'un propriétaire de navire de commerce ; à l'égard de l'État, la prescription applicable est celle de 30 ans.

1032. La courte prescription de l'art. 436 modifié par la loi du 24 mars 1891, comme, du reste, la fin de non-recevoir des anciens articles 435 et 436, est sans application à l'abordage fluvial (n° 999). Les actions nées d'un tel abordage sont soumises, soit à la prescription de trente ans (art. 2262, C. civ.), soit, en cas de délit ou de crime, à la prescription de trois ou de dix ans (art. 637 et 638, C. instr. crim.). Cpr. n° 1018.

1033. DROIT ÉTRANGER. — De grandes divergences existent entre les lois des divers pays au sujet de la prescription et de la fin de non-recevoir admises en matière d'abordage maritime (4).

(1) On n'a pas voulu que la preuve d'un fait réprimé par la loi pénale pùt encore être faite utilement au point de vue civil, quand, par suite de la prescription, la répression pénale est impossible. Il y aurait là, a-t-on pensé, une sorte de scandale. Il n'y a, au contraire, assurément aucun inconvénient à ce que la répression pénale demeure possible, alors que l'action civile est éteinte par la prescription.

(2-3) Conseil d'Etat, 2 mai 1890, D. 1891. 3. 104 ; *Journ. de Marseille*, 1892. 2. 14.

(4) C'est là une cause fréquente de graves conflits de lois. V. n° 1053.

La loi *belge* du 21 août 1879 (art. 232 et 233) a adopté la fin de
non-recevoir des anciens articles 435 et 436 du Code de commerce
français, mais avec une modification importante pour le cas de
perte entière d'un navire. Le délai de la signification de la réclamation est alors d'*un mois* à partir du jour où les intéressés ont eu connaissance de l'événement et, par suite, la négligence du capitaine ne
peut nuire aux divers intéressés.

Le Code de commerce *italien* (art. 665) distingue entre les actions
pour dommages causés au navire et les actions pour dommages causés
aux personnes ou aux marchandises. Les premières sont non-recevables, s'il n'a été fait une protestation dans les trois jours, soit devant l'autorité du lieu de l'accident, soit à la première relâche. Ces
actions sont, en outre, prescrites, quand elles n'ont pas été intentées
dans l'année de la protestation (art. 917). Le défaut de réclamation
dans les trois jours ne nuit pas aux intéressés qui ne se trouvent pas
sur le navire, en ce qui concerne les dommages causés aux personnes
ou aux marchandises. Mais les actions sont soumises à la prescription
de dix ans, qui est la prescription ordinaire en matière commerciale
(art. 923) (1). Ces dispositions sont reproduites dans le Code de
commerce *roumain* (art. 677, 939 et 945).

Le Code de commerce *portugais* (art. 673) fait la même distinction. D'après ce Code, les réclamations pour pertes et dommages de
navires doivent être présentées dans les trois jours à l'autorité de la
localité où elles ont eu lieu ou du premier port où le navire aborde, sous
peine de ne pouvoir être admises. L'absence de réclamation au sujet
des dommages causés aux personnes et aux marchandises, ne préjudicie pas au droit des intéressés qui n'étaient pas à bord et qui se
trouvaient empêchés de manifester leur volonté.

Le Code de commerce *espagnol* (art. 835) contient des dispositions
semblables, sauf qu'il admet un délai de vingt-quatre heures à la
place de celui de trois jours pour les réclamations à faire. Le Code
argentin (art. 1268) adopte le même système en fixant le délai à
cinq jours.

Le Code de commerce *chilien* (art. 1319 3° et art. 1320) déclare

(1) V. *Traité*, III, n° 44.

l'action en réparation du dommage résultant de l'abordage non recevable quand le capitaine n'a pas motivé une réclamation dans les
vingt-quatre heures ou n'a pas introduit une demande dans les deux
mois à compter de la protestation. Ces dispositions sont déclarées
non-applicables au cas où l'abordage cause la perte totale du navire.

Le Code de commerce *allemand* (art. 906 2°) soumet à une prescription de deux ans toutes les actions d'indemnité pour abordage. Le
point de départ de ce délai est à l'expiration du jour où l'abordage a
eu lieu.

Le Code de commerce *hollandais* (art. 742) admet une prescription de trois ans.

En *Grande-Bretagne*, il n'y a pas de fin de non-recevoir spéciale
en matière d'abordage. Seulement les capitaines sont dans l'usage de
faire une déclaration à un officier public, soit au port de destination,
soit au premier port de relâche; c'est cette déclaration qu'on désigne
sous le nom de *note of protest*. Elle est complétée postérieurement
par des déclarations plus détaillées. Mais ces formalités ne sont pas
obligatoires (1).

1034. Règles de compétence en matière d'abordages. — Il importe
de déterminer quels sont les tribunaux compétents pour connaître
des actions en dommages-intérêts à raison des abordages maritimes.
A la différence de plusieurs lois étrangères (2) et du projet de 1865 (3),
le Code de commerce français ne contient sur cette question aucune
disposition spéciale. Aussi faut-il s'en référer aux principes du droit
commun. Mais l'application de ces principes en matière d'abordage
est assez compliquée; elle offre parfois d'assez grandes difficultés.
Celles-ci sont relatives à la compétence *ratione personæ* ou à la compétence *ratione materiæ*. Elles s'élèvent quand l'action est exercée,
soit contre un particulier, commerçant ou non-commerçant, soit
contre l'Etat ou un de ses fonctionnaires. Les navires entre lesquels

(1) Abbott, *op. cit.*, p. 325. Cpr. de Courcy, *Questions de droit maritime*
(4ᵉ série), p. 392; V. aussi de Courcy, *Réforme internationale du droit maritime*, p. 191 et suiv.

(2) Code de commerce *portugais*, art. 675.

(3) Art. 424, 426 et 427.

l'abordage a lieu peuvent, en effet, être, soit des navires de commerce (ce qui est le cas le plus ordinaire) ou des navires de plaisance, soit des vaisseaux de l'État (vaisseaux de guerre, bâtiments des douanes). Il sera parlé successivement de chacune de ces deux catégories de cas. Ces questions méritent d'être examinées avec d'autant plus d'attention que, selon une doctrine qui a beaucoup de partisans, la *lex fori* ou loi du tribunal saisi doit être appliquée pour résoudre certains conflits de lois (n°s 1052 et 1053), de telle sorte que les solutions données aux questions de compétence peuvent ici influer sur le fond même du droit.

1035. Quand le navire dont le propriétaire ou le capitaine est actionné, est un navire de commerce, les tribunaux de commerce sont compétents (1). Il s'agit d'une obligation née d'un délit ou d'un quasi-délit commis dans l'exercice d'un commerce. En vertu de la *théorie de l'accessoire*, la juridiction commerciale a compétence pour connaître des obligations nées dans l'exercice d'un commerce, qu'elles soient contractuelles, quasi-contractuelles, délictuelles ou quasi-délictuelles (2). Pour les actions intentées contre le capitaine, on peut, du reste, spécialement invoquer, en faveur de la compétence du tribunal de commerce, l'art. 634 1°, C. com., selon lequel les actions exercées contre les préposés des commerçants sont de la compétence de la juridiction commerciale. Cette règle s'applique aux actions des tiers comme à celles du préposant (3).

1036. La compétence commerciale existe même pour les actions intentées à raison de blessures ou de morts. On a parfois repoussé cette compétence, soit absolument (4), soit dans tous les cas où les

(1) Bordeaux, 23 fév. 1863, *Journ. de Marseille*, 1863. 2. 78. Cet arrêt reconnaît la compétence commerciale, en se fondant sur ce qu'il s'agissait d'un abordage survenu dans les eaux maritimes. Mais il ne le constate sans doute que parce qu'on opposait une exception d'incompétence fondée sur ce qu'il s'agissait d'un abordage fluvial. Car, en quelque endroit que l'abordage ait lieu, en vertu de la théorie de l'accessoire, les tribunaux de commerce sont compétents, si le navire abordeur navigue dans un but commercial. — Cass. 11 juill. 1877, D. 1878. 1. 122. —. Desjardins, V, n° 1116.

(2) V. *Traité*, I, n°s 177 à 180.

(3) V. *Traité*, I, n° 368, p. 353.

(4) Bordeaux, 20 déc. 1853; Trib. civ. Marseille, 7 déc. 1864, *Journ. de Marseille*, 1854. 2. 9; 1865. 1. 53.

personnes blessées ou tuées ne sont pas le capitaine, des officiers ou des gens de l'équipage (1). La vérité est que, dans tous les cas, les tribunaux de commerce sont compétents; la *théorie de l'accessoire* conduit nécessairement à cette conséquence : il s'agit toujours de faits accomplis dans l'exercice d'un commerce, qu'ils causent des dommages à des biens ou à des personnes (2).

1037. Ce n'est pas toutefois à dire que le demandeur n'ait jamais l'option entre le tribunal civil et le tribunal de commerce. D'après une jurisprudence constante, critiquée par nous (3), quand un acte a le caractère civil pour l'une des parties et commercial pour l'autre, celle pour qui l'acte est civil a le choix entre le tribunal civil et le tribunal de commerce pour y porter son action. Si l'on admet cette solution, la personne lésée par un abordage, qui ne faisait pas acte de commerce, peut agir devant le tribunal civil contre le capitaine ou contre le propriétaire d'un navire de commerce. C'est là ce qui se présente notamment quand un passager, faisant un voyage dans un but étranger au commerce, est demandeur ou quand l'action est exercée par l'État à raison de dommages causés par un navire de commerce à un de ses vaisseaux (4).

1038. Mais il va de soi que les actions intentées à raison d'un abordage contre le capitaine ou contre le propriétaire d'un bâtiment de plaisance sont de la compétence exclusive des tribunaux civils. Il ne s'agit point alors d'un fait accompli dans l'exercice d'un commerce.

1039. Il ne suffit pas de résoudre la question de compétence *ratione materiæ;* il faut encore déterminer quel est le tribunal compétent parmi les tribunaux civils ou parmi les tribunaux de commerce, pour connaître des actions en indemnité pour abordage.

Il est évident que ces actions peuvent être portées devant le tribunal du domicile du défendeur ou, à défaut de domicile connu, devant le tribunal de sa résidence. Ce sont des actions personnelles, et

(1) Caen, 2 fév. 1874, D. 1877. 2. 44; Rouen, 7 août 1877, D. 1878. 2, 151.—
Cpr. Aix, 15 mars 1888, *Revue intern. du Droit maritime*, 1889-90, p, 30.
(2) V. *Traité*, I, n° 180.
(3) *Traité*, I, n° 361.
(4) Cass. 11 juill. 1877, D. 1877, 1. 122.

aucune disposition légale n'écarte, en ce qui les concerne, la règle *actor sequitur forum rei* (art. 59, C. proc. civ.) (1).

Il va de soi aussi que les tribunaux de France peuvent être saisis d'une action en indemnité pour abordage par un demandeur français, si le défendeur est étranger, alors même que celui-ci n'aurait en France ni domicile ni résidence. Malgré les termes de l'art. 14, C. civ. (*obligations contractées*, etc.), on s'accorde à l'appliquer, même par *a fortiori*, quand il s'agit d'obligations nées de délits ou de quasi-délits commis par un étranger au préjudice d'un Français (2).

Selon la doctrine la plus répandue, dans les cas régis par l'art. 14, C. civ., l'action doit être portée devant le tribunal du domicile du demandeur (3), à moins que le défendeur n'ait une résidence en France.

1040. Mais le tribunal du domicile du défendeur ou celui du demandeur, dans le dernier cas prévu, est-il compétent à l'exclusion de tout autre? Cette compétence exclusive paraît devoir se déduire de ce qu'aucun texte spécial ne déroge en matière d'abordage aux principes généraux qui viennent d'être rappelés (n° 1039) (4).

Cependant on a souvent admis que d'autres tribunaux sont compétents. On a reconnu notamment la compétence au tribunal le plus voisin du lieu du sinistre (5), au tribunal du lieu où le navire abordeur a pu être arrêté (6), au tribunal du lieu de destination du navire abordeur ou du navire abordé, au tribunal du lieu où s'est produit l'abordage (7).

On a principalement invoqué, pour soutenir la compétence de ces tribunaux, soit l'art. 420, C. pr. civ., soit les art. 414 et 415,

(1) Bordeaux, 23 fév. 1863, *Journal de Marseille*, 1863. 2. 78.
(2) Cass. 13 déc. 1842, *Journal de Marseille*, 1842. 2. 17; Trib. comm. Marseille, 17 mars 1857, *Journal de Marseille*, 1857. 1. 113.
(3) Aix, 28 fév. 1889, *Revue int. du Droit marit.*, 1888-89, p. 660.
(4) Cour de la Guadeloupe, 3 août 1885, *Revue intern. du Droit maritime*, 1885-86, p. 364; Trib. comm. Nice, 4 janv. 1889 ; Aix, 28 fév. 1889, *Revue intern. du Droit maritime*, 1888-89, p. 564 et 650; Cass., 3 août 1892, *Revue intern. du Droit maritime*, 1892-93, p. 16.
(5) Aix, 23 mai 1868, S. 1869. 2. 215; *J. Pal.* 1869. 972.
(6) Caen, 1er nov. 1848, S. 1849. 2. 33.
(7) Trib. comm. Havre, 6 mars 1894, *le Droit*, n° du 31 mars 1894.

C. com. Mais les arguments tirés de ces dispositions ne résistent pas à un sérieux examen.

Ainsi, pour attribuer compétence au tribunal du lieu le plus voisin de l'accident ou du port où le navire abordeur est arrêté, on s'est prévalu de l'art. 420, C. pr. civ. (1). Cet article, dit-on, donne, en matière commerciale, au demandeur le choix entre le tribunal du domicile du défendeur, celui du lieu où la promesse a été faite et la marchandise livrée, celui du lieu du paiement. L'art. 420 vise spécialement le cas de vente, mais on s'accorde à lui donner une portée générale et à l'appliquer à toutes les obligations commerciales (2). Le paiement visé par cet article est, selon le sens large du mot, toute prestation qu'un créancier peut exiger de son débiteur. Quand un navire se réfugie dans un port, les personnes qui se prétendent lésées par l'abordage ont le droit de réclamer dans ce port le paiement d'une indemnité. Cela doit suffire pour attribuer compétence au tribunal du port dont il s'agit. — Ce même raisonnement est fait pour déclarer compétent le tribunal du lieu du sinistre ou du lieu le plus voisin.

Cette doctrine se heurte à une objection décisive tirée des termes mêmes de l'art. 420, C. pr. civ. Sans doute il doit, par identité de motifs, bien qu'il paraisse ne viser que la vente, être appliqué à toutes les obligations commerciales contractuelles (3); mais il ne peut l'être aux obligations commerciales nées de délits ou de quasi-délits. Le mot *promesse* employé comme synonyme de contrat, qui se trouve dans un des alinéas de l'art. 420, C. pr. civ., y met un obstacle insurmontable (4).

On a invoqué les art. 414 et 415, C. com., pour attribuer compétence au tribunal du port de destination du navire abordé ou du navire abordeur. Tout ce qu'impliquent ces articles par la fixation du lieu où se fait le règlement d'avaries, c'est qu'en matière d'avaries communes, le tribunal du port de destination est compétent. Il ne

(1) Desjardins, V, n° 1117, p. 102.
(2) Les arguments reproduits au texte impliquent bien que la compétence d'un tribunal, autre que celui du domicile du défendeur, n'est pas soutenue quand les tribunaux civils sont compétents. L'art. 420, C. pr. civ., n'est fait que pour les procès en matière commerciale.
(3-4) V. *Traité*, I, n°s 393 et 395.

s'agit pas, en notre matière, d'avaries de cette nature, sauf dans le cas tout exceptionnel visé plus haut (n° 1017) (1).

Au reste, si, au point de vue de l'interprétation des lois en vigueur, l'attribution exclusive de compétence au tribunal du domicile du défendeur doit être admise, on ne saurait nier que ce système a des inconvénients pratiques très graves. Avec lui, les personnes lésées par un abordage sont souvent dans la nécessité de porter leurs actions devant un tribunal très lointain qui, à raison même de l'éloignement, n'est pas toujours à même de bien apprécier les faits. Les tribunaux auxquels on prétend attribuer compétence en dehors du tribunal du domicile du défendeur, sont, au contraire, généralement bien placés pour statuer en connaissance de cause.

Ces considérations pratiques expliquent qu'on se soit laissé entraîner souvent à adopter en France une doctrine opposée, que le projet de 1865 n'ait pas consacré la compétence exclusive du tribunal du domicile du défendeur (2) et que, dans les pays étrangers, on soit peu favorable à ce système absolu (3).

(1) V. pour la réfutation des arguments tirés des art. 420, C. pr. civ., 414, et 415, C. com., les arrêts mentionnés dans la note 4 de la page 145.

(2) Les art. 424, 425 et 426 de ce projet étaient ainsi conçus : « Art. 424. La demande est portée, soit devant le tribunal du port d'attache du navire abordeur, soit devant celui de tout port de destination où le navire abordeur sera entré en relâche, mais seulement si le navire n'est pas chargé. — Art. 425. Le navire abordeur peut être saisi pendant la durée de l'instance, à moins qu'il ne soit fourni caution suffisante fixée par le tribunal. — Art. 426. Si le navire abordeur est étranger et qu'il n'entre pas en relâche dans un port français, la demande est portée devant le tribunal du port d'attache du navire abordé. Le navire abordé peut être saisi dans tout port de l'Empire, même de la relâche, et la demande peut être portée devant le tribunal de ce port, à moins qu'il ne soit justifié que, d'après un traité international, un navire français ne pouvait être saisi et poursuivi en les mêmes circonstances dans le port de la nation à laquelle appartient le navire étranger. »

(3) L'art. 675 du Code de commerce *portugais* dispose : « L'action pour « pertes et dommages résultant d'un abordage peut être portée tant devant le « tribunal du lieu où il s'est produit que devant celui du domicile du proprié- « taire du navire abordeur, du port d'attache de ce navire ou de l'endroit où il « a été rencontré. » Le Code de commerce *italien* (art. 873) admet la compétence du tribunal du lieu de l'événement, du lieu le plus voisin ou du lieu de destination. Le Code de commerce *roumain* (art. 892) contient les mêmes règles.

V. aussi pour la *Belgique*, Trib. comm. Ostende, 20 nov. 1883, *Revue intern. du Droit marit.*, 1886-87, p. 50. V. pour la compétence exclusive

1041. Il peut se faire que l'action née d'abordage soit exercée par un étranger contre un étranger. La jurisprudence française qui admet, en principe, l'incompétence des tribunaux pour connaître des procès entre étrangers (1), apporte à ce principe un certain nombre d'exceptions. Elle y déroge notamment pour les actions nées de délits ou de quasi-délits quand ces faits se sont passés en France. En vertu de cette jurisprudence, la compétence de nos tribunaux est incontestable pour connaître des actions entre étrangers fondées sur un abordage qui s'est produit dans un port ou dans une rade de France. Ce sont là des parties du territoire national.

1042. On s'accorde généralement à donner la même solution quand l'abordage a eu lieu dans les eaux territoriales françaises. Quoique ces eaux ne soient pas une portion du territoire national, il est admis que les faits qui s'y passent relèvent de la juridiction du pays dont elles bordent les côtes (2).

1042 *bis*. Quand un vaisseau de l'État est compris dans un abordage, des actions en indemnité peuvent être exercées, soit contre l'officier commandant ce vaisseau, soit contre l'État lui-même comme civilement responsable. Quelle est alors la juridiction compétente? est-ce la juridiction administrative ou la juridiction judiciaire? Cette question qui s'élève spécialement dans le cas d'abordage, se rattache à une question plus générale : quand, à raison d'une faute attribuée à un fonctionnaire public, ce fonctionnaire ou l'État lui-même est actionné, la compétence appartient-elle à la juridiction administrative ou à la juridiction ordinaire? Sans entrer ici dans l'examen de cette question générale, qui est surtout du domaine du droit administratif, il suffit d'indiquer qu'après bien des discussions, la compétence administrative a triomphé; elle appartient, quand l'État a agi comme puissance publique et à défaut de texte spécial conférant la compé-

---

du tribunal du domicile du défendeur, Cour d'appel mixte d'Alexandrie, 6 avr. 1892, *Revue intern. du Droit maritime*, 1891-92, p. 599.

(1) *Traité*, I, n° 408.

(2) C'est la solution admise en 1894 par l'*Institut de Droit international* dans les règles sur la définition et le régime de la mer territoriale votées dans sa session de Paris (art. 8, 1er alin.). V. *Annuaire de l'Institut de Droit international* (t. XIII, 1894-95, p. 330).

tence aux tribunaux civils (1), au juge administratif de droit commun (2).

Cette doctrine se fonde sur deux motifs principaux. Les tribunaux de l'ordre judiciaire ne peuvent déclarer, en principe (3), l'Etat débiteur, quand il n'a pas agi comme personne privée. Autrement le principe de la séparation des pouvoirs serait violé; car le plus souvent le tribunal saisi a, dans les cas où il s'agit de la responsabilité d'un fonctionnaire ou de l'Etat, à rechercher si celui-ci a ou non violé les règlements administratifs qu'il avait à observer (4) (5).

Il va, du reste, de soi que, si l'on ne reconnaît pas la compétence de la juridiction administrative, les tribunaux civils seuls pourraient être compétents à l'exclusion des tribunaux de commerce. Car, si l'État peut faire des opérations de commerce à l'occasion desquelles

(1) Il y a des textes spéciaux de ce genre pour certaines actions en responsabilité concernant les transports par la poste. V. loi 4 juin 1859, art. 3.

(2) Nous n'indiquons pas ici quel est ce juge. Car il y a là une question controversée. Généralement on considère comme juge de droit commun le ministre aux attributions duquel se rattache l'acte donnant naissance à l'action. Mais des arrêts et des auteurs se sont prononcés pour le Conseil d'Etat.

(3) Nous réservons les cas exceptionnels visés par des textes spéciaux. V. note 1 ci-dessus.

(4) Conseil d'Etat (arrêté sur conflit), 11 mai 1870, D. 1871. 3. 62; Conseil d'Etat (arrêté sur conflit), 1er mai 1872, *Journ. de Marseille*, 1873. 2. 3; Paris, 9 juill. 1872, même recueil, 1873. 2. 159; Trib. des conflits, 15 avr. 1873, D. 1873. 3. 57; Trib. des conflits, 17 janv. 1874, *Journ. de Marseille*, 1876. 2. 125. Dans la dernière espèce, les héritiers d'un passager tué dans un abordage avaient agi en indemnité contre l'armateur de ce navire et celui-ci recourait en garantie contre l'Etat, propriétaire du navire aborbeur. Le tribunal de commerce de Marseille (9 juill. 1873, *Journ. de Marseille*, 1874. 1. 39). s'était déclaré compétent pour connaître même du recours en garantie. Le Trib. des conflits a annulé le jugement, mais seulement au point de vue de ce recours.

V. au contraire, pour le cas où il s'agit d'un navire dont une colonie est l'armateur, Cass. 3 août 1892, *Revue int. du Droit marit.*, 1892-93, p. 16.

Le dernier motif invoqué au texte implique que la compétence judiciaire existe quand la responsabilité d'un fonctionnaire provient de faits personnels, de telle façon qu'il n'y a à apprécier ni décisions ni règlements administratifs : Trib. des conflits, 7 juin 1873, D. 1874. 3. 4.

(5) Dans l'ancien Droit, la question n'offrait pas de difficulté en cas d'abordage. Valin (sur l'art. 12, liv. III, tit. VII de l'Ordonnance de 1681) prévoyait le cas où le navire aborbeur était un vaisseau du Roi, et il disait qu'on devait appliquer les mêmes règles que lorsque le navire aborbeur appartenait à un particulier, c'est-à-dire que l'Amirauté était appelée à en connaître.

la juridiction consulaire est compétente (1), il est certain qu'en tant qu'il fait naviguer des vaisseaux de guerre et prépose à leur direction des officiers de la marine militaire, il ne fait aucune opération commerciale. Il en est généralement de même pour tous les navires de l'État, spécialement pour les embarcations de l'administration des douanes (2).

1043. Un dernier cas est à prévoir, c'est celui où des personnes lésées veulent agir, non contre l'État français, mais contre un État étranger à raison d'un abordage que les demandeurs allèguent avoir été causé par la faute du commandant d'un vaisseau de cet État. Les tribunaux du pays du demandeur sont incompétents. C'est là une conséquence de l'indépendance et de la souveraineté des États, admise par toutes les jurisprudences des pays de l'Europe (3).

Il a pourtant été soutenu que les tribunaux du demandeur ont compétence (4). On a dit en ce sens que l'incompétence des tribunaux d'un pays à l'égard d'un État étranger n'existe pas lorsque la contestation ne porte pas sur un acte de souveraineté de cet État, mais sur un acte fait par cet État comme l'aurait pu faire un particulier (5). Cette distinction est fort contestable. Mais, même en l'admettant, on pourrait distinguer entre le cas où il s'agit d'un contrat conclu par un État et le cas où il est allégué qu'un État est tenu en vertu d'un délit ou d'un quasi-délit, comme cela a lieu en cas d'abordage. On peut dire, à la rigueur, qu'en contractant, un État con-

---

(1) Par exemple, quand l'Etat exploite des chemins de fer, comme il le fait en France depuis 1878 dans quelques départements de l'Ouest et du Sud-Ouest. V. *Traité*, I, n° 210.

(2) Le projet de 1865 reconnaissait la compétence des tribunaux civils dans son art. 427 ainsi conçu : « Si le navire abordeur soit français, soit étranger, « est un bâtiment de guerre, une embarcation de la douane ou autre appar- « tenant à l'Etat, la demande est formée devant le tribunal civil. » La *Note explicative* jointe au projet donne les motifs suivants de cette disposition : « La Commission a dû examiner, en ce qui concerne les navires du gouver- « nement français, si la compétence administrative doit céder le pas à la juri- « diction de droit commun ; la spécialité de la matière et les intérêts du « commerce ont fait pencher la balance en faveur de l'affirmative. »

(3) De Cuvelier, *De l'incompétence des tribunaux nationaux à l'égard des gouvernements étrangers.* (Revue du droit international, 1888, p. 109 et suiv.).

(4) Desjardins, V, n° 1119.

(5) Laurent, *Principes de droit civil international*, III, p. 83. — Le projet de 1865 admettait cette doctrine pour le cas d'abordage. V. note 2 ci-dessus.

sent à se soumettre à une juridiction étrangère. Mais l'idée d'un consentement tacite de ce genre est sans application possible au cas d'une action fondée sur un fait illicite tel qu'un abordage.

Dans des cas de cette sorte, les personnes lésées ne peuvent agir que devant les tribunaux compétents sur le territoire de l'État défendeur. Le plus souvent on recourt à la voie diplomatique (1).

Mais le commandant d'un vaisseau d'un État peut-il, du moins, être personnellement actionné devant les tribunaux d'un autre État ? Non : ayant agi dans l'exercice de ses fonctions, l'officier n'est responsable que devant les autorités de l'État qu'il représente (2).

1044. A l'inverse, il n'y a aucune difficulté à admettre la compétence de nos tribunaux pour connaître d'une action intentée par un État étranger contre le propriétaire ou le capitaine d'un navire de commerce à raison du dommage causé par un abordage à un vaisseau de cet État. Cela entraîne comme conséquence qu'en appel, l'État qui a triomphé en première instance dans les circonstances précédentes, peut être actionné comme intimé. Il n'y a pas là, bien qu'on en ait pu dire (3), une contradiction avec notre doctrine précédente sur l'incompétence des tribunaux français à l'égard des États étrangers qu'on voudrait actionner devant eux. L'État étranger qui a porté son action devant un tribunal de France, ne peut enlever à son adversaire le droit d'appel qui est une dépendance du droit de se défendre en justice.

1045. Conflits de lois en matière d'abordage. — Les règles consacrées en France, en matière d'abordages, par le Code de commerce, diffèrent en plusieurs points de celles qu'adoptent les lois étrangères. Les divergences existent principalement à deux points de vue. D'abord, la loi française et les lois étrangères ne s'accordent pas sur les personnes qui doivent supporter les conséquences de l'abordage, soit quand il est douteux (n°s 1005 et 1009), soit quand il est causé par

----

(1) V. les détails donnés sur l'affaire de l'abordage du « Sultan » et de « la Ville de Victoria » dans le *Journal du Droit international privé*, 1888, p. 226.

(2) Calvo, *Traité de Droit international*, I, § 621 ; A. Sorel et Funck-Brentano, *Précis de droit des gens*, p. 390.

(3) Desjardins, V. n° 1119; p. 111.

la faute commune des capitaines (nᵒˢ 101 et 101 *bis*). Puis, elles ne concordent pas sur les délais dans lesquels les actions pour abordage doivent être intentées et sur les formalités à remplir pour éviter une fin de non-recevoir contre ces actions (nᵒˢ 1028 et 1033).

1046. Il va de soi que, si un abordage a lieu entre navires français dans les eaux françaises ou dans les eaux territoriales françaises et si un tribunal français est saisi, la loi française est applicable. La nationalité des navires, le lieu de l'accident, le tribunal saisi concourent pour empêcher qu'il n'y ait un conflit de lois. Mais il peut se faire qu'un abordage se produise entre navires étrangers ou entre un navire français et un navire étranger, qu'un abordage se produise en pleine mer ou dans les eaux étrangères. Si, comme cela est possible (1), un tribunal français est saisi d'une action à raison d'un tel abordage, des conflits de lois s'élèvent : il y a à déterminer de quel pays le tribunal doit appliquer la loi. Cette question se pose à propos, soit des personnes responsables, soit de la prescription ou de la fin de non-recevoir. De grandes difficultés peuvent naître aussi au sujet de la compétence.

Ces questions seront examinées au point de vue des solutions à admettre en France. Mais il va de soi qu'elles se présentent également devant les tribunaux étrangers. Quelques-unes des solutions admises par les lois ou par les jurisprudences étrangères seront seulement indiquées en note.

1047. Au point de vue de la loi à appliquer quant à la question de savoir qui supporte les dommages causés par un abordage, une distinction capitale doit être faite selon qu'il a eu lieu dans les eaux intérieures d'un pays, ou en pleine mer, ou dans les eaux territoriales, soit de la France, soit d'un pays étranger.

1048. Quand l'abordage s'est produit dans les eaux françaises, il faut appliquer la loi française, quelle que soit la nationalité des navires (1). C'est là une application des règles du droit commun. L'obligation de supporter les dommages provenant d'un abordage dérive, soit d'un délit ou d'un quasi-délit (abordage fautif), soit de la loi (abordage mixte). Or, les obligations délictuelles, quasi-délictuelles

(1) V. nᵒˢ 1039 et 1040.
(2) Asser et Rivier, *Eléments du droit international privé*, nᵒ 112, p. 220.

et légales sont régies par la loi du pays où se sont passés les faits d'où l'on prétend les faire résulter. Il faut que cette loi les reconnaisse pour qu'on en admette l'existence. Les eaux maritimes françaises, spécialement les ports et les rades, font partie du territoire national ; c'est en France que se produisent les abordages qui ont lieu dans un port français ou dans une rade française.

Il résulte de là : 1° qu'en cas d'abordage douteux, l'art. 407, 3ᵉ alin, C. com., doit régir le cas où la collision a eu lieu dans les eaux françaises, même entre navires étrangers ou entre un navire français et un navire étranger ; 2° que les dommages doivent, en cas de fautes communes, être répartis en proportion du degré de faute de chaque capitaine dans les mêmes circonstances de fait (1).

1049. En cette matière, nos tribunaux manquent de logique. Ils appliquent la loi française aux abordages ayant eu lieu dans les eaux françaises conformément à ce qui vient d'être indiqué (n° 1048). Mais, quand ils sont saisis d'une action relative à un abordage ayant eu lieu dans les eaux d'un pays étranger, ils ont peine à ne pas appliquer aussi nos lois, dès que le défendeur est un Français. Il est à craindre que, par une sorte de rétorsion, les tribunaux étrangers ne finissent par se refuser à appliquer la loi française à des abordages qui se sont produits dans nos ports ou dans nos rades (2).

1050. La difficulté est grande, lorsque l'abordage s'est produit en pleine mer.

Il est naturel, lorsque les deux navires sont de la même nationalité, d'appliquer leur loi nationale. En pleine mer, les navires ne

---

(1) Une loi *anglaise* de 1862 (25 et 26, Victoria, chap. 63) contient dans l'art. 57 une disposition déclarant la loi anglaise applicable aux abordage ayant lieu dans les eaux anglaises. — Le Code de commerce *portugais* (art. 674 1°) décide que les questions concernant les abordages sont régies dans les ports par la loi du lieu.

V. dans le même sens, pour l'*Allemagne*, jugement du *Reichsgericht*, du 5 juill. 1884, *Journal du droit international privé*, 1887, p. 339 ; pour la *Belgique*, jugement du tribunal de commerce d'Anvers, du 21 mars 1883, *Journal du droit international privé*, 1883, p. 35 ; jugem. du tribunal de comm. d'Anvers, 6 juin 1885, *Revue internat. du droit maritime*, 1885-86, p. 253.

V. aussi pour l'application de la *lex loci actus*, de Bar, *Theorie und Praxis des internationalen Privatrechts*, II, n° 327, p. 209.

(2) V. Desjardins, V, n° 1121, p. 117.

peuvent être régis que par cette loi ; car la pleine mer n'appartenant à aucun Etat (*res nullius*) et n'étant même soumise au droit exclusif de police d'aucun, aucune loi territoriale n'y est applicable (1).

Mais que décider lorsque les deux navires sont de nationalités différentes ? Par cela même que les bâtiments portent deux pavillons différents, on ne peut se borner à dire qu'on applique la loi du pavillon.

On a proposé d'appliquer la loi française comme loi du tribunal saisi de l'action (*lex fori*) (2). Cette loi s'impose, a-t-on dit, lorsqu'on ne peut appliquer ni la loi du lieu de l'événement, ni celle du pavillon. On fait, du reste, observer qu'il est naturel de laisser un tribunal appliquer sa loi nationale ; c'est celle qu'il doit le mieux connaître.

Cette doctrine se heurte surtout à une objection pratique et elle ne peut invoquer aucune raison de principe. Si l'on admet, comme on l'a fait souvent en France, que les personnes lésées ont pour intenter leur action, en cas d'abordage, le choix entre les tribunaux de plusieurs pays (n° 1039), on laisse ces personnes déterminer par leur choix la loi à appliquer. Du reste, il n'y a pas, en général, de lien nécessaire entre le pays du tribunal saisi et la loi applicable. Parfois nos tribunaux appliquent des lois étrangères ; c'est là notamment ce qu'ils font lorsqu'à propos de questions d'état ou de capacité concernant des étrangers qui se trouvent en France, ils appliquent les lois du pays de ces étrangers, en s'inspirant par analogie de la disposition de l'art. 3, C. civ., selon laquelle les lois sur l'état et sur la capacité suivent les Français en pays étranger.

On a soutenu, en écartant la *lex fori*, qu'il faut s'en tenir à la loi du pays de l'abordé, c'est-à-dire du demandeur (3). C'est lui, dit-on, qui est le plus digne de faveur. Mais ce système ne se rattache à aucun principe précis. Puis il est possible que la loi du pays de l'abordé ne soit pas celle qui lui est le plus favorable.

_____

(1) L'art. 674 2° du Code de commerce *portugais*, dispose que les questions concernant les abordages sont régies en haute mer, entre navires de la même nationalité, par leur loi nationale.

(2) Asser et Rivier, *op. cit.*, n° 113, p. 220. Ces auteurs paraissent appliquer la *lex fori* même lorsque les navires sont de la même nationalité.

(3) Desjardins, V. n° 1121.

Un système plus compliqué paraît plus satisfaisant. En principe, la responsabilité du capitaine d'un navire, en cas d'abordage ayant eu lieu en pleine mer, doit être fixée d'après la loi de son pavillon. Il n'y a de faute pour le capitaine que celle dont cette loi admet l'existence et il est rationnel qu'elle en détermine aussi les conséquences pécunaires. Mais il serait inique qu'en invoquant la loi de son adversaire, le propriétaire d'un navire pût obtenir une indemnité à laquelle sa propre loi nationale ne lui donnerait pas droit. Aussi y a-t-il lieu d'admettre que la loi du pavillon du navire dont le propriétaire ou le capitaine est actionné, sert à déterminer qui supporte les dommages, sans que toutefois le demandeur puisse faire une réclamation que ne reconnaîtrait pas la loi nationale de son navire. Ainsi, le succès d'une demande, en matière d'abordage ayant eu lieu en pleine mer, est subordonné à la double condition qu'elle soit admise par la loi du pays du demandeur et par celle du pays du défendeur (1). On peut aussi formuler la même doctrine en disant qu'on s'attache à celle des deux lois qui est la plus favorable au défendeur (2).

Des applications de ce système en peuvent faire comprendre la portée pratique.

a. En cas d'abordage en pleine mer entre un navire belge et un navire français, si les causes de l'abordage demeurent douteuses, le propriétaire du navire français ne peut actionner celui du navire

---

(1-2) Le Code de commerce *portugais* (art. 674 3°) consacre cette règle, en disposant : « En haute mer, entre navires de nationalités différentes, chacun « d'eux est obligé conformément aux dispositions de la loi de son pavillon, « sans pouvoir recevoir plus que cette loi ne lui accorde. » Cette solution a été admise au Congrès international de droit commercial de Bruxelles, en 1888, dans les termes suivants : « La loi du pavillon servira à déterminer : ... 9° les « obligations de chacun des navires poursuivis à raison d'un abordage en mer et « les indemnités dues par chacun de ces navires. Néanmoins, les personnes qui se « trouvent à bord d'un navire engagé dans l'abordage, les propriétaires du corps « et des facultés de ce navire ne pourront obtenir des indemnités supérieures à « celles qu'ils seraient en droit de réclamer d'après la loi du pavillon de ce « navire ni des condamnations solidaires dans les cas où, d'après la loi de ce « pavillon, les débiteurs de ces indemnités n'en seraient pas solidairement « tenus. » L'Institut de Droit international a adopté la même solution en 1888 à sa session de Lausanne. Enfin elle a été admise par le Congrès de Montevideo en 1884.

Le système de réciprocité, adopté au texte, est soutenu par de Bar, *op. cit.*, II, n° 328, p. 211.

belge. Car la loi belge assimile l'abordage douteux à l'abordage fortuit. Le propriétaire du navire belge peut-il, du moins, agir contre celui du navire français, par application de l'art. 407, 3e alinéa, C. com. ? Il n'a pas ce droit que la loi belge n'admet point. Autrement il y aurait entre les deux parties une inégalité choquante.

b. Un abordage a lieu en pleine mer entre un navire français et un navire allemand par suite de la faute commune des deux capitaines. Le propriétaire du navire français ne peut rien réclamer au propriétaire du navire allemand, parce que le Code de commerce *allemand* admet qu'en cas de faute commune, chacun supporte son dommage. Le propriétaire du navire allemand ne peut non plus rien réclamer au propriétaire du navire français, en se fondant sur notre jurisprudence selon laquelle, au cas de faute commune, les dommages sont supportés par les propriétaires en proportion du degré de faute de chaque capitaine. Autrement le propriétaire du navire allemand réclamerait ce que, dans une situation semblable, il n'aurait pas à payer selon sa loi nationale.

La règle admise doit être appliquée non seulement aux propriétaires des navires, mais aux propriétaires des marchandises formant la cargaison de chaque bâtiment. Il est naturel de supposer que ces différentes personnes ont entendu se soumettre aux lois du pays du navire sur lequel elles font transporter leurs marchandises ou sont transportées elles-mêmes.

1051. Il reste le cas où l'abordage a eu lieu dans les *eaux territoriales*. La difficulté qui s'élève est celle de savoir si l'on doit traiter ce cas comme celui d'un abordage en pleine mer ou comme celui d'un abordage dans les eaux intérieures.

On a prétendu qu'il y a lieu d'assimiler ce cas à celui d'un abordage en pleine mer (1). L'État, dit-on, n'est ni propriétaire ni même vraiment souverain de la mer territoriale. Il a seulement sur elle un droit de police et de surveillance nécessaire à la défense des côtes et à la protection des intérêts commerciaux. On ne saurait donc

_____

(1) Cette opinion avait été adoptée par l'un des auteurs de cet ouvrage dans un projet concernant les conflits de lois en matière d'abordages, présenté en 1888 à l'Institut de Droit international à sa session de Lausanne.

dire que l'abordage a eu lieu en pareil cas sur le territoire national.

Il est préférable de traiter les abordages ayant eu lieu dans la mer territoriale comme les abordages qui se produisent dans les eaux intérieures (1). Sans doute, un État n'a pas la propriété de la mer territoriale comme il a celle de ses ports ou de ses rades ; il n'en est pas non plus vraiment le souverain. Mais il a le pouvoir de faire des lois de police pour cette portion de la mer et ses tribunaux ont compétence pour les appliquer. Il y a pour un État un intérêt évident à ce qu'il ne se produise pas d'abordage dans ses eaux territoriales. Les lois de l'État dans la mer territoriale duquel un abordage s'est produit, servent à déterminer s'il y a lieu à une répression pénale, à raison d'une faute du capitaine qui a violé les règlements de police. La question de savoir s'il y a faute d'un capitaine et quelles en peuvent être les conséquences pécuniaires au point de vue civil, est liée à la question pénale.

1052. La question examinée dans les précédents paragraphes (n°ˢ 1047 à 1051) au sujet de la loi à appliquer pour déterminer qui est responsable des dommages causés par un abordage, est tout à fait distincte de celle de savoir quelle loi on applique pour fixer l'étendue de la responsabilité des propriétaires des navires à raison des fautes des capitaines qui ont causé l'abordage. Il s'agit là d'un point relatif aux effets de l'acte par lequel le propriétaire d'un navire prépose à la direction de celui-ci, non d'une question d'abordage. Ce qui le prouve bien, c'est que la même question se pose au sujet de tous les actes licites ou illicites du capitaine (2). Il a été admis précédemment (3) que l'étendue de la responsabilité du propriétaire d'un navire se détermine d'après la loi du pavillon.

Il résulte de là spécialement que l'étendue de la responsabilité du propriétaire d'un navire, par suite d'un abordage ayant eu lieu dans les eaux françaises, n'est pas nécessairement régie par la loi française, bien qu'on doive se référer à cette loi pour déterminer qui supporte les dommages causés par cet abordage (n° 1048).

---

(1) Cette solution a été admise en 1888 par l'Institut de droit international dans sa session de Lausanne. V. *Annuaire de l'Institut de Droit international.*

(2-3) V. au surplus, *Traité,* volume précédent, n° 269, p. 171 et 172 et les notes. — V. en sens contraire, Rouen (1ʳᵉ chambre), 21 juin 1893.

1053. Les différentes solutions admises (nᵒˢ 1047 à 1051) peuvent s'appliquer sans peine quand l'abordage a eu lieu entre deux navires de commerce ou quand, l'abordage ayant eu lieu entre un navire de commerce français et un vaisseau d'un Etat étranger, c'est le propriétaire du premier qui est actionné. Mais des difficultés spéciales se rattachent au cas où c'est à l'Etat étranger qu'on veut s'en prendre à raison des dommages causés par son vaisseau. La fiction d'exterritorialité, en vertu de laquelle les vaisseaux d'un Etat étranger sont considérés comme des portions détachées du territoire national alors même qu'ils se trouvent dans les eaux d'un autre Etat, doit faire appliquer, en cas d'abordage, la loi du pavillon du vaisseau de l'Etat à l'exclusion de toute autre. Au reste, un Etat n'admet guère que sa responsabilité soit réglée par une autre loi que la sienne. En pratique, ce sont les tribunaux de l'Etat dont il s'agit qui sont compétents et, par suite, on arrive au résultat indiqué.

1054. Des conflits de lois s'élèvent au sujet de la prescription ou de la fin de non-recevoir à admettre pour les actions nées de l'abordage. Ces conflits sont plus fréquents que ceux qui concernent les personnes obligées de supporter les dommages. La raison en est que les lois sont plus divergentes sur le premier point que sur le second ; toutes les législations concordent sur la détermination des personnes qui supportent les dommages dans les cas d'abordage fortuit ou provenant de la faute d'un capitaine (nᵒ 1004 *bis*).

La jurisprudence française a toujours adopté sur cette difficile question un système très simple. Quel que soit le lieu où s'est produit l'abordage et quelle que soit la nationalité des navires, la jurisprudence admet que, dès qu'un tribunal français est saisi, il y a lieu d'appliquer la loi française comme *lex fori*. Avant la loi du 24 mars 1891, elle appliquait la fin de non-recevoir des art. 435 et 436, C. com. (1) (2) et sans doute, aujourd'hui, elle appliquerait la prescription annale de l'art. 436, C. com.

(1-2) Marseille, 8 mai 1861, *Journ. de Marseille*, 1861. 1. 213; Aix, 29 janv. 1866, même recueil, 1866. 1. 80; Aix, 27 fév. 1870, S. 1873. 2. 165. Montpellier, 31 mars 1873, Sir. 1873. 2. 165 et *Journ. de Marseille*, 1873. 2. 141; Cass. 4 août 1875, *Journ. de Marseille*, 1876. 2. 80; S. 1. 1876. 1. 56; J. Pal. 1876. 124; Paris (3ᵉ chambre), 16 fév. 1882, *Journ. du droit intern.*

En faveur de cette doctrine, on se prévalait, avant la loi du 24 mars 1891, à la fois des principes généraux du droit et des motifs spéciaux de la fin de non-recevoir des anciens art. 435 et 436. Les lois qui créent les tribunaux, dit-on, déterminent aussi les conditions de la recevabilité des actions portées devant eux. On concevrait, sans doute, que les art. 435 et 436 eussent dérogé à cette règle à raison de la nationalité des navires; mais leur texte était général. On comprend, d'ailleurs, qu'ils n'aient pas fait de distinction. Quels que soient les pavillons des navires, il est toujours à redouter, si l'on tarde à agir, que le juge soit mis dans l'impossibilité de distinguer avec certitude les dommages provenant de l'abordage de ceux qui résultent d'un événement de mer postérieur.

On pourrait, depuis la loi du 24 mars 1891, pour l'application de la prescription annale de l'art. 436, C. com., ajouter que, selon une opinion très répandue, la prescription applicable à une action est régie par la loi du pays du tribunal devant lequel cette action est portée.

Selon nous, il n'y a jamais lieu en cette matière à l'application de la *lex fori* (1). Les partisans de ce système dénaturent les principes

privé, 1883, p. 145; Cass. 6 mai 1891, S. et J. Pal. 1892. 1. 193; *Revue internat. du droit marit.*, 1891-92, p. 7.

P. Deloynes, *Questions pratiques d'abordage maritime*; Sibille, *op. cit.*, p. 87, n° 108; Asser, *Das internationale privatrecht* (trad. allemande de Max Cohn), p. 123 et 124 et *Eléments de droit international privé* (trad. Rivier), n° 113.

Mais, en cas de demande d'exequatur formée devant un tribunal français, la fin de non-recevoir applicable est celle du tribunal étranger compétent, non la fin de non-recevoir des art. 435 et 436 : Aix, 9 fév. 1888, *Revue internationale du droit maritime*, 1887-88, p. 683.

Avant la loi du 24 mars 1891, les partisans de l'application de la *lex fori* se divisaient sur un point d'une grande importance. Les uns ne se bornaient pas à exiger une protestation suivie d'une demande en justice, ils exigeaient encore que la protestation fût signifiée dans le délai de vingt-quatre heures fixé par les anciens art. 435 et 436, en reconnaissant seulement qu'en vertu de la règle *locus regit actum*, on pouvait, pour les formes de la protestation et de la signification, observer la loi du pays où elles étaient faites. V. Cass., 4 août 1875, *Journ. de Marseille*, 1876. 2. 80; S. 1876. 1. 56; J. Pal. 1876. 1. 24; Cass. 6 mars 1891, S. et J. Pal. 1892. 1. 193; Deloynes, *op. cit.*, p. 51 et suiv.

(1) Trib. comm. d'Anvers, 26 juin 1890, *Revue intern. du Droit maritime*, 1892-93, p. 582. Ce jugement refuse d'appliquer la fin de non-recevoir de la loi belge dans un cas où l'abordage avait eu lieu en pleine mer entre navires

généraux qu'ils invoquent. Sans doute, les conditions de la recevabilité d'une action sont celles que fixe la loi du tribunal saisi ; mais cela n'est vrai que des actes à accomplir devant le tribunal ou dans l'instance. Cela n'est plus exact quand il s'agit d'actes à accomplir en dehors de toute instance et ayant un caractère extra-judiciaire. Puis, il est fort contestable que la prescription soit, comme un moyen de pure forme, régie par la loi du tribunal saisi.

Au point de vue pratique, l'opinion qui applique la *lex fori*, conduisait avant la loi du 24 mai 1891 à des conséquences d'une rigueur excessive et parfois même iniques, lorsque le navire abordé n'était pas français. Le capitaine de ce navire est étranger ; il peut ignorer la loi française. D'ailleurs, par cela même qu'on reconnaît compétence en matière d'abordage à un grand nombre de tribunaux divers (n° 1039), le capitaine ne peut pas savoir par avance s'il saisira un tribunal de France ou un tribunal d'un autre pays. Ce n'est pas tout : on impose au capitaine, avec le système de la *lex fori*, une obligation parfois impossible à remplir. L'abordage peut avoir lieu la nuit, de façon qu'on ne puisse reconnaître le pavillon du navire abordeur ou, même de jour, ce navire peut s'échapper de telle sorte que le pavillon ne puisse être aperçu. Faudra-t-il donc, en attendant qu'il découvre la nationalité du navire abordeur, que le capitaine du navire abordé remplisse les formalités prescrites par les lois de tous les pays du monde !

Les conséquences iniques du système adopté par la jurisprudence et par la plupart des auteurs avaient suggéré à un savant auteur (1) une doctrine nouvelle dont il recommandait surtout l'adoption pour le cas où l'abordage a lieu en pleine mer. Elle consistait à laisser au juge le soin de décider si l'action avait été ou non exercée assez promptement ; il aurait décidé selon les règles de l'équité naturelle, en tenant compte de la possibilité ou de l'impossibilité de constater la cause du dommage et de la bonne ou de la mauvaise foi du deman-

étrangers, l'un hollandais, l'autre anglais. Mais le même tribunal admet que la fin de non-recevoir de la loi belge est opposable, fût-ce par un étranger, à une action exercée devant un tribunal belge ; Trib. comm. Anvers, 28 nov. 1890, *Revue intern. du Droit maritime*, 1890-91, p. 482.

(1) Notre très regretté maître, M. Labbé.

deur (1). — On ne saurait nier que ce système ne soit très ingénieux et fort séduisant ; malheureusement il ne nous semble pas fondé. Il est vrai que l'art. 4, C. civ., en ordonnant au juge de statuer dans le silence de la loi positive, l'invite à suppléer par sa raison et par le droit naturel à l'absence de textes écrits et promulgués. Mais précisément en notre matière, il existe des textes écrits, soit dans la loi française, soit dans les lois étrangères. Du conflit de ces lois naît la difficulté. C'est supprimer celle-ci et non la résoudre, selon nous, que d'autoriser le juge à faire abstraction des législations positives, pour appliquer les règles qui lui paraissent les plus conformes à l'équité et à la raison.

1055. Il faut, pour résoudre notre question actuelle, comme celle de responsabilité (n^{cs} 1047 à 1051), distinguer selon que l'abordage a eu lieu dans les eaux intérieures d'un pays, en pleine mer ou dans les eaux territoriales.

L'abordage a-t-il eu lieu dans les *eaux intérieures* d'un pays ? La loi de ce pays détermine la fin de non-recevoir ou la prescription applicable. Cette loi est appliquée pour fixer quelles personnes supportent les dommages causés par l'abordage. Il paraît simple et naturel de consulter cette même loi pour savoir si les actions en indemnité ont ou ne sont pas recevables (2).

Au reste, il y a sur la prescription une question de droit international privé très discutée, celle de savoir quelle loi doit être appliquée pour en fixer la durée. Le système le plus rationnel est celui d'après lequel on applique la loi du pays où s'est passé le fait donnant lieu à l'action (*lex loci actus*) (3). — La prescription n'est pas un simple moyen de procédure, mais un moyen touchant au fond du droit ; le Code de procédure civile n'en parle point et le Code civil (art. 1234) la range parmi les modes d'extinction des obligations.

Il résulte de là que la prescription d'un an établie par l'art. 436,

(1) La dissertation de M. Labbé peut être difficilement résumée ; il faut le lire dans son entier sous l'arrêt de la Chambre civile du 21 août 1874 ; S. 1875. 1. 47 ; *J. Pal.* 1875. 241.

(2) De Bar, *op. cit.*, II, n° 328, p. 213.

(3) Cpr. les notions déjà données sur la question générale, à propos de la prescription à appliquer en matière d'effets de commerce, *Traité*, IV, n° 664.

C. com. s'applique aux actions nées d'abordages qui ont eu lieu dans les eaux françaises.

Lorsque l'abordage a eu lieu en pleine mer, la doctrine précédente est inapplicable. Aussi est-ce surtout dans ce cas qu'on peut être porté à adopter l'application de la *lex fori*. Même en ce cas, selon nous, il faut préférer à cette loi celle du pays auquel appartient le navire dont le propriétaire ou les chargeurs agissent en indemnité. Cela ne viole aucune règle de droit; on n'impose rien de rigoureux au demandeur en le contraignant à se conformer à la loi du pays du navire au point de vue des délais à observer et des formalités à remplir; c'est la loi qu'en général, il doit le mieux connaître. L'application de la *lex fori* a toujours les inconvénients signalés précédemment (n° 1050) à raison de la pluralité des tribunaux compétents (1).

1056. *Conflits de lois concernant la compétence en matière d'abordages.* Ces conflits sont fréquents ici parce qu'il y a le plus souvent un certain nombre de tribunaux compétents. Mais évidemment leur solution ne tient pas aux principes du droit maritime. Dans chaque pays, en l'absence de convention internationale, un tribunal apprécie sa compétence d'après sa loi sans se préoccuper du point de savoir si, dans la même affaire, une loi étrangère n'admettrait pas la compétence d'un autre tribunal et si ce tribunal ne serait pas plus compétent (2).

1057. Les divergences des lois sur les abordages sont une cause de grandes complications; les conflits de lois sont fréquents; car tous les pavillons se heurtent sur toutes les mers. Aussi a-t-on souvent émis le vœu qu'une entente intervînt entre les nations, soit pour adopter des

(1) Le Congrès international de droit commercial de Bruxelles a, dans son projet de convention internationale recommandé à l'adoption de tous les Etats, adopté une règle qui, sans tenir compte d'aucun principe déterminé, a pour but, en laissant une option étendue à ceux qui veulent conserver leurs droits à indemnité, de restreindre dans les limites les plus étroites les cas de déchéance. L'art. 2 de ce projet de convention est ainsi conçu : « Eu cas d'abordage en « mer, le capitaine et les intéressés conservent leurs droits en réclamant dans « les formes et délais prescrits par la loi du pavillon, par celle du navire débi- « teur ou par celle du premier port où le navire aborde. »

Ce même système a été adopté par l'Institut de Droit international dans sa session tenue en 1888, à Lausanne.

(2) De Bar, *Theorie und Praxis des internationalen Privatrechts*, II, n° 431, p. 453.

règles uniformes en matière d'abordage, soit pour trancher, tout au moins, à l'aide de principes identiques, les conflits de lois (1). Parfois aussi l'on a été jusqu'à réclamer la création d'une juridiction internationale pour connaître des questions d'abordage (2). Jusqu'ici les tentatives faites dans ces buts n'ont pas été couronnées de succès (3).

SECTION III.

Du sauvetage et de l'assistance.

1058. Les risques de mer auxquels sont exposés les navires et leurs cargaisons, donnent lieu au *sauvetage* et à l'*assistance*. Il y a là deux faits impliquant également un secours donné à un navire et à la cargaison. Mais ces deux faits diffèrent en ce qu'en cas de sauvetage, le danger s'est produit avec toutes ses conséquences dommageables, tandis qu'en cas d'assistance, le péril est menaçant et il s'agit de l'écarter. V. n° 1066.

Dans l'un et l'autre cas, il y a un service rendu et, à raison de ce service, une rémunération est due ou peut être due au sauveteur ou à l'assistant. Cette rémunération n'est pas la même dans le cas de sauvetage et dans le cas d'assistance (4).

Les principales questions à résoudre en cette matière sont les suivantes : 1° Qu'est-ce qui constitue le sauvetage ou l'assistance? — 2° Quelle rémunération est accordée au sauveteur ou à l'assistant? — 3° Les règles admises dans les divers pays en cette matière n'étant pas identiques, il y a des conflits de lois. De quel pays faut-il appliquer la loi en matière de sauvetage ou d'assistance?

Sur le sauvetage, il y a quelques textes légaux dont les principaux

---

(1) Tels sont les deux buts que se sont proposés, en 1888, le Congrès international de droit commercial de Bruxelles et l'Institut de droit international dans sa session de Lausanne.

(2-3) Le Congrès de droit maritime de Gênes, qui s'est tenu en 1892 à l'occasion des fêtes du quatrième centenaire de Christophe Colomb, a voté deux résolutions en ce sens. V. dans le *Bulletin de la société de législation comparée*, 1893, p. 64 et suiv., une étude de M. Henri Fromageot.

(4) Elle varie même pour le sauvetage selon les circonstances dans lesquelles le sauvetage se produit. V. n°s 1059 et suiv.

remontent à l'ancienne monarchie (1). Sur l'assistance, au contraire, nos lois ne renferment qu'une disposition légale relative à un point spécial et cette disposition est toute récente (2).

Il sera parlé successivement du sauvetage, de l'assistance, puis des conflits de lois auxquels ces faits peuvent donner naissance.

1058 *bis.* Il importe d'observer que ce sont là des matières dont l'importance pratique s'accroît continuellement grâce à la fois au développement de la marine à vapeur et à l'adoucissement des mœurs.

Les navires à vapeur sont un instrument plus commode pour le sauvetage et l'assistance que les navires à voiles qui peuvent être entravés par des vents contraires.

Au reste, les anciennes législations sont loin d'avoir encouragé ces genres de services. D'après les lois romaines (3) sans doute et vraisemblablement d'après les autres lois des peuples anciens (4), la propriété des choses sauvées d'un accident de mer était conservée à ceux auxquels elle appartenait avant le sinistre. Ceux qui cherchaient à s'approprier des objets sauvés d'un naufrage étaient à Rome passibles de peines sévères. Constantin condamnait les prétentions du fisc par des paroles élevées qui ont été souvent citées (5).

Mais les idées avaient profondément changé au moyen âge. Les habitants du littoral purent impunément s'emparer des choses échappées au naufrage (6). On en arriva même à reconnaître sur ces choses des droits spéciaux aux seigneurs (7). Des conciles (8) et des

(1) Ordonnance de 1681, liv. IV, tit. 9, art. 6, 17 et 27; Déclaration du 15 juin 1735.

(2) *Loi du 10 mars 1891 sur les accidents et collisions en mer*, art. 4.

(3) Callistrate, L. 7, Dig. XLVII, 9, *De incendio, ruinâ, naufragio*, etc..... *Ne quid ex naufragiis deripiatur, vel quis extraneus interveniat colligendis eis multifariàm prospectum est.*

(4) Pardessus, *Lois maritimes antérieures au XVIIIᵉ siècle*, I, p. 33 et 48.

(5) Constantin, L. 1. — Code de Justimen, XI, 6, de naufragiis. — *Si quando naufragio navis expulsa fuerit ad littus, vel si quando aliquam terram attigerit, ad dominos pertineat, fiscus meus sese non interponat. Quod enim jus habet fiscus in alienâ calamitate ut de re tam luctuosa compendium sectetur.*

(6-7) On croit qu'en Normandie, des principes plus humains furent admis; car l'ancienne coutume de Normandie (art. 16) accordait au propriétaire des effets naufragés le droit de les réclamer pendant l'an et jour.

(8) Concile de Nantes (1127), concile de Latran (1179). V. Valin, introduction au tit. 9, liv. IV, de l'Ordonnance de 1681, *des naufrages, bris et échouements.*

papes (1) réagirent contre ces coutumes barbares; des traités y dérogèrent (2). Enfin, peu à peu on reconnut le droit des naufragés à la
conservation des objets leur appartenant avant le sinistre et même on
en arriva à encourager ceux qui, par leurs secours, font échapper au
péril les navires et leurs cargaisons ou en sauvent tout au moins les
débris.

1059. Du sauvetage. — Nos différentes lois prévoient, sans le faire
d'une façon très méthodique, trois cas de sauvetage entre lesquels il
importe de distinguer, parce que les sauveteurs ne sont pas traités
de la même façon dans ces trois cas. Ce sont : *a.* le sauvetage d'un
navire naufragé ou échoué sur le rivage; *b.* la prise de possession
d'effets naufragés trouvés en pleine mer ou tirés de son fond; *c.* le
renflouement d'un navire naufragé en pleine mer ou à la portée des
côtes ou à l'entrée d'un port de mer, sans qu'il en reste aucun vestige permanent à la surface des eaux. Chacun de ces trois cas doit
être examiné séparément.

1060. *Premier cas de sauvetage.* — Il peut se faire qu'un navire
et des marchandises soient échoués et trouvés sur le rivage (3). Le
sauvetage s'opère alors par les soins des intéressés ou de l'administration de la marine représentée principalement par les commissaires
de l'inscription maritime (4); ceux-ci doivent se retirer devant les
intéressés (5).

Les sauveteurs ne sont pas seulement remboursés de leurs frais, ils
reçoivent encore une rémunération proportionnée au service rendu.
Le montant en est fixé par le commissaire de l'inscription maritime (6).

Si les navires et effets échoués ou trouvés sur le rivage ne sont pas

---

(1) Bulle d'Alexandre III, *in Cœnà Domini* et, à une époque bien postérieure
(1566), bulle de Pie V, bulle *Cum nobis*. Cette dernière bulle, en même temps
qu'elle excommunie, comme la précédente, ceux qui s'emparent des choses appartenant aux naufragés et les rejettent du rivage, ordonne qu'on porte secours
à ceux-ci.

(2) Des rois de France, spécialement Saint Louis, conclurent des traités avec
des seigneurs pour remplacer les droits de ceux-ci sur les effets naufragés par
des redevances pécuniaires. V. Valin, introduction au tit. 9 du liv. IV de
l'Ordonnance de 1631.

(3) Ordonnance de 1681, liv. IV, tit. 9, art. 24 et 26.

(4-5) Ordonnance de 1681, liv. IV, tit. 9, art. 17.

(6) Ordonnance de 1681, liv. IV, tit. 9, art. 11.

réclamés dans l'an et jour de la publication qui en est faite, ils appartiennent à la Caisse des invalides de la marine (1).

1061. *Deuxième cas de sauvetage.* — Ce second cas est prévu par l'art. 27, livre IV, titre 9, de l'Ordonnance de 1681 qui est ainsi conçu : *Si toutefois les effets naufragés ont été trouvés en pleine mer ou tirés de son fond, la troisième partie en sera délivrée incessamment et sans frais, en espèces ou en deniers, à ceux qui les auront sauvés; et les deux autres tiers seront déposés pour être rendus aux propriétaires s'ils les réclament dans le temps ci-dessus (2), après lequel ils seront partagés également entre nous et l'amiral, les frais de justice préalablement pris sur les deux tiers.* Cette disposition est toujours en vigueur, sauf dans la dernière partie concernant les droits de l'État et de l'amiral (3). Mais sa portée d'application a été quelque peu restreinte par une déclaration royale du 15 juin 1735 (4) qui est également encore applicable.

Il résulte du texte précité de l'Ordonnance que quatre conditions sont nécessaires pour qu'il y ait lieu de l'appliquer. 1° Il faut *qu'il y ait des effets naufragés.* Un navire est naufragé quand il a été abandonné de son équipage et qu'il erre à la merci des vents et des flots (5). 2° Les effets naufragés doivent avoir été *trouvés en pleine mer* ou *tirés de son fond.* La rencontre fortuite est un des éléments essentiels du sauvetage prévu par l'Ordonnance, de telle sorte qu'elle ne serait pas applicable au cas où le sauveteur aurait été appelé par les signaux de détresse d'un homme resté à bord du navire (6). Le mot *effets* est très général; il comprend et les objets qui se trouvaient à bord et le navire lui-même. 3° *La trouvaille doit avoir eu lieu en pleine mer et non sur les côtes* (7). Le point de savoir si les effets ont été trouvés *en pleine mer* est une question

----

(1) Ordonnance de 1681, liv. IV, tit. 9, art. 24 et 26. — D'après les textes de l'Ordonnance, il devait alors y avoir partage entre le roi ou les seigneurs auxquels il avait cédé ses droits et l'Amiral. V. note 3, ci-après.

(2) L'an et jour.

(3) V. L. 30 avr., 13 mai 1791, art. 3, 5°.

(4) V. n° 1062.

(5) Rouen, 2 déc. 1840, *Recueil des arrêts de la Cour de Rouen,* 1840, p. 485; Aix, 23 mars 1868, D. 1870. 2. 78.

(6) Aix, 23 mai 1868, S. 1869. 2. 126.

(7) Alger, 22 nov. 1890, *Revue intern. du Droit maritime,* 1890-91, p. 538.

de fait à trancher souverainement par les tribunaux. 4° Enfin, il
faut que les effets naufragés aient été amenés dans le port et mis
à l'abri du danger. Autrement on ne peut pas dire que ces effets ont
été sauvés et, par suite, il n'y a pas sauvetage (1).

Lorsque ces différentes conditions sont réunies, le tiers est attribué en nature aux sauveteurs. Aussi peut-on dire qu'il y a là un
mode d'acquisition spécial au droit maritime (2). A côté de l'attribution en nature, le texte de l'Ordonnance mentionne l'attribution en
espèces. Il faut bien, en effet, arriver à cette dernière quand, la division matérielle n'étant pas possible, on doit recourir à une licitation (3).

Le tiers ainsi attribué aux sauveteurs leur appartient sans aucune
déduction du fret des marchandises, des dépenses de l'armateur,
même de frais de vente ou, s'il y a lieu, de partage.

Quant aux deux autres tiers que l'Ordonnance attribuait au Roi et
à l'Amiral, ils appartiennent aujourd'hui à la Caisse des Invalides de
la marine (4).

L'article 27 du livre IV, titre 9 de l'Ordonnance de 1681, est complété par la loi du 26 nivôse an IV selon laquelle *le droit de sauvetage
est des deux tiers des objets sauvés en pleine mer quand ces objets
sont des propriétés ennemies. Le tiers restant après déduction de
tous les frais est versé dans la Caisse des invalides de la marine.*
Dans ce cas spécial, le droit des sauveteurs est donc augmenté; il
est double de ce qu'il est dans les cas ordinaires où il ne s'agit pas de
propriétés ennemies.

1062. *Troisième cas de sauvetage.* — Dans le troisième cas de
sauvetage prévu par une Déclaration du 15 juin 1735, la rémunération
accordée aussi à forfait aux sauveteurs, est plus importante. Il s'agit du
sauvetage s'appliquant à des navires naufragés en pleine mer ou à la
portée des côtes et sans qu'il en reste aucun vestige permanent à la

(1) Desjardins, I, n° 95, p. 192 et 193.
(2) V. t. I, n° 165.
(3) Il n'y a pas à tenir compte ici des règles spéciales de l'art. 220, dernier
alinéa, C. com.; cette disposition est relative aux cas normaux où l'on veut
sortir de l'indivision existant entre les copropriétaires d'un navire.
(4) V. L. 30 avr., 13 mai 1791, art. 3, 5°.

surface. Lorsque ces deux circonstances sont réunies, la Déclaration restreint la portée de la disposition de l'Ordonnance de 1681, qui, avant la Déclaration, s'appliquait même à cette hypothèse. C'est surtout pour le cas où les mêmes faits se produisent à la portée des côtes que les règles de la Déclaration de 1735 sont utiles et se justifient ; un navire naufragé à la portée des côtes constitue un danger très grand pour la navigation. Il importe d'encourager au sauvetage de ce navire par les avantages accordés aux sauveteurs.

Un certain délai est laissé aux propriétaires pour entreprendre de sauver le navire et les marchandises. Ce n'est qu'à défaut par eux d'avoir agi que le législateur suppose qu'ils ont renoncé à la propriété du navire et en fait une attribution spéciale. Quand les propriétaires n'ont pas fait, dans le délai de deux mois à compter du jour du naufrage, leur déclaration qu'ils entendent entreprendre le *sauvement* et faute d'y faire travailler, l'entreprise est concédée à des tiers qui ont droit aux huit dixièmes des effets sauvés. Les deux autres dixièmes que la Déclaration de 1735 attribuait par moitié au roi et au grand amiral appartiennent aujourd'hui à la Caisse des invalides de la marine (1).

1063. Tous ceux qui ont profité du sauvetage doivent contribuer, en principe, aux frais du sauvetage y compris la rémunération due aux sauveteurs. Les propriétaires du navire sauvé et les propriétaires des marchandises ont donc à contribuer. Ils doivent le faire en proportion de la valeur des effets sauvés dans le lieu où le sauvetage est opéré (n° 929). Mais les propriétaires du navire, quand il y a sauvetage des marchandises, ont-ils à contribuer à raison du fret de ces marchandises qui, sans ce sauvetage, aurait été perdu et qui est dû au moins en proportion de la distance parcourue en vertu de l'art. 303, 1er al.? On l'a nié (2), en se fondant sur ce que l'art. 303, C. com., parle de l'obligation de payer le fret proportionnel sans faire mention de l'obligation pour le propriétaire de contribuer de ce chef aux frais de sauvetage. Il faut, au contraire, décider que le propriétaire du navire doit contribuer aux frais de sauvetage en proportion du fret

---

(1) V. L. 30 avr., 13 mai 1791, art. 3, 5°.
(2) Trib. comm. Havre, 27 déc. 1887, *Revue internat. du Droit maritime*, 1887-88, p. 574.

qu'il touche (1). Cette obligation se déduit, dans le silence de la loi, des principes généraux du droit. Ceux qui ont profité du sauvetage doivent contribuer aux frais qu'il a causés. Or, le sauvetage ne profite pas seulement aux propriétaires des marchandises sauvées, mais encore au propriétaire du navire qui, en principe, n'aurait pas touché de fret si toutes les marchandises avaient péri (art. 302, C. com.).

Les personnes sauvées n'ont pas à contribuer aux frais de sauvetage, malgré le profit qu'elles en ont tiré en conservant la vie sauve. Il serait bien difficile de fixer le montant de cet avantage pour chacune et, par suite, sa part contributive. Une disposition légale dont l'équité ne serait pas douteuse, serait nécessaire pour que des frais de sauvetage fussent mis à la charge des personnes sauvées (2).

1064. Tous ceux qui ont coopéré au sauvetage ont à recevoir une part de la rémunération accordée. Mais il y a à déterminer quelles personnes doivent être considérées comme ayant coopéré au sauvetage et comment la répartition est faite entre elles.

Les personnes ayant droit à la rémunération pour sauvetage sont, outre le capitaine et les gens de l'équipage, le propriétaire du navire sauveteur. Ce navire a été l'instrument du sauvetage et l'emploi qui en a été fait à ce titre, l'exposait à des avaries.

En ce qui concerne la répartition, une décision ministérielle du 27 novembre 1826 l'a opérée de la façon suivante. Si le bâtiment est armé au mois ou au voyage, un tiers est attribué au propriétaire du navire et les deux autres tiers aux gens de l'équipage entre lesquels la partition se fait proportionnellement à leurs salaires. Si l'armement est à la part, la répartition se fait entre le propriétaire du navire et les gens de l'équipage en conformité des stipulations du contrat d'engagement.

1065. En matière de sauvetage, un privilège est admis au profit des sauveteurs dans le cas où ils n'ont pas droit à une part dans la propriété des objet sauvés (n° 1060). Une déclaration royale du 10 janvier 1770 dispose : « Voulons que le sauveteur soit payé du tout « par privilège et préférence sur les premiers deniers qui provien-

(1) De Courcy, dans la *Revue intern. du Droit maritime*, 1838-89, p. 406.
(2) Cpr. n° 1073, p. 176.

« dront de la vente des effets sauvés. » Cette disposition n'a été abrogée par aucune loi postérieure. Au reste, le privilège du sauveteur peut se fonder sur l'art. 2102 3°, C. civ., qui admet un privilège mobilier spécial pour *les frais faits pour la conservation de la chose* (1).

Ce privilège existe-t-il pour la rémunération accordée au sauveteur comme pour les frais proprement dits à lui rembourser? On peut, dans un sens large, comprendre cette rémunération parmi les frais de conservation.

1066. DE L'ASSISTANCE (2). — Il importe de distinguer l'*assistance* du *sauvetage*. Les dispositions concernant la rémunération du sauvetage sont sans application à l'assistance; pour celle-ci, il n'y a jamais de rémunération à forfait fixée par des dispositions légales.

L'assistance est le secours prêté à un navire en péril. Elle ne suppose pas, comme le sauvetage, une perte ou une détérioration déjà accomplie. Le but de l'assistance est d'écarter le péril qui est plus ou moins menaçant. On peut dire que l'assistance est une mesure préventive (n° 1058).

Les faits d'assistance sont d'une infinie variété. Quand un navire n'a pas échappé à l'action de l'équipage et n'est pas abandonné, le secours qui lui est porté constitue une assistance, non un sauvetage (3) (4). L'assistance peut consister notamment à remorquer un navire. Mais tout remorquage n'est pas une assistance; pour qu'il ait ce caractère,

(1) De Valroger, I, n° 86.
(2) V. sur l'assistance, de Courcy, *Questions de Droit maritime* (3ᵉ série), p. 1 à 46; Sainctelette, *Fragment d'une étude sur l'assistance maritime.*
(3) Aix, 28 juill. 1891, *Journ. de jurisprud. de Marseille*, 1891. 2. 216; Trib. de comm. de Bruxelles, 18 janv. 1890, *Jurisprudence d'Anvers*, 1890. 1. 247.
(4) DROIT ÉTRANGER. — La distinction entre le sauvetage et l'assistance (*Hülfsleistung in Seenoth*), est faite expressément par le Code de commerce *allemand* (art. 742). Cette distinction est au moins implicitement admise par le Code de commerce *italien* sur la marine marchande (art. 134). V. article de M. Benfante sur le sauvetage et l'assistance dans la *Revue intern. du Droit maritime*, 1889-90, p. 567. V. aussi les Codes de commerce *hollandais*, article 560 à 562, *portugais*, art. 681 et 682. Les Codes maritimes scandinaves (articles 224 et suiv.) comprennent sous un même nom le sauvetage et l'assistance.

il faut que le remorquage ait eu pour but de faire échapper le navire remorqué à un péril.

1067. L'assistance est, en principe, facultative en ce sens que la loi n'impose pas d'ordinaire l'obligation de venir au secours d'un navire en péril. Cependant, comme il a été expliqué plus haut (n° 1020), au cas d'abordage, la loi du 10 mars 1891 (art. 4) impose aux capitaines des navires entre lesquels l'abordage s'est produit, l'obligation d'assistance (1). Elle sanctionne cette obligation par des peines; mais elle n'attache pas au défaut d'assistance une présomption légale de faute (n° 1022) (2). Il va de soi seulement que les juges peuvent toujours trouver une présomption de fait établissant la faute d'un capitaine dans la circonstance qu'à la suite d'un abordage, il n'a pas donné l'assistance que la loi lui impose.

Au surplus, les questions à résoudre dans les cas d'assistance facultative et d'assistance obligatoire, sont identiques et doivent être résolues de la même façon. Ces questions se rattachent surtout à la rémunération qui peut être due à l'assistant et au point de savoir si certaines circonstances ne doivent pas, à titre exceptionnel, exclure cette rémunération.

1068. Il est certain que si l'assistant a fait des dépenses pour

---

(1) DROIT ÉTRANGER. — Les législations peuvent, au point de vue du caractère facultatif ou obligatoire de l'assistance, être divisées en trois classes. Les unes ne font en aucun cas de l'assistance, une obligation. Telle est la législation *belge* qui, par cela même qu'elle ne s'occupe pas de la question, la laisse sous l'empire des principes du droit commun. V. jugement du tribunal de commerce d'Anvers du 11 juin 1887, la *Belgique judiciaire*, 1887, p. 1133. — Les autres se bornent à imposer l'obligation d'assistance en cas d'abordage, comme le fait la législation française.

Enfin d'autres imposent l'obligation générale d'assistance même en dehors du cas d'abordage. V. Code de commerce *italien* pour la marine marchande, art. 120. Cet article indique que l'assistance doit être prêtée au navire en danger de se perdre, fût-il étranger ou ennemi (*anche straniera o nemica*).

Le Congrès international de Droit commercial de Bruxelles, dans le projet de loi maritime recommandé à l'adoption de tous les Etats, s'est borné à admettre l'assistance obligatoire dans le cas d'abordage.

(2) On a allégué, pour ne pas admettre la présomption légale dont il s'agit dans la loi du 10 mars 1891, un motif quelque peu formaliste ne touchant en rien au fond; une disposition légale consacrant une présomption n'est pas bien à sa place dans une loi pénale.

DROIT ÉTRANGER. — Une présomption légale est attachée au défaut d'assistance en *Grande-Bretagne*, par le *Merchant shipping Act*, 1894, art. 422.

venir au secours de l'assisté, celui-ci lui en doit le remboursement. Il y a là une gestion d'affaires ét, dans ces circonstances, apparaît spécialement l'intérêt qu'il y a à admettre l'obligation de rembourser au gérant les dépenses utiles. Sans elle l'assistance serait plus rare ; dans l'intérêt des navigateurs, il importe que la crainte d'un sacrifice pécuniaire ne mette pas obstacle à l'assistance.

1069. Faut-il borner là les droits de l'assistant contre l'assisté? Le premier ne peut-il pas, au contraire, réclamer en sus au second une rémunération? Deux cas sont à distinguer et la question ne peut donner lieu à controverse que dans le second. Tantôt il intervient entre l'assistant et l'assisté un contrat par lequel le second s'oblige à payer une rémunération ; tantôt aucun contrat de ce genre n'est conclu entre les intéressés.

1070. Le contrat fixant la rémunération peut être conclu, soit après que l'assistance a été donnée, soit avant qu'elle ne soit donnée (1). Quand il l'est avant, l'assisté s'est obligé en présence d'un péril plus ou moins grave ; il peut alors résulter des circonstances qu'il n'a pas contracté librement. Une demande en nullité pour violence peut alors être admise d'après les principes généraux du droit (art. 1111 à 1115, C. civ.) (2) (3).

En dehors de ce cas, le contrat fixant la rémunération doit être respecté. On peut concevoir que la rémunération d'assistance ait été exagérée parce que l'assisté, étant assuré, peut se la faire rembourser par son assureur et, par suite, n'a pas hésité à promettre une rémunération trop élevée. Il pourrait même y avoir entre l'assistant et l'assisté une entente frauduleuse au préjudice de l'assureur. Cela ne rendrait pas le contrat nul ; mais il y aurait lieu de réduire l'indemnité réclamée par l'assisté à l'assureur (4).

---

(1) Ce contrat est souvent conclu à l'aide des signaux que se font les deux navires. V. Valery, *Des contrats par correspondance*, p. 58 et 59.

(2) Cass. 27 avr. 1887; Aix, 30 janv. 1890, *Revue intern. du Droit maritime*, 1887-88, p. 15; 1889-90, p. 436; S. 1887. 1. 372; *J. Pal.* 1887. 1. 914; Aix, 19 avr. 1893, *Revue intern. du Droit maritime*, 1893-94, p. 496.

(3) Droit étranger. — V. pour la nullité : C. allemand, art. 744, italien pour la marine marchande, art. 127, hollandais, art. 566.

(4) Alger, 14 juin 1893, *Revue intern. du Droit maritime*, 1893-94, p. 493.

1071. En l'absence de tout contrat fixant une rémunération, l'assisté est-il obligé d'en payer une à l'assistant de telle façon que les tribunaux puissent être saisis par celui-ci d'une action tendant à en faire déterminer le montant? Il y a lieu de résoudre cette question affirmativement. Mais, il faut le reconnaître, les principes généraux du droit sembleraient devoir faire refuser toute rémunération à l'assistant. Celui qui contribue à sauver les biens d'une autre personne accomplit un acte de dévouement. Il n'a droit à aucune rémunération pécuniaire; il doit se contenter de la satisfaction du devoir accompli. Celui-là même qui accomplit un acte du même genre en vertu d'une obligation légale ne peut réclamer une rémunération que si la loi qui crée cette obligation, consacre le principe de la rémunération. On ne peut pas, pour résoudre la question dans un sens favorable à la rémunération, invoquer les principes de la gestion d'affaires. D'après ces principes, le gérant n'a droit à aucune rémunération; il ne peut réclamer que le remboursement de ses dépenses et même de ses seules dépenses utiles (art. 1375, C. civ.).

Mais il nous paraît bien difficile d'appliquer en mer ces principes rigoureux. Les risques y sont grands, les accidents fréquents et graves. Il y a un intérêt général à ce que les personnes qui sont en état de prêter leur assistance à d'autres, soient excitées à le faire par un intérêt pécuniaire auquel le commun des hommes est plus accessible qu'aux pures satisfactions morales. De plus, dans la pratique des autres nations, le droit à une rémunération est généralement admis. Si ce droit n'était pas reconnu en France, on risquerait d'arriver à une conséquence très fâcheuse : les armateurs de navires français ayant joué le rôle d'assistés seraient tenus à une rémunération quand ils seraient actionnés devant les tribunaux étrangers et, au contraire, les armateurs de nos navires ne pourraient rien réclamer devant nos tribunaux pour l'assistance prêtée par eux à des navires étrangers. Du reste, le plus souvent, c'est entre navires de commerce que les faits d'assistance se produisent; dans les relations commerciales, les services ne se rendent pas d'ordinaire gratuitement (I).

---

(1) V. en faveur de la rémunération, trib. comm. Seine, 14 oct. 1891, *le Droit*, n° du 8 nov. 1891; Paris, 18 mai 1893, *Annales de Droit commercial*, 1894, p. 63; *Revue critiq. de législ. et de jurispr.*, *Examen doctrinal de jurispru-*

A défaut de texte légal déterminant d'après quelles règles le montant de la rémunération doit être fixé, c'est aux tribunaux à examiner, pour le déterminer, toutes les circonstances; ils peuvent tenir compte du péril couru, de la valeur du navire assisté ainsi que de celle de la cargaison. Il ne saurait y avoir à cet égard de règle fixe.

1072. En admettant qu'en l'absence même de toute convention, il est dû, en principe, une rémunération, la question de savoir si celle-ci ne doit pas être exclue dans certains cas s'élève.

a. La rémunération est-elle due quand l'opération n'a pas réussi? Des codes étrangers font du succès une condition de la rémunération (1). Un tel système se conçoit; il est analogue à celui qui est admis pour les avaries communes; un résultat utile est une condition de la contribution (2). Mais, en l'absence de texte, il est impossible d'exiger cette condition en matière d'assistance. Cela, du reste, pouvait avoir une fâcheuse conséquence; on hésiterait à donner son assistance en présence d'un péril de mer dans la crainte de n'avoir pas droit à une rémunération par suite du défaut de réussite qui assurément peut être indépendant du fait de l'assistant (3).

b. Faut-il que l'assistance ne résulte pas d'une obligation de service, de telle façon qu'aucune rémunération n'est due pour l'assistance donnée par un pilote ou par des navires organisés pour prêter secours à des bâtiments en péril? Les diverses législations ne concordent pas sur ce point. Les unes exigent le caractère spontané de l'assistance (4) qui n'est pas requis par les autres (5). Le silence de nos lois ne permet pas de subordonner le droit à une rémunération à la spontanéité de l'assistance. Il n'y a réellement aucun motif pour refuser une rémunération à celui qui a prêté l'assistance par suite d'une obligation de service (6).

dence, 1892, p. 356, et Revue algér. et tunis. de législ. et de jurispr., 1893, 3ᵉ partie, p. 355.

(1) Codes de commerce portugais, art. 681 et 682; hollandais, art. 561 et 562; Code italien de la marine marchande, art. 120 et 121.

(2) V. nᵒˢ 886 et suiv.

(3) DROIT ÉTRANGER. — V. pour la nécessité du succès, C. de comm. allemand, art. 742; italien, pour la marine marchande, art. 120, 121 et 135; C. de comm. hollandais, art. 561 et 552; portugais, art. 681 et 682.

(4-5) V. Benfante, article dans la Revue intern. du Droit maritime, 1889-90, p. 569 et 570.

(6) Cass. 6 nov. 1855, D. 1856. 1. 255.

c. Il ne semble même pas qu'on doive exclure la rémunération lorsque l'assistance a été prêtée par un navire à un bâtiment appartenant au même propriétaire (1). Il n'est pas exact de dire que la question ne présente pas alors d'intérêt (2). Elle n'en a pas certes pour le propriétaire, en ce sens que la portion de la rémunération revenant au propriétaire n'est pas due par suite de confusion. Elle en présente, au contraire, pour le capitaine et pour les gens de l'équipage du navire assistant.

Mais il faut du moins, pour qu'il y ait assistance et, par suite, pour qu'il y ait lieu à rémunération, que ceux qui ont porté le secours soient indépendants du navire en péril. Autrement, en faisant des efforts pour faire échapper au danger le navire et la cargaison, ils remplissent une obligation résultant de leur contrat même d'engagement (3).

d. A raison même de la rémunération accordée à l'assistant, il arrive que des capitaines recherchent les occasions d'assister des navires ; il en est qui montent de force sur d'autres bâtiments et imposent leurs services. Des lois étrangères ont prévu ce cas pour refuser, quand il se produit, à l'assistant tout droit à une rémunération (4). Une solution absolue n'est pas admissible chez nous en l'absence d'un texte : il appartient aux tribunaux, en considérant la conduite de l'assistant, de réduire et, dans les cas extrêmes, de supprimer la rémunération.

1073. A l'occasion de la rémunération d'assistance, il y a à déter-

---

(1) Sainctelette, *op. cit.*, p. 19.

(2) V. pourtant, de Courcy, *op. cit.*, p. 34.

(3) L'art. 752, alin. 3, du Code de commerce *allemand* et l'art. 683 du Code de commerce *portugais* consacrent expressément cette solution. Elle résulte implicitement du Code de commerce *italien* sur la marine marchande ; l'art. 121 parle d'un navire qui a porté secours à un autre et, d'après l'art. 128, le personnel de l'équipage est toujours obligé de travailler au salut du navire et de la cargaison. — V. pour la *Hollande,* jugement du tribunal de Rotterdam du 20 déc. 1884, *Journ. du Droit intern. privé,* 1887, p. 246; pour les *États-Unis d'Amérique,* arrêt de la Cour de district du Massachusetts du 5 mars 1877, *Journ. du Droit intern. privé,* 1877, p. 266.

(4) Codes de commerce *allemand,* art. 752 ; *hollandais,* art. 545 et 545; *portugais,* art. 683, n° 3. — V. aussi pour l'*Allemagne,* loi du 17 mai 1874 sur les naufrages (*Strandungsordnung*), art. 12.

miner, comme pour l'indemnité de sauvetage, qui doit la payer et à qui elle est due.

En général, la rémunération doit être payée par tous ceux qui ont profité de l'assistance. Il est donc certain que le propriétaire du navire et les propriétaires des marchandises doivent contribuer, chacun dans la mesure à fixer par le juge, au paiement de la rémunération. L'assistance a, en effet, permis au premier de conserver son navire et de gagner le fret ; elle a conservé aux seconds leurs marchandises.

Mais doit-on faire contribuer à la rémunération d'assistance les personnes dont la vie a été sauvée grâce à l'assistance ? Comme pour le cas de sauvetage proprement dit, la rémunération ne doit pas être admise (n° 1063). Outre que l'évaluation du service rendu serait à peu près impossible, on ne pourrait guère, pour fixer la part contributive de chacun, établir un rapport pécuniaire entre le service rendu à ceux dont le navire ou les marchandises ont été sauvés grâce à l'assistance et le service rendu à ceux qui ont eu grâce à elle la vie sauve. Cependant, au point de vue législatif, il serait à désirer que le service rendu aux personnes mêmes fût rémunéré (1).

1074. Tous ceux qui ont coopéré à l'assistance doivent profiter de la rémunération. Mais, comme il n'existe pas de disposition légale fixant le mode de répartition (2), les juges ont à la faire en tenant compte des services rendus et des dangers courus par chacun (3). Dans le cas où il y a doute sur ces points, on est obligé de s'en tenir à la division par parts viriles.

Les personnes qui coopèrent à l'assistance comme, du reste, au sauvetage (n° 1064), sont d'ordinaire, le capitaine, les gens de l'équi-

---

(1) Le Code de commerce *allemand* (art. 750) a adopté une sorte de système intermédiaire. Il n'accorde de rémunération à ceux qui ont sauvé des personnes qu'autant qu'en même temps il y a eu des objets sauvés. Ce système bâtard a été critiqué dans un article intitulé *Rettung von Menschenleben in Seenoth,* de M. Pappenheim, publié dans la *Zeitschrift für das gesammte Handelsrecht,* t. XXVII (nouvelle série), p. 427 et suiv.

(2) DROIT ÉTRANGER. — Des dispositions légales se prononcent sur la question dans plusieurs États étrangers. V. Codes de commerce *allemand,* art. 751; *portugais,* art. 688.

(3) Trib. comm. Marseille, 29 mars 1848, *Journ. de jurispr. de Marseille,* 1849. 1. 57.

page et le propriétaire de navire, en ce sens que son bâtiment a été exposé pour en faire échapper un autre à un péril.

Il est possible qu'il y ait plusieurs navires assistant, la répartition se fait entre eux aussi en proportion des risques courus, des fatigues supportées, des services rendus. On en arrive seulement, quand on ne peut s'attacher à ces éléments pour déterminer l'importance du rôle de chacun, à faire la répartition par portions égales entre les navires assistant (1).

1075. L'assistant est-il créancier privilégié? On a proposé une distinction entre la créance des frais faits par l'assistant et la créance de la rémunération proprement dite. Les frais ont été faits en réalité pour la conservation du navire assisté et de sa cargaison ; ils doivent donc être privilégiés sur le navire et sur les marchandises en vertu de l'art. 2102, 3° C. civ. Mais pour la rémunération aucune disposition ne permet, dit-on, de lui attacher un privilège. Selon nous, la rémunération d'assistance peut être considérée comme comprise dans les frais de conservation, V. n° 1065.

1076. Aucune disposition légale ne s'occupe de la prescription des actions nées du sauvetage ou de l'assistance ni n'admet de fin de non recevoir en ces matières. Aussi y a-t-il lieu, pour ces actions, seulement à la prescription de trente ans (art. 2262, C. civ.) (2).

1077. DES CONFLITS DE LOIS EN MATIÈRE DE SAUVETAGE ET D'ASSISTANCE. — La diversité des lois en ces matières fait naître des conflits quand les navires ne sont pas de la même nationalité ou quand, les navires portant le même pavillon, les faits de sauvetage ou d'assistance se produisent dans les eaux d'un pays auquel ces navires n'appartiennent pas. Les principales questions à résoudre concernent

---

(1) DROIT ÉTRANGER. — Ces règles sont consacrées par les Codes de commerce *allemand*, art. 750; *portugais*, art. 687.

(2) Le Congrès international de Droit commercial de Bruxelles (1888) s'est occupé de la question à la fois pour l'assistance et pour l'abordage. Il l'a résolue dans les termes suivants : « L'action en paiement de l'indemnité d'abordage ou d'as-« sistance n'est subordonnée à aucune formalité préalable. « Elle est prescrite « deux ans après la fin du voyage du navire abordé ou assisté, si ce voyage « peut être achevé et, s'il ne peut l'être, à partir du moment où l'intéressé « aura pu agir utilement. »

la loi à appliquer, soit pour déterminer s'il y a ou s'il n'y a pas obligation d'assistance, soit pour fixer la rémunération due à raison du sauvetage ou de l'assistance. Pour résoudre ces questions difficiles, il faut s'attacher, selon les cas, soit à la nationalité des navires ou de l'un d'eux, soit au lieu (eaux intérieures, haute mer, mer territoriale) dans lequel l'assistance ou le sauvetage s'est produit (1).

1078. Pour savoir si l'assistance était obligatoire ou si le défaut d'assistance constitue, par suite, un délit, il faut consulter la loi du pays dans les eaux duquel les faits se sont passés, lorsque le défaut d'assistance s'est produit dans les eaux intérieures d'un État. Peu importe, dans ces circonstances, que les navires appartiennent ou n'appartiennent pas au pays dont dépendent ces eaux intérieures. Les règles sur l'assistance obligatoire peuvent être considérées comme des règles de police applicables sans distinction de nationalité à tout ce qui se passe sur le territoire de l'État. On peut dire aussi que, pour décider si des faits constituent ou non des faits illicites (délits ou quasi délits), il faut s'attacher à la loi du pays où ils se sont accomplis (2).

1079. La question est plus difficile quand il y a défaut d'assistance en pleine mer. La difficulté provient de ce que la pleine mer, n'appartenant à aucun État, n'étant même soumise au droit exclusif de police d'aucun État, n'est régie spécialement par la législation d'aucun pays ; aussi est-il alors impossible de parler de l'application de la loi locale. Il y a lieu de s'en tenir à la loi du pavillon des navires quand ils ont la même nationalité. Comment des capitaines de navires se plaindraient-ils qu'on leur appliquât la loi du pays auquel ils appartiennent?

Quand les navires sont de nationalités différentes, la loi de chaque navire doit servir à décider si le capitaine était tenu de l'obligation d'assistance et s'il y a un délit de sa part à ne pas y avoir satisfait.

---

(1) Les conflits de lois qui s'élèvent à propos du sauvetage et de l'assistance, ont beaucoup d'analogie avec ceux qui s'élèvent à propos des abordages maritimes. V. ci-dessus, n°s 1045 et suiv.

(2) V. les décisions analogues données à propos des conflits de lois en matière d'abordage, n° 1048.

En pleine mer, les lois nationales de chaque bâtiment peuvent seules, à défaut de loi locale à appliquer, servir à fixer quelles sont les obligations du capitaine dans l'intérêt de la police des mers ou dans un but d'humanité.

1080. A raison du pouvoir de police que l'État riverain a sur la mer territoriale, il semble qu'en notre matière, comme dans celle de l'abordage (1), cette portion de la mer doit être assimilée aux eaux intérieures, non à la pleine mer, de telle façon que la loi du pays baigné par les eaux territoriales où les faits se sont produits, doit être appliquée.

1081. Au point de vue des règles à appliquer à la rémunération due pour assistance, des distinctions analogues à celles qui ont été admises pour la solution de la question précédente, doivent être faites.

Cette rémunération est, selon les circonstances, due en vertu de la loi (2), d'un quasi-contrat (3) ou d'un contrat (4). Les obligations dérivant de ces trois sources sont, selon l'opinion la plus générale, régies par la loi du pays où s'est accompli le fait ou l'acte qui leur donne naissance (*lex loci*). Aussi doit-on, quand l'assistance est donnée dans les eaux intérieures d'un pays, se référer à la loi de ce pays pour déterminer s'il y a lieu à une rémunération, quelle en est la nature et quel en est le montant (5).

1082. Mais, comme cela a été rappelé à propos de la question précédente (n° 1077), en pleine mer il n'y a pas de *lex loci*. Quelle loi faut-il donc appliquer? A défaut de contrat fixant la rénumération et en l'absence de toute règle générale de droit pouvant servir à fixer la loi applicable, il paraît juste et utile de s'attacher à la loi du pays du sauveteur ou de l'assistant (6). C'est cette loi seule que ceux-ci

(1) V. n° 1051.

(2) V. n°ˢ 1061 et 1062.

(3) V. n°ˢ 1060 et 1071.

(4) V. n°ˢ 1069 et 1070.

(5) Cpr. Trib. comm. d'Anvers, 9 mars 1889, *Revue intern. de Droit maritime*, 1889-90, p. 112. V. note de la page.

(6) C'est en ce sens que s'est prononcé le Congrès international de Droit commercial de Bruxelles : « La loi du pavillon servira à déterminer : 1° les indemnités dûes au navire à raison de l'assistance en mer à d'autres navires, alors même que cette assistance serait continuée dans les eaux intérieures. »

connaissent. Puis le meilleur moyen d'encourager le sauvetage et l'assistance est d'assurer au sauveteur ou à l'assistant une rémunération dont il a connaissance.

1083. Parfois l'assistance commencée en pleine mer, se termine dans les eaux intérieures d'un pays ou, en cas de sauvetage, l'épave est ramenée dans un port par le sauveteur. Ces circonstances ne doivent pas faire modifier la solution précédente et conduire à admettre l'application de la loi de ce pays ou de ce port (1). On ignore, au moment où l'assistance est prêtée ou le sauvetage a lieu, en quel pays l'assistance se termine, à quel pays l'épave est ramenée.

1084. Il peut y avoir plusieurs sauveteurs ou assistants appartenant à des nationalités différentes. Il est alors impossible de faire l'application d'une loi unique. On ferait, du reste, ainsi disparaître les avantages pratiques que présente, pour encourager le sauvetage ou l'assistance, l'application de la loi du sauveteur ou de l'assistant; chacun ne connaîtrait pas par avance quelle est la rémunération à laquelle il aura droit.

1085. Le droit de police qui appartient sur les eaux territoriales à l'État dont le littoral est bordé par ces eaux et l'intérêt même que le sauvetage et l'assistance présentent au point de vue de la police et de la sécurité de la navigation, doivent faire assimiler ici, comme en matière d'abordage (n° 1051), les eaux territoriales aux eaux intérieures. Cette assimilation a, du reste, été déjà faite plus haut (n° 1080) à propos d'un autre conflit de lois en matière d'assistance et de sauvetage (2).

---

(1) Cass. 6 mai 1884, S, 1884. 1. 337; *J. P.*, 1884. 1. 823; *Journal du Droit intern. privé*, 1884, p. 512. — V. la résolution du Congrès international du Droit commercial de Bruxelles reproduite à la note précédente.

(2) DROIT ÉTRANGER. — Le Code de commerce *portugais* a prévu les conflits de loi en matière *de sauvetage et d'assistance*. Il leur donne, dans l'art. 690, les solutions que nous avons adoptées. — Cet art. 690 est ainsi conçu : « Le « sauvetage ou l'assistance dans les ports, rivières et eaux territoriales, sera « rémunéré conformément à la loi du lieu où le fait se produira ; en haute mer, « d'après la loi de la nationalité du navire qui a opéré le sauvetage ou prêté « l'assistance. »

CHAPITRE VI.

DES ASSURANCES MARITIMES (1).

1086. Le contrat d'assurance maritime n'est pas un acte qui, comme l'affrétement, constitue l'exercice du commerce de mer, mais il a pour celui-ci une importance considérable. Sans lui, le commerce de mer n'aurait pas reçu son énorme développement; beaucoup de personnes hésiteraient à exposer leurs capitaux en faisant naviguer

---

(1) Code de commerce, art. 332 à 397 (les art. 334 et 347 ont été modifiés d'une façon profonde et l'art. 386 a été abrogé par la loi du 12 août 1885). — La matière faisait, dans l'Ordonnance de 1681, l'objet du livre III, titre VI. Les articles consacrés aux assurances maritimes dans les principaux Codes étrangers sont les suivants : Codes de commerce *hollandais* (art. 592 à 685); *alle-mand* (art. 782 à 905); loi *belge* du 21 août 1879 (art. 168 à 227); Codes de commerce *italien* de 1882 (art. 604 à 641); *roumain* (art. 616 à 653); *espagnol* (art. 737 à 805); *portugais* (art. 595 à 625); *chilien* (art. 1155 à 1250); *argentin* (art. 1216 à 1312); *mexicain* (art. 812 à 880); Codes maritimes de *finlande* (art. 171 à 233), de *Suède*, de *Danemark* et de *Norvège* (art. 230 à 266). Dans le *Grand Duché de Luxembourg*, le titre du Code de commerce français consacré aux assurances maritimes a été remplacé, en vertu d'une loi du 16 mai 1891, par un titre relatif aux assurances non maritimes. Dans beaucoup de législations étrangères, il y a des dispositions sur les assurances non maritimes à côté des dispositions concernant les assurances maritimes. V. note 3 de la p. 183. — En Angleterre et aux États-Unis d'Amérique, les assurances sont réglées presque exclusivement par les usages (*common law*). Il est question de faire en *Grande Bretagne* une loi sur les assurances. Un projet dont le rédacteur principal est M. Chalmers, juge de la Cour de comté de Birmingham, a été présenté en 1894 à la Chambre des lords.

Des ouvrages importants ont été faits sur les assurances maritimes. Nous citerons, en dehors des traités généraux de droit maritime, pour l'ancien droit français : Emérigon, *Traité des assurances*; pour le droit français actuel : J.-V. Cauvet, *Traité sur les assurances maritimes*, 2 vol. in-8; Emile Cauvet, *Traité des assurances maritimes*, 2 vol. in-8; Alfred Droz, *Traité des assurances maritimes, du délaissement et des avaries*, 2 vol. in-8; de Courcy, nombreuses brochures sur des questions spéciales et articles dans les *Questions de Droit maritime*, 4 vol. in-8; pour le droit *anglais* : Arnould, *On marine insurance*, 2 vol. in-8; F. Martin, *The History of Lloyd's and of marine insurance in Great Britain*, 1 vol. in-8; Mac Arthur, *The contract of marine insurance*; pour le droit des principaux États de l'Europe, Andersen, *die Seevorsicherung*.

des navires ou en faisant transporter des marchandises par mer, si elles n'avaient un moyen de se mettre à l'abri des dommages pécuniaires que les risques de mer, en se réalisant, peuvent leur causer.

Les anciens auteurs s'accordent à proclamer la grandeur des services rendus par l'assurance maritime. Valin (préface du livre III, titre VI du commentaire de l'Ordonnance de 1681) dit, en parlant de ce contrat : « Il est si favorable que sans son secours le commerce par mer ne saurait se soutenir. » Pothier (n° 10, *Traité du contrat d'assurance*) exprime la même pensée : « L'usage de ce contrat est de la « plus grande utilité. Le commerce de mer qui, sans ce contrat, ne « se ferait que par un petit nombre de personnes qui auraient assez « de fortune pour courir les risques auxquels il expose, peut, par le « secours de ce contrat, être fait par toutes sortes de personnes, « même par celles qui ont le moins de fortune. »

1087. Entre les assurances maritimes et les différents contrats concernant le commerce de mer il y a des liens si intimes qu'on ne peut comprendre les règles des assurances sans connaître les règles relatives à ces contrats. Ainsi, la portée même de l'assurance du fret ou des loyers des gens de mer ne peut être saisie qu'autant qu'on a étudié l'affrétement et l'engagement des gens de mer.

1088. Le contrat d'assurance maritime n'est qu'une variété du contrat d'assurance. Ce contrat, considéré à un point de vue très général, peut être défini : le contrat par lequel une personne (l'assureur) s'engage, moyennant une rémunération appelée, soit *prime* ou coût de l'assurance, soit *cotisation* (1), à indemniser une autre personne (l'assuré) du préjudice que celle-ci pourra éprouver par suite de la réalisation de certains risques (2).

(1) V. plus loin, sur le sens des deux expressions *prime* et *cotisation*, n° 1093.
(2) Les lois françaises ne définissent pas le contrat d'assurance. Mais on en trouve des définitions dans des lois étrangères. Ainsi, d'après l'art. 246 du Code de commerce *hollandais*, « l'assurance est un contrat par lequel l'assureur s'oblige « envers l'assuré, moyennant une prime, à l'indemniser d'une perte ou d'un « dommage ou de la privation d'un profit espéré qu'il pourrait éprouver par « suite d'un évènement incertain. » V. définition analogue dans la loi *belge* sur les assurances du 11 juin 1874, art. 1 ; Codes de commerce *italien*, art. 417 ; *hongrois*, art. 403 ; *chilien*, art. 512 et 513 ; *argentin*, art. 492 ; Code civil *espagnol*, art. 1791.

Les risques contre les conséquences desquels l'assuré peut être garanti, sont d'une infinie variété. On peut faire assurer une maison contre les risques d'incendie, des récoltes contre la grêle, des animaux contre les risques de certaines maladies contagieuses, des marchandises transportées contre les risques du transport, etc... Quand l'assurance a pour objet des risques de mer, on lui donne le nom *d'assurance maritime*.

1089. Notre Code de commerce ne s'est occupé que des assurances maritimes. Cela s'explique par la considération qu'en 1807, les autres assurances étaient peu pratiquées. Les choses ont bien changé depuis ; les assurances contre l'incendie et sur la vie ont reçu les plus grands développements (1) et l'idée d'assurance a été appliquée à des risques très variés (2) ; cependant le législateur français n'a pas jusqu'ici jugé nécessaire de faire une loi sur les assurances terrestres. Sur ce point, il est demeuré en retard sur beaucoup de législateurs étrangers (3). Il ne sera également traité ici que des assurances contre les risques de mer ; mais beaucoup de règles générales exposées dans ce chapitre sont, par analogie, appliquées à toutes les assurances (4).

(1) Aussi nous consacrerons aux assurances non-maritimes un volume de notre *Traité de Droit commercial*.

(2) On en a fait surtout des applications diverses dans les États-Unis d'Amérique ; par exemple, les patrons y contractent des assurances contre l'infidélité de leurs employés. V. sur les assurances autres que les assurances maritimes aux États-Unis d'Amérique, en Grande-Bretagne et dans les colonies et possessions anglaises, Biddle, *A Treatise on the law of insurance*, 2 vol. in-8, Philadelphie, 1893.

(3) Dans beaucoup de pays étrangers, il y a, au contraire, sur les assurances non-maritimes, ou des lois spéciales ou des dispositions contenues dans les Codes de commerce. V. notamment Codes de commerce *hollandais* (art. 246 à 308 et art. 686 à 695) ; *hongrois* (art. 453 à 514) ; *italien* (art. 417 à 453) ; *roumain* (art. 448 à 477) ; *espagnol* (art. 380 à 437) ; *portugais* (art. 425 à 462 ; *chilien* (art. 512 à 601) ; *mexicain* (art. 392 à 448) ; *argentin* (art. 492 à 557) ; loi *belge* du 11 juin 1874 sur les assurances ; loi *luxembourgeoise* du 16 mai 1891 sur le contrat d'assurance dont les dispositions remplacent le titre X, livre II du Code de commerce. — En *Allemagne*, on n'est pas encore parvenu à unifier les lois sur les assurances non-maritimes (V. introduction à la traduction du Code de commerce allemand publiée par le Comité de législation étrangère, p. LI et LII). Il en est de même en *Suisse* ; l'art. 896 du Code fédéral des obligations réserve l'application des lois cantonales jusqu'à la promulgation d'une loi fédérale sur les assurances qui n'a pas encore eu lieu.

(4) L'art. 343 C. com. sur les causes de nullité de l'assurance maritime

1090. Il peut être parfois difficile de décider si une disposition du Code de commerce sur les assurances maritimes doit être étendue, par analogie, aux autres assurances. La règle générale à suivre est pourtant fort simple en elle-même : à défaut de texte, les dispositions sur les assurances maritimes ne régissent les autres assurances qu'autant qu'elles consacrent le droit commun. On peut considérer comme formant le droit commun les règles qui dérivent des caractères du contrat d'assurance considéré en lui-même, abstraction faite de la nature des risques. Quelques-unes des difficultés qui s'élèvent à cet égard, seront indiquées en note (1).

1091. ORIGINE DE L'ASSURANCE. — L'assurance maritime est un des contrats commerciaux les plus récents. Il ne paraît pas avoir été connu dans l'antiquité, spécialement des Romains (2). Sans doute, on trouve en Grèce et à Rome des contrats qui contenaient une sorte d'assurance ; c'est bien là ce qui avait lieu toutes les fois que les parties contractantes convenaient que les risques qui auraient dû, d'après les principes généraux du droit, être supportés par l'une d'elles, le seraient par l'autre ; c'est ce qui a probablement donné

tenant aux vices du consentement de l'assureur est généralement appliqué à toutes les assurances. — Au contraire, la disposition de l'art. 334 qui permet l'assurance maritime du profit espéré, n'est pas applicable en matière d'assurances terrestres. V. n° 1142.

(1) V. par exemple la question de savoir si l'écrit est exigé comme pour l'assurance maritime, en vertu de l'art. 332, C. com. V. n° 1183.

(2) L'assurance maritime ne semble pas avoir été connue des Romains. L'opinion contraire a des partisans qui se fondent sur des textes législatifs et surtout sur des passages extraits d'auteurs d'œuvres littéraires. Consulter sur la question, dans le sens de notre opinion : Bergson, *Études sur le contrat d'assurance* (*Revue de droit français et étranger*, II, p. 378 et suiv.); Pardessus, *Lois maritimes antérieures au XVIIIᵉ siècle*, I, p. 72 et suiv.; Frémery, *Étud's de droit commercial*, p. 281 et suiv.; Émile Cauvet, *Traité des assurances maritimes* (introduction) ; Reatz, *Geschichte des europäischen Seeversicherungsrechtes*, p. 18 et suiv.; Cresp. IV, p. 6 et suiv. ; Desjardins, VI, n° 1290, p. 10 et 11. Goldschmidt, *Handbuch des Handelsrechts*, I, p. 357, note 73, ne nie pas absolument que l'assurance ait pu être pratiquée à Rome. Il insinue que la condition si fréquemment indiquée *si navis ex Asiâ venerit* peut s'appliquer à une assurance. — La doctrine, d'après laquelle les Romains auraient connu le contrat d'assurance, n'a guère été soutenue que par d'anciens auteurs trop préoccupés de rattacher toutes les institutions, même les plus modernes, au Droit romain. On peut citer en ce sens Loccenius, Grotius et Puffendorff.

l'idée de l'assurance (1). A ce point de vue, le prêt à la grosse, connu des Romains sous le nom de *nauticum fœnus*, doit être spécialement mentionné. C'est en réalité un prêt de consommation *(mutuum)* mélangé d'une assurance maritime (2). Le prêteur est une sorte d'assureur : il doit perdre le droit d'exiger en tout ou en partie le remboursement du capital prêté si le navire ou les marchandises de l'emprunteur périssent sur mer ou subissent des avaries ; mais il stipule, pour le cas d'heureuse arrivée, outre le remboursement de ce capital, des intérêts à un taux élevé *(prime de grosse* ou *de. profit maritime)*. Il ne semble pas que, dans les temps anciens, on ait pensé à faire de l'assurance un contrat indépendant. Le prêt à la grosse, celui de tous les contrats ayant le plus d'analogie avec l'assurance maritime, en différait essentiellement en ce que, tandis que dans l'assurance, l'assureur n'a aucun déboursé à faire, si le risque prévu ne se réalise pas, le prêteur à la grosse qui joue le rôle d'assureur, doit faire une avance. C'est évidemment là une grande cause d'infériorité pour le prêt à la grosse. Elle a contribué à rendre l'assurance beaucoup plus fréquente que le prêt à la grosse et à ne faire ordinairement recourir à ce dernier contrat que dans des cas exceptionnels d'urgence, en cours de voyage (3).

Au début même de son *Traité du contrat à la grosse aventure*, Emérigon constate le lien existant entre le prêt à la grosse et l'assurance maritime : « Le contrat à la grosse et celui d'assurance ont « une grande affinité. Ils paraissent souvent régis par les mêmes prin- « cipes. Ce sont deux frères jumeaux auxquels le commerce maritime « a donné le jour, mais qui ont chacun une essence et une nature par-

---

(1) Beaucoup de textes du Droit romain font allusion à des conventions accessoires de ce genre relatives à la charge des risques. V. notamment, Dig. L. 1, *princip.* (XVIII, 6) ; L. 13, § 5 (XIX, 2) ; L. 1, § 35 (XVI, 3) ; L. 39 (XVII, 1).

(2) Cette idée est fort bien développée par Goldschmidt, *op. cit.*, 1, p. 362, et suiv.

(3) A propos du prêt à la grosse, nous aurons de très fréquents renvois à faire aux règles relatives aux assurances maritimes. Les liens nombreux existant entre le prêt à la grosse et l'assurance maritime avaient contribué à faire demander par plusieurs Cours d'appel, lors de la préparation du Code de commerce, qu'un seul titre fût consacré aux deux contrats. V. sur ce point. Locré, *Esprit du Code de commerce* (III, p. 320 et 321).

« ticulières. On ne saurait disputer le droit d'aînesse au contrat à la
« grosse. Il jouit de certains privilèges dont le contrat d'assurance se
« voit privé ; mais celui-ci a su acquérir un plus vaste empire, et sa
« noblesse, quoique moins ancienne, l'emporte parmi nous sur celle de
« l'autre (1). »

Les jurisconsultes et les historiens, qui nient l'origine romaine de
l'assurance maritime, cessent d'être d'accord quand il s'agit de déterminer l'époque précise de l'invention de ce contrat et de se prononcer sur les auteurs de cette invention. Les uns (ce sont les plus
nombreux) font naître le contrat d'assurance en Italie, d'autres en
Espagne, quelques-uns dans la Flandre ; d'autres enfin en attribuent
l'invention aux Juifs (2), qui, chassés de France sous Philippe le
Long, se seraient réfugiés en Italie, et auraient appris aux Italiens
la pratique de l'assurance maritime. Il ne paraît possible ni de fixer
la date précise de l'introduction de l'assurance maritime qui est dûe
à la coutume, non à une loi écrite, ni de déterminer qui en a été
l'inventeur. Il semble seulement que le contrat d'assurance maritime
a commencé à être connu au xive siècle et qu'il a surtout été pratiqué d'abord en Italie d'où viennent toutes les grandes institutions du
droit commercial. Les expressions les plus usitées en matière d'assurances, telles que celles de *police*, de *prime*, etc..., ne constituent-
elles pas, à part même toute raison tirée des textes, un argument ou
tout au moins, une présomption en faveur de l'origine italienne de
l'assurance ?

Ce qui doit faire supposer que l'assurance maritime n'a été connue
qu'à partir du xive siècle, c'est que le Consulat de la mer et les
rôles d'Oléron n'en font pas mention (3), tandis que de nombreux
actes législatifs du xve et du xvie siècle en traitent assez longue-

(1) Il sera traité du prêt à la grosse dans le chapitre suivant, parce qu'il
peut être considéré comme un moyen de crédit maritime.
Ce contrat est devenu beaucoup moins fréquent encore depuis le développement de la navigation à vapeur et de la télégraphie sous-marine ainsi
que depuis plusieurs modifications apportées à nos lois.
(2) Comme aussi l'invention de la lettre de change. V. *Traité de Droit commercial*, IV, n° 20.
(3) V. sur ces recueils, *Traité de Droit commercial*, I, n°s 23 et 24.

ment (1). Il est certain que les assurances maritimes étaient connues avant que les lois écrites ne s'en soient occupées. On a des traces d'assurances mutuelles antérieures à celle des assurances à prime (2) et il n'est pas contesté que l'assurance contre les risques de mer qui a été la première connue, a donné l'idée des assurances si variées appliquées à d'autres risques.

Le titre VI du livre III de l'Ordonnance de 1681 était consacré aux assurances. La place donnée par l'Ordonnance au titre des assurances est très critiquable; il précède le titre des avaries. Les rédacteurs du Code de commerce ont, du reste, commis le même défaut de méthode (3).

Le Code de commerce a reproduit presque complètement et souvent d'une façon textuelle les dispositions de l'Ordonnance de 1681. Aussi ne faut-il pas s'étonner que les règles de la législation française sur les assurances maritimes soient, en plusieurs points importants, quelque peu surannées. Quelques modifications résultant de la loi du 12 août 1885 ont fait disparaître les dispositions les plus critiquées, en étendant notablement le nombre des choses pouvant former l'objet d'une assurance maritime (nos 1128 et suiv.).

1092. AVANTAGES DE L'ASSURANCE. — Le contrat d'assurance maritime offre un avantage évident pour l'assuré. Moyennant le paiement d'une somme relativement faible, il est indemnisé du préjudice que lui causent des événements de mer. La prime que l'assuré doit payer vient réduire cette indemnité. Mais, comme il sera expliqué plus loin (nos 1152 à 1154), l'assuré peut faire assurer la prime elle-même (art. 342, C. com.). Il est vrai que, si aucun risque ne se réalise,

(1) On peut citer notamment l'*Ordonnance de Barcelone* de 1435, le statut de Gênes de 1498. Le *Guidon de la mer*, rédigé à Rouen au XVIe siècle, traite des assurances maritimes, à la différence du Consulat de la mer et des rôles d'Oléron. C'est même là son objet principal. Cleirac, qui l'a publié, dit sur ce point dans un avant-propos : « Le traité intitulé le Guidon est pièce françoise, « et fut cy-devant dressé en faveur des marchands trafiquans en la noble cité « de Rouen, et ce avec tant d'adresse et de subtilité tant desliée que l'autheur « d'icelui, *en expliquant les contrats ou polices d'assurance*, a insinué et faict « entendre avec grand facilité tout ce qui est des autres contrats maritimes et « tout le général du commerce naval. »
(2) V. Sur la distinction entre les deux espèces d'assurances, n° 1093.
(3) V. ci-dessus, n° 858.

l'assuré a payé cette somme et ne reçoit rien de l'assureur. Mais il
n'y a là qu'un sacrifice apparent dont les armateurs se réservent de
se rembourser sur les affréteurs, les affréteurs sur les acheteurs de
leurs marchandises, par cela même que les armateurs d'un navire
assuré réclament un fret plus élevé, que les affréteurs se font payer
pour les marchandises assurées un prix plus fort. Du reste, l'assuré
a toujours eu le précieux avantage de jouir de la sécurité.

L'assurance n'est pas avantageuse seulement pour l'assuré, elle
l'est également pour l'assureur et, par suite, les assurances maritimes sont l'objet d'une importante branche de commerce. Si un
assureur se bornait à assurer un seul navire ou une seule cargaison,
il serait exposé à éprouver, en cas de sinistre, un grave préjudice,
sans avoir la chance de réaliser un gain de quelque importance.
Aussi généralement les assureurs assurent-ils un grand nombre de
navires et de cargaisons. Comme, à moins de circonstances extraordinaires, la plupart arrivent à bon port, les primes payées aux
assureurs leur permettent de payer les indemnités qu'ils doivent et
leur laissent souvent même un excédent qui constitue pour eux un
bénéfice. Le bénéfice est généralement moins considérable pour
les assurances maritimes que pour les autres. Cela provient sans
doute principalement de ce que les risques de mer se réalisent souvent et de ce que des fraudes trop nombreuses sont pratiquées au
préjudice des assureurs maritimes. Le bénéfice de l'assuré est d'autant plus probable que les risques dont se chargent les assureurs sont
plus disséminés. C'est là ce qui fait que généralement les assureurs
ne consentent pas à assurer un même navire ou une cargaison chargée sur un seul bâtiment au-delà d'une certaine somme. La *somme*
maxima fixée d'ordinaire par les statuts, forme ce qu'on appelle *le*
plein de chaque compagnie (1).

Par cela même que, pour avoir quelque chance de réaliser des
bénéfices, il faut assurer de nombreux navires et une grande quantité de marchandises, l'exercice du commerce des assurances exige

---

(1) Ce ne sont pas les compagnies d'assurances maritimes seules qui ont un
plein. Les statuts des autres compagnies d'assurances spécialement contre l'incendie et sur la vie en fixent également un.

d'importants capitaux ; dans des circonstances exceptionelles, les nombre des sinistres peut être tel que les primes payées par les assurés ne suffisent pas pour les indemniser de tous les dommages qu'ils éprouvent. Cela explique qu'en général, le commerce des assurances est fait, non pas par des particuliers, mais par des sociétés, dont les capitaux constituent une garantie pour les assurés.

L'assurance pratiquée par une seule personne ne peut convenir qu'à une navigation peu développée. On n'en trouve que peu d'exemples actuellement. Mais il existe encore, notamment à Paris, au Hâvre, à Saint-Malo, à Dieppe, des réunions ou cercles d'assureurs. Sans qu'il y ait entre eux une société, les membres de ces cercles donnent mandat soit à l'un d'eux, soit à un tiers, de souscrire pour eux des assurances en déterminant la somme jusqu'à concurrence de laquelle chacun sera obligé. Chacun est tenu comme s'il avait assuré séparément pour la somme indiquée. Aussi a-t-il été souvent décidé qu'un jugement rendu contre les membres d'un cercle d'assureurs peut être en dernier ressort à l'égard des uns et susceptible d'appel pour les autres (1).

Le système d'assurance par l'État a bien des défenseurs ; mais il ne semble pas que les partisans de ce système l'aient jamais proposé pour les assurances maritimes (2).

1093. — Assurances a prime. Assurances mutuelles. — On distingue pour toutes les sortes d'assurances les compagnies d'assurances à primes et les compagnies ou associations d'assurances mutuelles. Les compagnies d'assurances maritimes à primes sont des sociétés par actions (anonymes ou parfois en commandite) qui se chargent des risques moyennant une prime fixe. Elles sont, au point de vue des conditions de leur constitution et de leur fonctionnement,

---

(1) Cette jurisprudence s'applique évidemment aussi au cas où l'assurance a été couverte par plusieurs compagnies non solidaires entre elles : Cass. 20 mars 1860, D. 1860. 1. 273 ; Cass. 18 février 1863, *Journ. de Marseille*, 1864. 2. 56. V. sur la question, Negrin, le *Droit d'appel limité à 1500 fr. surtout en matière d'assurances maritimes*.

(2) Consulter sur ce point, de Courcy, *Essai sur les lois du hasard suivi d'études sur les assurances*, p. 162 et suiv ; de Courcy, *de l'assurance par l'État* (chapitre II).

régies par la loi du 24 juillet 1867 et, en outre, par le décret du 22 janvier 1868, quand elles sont anonymes. V. L. 24 juillet 1867, art. 66, 2e alin. (1).

Les compagnies ou associations d'assurances mutuelles ont un tout autre caractère. Ce ne sont pas des sociétés proprement dites (2) ; leur but est, non de réaliser des bénéfices à répartir entre les associés, mais de prémunir leurs membres contre des pertes auxquelles ils sont exposés. Elles consistent dans l'association de plusieurs personnes qui s'engagent réciproquement les unes envers les autres à supporter en commun les risques dont chacune est menacée. En matière d'assurances maritimes, ceux qui peuvent former ainsi une association d'assurances mutuelles sont des propriétaires de navires ou des chargeurs. Afin d'avoir droit à cette garantie réciproque, chaque mutuelliste acquitte une somme appelée cotisation. Celle-ci sert à payer les dommages soufferts, à former un fonds de réserve et à supporter les frais d'administration de la compagnie. La cotisation n'est pas ordinairement invariable ; elle est, en général, plus forte quand les sinistres ont été plus nombreux. Si la cotisation était fixe pour chaque année, le montant des indemnités à payer pourrait être supérieur à celui des cotisations, les mutuellistes atteints par un sinistre supportant le dommage pour l'excédent.

Dans les assurances à primes, les qualités d'assureur et d'assuré sont parfaitement distinctes ; au contraire, dans les assurances mutuelles, chaque associé est à la fois assuré et assureur ; chacun assure les autres mutuellistes et est en même temps assuré par eux.

Les compagnies d'assurances mutuelles maritimes sont régies par l'art. 66, 2e alin., de la loi du 24 juillet 1867 et par le décret du 22 janvier 1868 (art. 8 à 42). Ce décret s'applique d'ailleurs à toutes les associations d'assurances mutuelles autres que sur la vie ; ces dernières sont demeurées soumises à l'autorisation préalable et à la surveillance du gouvernement (L. 24 juillet 1867, art. 66, 1er alin.) (3).

1094. *Rareté des assurances mutuelles maritimes.* — Si les

---

(1) V. *Traité de Droit commercial*, II, nos 922 et suiv.
(2) V. *Traité de Droit commercial*, II, no 34, 2o.
(3) V. *Traité de Droit commercial*, I, nos 914 et suiv.

assurances mutuelles contre les risques terrestres sont nombreuses, spécialement contre l'incendie et contre la grêle, il y a, au contraire, fort peu d'assurances mutuelles maritimes. La cause de cette rareté, c'est que la mutualité n'est équitable qu'à une condition essentielle qui ne peut que difficilement exister pour les risques de mer, à savoir l'égalité des risques. Associer des risques très divers, c'est faire, comme on l'a dit, payer les bons pour les mauvais. Aussi généralement les assurances mutuelles ont-elles conduit à des procès. Les faits confirment notre opinion au sujet de cette cause de la rareté des assurances mutuelles maritimes. Il s'est parfois formé des assurances mutuelles entre les navires qui partent au printemps de nos ports de la Manche pour faire la pêche à Terre-Neuve et en reviennent à l'automne. En Angleterre et dans les États-Unis d'Amérique, les assurances mutuelles maritimes sont plus fréquentes et réussissent mieux qu'en France. Cela provient de ce qu'il y a un plus grand nombre d'armements homogènes, tels que les cotonniers, les navires charbonniers des ports houillers, les bâtiments trafiquant avec l'Inde, avec l'Australie, etc. (1). Des publicistes ont soutenu qu'au contraire, c'est la grande diversité des risques de mer, qui rendrait, en matière maritime, les assurances mutuelles plus avantageuses que les autres assurances mutuelles. Grâce à cette diversité, disent-ils, il arrivera difficilement que tous les assurés soient atteints par un événement de mer. — Le fait est exact; mais la conclusion qui en est tirée au point de vue des avantages de la mutualité dans les assurances maritimes, est fausse. La grande diversité des risques est une cause d'inégalité incompatible avec l'assurance mutuelle. L'expérience l'a prouvé, comme il a été dit plus haut.

1095. *Identité des règles applicables aux assurances à primes et aux assurances mutuelles.* — Du reste, quel que soit l'assureur, que ce soit un particulier ou une société, que l'assurance soit mutuelle ou à prime, les règles à appliquer dans les rapports entre l'assureur et l'assuré sont toujours identiques (2), sauf la différence entre la prime

(1) De Courcy, *Essai sur les lois du hasard suivi d'études sur les assurances,* p. 175. V. Mac Arthur, *The contract of marine insurance, chapter XIII, Mutual insurance contracts,* p. 338 et suiv.

(2) L'application du principe posé au texte a été faite à plusieurs reprises à

et la cotisation. Il faut bien distinguer la société ou association d'un côté et le contrat d'assurance de l'autre. Aussi ne sera-t-il fait par la suite aucune distinction ; pour plus de simplicité, il sera toujours supposé que l'assurance est à prime ; c'est, d'ailleurs, la seule espèce d'assurance visée par le Code de Commerce.

1096. Malgré les grands avantages que présente l'assurance pour l'assuré, il s'en faut que tous les navires et toutes les marchandises transportées par mer soient assurés. Quand une compagnie de transports maritimes a un grand nombre de bâtiments, souvent elle n'en assure aucun ou n'en assure que quelques-uns. Les compagnies qui adoptent cet usage, ont le soin de tenir un compte spécial d'assurance ; elles y portent les sommes que chaque année elles mettent en réserve pour réparer les sinistres qui se produiraient. De cette manière, les naufrages d'une année malheureuse se répartissent sur une longue période de temps.

On dit de celui qui n'assure pas ou qui n'assure qu'en partie son navire, ses marchandises ou toute autre chose exposée aux risques de mer, qu'il est son propre assureur, *ipsius assecurator* ou *proprius assecurator*, selon les expressions employées par les docteurs italiens.

1097. *Assurances sur corps et assurances sur facultés*. — Les assurances maritimes ont, comme cela sera expliqué, des objets assez divers ; le nombre des objets pouvant être assurés contre les risques de mer était limité avant 1885 (anciens articles 334 et 347, C. com.); il a été beaucoup étendu par la loi du 12 août 1885 (nouveaux articles 334 et 347, C. com.). Mais les objets principaux de l'assurance maritime sont les navires et les marchandises. Le Guidon de la mer (1) disait : « Assurances se peuvent diviser par ce qu'aucunes se « font sur la marchandise, autres sur le corps de la nef. » On appelle *assurances sur corps* celles des navires et *assurances sur facultés*

propos de l'art. 432, C. com., qui soumet à la prescription de cinq ans les actions dérivant du contrat d'assurance maritime ; il a été décidé que cette prescription régit les actions nées de l'assurance mutuelle comme les actions nées de l'assurance à prime : Paris, 11 août 1860; Rennes, 22 janv. 1861, *Journ. de Marseille*, 1861. 2. 86 et suiv.

(1) V. Pardessus, *Lois maritimes*, ch. II, p. 377 et suiv.

celles des marchandises. La valeur des marchandises transportées sur mer étant beaucoup plus considérable que celle des navires, les assurances sur facultés sont plus nombreuses et plus importantes que les assurances sur corps. Le véritable commerce de mer est celui des marchandises exportées ou importées par mer; les navires ne sont que les instruments de ce commerce.

L'importance des assurances sur facultés explique comment on trouve des compagnies d'assurances maritimes dans des pays sans marine et sans littoral, tels que la Suisse, ou dans des villes autres que celles du littoral. Paris est aujourd'hui la principale place d'assurances maritimes de la France. Du reste, toutes les grandes compagnies d'assurances maritimes ont leur siège à Paris.

1098. *Importance des polices. Polices françaises.* — Pour connaître les règles qui régissent les assurances maritimes, il ne suffit pas d'étudier les dispositions du Code de commerce, il faut aussi examiner les clauses usuelles des *polices* (c'est-à-dire des écrits constatant les contrats d'assurances) (1) les plus répandues. L'importance de ces polices se rattache à une cause facile à saisir. Les dispositions du Code de commerce sur les assurances maritimes sont de deux sortes : les unes (et ce sont les plus nombreuses) sont purement interprétatives de la volonté des parties, comme, du reste, la plupart des dispositions de nos lois commerciales ; les autres sont impératives ou prohibitives. S'il ne peut être dérogé aux dernières, les premières peuvent être écartées par l'expression d'une volonté contraire. Ainsi, quelques articles du Code de commerce relatifs aux assurances maritimes sont devenus sans application par l'habitude où l'on est de les écarter par les clauses des polices (2).

Par suite de la même cause, malgré l'unification de la législation maritime, des usages locaux ont subsisté ou se sont formés quant aux points réglés seulement par des dispositions interprétatives.

---

(1) Il y a une grande incertitude sur l'étymologie du mot *police*. Il paraît venir de polyptychum (Littré, *Dictionnaire*, v° *police*), et *polyptique* veut dire simplement écrit.— Cleirac, en commentant le *Guidon de la mer*, émet l'avis que police vient du mot latin *pollicitatio* et que c'est un terme italien ou lombard.

(2) V. notamment art. 366, C. com. et ci-dessous, n° 1124.

Chaque port de quelque importance a eu ainsi ses polices, Paris a eu
également les siennes. Ces polices excluent ou modifient les dispositions du Code de commerce. C'est ainsi que la connaissance des
clauses des principales polices est indispensable et que nous devrons
parfois les citer. D'ailleurs le nombre des polices usitées en France a
été assez notablement diminué dans les dernières années.

La grande diversité des polices dans un même pays a des inconvénients pratiques assez graves qui se produisent surtout lorsqu'une
assurance est couverte par des assureurs de places différentes. Il est
difficile qu'un négociant ait le temps de se livrer à l'étude compara-
tive des diverses formules. Si un sinistre se produit, on se heurte à
des contradictions sans nombre. Dans le cas où, pour éviter cela,
l'assuré choisit la police qu'il connaît le mieux, d'autres inconvénients se présentent : aucun des assureurs n'a une connaissance complète de la police adoptée ; en cas de sinistre, il faut aller chercher au
loin les éléments de la solution en se renseignant sur les usages et
sur la jurisprudence.

En 1865, les assureurs de Paris et de Marseille ont adopté une
police unique pour les navires. En 1873, deux congrès d'assureurs
ont eu lieu à Paris, et sont parvenus à rédiger deux polices, l'une sur
corps (on y a pris pour type la police de Paris-Marseille), l'autre sur
facultés. La police d'assurance sur corps ainsi arrêtée a été adoptée
à Paris, à Marseille, à Nantes et à Bordeaux ; elle y fonctionne depuis le 15 juillet 1873. Mais, pour les marchandises, la police, rédigée en 1873 par les congrès d'assureurs, n'a été admise qu'à Paris
et à Bordeaux, et pour les risques de long cours seulement. Il faut
ajouter qu'une police unique d'assurance sur corps de navires à vapeur est appliquée par toute la France. Ces polices qu'on appelle
polices d'assurances françaises ont subi à plusieurs reprises des
modifications motivées par les inconvénients révélés des dispositions
primitives ou par des changements dans la législation. Nous citerons
souvent les dispositions de ces polices en les rapprochant des dispositions du Code de commerce auxquelles elles dérogent ou qu'elles
complètent (1).

_____

(1) Les polices françaises d'assurances sur corps et sur facultés ont été com-

Il faut observer qu'à raison même de la concurrence des compagnies étrangères, on assure souvent en France même aux conditions des polices de Londres, d'Anvers, d'Amsterdam, de Hambourg, de Brême, etc. (1).

1099. Il va de soi que la police se distingue du contrat d'assurance, mais, dans le langage usuel, on confond souvent l'un de ces mots avec l'autre et l'on désigne le contrat lui-même sous le nom de police (2). C'est là une interversion opposée à celle qu'on fait si souvent dans la pratique quand on appelle contrat l'écrit qui sert à constater une convention.

Au reste, le mot police s'emploie pour désigner les écrits destinés à constater les contrats d'assurances contre des risques quelconques. Ce mot était usité même autrefois pour désigner l'écrit relatif à d'autres contrats maritimes. Ainsi, l'Ordonnance de 1681 prenait l'expression *police de chargement* comme synonyme de *connaissement*. On dit encore en italien *polizza di carico*.

1100. DIVISION. — L'étude de la matière des assurances maritimes sera divisée en cinq sections : *Section I.* DE LA NATURE ET DES ÉLÉMENTS ESSENTIELS DU CONTRAT D'ASSURANCE MARITIME (*risques, chose assurée, prime*). DES PERSONNES POUVANT JOUER LE RÔLE D'ASSURÉ. — *Section II.* DE LA PREUVE DE L'ASSURANCE MARITIME. DES FORMES ET DES ÉNONCIATIONS DES POLICES. — *Section III.* DES OBLIGATIONS DE L'ASSUREUR (*action d'avarie et délaissement*). — *Section IV.* DES OBLIGATIONS DE L'ASSURÉ ET DU PRIVILÈGE GARANTISSANT LA CRÉANCE DE LA PRIME.

Il y a, en matière d'assurance maritime, des prescriptions et des déchéances spéciales ; il en sera traité à propos des obligations des

mentées article par article dans un ouvrage spécial de M. de Courcy intitulé *Commentaire des polices françaises d'assurance maritime.* Deux éditions de cet ouvrage ont paru, la première en 1874, la seconde en 1888.

(1) Il serait intéressant et utile d'avoir un recueil contenant les textes des polices d'assurances maritimes en usage sur les places les plus importantes de tous les États. Un recueil de ce genre a été publié sous le titre de : *Die Sec. Versicherungen-Policen der wichtigsten Seeplätze der Erde.* Malheureusement cet ouvrage remonte à 1874 et n'est plus, par suite, au courant.

(2) Ainsi, l'on parle de cession de la *police* ou de constitution en gage de la *police,* alors qu'évidemment c'est l'assurance elle-même qui est cédée ou donnée en gage.

contractants auxquelles elles se rattachent. Il y a aussi des causes de nullité ou de résiliation. Elles seront examinées à propos des règles auxquelles elles servent de sanction.

SECTION PREMIÈRE.

De la nature et des éléments essentiels du contrat d'assurance maritime (risques, chose assurée, prime). Des personnes pouvant jouer le rôle d'assuré.

1101. DÉFINITION ET NATURE DU CONTRAT D'ASSURANCE MARITIME. — L'assurance maritime est le contrat par lequel l'un des contractants (l'assureur) se charge des risques de mer auxquels une chose est ou sera exposée (1), et s'oblige envers l'autre contractant (l'assuré) à l'indemniser, en tout ou en partie, du préjudice que ces risques pourront lui causer moyennant une somme appelée prime que celui-ci s'engage à payer à l'assureur (2).

1102. Les anciens auteurs ont beaucoup discuté sur le point de savoir à quel contrat usuel du droit civil l'assurance se rattache. Ils y ont vu un louage, une société, une vente. Ainsi Pothier (3) prétendait que c'était une vente dans laquelle l'assureur vend à l'assuré la décharge du péril. La vérité, déjà proclamée par Émérigon (4) et

---

(1) L'emploi du présent et du futur correspond à ce que, selon les circonstances, les choses assurées, spécialement le navire ou les marchandises, sont déjà en mer ou sont seulement destinées à partir, au moment de la conclusion du contrat d'assurance.

(2) Les auteurs, tout en s'accordant sur le fond, donnent en la forme des définitions variées de l'assurance maritime. Stypmannus disait : *Assecuratio est conventio de rebus tuto aliundè transferendis pro certo præmio seu aversio periculi*. Le Guidon de la mer donne la définition suivante : « C'est un contrat « par lequel on promet indemnité des choses qui sont transportées par mer « moyennant un prix convenu entre l'assuré qui fait ou fait faire le transport « et l'assureur qui prend le péril sur soi et se charge de l'événement ». Émérigon se borne à reproduire cette définition.

(3) Pothier, *Traité des assurances maritimes*, n° 4.

(4) Émérigon (*Traité des assurances*, chap. I, sect. II) s'exprime ainsi : « Il « est évident que l'assurance proprement dite n'est ni une vente, ni un louage, « ni une société, ni une gageure, ni rien de ce que certains docteurs ont « imaginé. C'est un contrat tel qu'il a été créé par la nature des choses. »

par Valin (1), est qu'il y a là un contrat ayant une nature propre.
Du reste, la suppression de la distinction entre les contrats nommés
et les contrats innommés (art. 1107, C. civ.), ôte tout intérêt pratique à la question (2).

1103. L'assurance maritime rentre naturellement dans les grandes
classifications des contrats faites par le Code civil (art. 1102 à 1106).
Voici de quelles classes de contrats fait à ce point de vue partie le
contrat d'assurance maritime.

C'est un contrat *synallagmatique parfait*, puisque des obligations
naissent à la fois nécessairement à la charge de l'assureur et de l'assuré. Il a le caractère synallagmatique, alors même, ce qui arrive
parfois, que l'assuré paie la {prime au moment même de la conclusion du contrat (3). On a pourtant prétendu qu'alors l'assurance est
un contrat unilatéral (4). Cette doctrine ne serait exacte que si la
seule obligation de l'assuré était celle de payer la prime. Sans doute,
dans ce cas, l'obligation principale de l'assuré n'existe pas, puisqu'elle
se trouve exécutée au moment même où elle pourrait naître ; mais il
y a d'autres obligations dont l'assuré est tenu (V. ci-après, *section* 4) ;
malgré leur caractère secondaire, elles suffisent pour conserver à
l'assurance sa nature de contrat synallagmatique. Il faut conclure de
là que si, comme nous l'admettons, la formalité des doubles prescrite par l'art. 1325, C. civ., doit être observée en principe, quand
l'assurance est faite par acte sous seing privé, il n'y a pas lieu de se
contenter d'un seul exemplaire même lorsque la prime est payée à
l'avance. V. n° 1178.

(1) Valin (Comment. de l'ordonnance de 1681, livre III, prolégomènes du
titre VI).

(2) C'est l'étude du Droit romain poussée à l'extrême qui avait amené nos
anciens auteurs à discuter cette question oiseuse. Cpr. analog., *Traité de
droit commercial*, IV, n° 23.

(3) Desjardins, VI, n° 1291. Anciennement la prime devait être payée avant
la signature du contrat ou au moment de cette signature, de telle sorte que ce
paiement était un élément essentiel de la formation du contrat. De là même
parait venir le nom de prime ; elle devait être payée avant tout (*primo*).
D'après l'opinion courante réfutée au texte (V. note suivante), il faudrait dire
qu'alors l'assurance était toujours un contrat unilatéral.

(4) Toullier, VIII, n° 327 ; Pardessus, III, p. 310 ; Vincens, III, p. 207 ; Cresp
et Laurin, III, p. 3.

L'assurance maritime, comme tous les contrats synallagmatiques, est un contrat à titre onéreux ; chacune des parties y poursuit un but intéressé. Il est *aléatoire* et non commutatif (art. 1964, C. civ.). Dans les contrats commutatifs, ce que fait ou donne l'une des parties est considéré comme l'équivalent de ce que l'autre lui donne, ou fait pour elle ; dans les contrats aléatoires, cet cquivalent consiste dans une chance de gain ou de perte résultant pour les parties d'un événement incertain. La prime reçue par l'assureur n'est pas l'équivalent de l'indemnité qu'il paie à l'assuré ; car, si les risques ne se réalisent pas, l'assureur n'a rien à payer et, s'ils se réalisent, l'indemnité est de beaucoup supérieure à la prime. La prime reçue par l'assureur est l'équivalent du risque dont il se charge, le prix du risque comme on le dit souvent. Réciproquement l'indemnité payée par l'assureur n'est pas l'équivalent de la prime, elle est l'équivalent du risque qu'a couru l'assuré de payer la prime en pure perte au cas d'heureuse arrivée.

L'assurance est un contrat *consensuel* en un double sens. D'abord, ce n'est point un contrat réel ; la perfection n'en est pas subordonnée à l'accomplissement d'un fait matériel ; le paiement préalable de la prime n'est pas exigé, comme il l'était autrefois (1). Puis ce n'est pas un contrat solennel ; aucune formalité n'est nécessaire pour sa validité ; l'écrit exigé par l'art. 332, C. com., l'est seulement pour la preuve du contrat. V. n° 1176.

On a souvent dit que le contrat d'assurance est à la fois un contrat *de bonne foi* et un contrat *de droit strict*. Ces expressions ne se prennent évidemment pas dans le sens où elles étaient prises à Rome, quand il s'agissait de la grande division en contrats de bonne foi (*bonæ fide*) et contrats de droit strict (*stricti juris*). Dans notre droit, tous les contrats doivent être interprétés conformément à la bonne foi et aux usages (art. 1134, C. com.). En disant que l'assurance est un contrat de bonne foi, on veut indiquer que l'assuré est tenu tout particulièrement de bien instruire l'assureur de toutes les circonstances qui peuvent lui faire apprécier la nature et l'étendue des risques qu'il prend à sa charge. Non seulement l'assuré ne doit

---

(1) V. note 3 de la page 197. On peut dire qu'à ce point de vue, l'assurance maritime était une sorte de contrat réel.

rien déclarer de faux, mais encore il ne doit pas garder le silence sur des circonstances importantes à connaître pour l'assureur. Il sera dit plus loin que la réticence entraîne la nullité de l'assurance comme la fausse déclaration (art. 348, C. com.). En disant, au contraire, que l'assurance est un contrat de droit strict, on veut indiquer que l'assureur ne doit garantir que les risques mentionnés expressément dans le contrat. Mais il n'en est pas moins vrai qu'on ne s'arrête pas au sens littéral des termes, qu'on considère l'intention des parties. Cela montre bien qu'à ce point de vue, l'assurance n'est pas régie par des règles qui diffèrent de celles qui s'appliquent aux contrats en général (1).

1104. *Caractère commercial du contrat d'assurance maritime.* — L'assurance maritime, comme, du reste, tous les contrats relatifs au commerce de mer, est un acte de commerce (art. 633, C. com.). Il a ce caractère à la fois pour l'assureur et pour l'assuré dans l'assurance à prime ; il l'a pour les mutualistes dans l'assurance mutuelle. En l'absence de toute distinction faite par l'art. 633, C. com., il en est ainsi, selon nous, alors même que l'assurance ne se rattache pas au commerce de l'assuré ou des mutualistes, spécialement quand elle est relative à un navire de plaisance ou à des meubles meublants à l'usage personnel de l'assuré (2).

Mais ces solutions ne sont généralement pas adoptées. Suivant l'opinion la plus commune : 1° L'assurance maritime *à prime* est toujours un acte de commerce pour l'assureur et ne l'est pour l'assuré qu'autant qu'il l'a contractée pour les besoins de son commerce ; 2° l'assurance *mutuelle* maritime n'est jamais un acte de commerce (3) (4).

_____

(1) Sur les points de vue auxquels on dit parfois que l'assurance est un contrat de bonne foi ou de droit strict, on peut consulter Émérigon, *op. cit.*, ch. I, sect. V. Voyez aussi Aix, 24 juillet 1857, *Journ. de Marseille*, 1857. 1. 206 ; Req. 21 juillet 1856, *Journ. du Pal.*, 1856. 2. 270. — Cresp et Laurin, III, p. 187 et suiv.

(2) V. *Traité de Droit commercial*, n°, 162. V. Desjardins, VI, n° 13.

(3) Demangeat sur Bravard, VI, p. 362. — V. pourtant pour le caractère commercial de l'assurance *mutuelle*, Cass. 21 juill. 1856, D. 1856. 1. 323 ; S. 1857. 1. 106.

(4) Cpr. dans notre *Traité de Droit commercial*, I, n° 164, ce qui est dit du caractère civil ou commercial des assurances *non* maritimes.

1105. *Capacité nécessaire pour figurer comme assuré dans un contrat d'assurance maritime*. — Du caractère commercial reconnu à l'assurance maritime il faut conclure que le tribunal de commerce est compétent pour connaître des contestations qui y sont relatives. Mais il est d'autres conséquences qu'il serait exorbitant et contraire à l'esprit de nos lois de rattacher à ce même caractère.

On ne saurait admettre que les personnes auxquelles le commerce est interdit (1), ne peuvent jouer dans une assurance maritime le rôle d'assurés. Le but des dispositions légales, en prononçant ces interdictions, a été d'empêcher certaines personnes de faire des actes de spéculation. A l'égard de l'assuré, l'assurance n'est point un acte de cette sorte; c'est un acte de conservation et de prudence (2).

Il faut aussi, pour les mêmes motifs, reconnaître qu'un mineur émancipé peut contracter une assurance maritime et que le tuteur d'un mineur non émancipé peut en conclure une pour son pupille, malgré la disposition de l'art. 3, C. com. Des auteurs (3) s'en tiennent, au contraire, au texte de l'art. 3 qui vise, sans distinguer, les cas où il s'agit d'actes de commerce isolés concernant un mineur.

Il va. du reste, de soi que le mineur ou la femme mariée, autorisés à faire le commerce conformément aux art. 2 et 4, C. com., sont capables, par cela même, de conclure des assurances pour les besoins de leur commerce. Car l'autorisation générale qui leur est donnée, les habilite à faire tous les actes se rattachant à l'exercice de leur profession (4). Malgré le caractère commercial qui lui est reconnu, le contrat d'assurance maritime doit être constaté par écrit (art. 333, C. com.).

1106. ÉLÉMENTS ESSENTIELS DE L'ASSURANCE MARITIME. — L'assureur s'engage moyennant une prime (5) à supporter les risques auxquels

---

(1) V. *Traité de Droit commercial*, I, n⁰ˢ 212 et suiv.

(2) Cresp et Laurin, III, p. 328 et suiv.

(3) Cresp et Laurin, III, p. 325 et suiv.; de Valroger, III, n° 1342; Desjardins, VI, n° 1300, p. 37; n° 1331, p. 133 et 134.

(4) V. *Traité de Droit commercial*, I, n⁰ˢ 227 et suiv. ; n⁰ˢ 252 et suiv.

(5) Art. 342, C. com. — C'est la cotisation dans l'assurance mutuelle. V. n° 1093.

la chose assurée est exposée, en indemnisant l'assuré du préjudice que cause à celui-ci la réalisation de ces risques. Dans tout contrat d'assurance maritime, il y a ainsi trois choses essentielles : 1° Des risques dont l'assureur se charge ; 2° une chose assurée qui est exposée à ces risques ; 3° une rémunération appelée *prime* (ou coût de l'assurance) (1), que l'assuré s'engage à payer. On peut indiquer ces trois éléments de toute assurance en disant que l'assureur se charge de supporter des risques courus par la chose assurée moyennant une prime. — Il sera traité successivement ci-après : des *risques*, de *la chose assurée*, de la *prime*.

1107. DES RISQUES. — Il n'y a pas d'assurance sans risque. Il faut que la chose assurée à laquelle s'applique l'assurance, soit exposée aux risques de mer. Si une personne se faisait promettre une somme d'argent pour le cas de perte ou d'avarie d'une chose sur laquelle elle n'a aucun droit et dont par suite, la perte ne sera pour elle la cause d'aucun dommage, il n'y aurait pas là une assurance, mais une simple gageure ou un pari pour lequel toute action en justice serait refusée (art. 1965, C. civ.). Ce qui distingue essentiellement l'assurance du pari ou de la gageure, c'est que l'assuré court un risque dont la réalisation lui fera éprouver un préjudice pécuniaire que l'assurance a précisément pour but de réparer, tandis que celu qui ferait un pari tendant à se faire payer une somme en cas de réa lisation d'un risque de mer, aurait dans le cas prévu à toucher une somme d'argent sans qu'il éprouvât un préjudice, de telle sorte qu'il réaliserait un bénéfice.

Un tel contrat présenterait un grand danger. Il donnerait à la personne, jouant le rôle apparent d'assuré, à laquelle la somme serait promise, un intérêt à la perte de la chose. Aussi considère-t-on que, la prohibition de ces sortes de gageures étant édictée pour des motifs d'ordre public, il y aurait lieu de refuser en France l'action en justice même si elles avaient été faites dans un pays étranger où elles seraient admises (2).

1108. L'idée selon laquelle il n'y a pas d'assurance valable sans

(1) V. la note 5 de la page précédente.
(2) Pour employer l'expression dont on se sert souvent, il y a là une règle d'ordre public international.

risque couru par l'assuré, de telle sorte que les paris ou gageures relatifs aux risques de mer sont proscrits (1), s'exprime à l'aide de formules
diverses ; on dit, par exemple, *que le contrat d'assurance n'est qu'un
contrat d'indemnité* ou encore, *que ce n'est pas un moyen d'acquérir,
mais un moyen de conservation.* Straccha disait déjà au xvie siècle :
assecuratus nen quærit lucrum, sed agit ne in damno sit.

Cette idée générale qui domine le contrat d'assurance maritime,
est depuis longtemps admise. Émérigon, dans son *Traité des assurances* (chapitre 1er, section 1) (2), dit notamment que « l'assurance
« par forme de gageure n'est pas une assurance véritable ; elle n'en a
« que le nom ». Mais il constate qu'anciennement en Angleterre (3)
et en Italie, cette assurance improprement dite était admise.

1109. Le législateur français n'a formulé nulle part l'idée relative
au caractère essentiel à l'assurance maritime dont il s'agit, mais il
en a tiré quelques conséquences et les dispositions qui consacrent
celles-ci présupposent le principe dont elles constituent des applications (4). Le Code de commerce en avait tiré un certain nombre de
conséquences inexactes qu'a fait disparaître la loi du 12 août 1885 ;
mais, à côté de cela, il y a quelques conséquences logiques qui
subsistent toujours (art. 357 à 359, C. com.).

Les conséquences du principe selon lequel l'assurance maritime
n'est qu'un contrat d'indemnité, sont les suivantes :

a. Le contrat d'assurance est non avenu si la chose assurée n'est
pas exposée aux risques de mer. Art. 349, C. com.

b. La somme assurée ne doit pas dépasser la valeur de la chose
assurée. Art. 357 et 358, C. com.

c. On ne peut pas faire assurer par plusieurs contrats la même
chose contre les mêmes risques pour une somme totale excédant la
valeur de la chose assurée. Art. 359, C. com.

(1) Rennes, 7 décembre 1859, S. 1861, 2. 103.
(2) Cette section est intitulée : *le risque est-il de l'essence du contrat d'assurance?*
(3) Georges II a défendu ces contrats. V. Arnould, *On marine insurance.*
(4) Il arrive assez souvent au législateur de procéder de cette façon. C'est
ainsi qu'aucun texte de nos lois ne proclame expressément la personnalité des
sociétés de commerce ; mais plusieurs dispositions impliquent l'admission de
cette personnalité par cela même qu'elles en font des applications. V. C. civ.,
art. 529 ; C. pr. civ., art. 69-6°.

d. L'assurance est, en principe, nulle, si, lors de la conclusion du contrat, la chose assurée avait déjà péri ou, au contraire, était déjà arrivée à bon port. Art. 365 à 368, C. com.

Chacune de ces conséquences du principe doit être spécialement examinée.

1110. *a.* Il est fréquent qu'un contrat d'assurance soit conclu avant la mise en risques, c'est-à-dire avant le départ du navire ou avant le chargement des marchandises. Si la chose assurée n'est pas postérieurement mise en risques, c'est-à-dire si le navire ne part pas ou si les marchandises ne sont pas chargées par la suite, le contrat est annulé. On dit qu'il y a *ristourne* (1) ou que l'assurance est *ristournée*, conformément aux expressions employées, du reste, dans tous les cas d'annulation de l'assurance. Peu importe que l'absence de départ ou le défaut de chargement provienne d'un cas de force majeure ou de la volonté de l'assuré.

On a exprimé souvent cette idée en disant que l'assurance est un contrat conditionnel (2); il y a là une erreur de principe. La condition est un événement dont la volonté des parties fait, d'une façon plus ou moins arbitraire, dépendre le sort d'un acte (3). Or la mise en risques est un élément essentiel de l'assurance; ce n'est pas la volonté des parties qui l'y introduit; elle ne pourrait pas l'en exclure, à peine de faire dégénérer le contrat en gageure (4).

Mais on serait tenté de faire une objection contre la règle selon laquelle le défaut de mise en risques fait évanouir l'assurance; on pourrait dire que, s'il en est ainsi, les principes généraux du droit sont méconnus, qu'en réalité, il n'y a pas de lien entre les parties, puisqu'il dépend de la volonté de l'assuré de faire évanouir le contrat. Cpr. art. 1174, C. civ. L'objection est facile à réfuter. Il n'est pas

---

(1) Du mot italien *ristorno*.

(2) Émérigon, *op. cit.*, chap. I, sect. 3; Pothier, *op. cit.*, n° 5; Cresp et Laurin, III, p. 130 et suiv.

(3) V. Bufnoir, *De la condition en droit romain*, p. 50. V. ci-dessus, n° 153.

(4) S'il était vrai de dire que l'assurance est conditionnelle parce qu'il n'y a pas d'assurance sans mise en risques de la chose assurée, il faudrait, pour être logique, reconnaître à tout contrat le caractère conditionnel à raison de ce qu'un contrat suppose nécessairement l'existence, lors de sa conclusion, de la chose qui en est l'objet.

entièrement au pouvoir de l'assuré de rompre le contrat selon sa
volonté; il ne le peut qu'en renonçant à l'expédition maritime. Non
seulement la décision du Code de commerce n'est pas contraire aux
principes généraux du droit, mais encore elle se justifie par des con
sidérations pratiques d'une grande force. L'assurance n'est que l'accessoire d'une spéculation faite par l'assuré avec le navire ou avec
les marchandises assurées; il serait bien dur de maintenir l'assurance dans le cas même où l'assuré renonce à cette spéculation. Cela
serait contraire même à l'intérêt bien entendu des assureurs. On
hésiterait souvent à contracter une assurance si l'on devait être lié
par elle même pour le cas où la mise en risques prévue n'a pas lieu.

Dans ce cas, l'assuré ne doit sans doute pas la prime à l'assureur
par cela même qu'il y a annulation de l'assurance; mais, du moins,
l'assuré doit, à titre d'indemnité, payer à l'assureur demi pour cent
de la somme assurée (art. 349, C. com.) (1).

1111. *b.* On ne peut pas faire assurer une chose pour une somme
supérieure à sa valeur. S'il en était autrement, l'assurance cesserait
d'être un simple contrat d'indemnité; pour l'excédent, l'assuré réaliserait un bénéfice en cas de sinistre, et, par conséquent, cela lui
donnerait intérêt à la perte du navire ou des marchandises, ce qui
présenterait un danger fort grave.

Dans l'usage, cette règle est loin d'être rigoureusement observée.
La difficulté que présente l'estimation exacte des navires et des marchandises, fait que souvent ils sont assurés pour une somme qui
excède leur valeur réelle. Les polices d'assurances admettent même,
à cet égard, une certaine tolérance (2).

Qu'arrive-t-il lorsque l'assurance dépasse la valeur de la chose
assurée? Une distinction est faite par le Code de commerce entre le
cas où l'exagération a été commise sans qu'il y eût fraude, c'est-à-
dire mauvaise foi de l'assuré, et le cas opposé. En cas de fraude,
l'assurance est nulle; la nullité n'existe qu'à l'égard de l'assuré,
c'est-à-dire que l'assureur seul peut invoquer et faire prononcer cette
nullité (art. 357, C. com.). Mais, s'il s'en prévaut, il ne conserve pas

---

(1) On peut rapprocher de cette indemnité le demi-fret ou faux fret, dû en cas
de résiliation de l'affrétement par la volonté de l'affréteur. V. n°ˢ 803 et 804.
(2) V. art. 15 de la *police française d'assurance sur facultés.*

le droit au paiement de la prime; il peut seulement réclamer l'indemnité du demi pour cent. Cette dernière solution, admise pour le cas où il n'y a pas fraude de la part de l'assuré (art. 358, C. com.), doit être étendue au cas de fraude (1). Il n'y a aucun motif de distinguer. C'est à tort que des auteurs (2) admettent que la prime entière est alors due à titre d'indemnité en cas d'heureuse arrivée et que l'assureur a l'avantage, en cas de sinistre, de ne pas payer une indemnité peut-être très importante. Il nous paraît aussi impossible d'admettre, comme on l'a proposé (3), que, malgré l'annulation de l'assurance, l'assureur garde la prime entière. Dans le cas, au contraire, où il n'y a pas eu fraude, le contrat demeure valable jusqu'à concurrence de la valeur réelle des choses assurées et, pour l'excédent, il y a *ristourne;* la nullité peut être demandée aussi bien par l'assuré que par l'assureur. En outre, l'assureur reçoit la prime correspondant à la portion du contrat qui subsiste; pour l'excédent, il touche non la prime, mais l'indemnité de demi pour cent (art. 358, C. com.). La nullité partielle, par cela même que la loi ne distingue pas, s'applique aussi bien dans le cas où l'assureur a connu que dans celui où il a ignoré l'exagération. On ne peut se prévaloir contre cette solution pour le premier cas de ce que l'art. 358 dispose que le contrat est valable jusqu'à concurrence de la valeur des effets chargés d'après l'estimation qui en est faite ou *convenue.* Ces derniers mots se réfèrent à une estimation opérée par justice ou à l'amiable lors de la contestation qui surgit, non dans la police d'assurance elle-même. Autrement il serait loisible aux parties d'admettre les évaluations les plus exagérées grâce auxquelles l'assuré réaliserait des bénéfices contraires à la nature de l'assurance maritime. Mais il semblerait exorbitant que l'assureur qui, dans ces circonstances, est en faute comme l'assuré, pût, pour la partie de l'assurance frappée de nullité, réclamer à celui-ci demi pour cent de la somme assurée.

D'après les principes du droit commun, on doit présumer la bonne foi; mais la preuve de la fraude peut se faire par tous les moyens (art. 1353, C. civ.); elle peut résulter des circonstances, spéciale-

(1) Laurin sur Cresp, III, p. 159 et suiv.
(2) Boistel, n° 1340.
(3) Desjardins, VI, n° 1447, p. 441.

ment d'une disproportion tellement grande entre la valeur réelle des choses assurées et leur estimation dans la police qu'elle exclut l'idée d'une simple erreur.

Les art. 357 et 358 ne s'appliquent textuellement qu'à l'assurance sur facultés, car ils parlent des *effets chargés;* mais il n'est pas douteux qu'ils doivent, par analogie, être appliqués aussi aux assurances sur corps et à toutes les autres assurances maritimes, quel qu'en puisse être l'objet (1).

1112. *c.* On ne peut pas faire assurer plusieurs fois la même chose contre les mêmes risques, de façon à ce qu'au total les assurances réunies dépassent l'entière valeur des choses assurées.

Il va de soi qu'au contraire, rien n'empêche de contracter pour une même chose plusieurs assurances portant chacune sur son entière valeur, lorsque chacune se réfère à des risques différents. Ainsi, une assurance peut s'appliquer aux risques de mer, une autre aux risques de guerre ; une assurance peut être faite valablement pour une chose déjà assurée, si elle couvre les risques dans un autre temps ou dans un autre lieu que la première assurance.

1113. Par cela même que les compagnies d'assurances ont, d'après leurs statuts, *un plein,* c'est-à-dire qu'elles n'assurent point au-delà d'une certaine somme sur un même risque (n° 1092), la pluralité des assurances est très fréquente.

Il peut arriver en fait que le montant des diverses assurances réunies excède la valeur de la chose assurée ; on dit parfois alors qu'il y a *double assurance* (2). Qu'arrive-t-il en pareil cas ? Une distinction doit encore être faite ici entre le cas où il n'y a pas eu fraude et le cas contraire. Le premier de ces cas a été seul prévu par l'article 359, C. com. ; cet article commence en ces termes : s'il existe plusieurs contrats d'assurance *faits sans fraude,* etc...

1114. Quand il y a plusieurs contrats d'assurances faits sans fraude sur le même objet et que le premier en date assure son entière valeur, il subsiste seul. Les assureurs qui ont signé les contrats subséquents

(1) Aix, 26 décembre 1876, D. 1873. 5. 65. — de Valroger, IV, n° 1657. — **V.** pourtant Locré, *Esprit du Code de commerce,* t. IV, p. 167.
(2) De Courcy, *De la double assurance (Questions de droit maritime,* 3e série, p. 353 et suiv.).

sont libérés; ils ne reçoivent que le demi pour cent de la somme assurée. Si l'entière valeur de la chose n'est pas assurée par le premier contrat, les assureurs qui ont signé les contrats subséquents, répondent de l'excédent, en suivant l'ordre des dates (art. 359) (1). Afin de faciliter l'application de cette règle, la loi prescrit de dater les polices, même de mentionner si elles sont souscrites avant ou après midi (art. 332). Il va de soi que, quand les assurances sont souscrites en même temps ou (ce qui revient au même) quand on ne peut fixer la date respective de chacune d'elles, on les réduit proportionnellement au montant de chacune d'elles, si au total elles excèdent la valeur de la chose assurée.

1115. Il est possible qu'il y ait *fraude*, c'est-à-dire que, pour échapper à l'annulation d'une assurance unique, plusieurs assurances soient contractées pour des sommes qui, au total, dépassent la valeur de la chose assurée. Dans ce cas, il faut appliquer la même sanction qu'en présence d'une assurance frauduleuse unique (n° 1111), c'est-à-dire annuler toutes les assurances même les plus anciennes en date, parce que toutes font partie d'une même combinaison frauduleuse (2).

1116. Au reste, sans même qu'il y ait fraude ou erreur, les marchandises peuvent être parfois l'objet de deux assurances successives contre les mêmes risques, conclues par deux personnes différentes. C'est ce qui arrive notamment quand, après qu'un commissionnaire adressant à son commettant des marchandises achetées par lui les a fait assurer avant leur départ, le commettant recevant avis de leur expédition les fait lui-même assurer. De deux choses l'une en pareil cas : ou le commettant se prévaut de la première assurance en date faite par l'expéditeur (le commissionnaire), et, par conséquent, la ratifie ; la seconde assurance doit alors être soit réduite, soit annulée, en vertu de l'art. 359 ; ou, au contraire, le commettant n'invoque pas l'assurance antérieure faite par l'expéditeur et la seconde assurance doit seule produire ses effets. Dans ce dernier cas, le défaut de ratification de la première assurance doit faire traiter les choses comme si la

---

(1) L'application de la règle de l'ordre des dates donne naissance à différentes questions quand il s'agit soit de polices *in quovis*, soit de polices d'abonnement (n° 1198).

(2) Laurin sur Cresp, III, p. 164, note 1°.

seconde assurance en date avait été seule souscrite; le commettant ne peut se trouver lié par une assurance qui a été conclue sans son ordre et qu'il n'a point ratifiée (1).

1117. L'art. 359, C. com., qui pose la règle de l'ordre des dates, ne vise expressément, comme les art. 357, 358, que l'assurance sur *facultés*. Mais il y a lieu, par identité de motif, d'appliquer cette règle ainsi que toutes les solutions données pour la double assurance, aux assurances sur corps ou sur des objets quelconques (fret, profit espéré, etc...). Les anciens auteurs posent généralement la règle de l'ordre des dates, sans faire aucune exception pour l'assurance sur corps ou pour toute autre assurance (2)(3).

1118. Pour déterminer s'il y a double assurance, il ne faut pas, du reste, s'attacher à l'apparence, mais bien considérer si, quelles que soient les expressions employées ou les choses présentées comme assurées, il n'y en a pas qui se trouvent assurées deux ou plusieurs

---

(1) De Courcy, *La double assurance* (*Questions de droit maritime*, 1re série, p. 353 et suiv.); Laurin sur Cresp, III, p. 166, note, 3°. — L'art. 794, C. allemand, adopte expressément la solution admise au texte qui ne ressort pas des termes de l'art. 359 pris à la lettre. Le projet de 1865 (art. 368), imité sur ce point par le Code italien (art. 608), avait adopté un système différent. D'après lui, toutes les assurances conclues par divers représentants du même intérêt ayant agi sans fraude en l'absence de tout mandat, subsistaient. Les intéressés ne pouvaient sans doute recevoir plus que l'indemnité complète du dommage, mais ils avaient la faculté de s'adresser, à leur gré, à l'un quelconque des assureurs. Celui des assureurs qui avait payé l'indemnité était subrogé au recours pouvant exister contre les assureurs de date antérieure.

(2) Émérigon, *op. cit.*, chap. XVI, sect. 4. Cependant l'Ordonnance de 1681 (livre III, titre VI, art. 24 et 25) ne visait aussi expressément, en parlant des effets chargés, que l'assurance sur facultés.

(3) Les auteurs modernes donnent presque tous une portée générale à l'article 359, C. com. : Ém. Cauvet, I, n° 346; Laurin sur Cresp, III, p. 169, 6°; Droz, I, n° 336; de Valroger, IV, n° 1672; Desjardins, VII, n° 1501. Cependant M. de Courcy, s'appuyant sur le texte de l'art. 359, prétend que, pour les assurances sur corps multiples, il n'y a pas de règle absolue et que la solution à donner doit varier avec les circonstances (*Questions de droit maritime*, 1re série, p. 404 et suiv.); il cite deux exemples dans lesquels il prétend montrer que le principe de l'ordre des dates ne régit pas absolument les assurances sur corps. Mais dans les hypothèses présentées par le savant auteur, l'exclusion de l'ordre des dates s'explique par diverses considérations : ou en réalité, il n'y a pas assurance d'un seul objet, par cela même que chaque assurance porte sur une quote-part différente du navire, ou il y a défaut de pouvoir chez celui qui a contracté l'assurance. V. à cet égard, Em. Cauvet, *op. cit.*, n° 546; de Valroger, IV, n° 1672: Desjardins, VII, n° 1501.

fois. Quand il en est ainsi, on dit qu'il y a *assurance cumulative.*
V. art. 334, C. com. et plus loin, nᵒˢ 1075 et 1079.

1119. Afin d'empêcher que la prohibition de la double assurance
ne soit violée, la loi impose à l'assuré, au moins en cas de délaissement, l'obligation de déclarer toutes les assurances qu'il a conclues.
V. art. 379, C. com. Cela paraît impliquer que les contrats subséquents
ne sont pas nuls dès le principe, mais qu'on doit examiner, lors de la
fin des risques, si les assurances doivent être exécutées (1).

1120. La règle de l'ordre des dates n'étant pas une règle d'ordre
public, les parties peuvent l'écarter pour y substituer toute autre,
pourvu que cela ne conduise pas à faire réaliser un bénéfice à l'assuré en le plaçant, en cas de sinistre, dans une situation pécuniaire
meilleure qu'en cas d'heureuse arrivée. Ainsi, il pourrait être convenu, en retournant complètement la règle, que la seconde assurance
en date aura effet à l'exclusion de la première ou que chaque assureur sera tenu proportionnellement à la somme assurée par lui (2),
ou encore que l'assuré aura le droit d'agir pour le tout contre chacun des assureurs, sauf le recours de celui qui aura payé contre
l'autre pour arriver entre les assureurs à une répartition proportionnelle de l'indemnité (3).

1121. La règle de l'ordre des dates ne s'applique évidemment pas
au cas où la première assurance est entachée de quelque vice entraînant sa ristourne (par exemple, dans le cas prévu par l'art. 348) (4).
La seconde assurance doit sortir effet sans tenir compte de la précédente. La même solution doit-elle être donnée dans le cas où, sans que
la première assurance fût entachée d'un vice quelconque, les parties
l'ont résiliée à l'amiable? On l'a soutenu en se fondant sur ce
que la volonté des parties ne peut pas donner effet à une seconde

(1) Cass. 21 avr. 1865, D. 1865, 1. 415. — de Valroger, IV, nº 1669. Cp. Cass.
22 déc. 1874, D. 1876. 1. 65.

(2) Cpr., à propos des assurances terrestres, Colmar, 14 déc. 1849, D. 1852,
2, 21.

(3) Desjardins, VII, nº 1501. La police française d'assurance sur corps
contient elle-même une dérogation à la règle de l'ordre des dates. V. art. 5,
alin. 2.

(4) Cpr. Orléans, 7 janv. 1845, D. 1843, 2, 34; De Valroger, IV, nº 1670 ;
Ém. Cauvet, I, nº 353. En sens contraire, Desjardins, VII, nº 1500.

assurance qui devrait tomber ou être réduite en vertu de l'art. 359, C. com., par suite de l'existence d'une assurance antérieure en date (1). Mais cette opinion doit être écartée si l'on admet, comme il a été dit plus haut (n° 1119), que la question de savoir s'il y a double assurance ne doit être tranchée que lors de la réalisation des risques (2).

1122. Droit étranger. — La règle de l'ordre des dates en cas de double assurance sans fraude est admise dans le plus grand nombre des pays. V. loi *belge* du 11 juin 1874 sur les assurances, art. 14; Codes de commerce *allemand,* art. 792; *italien,* art. 426, 427 et 608; *roumain* 451; *portugais,* art. 434; *hollandais,* art. 252; *espagnol,* art. 399; *chilien,* art. 525; *argentin,* art. 500; Codes maritimes *suédois, danois* et *norvégien,* art. 235.—En *Grande-Bretagne,* l'usage, après avoir adopté la règle de l'ordre des dates, consacre aujourd'hui un autre principe. Quand il y a plusieurs assurances, l'assuré ne peut pas recevoir une somme supérieure à la valeur de la chose assurée, mais il a, du moins, le droit de s'en prendre à tel des assureurs que bon lui semble pour lui réclamer la somme qu'il a assurée en entier, sauf à cet assureur son recours contre les autres afin de faire répartir entre eux la somme payée en proportion de la somme assurée par chacun (3). Dans les *États-Unis d'Amérique,* la même règle est admise, mais, dans la pratique, on l'écarte souvent pour admettre la règle de l'ordre des dates (4).

1123. Conflit de lois. — La diversité même des règles admises pour le cas de double assurance, donne naissance à un conflit de lois dans le cas où une chose a été assurée pour son entière valeur par deux polices souscrites, l'une dans un pays où est admise la règle de l'ordre des dates et l'autre dans un pays où est admise la règle du droit anglais. Ainsi, l'on peut supposer que des assurances maritimes ont été contractées en France et en Grande-Bretagne. Comment peut-on régler alors les droits respectifs des parties ? Il faut distinguer le cas où l'assurance anglaise est la première en date et le cas où c'est l'assurance française qui a la priorité.

---

(1) Laurin sur Cresp, III, p. 168 en note 4°; Pardessus, II, n° 800.
(2) Cass., 22 déc. 1874, D. 1876, 1. 65; Droz, I, n° 342. L'opinion contraire avait été admise dans notre *Précis de Droit commercial,* II, n° 2066.
(3-4) Arnould, *On marine insurance,* I, p. 310 et 311.

Si la police anglaise est la première en date, l'assureur anglais est seul tenu envers l'assuré, celui-ci ne peut pas agir contre l'assureur français qui est même protégé contre le recours de l'assureur anglais grâce à l'art. 359, C. com. L'assureur anglais ne peut se plaindre ; l'assuré ne lui a pas promis qu'une assurance contractée postérieurement en Angleterre viendrait réduire sa responsabilité, grâce au recours qu'il aurait contre le second assureur.

Si, au contraire, la police d'assurance française est la première en date, l'assuré peut agir à son choix contre lui en vertu de l'art. 359, C. com., ou contre l'assureur anglais en vertu de la règle admise par le droit anglais. Si l'assureur anglais a été actionné, un recours lui appartient contre l'assureur français. L'assureur français ne peut se plaindre de ce qu'on lui applique, d'après l'art. 359, C. com., la règle de l'ordre des dates par suite de laquelle il est seul tenu. Une assurance conclue après la sienne ne peut pas plus avoir pour effet d'améliorer sa situation que de l'empirer ou point de vue de ses obligations envers l'assuré. Mais l'assureur français a-t-il un recours, quand il a payé, contre l'assureur anglais ? L'assureur français n'en a certes pas de son chef ; il ne peut invoquer contre l'assureur anglais la règle du droit coutumier anglais. Il semble seulement que l'assureur français peut invoquer le bénéfice de la subrogation en vertu de l'art. 1251, 3°, C. civ., comme ayant payé une dette dont il était tenu avec un autre (1).

1124. *d.* Par cela même qu'il n'y a point d'assurance sans risques, le contrat devrait être nul au cas soit où la chose assurée a déjà péri, soit où elle est déjà arrivée à bon port au moment où il a été conclu. Mais il peut y avoir une surprise et il serait bien rigoureux d'admettre la nullité de l'assurance lorsque l'assuré ignorait la perte ou lorsque l'assureur ignorait l'heureuse arrivée. Aussi l'assurance n'est-elle nulle que dans deux cas :

a. Quand il est *prouvé* que l'assuré connaissait la perte déjà surve-

---

(1) Desjardins, VII, n° 1511 ; de Valroger, IV, n° 1677. — Consult. sur les conflits entre la loi anglaise et les lois admettant la règle de l'ordre des dates, *Journ. du Droit internat. privé*, 1894, p. 294 à 302. Dans l'espèce visée dans cet article, il s'agissait de réassurances. Mais la double réassurance est régie par les mêmes règles que la double assurance. V. n° 1159.

nue ou que l'assureur connaissait l'heureuse arrivée. V. art. 366, 367 et 368, argument *a fortiori*. V. aussi plus loin n° 1125.

b. Quand, sans qu'il y ait une preuve proprement dite, il y a présomption légale qu'avant la signature du contrat l'assuré était informé de la perte ou l'assureur de l'arrivée des objets assurés, article 365, C. com.

A cet égard, le Code de commerce établit une présomption appelée parfois présomption de la lieue et demie par heure. D'après l'art. 366, C. com., *la présomption existe, si, en comptant trois quarts de myriamètre par heure, sans préjudice des autres preuves, il est établi que de l'endroit de l'arrivée ou de la perte du vaisseau ou du lieu où la première nouvelle est arrivée, elle a pu être portée dans le lieu où le contrat d'assurance a été passé avant la signature du contrat.*

Cette présomption est absolue (*juris et de jure*); elle ne peut être combattue que par l'aveu ou par le serment; car il s'agit là d'une présomption sur le fondement de laquelle la loi annule un acte (art. 1352, C. civ.).

La présomption de l'art. 366 n'est plus d'accord avec la rapidité des communications. Il ne faut pas une heure pour qu'une nouvelle bonne ou mauvaise parcoure aujourd'hui trois quarts de myriamètre (1). Si les polices laissaient la présomption de la loi s'appliquer, on n'annulerait pas des assurances maritimes dans des cas où, par suite de la rapidité des communications, l'assuré a pu connaître la perte ou l'assureur l'heureuse arrivée lors de la conclusion du contrat.

Aussi les polices françaises d'assurances sur corps et sur facultés écartent la présomption de l'art. 366, C. com., pour la remplacer par des présomptions conventionnelles toutes différentes (2).

---

(1) V. de Courcy, *D'une réforme internationale du droit maritime*, p. 135 et suiv.; *Commentaire des polices françaises d'assurance maritime.*

(2) L'art. 29, al. 1, 2 et 4 de la police française d'assurance sur corps est ainsi conçu : « Par application de l'art. 365, C. com , l'assuré et les assureurs « sont toujours présumés avoir reçu connaissance immédiate des nouvelles con-« cernant le navire assuré qui sont parvenues au lieu où ils se trouvent res-« pectivement, même à des tiers inconnus d'eux, par un journal, une lettre, « une dépêche, un exprès ou de toute autre manière. — En conséquence, « l'assurance est nulle s'il est justifié que la nouvelle de l'arrivée du navire ou « d'un sinistre le concernant était connue, soit au lieu où se trouvait l'assuré

1125. Du reste, les parties ont la faculté de conclure une *assurance sur bonnes ou mauvaises nouvelles*. Dans ce cas, la présomption de l'art. 366, C. com., est écartée; pour l'annulation de l'assurance, il faut qu'il soit *prouvé* que l'assuré avait connaissance de la perte ou l'assureur de l'heureuse arrivée lors de la conclusion du contrat (art. 367, C. com). La preuve rigoureuse de la connaissance acquise serait souvent très difficile. Aussi, dans l'usage, admet-on que la preuve de la notoriété équivaut à celle de la connaissance personnelle (1).

Les assurances sur bonnes ou mauvaises nouvelles offrent assurément un certain danger pour les assureurs. Elles sont pourtant assez fréquentes pour les marchandises. La raison en est que les polices d'assurances sur facultés ne restent pas toujours à beaucoup près entre les mains de l'expéditeur ou du destinataire; elles circulent avec les connaissements. Les acheteurs de marchandises en cours de transport, les banquiers qui font des avances sur elles, craindraient de recevoir trop aisément des polices ayant un vice caché si la présomption de l'art. 366, C. com., s'appliquait (2).

« avant l'ordre d'assurance donné, soit sur la place du domicile de l'assureur
« avant la signature de la police, sans qu'il soit besoin d'administrer aucune
« preuve directe de connaissance acquise de la nouvelle par l'assuré ou
« l'assureur. — Il est entièrement dérogé aux art. 366 et 367, C. com. »
L'art. 18, al. 1, de la police française d'assurance sur facultés consacre une
règle semblable dans les termes suivants : « les assurés et les assureurs sont
« toujours présumés avoir reçu connaissance immédiate des nouvelles concer-
« nant les choses assurées, qui sont parvenues au lieu où ils se trouvent res-
« pectivement. En conséquence, toute assurance faite après la perte ou l'arrivée
« des choses assurées est nulle, s'il est établi que la nouvelle de la perte ou
« de l'arrivée était parvenue, soit au lieu où se trouvait l'assuré avant l'ordre
« d'assurance donné, soit sur la place du domicile de l'assureur avant la signa-
« ture de la police. Cette présomption est substituée à celle de la lieue et
« demie par heure, et il est dérogé à l'art. 366, C. com. »
(1-2) La police française d'assurance *sur facultés* seule admet la possibilité de
l'assurance sur bonnes ou mauvaises nouvelles. Mais une notoriété résultant
d'une publication dans un journal, dans un lieu quelconque, est considérée
comme équivalant à la preuve. L'art. 18, 2e alin., de la police française d'assurance sur facultés est ainsi conçu : « Même alors qu'il est stipulé que l'assu-
« rance est faite sur bonnes ou mauvaises nouvelles conformément à l'art. 367,
« C. com., la notoriété résultant de la publication dans un journal avant la
« signature du contrat, tient lieu de preuve. » — V. sur cette clause, de Courcy,
Commentaire des polices françaises d'assurance maritime, p. 338 et suiv.

Cependant, ce qui diminue beaucoup l'utilité pratique des assurances sur bonnes ou mauvaises nouvelles, c'est que celui qui expédie ou qui reçoit habituellement des marchandises transportées par mer, a un moyen d'éviter les surprises en les faisant assurer en temps utile. Ce moyen consiste dans *les polices flottantes* ou *polices d'abonnement*. V. ci-dessous, n° 1197.

1126. La preuve de la connaissance acquise de l'évènement entraîne la nullité du contrat ; cela va de soi, puisque la seule présomption légale de l'art. 366 a cette conséquence. En outre, l'auteur de la fraude doit une indemnité à l'autre contractant : en cas de preuve contre l'assuré, celui-ci paie à l'assureur une double prime ; en cas de preuve contre l'assureur, celui-ci paie à l'assuré une somme double de la prime (art. 368, C. com.). Le Code de commerce ne se contente pas de cette sanction civile ; il ajoute (art. 368) que celui d'entre les contractants contre lequel la preuve est faite, sera poursuivi correctionnellement. Cela implique, suivant la jurisprudence, qu'il peut être condamné comme coupable d'escroquerie (1). Mais cela semble très douteux : les caractères de l'escroquerie, tels qu'ils sont indiqués par l'art. 405, C. pén., ne se rencontrent pas ici et le renvoi fait en termes vagues par le Code de commerce à la loi pénale ne suffit pas pour permettre l'application d'une peine déterminée.

1127. Quand l'assurance est faite pour le compte d'autrui, la bonne foi doit exister à la fois chez celui qui donne l'ordre et chez celui qui l'exécute. Si le commissionnaire connaissait la perte au moment où il conclut le contrat, celui-ci est nul, bien que le donneur d'ordre soit de bonne foi. Si l'assuré n'en a connaissance qu'après avoir donné l'ordre d'assurance, il doit en donner promptement avis au commissionnaire pour l'empêcher de conclure l'assurance (2).

1127 *bis.* Droit étranger. — Les lois étrangères ont abandonné

---

(1) Cass. 20 juill. 1857, D. 1857. 1. 380.
(2) L'art. 29, alin. 2, de la police française d'assurance sur corps dispose : « Quiconque, après avoir donné de bonne foi un ordre d'assurance, apprend « un sinistre concernant le navire avant d'être avisé de l'exécution, est tenu « de donner aussitôt contre-ordre, même par le télégraphe, à peine de nullité « de la police, laquelle sera maintenue si le contre-ordre ainsi donné n'arrive « qu'après l'exécution. » Comp. Bordeaux, 3 août 1868, *Journ. de jurispr. de Marseille*, 1869. 2. 30.

la présomption de l'art. 366 du Code de 1807. La loi *belge* de 1879
(art. 196) annule l'assurance faite après la perte ou l'arrivée des
choses assurées, s'il est prouvé qu'avant la signature du contrat
l'assuré a dû être informé de la perte, ou l'assureur de l'arrivée des
choses assurées. Pour le cas de mauvaise foi, l'art. 197 reproduit
l'art. 368 du Code français, sans parler de poursuite correctionnelle (1).
Les Codes *allemand* (art. 789) et *italien* (art. 430) n'établissent aucune
présomption et exigent la connaissance acquise. Le Code de commerce
hollandais (art. 597 et 598) admet que le contrat est nul au cas de
simple présomption de la connaissance de l'avarie ou de l'heureuse
arrivée. La présomption existe quand le juge reconnaît que, d'après les
circonstances, il s'est écoulé un temps suffisant pour que l'assuré ait
été instruit du dommage. En cas de doute, le juge peut ordonner
que les assurés prêteront serment qu'ils n'avaient pas connaissance
des dommages existant lorsqu'ils ont contracté. Le juge doit toujours
permettre qu'une partie défère le serment à l'autre (art. 270 et 271).

1128. DE LA CHOSE ASSURÉE. — Le second élément essentiel de
l'assurance maritime est une chose assurée qui est exposée aux
risques de mer que l'assureur prend à sa charge.

Quelles sont les choses auxquelles peut s'appliquer l'assurance
maritime? L'art. 334, C. com., en fait une longue énumération.
Celle-ci n'a pas un caractère limitatif; car elle se termine par une
formule générale : *l'assurance peut avoir pour objet.... et généralement toutes choses estimables à prix d'argent sujettes aux risques
de la navigation.* Mais à cette règle le Code de commerce (ancien
art. 347), avant les modifications résultant de la loi du 12 août 1885,
apportait des exceptions notables et nombreuses. Le système de notre
Code, reproduit, du reste, de l'Ordonnance de 1681, était très restrictif en ce que, d'après lui, beaucoup de choses susceptibles d'être
estimées en argent et exposées aux risques de mer ne pouvaient pas
être assurées. La loi du 12 août 1885, en modifiant les art. 334
et 347, C. com., a élargi le système du Code de commerce, de telle

(1) La loi belge a emprunté ces dispositions au projet français de 1865
(art. 370 et 371).

façon que le principe général contenu dans la formule de l'art. 334 ci-dessus reproduite est devenu absolument exact. Il importe, pour comprendre les progrès réalisés, de connaître la différence générale existant entre le système primitif du Code reproduit de l'Ordonnance et le système nouveau résultant de la loi du 12 août 1885, sauf à indiquer ensuite les différences de détail.

Il a été dit plus haut (nos 1107 et 1108) que l'assurance n'est qu'un contrat d'indemnité. En conséquence, notre Code a dû prohiber toute assurance dont le résultat serait de faire réaliser un bénéfice à l'assuré; il ne s'en est pas tenu là. Toutes les personnes ayant des intérêts exposés aux risques de mer se proposent, en général, non seulement de retirer leurs biens intacts de l'expédition maritime et ainsi de ne pas éprouver de perte proprement dite, mais encore de réaliser un bénéfice. En cas de sinistre, ces personnes éprouvent une perte proprement dite (*damnum emergens*) et sont en même temps privées d'un bénéfice sur lequel elle comptaient (*lucrum cessans*). Le Code de commerce avait, comme l'Ordonnance de 1681, consacré un système d'après lequel l'assuré pouvait bien être garanti contre les pertes, mais non pas contre les privations de gains. On a parfois exprimé cette idée d'autres manières. On a dit notamment que, dans notre législation, l'assurance ne pouvait pas placer l'assuré dans la situation dans laquelle il aurait été en cas d'heureuse arrivée, mais seulement dans la situation pécuniaire dans laquelle il se trouvait avant le départ. Le législateur avait cru, en adoptant ce système, tirer une conséquence de ce que l'assurance n'est qu'un contrat d'indemnité. Comme cela sera expliqué plus loin (no 1133), cela constituait une véritable erreur.

Une idée générale qui sera vérifiée ci-après (nos 1130 et suiv.), a dominé les réformes faites en 1885 relativement aux choses qui peuvent être assurées. Le législateur a entendu permettre aux intéressés de se faire assurer à leur gré, soit seulement contre la perte, soit à la fois contre la perte et la privation de gain pouvant résulter des risques de mer. En d'autres termes, l'assuré peut, selon ses convenances, contracter des assurances qui le replacent, en cas de sinistre, simplement dans la situation pécuniaire où il était avant le départ ou bien dans la situation pécuniaire où il se serait trouvé en cas d'heureuse arrivée.

Pour déterminer les choses qui peuvent être assurées, il sera parlé successivement des différentes personnes ayant des intérêts exposés aux risques de mer; à propos de chacune d'elles, il y aura lieu de déterminer quelles choses elle pouvait ou ne pouvait pas faire assurer avant la loi du 12 août 1885 et quelles choses elle peut faire assurer actuellement par suite des modifications apportées aux art. 334 et 347, C. com.

1129. Les personnes ayant des intérêts exposés aux risques de mer sont : 1° Les propriétaires des navires ; 2° les propriétaires des marchandises ; 3° les prêteurs à la grosse ; 4° les passagers ; 5° les gens de mer ; 6° l'assuré comme tel ; 7° l'assureur.

Pour les deux dernières personnes seulement, les dispositions du Code de commerce n'ont point été modifiées par la loi du 12 août 1885.

1130. *Propriétaires de navires.* — *Choses qu'ils peuvent faire assurer.* — Le propriétaire d'un bâtiment de mer risque de perdre son bâtiment avec ses accessoires, les victuailles, c'est-à-dire les dépenses qu'il a faites pour achat de vivres et de munitions, plus généralement toutes ses *mises dehors* ou dépenses nécessitées par l'expédition entreprise (achat de charbon, loyers des gens de mer, etc... etc...). Le propriétaire d'un bâtiment ne se propose pas seulement d'éviter ces pertes; dans le cas le plus ordinaire où il conclut des affrètements, il a pour but de réaliser des bénéfices. Ceux-ci se produisent quand le fret excède les dépenses de navigation et la déperdition de valeur résultant de l'usure du navire. L'excédent du fret qui forme le bénéfice est le *fret net* (n° 172).

Il est facile de se rendre compte de la situation pécuniaire des propriétaires du navire en cas d'heureuse arrivée ou de perte de son bâtiment.

En cas d'heureuse arrivée, le propriétaire du navire a un bâtiment que la navigation a usé dans une certaine mesure, et qui, par suite, a diminué de valeur ; de plus, il a supporté des dépenses ou mises dehors. Il compense l'usure du navire et ces dépenses avec une partie du fret; l'excédent ou *fret net* forme pour lui un bénéfice. En cas de perte du navire et des marchandises (1), il perd le

_____

(1) Pour plus de simplicité, il est supposé au texte que le sinistre le plus

navire dans son état d'usure avec ses accessoires et les mises dehors
ou dépenses de navigation ; il est, en outre, privé du fret net sur
lequel il comptait.

Un exemple rendra ces idées plus claires. Supposons :

a. Un navire ayant au départ une valeur de. . 201.000 fr.

b. Des mises dehors se montant à. . . . . . 5.000 fr.

c. Un fret de. . . . . 20.000 fr.

d. L'usure du navire causée par le voyage équivalant à. . . . . 1.000 fr.

Si le navire parvient à bon port, qu'aura son propriétaire? Il
aura conservé un navire dont la valeur, par suite de l'usure résultant du voyage, a été réduite à 200.000 fr. Le fret de 20.000 fr. lui
servira à compenser cette usure et à payer les dépenses montant à
5.000 fr., de telle sorte que le fret net formant son gain sera de
14.000 fr.

Si le navire et les marchandises viennent à périr, le propriétaire
perdra son bâtiment dans l'état d'usure où il serait, sans le sinistre,
arrivé à destination, soit 200.000 fr. ; il perdra, en outre, les
5.000 fr. de dépenses que le fret ne pourra pas couvrir, puisqu'il
n'est pas dû (art. 302, C. com.) ; enfin, il sera privé du bénéfice
consistant dans le fret net de 14.000 francs.

1131. Le Code de commerce admettait bien l'assurance du navire
d'après la valeur même qu'il avait lors du départ et l'assurance des
mises dehors (art. 334), mais non celle du fret à faire, de telle sorte
que le propriétaire d'un navire ne pouvait se mettre à l'abri de la
privation de gain, résultant de ce qu'il ne touche point le fret sur
lequel il comptait (ancien art. 347). Ainsi, dans l'espèce indiquée
plus haut, le propriétaire du bâtiment aurait eu le droit de faire assurer le navire pour 201.000 fr., les mises dehors pour 5.000 fr.; mais
l'assurance du fret net de 14.000 fr. était prohibée.

Il a été supposé qu'il y avait une perte entière des marchandises
et du navire et, par suite, il a été dit que le propriétaire est privé
de tout droit au fret (art. 302, C. com.). Mais il y a des cas où le

grave se produit, qu'il y a perte totale du navire. Mais il est facile de transporter les indications et raisonnements contenus au texte du cas de perte totale
aux cas, soit de perte partielle, soit de détérioration.

fret n'est perdu qu'en partie pour celui-ci (nᵒˢ 772 et suiv.). L'assurance contre la perte partielle du fret était évidemment prohibée
comme l'assurance contre la perte totale.

1132. Les raisons alléguées pour justifier la prohibition de l'assurance du fret se trouvent dans les anciens auteurs (1) et dans les
travaux préparatoires du Code de commerce (2). Elles peuvent être
résumées de la façon suivante.

Grâce à la défense de l'assurance du fret, le propriétaire d'un
navire est toujours intéressé à son heureuse arrivée, puisqu'en cas
de sinistre, si ses pertes sont réparées par l'assureur, du moins il
ne réalise pas le bénéfice sur lequel il comptait. Du reste, l'assurance
n'est qu'un contrat d'indemnité, qui ne doit pas faire réaliser de bénéfice à l'assuré; l'assurance du fret lui en procurerait un. On ajoute
enfin qu'on ne peut faire assurer que les choses qui existent et non
celles qui peuvent ne jamais exister; le fret est du nombre de ces
dernières; car, en cas de naufrage ou de prise, il n'est dû aucun fret
(art. 302, C. com.).

1133. On a fini par reconnaître avec raison que les motifs donnés
pour justifier la prohibition de l'assurance du fret sont inexacts et
que cette prohibition pouvait nuire à notre marine marchande (3).

Sans doute la prohibition de l'assurance du fret, en laissant un
découvert à l'assuré, devait le rendre prévoyant. Mais cela ne justifiait pas la prohibition; avec l'idée dont on partait, il aurait fallu
défendre absolument toute assurance; celui qui est assuré devient
ordinairement plus imprévoyant qu'il ne l'était antérieurement (4).

---

(1) Émérigon, *Traité des assurances*, ch. 1, sect. 4; ch. 8, sect. 8, § 2;
Pothier, *Traité du contrat d'assurance*, nᵒ 36.

(2) Locré, *Législation de la France*, Exposé des motifs de Corvetto, p. 453;
discours de M. Challen au Corps législatif, p. 465.

(3) La démonstration en a été souvent faite. Elle l'a été d'une façon particulièrement remarquable dans un rapport présenté au Conseil d'État en 1874
par M. G. Griolet, alors maître des requêtes, sur un projet de loi devenu la loi
du 12 août 1885.

(4) Le fait qu'une personne contracte une assurance implique sans doute
qu'elle a l'esprit de prévoyance, en ce sens qu'elle songe à se prémunir contre
les conséquences pécuniaires d'un sinistre; mais, une fois l'assurance contractée, l'assuré fait souvent moins d'efforts pour échapper aux risques qu'il
n'en faisait antérieurement, parce qu'il sait que les dommages qu'il pourra
éprouver seront réparés.

D'ailleurs les rédacteurs du Code de commerce ont bien répudié
cette idée sur un autre point ; ils n'ont point exigé, comme le faisait
l'Ordonnance de 1681, qu'en principe, l'assuré conserve un découvert de 10 0/0 de la valeur de la chose assurée (1).

Contrairement à ce qu'on alléguait, le fret est une créance qui
existe et dont le montant est même fixé dès le jour où il a été stipulé
dans le contrat d'affrétement ; seulement, comme toutes les choses
exposées aux risques maritimes, le fret est exposé à périr par suite
de la réalisation de ces risques. Le fret n'est que le fruit du navire
(n° 98). Or, on n'a jamais contesté la validité des assurances contre
les accidents pouvant empêcher de naître ou pouvant anéantir des
fruits, pourvu, bien entendu, que l'assuré eût intérêt à leur naissance
et à leur conservation. N'est-ce pas ainsi qu'on admet sans difficulté
l'assurance des récoltes contre la grêle ? On conçoit plus aisément
encore l'assurance du fret ; car, à la différence des récoltes, la valeur
du fret est connue à l'avance : le contrat d'affrétement en fixe le
montant.

Le principe selon lequel l'assurance est un contrat d'indemnité,
ne justifiait pas non plus la défense de l'assurance du fret. Ce principe signifie seulement que l'assuré ne doit pas, au moyen du contrat, rendre, en cas de sinistre, sa situation meilleure qu'en cas
d'heureuse arrivée (n°s 1108 et suiv.). L'assurance du fret n'a pas
ce résultat ; grâce à elle, l'assuré se place dans la situation où il
aurait été sans le sinistre. D'ailleurs, l'idée même d'indemnité,
comme le prouve l'art. 1149, C. civ., paraît impliquer que celui qui
a droit à être indemnisé, reçoit une somme d'argent représentant
non-seulement ses pertes (*damnum emergens*), mais aussi les gains
ou bénéfices dont il a été privé (*lucrum cessans*).

La prohibition de l'assurance du fret, que ne justifie aucun principe de droit, avait de graves inconvénients pratiques. Il y avait là

(1) Voici le texte des art. 18 et 19 du livre III, titre VI de l'Ordonnance :
« Art. 18. Les assurés courront toujours risque du dixième des effets qu'ils auront chargés, s'il n'y a déclaration expresse dans la police qu'ils entendent
faire assurer le total. — Art. 19. Et si les assurés sont dans le vaisseau, ou
qu'ils en soient les propriétaires, ils ne laisseront pas de courir risque du
dixième, encore qu'ils aient déclaré faire assurer le total. »

une cause d'infériorité pour notre marine. Les armateurs, ne pouvant se faire garantir contre toutes les conséquences qu'ont pour eux les risques de mer, pouvaient se décourager plus aisément. Ils avaient aussi parfois l'idée de contracter une assurance avec des compagnies étrangères dans le pays desquelles le fret pouvait être assuré, ce qui était naturellement nuisible aux compagnies d'assurances françaises. Un autre inconvénient pratique de la prohibition de l'assurance du fret a souvent été indiqué. En principe, le fret n'est payable qu'après l'arrivée du navire à destination. L'armateur ne peut pas toujours attendre jusqu'à ce moment ; il a fort souvent besoin d'argent, soit pour payer les dépenses de l'expédition, soit pour faire de nouveaux armements. Que fait-il afin de s'en procurer ? Il tire sur le débiteur du fret une lettre de change et cherche un banquier pour la faire escompter. Mais il se pouvait qu'il eût quelque peine à en trouver un ; car on exige de l'armateur qu'il justifie d'une assurance du fret, afin que le porteur de la lettre de change soit certain d'être payé, même en cas de perte des marchandises.

Du reste, afin d'arriver à l'assurance du fret, les intéressés employaient des moyens divers, grâce à l'emploi desquels les inconvénients pratiques de la prohibition étaient, sinon supprimés, au moins fort atténués.

Le moyen le plus simple consistait dans la souscription de *polices d'honneur*. Les assureurs assuraient expressément et sans aucun détour le fret à faire, puis ils s'engageaient sur l'honneur à ne pas se prévaloir de la nullité et, pour ne pas donner connaissance aux tribunaux de la violation de la loi, les parties déclaraient s'en remettre à des arbitres pour toutes les contestations qui pourraient naître entre elles par la suite. Ce moyen atteignait généralement son but ; mais il y avait toujours à craindre qu'en cas de faillite de l'assureur, la nullité ne fût opposée par la masse des créanciers. En outre, comme l'assuré lui-même n'était pas légalement engagé, les polices d'honneur fixaient parfois des primes très élevées.

On recourait à un moyen plus compliqué pour échapper à la prohibition de l'assurance du fret. Les parties peuvent convenir que le fret ne sera pas restituable, même en cas de sinistre (art. 302) (1).

(1) V. n° 769.

Mais on conçoit que les chargeurs résistent à l'admission d'une pareille clause; avec elle, ils sont exposés à payer un fret pour des marchandises qui n'arrivent point à destination. Aussi, afin de déterminer les chargeurs à accepter cette clause, les armateurs convenaient-ils avec eux que les chargeurs feraient assurer le fret, mais que les armateurs supporteraient la _charge de la prime. De cette manière, l'armateur touchait le fret et payait la prime à tout événement, comme si le fret avait été assurable, et le chargeur ne risquait rien de consentir à ce que le fret ne fût pas restituable, puisqu'il lui était remboursé par un assureur. Le chargeur pouvait faire ainsi assurer le fret non restituable sans violer la prohibition de l'art. 347, C. com.; car cette prohibition ne visait que l'assurance du *fret à faire* (c'est-à-dire à gagner) et non celle du *fret acquis;* le fret, dans l'espèce, devait bien recevoir cette dernière qualification, puisqu'il n'était restituable en aucun cas par l'armateur (1).

1134. Depuis la loi du 12 août 1885, la prohibition de l'assurance du fret pour le propriétaire du navire n'existe plus. La disposition de l'art. 347 qui l'édictait est abrogée et l'art. 334 modifié mentionne expressément le fret parmi les choses pouvant être assurées. Du reste, la formule générale citée plus haut (n° 1128), par laquelle se termine l'art. 334, 1er alin., aurait suffi pour faire admettre la possibilité de l'assurance du fret.

Quelles choses peut donc faire assurer aujourd'hui le propriétaire d'un navire?

Il peut évidemment se borner à faire assurer, comme avant la loi du 12 août 1885, le navire et les frais d'armement ou mises dehors. Mais alors il est placé seulement à l'abri des pertes pécuniaires; il n'est pas garanti contre les privations de gains.

Il peut, pour être garanti même contre celles-ci, faire assurer : 1° Le navire; 2° ses mises dehors; 3° le fret net. C'est même là le cas

---

(1) V. n° 770. — Une Déclaration du Roi du 17 août 1779 (art. 6) décidait que « *le fret acquis* pourra être assuré. » Nos anciens auteurs étaient fort embarrassés pour expliquer ce qu'il fallait entendre par là. « Puisque le Roi l'a permis, disait Émérigon, il faut nécessairement que la chose puisse être mise en pratique. » Ils étaient, en général, arrivés à reconnaitre qu'il s'agissait de l'assurance du fret stipulé non restituable, conclue par l'affréteur: Émérigon, *op. cit.,* ch. 8, sect. 8, p. 3 et suiv.; Pothier, *Traité du contrat d'assurance,* n° 36.

que paraît viser l'art. 334, C. com., en indiquant qu'on peut faire assurer le *fret net*.

Une autre combinaison est certainement aussi possible pour le propriétaire du navire. Il peut faire assurer le navire et le *fret brut*. Il arrive ainsi au même résultat qu'en faisant assurer les trois choses qui viennent d'être indiquées, par cela même que le fret brut est égal au montant des mises dehors et du fret net réunis.

Ces différentes choses peuvent, selon les convenances des intéressés et les circonstances, être assurées par une seule police ou par plusieurs polices distinctes.

1135. Mais, quelque extension qu'aient reçue les assurances que peut faire le propriétaire d'un navire, il ne faut pas oublier que l'assurance n'est qu'un contrat d'indemnité. L'art. 334, C. com., applique ce principe, en déclarant interdite toute assurance cumulative, c'est-à-dire qu'en faisant assurer différentes choses, l'assuré ne peut arriver à réaliser un bénéfice. Par suite, le propriétaire d'un navire ne peut pas faire assurer à la fois, outre son navire, le fret *brut* et les mises dehors. Il est facile d'apercevoir que, s'il agissait ainsi, le propriétaire du navire serait placé, en cas de sinistre, dans une situation pécuniaire meilleure qu'en cas d'heureuse arrivée. En effet, en cas d'heureuse arrivée, il aurait touché le fret, mais aurait dû supporter sur lui les dépenses de navigation. En faisant assurer le fret brut et ces dépenses, il n'aurait pas à supporter celles-ci, puisqu'il s'en ferait rembourser par l'assureur.

Qu'arrive-t-il si cette règle a été violée? On applique les mêmes sanctions qu'en cas de double assurance (nos 1112 et suiv.). D'après l'art. 334, dern. alin., *dans tous les cas d'assurances cumulatives, s'il y a eu dol ou fraude de la part de l'assuré, l'assurance est nulle à l'égard de l'assuré seulement; s'il n'y a eu ni dol ni fraude, l'assurance sera réduite de toute la valeur de l'objet deux fois assuré. S'il y a eu deux ou plusieurs assurances successives, la réduction portera sur la plus récente.*

1136. Droit étranger. — La prohibition de l'assurance du fret est abandonnée depuis longtemps dans les pays étrangers. V. Loi *belge* du 21 août 1879, art. 168; Codes de commerce *hollandais*, art. 593; *allemand*, ar . 783; *italien*, art. 606, 3°; *roumain*, art. 618 3°;

espagnol, art. 743, 7°; *portugais*, art. 597 ; *argentin*, art. 1157, 7°, *mexicain*, art. 818, 7°; Codes maritimes *suédois, danois, norvégien*, art. 230; *finlandais*, art. 172. L'assurance du fret est aussi admise en vertu des usages en *Grande-Bretagne* (1) et dans les *États-Unis* d'Amérique (2). Cependant la prohibition de l'assurance du fret est encore consacrée par le Code de commerce *chilien*, art. 1218.

1137. La prohibition de l'assurance du fret impliquait celle du prix de transport des passagers. Il y a là aussi un bénéfice sur lequel compte le propriétaire du navire et dont, par suite d'événements de mer, il peut être privé. Les motifs invoqués pour prohiber l'assurance du fret, s'appliquaient exactement à l'assurance du prix de transport des passagers. Mais, depuis la loi du 12 août 1885, le prix qui n'est, après tout, qu'une variété du fret, peut être assuré comme le fret lui-même (3), Du reste, la formule générale de l'art. 334, C. com., s'applique au prix de passage.

1138. *Propriétaires de marchandises.* — Les chargeurs qui expédient des marchandises à vendre au port de destination, ont pour but de réaliser un bénéfice; ils comptent que le prix payé par la personne qui achète la cargaison au port de destination, suffira non seulement à leur rembourser le coût de production ou le prix des marchandises, les frais de transport et les dépenses accessoires (droits de douane, droits d'octroi, etc.), mais qu'il y aura un excédent qui constituera précisément leur bénéfice. Ce bénéfice n'est pas certain ; car il peut se faire qu'au port de reste, les marchandises se vendent pour un prix inférieur ou seulement égal aux sommes déboursées pour les acheter et les faire transporter; aussi dit-on qu'il y a *bénéfice espéré*. En conséquence, en cas de perte ou de prise des marchandises, un chargeur ou un destinataire perd tous les déboursés qu'il a dû faire

(1) Arnould, *op. cit.*, I, p. 29 et suiv.; Max Arthur, *The contract of marine insurance*, p. 99.
(2) Parsons, *Laws of Business for all the states and territories of the Union*, p. 377.
(3) DROIT ÉTRANGER. — Afin d'éviter toute difficulté, des lois étrangères mentionnent expressément, pour la permettre, à côté de l'assurance du fret, celle du prix de transport des passagers. V. loi *belge* du 21 août 1879, art. 168, Codes de commerce *allemand*, art. 785 ; *italien*, art. 606, 3°.

(prix d'achat, fret non restituable, etc.), et, de plus, il est privé du gain sur lequel il comptait. Le Code de commerce, comme l'Ordonnance de 1681 (1), restreignait la faculté pour le chargeur ou pour le destinataire de contracter des assurances. Il pouvait bien faire assurer les divers déboursés qu'il avait faits, mais non le profit espéré. Ainsi, par les assurances que le Code de commerce autorisait, le char_ geur pouvait être placé, en cas de sinistre, dans la situation où il était avant le départ, non dans celle où il aurait été en cas d'heureuse arrivée.

Les raisons alléguées pour prohiber l'assurance du profit espéré étaient semblables à celles qu'on invoquait pour justifier la prohibition de l'assurance du fret à faire (nº 1132) ; on disait que le profit espéré est une chose qui n'existe pas et peut ne jamais exister ; que l'assurance de ce profit serait une gageure faisant réaliser un gain à l'assuré. Il était facile de réfuter ces raisons. L'assurance du profit espéré ne viole pas la règle selon laquelle l'assurance maritime n'est qu'un contrat d'indemnité, puisqu'elle place l'assuré, en cas de perte, non pas dans une meilleure condition, mais dans la même situation pécuniaire qu'en cas d'heureuse arrivée. On ne voit pas pourquoi une personne ne pourrait faire assurer un gain sur lequel une opération entreprise par elle lui donne le droit de compter. Cette attente légitime existe, quant au profit espéré, pour le chargeur, comme, quant au fret, pour l'armateur. Du reste, rien n'est plus facile en fait que de réaliser cette assurance ; il suffit d'assurer les marchandises pour la valeur qu'elles auront au port de destination. C'est ainsi que cette assurance se pratiquait généralement dans les pays étrangers où l'assurance du profit espéré est admise depuis longtemps. V. nº 1140.

Cette prohibition gênait les chargeurs et pouvait détourner bien des personnes du commerce d'exportation, par cela même qu'elle les empêchait d'obtenir une indemnité complète en cas de sinistre. D'ailleurs, on recourait souvent, pour assurer le profit espéré, à des polices d'honneur. Ces polices avaient les mêmes inconvénients que pour l'assurance du fret (nº 1133). On arrivait à peu près aussi d'une façon indirecte au même résultat en augmentant à forfait la valeur des marchandises au port de départ. Cette augmentation est tellement

_____

(1) Valin, sur l'art. 15, liv. III, tit. VI, de l'Ordonnance de 1681 ; Emérigon, ch. 8, sect. 9.

fréquente qu'on peut dire qu'il y a à cet égard une sorte d'usag-
établi : ordinairement on fait subir dans les polices une augmenta
tion de dix pour cent à la valeur des marchandises au départ (1).

1139. L'assurance du *profit espéré* est expressément permise par
l'art. 334, C. com., modifié par la loi du 12 août 1885. Le profit
espéré peut être assuré par l'assurance des marchandises. L'assurance du profit espéré se réalise alors en stipulant que les marchandises sont assurées pour une somme égale à la valeur des marchandises semblables au port de destination. Il peut y avoir aussi une
assurance du profit espéré distincte de l'assurance des marchandises.
Ainsi, le chargeur peut faire assurer distinctement : 1° les marchandises d'après leur valeur au départ ; 2° toutes les dépenses afférentes
au transport ; 3° l'excédent probable sur ces deux sommes réunies du
prix de vente au port de destination qui forme le bénéfice espéré.

Mais, à l'aide des différentes assurances qu'il contracte, le chargeur ne peut pas réaliser un profit. Il ne saurait donc faire assurer
les marchandises pour la valeur de marchandises semblables au
port de destination et, en outre, les dépenses afférentes au transport
de ces marchandises jusqu'à concurrence du montant de ces dépenses ;
il y aurait assurance cumulative. Aussi faudrait-il, soit annuler
toutes les assurances au cas de dol ou de fraude, soit procéder à une
réduction conformément à la règle de l'ordre des dates, art. 334,
dern. alin., C. com. V. analog., n° 1135.

1140. Il va de soi que le chargeur a aujourd'hui l'option. Il peut,
adoptant le système ancien du Code de commerce, se borner à faire
assurer ses marchandises pour la valeur qu'elles ont au départ et les
dépenses de transport y afférentes. S'il le préfère, le chargeur peut,
à l'aide d'un des procédés indiqués plus haut (n° 1139), faire assurer
le profit espéré.

En fait, l'assurance du profit espéré est moins fréquente que celle
du fret. La raison en est simple : le montant du profit espéré n'est
pas fixé à l'avance comme le fret l'est par la charte-partie ou par le
connaissement. Par suite, l'assureur ne sait pas exactement quelle
est l'étendue de ses obligations envers l'assuré. On ne peut la fixer

qu'en connaissant le prix des marchandises semblables à l'état sain, ou, en cas de perte totale, en recherchant le cours de marchandises semblables à l'époque à laquelle on présume que les marchandises seraient parvenues à destination sans le sinistre. Du reste, il y a un usage qui diminue au moins l'utilité de l'assurance du profit espéré, c'est celui d'assurer les marchandises au prix coûtant augmenté de tant pour cent. Cet usage existait même avant que l'assurance du profit espéré fût permise par la loi du 12 août 1885, ce qui diminuait les inconvénients de la prohibition de cette assurance (1).

1141. Il a été supposé qu'il s'agit du chargeur. Quant au destinataire, il a toujours été admis qu'il peut faire assurer les marchandises pour une somme égale au prix pour lequel il les a achetées. Ce prix, il risque de le perdre si les marchandises voyagent à ses risques comme constituant des corps certains (art. 1138 et 1583, C. civ.); il n'y a pas là pour lui de profit espéré. Mais, avant la loi du 12 août 1885, le destinataire qui avait acheté les marchandises expédiées par mer, ne pouvait pas les faire assurer pour le prix supérieur à son prix d'achat, prix supérieur pour lequel il espérait les revendre. Aujourd'hui, cette assurance serait possible par cela même qu'on peut faire assurer le profit espéré.

1142. De l'admission de l'assurance du profit espéré, il ne faut pas conclure que cette assurance est permise en dehors des risques de mer. Ainsi, dans les assurances contre l'incendie, l'indemnité se calcule sur la valeur des choses assurées lors du sinistre. Il ne pourrait pas être convenu que l'indemnité comprendra le bénéfice que l'assuré comptait réaliser en vendant les marchandises assurées. Une pareille assurance pourrait trop aisément créer pour l'assuré un intérêt à la perte. Puis, dans les assurances sur facultés, il y a une base certaine à laquelle on peut se référer pour apprécier le bénéfice espéré, c'est la valeur des marchandises semblables au port

---

(1) D'après l'art. 15 de la police française d'assurance sur facultés, « Nonobstant toutes valeurs agréées, les assureurs peuvent, lors d'une réclamation de pertes ou d'avaries, demander la justification des valeurs réelles, « et réduire, en cas d'exagération, la somme assurée au prix coûtant, augmenté « de dix pour cent, à moins qu'ils n'aient expressément agréé une surévaluation supérieure d'une quotité déterminée. » V. de Courcy, *Questions de Droit maritime* (2e série), p. 406 et suiv.

de destination. Dans les autres assurances, spécialement dans les assurances contre l'incendie, toute base de ce genre ferait défaut (1).

1143. Droit étranger. — L'assurance du profit espéré est permise dans les pays étrangers. Elle l'y a même été généralement avant de l'être en France par la loi du 12 août 1885. V. L. *belge* du 21 août 1879, art. 168; Codes de commerce *hollandais*, art. 596; *allemand*, art. 783; *italien*, art. 606 et 612; *roumain*, art. 624; *espagnol*, art. 743 et 748; *portugais*, art. 601; *argentin*, art. 1157, 7°; Codes maritimes de *Suède*, de *Danemark*, de *Norvège*, art. 230; de *Finlande*, art. 172. — Les usages consacrent aussi la faculté d'assurer le profit espéré en *Grande-Bretagne* (2) et dans les *États-Unis d'Amérique* (3).

1144. *Prêteur à la grosse.* — Le prêteur à la grosse est, en cas d'heureuse arrivée, remboursé de son capital et gagne le profit maritime ou prime de grosse. Il est exposé, en cas de sinistre, à perdre son capital, puisqu'alors l'emprunteur ne lui en doit pas le remboursement ou ne doit lui en rendre qu'une partie, et à être privé, en tout ou en partie, du profit maritime qui devait constituer pour lui un gain. Le prêteur à la grosse pouvait bien, avant la loi du 12 août 1885, faire assurer le capital prêté, mais non le profit maritime (art. 347). L'idée était toujours la même : l'assurance ne doit pas faire réaliser un gain à l'assuré; le peu de fondement de cette prohibition se démontre de la même façon qu'en ce qui concerne la prohibition de l'assurance soit du fret, soit du profit espéré. Valin ajoutait seulement (art. 17, livre III, titre VI) que le profit maritime, qui est toujours considérable, n'est légitime qu'à cause du risque que court le prêteur de perdre tout. Cette raison aurait dû conduire logiquement à défendre l'assurance même du capital prêté.

Comme les autres prohibitions du même genre, celle de l'assurance du profit maritime ne pouvait que nuire au commerce de mer.

---

(1) Le Conseil d'État, en se prononçant sur le projet devenu la loi du 12 août 1885, qui lui avait été soumis, a, dans un avis du 30 déc. 1874, indiqué que l'assurance du profit espéré ne doit être permise qu'autant qu'il s'agit de marchandises transportées par mer. La loi *belge* sur les assurances du 11 juin 1874 (art. 1, 2ᵉ alin.) a pris le soin d'indiquer que « le profit espéré peut être assuré *dans les cas prévus par la loi.* »

(2-3) Mac Arthur, *op. cit.*, p. 66; Arnould, *op. cit.*, p. 35 et 36.

Ce commerce a besoin de beaucoup d'argent et il est assurément intéressé à s'en procurer au meilleur compte possible. Le prêteur, qui ne pouvait pas, au moyen d'une assurance, échapper aux risques de mer pour le profit maritime, exigeait un profit plus élevé ou contractait une assurance à l'étranger, dans les pays où, depuis longtemps, l'assurance du profit maritime était admise (1). Souvent, du reste, on faisait des polices d'honneur pour le profit maritime ou l'on assurait les prêts en comprenant dans la somme assurée le profit maritime avec le capital prêté sans faire aucune distinction (2).

1145. Depuis la loi du 12 août 1885, le prêteur à la grosse peut faire assurer le profit maritime aussi bien que le capital par lui prêté. Le nouvel art. 334, C. com., mentionne expressément le profit maritime parmi les choses pouvant être assurées et la prohibition de cette assurance a disparu de l'art. 347.

1146. *Emprunteur à la grosse.* — Si le prêteur à la grosse peut faire assurer le capital prêté et le profit maritime, l'emprunteur, au contraire, ne peut faire assurer la somme empruntée (3). L'art. 347 le dit expressément (4); mais cela allait de soi (5) et cela est bien conforme aux principes généraux qui régissent l'assurance. Par cela même qu'en cas de perte, l'emprunteur à la grosse n'a rien à rembourser, il ne subit point de préjudice, et, s'il faisait assurer le capital prêté, il réaliserait un gain qu'il n'aurait pas obtenu sans le sinistre.

Mais l'emprunteur à la grosse a-t-il, du moins, le droit de charger, moyennant une prime convenue, un tiers d'acquitter, en principal et

---

(1) DROIT ÉTRANGER. — V. Loi *belge* du 21 août 1879, art. 168 ; Codes de commerce *hollandais*, art. 193; *allemand*, art. 783; *italien*, art. 606 ; *roumain*, art. 618; *espagnol*, art. 743; *portugais*, art. 597; *argentin*, art. 1157 1°. Codes maritimes *suédois, danois* et *norvégien*, art. 230; *finlandais*, art. 171. En *Grande-Bretagne* et dans les *États-Unis d'Amérique* l'assurance du profit maritime est aussi admise. V. Arnould, *op. cit.*, p. 39. Le Code *chilien* (art. 1218-4°) a maintenu la prohibition de l'assurance du profit maritime.

(2) V. De Courcy, *Questions de Droit maritime* (1re série), p. 402 et 340.

(3) Ni les marchandises achetées, ni les dépenses acquittées avec les sommes empruntées à la grosse.

(4) L'art. 347, depuis la loi du 12 août 1885, ne contient plus que cette prohibition.

(5) De Courcy, *Questions de Droit maritime* (1re série), p. 420 et 421.

intérêts, la somme qu'il sera obligé de rembourser en cas d'arrivée à bon port (1)? On pourrait voir dans cette convention une gageure, une assurance de choses dont l'emprunteur ne court pas les risques, puisque ceux-ci sont pour le prêteur.

1147. *Gens de mer.* — L'ancien art. 347, C. com., défendait aux gens de mer de faire assurer leurs loyers. Cette disposition était en concordance avec celle de l'ancien art. 258, C. com. (2). Afin de donner aux gens de mer un intérêt pécuniaire à faire tous leurs efforts pour garantir le salut du navire, l'ancien art. 258, C. com., les privait entièrement de leurs loyers même pour le temps antérieur au sinistre. S'ils avaient pu les faire assurer, le but de la loi eût été manqué ; les gens de mer, touchant de l'assureur une somme égale au montant des loyers que ne leur devait pas l'armateur, n'auraient plus eu d'intérêt pécuniaire au salut du bâtiment.

1148. En fait, on ne réclamait pas contre la prohibition de l'assurance des loyers et les polices d'honneur n'étaient guère connues pour les loyers des gens de mer (3). Cependant, la prohibition a disparu de l'art. 347 et le nouvel art. 334 permet expressément aux gens de mer de faire assurer leurs loyers.

Quelle est exactement la portée de cette faculté nouvelle qui leur est conférée ?

Pour l'apercevoir, il faut se référer à l'art. 258, C. com., modifié par la loi du 12 août 1885. D'après cet article, les gens de mer engagés au voyage ou au mois ont droit, en principe, à leurs loyers jusqu'au jour du sinistre. Ils peuvent exceptionnellement en être privés par les tribunaux, en tout ou en partie, soit quand la perte du navire est le résultat de leur faute ou de leur négligence, soit quand ils n'ont pas fait tout ce qui était en leur pouvoir pour sauver le navire, les passagers et les marchandises, ou pour recueillir les débris (nᶜˢ 436 et suiv.).

A quels loyers peut donc s'appliquer l'assurance contractée par les gens de mer engagés au voyage ou au mois ?

---

(1) Pardessus, II, n° 768, p. 332.
(2) V. nᵒˢ 435 et suiv.
(3) V. De Courcy, *Questions de Droit maritime* (2ᵉ série), p. 932 et suiv.

L'assurance peut s'appliquer aux loyers dûs jusqu'au jour du sinistre. C'est là une simple assurance de solvabilité de l'armateur. Mais on ne peut permettre aux gens de mer de faire assurer les loyers postérieurs à la perte ou à la prise dont, par suite du sinistre, ils sont privés. Autrement l'assurance les placerait, en cas de perte ou de prise, dans une situation meilleure qu'en cas d'heureuse arrivée ; ils toucheraient de l'assureur une somme égale à ces loyers sans avoir rendu les services corrélatifs qu'ils auraient eu à rendre pour recevoir les loyers de l'armateur au cas d'heureuse arrivée.

L'assurance peut-elle s'appliquer aux loyers dont les gens de mer sont privés par les tribunaux à raison de leur faute ? Cette question se rattache à une difficulté plus générale qui s'élève sur l'art. 352, C, com. ; une personne peut-elle contracter une assurance maritime la garantissant même contre les conséquences de ses fautes ? D'après l'opinion générale fondée sur les art. 351 et 352, C. com , l'assurance maritime ne peut pas s'appliquer aux dommages causés par les fautes de l'assuré. Ainsi que nous chercherons à l'établir, l'assurance maritime peut comprendre les fautes de l'assuré, pourvu qu'elles ne soient pas intentionnelles ou lourdes (1). Il faut conclure de là que l'assurance peut s'appliquer aux loyers dont les gens de mer sont privés, lorsque leurs fautes n'ont pas l'un de ces deux caractères.

En dehors des gens de mer engagés au mois ou au voyage, on conçoit que des gens de mer engagés à profits éventuels contractent une assurance pour leurs loyers. D'après l'art. 260, C. com., *les matelots engagés au fret sont payés de leurs loyers seulement sur le fret, à proportion de celui que reçoit le capitaine.* Les profits des gens de mer engagés à la part sont diminués ou disparaissent, même dans les cas de perte ou de prise (2). On comprend que des gens de mer engagés au fret ou à la part contractent une assurance contre leur privation éventuelle de profit.

1149. DROIT ÉTRANGER. — Il s'en faut que l'assurance des loyers soit permise aux gens de mer dans tous les pays. Elle est autorisée par la loi *belge* du 21 août 1879, art. 168, et par le Code de com-

(1) V. n° 1245.
(2) V. n° 441.

merce *roumain*, art. 618, 3°. Mais les Codes de commerce *hollandais*, art. 599, 1°; *allemand*, art. 784; *italien*, art. 607, 1°; *espagnol*, art. 780, 3°; *portugais*, art. 600, 1°; *chilien*, art. 1218, 1°; le Code maritime *finlandais*, art. 193, la défendent. En *Grande-Bretagne* et dans les *États-Unis d'Amérique*, elle est défendue aux gens de mer en général et permise, à titre exceptionnel, au capitaine (1).

1150. Les gens de mer n'exposent pas seulement leurs loyers aux risques de mer; ils y exposent aussi leur vie. L'Ordonnance de 1681 (art. 10, livre III, titre 6), défendait *de faire aucune assurance sur la vie des personnes* (2). On invoquait, pour justifier cette défense, l'idée selon laquelle la vie d'une personne ne peut pas être estimée en argent : *nulla est aestimatio hominis liberi*. Cette idée a même été reproduite, lors de la discussion du Code de commerce, dans l'exposé des motifs du titre des assurances (3). Ce motif n'est pas exact: dans l'assurance sur la vie, on n'évalue pas la vie d'une personne, mais bien d'une façon approximative le dommage qui pourra résulter de sa mort pour les bénéficiaires de l'assurance. Du reste, aujourd'hui la validité de l'assurance sur la vie n'est plus contestée. Des textes nombreux présupposent qu'elle est valable, en réglant différentes questions relatives à cette assurance (4) (5).

Autrefois, quand les pirates étaient nombreux, l'un des plus graves dangers que les gens de mer couraient était celui d'être faits prisonniers. L'Ordonnance (livre III, titre VI, art. 11) permettait à ceux qui rachetaient les captifs de faire assurer le prix du rachat

---

(1) Arnould, *op. cit.*, I, p. 40 à 42.

(2) La portée de cette prohibition a donné naissance à une controverse. La prohibition de l'Ordonnance s'appliquait-elle exclusivement à l'assurance sur la vie des personnes exposées aux risques de la navigation ou avait-elle une portée générale, de telle sorte que toute assurance sur la vie fût défendue? Les termes absolus du texte paraîtraient devoir faire admettre la seconde solution. La première est soutenue par beaucoup d'auteurs. V. notamment Mornard, *Du contrat d'assurance sur la vie*.

(3) Exposé des motifs de Corvetto. V. Locré, *Législation de la France*, t. XVIII, p. 456 et 457.

(4) V. notamment L. 5 juin 1850, art. 37; L. 24 juill. 1867, art. 66, 2ᵉ al.; L. 23 juin 1875, art. 6.

(5) Si la validité de l'assurance sur la vie n'est plus douteuse, la nature de ce contrat est encore l'objet de nombreuses discussions.

pour le cas où l'assuré faisant son retour périssait autrement que par la mort naturelle. On doit reconnaître qu'il y avait une singulière contradiction entre cet art. 11 et l'art. 10 qui prohibait l'assurance sur la vie. Valin le déclare et dit qu'il ne faut pas *s'amuser à chercher des motifs de différence pour les concilier; car, enfin, assurer le prix du rachat du captif, si, faisant son retour, il est tué ou noyé, c'est au fond assurer sa vie. Tenons nous-en donc à dire que cela a paru juste au législateur et que cela suffit* (1).

1151. *Passagers.* — Il est certain que les passagers peuvent faire assurer les bagages qui sont transportés avec eux. La prohibition de l'Ordonnance de 1681 (art. 10, livre III, titre 6) relative aux assurances sur la vie paraît bien leur avoir été applicable (n° 1091).

1152. *Assurés. Assurance de la prime.* — L'assuré comme tel, indépendamment de sa qualité de propriétaire du navire ou des marchandises, de prêteur à la grosse, etc., est exposé à subir une perte lorsque des risques de mer se produisent. En quoi cette perte consiste-t-elle? L'assuré touche une indemnité, mais, comme il est obligé de payer la prime, le préjudice qu'il éprouve n'est pas réparé jusqu'à concurrence du montant de celle-ci. Sans doute, en principe, la prime est payable en tous cas, mais, s'il y a heureuse arrivée, l'assuré la recouvre sur les bénéfices qu'il réalise, tandis qu'en cas de perte, il n'y a rien de semblable. On peut donc dire que la prime est exposée aux risques de la navigation. Ainsi, en supposant qu'une assurance soit faite pour 10.000 fr. moyennant une prime de 10 0/0, en cas de perte, l'assuré ne touchant que 9.000 fr., supportera le dommage jusqu'à concurrence de 1.000 fr. L'assuré peut-il contracter une assurance qui le garantisse contre cette perte? L'assurance de la prime et du coût de l'assurance a toujours été autorisée (2), articles 334 et 342, al. 2. La prime constitue une *mise dehors*, qui doit pouvoir être assurée, comme toutes les autres dépenses. Mais il va de

(1) DROIT ÉTRANGER. — *Espagne.* Le Code de commerce (art. 780, 2°) défend l'assurance sur la vie des matelots et des passagers. — *Allemagne.* Une loi du 11 juillet 1887 a appliqué le principe de l'assurance obligatoire aux assurances des gens de mer contre les accidents. V. *Annuaire de législation étrangère,* 1888, p. 307 et suiv.

(2) Ordonnance de 1681, art. 20, liv. III, tit. VI; Émérigon, ch. 8, art. 12.

soi qu'on ne peut cumuler l'assurance de la prime avec celle du fret brut ou des marchandises pour leur valeur au port de destination (n° 1135 et 1139).

1153. L'assuré peut faire assurer la prime par un autre assureur que celui de son assurance principale. En multipliant les assurances accessoires des primes, l'assuré peut arriver à rendre insignifiante la perte qu'il éprouve. Par exemple, celui qui a conclu une assurance de 10.000 fr. à raison d'une prime de 1.000 fr., fera assurer cette prime moyennant une autre prime de 100 fr., cette prime de 100 fr. pour 10 fr., la prime de 10 fr. pour 1 fr., etc.; en payant 111 fr. de primes, l'assuré réduira, en cas de sinistre, sa perte à 1 fr.

1154. Si l'assuré peut faire assurer la prime par un tiers, peut-il aussi la faire assurer par l'assureur auquel elle est due? Jamais on n'y a mis d'obstacle (1). Cependant on serait tenté d'objecter en théorie contre la légalité de cette assurance qu'avec elle, celui auquel la prime est due s'engageant à la restituer, l'assurance devient un contrat de bienfaisance, ce qui est contraire à son essence. A cela on peut faire deux réponses : 1° Il y a, en réalité, là deux assurances distinctes, de telle sorte que l'assureur réunit les deux qualités d'assureur du navire ou des marchandises et d'assureur de la prime; 2° S'il n'est pas dû de prime en cas de perte, en revanche, en cas d'heureuse arrivée, la prime est plus élevée qu'elle ne le serait sans l'assurance de cette prime (2). Parfois un assureur assure donc lui-même la prime de son assurance, la prime accessoire et ainsi de suite à l'infini. On dit alors qu'il y a *assurance de la prime et de la prime des primes à l'infini*. Cette assurance équivaut, en définitive, à celle dans laquelle il serait stipulé que la prime ne sera due qu'en cas d'heureuse arrivée.

L'assurance de la prime et de la prime des primes n'est guère usitée qu'en temps de guerre. Cela tient à ce qu'alors, à raison de l'augmentation des risques, le taux des primes étant très élevé, les assurés désirent davantage se mettre à l'abri de la perte que l'obligation de les payer leur ferait subir en cas de sinistre.

Du reste, une cause spéciale contribue à rendre souvent cette assu-

(1) Émérigon, *op. cit.*, ch. 8, sect. 12, § 2.
(2) V. Pardessus, II, n° 790.

rance inutile. Fréquemment l'évaluation donnée dans la police d'assurance à la chose assurée, est exagérée. Il y a, à cet égard, une tolérance d'usage; les assureurs ne font pas constater l'exagération dans la crainte de perdre leur clientèle et par respect parfois pour les polices d'honneur. Grâce à cette exagération tolérée, les assurés, touchant, en cas de sinistre, une somme supérieure à la valeur de la chose assurée, ont ainsi de quoi payer la prime sans éprouver de perte ou en éprouvant seulement une perte très minime.

1155. *Assurance conclue par l'assureur* ou *réassurance.* — L'assureur se trouve courir les risques auxquels sont exposées les choses de l'assuré, par cela même qu'il les a pris à sa charge. Aussi l'assureur peut-il à son tour contracter une assurance le garantissant contre ces risques. Art. 342, al. 1. C'est là ce qu'on appelle une *réassurance.* Les réassurances paraissent être très anciennes. On en trouve la trace dès le XIVe siècle (1) et l'Ordonnance de 1681 (art. 20, livre III, titre VI), comme le Code de commerce, les permettait expressément (2). Différentes causes rendent les réassurances assez fréquentes. Ainsi que cela a été dit (n° 1092), d'après leurs statuts, les compagnies ne peuvent pas assurer sur un même risque au-delà d'une certaine somme, qui forme ce qu'on appelle *le plein* de la compagnie. Parfois, lorsqu'on demande à une compagnie d'assurer au-delà de son plein, elle y consent, pour ne pas manquer une opération fructueuse; mais en même temps, afin de se mettre en règle avec ses statuts, elle contracte une réassurance pour l'excédent de la somme assurée sur le plein (3). En outre, comme le taux des primes n'est pas identique partout, l'assureur peut vouloir faire une spéculation en contractant une réassurance pour une prime inférieure à celle qu'il doit toucher,

(1) Manuscrit de Gênes (1370), Roccus, *de assecuratione*, n° 30.
(2) Emérigon, *op. cit.*, ch. 8, sect. 14, définit le contrat de réassurance dans les termes suivants : « La réassurance est un contrat par lequel, moyennant une « certaine prime, l'assureur se décharge sur autrui des risques maritimes dont « il s'est rendu garant. »
(3) Il faut évidemment dans un cas de ce genre que la compagnie (assureur) prenne soin de se faire réassurer auprès d'une compagnie parfaitement solvable; autrement elle risquerait de subir, en cas de sinistre, un dommage dépassant son plein par suite de l'inefficacité de son recours contre le réassureur.

ce que l'art. 342 l'autorise à faire (1). Enfin, l'on conçoit que l'assureur soit déterminé à conclure une réassurance uniquement par la crainte qu'il a de la réalisation des risques dont il s'est chargé, surtout s'ils ont augmenté depuis l'assurance (2) (3).

Il y a des compagnies qui font indifféremment des assurances ou des réassurances, tandis que d'autres ont les réassurances pour spécialité.

1156. Le contrat de réassurance est régi par deux principes généraux :

a. Le contrat est simplement une variété de l'assurance maritime. Aussi lui applique-t-on les règles qui régissent le contrat d'assurance (4). Cela explique que peu de dispositions du Code de commerce soient relatives spécialement à la réassurance (5). A propos d'un certain nombre de règles posées pour l'assurance, il y aura lieu de se demander comment elles s'appliquent aux réassurances (6).

b. La réassurance n'entraîne pas une novation : elle laisse subsister le contrat d'assurance primitif; le réassuré reste toujours tenu envers le premier assuré; à l'inverse, celui-ci n'a pas d'action directe contre le réassureur : pour l'assuré, la réassurance est *res inter alios*

---

(1) La prime de la réassurance peut parfois aussi être supérieure à la prime d'assurance (n° 1162); car, au moment de la réassurance, les risques peuvent être plus grands qu'au moment où l'assurance primitive a été faite. Cela peut se produire notamment quand une guerre est survenue dans l'intervalle.

(2) V. la note précédente.

(3) Une cause qui mérite d'être notée, a contribué à multiplier le nombre des réassurances de toute espèce dans les dernières années. On sait que beaucoup de nouvelles compagnies d'assurances ont été créées; parmi ces compagnies un assez grand nombre n'ont pas réussi et ont dû se dissoudre; mais, avant leur dissolution, elles ont vendu leur *portefeuille*, c'est-à-dire l'ensemble de leurs polices, à d'autres compagnies. La jurisprudence a décidé avec raison que les assurés pouvaient ne pas tenir compte d'une cession de portefeuille et refuser de continuer l'assurance avec la compagnie cessionnaire; l'assureur ne peut imposer à l'assuré de changer de débiteur. Aussi les compagnies d'assurances dont la situation est mauvaise, opèrent-elles autrement ; elles font réassurer l'ensemble de leurs polices par une ou plusieurs compagnies et subsistent afin de continuer à toucher les primes. Ces réassurances en masse sont assez fréquentes.

(4) Trib. comm. Marseille, 17 nov. 1887; Aix, 14 janv. 1889, *Revue intern. du Droit maritime*, 1887-88, p. 453 : 1888-89, p. 536.

(5) V. art. 342, al. 2, art. 367 et 353, C. com.

(6) Nous faisons allusion notamment à la prescription quinquennale des actions nées de l'assurance (art. 432, C. com.) et aux règles relatives aux preuves à faire par l'assuré quand il agit contre l'assureur.

acta. Il serait, du reste, contraire aux principes généraux du droit de faire changer à l'assuré de débiteur sans son consentement (1). Il y a là une différence essentielle entre la réassurance et l'opération connue dans la pratique sous le nom de *cession de portefeuille* V. note 3 de la page 236.

1457. Il va de soi, du reste, que l'assuré peut accepter pour débiteur le réassureur. L'acceptation peut être expresse ou tacite ; elle entraîne novation. Art. 1275, C. civ. (2). Le premier principe rappelé (n° 1097 *a*) a notamment pour conséquence que la réassurance est un contrat d'indemnité. Par la réassurance le réassuré ne peut pas, en cas de sinistre, être placé dans une situation pécuniaire meilleure qu'en cas d'heureuse arrivée. Une seule restriction est apportée pour des motifs pratiques à cette règle. V. n° 1162.

1458. Les conditions de la réassurance ne peuvent, en conséquence, être plus favorables pour le réassuré que ne le sont pour lui les conditions de l'assurance. Mais elles peuvent être semblables ou moins favorables.

L'assureur ne peut, par suite, comprendre dans la réassurance la prime de la prime quand il ne l'a pas assurée. En effet, quand la prime de l'assurance est payable à tout événement, l'assureur ne risque point de la perdre. En comprenant dans la réassurance une prime qu'il a la certitude de gagner, l'assureur réaliserait, grâce à la réassurance, un bénéfice. Soit une assurance de 10.000 fr. pour une prime de 10 0/0. Au cas de perte totale, l'assureur payant 10.000 fr. et recevant à titre de prime 1.000 fr., ne perd, en réalité, que 9.000 fr. Il réaliserait un bénéfice s'il touchait, par suite de l'assurance de la prime des primes comprise dans la réassurance, 10.000 fr. (3).

1459. L'assurance ne peut être faite pour une somme excédant la valeur des choses assurées. Si cette règle est violée, on applique les mêmes solutions qu'au cas d'assurance exagérée. Les art. 357 et 358, C. com., visent, du reste, expressément la réassurance. S'il y

(1) Emérigon, ch. 8, sect. 14.
(2) V. pour l'acceptation tacite, Paris, 24 nov. 1894, *Le Droit*, n° du 16 janv. 1895.
(3) Laurin sur Cresp, III, p. 440, note 1; Ém. Cauvet, p. 336.

avait plusieurs réassurances, il y aurait lieu, comme pour le cas de double assurance, à la nullité de tous les contrats ou à la réduction dans l'ordre des dates. V. art. 359 et ci-dessus, n°s 1114 et suiv. (1).

1160. Il est possible qu'un assureur ait conclu plusieurs réassurances et qu'on constate postérieurement que la somme assurée principalement excède la valeur de la chose assurée. L'assurance principale est alors réduite. La somme à laquelle monte la réduction ne doit pas être répartie proportionnellement entre toutes les réassurances; mais celles-ci doivent être, par cela même que ce sont des assurances véritables, réduites en suivant l'ordre des dates (art. 359, C. com.) (2).

1161. La réassurance peut ne porter que sur une portion de la somme assurée. Si elle était faite pour une somme supérieure, il y aurait assurance et non réassurance pour l'excédent.

L'assureur, s'il veut faire assurer la somme entière, doit-il en déduire la prime qu'il recevra de l'assuré? Des auteurs l'ont soutenu (3); ils se fondent sur ce que l'assureur, recevant alors la prime de l'assuré et ne le payant pas au réassureur en cas de sinistre, réaliserait un bénéfice. Cette opinion n'est pas exacte. Rien n'empêche l'assureur de faire assurer la somme entière comprise dans l'assurance principale, sans en déduire la prime à payer par l'assuré (4). Par là le réassuré ne s'enrichit pas; mais si la déduction de la prime de l'assurance principale était obligatoire, le réassuré, qui a lui-même à payer une prime au réassureur, éprouverait une perte pécuniaire qui ne serait pas réparée. Un exemple le fera aisément apercevoir. Soit une assurance faite pour une somme de 10.000 fr. moyennant une prime de 10 0/0, soit 1.000 fr. En cas de perte, l'assureur n'a à payer, en réalité, que 9.000 fr. S'il ne pouvait faire réassurer que ces 9.000 fr., il ne recevrait de son réassureur que cette somme moins la prime que nous supposons être aussi de

---

(1) V. sur les conflits de lois en matière de double réassurance, *Journ. du Droit international privé*, 1894, p. 294 à 302.

(2) Desjardins, VII, n° 1501, p. 141.

(3) V. Boistel, n° 1360 et, pour l'ancien Droit, Valin, sur l'art. 20, liv. III, tit. VI de l'Ordonnance de 1681; Pothier, *Traité du contrat d'assurance*, n° 35.

(4) Émérigon, ch. 8, sect. 14; Laurin sur Cresp, III, p. 440, note 1; Ém. Cauvet, 1, p. 334 et suiv.; Droz, I, n° 147.

10 0/0 (900) soit 8.100 ; il perdrait 900 francs. Si, au contraire, l'assureur peut comprendre dans la réassurance la somme assurée entière, il paiera 10.000 fr. à l'assuré, recevra une égale somme du réassureur ; il recevra de l'assuré à titre de prime 1.000 fr., et paiera cette même somme au réassureur. Il ne gagnera pas, il évitera seulement toute perte.

1162. La prime de la réassurance peut être égale ou supérieure à la prime d'assurance ; elle peut aussi lui être inférieure. Art. 342, al. 2, C. com. Dans ce dernier cas que vise expressément le Code de commerce, il est évident que l'assuré réalise un bénéfice équivalant à la différence des deux primes. Il y a là une dérogation au principe (n° 1098). Mais cette dérogation s'imposait par des considérations pratiques impérieuses. Les circonstances qui se modifient entre la date de l'assurance principale et la date de la réassurance, amènent des changements dans le cours des primes. Ces changements peuvent être défavorables pour l'assureur qui paie pour la réassurance une somme supérieure à celle qui lui est payée par l'assuré. Par une juste réciprocité, on a dû admettre que, s'ils sont favorables, il peut en profiter.

1163. La réassurance peut être conclue avec toute personne ou société qui consent à réassurer, à l'exception toutefois de l'assuré. Autrement il y aurait une résiliation de l'assurance ; l'assuré reprendrait à sa charge en qualité de réassureur les risques dont, par l'assurance, il s'était déchargé sur l'assureur.

1164. La réassurance s'applique d'ordinaire à un ou à plusieurs contrats d'assurance déterminés. Mais il y a aussi des *traités de réassurance* n'ayant pas ce caractère spécial. Il en sera parlé à propos des assurances *in quovis* et des *polices flottantes* ou *polices d'abonnement* auxquelles les traités de réassurance se lient étroitement. V. n° 1198.

1164 *bis*. Droit étranger. — La réassurance est admise dans tous les pays. Elle a toutefois été prohibée en Grande-Bretagne jusqu'en 1864 (1).

1165. *Reprise d'assurance*. — Il ne faut pas confondre avec la

(1) Arnould, *op. cit.*, p. 93 et suiv.; Mac Arthur, *op. cit.*, p. 332 à 337.

réassurance la *reprise d'assurance*. L'assuré peut craindre l'insolvabilité de son assureur; il peut faire assurer la solvabilité de celui-ci.
L'assurance de la solvabilité a la plus grande analogie avec le cautionnement. Elle ne semble en différer qu'en ce qu'elle implique
renonciation au bénéfice de discussion, qui, du reste, n'est pas de
l'essence du cautionnement (art. 2021, C. civ.).

Une précaution de ce genre, prise d'une façon directe par l'assuré,
pourrait offenser l'assureur. Aussi a-t-on trouvé un moyen indirect
d'atteindre ce but, c'est la *reprise d'assurance*. L'assuré transporte
ses droits éventuels contre l'assureur à une personne qui s'oblige, en
cas de sinistre, à payer à son cédant le montant du dommage que
celui-ci aura éprouvé. L'assuré ne reçoit pas une double indemnité;
car il est payé par celui qui a repris l'assurance et il ne peut plus
agir contre l'assureur que le cessionnaire seul a le droit de poursuivre.
Cette opération diffère profondément de la réassurance; elle crée
des rapports directs entre l'assuré et celui qui reprend l'assurance.

Des polices d'assurance contiennent des classes expresses interdi-
sant à l'assuré de faire reprendre l'assurance par un tiers et stipulant qu'au cas où cette prohibition serait méconnue, l'assurance serait
résolue. Dans ce cas, la reprise d'assurance, si la résolution est
invoquée, constitue une assurance directe et celui qui a repris l'assurance n'a pas d'action contre le premier assureur (1).

1166. L'énumération des choses pouvant être assurées, faite par l'article 334, C. com., n'est pas limitative; la formule générale, par laquelle
se termine le premier alinéa de cet article et qui vise généralement
*toutes choses estimables à prix d'argent sujettes aux risques de la
navigation*, le prouve (n° 1128). Il résulte de là que l'on peut faire
assurer notamment des primes à l'importation, des primes à l'armement, des droits de commission à gagner (2), le profit espéré de la
pêche. Ces différentes choses mentionnées seulement à titre d'exemples, n'auraient pas pu être assurées avant la loi du 12 août 1885.
Car l'assurance de ces choses tend à indemniser l'assuré de la privation d'un bénéfice, à le placer, en cas de sinistre, dans la situa-

(1) V. Pardessus, II, n° 589.
(2) V. spécialement, L. *belge* du 21 août 1879, art. 168; Code de commerce
allemand, art. 783.

tion pécuniaire où il se serait trouvé en cas d'heureuse arrivée. V. n° 1128.

1167. Conflits de lois relatifs aux choses qui peuvent ou non
être assurées. — Les nombreuses divergences qui, avant la loi
du 12 août 1885, existaient entre la loi française et les lois étrangères, au point de vue des choses dont l'assurance est permise ou
prohibée, pouvaient donner naissance à des conflits de lois. Quand
des choses dont l'assurance était prohibée en France, comme le fret
à faire et le profit espéré, étaient assurées dans un pays où l'assurance était permise, il y avait lieu de se demander si les tribunaux
français devaient reconnaître la validité du contrat.

On avait soutenu la négative en alléguant que les dispositions du
Code de commerce de 1807 qui prohibaient l'assurance du fret, du
profit espéré, etc., étaient des dispositions d'ordre public (1). Il nou
semblait préférable de reconnaître que ces assurances devaient être
considérées comme valables en France par cela seul qu'elles avaient
un objet que la loi du pays dans lequel elles avaient été conclues permettait d'assurer (2). On ne devait certainement pas refuser le caractère de dispositions d'ordre public aux prohibitions de l'art. 347. Mais
il y a parmi les dispositions d'ordre public une grande distinction à
faire : les unes ont un caractère tellement absolu que l'observation
doit en être exigée même pour les actes passés hors du territoire français; les autres ont un caractère contingent et ne s'appliquent qu'à
un acte fait en France. De la première catégorie font partie les
règles tenant à des principes de morale dont l'admission dans tous
les États doit être souhaitée ; à la seconde catégorie appartiennent les
règles provenant d'idées spéciales à la France, et dont l'observation
doit être restreinte au territoire national (3). Nous croyons que l'article 347, C. com., était à placer parmi les dispositions de la dernière
sorte; les assurances qu'il prohibait étaient admises dans presque
tous les pays.

(1) Rennes, déc. 1862, *Journ. de Marseille*, 1862. 2. 189 (il s'agissait dans
l'espèce d'une assurance du fret faite en Angleterre); Bordeaux, 15 fév. 1859,
même recueil, 1859. 2. 73.
(2) Ém. Cauvet, I, n° 176.
(3) V. analog. *Traité de Droit commercial*, II, n° 1128.|

Une autre question résultant des différences entre la loi française et les lois étrangères s'élevait à propos de la réassurance. Lorsqu'une assurance avait pour objet une chose qui ne pouvait être assurée en France (fret à faire, profit espéré, etc...) et était conclue dans un pays où l'assurance en était permise, l'assureur pouvait-il, même en France, contracter une réassurance valable? Si l'on admettait que l'assurance ayant l'un de ces objets n'avait, en France même, aucune valeur, il semble évident qu'on ne pouvait reconnaître la validité de la réassurance ; aux yeux de la loi française, en pareil cas, l'assureur avait voulu s'affranchir d'un risque qu'il ne courait réellement pas. Mais si l'on décidait, comme nous l'avons fait, que les assurances du fret, du profit espéré, etc., conclues dans un pays où elles sont permises, étaient valables en France, la réassurance elle-même qui s'y rattachait, devait être validée.

Ces conflits de lois ne peuvent plus s'élever par suite des modifications apportées au Code de commerce par la loi du 12 août 1885.

1168. Mais un autre conflit de lois est encore possible et doit, selon nous, recevoir une tout autre solution. Il peut arriver qu'un contrat d'assurance ait été conclu dans un pays dont la législation n'exige pas que ce contrat soit restreint dans les limites d'un contrat d'indemnité. Tout effet devrait être refusé à ce contrat par les tribunaux français. L'ordre public est intéressé à ce qu'en aucun lieu il ne puisse être conclu d'assurance maritime donnant à l'assuré un intérêt pécuniaire au sinistre, en le plaçant, en cas de réalisation des risques, dans une situation meilleure qu'en cas d'heureuse arrivée. Il y a là une sorte de jeu offrant un danger spécial.

1169. QUI PEUT FAIRE ASSURER UNE CHOSE CONTRE LES RISQUES DE MER. — Les premiers mots de l'art. 334, C. com. : *toute personne intéressée peut faire assurer le navire*, etc., répondent à cette question (1).

_____

(1) Les premiers mots de l'art. 334 ne s'y trouvent que depuis les modifications apportées à cet article par la loi du 12 août 1885. Ils tranchent péremptoirement la question agitée précédemment de savoir si le propriétaire seul peut faire assurer sa chose. On avait essayé de soutenir à cet égard le système le plus restrictif. V. J.-V. Cauvet, 1, n° 135. La question paraissait être née de l'art. 332, C. com., qui dispose que la police d'assurance doit indiquer

L'assurance suppose que l'assuré a un intérêt à la conservation de la chose assurée, de telle façon que la perte de celle-ci doit lui faire éprouver une perte pécuniaire ou le priver d'un bénéfice. L'intérêt de l'assuré dérive du droit qu'il a sur la chose assurée, droit que les risques de mer, en se réalisant, détruisent.

Par suite, le propriétaire, le copropriétaire, l'usufruitier d'un navire, peuvent le faire assurer; il en est de même, pour les marchandises, du chargeur ou du destinataire, selon que les marchandises voyagent aux risques de l'un ou de l'autre.

Par application du même principe, un créancier ayant sur un navire un privilège ou une hypothèque, peut faire assurer sa créance ou, ce qui revient au même, le navire jusqu'à concurrence du montant de celle-ci. La loi du 10 décembre 1874 (art. 17, avant-dern. alin.) permettait expressément aux créanciers hypothécaires de faire assurer le navire hypothéqué. Cette disposition n'a pas été reproduite dans la loi sur l'hypothèque maritime du 10 juillet 1885, qui a remplacé la précédente; mais la solution qu'elle consacrait n'en est pas moins demeurée exacte.

Cette faculté pour les créanciers ayant hypothèque ou privilège sur un navire existe alors même que le propriétaire de celui-ci l'a déjà fait assurer. Il n'y a pas là une double assurance par cela même que les assurances sont conclues par des personnes différentes et pour des intérêts distincts.

Il sera expliqué qu'en vertu d'une loi du 19 février 1889 (art. 2), les créanciers ayant un privilège ou une hypothèque exercent leur droit de préférence sur l'indemnité d'assurance dûe à leur débiteur. Cela diminue l'utilité de l'assurance faite par les créanciers, sans pourtant la faire disparaître. Ils se mettent, par l'assurance qu'ils contractent eux-mêmes, à l'abri des nullités dont l'assurance du propriétaire peut être entachée.

---

la qualité de *propriétaire* ou de commissionnaire de celui qui fait assurer. Mais cette disposition n'a pas cette portée. L'art. 332, en parlant de la qualité de propriétaire de celui qui fait assurer, a pour but d'indiquer que la police d'assurance doit mentionner si l'accusé contracte pour son compte ou pour le compte d'autrui; cela résulte de ce que l'art. 332 oppose celui qui fait assurer en qualité de propriétaire à celui qui fait assurer en qualité de commissionnaire. V. n° 1192.

1170. Les créanciers chirographaires du propriétaire d'un navire ont-ils aussi le droit de contracter une assurance, soit pour leur créance, soit pour le navire, jusqu'à concurrence du montant de leur créance? Il a été décidé qu'une telle assurance ne constitue pas une assurance maritime et que même elle est nulle (1). Pour lui refuser le caractère d'assurance maritime, on a dit que les risques de mer, en se réalisant, ne font pas périr la créance, à la différence de ce qui a lieu dans le prêt à la grosse où tout le monde reconnaît que le prêteur peut faire assurer sa créance même quand, le prêt étant antérieur au voyage, elle n'est pas garantie par un privilège sur le navire (L. 10 juillet 1885, art. 39).

Selon nous, l'assurance conclue par les créanciers chirographaires du propriétaire d'un navire est valable et constitue une assurance maritime (2). Sans doute, la perte du navire ne fait pas périr la créance ; mais elle peut entraîner l'insolvabilité du débiteur. Cela est spécialement vrai lorsque le débiteur a le droit de faire abandon du navire et du fret, parce que la créance est née d'un fait du capitaine (art. 216, C. com.) ; mais, cela n'est pas moins exact lorsque le débiteur est tenu sur tous ses biens. Pour le créancier, le résultat est, en définitive, le même, que la créance cesse d'exister ou que le débiteur, par suite d'événements de mer, ne soit plus en état d'acquitter sa dette. On peut dire que l'insolvabilité du débiteur équivaut à des détériorations subies par des choses corporelles exposées aux risques de mer, et l'assurance maritime garantit l'assuré contre celles-ci aussi bien que contre la perte totale ou partielle. L'argument qu'on oppose ne serait décisif que si, par *choses sujettes aux risques de la navigation* (art. 334, C. com.), on entendait exclusivement les choses dont l'existence est menacée par ces risques. Mais il n'en est point ainsi ; on ne donne pas ce sens restreint aux termes de l'art. 334, C. com. Ainsi, souvent des titres de rente ou d'obligations transpor-

(1) Cass. 3 janv. 1876, S. 1876. 1. 105 ; *J. Pal.* 1876. 254 ; D. 1876. 1. 8 ; Paris, 2 janv. 1877, S. 1878. 2. 26 ; *J. Pal.* 1878. 1129. — Ruben de Couder, *Dictionnaire*, v° *Assurance maritime*, n° 20.

(2) De Courcy, *Questions de Droit maritime* (1re série), p. 269 et suiv. ; Desjardins, VI, n° 1338 ; Droz, I, n°s 60 et suiv. ; Boistel, n° 1319 ; Ch. Lyon-Caen, note sous l'arrêt de la Cour de Paris du 2 janv. 1877, S. 1878. 2. 26 ; *J. Pal.* 1878. 1129.

tés par mer sont assurés. Les créances constatées par ces titres ne périssent certainement pas avec le navire qui les porte ; elles subsistent malgré la perte du navire et des titres ; en remplissant les formalités prescrites et en observant les délais légaux, les titulaires peuvent même se faire délivrer des duplicatas. Jamais on n'a songé à contester la validité de ces assurances ; elles procurent aux assurés l'avantage de toucher *immédiatement* des assureurs le prix des titres perdus.

En réalité, il y a dans l'assurance conclue par les créanciers chirographaires une assurance de solvabilité et, comme l'insolvabilité peut provenir de risques de mer atteignant le navire du débiteur, l'assurance est maritime.

Au reste, si cette assurance n'était pas maritime, ce ne serait pas une raison pour qu'elle fût illicite et, par suite, nulle. Pour la validité d'une assurance, il suffit qu'il y ait des risques sérieux courus par l'assuré et pris par l'assureur à sa charge. C'est ainsi que personne ne doute de la validité des assurances de solvabilité et l'assurance dont il s'agit a, comme cela vient d'être dit, ce caractère.

Il y a quelque intérêt pratique à décider qu'une assurance, comme celle dont il s'agit, est de la classe des assurances maritimes. Ces assurances sont régies, sous certains rapports, par quelques règles spéciales. *a.* La clause compromissoire, interdite dans les autres contrats, même dans les assurances non maritimes, est valable dans les assurances maritimes (art. 332, C. com.) (1) ; *b.* le délaissement, admis même en l'absence de toute convention spéciale en matière d'assurance maritime (art. 369 et suiv., C. com.), ne l'est dans les autres assurances qu'en vertu d'une stipulation expresse ; *c.* en principe, les actions dérivant du contrat d'assurance maritime se prescrivent par cinq ans à partir de la date du contrat (art. 432, C. com.), tandis que les actions dérivant des autres assurances sont soumises, sauf dérogation dans les polices, à la prescription de 30 ans qui ne court que du jour où ces actions sont nées.

1171. DE LA PRIME. — *La prime* que l'assuré doit payer à l'assureur, est le troisième élément essentiel au contrat d'assurance. C'est la rémunération des risques que l'assureur prend à sa charge ; aussi

(1) V. n° 1210.

est-elle parfois appelée *coût de l'assurance* (art. 342, al. 2, C. com.).

1172. La prime consiste le plus souvent dans une somme d'argent qui est de tant pour cent de la somme assurée. Mais il n'y a là rien d'essentiel. La prime pourrait aussi consister en marchandises ou dans un service quelconque rendu par l'assuré à l'assureur. Il y a même des cas dans lesquels, sans qu'une prime soit expressément stipulée, il y a cependant un sacrifice fait par l'assuré pour rémunérer l'assureur; on dit alors que la prime est *implicite*. Par exemple, il arrive parfois qu'en affrétant un navire, l'affréteur consent à s'en rendre l'assureur; le fret est alors moins élevé qu'il ne le serait sans cette assurance. La réduction du fret constitue pour l'affréteur la prime implicite. C'est, en définitive, comme s'il y avait eu une prime stipulée au profit de l'armateur et compensable avec le fret jusqu'à due concurrence (1).

1172 bis. *Fixation de la prime. Calcul des probabilités.* — Le montant de la prime est proportionné à la gravité des risques auxquels la chose assurée paraît exposée aux yeux de l'assureur. Il faut, par suite, pour le fixer, tenir compte du voyage à faire, des mers à parcourir, de l'âge du navire, de son mode de construction, des matériaux dont il est fait. La personne du capitaine est parfois aussi prise en considération à raison de l'influence qu'il peut avoir sur le sort du bâtiment. Mais, d'ordinaire, dans les assurances sur facultés, on ne considère pas la nature des marchandises qui influe pourtant sur la gravité des dommages que des événements de mer peuvent leur causer. V. n° 1299.

La connaissance et l'appréciation des risques qui peuvent décider un assureur à conclure ou à ne pas conclure une assurance constituent les grandes difficultés du commerce des assurances. Alors même que l'assureur est éclairé sur les diverses circonstances pouvant influer sur les risques, une part considérable est encore laissée au hasard. Il peut sans doute se livrer à des calculs connus sous le nom

---

(1) On rencontre souvent une assurance sur corps avec prime implicite dans des affrétements faits par l'État pour le transport des troupes, des munitions de guerre et des vivres de campagne. L'État garantit l'armateur contre les risques de guerre. Aucune prime n'est directement payée, mais le fret est abaissé à raison de cette responsabilité assumée par l'État affréteur.

de *calculs de probabilité;* mais, comme ce nom même l'indique, ces calculs ne sont qu'approximatifs (1) (2).

Les assureurs ne doivent pas se montrer trop faciles à accepter des risques en concluant des assurances; une trop grande facilité à cet égard les conduit parfois à chercher ensuite des difficultés pour ne pas payer d'indemnité ou en payer une aussi peu importante que possible, quand les risques se réalisent (3).

1173. REGISTRE DE CLASSIFICATION DES NAVIRES. BUREAU VERITAS. — Du moins, les assureurs ont à leur disposition un moyen très simple d'arriver à connaître l'âge du navire, son mode de construction, son degré de solidité. Il ne faut pas croire qu'à ce point de vue, le certificat de visite (art. 225, C. com.) (4) ait quelque utilité. Sans doute il atteste que le navire auquel il s'applique est en état de naviguer, mais il y a bien des différences parmi les navires pouvant tenir la mer; le certificat n'en tient pas compte.

Pour se renseigner, les assureurs du monde entier consultent principalement deux volumes publiés, l'un en Angleterre sous le nom de Registre de la navigation ou du *Lloyd* (5), l'autre en France (à Paris) sous le titre de registre du *Bureau veritas* (6) ou registre de classification des navires. Le Lloyd anglais et le Bureau veritas de Paris sont deux grands établissements qui ont des experts dans les ports les plus importants du monde. Sur la demande des intéressés, ces experts visitent leurs navires et donnent à ceux-ci une note ou *cote* qui varie avec leur âge, leur mode de construction, leur degré de solidité. Cette *cote* est donnée en chiffres ou en lettres ayant une valeur conventionnelle

---

(1) La Fontaine a dit dans la fable de l'*Astrologue qui se laisse tomber dans un puits :*

> Or, du hasard il n'est pas de science :
> S'il en était, on aurait tort
> De l'appeler hasard, ni fortune, ni sort.

(2) V. De Courcy, *Essai sur les lois du hasard.*

(3) Emérigon dit en parlant des assureurs : « On les a comparés aux femmes qui conçoivent avec plaisir et qui enfantent avec douleur. »

(4) V. nos 540 à 516 et n° 459.

(5) V. sur le Lloyd anglais, Frédéric Martin, *The history of Lloyd* et spécialement le ch. xviii intitulé : *Lloyd's Registry of shipping.*

(6) V. sur le *Bureau veritas*, De Courcy, *La protection de la vie des navigateurs*, p. 128 et suiv. Le registre universel du *Bureau veritas* a été créé en 1828, par Charles Ball. C'est le registre de classification le plus consulté dans le monde entier.

déterminée. Les visites sont renouvelées à des époques périodiques.

Chaque nation maritime a voulu avoir son registre de classification. Il y a des pays où l'on en trouve plusieurs ; ainsi, en France et en Angleterre, il y a notamment, outre les registres du Lloyd et du Veritas, les registres de Bordeaux et de Liverpool.

Les registres de classification ne sont pas seulement utiles aux assureurs, ils le sont aussi aux chargeurs qui veulent être renseignés sur le navire sur lequel ils font transporter leurs marchandises ; aux armateurs qui désirent que leurs navires soient bien cotés sur ces registres, pour pouvoir les fréter ou les assurer plus facilement et à des conditions plus avantageuses. Cela même explique que les propriétaires de navires soumettent, en général, volontiers leurs bâtiments aux visites des experts.

1174. *Constatation officielle du cours des primes.* — Les courtiers d'assurances maritimes qui font le courtage des assurances (1), sont chargés de constater officiellement le cours des primes (art. 79, C. com.) (2). Dans l'usage, le cours légal des primes est constaté, soit à Paris, soit dans les principaux ports, deux fois par an, à l'ouverture de la saison d'hiver (le 15 octobre) et à l'ouverture de la saison d'été (le 15 avril).

Il est évident que les primes indiquées officiellement n'ont rien d'obligatoire ; on peut stipuler des primes plus ou moins élevées. Du moins, les constatations faites par les courtiers servent d'indications. Puis, c'est à elles qu'on se réfère lorsqu'une assurance est faite *au cours*, sans stipulation d'une prime déterminée.

SECTION II.

De la preuve de l'assurance maritime. — Des formes et des énonciations des polices.

1175. Comme généralement tous les contrats maritimes (3),

---

(1) V. *Traité de Droit commercial*, IV, nᵒˢ 1011 et suiv.

(2) D'après l'art. 79, C. com., les courtiers d'assurances maritimes fixent le taux des primes pour les voyages de mer ou de rivière. En fait, le cours des primes pour les voyages de rivière n'est pas constaté officiellement.

(3) V. *Traité de Droit commercial*, I, nᵒ 152 et III, nᵒ 50.

l'assurance maritime doit être constatée par écrit (art. 332, 1er alin., C. com). C'est cet écrit qu'on désigne sous le nom de *police* (1).

Cette prescription se justifie non seulement par les motifs généraux qui font exiger un écrit pour tous les contrats maritimes, mais encore par quelques raisons particulières. Outre que les clauses du contrat sont parfois nombreuses et compliquées, l'assurance a souvent une assez longue durée; à défaut d'écrit, il pourrait être difficile de constater d'une façon certaine ce dont les parties sont convenues. Aussi la même exigence se rencontre-t-elle dans un grand nombre de lois étrangères (2).

1176. Comme pour les autres contrats maritimes, on discute depuis l'Ordonnance de 1681 (livre III, titre VI, art. 2) sur le point de savoir si l'écrit est exigé *ad solemnitatem* ou seulement *ad probationem* (3). Conformément à ce qui a déjà été admis pour l'affrètement (n° 642), l'écrit est ici exigé seulement pour la preuve (4). Il faut en conclure que l'existence d'un contrat d'assurance et ses différentes clauses pourraient bien être prouvées par l'aveu ou par le serment; la preuve testimoniale et les présomptions de l'homme sont seules exclues. Comme l'art. 332 ne fait aucune distinction, ces derniers moyens de preuve devraient, suivant nous, être écartés, alors même qu'il y aurait un commencement de preuve par écrit (5) ou

(1) V. ci-dessus, n° 1098.

(2) Loi *belge* du 11 juin 1874, *sur les assurances*, art. 25; Code de commerce *italien*, art. 420 et 605. L'exigence d'un écrit était maintenue par le projet de 1865 (art. 350). Le Code de commerce *allemand* (art. 788) et les Codes maritimes *scandinaves* (art. 232) admettent seulement qu'un écrit doit être rédigé si l'assuré le réclame.

(3) Emérigon considérait l'assurance comme un contrat solennel qui n'existait pas s'il n'y avait pas d'écrit (ch. 2, sect. 1). — Sous l'empire du Code de commerce, on peut citer dans le même sens un jugement du tribunal de Marseille du 2 déc. 1836 (*Journ. de Marseille*, 1836. 1. 129) qui refuse d'admettre le serment décisoire comme mode de preuve de l'assurance maritime.

(4) C'est l'opinion consacrée par la jurisprudence et admise par presque tous les auteurs. V. Valin, sur l'art. 2, liv. III, tit. VI de l'Ordonnance; Pothier, *Assurances*, n° 99; Droz, I, n° 10; Em. Cauvet, n°s 465 et suiv.; J.-V. Cauvet; n° 280.

(5) Douai, 7 déc. 1858, *Journ. de Marseille*, 1859. 2. 35. — Pothier, *Assurances*, n°s 96 et 97; Vincent, t. III, p. 206; J.-V. Cauvet, n° 281; Em. Cauvet; n° 466. En sens contraire, Valin, sur l'art. 2, liv. III, tit. VI de l'Ordonnance; Pardessus, n° 792; Bédarride, n° 1016; Droz, I, n° 11; Boistel, n° 1310. V. la note suivante.

(ce qui est peu pratique) qu'il s'agirait d'une somme n'excédant pas cent cinquante francs (1).

Il faut remarquer que l'assureur sur corps, dans le cas où le contrat serait prouvé par l'aveu ou par le serment, ne serait pas placé dans une situation aussi bonne que si la preuve était faite par écrit. Il ne jouirait pas alors, comme cela résulte de l'art. 192, 8°, C. com., du privilège qui, en principe, garantit la créance de la prime (2).

1177. L'écrit peut être indifféremment un acte authentique ou un acte sous seings privés (art. 332, 4ᵉ alin., C. com.). Il n'en a pas toujours été ainsi. Avant l'Ordonnance de 1681, l'acte sous seings privés n'était pas admis. Un édit de 1657 avait même créé des offices de notaires-greffiers des assurances chargés de rédiger des polices en chacun des sièges d'amirauté du Royaume avec privilège exclusif (3).

1178. Mais il ne semble pas qu'une preuve écrite quelconque, spécialement la correspondance ou les livres, pourrait être employée autrement que pour constituer un aveu extrajudiciaire (4). D'ordinaire, quand la loi parle d'écrit, elle vise seulement les actes authentiques ou sous seings privés. Argum. art. 1985, C. civ. (5).

Du reste, le Code de commerce (art. 332) énumère les mentions à insérer dans l'écrit dressé, et on ne conçoit guère que ces mentions soient faites dans une lettre missive ou dans un registre.

1178 *bis.* Il n'est pas douteux que les parties peuvent faire constater l'assurance par un acte passé par devant notaires dans les formes prescrites par la loi du 25 ventôse an XI *sur le notariat* ou dresser un acte qu'elles signent, sans avoir recours à aucun officier public. Dans ce dernier cas, il y a lieu de se conformer à la formalité des

---

(1) V. les auteurs cités à la note précédente. — Ajouter dans notre sens, Cresp et Laurin, III, p. 223 et suiv. La loi *belge* sur les assurances du 11 juin 1874 (art. 25) exige un écrit, quelle que soit la somme assurée, mais admet expressément la preuve testimoniale pour le cas où il y a un commencement de preuve par écrit.

(2) Laurin sur Cresp, III, p. 337, note 83.

(3) V. Emérigon, ch. 2, sect. 1; Cresp et Laurin, III, p. 233 et suiv.

(4) Jules Valery, *Des contrats par correspondance,* n°ˢ 281 et 282.

(5) V. pourtant en faveur de l'admission des lettres comme formant une preuve par écrit, Em. Cauvet, II, n° 466.

doubles (art. 1325, C. civ.) (1). Cette formalité est nécessaire même quand la prime est payée lors de la conclusion du contrat. Celui-ci n'en demeure pas moins, en effet, un contrat synallagmatique, par cela même que l'assuré est tenu d'autres obligations que de celle de payer la prime (n° 1103) (2).

1179. Dans l'usage, ce n'est pas généralement dans ces formes que sont dressées les polices. Elles le sont dans des formes toutes spéciales tenant à ce que très souvent les assurances maritimes sont conclues par l'intermédiaire d'un courtier.

Les fonctions des courtiers d'assurances maritimes sont au nombre de trois (art. 79) (3) : 1° ils servent d'intermédiaires entre les assureurs et les assurés ; 2° ils rédigent les contrats ou polices d'assurances et en attestent la vérité par leur signature ; 3° ils constatent officiellement le cours des primes.

Pour les deux premières fonctions, les courtiers ont à subir le concours des notaires (art. 79, C. com.) (4).

Le Code de commerce n'indique aucune forme spéciale pour les polices rédigées par les courtiers. Dans l'usage, le courtier délivre à l'assuré la police signée de lui (courtier) et de l'assureur, sans que l'assuré donne sa signature. Préalablement le courtier copie la police sur un registre spécial tenu par lui et dont il a le droit de délivrer des extraits. Il se conforme ainsi à l'art. 69, livre III, titre VI de l'Ordonnance de 1681 qui n'a pas été abrogé, ainsi que cela résulte notamment des lois du 5 juin 1850 (art. 47) et du 23 août 1871 (art. 7).

Cette manière de procéder, selon laquelle on se passe de la signa-

(1) V. *Traité de Droit commercial*, III, n° 58 *ter*.
(2) Aucun auteur, sauf M. Desjardins (VI, n° 1291), n'admet cette solution absolue. Quelques-uns, en exigeant, en principe, que la formalité des doubles soit remplie, font exception pour le cas de paiement immédiat de la prime : Bonnier, *Traité des preuves*, n° 566 ; Droz, I, n° 17 ; Boistel, n° 1311 ; Cpr. Rouen, 26 mai 1840, *Journ. de Marseille*, 1840. 2. 171. — D'autres, en plus grand nombre, écartent, sans faire aucune distinction, la formalité des doubles : J.-V. Cauvet, I, n° 282 ; Em. Cauvet, II, n° 463. — Il faut reconnaître que la question ne présente pas un grand intérêt pratique; car il est rare qu'une police soit dressée entre les parties sans l'intervention d'un courtier et, dans ce cas, l'on applique les règles spéciales posées au texte. V. n° 1179.
(3) V. *Traité de Droit commercial*, IV, n° 1012.
(4) V. *Traité de Droit commercial*, IV, n°s 1015 et 1016.

ture de l'assuré, peut étonner. On est tenté d'objecter que tout acte doit être signé par chaque partie qui s'oblige ; que, du reste, parmi les moyens de preuve, l'art. 109, C. com., mentionne les bordereaux ou arrêtés d'un courtier *dûment signés par les parties* et qu'enfin, si l'on se passe de la signature de l'assuré, le courtier se trouve pour ainsi dire investi du pouvoir de créer le contrat, ce qui peut donner lieu à de graves abus.

Il y a cependant là un usage constant dont la légalité n'est pas douteuse (1) ; en faveur de cet usage, on peut invoquer les textes mêmes du Code de commerce et les besoins de la pratique. Cet usage, du reste, à le bien examiner, n'est pas contraire aux principes généraux du droit. L'art. 79 dit que les courtiers attestent la vérité des polices par leur signature ; cela paraît impliquer qu'ici cette signature a une force particulière. L'art. 332 peut être invoqué dans le même sens ; il exige la mention dans la police du nom de l'assuré et non celle du nom de l'assureur. Cette différence ne se concevrait pas si l'assuré devait, comme l'assureur, signer la police. On peut ajouter que le Code de commerce va plus loin encore en donnant aux extraits des livres des courtiers, qu'aucune des parties ne signe, la même force qu'à la police elle-même, V. art. 192-8°. Ces dispositions montrent qu'il y a là un usage spécial consacré par la loi et contre lequel on ne peut invoquer la disposition générale de l'art. 109. Cet usage s'explique par le besoin de célérité. Les courtiers font couvrir l'assurance fréquemment par plusieurs assureurs dont le premier est appelé l'*apériteur* de la police (2) ; il faudrait, sans cet usage, qu'à chaque adhésion d'un assureur nouveau, l'assuré intervînt pour signer ; il y aurait là une cause de perte de temps. On peut rattacher cette pratique à un mandat donné par l'assuré au courtier de traiter et de signer pour lui. La qualité d'officier public du courtier diminue les dangers de cet usage (3).

Les polices d'assurances, rédigées par les courtiers dans les formes

---

(1) Trib. comm. Marseille, 2 déc. 1874, *Journ. de Marseille*, 1875. 1. 69. — Pardessus, II, n° 793; Cresp et Laurin, III, p. 256 et suiv.; Em. Cauvet, II, n°s 467 et suiv.

(2) Du mot latin *aperire* (ouvrir).

(3) Cass. Ch. civ., 24 déc. 1873, D. 1874. 1. 358.

qui viennent d'être indiquées, sont des actes authentiques et font comme telles foi jusqu'à inscription de faux. Les polices répondent, en effet, à la définition que l'art. 1317, C. civ., donne de l'acte authentique (1). C'est à tort que ce caractère a été refusé aux polices dressées par les courtiers (2).

1180. Les notaires, qui ont avec les courtiers le droit de rédiger les polices, peuvent les dresser dans les mêmes formes qu'eux; ils n'ont pas besoin de se conformer aux dispositions de la loi du 25 ventôse an XI. La loi donne aux notaires un droit de concours avec les courtiers; ces officiers publics ne seraient pas placés sur le même pied si l'on imposait aux uns des formalités plus compliquées qu'aux autres (3). Il va de soi que les polices reçues par des notaires, dans l'une des deux formes entre lesquelles l'option existe, sont des actes authentiques comme celles que reçoivent les courtiers. Mais les polices dressées conformément à la loi du 25 ventôse an XI, peuvent seules contenir une constitution d'hypothèque immobilière (art. 2127, C. civ.).

1181. En pays étranger, les polices peuvent être, soit dressées dans les formes voulues par la loi du pays en vertu de la règle *locus regit actum*, soit passées devant le Chancelier du Consulat de France en présence de deux témoins. Cette dernière forme est autorisée par la règle générale posée par l'art. 25, livre I, titre IX de l'Ordonnance de 1681, d'après lequel *les polices d'assurances, les obligations à grosse aventure ou à retour de voyage et tous autres contrats maritimes pourront être passés en la Chancellerie du Consulat en présence de deux témoins qui signeront.*

---

(1) Aussi, dans l'ancien Droit français, l'on admettait communément qu'elles emportaient hypothèque générale, V. Emérigon, *op. cit.*, ch. 2, sect. 5 et 6 : Valin, sur l'art. 68, liv. III, tit. VI, de l'ord. de 1681.

(2) V. dans le sens de l'opinion admise au texte, Em. Cauvet, II, n° 469 ; Cresp et Laurin, III, p. 259 et suiv. ; II, p. 50, note 29 ; Cass. 15 janv. 1873, P. 1874. 650. V. en sens contraire, J.-V. Cauvet, I, n° 282.

(3) Cass. 7 fév. 1833, *J. Pal.* 1833. 1. 203; Boistel, n° 595 et 1311. De l'assimilation complète admise entre les notaires et les courtiers d'assurances maritimes, un jugement du tribunal de commerce de Marseille a tiré une conséquence même quant à la compétence, en décidant qu'un notaire peut, à raison d'une police d'assurance maritime dressée par lui, être actionné devant le tribunal de commerce comme un courtier : Trib. comm. Marseille, 31 août 1877, *Journ. de Marseille*, 1877. 1. 321.

1182. L'exclusion de la preuve par témoins en matière d'assurance maritime entraîne comme conséquence qu'on ne peut prouver par témoins, ni contre ni outre le contenu aux polices. Aussi dresse-t-on, pour les modifications ou pour les additions, des écrits spéciaux appelés *avenants*. Le mot vient sans doute de ce qu'anciennement ces écrits commençaient par les mots suivants : ADVENANT (tel jour) *les parties conviennent*, etc...

1183. L'art. 332, C. com., en exigeant un écrit pour constater les assurances maritimes, déroge aux règles consacrées par l'art. 109, C. com., en matière d'actes de commerce. Aussi l'art. 332 n'est-il pas susceptible d'extension aux assurances non maritimes. Il y a lieu d'appliquer à ces dernières assurances l'art. 109, C. com., quand elles constituent des actes de commerce et les dispositions des art. 1341 et suiv., C. com., quand elles n'ont pas ce caractère. Il faut également tenir compte de ce que souvent les assurances non maritimes sont des actes mixtes, ayant le caractère commercial à l'égard de l'assureur et le caractère civil à l'égard de l'assuré. V. sur les règles de preuve à appliquer aux actes mixtes, *Traité de Droit commercial*, III, n° 87 (1).

Dans l'usage, des polices sont dressées pour les assurances non maritimes. Mais des difficultés se sont élevées sur le point de savoir si, quand il s'agit de ces assurances, il ne peut pas, à raison de l'art. 332, C. com., être prouvé par témoins contre et outre le contenu à la police. D'après ce qui vient d'être dit, l'admission ou l'exclusion de cette preuve dépend de la nature civile ou commerciale du contrat d'assurance (2).

1184. La confection des polices d'assurances maritimes est d'autant plus simple que, sur chaque place de quelque importance, il y a des polices imprimées par avance contenant les clauses les plus usuelles

---

(1) Les règles de preuve à appliquer aux assurances non maritimes sont l'objet de controverses. V. spécialement pour l'assurance sur la vie, J. Lefort, *Traité du contrat d'assurance sur la vie*, I, p. 325 et suiv.

(2) V. cependant Toulouse, 29 juin 1883 (*La Loi*, n° du 23 juill. 1883). Cet arrêt décide que l'art. 332, C. com., est applicable aux assurances terrestres et que l'art. 109, C. com., doit être écarté. Il s'agissait de savoir si l'on peut prouver par témoins outre ou contre le contenu à la police.

(nº 1098), de telle façon qu'il n'y a à écrire à la main que, soit les mentions variant nécessairement avec chaque assurance (noms des parties, somme assurée, nom du navire, nature des marchandises, date, etc.), soit les clauses dérogeant aux clauses usuelles imprimée) ou les complétant (1).

1185. Il arrive parfois qu'entre les clauses d'une police il y a une contradiction. Quand cela se produit, il est naturel de faire prévaloir les clauses écrites à la main sur les clauses imprimées. L'attention des parties est d'ordinaire plus spécialement attirée sur les premières et elles sont introduites dans la police pour déroger aux secondes quand elles n'ont pas pour but de les compléter.

1186. ÉNONCIATIONS DES POLICES. — Le Code de commerce (art. 332) ne se borne pas à exiger que l'assurance maritime soit rédigée par écrit; il indique encore les énonciations à insérer dans les polices comme il l'a fait, du reste, pour la *charte-partie* (art. 273, C. com.) et pour le *connaissement* (art. 281) (2). Pour déterminer ces énonciations, le Code de commerce se réfère aux deux assurances les plus fréquentes, les assurances sur corps et les assurances sur facultés.

L'énumération des énonciations à faire dans les polices n'a pas de sérieuse utilité (3). Du reste, l'énumération n'est pas limitative; d'après l'art. 332, dernier alinéa, le contrat d'assurance exprime... *généralement toutes les autres conditions dont les parties sont convenues.* Par suite, des clauses non mentionnées par la loi peuvent se trouver dans une police. A l'inverse, quelques-unes des énonciations prescrites par l'art. 332 peuvent faire défaut. Il y a lieu alors de rechercher quelles conséquences produit l'omission de chacune de ces énonciations. Mais il faut examiner avant tout en quoi elles consistent : elles se réfèrent aux parties, à la chose assurée, aux risques, à la durée de l'assurance, et, en outre, à divers autres objets (date), etc.

---

(1) Il y a aussi des polices usuelles imprimées par avance pour les différentes sortes de polices d'assurances non maritimes.

(2) V. ci-dessus, nᵒˢ 650 et suiv. nᵒˢ 697 et suiv.

(3) Le projet de 1865 (art. 350), tout en exigeant, comme l'art. 332, C. com., la rédaction d'un écrit pour les assurances maritimes, était muet sur les énonciations à y faire.

1187. DATE. — *Le contrat d'assurance doit être daté du jour où il est souscrit. Il y est énoncé si c'est avant ou après midi* (art. 332).

L'exigence de la date a ici un caractère spécial à un double point de vue. D'abord, en règle générale, une date n'est exigée que dans les actes authentiques ; ici la date est requise alors même que l'acte est sous seing privé, comme, du reste, cela a lieu pour la lettre de change (art. 110, C. com.), le billet à ordre (art. 188), l'endossement (art. 137, C. com.), le testament olographe (art. 970, C. civ.). En outre, dans les cas où l'indication de la date est prescrite, il suffit, en principe, que le jour soit indiqué ; pour les assurances maritimes, il faut de plus qu'il soit dit si la souscription est antérieure ou postérieure à midi.

L'indication du jour est spécialement importante pour l'application de l'art. 432, C. com., qui soumet, en principe, à la prescription de cinq ans à partir de la date du contrat d'assurance les actions en dérivant. Mais on ne peut dire que la date est aussi exigée afin qu'on sache si les parties étaient capables de contracter. Car, à ce point de vue, le législateur aurait dû exiger la date pour tous les contrats, ce qu'il n'a pas fait.

La nécessité de la mention indiquant si l'assurance a été contractée avant ou après midi se justifie par deux considérations principales : 1º Quand il y a plusieurs assurances sur un même risque, conclues sans fraude pour une somme totale dépassant la valeur de la chose assurée, les premières en date subsistent seules jusqu'à ce que cette valeur soit atteinte. Les assureurs subséquents sont libérés et ne reçoivent que demi pour cent de la somme assurée (art. 359, C. com.), V. nos 1112 et suiv. ; 2º lorsqu'on veut savoir si l'assuré avait connaissance du sinistre ou l'assureur de l'heureuse arrivée lors de la conclusion du contrat et que, pour résoudre cette question, il y a lieu d'appliquer la présomption de la lieue et demie par heure (art. 365 et 366), il est indispensable de connaître l'heure de la souscription de l'assurance. Si cette présomption a été écartée par la police, comme c'est le cas le plus ordinaire (nos 1124 et suiv.), l'heure de la souscription est tout au moins utile à connaître pour déterminer si la connaissance du sinistre ou de l'heureuse arrivée était à ce moment parvenue dans le lieu où l'assurance a été faite.

1188. L'absence de date n'est pas une cause de nullité de l'assurance (1) ; il n'y a pas là un élément essentiel du contrat. Quand le législateur veut qu'il y ait nullité pour défaut de date, il le dit, V. art. 970, C. civ.

Mais, s'il y a double assurance, on peut être embarrassé pour l'application de la règle de l'ordre des dates, quand, parmi les assurances, les unes sont datées et les autres ne le sont point. Il serait arbitraire de présumer que l'assurance non datée a été souscrite la première ou la dernière. Il le serait plus encore de donner, comme on l'a proposé (2), la préférence à l'assurance datée, en ce sens qu'elle serait réputée avoir été souscrite la première ou la seconde selon que l'assureur y aurait intérêt, c'est-à-dire selon qu'il y a heureuse arrivée ou réalisation de risques. Il faut laisser au juge la faculté de décider d'après les circonstances quelle assurance a été souscrite avant l'autre (3).

1189. Ce que la loi exige, c'est la date de chaque assurance et non la date de la clôture de la police par le courtier (4) (art. 332). La remarque est surtout utile à faire, à raison de ce que souvent une seule police contient plusieurs assurances (art. 333, C. com.), faites soit les unes avant et les autres après midi le même jour, soit à des dates différentes. Le courtier clôture la police, en y apposant sa signature ; il peut le faire hors de la présence des parties et un certain temps après que les assurances ont été souscrites par les différents assureurs. La date de la clôture de la police et la date des assurances ne doivent donc pas être confondues.

Un très ancien abus se produit souvent. Le courtier, en clôturant la police, indique la date de la première assurance y contenue, afin de faire reporter toutes les assurances constituées par la même police au même jour ou à la portion du même jour (5). En pareil cas,

---

(1) Pardessus, II, n° 794 ; J.-V. Cauvet, II, n° 290. V. pourtant Cresp et Laurin, III, p. 315 et suiv.

(2) Pardessus, II, n° 794 ; Alauzet, V, n° 2006.

(3) Cass. 24 déc. 1873, S. 1874. 1. 160 ; *J. Pal.* 1874. 395 (note de Ch. Lyon-Caen) ; D. 1874. 1. 358 ; de Valroger, III, n° 1339 ; Desjardins, VI, n° 1310.

(4) V. l'arrêt du 24 déc. 1873 cité à la note précédente ; Boistel, n° 1311 ; de Valroger, III, n° 1339 ; Desjardins, VI, n° 1310, p. 66.

(5) Cresp et Laurin, III, p. 303 et suiv.

toutes les assurances sont présumées avoir été conclues le même jour, mais toute personne y ayant intérêt peut prouver la date réelle d'une assurance comprise dans la police (1). C'est à tort qu'il a été soutenu que celui qui a commis la faute de ne pas faire dater exactement une assurance ne peut être admis à en prouver la date réelle, par exemple, pour obtenir la ristourne en vertu des art. 358 et 359, C. com. (2).

1190. La police ne doit contenir aucun blanc. La même prescription se retrouve pour les actes notariés (L. 25 ventôse an XI, art. 13) et pour les livres de commerce (art. 10, C. com.). On comprend facilement qu'on l'étende aux actes rédigés par des courtiers qui sont, en matière d'assurances maritimes, des sortes de notaires. Mais le législateur a été plus loin, puisque l'art. 332 régit même les polices sous seing privé. On a voulu ainsi éviter des abus fréquents autrefois, mais qui paraissent avoir disparu.

1o Le notaire ou le courtier prenait une formule de police imprimée. Sans la remplir, il pliait sa feuille et sur le revers il mentionnait brièvement les conditions générales du contrat, l'objet assuré, le voyage, etc.; il la présentait aux assureurs. Le premier qui souscrivait indiquait la somme pour laquelle il assurait, la prime et la date. Les autres ne faisaient qu'indiquer la somme qu'ils souscrivaient, à moins qu'ils ne convinssent d'une prime différente et de quelque clause particulière. Le courtier ou le notaire était mis ainsi en possession du blanc-seing des assureurs; il était à craindre qu'il ne le remplît après coup conformément à l'intérêt de l'assuré. Les mesures prises dans l'ancien droit (Ord. de 1681, art. 68, livre III, titre VI, et règlement du 29 mai 1778) pour empêcher cet abus, furent vaines (3).

2o Parfois, tout en rédigeant la police avant la signature, on laissait quelque vide, qu'on pouvait remplir après coup dans un sens favorable à l'une ou à l'autre des parties.

L'existence de blancs n'entraîne pas la nullité de la police (4).

---

(1) Boistel, n° 1312.

(2) Laurin sur Cresp, III, note de la p. 322.

(3) Cresp et Laurin, III, p. 278 et suiv.; Labraque Bordenave, *Traité des assurances maritimes*, p. 54, n° 126.

(4) Le règlement du 29 mai 1778 (art. 9 et 10) défendait de faire signer des polices non rédigées ou de laisser des blancs et déclarait (art. 11) que les

Les parties qui ont ainsi contrevenu à l'art. 332, ne sont frappées d'aucune peine. Il en est de même de l'officier public qui a dressé la police, à moins qu'il ne s'agisse d'un notaire ayant procédé dans les formes de la loi du 25 ventôse an XI (1).

1191. *Noms des parties.* — La police exprime *le nom et le domicile de celui qui fait assurer, sa qualité de propriétaire ou de commissionnaire;* l'indication du nom de l'assuré est nécessaire pour la validité de l'assurance; on ne conçoit pas que, dans un écrit constatant un contrat, on n'indique pas la personne qui s'oblige. D'après la manière dont se rédigent le plus souvent les polices (n° 1179), l'assuré ne les signe pas, tandis qu'elles portent la signature de l'assureur; c'est ce qui explique, sans doute, que l'art. 332 n'exige pas la mention du nom de ce dernier. — L'indication du domicile de l'assuré sert à mieux fixer son identité.

1192. *Assurance pour compte d'autrui.* — L'art. 332 exige, en outre, que la police indique *la qualité de propriétaire ou de commissionnaire de l'assuré.* Cela signifie seulement qu'il faut déclarer si l'assuré contracte pour son compte ou pour le compte d'un tiers. Il a été, en effet, dit précédemment (n°s 1169 et suiv.) que le droit de contracter une assurance n'appartient pas exclusivement au propriétaire de la chose assurée.

Il va de soi que l'assurance peut être contractée au nom d'un assuré qui n'intervient pas au contrat; il y a alors assurance par mandataire. Ce cas n'est pas visé par l'art. 332; il n'est régi par aucune règle particulière, mais par les principes généraux du mandat. La loi a en vue l'hypothèse très fréquente dans laquelle l'assurance est faite par une personne qui agit comme le fait d'ordinaire le commissionnaire en droit commercial (2), c'est-à-dire en son nom personnel, mais pour le compte de l'assuré. Ce cas est régi par des règles quelque peu spéciales. Ordinairement le commissionnaire, agissant en son nom et devenant seul créancier ou débiteur des tiers avec lesquels il

---

contrevenants seraient punis d'amende et seraient *non recevables en toute action résultant des polices d'assurance.*

(1) La loi de ventôse (art. 13) prononce seulement une amende de 100 francs contre le notaire contrevenant.

(2) V. *Traité de Droit commercial,* III, n° 421, p. 311.

contracte pour le compte du commettant, non seulement n'a pas besoin d'indiquer le nom de celui-ci, mais n'est pas même dans la nécessité de déclarer qu'il agit en qualité de commissionnaire. En matière d'assurances maritimes, il n'est pas exigé non plus que le commissionnaire mentionne le nom du commettant, mais la loi veut, du moins, qu'il indique qu'il contracte en qualité de commissionnaire. Cette exigence a été expliquée par plusieurs considérations. L'explication la plus naturelle consiste à dire que l'assureur sait ainsi que l'assuré n'a pas d'intérêt en risque, ce qui certainement est important à connaître pour lui au point de vue de l'appréciation des risques. Néanmoins, dans la pratique, la loi n'est pas observée en ce point et il ne semble pas en être résulté d'inconvénients. On se borne, en général, surtout pour les assurances sur facultés, à indiquer dans la police que l'assurance est faite *pour le compte des intéressés, pour le compte de la personne qui sera nommée au connaissement,* ou encore plus souvent *pour le compte de qui il appartiendra* (1). Grâce à ces formules, en cas de sinistre, selon les circonstances, l'assurance peut être invoquée ou par celui qui lui-même l'a contractée ou par un tiers. Comme il faut toujours, ainsi que cela sera expliqué plus bas, que, pour obtenir une indemnité, celui qui agit contre l'assureur, justifie d'un préjudice souffert, cet usage n'a aucun inconvénient pratique, bien qu'il ne soit pas conforme aux dispositions du Code de commerce. L'usage s'explique par les nécessités du commerce : souvent, au moment de la conclusion d'une assurance, la question de propriété des marchandises est indécise, parce qu'il y a des ventes conditionnelles, des ventes à livrer, des comptes en participation, etc... (2). Il serait, en définitive, à désirer qu'on effaçât de l'art. 332, C. com., une disposition si souvent méconnue (3).

D'ailleurs, bien que notre Code ne l'indique pas expressément, il

(1) V. sur les polices *pour le compte de qui il appartiendra,* n° 1154.
(2) de Courcy, *D'une réforme internationale du Droit maritime,* p. 102 et 103.
(3) Il y a des commissionnaires en assurances. Ce sont des personnes qui, après avoir contracté une assurance sans indication des choses assurées, sollicitent des ordres d'assurances qu'elles exécutent en s'attribuant une commission. V. de Courcy, *Questions de Droit maritime* (1re série), p. 380 et 381.

y a entre les règles qui régissent la commission ayant une assurance pour objet et les règles générales de la commission, des différences importantes touchant au fond. On ne fait pas, comme lorsqu'il s'agit d'autres actes, complète abstraction du commettant pour ne s'attacher qu'au commissionnaire. A beaucoup d'égards, on considère ces deux personnes ou même le commettant seul. Cela sera éclairci à propos de chacune des parties du sujet. Mais il peut être indiqué immédiatement que, si le commissionnaire seul doit la prime, le commettant a seul le droit de réclamer en cas de sinistre le paiement de l'indemnité. Les mêmes règles s'appliquent, du reste, que le nom du commettant ait été indiqué dans la police ou qu'il y ait été déclaré seulement que l'assurance était faite pour compte d'autrui, avec réserve pour celui qui fait assurer de faire connaître plus tard le nom de son commettant.

1193. L'assureur peut lui-même être représenté par une personne agissant au nom de l'assureur ou en son propre nom. Il n'y a aucune règle spéciale pour les assurances ainsi conclues et auxquelles, par suite, le Code de commerce ne fait même pas allusion.

Nos grandes compagnies de transports maritimes jouent souvent le rôle de mandataires des compagnies d'assurances par rapport aux chargeurs. Les compagnies maritimes ont reçu mandat des compagnies d'assurances d'assurer pour leur compte jusqu'à concurrence d'une somme déterminée, sans solidarité entre elles, les marchandises chargées sur leurs navires. L'assurance se conclut par une simple déclaration des chargeurs faite sur les connaissements. V. nº 1196.

1194. *Énonciations relatives à la chose assurée.* — Des indications de la police doivent être relatives à la chose assurée. Elles varient nécessairement avec la chose assurée; elles sont notamment différentes selon que l'assurance est sur corps ou sur facultés et, dans ce dernier cas même, elles sont fort diverses selon les circonstances (nºs 1137 et suiv.).

1195. Lorsqu'il s'agit d'une assurance sur corps, la police doit exprimer, d'après l'art. 332, le nom et la désignation du navire. L'indication du nom d'un navire est sans doute la meilleure manière de le distinguer; mais cette indication ne peut être toujours suffisante par cela même que souvent plusieurs navires portent le même

nom; aussi l'art. 332 prescrit-il d'exprimer la désignation du bâtiment, c'est-à-dire l'espèce à laquelle il appartient. Souvent, pour
éviter toute confusion, on indique également le nom du capitaine.
V. n° 1199.

D'autres indications concernant le navire assuré peuvent être
nécessaires pour bien faire apprécier à l'assureur l'étendue des risques. Ainsi, la police doit indiquer si le navire est *chargé* ou *vide*,
si, en cas de guerre, il est *accompagné*, c'est-à-dire s'il doit voyager
sous escorte d'un vaisseau de guerre. Il y aurait aussi lieu d'indiquer la nationalité du bâtiment, si cette nationalité devait exercer
sur l'opinion du risque une certaine influence (1).

Des déclarations inexactes ou incomplètes sur ces différents points
peuvent entraîner la nullité de l'assurance comme constitutives de
la fausse déclaration ou de la réticence. Art. 348, C. com.

L'indication d'un navire sous un autre nom que son nom véritable
n'a aucune conséquence, si, malgré cette inexactitude, les parties ont
été d'accord sur le bâtiment assuré. Dans le cas contraire, il y a lieu
d'appliquer les dispositions de l'art. 348, C. com., qui prononce la
nullité de l'assurance pour réticence ou pour fausse déclaration chan-
geant le sujet du risque. La même distinction doit être naturellement
faite en ce qui concerne les inexactitudes commises dans la désignation de l'espèce du bâtiment.

1195 *bis*. Dans les assurances sur facultés, les énonciations
relatives aux marchandises assurées varient beaucoup. Parfois on
désigne la quantité et la nature des marchandises, leurs marques,
le nom du navire sur lequel elles sont chargées. Ces indications sont
fournies par les connaissements, quand l'assurance a lieu après le
chargement.

Mais on peut ne pas donner des indications aussi nombreuses et
aussi précises. Souvent l'assurance est faite sur facultés, quelles
qu'elles soient, *en quoi qu'elles consistent ou puissent consister.*
L'assuré ne connaît pas toujours lui-même la nature précise des
marchandises qu'il veut faire assurer. Il peut s'agir notamment d'un

(1) V. sur les indications relatives au navire assuré, Cresp et Laurin, p. 354
et suiv.

commissionnaire qui doit recevoir des marchandises dont il ignore la nature.

L'art. 355, C. com., contient, au sujet de la désignation des marchandises, des prescriptions qui ne sont pas observées. Il ordonne de désigner dans la police les marchandises sujettes par leur nature à détérioration particulière ou diminution, comme blés ou sels, ou les marchandises susceptibles de coulage. *Sinon, d'après cet article, les assureurs ne répondront point des dommages ou pertes qui pourraient arriver à ces mêmes denrées, si ce n'est toutefois que l'assuré ait ignoré la nature du chargement lors de la signature de la police.* Il est tenu compte dans les polices des détériorations auxquelles, d'après leur nature, les marchandises sont exposées, au moyen de franchises ou déductions que l'assureur fait subir à l'indemnité à payer à l'assuré, de telle façon que l'assureur n'a pas d'intérêt à être exactement renseigné sur la nature des marchandises assurées. V. n° 1299.

Lorsque la nature des marchandises n'est pas indiquée, souven t, pour spécifier autant que possible les risques, on indique le navire sur lequel elles sont chargées. Mais cette indication même, comme cela va être expliqué, n'est pas indispensable. Il y a des polices d'assurances assez nombreuses dans lesquelles ne sont mentionnés ni la nature des marchandises ni même le nom du navire qui les transporte (n° 1197).

1196. *Assurances* in quovis *ou sur navire indéterminé.* — On appelle assurances *in quovis* ou *sur navire indéterminé* les assurances de marchandises faites sans désignation du navire qui les trans· porte. La fréquence de ces assurances provient notamment de ce que souvent celui auquel des marchandises sont adressées par mer, ignore le navire qui les transporte. Le Code (art. 337) n'autorise expressément les assurances *in quovis* que pour les chargements faits pour l'Europe d'une autre partie du monde, mais personne ne doute qu'il ne soit loisible d'en contracter aussi bien pour les chargements faits en Europe à destination d'une autre partie du monde ou faits dans un port européen pour un autre port d'Europe. Il est impossible d'apercevoir pour quel motif la faculté de faire des assurances de cette sorte n'existerait point, par exemple, pour des marchandises chargées d'Odessa pour Marseille ou à l'inverse (1).

L'assurance *in quovis* s'applique, en principe, au premier chargement opéré dans les conditions portées dans la police. En outre, le plus souvent, une clause oblige l'assuré à déclarer le nom du navire dès qu'il en a connaissance ; on appelle parfois *avenant d'application* l'acte qui constate cette déclaration (2).

1197. *Polices d'abonnement, polices flottantes.* — Les assurances *in quovis* affectent parfois un caractère de généralité encore plus grand. C'est ce qui a lieu lorsqu'une personne fait assurer toutes les marchandises qu'elle recevra ou qu'elle expédiera, qu'elles soient chargées sur un navire quelconque, pourvu que le transport en soit effectué dans tel nombre de mois ou dans l'année ou dans tel nombre d'années qui suivront. Les polices sont alors appelées dans l'usage *polices flottantes* ou *polices d'abonnement*. Grâce à ces polices, les négociants qui expédient ou reçoivent par mer de nombreuses marchandises, n'ont pas à craindre d'être surpris par l'annonce d'un sinistre avant qu'ils aient pu contracter une assurance.

Dans les polices flottantes, une clause oblige ordinairement l'assuré

---

(1) L'art. 337, C. com., est considéré comme étant tombé en désuétude. V. de Courcy, *Questions de Droit maritime* (1re série), p. 277 et suiv.

(2) D'après l'art. 7 de la police française d'assurance sur facultés, « si l'assurance est faite sur navire ou navires indéterminés, l'assuré est tenu de faire connaître aux assureurs le nom du navire ou des navires et de leur déclarer la somme en risque, dès la réception des avis qu'il aura reçus lui-même ou au plus tard dans les trois jours de cette réception. »

V. sur la question de savoir si le défaut de déclaration dans le délai fixé entraîne la résiliation de l'assurance *in quovis*, de Courcy, *L'art. 7 de la police française d'assurance sur marchandises. Un arrêt dangereux* (*Revue internat. du Droit maritime*, 1886-87, p. 616 et suiv.).

Il y a un autre point important que règle la police française relativement aux assurances *in quovis*. Une assurance de ce genre ayant été faite en prévision d'une opération projetée, il se peut que celle-ci ne se réalise pas. Il faudrait résilier une assurance sans objet. Mais on néglige de le faire. Il y aurait des inconvénients à laisser oublier la police pour en rappeler tout à coup le souvenir quand une partie ou un tiers la découvrira. Dans l'oubli du contrat, il pourrait arriver qu'une autre assurance fût conclue et qu'en cas de sinistre, le nouvel assureur invoquât pour se décharger l'antériorité de l'ancienne police. Pour éviter des inconvénients de ce genre, l'art. 7, 2e alin., de la police française dispose : « Quand la police n'a pas exprimé la durée pour laquelle elle est faite, elle ne peut plus produire aucun effet au profit de l'assuré après quatre mois de la date de la police, pour tout ce qui n'aura pas été chargé dans ce délai. »

à faire connaître à l'assureur les chargements dès qu'il en reçoit avis (1).

Les polices souscrites par les grandes compagnies de transports maritimes au profit des expéditeurs de marchandises sont des polices *flottantes,* en même temps qu'elles sont souscrites par ces compagnies en qualité de mandataires des expéditeurs qui déclarent vouloir en profiter (n° 1193).

1198. L'application de la règle de l'ordre des dates posée par l'article 359 pour le cas de double assurance (n°s 1112 et suiv.) peut donner lieu à quelque embarras lorsqu'il a été souscrit une police flottante ou d'abonnement. On peut se demander s'il faut considérer la date de la police à l'exclusion de toute autre. La question ne paraît pas susceptible de recevoir une solution unique ; elle doit varier avec les circonstances. Si l'assuré est le propriétaire même des marchandises, la date de l'assurance est celle de la police ; les chargements postérieurs appliquent seulement le contrat à un aliment déterminé. En conséquence, si une nouvelle assurance était souscrite pour ces marchandises, elle devrait être annulée comme étant postérieure en date. Si, au contraire, la police d'abonnement a été souscrite par un intermédiaire, par exemple par un consignataire, par un commissionnaire, etc., pour le compte de qui il appartiendra, le contrat ne se réalise pour le propriétaire qu'à la date du chargement. Aussi toute assurance conclue par lui antérieurement à cette dernière date doit-elle valoir de préférence à la police d'abonnement (2).

1198 *bis.* Les assurances *in quovis* et les polices d'abonnement donnent lieu à des traités de réassurance. Une compagnie qui a fait un certain nombre d'assurances de cette sorte, peut craindre que ses différents assurés ne chargent des marchandises sur un navire pour une somme qui dépasse son plein. Que fait-elle alors? Elle conclut avec une autre compagnie un traité de réassurance qui ne s'applique pas à une assurance déterminée, mais à l'ensemble des assurances

---

(1) V. la note 2 de la page précédente.
(2) V. de Courcy, *Questions de Droit maritime* (1re série), p. 374 et suiv.; Laurin sur Cresp, III, note des p. 165 et 166. Cpr. Trib. comm. Marseille, 17 juill. 1877, *Journ. de Marseille*, 1877. 1. 300; Cass. 29 avr. 1885, S. 1886. 1. 521; P. 1886. 1. 521.

du réassuré. Il y a deux espèces de traités de réassurance : par les uns, le réassureur assure les marchandises couvertes par l'assurance principale pour le cas où les sommes assurées sur un même navire dépasseraient un certain chiffre; par les autres, le réassureur prend à sa charge, d'une façon ferme, une portion déterminée par avance des sommes assurées sur un même navire, comme, par exemple, la moitié ou le quart (1).

Des difficultés se sont élevées sur le point de savoir s'il faut appliquer à ces traités de réassurance, comme aux réassurances, les règles du contrat d'assurance. Selon nous, ce n'est là qu'une variété des réassurances. Aussi doit-on admettre qu'un traité de réassurance peut, comme une assurance, contenir une clause compromissoire (2) et que les actions en résultant se prescrivent par cinq ans (3).

1199. *Nom du capitaine.* — Ainsi que cela a été dit plus haut (n° 1195), le nom du capitaine est souvent indiqué dans les polices d'assurances soit sur corps soit sur facultés. Outre que le nom du capitaine sert à mieux préciser quel est le navire qui est l'objet des risques dans l'assurance sur corps ou le lieu des risques dans les assurances sur facultés, il importe souvent à l'assureur de connaître le capitaine, pour mieux apprécier ces risques dont l'étendue dépend, en partie au moins, de l'habileté et de l'honnêteté de ce dernier. Cela est d'autant plus vrai que presque toujours l'assureur répond des fautes du capitaine, connues sous le nom de baraterie de patron, en vertu d'une clause de la police (art. 353, C. com.).

Si le nom du capitaine était indiqué sans aucune addition, il serait à craindre qu'en cas de changement de capitaine, l'assureur ne soutînt que l'assurance est annulée par suite de la modification apportée à ses conditions. Cela serait surtout fâcheux en matière d'assurances sur facultés : car le changement de capitaine ne dépend pas alors de l'assuré. Aussi, en général, au nom du capitaine mentionné dans la police, ajoute-t-on la formule : *ou tout autre pour lui;* grâce à cette

(1) V. de Courcy, *La réassurance et les traités de réassurance, Questions de Droit maritime* (4e série), p. 261 et suiv.
(2) V. cependant Trib. comm. Seine, 8 janv. 1889, *Le Droit*, n° du 21-22 janv. 1889.
(3) Aix, 14 janv. 1889, *Revue internat. du Droit maritime*, 1888-89, p. 536.

addition, les changements de capitaine ne peuvent avoir sur la validité de l'assurance aucune influence (1).

Cette clause permet le changement du capitaine sans que l'assurance en soit affectée, mais non l'indication d'un capitaine autre que celui qui commande réellement le navire. Malgré cette clause, on pourrait voir là une fausse indication de nature à entraîner la nullité de l'assurance en vertu de l'art. 348, C. com. (2).

1200. *Assurance faite conjointement ou séparément sur corps et sur facultés.* — Généralement l'assurance est faite, soit sur corps, soit sur facultés. Mais il arrive aussi qu'une même assurance porte à la fois sur un navire et sur son chargement, quand l'un et l'autre appartiennent à la même personne (3). Cette dernière assurance peut être faite conjointement ou séparément (art. 355, C. com.). Elle est faite conjointement, quand une somme est assurée sans que la police indique quelle portion de cette somme est afférente au navire, quelle portion l'est au chargement ; elle est faite séparément dans le cas contraire. La distinction entre ces deux cas a une assez grande importance, spécialement quand l'assuré ne charge rien sur le navire.

Ainsi, soit une assurance faite conjointement sur un navire et ses facultés pour 600.000 fr. Si l'assuré ne charge rien, l'assurance portera sur le navire pour toute cette somme et, par suite, l'assuré aura le droit de réclamer l'intégralité de cette somme à titre d'indemnité, pourvu que son intérêt ne soit pas inférieur. Au contraire, en cas d'assurance faite séparément sur corps et sur facultés par moitié, à défaut de chargement, l'assurance ne vaudra pour le navire que jusqu'à concurrence de 300.000 fr.

1201. *Évaluation de la chose assurée.* —D'après l'art. 332, C. com., la police exprime *la valeur ou l'estimation des marchandises ou objets que l'on fait assurer.* Cette évaluation n'est pas indispensable et lorsqu'elle a été faite, elle ne lie pas les parties ; mais elle a l'avantage de libérer l'assuré de la charge de prouver, en cas de sinistre, la valeur des choses mises en risque.

(1) Cpr. n° 651 à propos d'une clause semblable dans la charte-partie.
(2) Laurin sur Cresp, III, p. 364, note 120.
(3) Cette assurance n'est pas fréquente. V. Em. Cauvet, I, n°s 247 et 249.

Le contrat d'assurance, pour ne pas dégénérer en gageure, ne doit pas faire réaliser un bénéfice à l'assuré (n° 1108). Aussi l'évaluation faite dans la police n'exclut-elle pas pour l'assureur la faculté de prouver que la valeur de la chose assurée était moindre et qu'elle a été exagérée par suite d'une fraude ou d'une erreur. L'art. 336, C. com., paraît indiquer qu'en cas d'estimation contenue dans la police, une réclamation n'est possible qu'autant que l'exagération est frauduleuse, mais il est corrigé sur ce point par l'art. 358 qui suppose une rectification de l'estimation opérée, sans qu'il y ait dol de la part de l'assuré. La preuve peut se faire par tous les moyens; elle entraîne la nullité de l'assurance ou seulement sa réduction, selon que l'évaluation exagérée a été faite de mauvaise foi ou par suite d'une erreur (art. 357 et 358). Cette preuve contraire doit être admissible même lorsque la police contient les clauses : *valeur agréée* ou *vaille que vaille*. Il a été parfois décidé que l'effet de la dernière clause est d'exclure toute réclamation contre l'évaluation sauf au cas de fraude de l'assuré (1). Cela paraît contraire à l'idée selon laquelle l'assurance maritime n'est qu'un contrat d'indemnité. La clause dont il s'agit doit, en vertu de cette idée, être destituée de tout effet (2).

A défaut d'évaluation dans la police, l'assuré qui réclame une indemnité à la suite d'un sinistre, doit faire la preuve de la valeur de la chose assurée (art. 1315, C. civ.). La loi n'a point indiqué comment il est justifié de la valeur du navire. La justification peut être difficile à faire; il n'y a pas pour les navires, comme pour les marchandises, de cours auxquels on puisse se référer. L'évaluation se fait ordinairement en s'attachant à la valeur du bâtiment lors du départ (3), et les registres de classification des navires sont utile-

---

(1) Trib. comm. Nantes, 23 août 1865, *Journ. de Marseille*, 1866. 2. 27.

(2) Aix, 20 nov. 1858, *Journ. de Marseille*, 1858. 1. 122.

En fait, comme cela a déjà été dit, les compagnies d'assurances ne réclament point contre des évaluations dont l'exagération est minime. L'art. 15 de la police française d'assurances sur facultés admet une augmentation de dix pour cent. Elle reconnaît même que les assureurs peuvent agréer une surélévation supérieure d'une quotité déterminée : V. de Courcy, *Commentaire des polices françaises*, etc., p. 320 et suiv.

(3) Ce système d'évaluation allait de soi avant la loi du 12 août 1885. Il concordait avec la prohibition de l'assurance du fret. Avec ce système d'évaluation, l'assureur supporte les conséquences du dépérissement graduel du

ment consultés pour connaître les éléments essentiels à cette évaluation.

En ce qui concerne les marchandises, leur valeur se justifie à l'aide des factures et des livres ; à défaut, l'estimation en est faite suivant le prix courant au temps et au lieu du chargement, y compris tous les droits payés et les frais faits jusqu'à bord (art. 339, C. com.). Mais le prix courant doit être considéré à l'exclusion du prix d'achat, lorsque, l'achat ayant eu lieu depuis de longues années, il n'est pas vraisemblable que les parties aient considéré le prix d'achat (1).

Les règles posées par l'art. 339, C. com., sur l'évaluation des marchandises assurées sont naturellement conçues d'après le système d'assurance du Code de commerce, selon lequel les marchandises ne pouvaient être assurées pour une somme supérieure à leur valeur au port de départ. Ces règles sont encore applicables quand l'assuré n'a pas usé de la faculté de faire assurer le profit espéré. S'il en a usé, il faut, pour l'évaluation, considérer le prix de marchandises semblables au port de déchargement.

---

navire, bien qu'il ne provienne pas d'une fortune de mer. Mais cela s'expliquait par cette considération que, d'après notre loi, le fret ne pouvait être assuré ; une portion du fret représentait la perte causée par l'usure du navire. Si donc, en cas de perte du navire et du fret, le propriétaire n'obtenait que la valeur du navire au port de reste ou au moment du sinistre, il n'aurait pas été placé par l'assurance dans la situation où il était avant le départ. Comme l'assurance du fret est aujourd'hui admise, on devrait à la rigueur estimer le navire, d'après sa valeur au lieu d'arrivée. Autrement le propriétaire, recevant le fret qui compense en partie le dépérissement du bâtiment et une somme représentant la valeur de celui-ci, sans tenir compte de l'usure causée par le voyage, se trouverait réaliser un bénéfice : Émérigon, ch. 17, sect. 9 ; Valin, art. 15, liv. III, tit. VI, de l'Ordonnance de 1681. Mais on tolère l'assurance du fret cumulée avec celle du navire d'après sa valeur au départ. V. C. allemand, art. 799.

(1) Trib. comm. de Marseille, 31 août 1866, *Journ. de Marseille*, 1866. 1. 293. (L'espèce de ce jugement est curieuse. Des balles de laine avaient été envoyées par un expéditeur français aux États-Unis d'Amérique, en 1864, pendant la guerre de sécession, pour confectionner des draps militaires. Les hostilités cessèrent à une époque où une partie seulement des balles était vendue. L'expéditeur fit revenir à Marseille ce qu'il en restait ; une baisse considérable s'était produite en Amérique et il comptait les vendre plus avantageusement en France. Il les fit assurer d'après le prix qu'elles lui avaient coûté en 1864. Le navire ayant péri avec toute sa cargaison, les assureurs contestèrent l'évaluation des laines, en soutenant que l'évaluation dépassait leur valeur au port d'expédition et ils obtinrent gain de cause).

A propos de l'évaluation des marchandises, le Code de commerce a prévu deux cas tout spéciaux :

a. Lorsque l'évaluation est faite dans la police en monnaie étrangère, l'objet assuré est réputé valoir le prix que cette monnaie vaut en monnaie de France, suivant le cours à l'époque de la signature de la police (art. 338) (1).

b. Si l'assurance se fait sur des marchandises venant d'un pays où le commerce ne se fait que par troc, et que l'estimation n'en soit pas faite par la police, elle est réglée sur la valeur de celles qui ont été données en échange, en y ajoutant les frais de transport pour le voyage d'aller (art. 340). Cette disposition ne s'applique guère ; il n'y a que fort peu de pays, sauf en Afrique, où le commerce se fasse encore par troc (2).

1202. *Somme assurée.* — La police exprime aussi, d'après l'article 332, la somme assurée. Il est naturel qu'on indique le montant de l'obligation de l'assureur.

Il ne faut pas confondre la somme assurée avec la valeur de l'objet assuré. Car souvent l'assureur unique n'assure pas cet objet pour son entière valeur et, quand il y a plusieurs assureurs, il peut être stipulé que chacun d'eux assure pour une somme déterminée.

L'énonciation de la somme assurée n'est pas, en principe, nécessaire. Seulement, à son défaut, l'obligation de l'assureur est indéterminée. Mais les obligations, dont l'objet est indéterminé, ne sont pas pour cela nulles, lorsqu'il est possible d'en fixer le montant (art. 1129, alin. 3, C. civ.) ; c'est évidemment ce qui a lieu dans l'espèce. Il est naturel de se référer à la valeur de la chose assurée ; on doit supposer que l'assureur a entendu la couvrir entièrement à défaut de restriction expresse.

A propos des obligations de l'assureur, il sera expliqué dans la sec-

(1) Il y a eu autrefois des abus pratiqués à l'occasion de marchandises expédiées des colonies en France. La livre valait dans nos colonies un tiers en moins que la livre de France. Des commerçants qui y avaient acheté des marchandises ne tenaient aucun compte de cette différence et surélevaient ainsi abusivement leur évaluation dans les polices d'assurances. La Déclaration du 17 août 1779 (art. 16) avait déjà remédié à cet abus en exigeant la conversion en monnaie de France. V. sur ce point Emérigon, *op. cit.*, ch. 9, sect. 8.

(2) V. Em. Cauvet, nos 395 et 396.

tion suivante que l'assureur ne peut jamais être tenu au delà de la somme assurée.

1203. *Temps et lieux des risques.* — Un certain nombre d'énonciations à insérer dans la police ont pour but de déterminer le temps et les lieux dans lesquels les risques doivent se réaliser, pour que l'assureur en réponde. Aux termes de l'art. 332, on doit exprimer dans la police : *le lieu où les marchandises ont été ou doivent être chargées; le port d'où ce navire a dû ou doit partir; les ports ou rades dans lesquels il doit charger ou décharger; ceux dans lesquels il doit entrer; le temps où les risques doivent commencer et finir.*

L'indication des lieux de chargement et de déchargement est indispensable dans les assurances sur facultés lorsque les marchandises sont assurées pour un voyage déterminé ; car c'est elle qui détermine le voyage auquel l'assurance s'applique. Cette indication a son utilité même dans les assurances sur corps, afin de faire connaître à l'assureur pendant quelle traversée le navire conservera sa cargaison ; le chargement influe souvent beaucoup sur les risques que court le navire lui-même.

1204. *Assurance au voyage. Assurance à temps.* — Au point de vue des lieux et du temps des risques, on peut distinguer *l'assurance au voyage, l'assurance à temps, l'assurance à temps et au voyage.* V. nᵒˢ 1247 et suiv.

L'assurance est *au voyage,* lorsque, d'après la police, elle s'applique à un voyage déterminé, sans fixation de durée. A ce propos, il importe de distinguer le *voyage réel du navire,* le *voyage assuré* et le *voyage légal.* Le voyage *réel* est celui qu'accomplit le navire ; il est déterminé par le lieu de départ et par celui d'arrivée sans considération du temps où les risques doivent commencer ou finir pour l'assureur. — Le voyage *assuré* est celui qui est fait par le navire du lieu où les risques commencent à celui où ils cessent pour l'assureur ; le voyage assuré est donc fixé exclusivement par la convention des parties. Il se peut qu'un seul voyage réel comprenne plusieurs voyages assurés. — Le voyage *légal* est celui qui est indiqué par les expéditions du navire.

1205. *De la route.* — Il ne faut pas confondre la *route* avec le

voyage. La route n'est autre chose que le chemin suivi par le navire ;
on conçoit que, pour effectuer un même voyage, il y ait plusieurs
routes. Il va de soi qu'on pourrait dans la police ne pas se borner à
indiquer le voyage assuré, mais déterminer aussi la route. Le plus
souvent la route n'est pas précisée ; les parties sont alors réputées
avoir eu en vue la route la plus courte et la moins dangereuse, habituellement suivie par les navires. En règle générale, cette route doit
être parcourue *en droiture,* c'est-à-dire que l'assurance s'applique
à un voyage fait sans arrêt dans les ports intermédiaires. Mais les
polices contiennent parfois les clauses *de faire échelle, de dérouter,
de rétrograder.*

La clause de faire échelle permet à l'assuré de faire entrer le navire dans les ports intermédiaires situés sur sa route. La clause de
dérouter a une plus large portée que la précédente ; elle confère à
l'assuré la faculté de dévier de la route convenue. Enfin, la clause de
rétrograder implique la faculté de retourner en arrière.

1206. *Assurance à temps.* — L'assurance est à temps (ou à terme)
lorsque, sans se référer à un voyage déterminé, la police indique le
nombre de jours ou de mois pendant lesquels les risques seront supportés par l'assureur (art. 363, C. com.). Mais on ne manque jamais
alors, soit d'indiquer les mers dans lesquelles le navire naviguera,
soit d'exclure de l'assurance la navigation dans certains parages. —
Les assurances à temps sont fréquentes pour les marchandises ; les
assurances résultant des polices flottantes (n° 1197) ont ce caractère.
On recourt nécessairement aux assurances à temps pour les navires
à vapeur et même pour les navires à voiles, lorsque l'assuré ne connaît pas les lieux de destination par avance, comme quand il s'agit
d'un bâtiment armé en pêche (1) ou dans les voyages de caravane.
On appelle de ce dernier nom une expédition qui se compose de plusieurs petits voyages avec arrêts dans différents ports où le capitaine
laisse et prend des marchandises jusqu'à ce qu'il ramène définitivement le navire au port de départ.

1207. Une assurance peut être un composé de l'assurance au voyage
et de l'assurance à temps, en ce sens qu'il est possible que, dans la

(1) On recourait aussi à des assurances de cette sorte pour les bâtiments
armés en course avant la Déclaration de Paris de 1856.

police, on fixe à la fois la durée de l'assurance et le voyage pour lequel elle est conclue (1). Cette assurance donne lieu à quelque difficulté lorsque le voyage dure plus ou moins que le temps pour lequel elle a été faite (V. ci-dessous, n° 1267).

1208. Lorsque l'assurance est faite à temps, le point de départ des risques est habituellement déterminé dans la police; ainsi l'on indique que l'assurance est faite pour une année qui partira du 1er mai à midi pour finir le 1er mai de l'année suivante à la même heure. Si la durée de l'assurance avait été indiquée sans fixation des deux termes extrêmes, il semblerait naturel de la faire partir du commencement de la journée (minuit) où elle a été conclue (2).

Pour les assurances au voyage, le Code (art. 341 et 328) détermine le moment précis où les risques commencent et celui où ils finissent pour l'assureur. Cette détermination légale ne s'applique qu'à défaut de dérogation dans la police; en fait, il est presque toujours dérogé aux dispositions du Code (V. ci-dessous, n°s 1248 et suiv.).

1209. *Montant de la prime.* — Il va de soi que la police doit mentionner le montant de la prime ; elle constitue l'un des éléments essentiels de l'assurance (n°s 1171 et suiv.). Si cette énonciation faisait défaut, il pourrait y être suppléé au moyen de l'aveu ou du serment; mais la preuve testimoniale est exclue quand il s'agit de prouver outre le contenu à une police (n° 1182). A défaut de preuve du montant de la prime consentie, les tribunaux pourraient le fixer d'après le cours de la place où la police a été souscrite (analog. n° 656).

Le mode de fixation de la prime n'est pas toujours le même. La prime peut être déterminée à un chiffre invariable pour le voyage, elle peut être aussi fixée à tant par mois. Elle est ordinairement de tant pour cent de la somme assurée. Il peut y avoir deux primes distinctes l'une pour l'aller, l'autre pour le retour ou, au contraire, la prime peut être unique pour l'un et l'autre; elle est alors désignée sous le nom de *prime liée.* V. n° 1251.

Le taux de la prime dépend des circonstances diverses qui peu-

(1) On appelle en Angleterre les polices contenant des assurances de cette sorte *mixed policies.*

(2) V. De Courcy, *Le commencement et la fin des risques dans l'assurance des navires.*

vent influer sur les risques. Il varie avec l'âge du navire, son mode
de construction, la nature de la cargaison, les mers à parcourir, les
ports à visiter, la saison, l'état de paix ou de guerre, etc...

On peut concevoir que les parties aient entendu qu'il n'y aurait
pas de prime. Alors il n'y a pas assurance, mais une sorte de donation (1). Seulement, le silence de la police sur la prime n'implique
pas qu'il n'en a pas été stipulé une. On a la faculté, comme il est dit
précédemment, pour en prouver le montant, de recourir à l'aveu ou
au serment (2).

1210. *Clause compromissoire.* — Les parties peuvent stipuler
dans la police qu'elles soumettent leurs contestations à des arbitres (3); cette clause s'en remettant à des arbitres pour des contestations à naître est connue sous le nom de *clause compromissoire.*
En l'autorisant dans les polices d'assurances maritimes, le Code de
commerce déroge au droit commun. Cette clause serait nulle dans
tout autre contrat (4), même dans les assurances non maritimes (5),
comme violant l'art. 1006, C. pr. civ., qui exige que le compromis
désigne les objets en litige, ce qui n'est assurément pas possible,
lorsqu'on ne sait pas quelles contestations s'élèveront entre les parties
et même s'il y en aura. Le législateur a pensé que, comme les contestations naissant du contrat d'assurance maritime sont toujours à
peu près de la même nature, les parties qui y stipulent la clause compromissoire, comprennent la portée de leur convention, ce que l'on
ne pourrait pas dire si cette clause était insérée dans les autres contrats (6) (7).

---

(1) Emérigon, ch. III, sect. XI.

(2) C'est donc à tort qu'on a soutenu que l'assurance est nulle à défaut de
stipulation d'une prime dans la police : Pardessus, II, n° 322; Boistel, n° 1356.

(3) Le projet du Code de commerce soumis au Conseil d'Etat admettait l'ar-
bitrage *forcé* en matière d'assurance maritime. V. Locré, *Législation de la
France*, XVIII, p. 434 et 440.

(4) Paris, 5 juill. 1894 (5e ch.), *la Loi*, n° des 2-3 janv. 1895.

(5) On ne peut appliquer par analogie aux assurances non maritimes, les dispositions concernant les assurances maritimes, quand celles-ci dérogent aux
règles du droit commun : Cass. 7 mars 1888, D. 1889. 1. 32; jugement du juge
de paix du IXe arrondissement de Paris, 9 mars 1894, *le Droit*, n° du 11
avr. 1894.

(6) V. *Traité de Droit commercial*, I, n° 521. V. *op. cit.*, n° 522, sur des cas
où des décisions judiciaires ont vu à tort une clause compromissoire.

(7) La raison ne paraît pas bien sérieuse. Ce qui est dit du contrat d'assu-

Par cela même que la réassurance n'est qu'une variété de l'assurance régie par les mêmes règles que celle-ci (nᵒˢ 1155 et suiv.), la clause compromissoire peut être insérée dans une police de réassurance. Cela s'applique-t-il au cas devenu très fréquent où il s'agit d'un traité de réassurance, c'est-à-dire d'une réassurance applicable, non à des risques déterminés individuellement, mais à tous les risques que le réassuré prendra à sa charge (nᵒ 1198)? On a nié la possibilité de l'insertion de la clause compromissoire dans un traité de réassurance (1). Selon nous, elle est, au contraire, licite. Ces traités sont des contrats de réassurance (nᵒ 1198) ; or, dans ces contrats, la clause compromissoire est admise. On prétend qu'il n'y a assurance qu'autant qu'il y a déjà des objets assurés. Nous ne voyons pas sur quoi peut se fonder une telle affirmation. Il est vrai qu'à l'époque à laquelle le Code de commerce a été rédigé, on ne connaissait que des réassurances s'appliquant à des risques précis dont le réassuré s'était antérieurement chargé. Mais qu'importe ! Les polices flottantes et les polices d'abonnement sont bien considérées comme des polices d'assurances maritimes et pourtant elles sont relatives à des risques indéterminés à courir. Il y a contrat d'assurance, que les choses assurées soient déjà exposées aux risques de mer ou qu'elles ne doivent y être exposées que par la suite ; l'assurance ne suppose donc pas des risques actuels ou déterminés par avance. Pourquoi n'en serait-il pas de même pour la réassurance? En définitive, le contrat renferme toujours les mêmes éléments ; les conditions en sont seulement un peu modifiées par suite des besoins nouveaux du commerce.

1211. L'assuré cherche parfois à se soustraire à la clause compromissoire en matière d'assurance sur facultés en actionnant l'assureur avec l'armateur devant le tribunal de commerce. On comprend comment cela peut se réaliser lorsque les marchandises assurées ont subi des avaries que l'assuré attribue à la faute du capitaine dont l'armateur est responsable (art. 216, C. com.), faute qui est à la charge de

_____

rance peut s'appliquer à tout autre contrat déterminé. Le motif ne serait bon que pour expliquer la nullité d'une convention par laquelle deux personnes déclareraient que les contestations qui pourront s'élever entre elles, _quelles qu'elles soient_, seront réglées par des arbitres.

(1) Trib. comm. Seine, 8 janv. 1889, _le Droit_, nᵒˢ des 21-22 janv. 1889. V. nᵒ 1139.

l'assureur en vertu d'une clause de la police (art. 353, C. com.). On a parfois écarté l'exception d'incompétence fondée sur la clause compromissoire, en invoquant la disposition de l'art. 59, C. proc. civ., d'après laquelle, lorsqu'il y a plusieurs défendeurs, la demande peut être portée devant le tribunal du domicile de l'un d'eux, ce qui implique qu'il suffit que le tribunal saisi soit compétent à l'égard d'un des défendeurs (1). Selon nous, l'assureur peut opposer la clause compromissoire, pour que le tribunal saisi se déclare incompétent à son égard (2). La règle tirée de l'art. 59, C. proc. civ., n'est applicable que lorsque le tribunal n'est pas incompétent à l'égard d'un des défendeurs *ratione materiæ*. Or, telle est la nature de l'incompétence du tribunal à l'égard de l'assureur. Au reste, s'il en était autrement, l'assuré aurait un moyen trop facile de se soustraire à l'application de la clause compromissoire contenue dans la police.

1212. Comme cela a été indiqué plus haut (n° 1186), l'énumération de l'art. 332, C. com., n'est pas limitative. Les parties peuvent insérer dans la police toutes autres stipulations, et ces stipulations sont valables, pourvu qu'elles ne soient pas contraires à quelque règle impérative ou prohibitive. Aussi n'était-il pas utile que le Code de commerce énumérât les mentions à insérer dans la police (3).

1213. Du reste, l'art. 332, C. com., ne vise que les assurances sur corps et les assurances sur facultés, parce que ce sont les plus nombreuses. Dans toutes les polices, à quelque chose que l'assurance soit relative, les énonciations doivent se référer aux mêmes points : aux parties, à la chose assurée, à sa valeur, à la somme assurée, au temps et aux lieux des risques, à la prime.

1213 bis. *Polices à ordre et au porteur.* — Le navire et surtout les marchandises ne restent pas toujours, pendant toute la durée de l'assurance, la propriété de celui qui les a fait assurer pour son compte. Il est, par suite, fort utile que la police puisse se trans-

(1) Trib. de comm. de Marseille, 19 oct. 1891, *Journal de jurisprudence de Marseille*, 1892. 1. 17.
(2) Aix, 23 mai 1892, *Revue intern. du Droit marit.*, 1891-92, p. 664 ; *Journ. de jurispr. de Marseille*, 1893. 1. 178.
(3) Le projet de 1865 était muet sur ce point.

mettre aux propriétaires successifs. On peut dire qu'en règle générale, la transmission doit s'opérer dans les formes des art. 1689 et
1690, C. civ. Mais souvent les polices contiennent la clause à ordre
ou sont au porteur. La transmission se fait alors par endossement ou
de la main à la main. Aucune disposition expresse de la loi n'autorise à donner ces formes aux polices d'assurances maritimes. Cela
n'en est pas moins licite ; car, ces formes peuvent être données à
tous les titres de créances (1). On ne peut donc pas tirer un argument en sens contraire de ce que le Code de commerce a expressément autorisé les formes à ordre ou au porteur, notamment pour le
connaissement (art. 281, dern. alin.) et pour le prêt à la grosse
(art. 313, 1er alin.).

1214.. La police d'assurance sur facultés contenant la clause très
usitée, *pour le compte de qui il appartiendra* (n° 1192), est une
police au porteur, en ce sens qu'elle est transmissible sans aucune
formalité de la main à la main. Mais, par cela même que le contrat
d'assurance maritime est un contrat d'indemnité et que celui-là seul
qui a éprouvé un préjudice doit pouvoir agir contre l'assureur, le
porteur de la police ne peut pas, comme le détenteur d'un titre au porteur en général, exercer ses droits sans faire une preuve spéciale : il
doit prouver qu'il avait un intérêt en risque (2).

1215. Quand la police est à ordre, l'endossement en est soumis,
au point de vue des formes, aux art. 136 à 138, C. com., qui s'appliquent, en général, à tous les titres à ordre, bien que ces dispositions ne visent expressément que les lettres de change.

Mais de graves difficultés s'élèvent quand il s'agit de décider si
l'endossement d'une police d'assurance est régi, au point de vue de
ses effets, par les mêmes règles que l'endossement de la lettre de
change et des effets de commerce en général. Ces difficultés seront
examinées dans la section III, consacrée aux obligations de l'assureur.

1216. Enregistrement et timbre. — Les assurances maritimes

_____

(1) V. *Traité de Droit commercial*, III, n° 98.
(2) A propos du paiement de l'indemnité d'assurance, il sera indiqué dans
a section suivante comment se fait la preuve de l'intérêt.

donnent lieu à la perception de droits d'enregistrement et de droits de timbre au profit de l'État (1).

La loi du 22 frimaire an VII (art. 69, § n° 2) soumettait les actes et contrats d'assurances à un droit proportionnel *d'enregistrement* établi sur le montant de la prime. Ce droit était de 50 centimes en temps de paix et de 25 centimes en temps de guerre ; il fut doublé par la loi du 28 avril 1816 (art. 51, n° 2). Il n'était perçu, d'après la loi du 16 juin 1824 (art. 5), qu'autant qu'il était fait usage de la police en justice.

Mais ces dispositions ont été abrogées par la loi du 23 août 1871, pour les assurances contre l'incendie et pour les assurances maritimes. D'après cette loi (art. 6 et 7), il doit être perçu, indépendamment de l'usage qui est fait de la police, sur toute assurance maritime un droit de 50 centimes par 100 francs du montant de la prime et de ses accessoires. Cette taxe est perçue des assurés pour le compte du Trésor par les sociétés et autres assureurs, courtiers ou notaires, qui ont rédigé des polices.

Les réassurances sont exemptes de la taxe établie par la loi du 23 août 1871. La raison en est que, bien que la taxe soit proportionnelle à la prime, elle est destinée à atteindre le capital assuré. Or, malgré la réassurance, il n'y a toujours qu'un seul capital assuré.

Les polices sont, en outre, soumises à un droit de *timbre* de dimension, L. 5 juin 1850, art. 42 et suiv. Les compagnies n'ont pas, pour les assurances maritimes, comme elles l'ont pour les autres sortes d'assurances, la faculté de s'acquitter de ce droit de timbre au moyen d'un abonnement.

Ces droits de timbre et d'enregistrement ne frappent pas les polices d'assurances maritimes conclues en pays étranger par des compagnies étrangères ou même françaises (2). Il n'y a pas de distinc-

---

(1) V. sur cette matière, G. Demante, *Principes de l'enregistrement* (4e édit.), II, p. 140 et suiv., n°s 529 et suiv. ; Demasure, *Traité du régime fiscal des sociétés*, n°s 292 et suiv. ; n°s 298 et suiv.

(2) Cass. ch. réunies 28 mars 1895, *Gazette des tribunaux*, n° du 10 avril 1895. Cet arrêt est contraire à plusieurs arrêts antérieurs de la Chambre civile. V. Ch. civ. rej. 5 février 1884, S. 1885. 1. 385 ; P. 1885. 930 ; D. 1884. 1. 348 ; Ch. civ. Cass. 23 mars 1892, S. et P. D. 1892. 1. 546. Ces arrêts sont relatifs à la taxe établie par la loi du 23 avril 1871. V. dans le sens de la nouvelle jurisprudence, Demasure *op. cit*, n° 913.

tion à faire entre le cas où le navire assuré est français et celui où il est étranger. L. 23 août 1871, art. 6, 7 et 8.

1217. Après avoir traité des éléments essentiels et des formes de l'assurance maritime, il y a lieu d'en examiner les effets. Le contrat est synallagmatique ; il fait naître des obligations à la charge de l'assureur et à celle de l'assuré. Les obligations de l'assureur sont de beaucoup les plus importantes ; elles seront examinées dans la section III ; les obligations de l'assuré le seront dans la section IV.

SECTION III.

Des obligations de l'assureur.

1218. La principale obligation dont est tenu l'assureur, est celle de réparer les avaries causées à la chose assurée par les risques de mer. Sous le nom d'*avaries*, il y a lieu, conformément aux principes généraux posés plus haut (n° 859), de comprendre non seulement les dommages matériels, mais encore les dépenses extraordinaires faites pour les choses assurées ; parmi ces dépenses figure notamment la part contributive de l'assuré dans les avaries communes.

1219. *Risques supportés par l'assureur.* — Toute avarie de la chose assurée ne doit pas être réparée par l'assureur. Les avaries provenant des risques ou fortunes de mer donnent seules lieu à la responsabilité de l'assureur. On peut distinguer à cet égard trois grandes classes de risques : 1° Ceux qui sont compris dans toute assurance maritime, sauf convention contraire ; 2° ceux qui n'y sont compris qu'en vertu d'une convention expresse ; 3° ceux qui en sont exclus nonobstant toute convention des parties.

1220. L'art. 350 énumère les risques dont l'assureur répond sauf convention contraire (1). Mais l'énumération qu'il fait n'est pas limitative (2), ainsi que le prouve la formule générale qui le termine :

(1-2) Les polices françaises d'assurances sur corps et sur facultés (art. 1), en dérogeant aux dispositions du Code de commerce, énumèrent aussi les risques

*Sont aux risques des assureurs toutes pertes et dommages qui arri-
vent aux objets assurés... généralement par toutes les fortunes de
mer.* On peut définir les *fortunes de mer*, les accidents qui arrivent
sur mer, qu'ils soient produits par l'action des éléments ou par le
fait de l'homme. Il n'est pas nécessaire que la mer soit la cause du
sinistre; il suffit, en général, qu'elle en soit le théâtre, pour que
l'assureur soit responsable envers l'assuré. L'ancien jurisconsulte italien Targa disait que l'assureur est responsable à raison
de tout sinistre qui survient sur mer ou par la mer *(in mare o da
mare).*

1221. Il résulte de cette définition des fortunes de mer qui sont
seules à la charge de l'assureur, que les risques de terre ne sont pas
supportés par l'assureur maritime. En principe, ces deux sortes de
risques se distinguent par l'élément même sur lequel ils se produisent. Mais, exceptionnellement, on traite comme risques maritimes,
au point de vue de la responsabilité de l'assureur, les risques qui se
réalisent à terre, quand ils sont la conséquence de risques de mer.
Ainsi, les risques qui atteignent les marchandises, soit avant leur
embarquement, soit après leur débarquement, sont des risques terrestres. Mais si, dans une relâche forcée, des marchandises sont débarquées à raison des avaries du navire et qu'un incendie les
détruise à terre, il y a là un risque que supporte l'assureur sur facultés. — Un navire est toujours sur mer, sauf quand il doit être
réparé. L'assureur d'un navire répond des accidents qui peuvent
survenir pendant qu'il a été mis à terre pour y faire des réparations provenant de risques de mer dont l'assureur est responsable.

1222. Les risques figurant dans l'énumération de l'art. 350, C.
com., peuvent être divisés en deux catégories : les uns sont des risques purement maritimes, les autres sont des risques de guerre. Il
importe de parler distinctement de ces deux catégories de risques
qui constituent également en un sens large des risques de mer.

1223. *Risques maritimes.* — Dans la première catégorie sont

_____

dont l'assureur répond. Leur énumération n'est, du reste, pas plus limitative
que celle de l'art. 350, C. com.

compris *la tempête, le naufrage, l'abordage fortuit, les changements forcés de route, de voyage ou de vaisseau* (1), *le jet* (2), *le
feu* (art. 350, C. com.). Il n'y a pas, en général, d'intérêt à donner
une définition rigoureuse de chacun de ces événements ; car, dès l'instant où il y a une fortune de mer, l'assureur est, en principe, responsable. Cependant, pour quelques-uns de ces risques, des indications sont nécessaires : d'abord, selon les circonstances, l'assureur
est ou n'est pas responsable ; en outre, il sera expliqué plus loin que
parfois la nature de l'événement a une influence considérable sur
les droits de l'assuré contre l'assureur (V. nos 1326 et suiv.).

1224. *Abordage.* — L'art. 350 ne fait mention que de l'abordage
fortuit. Il résulte évidemment de là qu'en principe, les assureurs ne
répondent pas des dommages causés au navire ou aux marchandises
par l'abordage provenant de la faute du capitaine du navire assuré. Il
n'y a là qu'une application de la règle expliquée plus bas (n° 1230),
selon laquelle, à moins de convention contraire, l'assureur ne répond
pas des fautes du capitaine désignées sous le nom de *baraterie de
patron* (art. 353, C. com.). Mais le Code de commerce reconnaît
aussi, en ce qui concerne les navires, l'abordage *mixte* ou *douteux*
(art. 407, al. 3 ; V. n° 1005). Les assureurs répondent des dommages
causés par cet abordage, par cela même qu'il n'implique pas la faute
du capitaine. Du reste, l'exclusion de la responsabilité de l'assureur,
au cas d'abordage causé par la faute du capitaine du navire assuré,
n'a guère d'importance pratique. Cette responsabilité a lieu le plus
souvent, par cela même qu'ordinairement les polices contiennent une
clause mettant à la charge de l'assureur la baraterie de patron (V.
n° 1235).

Au point de vue de l'assureur d'un navire ou de marchandises, on
doit considérer comme un abordage fortuit celui qui est causé par la
faute du capitaine d'un autre bâtiment. On peut dire qu'en général, la faute d'autrui constitue par rapport à nous un cas fortuit (3).

(1) V. nos 1255 et suiv., 1265.
(2) Cela n'est pas moins exact des autres avaries communes. Ainsi qu'il
arrive parfois, le jet est pris ici comme type des avaries communes.
(3) L'art. 1205, C. civ., déroge en partie à cette règle en matière de solidarité entre codébiteurs.

1225. *Feu.* — L'incendie d'un navire peut provenir de causes différentes. Il est causé : *a.* par un vice propre (par exemple, en cas de combustion spontanée des marchandises) ; *b.* par un cas fortuit (comme le feu du ciel) (1) ; *c.* par une faute du capitaine ou des gens de l'équipage ; *d.* par l'ennemi. L'art 350, C. com., indique, sans rien ajouter, le feu parmi les risques dont l'assureur maritime répond. Il ne faut pas en conclure que l'assureur est responsable à raison de tout incendie, quelle qu'en soit la cause. Il faut, sur ce point, comme sur les autres, combiner la disposition du Code de commerce avec les principes généraux admis en matière d'assurance maritime. Comme l'assureur ne répond pas, en principe, des dommages provenant de la faute du capitaine (nº 1230) ou du vice propre (nº 1237), l'incendie ayant une de ces causes n'engendre pas la responsabilité de l'assureur. Au contraire, quand l'assurance comprend (ce qui est rare) les risques de guerre (nº 1225), l'assureur est tenu à raison d'un incendie causé par l'ennemi.

L'assureur répondant, en général, de tous les risques qui se réalisent en mer, c'est à lui qu'incombe l'obligation de prouver la faute du capitaine, cause de l'incendie (2). V. analog., pour le cas de vice propre, nº 1243.

1226. *Risques de guerre.* — L'art. 350 indique les risques de guerre parmi ceux qui sont supportés par l'assureur ; il mentionne spécialement *la prise, la déclaration de guerre, les représailles.* Mais, d'après un usage général, les polices contiennent une clause déchargeant l'assureur de la responsabilité des risques de guerre (3).

---

(1) L'incendie provenant d'une faute des passagers est à traiter comme incendie provenant d'un cas fortuit. V. nº 1224 *in fine.*

(2) Cette question de preuve a été très discutée. Émérigon (ch. XII, sect. XVII) admettait que l'incendie n'était réputé fortuit qu'autant que personne de l'équipage n'était sauvé. Des décisions judiciaires et des auteurs, sous l'empire du Code de commerce, ont soutenu que l'assuré doit prouver la cause fortuite de l'incendie. Mais l'opinion admise au texte a triomphé : Marseille, 24 janvier 1861 ; Aix, 2 juin 1871, *Journ. de Marseille*, 1861. 1. 69 et 1871. 1. 261 ; Trib. comm. Seine, 15 mai 1884, *la Loi*, nº du 4 juin 1884. — Laurin sur Cresp, IV, p. 56 et 57 ; Em. Cauvet, II, nº 1031.

(3) L'art. 2 des polices françaises d'assurance sur corps et sur facultés dis-

Comment expliquer que l'Ordonnance (art. 26, livre III, titre VI) et, après elle, le Code de commerce (art. 350) aient compris les risques de guerre parmi les risques dont l'assureur maritime répond en principe, et qu'en fait aujourd'hui les risques de guerre soient, en général, exclus de l'assurance par les polices? Lors de la confection de l'Ordonnance et du Code, les guerres étaient tellement fréquentes que les parties devaient faire entrer l'état de guerre dans leurs prévisions. On stipulait alors généralement une augmentation de prime pour le cas de survenance de guerre. Aussi des difficultés s'élevaient-elles souvent sur le point de savoir s'il y avait vraiment état de guerre. Les guerres sont devenues beaucoup moins fréquentes et en même temps plus préjudiciables aux belligérants; puis, on a voulu éviter les anciennes difficultés relatives à l'état de guerre. Ce sont là les raisons qui expliquent que, d'après un usage constant. les risques de guerre sont exclus de l'assurance par une clause des polices. Cette clause donne naissance à des difficultés de plusieurs sortes.

1226 *bis*. On peut tout d'abord se demander si une insurrection éclatant chez une nation peut être considérée comme constituant l'état de guerre et si, par suite, les déprédations commises par l'un des partis sont des risques de guerre ou si elles ne sont pas plutôt des faits de piraterie. L'intérêt de la question est grand par cela même que les faits de piraterie ne sont pas ordinairement exclus par les polices (1), comme le sont les risques de guerre. Il est difficile de poser à cet égard des principes absolus; on peut seulement faire deux observations. D'abord, en règle générale, tout fait qui n'est pas accompli dans un but de brigandage doit être considéré comme un fait

pose : « Les risques de guerre ne sont à la charge des assureurs qu'autant « qu'il y a convention expresse. »

(1) L'art. 1er des polices françaises, comme l'art. 350, mentionne expressément la piraterie.

Il faut remarquer que, depuis la Déclaration de Paris de 1856, l'on doit considérer comme des actes de piraterie les prises effectuées par les navires de commerce armés en guerre, quand ils sont munis de commissions émanant d'un gouvernement ayant adhéré à la Déclaration. Consulter sur ce point, jugement du tribunal de commerce de Bordeaux du 8 août 1863, *Journ. de Marseille*, 1863. 1. 151.

de guerre, s'il est inspiré par une pensée politique, fût-il accompli par une force ayant le caractère insurrectionnel. En second lieu, l'attitude des gouvernements neutres peut servir souvent à résoudre la question ; il y a lieu d'examiner s'ils ont reconnu aux partis en présence la qualité de belligérants (1). Ceux-ci alors peuvent être considérés comme constituant chacun de leur côté un gouvernement légal.

Au reste, la guerre peut exister avant qu'une déclaration ne soit intervenue (2).

1227. L'exclusion des risques de guerre donne lieu à des difficultés plus graves et plus importantes lorsqu'il s'agit de les distinguer des ris-

---

(1) Il y a eu sur cette question des décisions qu'il n'est pas facile de concilier.

a. Marseille, 19 janv. 1824, *Journ. de Marseille*, 1824. 1. 235. (Ce jugement refuse de considérer comme acte de piraterie la capture d'un navire espagnol par les Colombiens révoltés contre l'Espagne. Il se fonde notamment sur ce « que les Colombiens, en état de révolte contre l'autorité légitime de leur sou- « verain, ne dirigent leurs armements que contre le pavillon de l'Espagne et « les propriétés des sujets de cette puissance, sans se livrer indistinctement à « des déprédations envers toutes et se mettre ainsi, à l'instar des pirates, hors « du droit des gens »).

b. Aix, 27 juill. 1859, *Journ. de Marseille*, 1859. 1. 290. Arrêt confirmant un jugement de Marseille du 29 janv. 1858, *Journ. de Marseille*, 1858. 1. 236. (Cet arrêt admet que les risques de guerre exclus par les polices, doivent s'entendre de la guerre que se font deux États et non de la lutte engagée entre deux partis qui se disputent le pouvoir. Il en conclut que les assureurs, malgré l'exclusion des risques de guerre, sont responsables de la perte des marchandises assurées, si le navire à bord duquel elles étaient chargées, a été coulé bas par les coups de canon qu'échangeaient deux partis aux prises dans le port où il était ancré).

c. Trib. de commerce de Bordeaux. 8 août 1863, *Journ. de Marseille*, 1863. 2. 151. (Ce jugement a considéré comme un fait de guerre non couvert en cette qualité par l'assurance, l'incendie d'un navire appartenant aux États du Nord (pendant la guerre de sécession) et des marchandises qui y avaient été renfermées par un corsaire du Sud. Il faut se rappeler, pour bien comprendre cette décision, que les États-Unis d'Amérique n'ont pas adhéré à la suppression de la course en 1856.

d. V. aussi l'exemple des déprédations commises pendant l'insurrection de Carthagène en 1874 par des navires de la ville insurgée : De Courcy, *Commentaire des polices françaises d'assurances maritimes* (1re édition), p. 20 ; (2e édition), p. 6 et suiv.

L'art. 2 des polices françaises a pris soin d'indiquer qu'une stipulation expresse est nécessaire pour comprendre les *risques de guerre, hostilités, représailles, arrêts, captures et molestations de gouvernements quelconques... reconnus ou non reconnus.*

(2) Paris, 22 fév. 1881, *le Droit*, n° du 8 mars 1881.

ques provenant même d'événements de la nature. Ainsi l'on peut supposer qu'un navire, menacé d'être capturé ou détruit par le feu de l'ennemi, change ou accélère sa route afin d'échapper au danger et qu'il périt dans une tempête qui l'a assailli dans sa route nouvelle. Les assureurs qui ont exclu les risques de guerre, sont-ils tenus à raison de cette perte? On peut dire, pour les assurés, qu'il y a eu changement forcé de route et naufrage, événements dont l'assureur répond (art. 350). En faveur des assureurs, on dira que le changement de route et le naufrage ont leur cause dans un fait de guerre dont l'assureur ne doit pas répondre (1).

La règle qui paraît devoir être posée, c'est qu'on ne doit considérer comme provenant de risques de guerre que les pertes et dommages ayant leur cause directe dans un événement de guerre (2). Si l'on ne s'en tenait pas à cette règle très rationnelle, on arriverait à réduire dans les limites les plus étroites, en cas de guerre, la responsabilité des assureurs; car l'état de guerre augmente dans une assez forte proportion même les risques ordinaires : quand une guerre existe, beaucoup de ports sont fermés, beaucoup de phares sont éteints, et, par suite, les accidents de mer sont plus nombreux. Il serait d'autant plus injuste de décharger ainsi l'assureur de risques n'ayant pas leur cause directe dans un événement de guerre que le plus souvent les primes sont plus élevées en temps de guerre qu'en temps de paix (3).

---

(1) Les difficultés concernant la distinction entre les risques de guerre et les risques ordinaires ne sont pas spéciales aux assurances maritimes. Elles se présentent aussi pour les assurances terrestres, parce que généralement les risques de guerre en sont également exclus. A l'occasion de la guerre de 1870-1871, beaucoup de questions de ce genre se sont élevées. Consulter notamment Besançon, 13juin 1871, S. 1871. 2. 65 et suiv.; *Journ. Pal.* 1871. 282.

La Cour de cassation reconnaît avec raison qu'elle n'a en cette matière aucun pouvoir, que les juges du fait apprécient souverainement s'il y a eu ou non risque de guerre : Cass. 16 juill. 1872, S. 1873. 1. 277.

(2) V. dans ce sens, Trib. com. Bordeaux, 6 janv. 1840; Marseille, 15 fév. 1855; Rouen, 14 mars 1872, *Journ. de Marseille*, 1840. 2. 111; 1855. 1. 76; 1872. 2. 111.

(3) Durant la guerre de Crimée, il s'est produit un fait curieux relatif à ce sujet. Un navire de Fécamp, l'*Iris*, avait été affrété, pour le transport des vivres et des munitions, par l'Etat. Celui-ci s'était rendu garant des risques de guerre; une assurance avait été, en outre, contractée avec une compagnie sous l'exception des risques de guerre. Un coup de vent arracha le navire de devant

1227 *bis*. Droit étranger. — Des lois étrangères tenant compte de la pratique ont admis, contrairement à notre Code de commerce, que les risques de guerre ne sont pas compris dans l'assurance maritime, sauf clause contraire. V. L. *belge* du 21 août 1879, art. 178; Codes de commerce *italien*, art. 636; *portugais*, art. 604. Les risques de guerre sont compris, en principe, dans l'assurance d'après les Codes de commerce *hollandais*, art. 637; *allemand*, art. 824; *espagnol*, art. 755; *argentin*, art. 1807.

1228. Quand un dommage a été subi par un navire ou par sa cargaison pendant la durée d'une guerre, si l'assureur actionné par l'assuré allègue qu'il y a eu un risque de guerre dont, en vertu d'une clause de la police, il ne doit pas répondre, c'est à lui à en faire la preuve. Il y a là une simple application de la règle selon laquelle les accidents survenus sur mer donnent, en principe, lieu à la responsabilité des assureurs. V. n° 1220.

1229. *Risques dont l'assureur ne répond pas, sauf clause contraire.* — Il y a des risques dont l'assureur ne répond pas, en principe, mais qui peuvent être mis à sa charge en vertu d'une clause de

Kamiesch, port de ravitaillement pour l'armée française, et le poussa sous le feu des forts de Sébastopol qui le coulèrent. L'armateur actionna d'abord la compagnie d'assurances, en se fondant sur ce que l'ouragan avait été la cause première de la perte du bâtiment. Mais un arrêt de la Cour de Rouen du 2 avr. 1856, S. 1856. 2. 221, repoussa cette demande; selon lui, l'ouragan avait seulement mis le navire en péril; les coups de canon qui l'avaient coulé, étaient un risque nouveau qui avait été la cause directe de la perte. L'armateur actionna alors l'État devant le ministre compétent et se pourvut ensuite contre la décision de celui-ci qui avait rejeté sa demande, mais le pourvoi lui-même fut écarté. Le Conseil d'État déclara que la perte du navire était due à un simple risque de mer et qu'en conséquence, l'État qui n'avait garanti que les risques de guerre, n'était pas tenu. L'assuré qui avait été garanti par deux assurances distinctes contre les risques de mer et les risques de guerre, ne put ainsi obtenir aucune indemnité. La situation singulière à laquelle était réduit l'armateur, tenait surtout à ce qu'à raison de l'existence de la juridiction administrative, il ne pouvait pas actionner ensemble et amener ainsi devant le même tribunal ses deux assureurs. Au fond, d'après la règle que nous avons adoptée au texte, on aurait dû admettre, dans l'espèce, qu'il y avait eu perte du navire par suite d'un risque de guerre et que l'État devait payer une indemnité à l'assuré. Car la cause directe de la perte était le feu des forts de Sébastopol et non l'ouragan qui avait poussé le bâtiment sous ce feu. Cpr. de Courcy, *Commentaire des polices françaises d'assurances maritimes*, 1re édition, p. 26 et suiv., 2e édition, p. 18 et suiv.

la police. Aux termes de l'art. 353, *l'assureur n'est point tenu des prévarications et fautes du capitaine et de l'équipage, connues sous le nom de baraterie de patron, s'il n'y a convention contraire.*

1230. *De la baraterie de patron.* — La *baraterie de patron* consiste dans des fautes intentionnelles (fraudes) ou non intentionnelles du capitaine ou des gens de l'équipage, qui ont pour conséquence de causer des avaries au navire ou aux marchandises.

Il est certain que pendant longtemps l'expression *baraterie de patron* n'a été employée que pour désigner les fraudes du capitaine (1) et qu'on l'emploie encore dans ce sens étroit pour désigner le crime du capitaine ou des gens de l'équipage consistant à détruire le navire (*Décret-loi disciplinaire et pénal pour la marine marchande de 1852*, art. 89 à 92). Mais, dès le xviie siècle au moins, cette expression a été usitée dans une acception plus large comprenant les fautes aussi bien que les fraudes (2).

En excluant la responsabilité de l'assureur quant à la baraterie de patron, le législateur a cru se conformer à l'intention probable des parties et déduire une conséquence logique de l'idée selon laquelle l'assureur maritime ne doit être tenu qu'à raison des risques de mer (3). Il n'a, d'ailleurs, sur ce point fait que reproduire la disposition de l'art. 28, livre III, titre VI, de l'Ordonnance de 1673 (4). A

(1) On discute sur l'étymologie de l'expression *baraterie de patron*. Selon Emérigon (*op. cit.*, ch. XII, sect. III), c'est là une expression barbare inconnue à l'antiquité, paraissant venir du mot *barat*, qui, dans la langue d'oïl, signifiait tromperie, fourbe, mensonge.

(2) Après avoir cité l'ancien sens restreint de l'expression (voir la note précédente), Emérigon (chap. XII, sect. III) ajoute : « Cependant, parmi nous, le « mot *baraterie* comprend le cas de simple faute tout comme celui de dol. » Valin (sur l'art. 28, livre III, titre VI de l'Ordonnance de 1681) et Pothier (*Traité des assurances*, n° 65) expriment la même idée.

En anglais, le mot *barattry* a un sens plus étroit. V. le volume précédent, note 1 de la page 512.

(3) C'est là l'explication donnée par Valin sur l'art. 28, liv. III, tit. VI, de l'Ordonnance de 1673 auquel correspond l'art. 353, C. com. : « Par la nature « du contrat d'assurance, l'assureur n'est chargé de droit que des pertes qui « arrivent par cas fortuit, par fortune de mer, ce qui est tout à fait étranger « aux fautes que peuvent commettre le maître et les mariniers. »

(4) Avant l'Ordonnance de 1673, le Guidon de la Mer (chap. V, art. 6; ch. IX, art. 1, 2 et 8) admettait que les assureurs répondaient de plein droit de la ba-

ce point de vue, la disposition est critiquable. Il y a bien là un risque de mer par cela même que l'armateur doit remettre la direction de son bâtiment à un capitaine pour le faire naviguer et que l'expéditeur de marchandises doit les confier au capitaine du navire sur lequel elles sont transportées (1). Aussi la plupart des Codes étrangers ont, en retournant la règle de l'art. 353, C. com., admis que l'assureur répond de la baraterie de patron, sauf convention contraire. V. n° 123.

1231. L'exclusion de la responsabilité de la baraterie de patron s'applique dans toutes les assurances, quel qu'en soit l'objet. Mais elle se comprend mieux dans les assurances sur corps que dans les autres. Dans les assurances sur corps, l'assuré est l'armateur et on peut reprocher à celui-ci le choix d'un mauvais capitaine *(culpa in eligendo)*. Cpr. note 3 de la page 289.

1232. La même règle s'applique aux fautes du capitaine, des gens de l'équipage (art. 353, C. com.) et du pilote; celui-ci fait momentanément partie de l'équipage (2).

1233. Bien que l'art. 353, C. com., ne fasse aucune distinction, les tribunaux doivent user de tempéraments dans l'application de cette disposition ; elle ne peut être interprétée comme excluant même les fautes les plus légères; autrement, elle aurait pour conséquence de faire disparaître presque toujours la responsabilité de l'assureur; il est rare qu'un accident arrive sans que le capitaine ait commis au moins quelque négligence (3).

1234. L'assureur, étant, en principe, responsable à raison de tous les dommages subis sur mer par la chose assurée, doit prouver la

raterie de patron, mais ce n'était qu'après discussion des biens du capitaine.

Hors de France, des règles diverses étaient admises. Le règlement des assurances d'Anvers (art. 4) défendait l'assurance de la baraterie de patron. D'après le Statut de Gênes, les assureurs n'étaient pas responsables de la baraterie proprement dite, mais de la faute du capitaine.

(1) Emérigon faisait très justement cette remarque. Il disait (chap. XII, sect. III) : « Il est vrai que ce n'est pas ici un dommage qui procède *ex marinæ tempestatis discrimine;* mais la baraterie n'est pas moins un risque et un très grand risque maritime, puisqu'on est obligé de confier son bien aux gens de mer qui peuvent oublier quelquefois les devoirs de leur état ou qui, par imprudence, occasionnent des pertes. »

(2) Laurin sur Cresp, III, p. 84 et 85.

(3) Laurin sur Cresp, III, p. 83.

baraterie de patron, lorsqu'il l'allègue, pour échapper à la responsabilité (1). V. analog. n°s 1220, 1225, 1243.

1235. Il n'est point contraire à l'ordre public qu'une personne se décharge de la responsabilité des fautes de ses préposés. L'art. 353, C. com., applique cette idée qu'il présuppose, en permettant de comprendre dans l'assurance maritime la baraterie de patron, même s'il s'agit d'une assurance sur corps (2).

De cette faculté de comprendre la baraterie de patron dans l'assurance sur corps, il a été déduit précédemment que le propriétaire d'un navire peut, par une clause du connaissement, se décharger de toute responsabilité des fautes du capitaine envers l'affréteur. V. n° 744.

En fait, toutes les polices contiennent la convention autorisée par l'art. 353 quant à la baraterie de patron, sauf quelques restrictions (3).

Une raison pratique explique cet usage constant. Les événements maritimes présentent le plus souvent un mélange de l'action des éléments et de l'action de l'homme. Par suite, la nécessité de distinguer entre les événements provenant de l'une ou de l'autre de ces causes serait une source de procès.

---

(1) C'était déjà l'opinion admise par Emérigon. Il dit (chap. XII, sect. III, § 3) : « Celui qui allègue la baraterie doit en rapporter la preuve d'une manière concluante ».

(2) Les anciens auteurs, spécialement Emérigon (chap. XII, sect. III), n'admettaient pas que la clause fût valable à l'égard du propriétaire du navire.

(3) La police française d'assurance sur facultés s'applique à la baraterie frauduleuse comme aux simples fautes. Cela se comprend : les chargeurs n'ont pas coopéré, en général, au choix du capitaine et ne répondent pas envers les tiers de ses fautes intentionnelles ou non. Mais il en est autrement de la police française d'assurance sur corps. L'art. 4 de cette police dispose : « Les assureurs « sont exempts, par exception et dérogation en temps que de besoin à ce qui a « été dit à l'art. 1er, quant à la garantie de la baraterie :

« 1° Des faits de dol et de fraude du capitaine ;

« De tous événements quelconques résultant de violation de blocus, de contrebande ou de commerce prohibé ou clandestin ;

« Le tout, à moins que le capitaine n'ait été changé sans l'agrément de l'armateur ou de son représentant et remplacé par un autre que par le second ;

« 2° De toutes les conséquences qu'entraînent pour le navire les faits quelconques du capitaine ou de l'équipage à terre. »

V. sur cet article, de Courcy, *Commentaire de la police française d'assurance sur corps*, p. 128 et suiv.

Toutefois la règle, selon laquelle l'assureur ne répond pas des fautes de l'assuré (art. 352, C. com.), empêche d'admettre sans restriction que l'assurance puisse comprendre la baraterie de patron quand le propriétaire du navire en est en même temps le capitaine. V. n° 1245.

1236. Du reste, il ne faut pas exagérer la portée de la clause comprenant dans l'assurance la baraterie de patron. Elle rend l'assureur responsable non de tous les dommages sans exception, mais seulement des dommages dont, sans cette clause, il ne répondrait pas à raison de ce qu'ils ont été causés par la faute du capitaine ou des gens de l'équipage. *A fortiori* cette clause ne peut donner à l'assuré le droit d'agir contre l'assureur en l'absence de tout préjudice éprouvé (1).

1236 bis. DROIT ÉTRANGER. — Beaucoup de législations étrangères ont admis la règle de l'art. 353, C. com. : Codes de commerce *italien*, art. 638; *roumain*, art. 630; *espagnol*, art. 750 1°; *portugais*, art. 604, 1°; *chilien*, art. 1260, 2°; *mexicain*, art. 831, V. D'autres lois, au contraire, admettent que la baraterie de patron est comprise de plein droit dans l'assurance maritime; mais, d'ordinaire, ces lois apportent à ce principe quelques restrictions. La baraterie de patron est comprise dans l'assurance maritime par le Code de commerce *hollandais* (art. 637), à moins qu'il ne s'agisse d'une assurance sur corps (art. 640). D'après le Code de commerce *allemand* (art. 624, 6°), l'assureur répond des fraudes et des fautes du capitaine et des gens de l'équipage, mais seulement s'il en résulte un dommage pour la chose assurée (2). Le Code *chilien* (article 1205, 11°) exclut bien la baraterie de l'assurance maritime, mais il déclare ne désigner sous ce nom que l'acte criminel du capitaine ou de gens de l'équipage, dont résulte pour le navire ou la cargaison un grave dommage. D'après la loi *belge* du 21 août 1879 (art. 184), une distinction est aussi faite, au moins pour le capitaine

(1) C'est ainsi que l'assureur sur facultés, même garantissant la baraterie de patron, doit toujours être admis à prouver que les marchandises n'ont pas péri ou n'ont pas été chargées; Cass. 16 déc. 1889, *Revue int. du droit maritime*, 1889-90, p. 465.

(2) Ainsi, l'assureur ne répond pas de la faute commise par le capitaine qui a contracté des dettes exagérées.

choisi par l'assuré, entre les fautes et les fraudes. Cet article dispose :
« L'assureur est tenu des prévarications et fautes du capitaine, con-
« nues sous le nom de baraterie de patron, s'il n'y a convention con-
« traire. Il n'est pas tenu des prévarications du capitaine choisi par
« l'assuré, s'il n'y a convention contraire. » Le Code maritime *finlandais* (art. 207, 6°) admet que la responsabilité de l'assureur s'é-
tend à l'infidélité ou à la négligence du capitaine ou des gens de l'é-
quipage. Les Codes maritimes *suédois, danois* et *norvégien* (art. 246)
décident que l'assureur n'est pas déchargé de sa responsabilité par la
raison que les dommages sont imputables au capitaine ou à l'équipage. En *Grande-Bretagne* et dans les *États-Unis d'Amérique*, l'assurance s'applique à la baraterie de patron et dans ces pays on désigne sous le nom de *barratry*, les actes frauduleux du capitaine ou
des gens de l'équipage; *à fortiori* l'assurance comprend les actes de
négligence (1).

1237. *Du vice propre.* — Il faut rapprocher de la baraterie de
patron *le vice propre.* Aux termes de l'art. 352, *les déchets, diminutions et pertes qui arrivent par le vice propre de la chose... ne
sont point à la charge des assureurs.*

On désigne sous le nom *de vice propre* (2) un principe inhérent à
la chose assurée elle-même qui, indépendamment des accidents de
mer, produit la détérioration ou la destruction plus ou moins rapide
de cette chose (3).

Il est naturel de ne pas considérer l'assureur comme garant du
vice propre; il n'y a pas là, en réalité, un risque de mer. L'Ordonnance de 1681 (art. 29 du livre III, titre VI) contenait déjà la règle
excluant le vice propre de l'assurance maritime. Elle est aussi
consacrée par les lois des pays étrangers (4). Enfin, elle est admise
par les polices d'assurances non maritimes (5).

(1) Mac Arthur, *op. cit.*, p. 130 et suiv.; Arnould, *op. cit.*, II, p. 705 et
suiv.
(2) On dit en allemand *innerer Verderb;* en anglais *damage occasioned by
the defects of the thing assured;* en italien *vizio inerente alla cosa assicurata.*
(3) V. les mots *vice propre* dans l'art. 103, C. com.; Cpr. *Traité de Droit
commercial,* III, n° 600.
(4) DROIT ÉTRANGER. — V. notamment Codes de commerce *allemand,* art. 325;
italien, art. 615, 2° alin.
(5) Les lois étrangères qui s'occupent des assurances non maritimes, pren-

1238. Le vice propre peut exister, soit pour le navire, soit pour les marchandises. Ainsi, il y a vice propre si le navire a un défaut de construction qui occasionne sa perte ou s'il avait subi avant le voyage assuré des avaries non réparées par suite desquelles il se disloque (1). Pour les marchandises, si la nature du vice propre varie avec leur espèce, du moins il consiste toujours dans un germe de corruption qui se développe pendant la traversée. C'est ainsi que les grains s'échauffent, que les liquides coulent ou s'évaporent, que les fruits fermentent, que les charbons sont l'objet d'une combustion spontanée, que les animaux meurent par suite de maladie, etc. (2). Il est facile de voir, par ces exemples, que le vice propre ne consiste pas toujours dans un défaut de la chose assurée; il consiste parfois dans un germe de détérioration ou de destruction tenant à la nature de la chose assurée, quelque bonne qu'en soit la qualité.

1239. Il ne faut pas considérer comme un vice propre la vétusté du navire assuré (3). Un vieux navire court certainement plus de risques qu'un neuf; mais l'assureur a dû connaître, soit par la déclaration de l'assuré, soit par les registres de classification (4), l'âge du bâtiment qu'il assurait, et il est probable qu'il en a été tenu compte pour la fixation de la prime. S'il n'a pas connu exactement cet âge, il y a, de la part de l'assuré, une dissimulation entraînant la nullité, du contrat en vertu de l'art. 348, C. com.

1240. Parfois la perte ou la détérioration n'a pas une cause unique, mais provient à la fois du vice propre et d'une fortune de mer. Il appartient alors aux tribunaux d'apprécier dans quelle mesure chacune de ces causes a contribué aux avaries et de les répartir, en conséquence, entre l'assureur et l'assuré (5).

1241. Il résulte bien de l'art. 352, C. com., que l'assureur sur facultés ne répond pas du vice propre des marchandises, ni l'assureur

nent soin d'en exclure le dommage résultant du vice propre. V. loi *belge* du 11 juin 1874, art. 18; C. de commerce *italien*, art. 645, 2ᵉ alinéa.

(1-2) La jurisprudence fournit les espèces les plus variées. V. de Courcy, *Questions de Droit maritime*, 1ʳᵉ série, p. 319 et suiv.

(3) Aix, 28 mars 1865, *Journ. de Marseille*, 1865. 1. 60.

(4) V. n° 549.

(5) Bordeaux, 26 juin 1860, *Journ. de Marseille*, 1858. 2. 105. — Em. Cauvet, I, n° 438; Droz, I, n° 232.

sur corps du vice propre du navire. Mais, si le vice propre du navire est la cause d'un dommage pour les marchandises, l'assureur de celles-ci est-il aussi dispensé d'en répondre? On a dit pour l'affirmative que l'art. 352 qui laisse à la charge de l'assuré les pertes résultant du vice propre, ne distingue pas entre le navire et les marchandises (1). Mais nous ne croyons pas que cela soit admissible; le vice propre que vise la loi, est celui de la chose assurée; à l'égard des facultés, on peut dire que le vice propre du navire est une fortune de mer (2).

Quand il s'agit d'une assurance de créance, il ne peut être question, à proprement parler, du vice propre de la chose asurée. Ce qui le remplace, c'est le vice propre de la chose affectée à cette créance ou de la chose du sort de laquelle la créance dépend (3).

1242. L'application de la disposition de l'art. 352 sur le vice propre n'est pas toujours facile; souvent il n'apparaît qu'à la suite d'un accident de mer; on peut alors être fort embarrassé pour savoir à quelle cause doit être attribuée la perte ou la détérioration. En principe, pour que l'assureur soit responsable, il faut que le développement du vice propre puisse être considéré comme la conséquence nécessaire de la fortune de mer qui l'a précédé. Autrement, c'est le vice propre qui est réellement la cause du dommage.

Il résulte de là que, si la marchandise arrive avariée par suite de retards éprouvés dans la traversée, l'assureur n'est pas responsable. Il ne garantit pas la durée de la traversée, mais seulement les événements extraordinaires de la navigation. Au contraire, si le vice propre se développait par suite d'une relâche forcée ayant pour but de réparer les avaries du navire, la responsabilité de l'assureur existerait (4).

(1) Em. Cauvet, I, n° 427.
(2) Bordeaux, 11 mai 1868, *Journ. de Marseille*, 1869, 2. 89. Droz, I, n° 231. — Desjardins, VI, p. 331. Il semble que la question est tranchée dans notre sens par la police française d'assurances sur facultés. L'art. 3 de cette police dispose : « Les assureurs sont exempts de tous dommages et pertes provenant du vice propre *de la chose.* »
(3) V. sur une question relative à un cas spécial, Bordeaux, 26 août 1887, *Rev. int. du Droit maritime*, 1887-88, p. 171, et les observations critiques de Ch. Lyon-Caen dans la *Revue critique de législ. et de jurisp.*, 1888, p. 359 à 353.
(4) Boistel, *op. cit.*, n° 1377.

1243. Lorsqu'un procès s'élève à l'occasion de la cause réelle de l'avarie, suppose-t-on le vice propre ou est-ce à l'assureur qui l'allègue à en démontrer l'existence? La détérioration ou la perte des *marchandises* doit être présumée le résultat d'un cas fortuit, lorsque l'assureur ne prouve pas le vice propre ou la faute d'où elle est provenue (1). Tout événement arrivé sur mer constitue, en principe, une fortune de mer (n° 1220). Pour le *navire*, une distinction doit être faite. Lorsque le certificat de visite est représenté (2), le navire est réputé être parti en bon état jusqu'à preuve du contraire (3); par suite, c'est à l'assureur à faire cette preuve en démontrant l'existence d'un vice propre. L'absence de certificat de visite fait, au contraire, présumer le vice propre; c'est à l'assuré à faire la preuve contraire (4). (V. ci-dessus, n° 1547).

1244. Si, en principe, l'assureur n'est pas garant du vice propre, est-ce à dire que même une clause spéciale de la police ne puisse pas le mettre à sa charge? Cette question ne peut pas recevoir de solution absolue : il y a lieu de distinguer entre les vices propres qui se rattachent à une faute de l'assuré et ceux dont l'existence est indépendante de toute faute de sa part. Par cela même que l'assureur ne peut se rendre garant de toutes les fautes de l'assuré, aucune clause ne peut lui faire supporter les dommages provenant de la première catégorie de vices propres dans la mesure tout au moins

---

(1) **Paris**, 13 avr. 1874, D. 1876. 2. 215; Trib. de comm. de Marseille, 2 juin 1892, *Revue intern. du Droit maritime*, 1892-93, p. 363. — Laurin sur Cresp, IV, p. 15 et 66; Desjardins, VI, n° 1408, p. 332. — Cependant des décisions judiciaires et des auteurs mettent la preuve à la charge de l'assuré : Rouen, 9 fév. 1848, S. 1847. 2. 428; Marseille, 21 sept. 1860, *Journ. de Marseille*, 1860. 1. 342. — Emérigon, *op. cit.*, ch. XII, sect. 9, § 4; Pardessus, II, n° 773; Em. Cauvet, I. 430. Ce dernier auteur (n° 422) nous paraît se contredire quand il décide qu'au cas d'incendie des marchandises, c'est à l'assureur à prouver la combustion spontanée.

(2) **V.** sur le *certificat de visite*, n°s 539 et suiv.

(3-4) **Ces** solutions sont admises aujourd'hui par une jurisprudence constante et par les auteurs. — Bordeaux, 4 juill. 1859, D. 1860. 2.83; Trib. de comm. de Nantes, 26 fév. 1890; du Havre, 9 mai 1890, 2 août 1892, *Revue int. du Droit maritime*, 1890-91, p. 286 et p. 163; 1892-93, p. 386. — Em. Cauvet, I, n°s 443 et 447; Laurin sur Cresp, IV, p. 65 et 66. — Sous l'empire de l'Ordonnance de 1681, la question de preuve en matière de vice propre était très discutée. V. Valin, *Commentaire de l'Ordonnance de 1681*, art. 29 et 46, livre III, titre 6; Emérigon, chap. XII, sect. 38, § 3.

où l'assureur ne peut répondre des fautes de l'assuré; rien ne l'empêche de garantir l'assuré contre ceux de la seconde catégorie (1).

1245. *Risques qui ne peuvent pas être mis à la charge de l'assuré.* — D'après les art. 351 et 352, C. com., l'assureur ne répond pas des dommages causés par le fait ou par la faute de l'assuré. Il semble bien résulter tout au moins de ces dispositions qu'en principe, la faute de l'assuré exclut la responsabilité de l'assureur. Il serait singulier qu'il en fût autrement alors qu'en règle, l'assureur ne répond même pas des fautes du capitaine, art. 353, C. com. Il y aurait là deux solutions ne concordant pas entre elles.

La convention contraire n'est-elle pas possible? ne peut-il pas être stipulé par une clause de la police que l'assureur sera tenu à raison même des dommages provenant de fautes de l'assuré?

Tout le monde reconnaît que la convention contraire est impossible pour les fautes intentionnelles (ou fraudes) et pour les fautes lourdes assimilées traditionnellement aux fraudes. Il est, en effet, contraire à l'ordre public qu'une personne se décharge par avance sur une autre des conséquences de son dol ou de sa faute lourde. Aussi l'assurance de la baraterie de patron ne peut comprendre le dol ni la faute lourde du capitaine, lorsque celui-ci, étant propriétaire du navire, l'a fait assurer.

Mais faut-il aller jusqu'à admettre que l'assureur maritime ne peut pas répondre, en vertu d'une clause formelle, même des dommages provenant des fautes légères de l'assuré? Cette question est discutée.

Selon l'opinion de beaucoup la plus générale (2), la convention contraire n'est pas admise par la loi même pour les fautes légères (3). On se prévaut en ce sens des termes des art. 351 et 352, C. com., qui ne font aucune distinction entre les fautes de l'assuré selon leur degré et qui, à la différence de l'art. 353, C. com., ne réservent point la convention contraire. On fait aussi valoir que cette prohibi-

---

(1) Emérigon, chap. XII, sect. 9. — Em. Cauvet, I, n° 413. — V, aussi de Courcy, *Commentaire des polices françaises d'assurance maritime,* p. 229 et suiv.

(2) Desjardins, II, n° 276; VI, n° 1404.

(3) Nous avions nous-mêmes soutenu à tort cette opinion dans notre *Précis de Droit commercial* (n° 2147).

tion absolue de la loi s'explique par les dangers qu'il y aurait à permettre à l'assuré, en matière maritime, de se décharger de la responsabilité de fautes qui peuvent mettre en danger la vie des passagers et des gens de l'équipage. Des partisans de cette opinion vont
jusqu'à prétendre que le Code de commerce n'a fait qu'appliquer ici
une règle de droit commun selon laquelle on ne peut, par aucune
convention, se mettre à l'abri de la responsabilité de ses fautes personnelles. Telle était l'opinion admise par les anciens auteurs (1).

Selon nous, la convention peut mettre les fautes légères de l'assuré à la charge de l'assureur (2). La seule convention illicite est
celle qui, par avance, libère une personne de la responsabilité de son
dol ou de ses fautes lourdes (3). Les jurisconsultes romains admettaient
déjà cette doctrine. Elle est adoptée par Ulpien dans la loi 23 Dig.
De diversis regulis juris, L. 17 (4). L'autorité des anciens auteurs
est ici sans valeur réelle; par distraction, ils confondaient le dol et la
faute, en citant, pour exclure les conventions mettant les fautes de
l'assuré à la charge de l'assureur, des textes du Droit romain qui ne
sont relatives qu'au dol (5). Il est vrai que l'art. 352, C. com., ne réserve pas ici la convention contraire comme le fait l'art. 353 pour

---

(1) Pothier, dans son *Traité du contrat d'assurance*, n° 65, s'exprime ainsi :
« Il est évident que je ne puis pas valablement convenir avec quelqu'un qu'il
« se chargera de fautes que je commettrai; ce serait une convention qui invi-
« terait *ad delinquendum*. » — Emérigon, (chap. XII, sect. 2, 2, § 1) adopte
la même doctrine à propos de l'art. 27, liv. III, tit. VI, de l'Ordonnance de
1673 : « Il est donc certain que « les assureurs ne répondent jamais des dom-
« mages et des pertes qui arrivent directement *par le fait ou la faute de l'as-
« suré* lui-même. Il serait, en effet, intolérable que l'assuré s'indemnisât sur
« autrui d'une perte dont il serait l'auteur. Cette règle résulte des premiers
« principes. Elle est consignée dans la loi *cum proponas* 3, *C. De nautico fœ-
« nore*. Elle est appliquée au contrat d'assurance par le *Guidon de la mer*
« (chap. 9, art. 3). Elle est répétée dans nos livres. *Si casus evenit culpa as-
« securati, non tenentur assecuratores*. — C'est ici une règle générale à laquelle
« il n'est pas permis de déroger par une règle contraire : nullà pactione
« effici potest ne dolus præstetur, L. 27, § 3. Dig., *De pactis* (2-XIV)... »

(2) J.-V. Cauvet 1, n° 942; de Courcy, *Questions de Droit maritime* (2e série),
Les limites de la responsabilité personnelle.

(3) V. sur cette question de principe à propos de difficultés spéciales, le volume précédent, n° 747, et dans le tome III de notre *Traité de droit commercial*, n° 623 à 627.

(4) On lit dans cette loi :... *excepto to quod celsus putat non valere si con-
venerit ne dolus præstetur*.

(5) Telle est la loi 27, p. 3, Paul, Dig. *De pactis*, II, 14. V. note 1 ci-dessus.

la baraterie de patron; mais pour que la convention contraire soit admise, il suffit qu'elle ne soit contraire à aucun principe général de droit. C'est ainsi que, bien que le même art. 352, C. com., dispose sans réserve que l'assureur ne répond pas du vice propre, il est reconnu que le vice propre peut être compris dans une assurance maritime (n° 1244). Du reste, dans l'assurance contre l'incendie, l'assureur est garant des fautes de l'assuré d'après un usage très ancien et cela même sans qu'une convention expresse soit exigée (1). Il y a beaucoup d'assurances, même aujourd'hui, qui ont pour but spécial de garantir une personne contre les conséquences de ses fautes (2). On ne voit pas pourquoi ce qui est licite dans les autres assurances serait illicite dans les assurances maritimes.

1245 bis. DROIT ÉTRANGER. — En *Belgique*, l'art. 183, loi du 21 août 1879, exclut de l'assurance maritime la faute de l'assuré comme le fait l'art. 352 de notre Code de commerce; cela n'empêche pas des auteurs d'admettre la validité d'une clause contraire (3). Le Code de commerce *allemand*, art. 625, 4°, décide aussi que l'assureur ne répond pas des fraudes de l'assuré. V. également, Code de commerce *hollandais*, art. 640; Codes maritimes *scandinaves*, art. 248.

1246. La formule générale qui termine l'art. 350 (*généralement par toutes les autres fortunes de mer*), permet d'ajouter à son énumération tous les événements qui réunissent les conditions exigées pour constituer des fortunes de mer (n° 1220), à moins qu'ils ne doivent être compris parmi les risques dont l'assureur ne répond qu'en vertu d'une convention expresse ou parmi ceux qui ne peuvent être mis à sa charge. On en est ainsi arrivé à admettre la responsabilité de l'assureur pour des accidents assez rares tenant aux circonstances spéciales de la navigation et à considérer comme risques maritimes des faits qui, en eux-mêmes, n'ont pas ce caractère, mais qui l'empruntent en quelque sorte aux événements de mer auxquels ils se

---

(1) Frémery. *Études de Droit commercial*, p. 342. Cet auteur écarte cette solution dans les assurances maritimes.

(2) Assurances contre la responsabilité des accidents industriels, contre les accidents causés par les cochers, etc. V. Paris, 1er juillet 1845.

(3) Jacobs, *le Droit maritime belge*, II, p. 329.

rattachent (1). Par exemple, il est généralement admis que l'assureur répond des dommages causés à la coque du navire par la *piqûre des vers* qui infestent les mers du Sud et sont en grand nombre dans les ports (2) ; qu'il est aussi responsable de la mévente des marchandises faite en cours de voyage (3) et qu'il est même tenu à raison de l'erreur du juge commise dans un règlement d'avaries (4).

1246 bis. *Assurance des recours des tiers contre l'assuré.* — En matière d'assurance sur corps, une importante question se pose relativement aux recours que peuvent avoir des tiers contre le propriétaire du navire assuré, sans que, du reste, le navire ait subi un dommage ni qu'une dépense extraordinaire ait été faite pour lui. Il s'agit de savoir si l'assureur est responsable envers l'assuré à raison des recours des tiers. Cette question se présente surtout quand (ce qui est le cas ordinaire) l'assurance comprend la baraterie de patron. Des tiers nombreux peuvent, en effet, avoir alors des recours à exercer contre le propriétaire du navire à raison des fautes du capitaine dont il répond. Il peut s'agir de dommages causés par la faute du capitaine à la cargaison de son navire, à un autre bâtiment, aux marchandises transportées par celui-ci, à des gens de l'équipage ou à des passagers du navire assuré ou d'un autre bâtiment. Le cas d'abordage est le cas le plus fréquent où la question peut s'élever. Il est aussi possible qu'elle se pose dans des cas où la baraterie de patron n'est pas garantie par l'assureur. Ainsi, en cas d'abordage mixte ou douteux, si le dommage

---

(1) Laurin sur Cresp, IV, p. 63.

(2) On a beaucoup discuté sur le point de savoir si la piqûre des vers est ou non un vice propre. Il paraît juste de la considérer comme un risque de mer, quand la coque n'était pas livrée à la vermine avant le départ du navire, mais a été envahie par elle pendant le cours du voyage, de telle sorte qu'elle doit être attribuée à l'influence des latitudes sous lesquelles a navigué le navire : Bordeaux, 14 avr. 1856 et 19 août 1862, *Journ. de Marseille*, 1856. 2. 71 et 1862. 2. 130. L'art. 4, 3° de la police française d'assurance exempte l'assureur des dommages et pertes provenant de la piqûre des vers sur *les parties non protégées par un doublage métallique*. Le but de cette disposition est d'exciter les propriétaires de navires à prendre les précautions nécessaires pour éviter le mal ou le restreindre. Au reste, cette clause a perdu beaucoup de son importance pratique depuis que les navires à vapeur et beaucoup de navires à voiles sont construits en fer ou en acier. Le Code allemand (art. 825-2°) mentionne le dommage causé au navire par les vers parmi ceux dont l'assureur ne répond pas.

(3) Rennes, 18 janv. 1869, *Journ. de Marseille*, 1869. 2. 127.

(4) Aix. 14 déc. 1860 et 28 août 1868, *Journ. de Marseille*, 1861. 1. 84 et 1869. 1. 151.

éprouvé par un des navires monte à 20.000 fr. et si le dommage éprouvé par l'autre s'élève à 10.000., le propriétaire du premier a le droit de recourir pour 5.000 fr. contre celui du second. On peut se demander si l'assureur de celui-ci est tenu de payer ces 5.000 fr., bien qu'il n'y ait pas assurance de la baraterie de patron. Il est évident qu'une clause formelle de la police peut trancher la question de savoir si l'assureur répond des recours des tiers contre l'assuré (1) ; mais que décider lorsque la police est muette sur ce point ?

La responsabilité de l'assureur quant aux recours des tiers contre l'assuré a été soutenue (2). On a invoqué en faveur de cette opinion des arguments tout au moins très spécieux. L'assureur sur corps, dit-on, ne répond pas exclusivement des pertes matérielles par suite desquelles le navire n'est plus intact ; il répond aussi des dépenses extraordinaires faites pour la chose assurée (*avaries-frais*) qui n'a été nullement endommagée. Du reste, la responsabilité du propriétaire du navire a bien pour conséquence une perte matérielle, puisqu'elle peut amener, en vertu de l'art. 216, l'abandon du navire aux tiers envers lesquels le propriétaire est responsable. On ajoute qu'en quelques cas, tout le monde admet que l'assurance s'applique aux recours des tiers et qu'il n'y a aucune bonne raison pour ne pas généraliser. Les cas cités sont les suivants : *a.* Quand une avarie commune se produit par suite du sacrifice d'une partie de la cargaison, le propriétaire du navire doit contribuer ; le chargeur des marchandises sacrifiées a un recours contre le propriétaire du navire et l'assureur sur

<hr/>

(1) Elle est résolue spécialement par la police française d'assurance sur corps, art. 3 et 4, 6° et 7°. V. de Courcy, *Commentaire des polices françaises d'assurance maritime.*

(2) Cass. 23 déc. 1857, S. 1858. 1. 153 et P. 1858. 559 ; 4 mars 1861, S. 1861. 1. 426 et P. 1861. 647 ; 12 fév. 1861, S. 1861. 1. 239, P. 1861. 824 ; Rouen 17 janv. 1881, D. 1882. 2. 73 ; S. 1883. 2. 1 et *J. Pal.* 1883. 78 (note en sens contraire de Ch. Lyon-Caen). Il y a pourtant quelques décisions judiciaires en sens opposé (V. note 2 de la page suivante). — De Valroger, IV, n° 1620 ; Desjardins, VI, n°s 1425 et 1425 *bis.* — Valin (Comment. de l'art. 4, tit. VI, liv. III de l'Ordonnance) admettait cette doctrine : « Quant au propriétaire du navire « assuré qui a été obligé d'abandonner le navire et le fret pour se dispenser de « répondre en plein des faits du maître, quoique dans l'hypothèse son assureur « ne profite pas du navire, il n'est pas moins en droit de lui demander le paiement « de la somme assurée sur le navire. C'est la suite de l'engagement qu'a contracté l'assureur en prenant pour son compte la baraterie de patron. »

corps en est certainement garant (1). — *b*. Quand, dans l'hypothèse
prévue par l'art. 234 (V. nᵒˢ 588 et 589), le capitaine a vendu des marchandises par suite d'une nécessité urgente, l'assureur sur corps est
garant de la somme que le propriétaire du navire assuré doit rembourser aux chargeurs des marchandises vendues. — *c*. Enfin, l'assureur
répond certainement des dépenses supplémentaires, telles que les
loyers et les frais de nourriture des gens de l'équipage, que l'assuré
aura à payer par suite d'un arrêt, d'un changement de route ou de
voyage survenu par le fait du capitaine.

Nous pensons, au contraire, qu'à défaut de clause expresse, l'assureur ne répond pas, en principe, des recours que peuvent avoir des tiers
contre le propriétaire du navire assuré (2). S'il est vrai que l'assureur
sur corps répond des *avaries-frais* ou dépenses extraordinaires qui
ne supposent pas que le navire est endommagé, ce n'est qu'autant
qu'elles concernent le navire assuré. L'art. 350 dit que l'assureur est
garant « de toutes pertes et dommages arrivés *aux objets assurés* » (3).
Mais certainement il ne faut pas entendre cela dans un sens trop étroit.
Les dépenses extraordinaires de navigation concernant le navire assuré sont celles qui ont pour but, *soit de réparer un dommage matériel, soit de le prévenir, soit de faire parvenir à destination le
navire, soit, enfin, de contribuer à un sacrifice volontaire fait dans
l'intérêt du salut commun.* Si cela est exact, on s'explique que, dans
les cas mentionnés par les partisans de l'opinion contraire, l'assureur
réponde des recours des tiers contre l'assuré, sans qu'il y ait à en

(1) Comp. Cass. 10 août 1871. S. 1871. 1. 113; P. 1871. 369.
(2) Boistel, *op. cit.*, nᵒ 1379; de Courcy, *Questions de Droit maritime*
(2ᵉ série), p. 18 et suiv.; Droz, nᵒˢ 198 et suiv., 245 et suiv.; Em. Cauvet,
nᵒ 471.
Marseille, 11 janv. 1831, *Journ. de Marseille*, 1831. 1. 26; Paris, 23 juin
1855, S. 1855. 2. 476; J. Pal. 1856. 1. 308.
(3) L'art. 26 du liv. III du tit. VI de l'Ordonnance n'était pas aussi précis que l'art. 350 du Code de commerce. Mais Émérigon et Pothier donnent
de l'article de l'Ordonnance une interprétation dont paraissent bien s'être
inspirés les rédacteurs du Code de 1807. Émérigon (*op. cit.*, ch. 12, sect. 1,
§ 1), dit : « Par fortune de mer on entend, en général, tout dommage qui
« arrive sur mer *à la chose assurée* ». Pothier (*Assurances*, ch. 1, sect. 2,
nᵒ 49) n'est pas moins net, il dit : « L'assureur se charge par le contrat d'as-
« surance, de tous les cas fortuits qui peuvent survenir par force majeure du-
« rant le voyage et causer à l'assuré une perte *dans les choses assurées ou
« par rapport aux dites choses.* »

conclure qu'il doit toujours en être de même. La considération tirée de ce que le recours des tiers peut amener l'abandon du navire n'a pas de valeur sérieuse. On ne peut en déduire la responsabilité de l'assureur. Autrement il faudrait dire que, si l'assuré n'use pas de la faculté d'abandon, l'assureur n'est pas tenu ; cela serait fort singulier. L'abandon n'est, en définitive, qu'un mode de libération ; l'assureur ne pourrait être tenu à raison de l'abandon qu'autant qu'il serait responsable par suite de l'obligation qui y donne lieu (1).

On peut encore ajouter deux considérations en faveur de notre doctrine. D'abord quand (ce qui est fréquent) la somme assurée est déterminée dans la police, d'après quoi est-elle fixée? D'après la valeur du navire prise comme maximum. Cela ne se concevrait guère si l'assureur sur corps devait répondre du dommage causé, soit à d'autres navires, soit à la cargaison, soit à certaines personnes. Enfin, dans les assurances contre l'incendie, il a toujours été admis que les recours des voisins et les risques locatifs ne sont compris dans l'assurance qu'en vertu d'une clause expresse. Pourquoi en serait-il autrement dans les assurances maritimes?

Tout ce que nous venons de dire s'applique quand même, ce qui a presque toujours lieu (nos 1235 et 1236), l'assureur sur corps répond de la baraterie de patron. La clause qui la vise a uniquement pour effet d'écarter l'exception tirée de la faute du capitaine, mais non d'étendre la responsabilité de l'assureur à des dommages ou à des dépenses ne concernant pas la chose assurée (2).

1246 *ter*. DROIT ÉTRANGER. — Des lois étrangères tranchent la question. Le Code de commerce *allemand* (art. 824 et 825) exclut la responsabilité des recours des tiers pour l'assureur, sauf en cas d'abordage.

1247. TEMPS ET LIEU DES RISQUES. — Pour que l'assureur soit responsable envers l'assuré, il ne suffit pas qu'une avarie se soit produite et qu'elle résulte d'un des risques compris dans l'assurance, il faut encore que cette avarie se soit produite dans le temps et dans le lieu

---

(1) Em. Cauvet, *op. cit.*, n° 471, p. 553 et suiv.
(2) De Courcy, *Quest. de Droit maritime* (2ᵉ série), p. 18 *in fine;* Droz, I, n° 246, p. 291.

des risques, c'est-à-dire dans le temps et dans un des lieux prévus par
la police. Les assurances sont toujours limitées dans certaines conditions de temps et de lieu. Elles ne sont pas faites pour un temps illimité ou pour un voyage quelconque. Cela se comprend aisément.
D'abord les risques diffèrent d'étendue avec le voyage effectué et avec
les mers parcourues; aussi le taux des primes varie avec le voyage à
faire et des assureurs refusent d'assurer pour certains voyages. Ce
n'est pas tout : les marchandises ne sont exposées que pendant un
certain temps aux risques maritimes. Quant aux navires, leur valeur
diminuant graduellement par suite de l'usure, on ne concevrait.
en ce qui les concerne, une assurance pour un temps illimité
qu'autant que la somme assurée diminuerait graduellement. Dans
le cas contraire, l'assurance ferait réaliser un bénéfice à l'assuré
parce que la somme assurée se trouverait dépasser la valeur du na ·
vire (1).

On peut distinguer à cet égard trois espèces d'assurances maritimes : 1° L'assurance au voyage ; 2° l'assurance à temps ; 3° l'assurance à temps et au voyage (n° 1204).

1248. En cas d'assurance *au voyage*, les polices peuvent se borner
à indiquer le port de départ et le port d'arrivée. Il importe cependant
de fixer le moment à partir duquel les risques sont pour l'assureur
au port de départ et celui où ils cessent d'être à sa charge au port
d'arrivée. Le Code de commerce résout cette question : d'après les
art. 328 et 341, il y a lieu de distinguer entre l'assurance sur corps
et l'assurance sur facultés. Dans l'assurance *sur corps*, le temps des
risques court *du jour que le navire a fait voile jusqu'au jour où il
est ancré ou amarré au port et au lieu de sa destination.* Dans les
assurances *sur facultés*, le temps des risques court *du jour que les
marchandises ont été chargées dans le navire, ou dans les gabares
pour les y porter, jusqu'au jour où elles sont délivrées à terre.* Il
va de soi que ces dispositions doivent être entendues comme parlant
non pas du jour, mais du moment ou de l'heure où est intervenu un
des faits qu'elles prévoient.

Comme les règles des art. 328 et 341, C. com., laissent à désirer

---

(1) V. de Courcy, *le commencement et la fin des risques dans les assurances
de navires* (1888).

sous certains rapports et ne sont applicables que sauf convention contraire, les polices y dérogent presque toujours.

1249. Avec la règle posée par les art. 328 et 341, en cas d'assurances distinctes pour l'aller et le retour *d'un navire*, il s'écoule un certain temps pendant lequel le navire peut être exposé à des risques graves sans être assuré. Car du jour où le navire est ancré au lieu de destination, l'assurance au voyage cesse et pourtant il est possible que le navire n'y trouve qu'un abri insuffisant. L'art. 6 de la police française d'assurance sur corps, a pour but d'éviter cet inconvénient, il est ainsi conçu : « Les risques de l'assurance au voyage courent du « moment où le navire a commencé à embarquer des marchandises, « ou, à défaut, de celui où il a démarré ou levé l'ancre, et cessent « quinze jours après qu'il a été ancré ou amarré au lieu de sa desti- « nation, à moins qu'il n'ait reçu à bord des marchandises pour « un autre voyage avant l'expiration des quinze jours, auquel cas « les risques cesseront aussitôt (1). »

1250. Dans les assurances sur facultés, d'après l'art. 328 et 341, C. com., les risques qui ne cessent qu'après que les marchandises assurées sont déchargées à terre, ne commencent pas dès qu'elles ont quitté la terre. Il y a là un défaut de concordance, par suite duquel des marchandises ne sont pas couvertes par l'assurance entre le moment où elles ont été enlevées de terre et le moment où elles sont chargées. L'art. 4 de la police française d'assurance sur facultés a pour but de remédier à cet inconvénient de la règle légale ; il dispose :

« Les risques courent du moment où la marchandise quitte la « terre pour être embarquée, et finissent au moment de sa mise à « terre au port de destination, tous risques d'allèges pour transport « immédiat de bord à terre et de terre à bord étant à la charge des « assureurs. — Les risques des dromes ne sont pas à la charge des « assureurs, sauf convention spéciale (2). »

1251. Du reste, afin que le navire ou la cargaison ne demeure pas un seul instant sans être assuré, et qu'il n'y ait pas de difficulté en cas de plusieurs assurances successives, sur le point de savoir auquel

(1) De Courcy, *Commentaire des polices françaises d'assurances sur facultés,* p. 68.
(2) De Courcy, *op. cit.,* p. 253 et suiv.

des assureurs l'assuré a le droit de s'adresser, on convient parfois que l'aller et le retour seront, au point de vue de l'assurance, consisidérés comme formant un seul voyage. L'assurance est alors appelée *assurance à prime liée*. Il va de soi que cette espèce d'assurance suppose, quand il s'agit de marchandises, que la même personne doit faire transporter des marchandises sur un navire à l'aller et au retour (1).

1252. Le Code de commerce ne s'est pas occupé du commencement et de la fin des risques dans les assurances au voyage autres que les assurances sur corps et sur facultés. Celles-ci sont pourtant assez nombreuses; elles peuvent l'être surtout depuis que la loi du 12 août 1885 a augmenté beaucoup le nombre des choses qui peuvent être assurées.

Il est certain que les parties peuvent toujours dans la police résoudre cette question comme bon leur semble. Mais il importe de déterminer comment, dans le silence de la police, elle doit être résolue. Le plus simple paraît être alors d'admettre que, pour l'assureur, les risques commencent et finissent au moment où ils commencent pour l'assuré, c'est-à-dire au moment où l'assuré commence et cesse d'être exposé à perdre la chose assurée par suite de fortunes de mer. Cela s'applique spécialement à l'assurance du fret; l'assureur est responsable du moment où le fret est en risque pour l'armateur et la responsabilité de l'assureur cesse quand le fret est acquis, c'est-à-dire ne peut plus être perdu par suite de risques maritimes (2). Quand le profit espéré est assuré avec les marchandises, il est difficile de ne pas admettre que cette assurance se limite de la même manière que celle des marchandises.

1253. L'assurance au voyage s'entend ordinairement du plus prochain voyage à entreprendre par le navire ou, s'il est déjà en mer

---

(1) L'art. 356, C. com., résout une question spéciale à laquelle peut donner lieu l'assurance sur facultés à prime liée.

(2) C'était la règle admise par le projet de 1865 (art. 354). V. Desjardins, VI, n° 1436.

DROIT ÉTRANGER. — Cette question est tranchée dans quelques pays étrangers par des dispositions légales. — La loi *belge* du 18 mai 1873 (art. 172, 3° alin.), admet la règle que nous adoptons au texte. V. aussi Code de commerce *allemand*, art. 829.

lors de la conclusion du contrat, du voyage en cours. Si le voyage tarde à être entrepris, à défaut de clause spéciale établissant une prescription plus courte, le contrat n'est réputé non avenu qu'autant que la prescription de cinq ans de l'art. 432, C. com., est accomplie.

1254. Les *assurances à temps* sont faites pour un délai déterminé, par exemple, pour une année de navigation. Ces assurances sont très usuelles pour les navires à vapeur.

L'assureur n'est responsable que lorsque les risques se sont réalisés pendant le temps assigné à la durée de l'assurance. L'application de cette règle très simple peut donner lieu à des difficultés. Il est possible que le navire assuré à temps limité souffre un sinistre qui, ayant commencé pendant la durée de l'assurance, n'a amené sa perte qu'après son expiration. Il faut, pour savoir si l'assureur est responsable, rechercher si, avant même la fin de l'assurance, le sinistre survenu pendant sa durée avait rendu certaine la perte du navire ou si la perte n'a été définitivement déterminée que par un fait postérieur (1).

1255. Changement de voyage. — Comme l'assureur ne répond que des risques dont il s'est chargé, si le navire ne fait pas le voyage assuré, l'assurance est ristournée. L'assureur n'a donc pas droit à la prime (art. 350, C. com., argum. *a contrario*); mais à titre d'indemnité, il reçoit un demi pour cent de la somme assurée (art. 349). On dit alors qu'il y a rupture de voyage avant le départ; les risques n'ont jamais commencé de courir à la charge de l'assureur. Les mêmes effets se produisent, que la rupture soit volontaire, c'est-à-dire qu'elle provienne de la volonté de l'assuré, ou qu'elle soit forcée, par exemple, qu'elle soit déterminée par l'état de blocus du port de destination connu avant le départ du bâtiment. V. n° 1110.

1256. Des règles différentes s'appliquent au cas où le changement de voyage est postérieur au départ du navire; il faut alors distinguer suivant que ce changement est *volontaire* ou *forcé* (Cbn. art. 350 et 351).

Le changement volontaire, c'est-à-dire provenant de la volonté de l'assuré ou du capitaine, a pour effet de résilier les assurances; les risques qui se produisent après ne sont donc pas à la charge de l'as-

(1) Em. Cauvet, II, n° 86.

sureur, mais, par cela même que celui-ci avait commencé à courir les risques, il a droit à la prime entière (art. 351). Au contraire, si le changement est forcé, c'est-à-dire provient d'un cas fortuit ou de force majeure, le contrat subsiste pour l'avenir avec tous ses effets.
— On doit assimiler au changement forcé celui qui est dû à la volonté du capitaine, lorsque l'assureur a garanti la baraterie de patron. Mais la clause qui comprend dans l'assurance la baraterie de patron, ne s'appliquant pas aux faits de l'assuré lui-même, le changement de voyage ordonné par l'assuré doit, malgré cette clause, être traité comme un changement volontaire entraînant la résiliation du contrat (1).

1257. En cas de changement de voyage postérieur au départ, c'est à l'assuré à prouver que ce changement a été forcé. C'est là une application des principes généraux sur la preuve (art. 1315, C. civ.). Il faut, pour que le droit à indemnité existe, que le navire se soit rendu dans les lieux des risques, à moins que le changement de voyage n'ait été forcé.

1258. CHANGEMENT DE ROUTE. — Le voyage se caractérise par le point de départ et par le point d'arrivée. La route est le chemin suivi pour aller du premier de ces points au second. V. n° 1205.

Le changement de route a, du reste, sur l'assurance les mêmes effets que le changement de voyage. Le changement volontaire de route entraîne la résiliation du contrat, tandis que le changement forcé de route est à la charge de l'assureur, en ce sens qu'il laisse subsister le contrat pour l'avenir malgré l'aggravation des risques qui en peut résulter. Art. 350 et 351, C. com. Le changement de route provenant de la volonté du capitaine est, du reste, assimilé au changement forcé de route, lorsque la police s'applique à la baraterie de patron.

1259. A l'occasion des changements de voyage et de route, des questions fort graves s'élèvent. Lorsqu'il y a changement volontaire de voyage et qu'en même temps la route est tout à fait différente de celle qui aurait dû être suivie pour faire le voyage assuré, il va de soi qu'en quelque endroit que se produise le sinistre, l'assureur n'est pas tenu envers l'assuré. Il est toujours vrai de dire que le

(1) Cass. 7 fév. 1872, D. 1872. 1. 199.

sinistre ne s'est pas produit dans le lieu des risques. Mais souvent la route est, au moins en partie, celle qui aurait dû être suivie pour faire le voyage assuré. Alors deux hypothèses sont possibles : le sinistre peut se produire dans une partie de la route que le navire a suivie seulement par suite du changement de voyage ou, au contraire, dans la portion de la route qu'il devait prendre à tout événement. Il va de soi que, dans le premier cas, l'assureur n'est pas tenu; il y avait à la fois changement de route et de voyage au moment où le sinistre est arrivé. Que décider dans le second cas? On a soutenu que l'assurance ne doit être annulée qu'à partir du moment où le navire quitte la route commune aux deux destinations et qu'en conséquence, elle produit ses effets (1). En faveur de cette opinion, on fait observer que les risques n'ont pas été aggravés. Mais il faut, au contraire, admettre que, même dans ce cas, l'assurance se sans effet (2). L'art. 351, en parlant à la fois de changement de route et de voyage, indique clairement que, le voyage peut être changé, encore que la route ne le soit pas ou ne puisse même pas l'être dans une portion plus ou moins étendue de son parcours; il indique les conséquences du changement de voyage sans distinction. Le voyage a un caractère d'unité qui s'oppose à la division qu'on en fait dans l'opinion adverse. Du reste, l'assureur peut toujours dire que, s'il avait connu le voyage réel fait par le navire ou les marchandises, il ne les aurait pas assurés ou les aurait assurés à d'autres conditions.

1260. Cette solution peut faire naître des questions de preuve qui, en fait, sont fort délicates. Il est très important, en cas de changement volontaire de voyage, de savoir à quel moment le changement de voyage s'est produit. L'intérêt de la question est grand. Le changement de voyage est-il antérieur au départ? L'assurance est

---

(1) Trib. comm. Marseille, 23 juill. 1823, 27 sept. 1832, 29 oct. 1872, *Journ. de Marseille*, 1823. 1. 225; 1834. 1. 1; 1873. 1. 27.

(2) Bordeaux, 3 fév. 1829; Trib. comm. Marseille, 30 avr. 1852. Aix, 18 juill. 1872, *Journ. de Marseille*, 1829. 2. 142; 1854. 1. 142; Ch. civ. Cass. 25 août 1874, S. 1874. 1. 481; *J. Pal.* 1874. 1225; D. 1875. 1. 161.

La doctrine paraît avoir toujours été unanime dans ce sens. Emérigon (ch. XIII, sect. 11 et 14) adoptait cette opinion comme les jurisconsultes italiens. Casaregis déclarait l'assurance nulle *etiàm si intra limites itineris destinati navis se contineat.* — V. Pardessus, II, n° 872; Laurin sur Cresp, IV, p. 72 et suiv.

ristournée et l'assureur n'a droit qu'à un demi pour cent de la somme assurée (art. 349, C. com.). Le changement volontaire de voyage est-il postérieur au départ? L'assurance est sans doute aussi résiliée ; mais, comme l'assureur a commencé à courir les risques, la prime entière est due. La question est simple quand la destination nouvelle est dans une direction opposée à celle du voyage assuré. Mais le doute est possible, dans le cas où elle est dans la même direction. Alors ce sont, en général, les expéditions du navire qui serviront à résoudre la question ; elles ne peuvent servir de rien quand le changement a lieu en cours de route ; il faut alors s'attacher aux circonstances.

1261. Le contrat une fois rompu ne peut revivre que par suite d'un nouveau consentement des parties. Aussi, quand un navire, après avoir quitté la route du voyage assuré, y revient sain et sauf, l'assurance ne reprend pas son cours et l'assureur ne répond pas des accidents qui pourraient survenir (1).

1262. *Raccourcissement et prolongation du voyage.* — Du changement de voyage on peut rapprocher le raccourcissement et la prolongation du voyage. Quand le voyage est raccourci ou prolongé en vertu d'une décision prise avant le départ, le voyage est changé et il faut appliquer l'art. 349 sur les conséquences de la rupture du voyage avant le départ. Mais que décider lorsque le prolongement ou le raccourcissement est intervenu après coup? L'art. 364 distingue : l'assureur est déchargé des risques et la prime lui est acquise, si l'assuré envoie le navire en un lieu plus éloigné que celui qui est désigné par le contrat, quoique sur la même route ; au contraire, l'assurance a son entier effet, si le voyage est raccourci. Le motif fort contestable invoqué pour expliquer cette distinction est que l'assuré est libre de faire courir moins de risques à l'assureur, mais non de lui en faire courir plus (2).

D'ailleurs, pour que le raccourcissement de voyage ne soit pas considéré comme un changement volontaire de voyage rompant l'assurance pour l'avenir, il faut que le port intermédiaire soit sur la

---

(1) Emérigon, ch. XIII, sect. XVI.
(2) L'Ordonnance de 1681 (liv. III, tit. 6, art. 35 et 36) faisait déjà la distinction consacrée par l'art. 364, C. com. — V. Emérigon, ch. XII, sect. 12 et 13.

ligne du voyage et que la police autorise l'assuré à faire échelle. Autrement, ou le voyage serait changé, ou l'assuré méconnaîtrait les conditions de la police (1).

1263. L'assurance à temps, commençant à une date et finissant à une autre, offre, en général, l'avantage d'écarter toutes les questions de changement de route et de voyage. Cependant des questions de ce genre peuvent s'élever lorsqu'un navire a été assuré pour un certain temps avec indication de certaines mers ou de certains parages, qui sont exclus de l'assurance. Lorsqu'un navire a été ainsi assuré, s'il part pour une mer exclue de l'assurance, et périt dans une mer qu'il pouvait parcourir, on discute sur le point de savoir si l'assurance a été rompue par le changement de voyage. Il faut décider, comme dans l'assurance au voyage, que le seul fait du changement de voyage, indépendamment de tout changement de route, entraîne la rupture de l'assurance. L'assureur peut toujours alléguer qu'il n'aurait pas souscrit l'assurance ou qu'il l'aurait faite à des conditions plus onéreuses pour l'assuré, s'il avait pu prévoir que le navire partirait pour des destinations comprises dans les mers ou dans les parages que la police a exclus (2).

1264. Lorsqu'il s'agit d'une assurance sur facultés, on peut dire que le navire désigné dans la police est le lieu des risques. Cela n'est pas moins vrai dans les assurances à temps que dans les assurances au voyage. Aussi le changement de navire a-t-il les mêmes effets, en ce qui concerne les marchandises, que le changement de voyage. A-t-il lieu avant le départ? Il entraîne la rupture de l'assurance (art. 349, analog.). Est-il opéré pendant le voyage? Il fait cesser l'assurance pour l'avenir (art. 351), à moins qu'il ne soit pas

---

(1) Paris, 16 août 1837, 18 avr. 1849, *Journ. de Marseille*, 1837. 2. 181 et 1849. 2. 137 ; D. 1849. 2. 163.

La distinction dont il s'agit est faite par la loi *belge* du 21 août 1879, article 195.

(2) Ch. civ. Cass. 8 août 1876, S. 1877. 1; *J. Pal.* 1877. 658 (l'un des auteurs de cet ouvrage avait adopté une opinion contraire dans une note placée sous cet arrêt); D. 1877. 1. 109 (cet arrêt a cassé un arrêt de la Cour d'Aix du 24 janv. 1876 (*Journ. de Marseille*, 1876. 1. 88) qui lui-même avait confirmé un jugement du tribunal de commerce de Marseille du 18 mai 1875, même Recueil, 1875. 1. 238). — V. *dans notre sens*, Laurin sur Cresp, IV, p. 76 et suiv.; *en sens contraire*, Em. Cauvet, II, n° 83.

volontaire (1) ou que, s'il est volontaire, l'assurance ne s'applique à la baraterie de patron (2).

Il ne peut être question de changement de navire dans les assurances *in quovis*, si ce n'est après le moment où il a été fait un avenant d'application.

1265. D'autres changements que ceux des voyages ou de la route peuvent se produire, spécialement des changements dans la nationalité du navire, dans la personne du propriétaire ou du capitaine. Aucune disposition légale n'a prévu ces derniers changements pour en fixer les effets sur l'assurance. Aussi est-ce au juge à apprécier dans chaque espèce si, d'après les intentions des parties, un de ces changements doit, quand il est volontaire, entraîner la résiliation du contrat (3). Pour éviter toute difficulté en ce qui concerne le changement de capitaine, on ajoute parfois au nom du capitaine indiqué dans la police les mots, *ou tout autre pour lui* (n° 1199) (4). Quant au changement de propriétaire, il est souvent autorisé, soit par la forme même de la police, qui étant au porteur ou à ordre est destinée à être cédée, soit par la clause *pour le compte de qui il appartiendra*, qui fait, en principe, assimiler la police à une police au porteur (n°s 1192 et 1214) (5).

1266. Quand l'assurance est à la fois à temps et au voyage (n° 1207), une difficulté s'élève dans le cas où le voyage n'est pas terminé à l'expiration du temps fixé; il y a lieu alors de décider si l'assurance se prolonge jusqu'à la fin du voyage. L'Ordonnance de 1681 (livre III, titre 6, art. 35) admettait cette prolongation avec augmentation proportionnelle de la prime (6). Aujourd'hui, à défaut

---

(1) V. notamment art. 296 et 393, C. com.

(2) Marseille, 18 janv. 1844, 16 déc. 1859, *Journ. de Marseille*, 1844. 1. 129; 1859. 1. 350.

(3) V. Jacobs, *op. cit.*, II, n° 782.

(4) Le Code de commerce *italien* (art. 617) dispose expressément que le changement du capitaine ne fait pas cesser les effets de l'assurance.

(5) L'aliénation de la chose assurée et, par suite, la cession de la police, font naître différentes questions qui seront examinées à propos des personnes auxquelles l'indemnité d'assurance est payable et qui sont tenues de payer la prime.

(6) L'art. 35, livre III, titre 6, de l'Ordonnance de 1681, est ainsi conçu : « Mais si le voyage est désigné par la police, l'assureur courra les risques du

de règle légale, il appartient au juge de rechercher l'intention des parties (1).

1267. GÉNÉRALITÉS SUR LE DÉLAISSEMENT ET SUR L'ACTION D'AVARIE. — En supposant qu'une fortune de mer, dont l'assureur doit répondre, se produise dans le temps et dans le lieu des risques compris dans l'assurance, quelles sont les obligations de l'assureur envers l'assuré ou, en d'autres termes, quels droits l'assuré a-t-il contre l'assureur? L'obligation pour l'assureur de payer une indemnité proportionnée au dommage souffert, est la seule dont il soit nécessairement tenu. Mais, d'après une très ancienne coutume commerciale (2), consacrée par l'Ordonnance de 1681, par le Code de commerce et par toutes les lois maritimes modernes, l'assuré jouit d'un droit spécial. Ordinairement, l'assuré conserve la propriété de ce qui peut rester de la chose assurée et réclame des dommages-intérêts à l'assureur. En prenant les choses à la rigueur, l'assuré ne doit avoir le droit de réclamer la totalité de la somme assurée qu'autant que la perte est totale et que la preuve de cette perte est faite. Mais parfois, sans qu'il y ait perte totale proprement dite, la chose assurée est tellement détériorée que l'assuré ne peut plus en faire l'usage auquel elle est destinée, de telle sorte que, pour lui, c'est comme s'il y avait perte totale ; parfois aussi, bien que la perte ne puisse pas être prouvée, elle est presque certaine ; enfin, il peut se faire que la fixation d'une indemnité exactement proportionnée au préjudice souffert entraînerait des complications qui en retarderaient beaucoup le paiement. Aussi, dans certains cas exceptionnels, l'assuré a-t-il la faculté, en abandonnant à l'assureur ce qui peut rester de la chose assurée, de lui réclamer la somme assurée tout entière, alors qu'il n'y a qu'une perte partielle ou que la perte totale n'est pas prouvée.

« voyage entier, à condition toutefois que, si la durée excède le temps limité, « la prime sera augmentée à proportion, sans que l'assureur soit tenu d'en « rien restituer si le voyage dure moins. »

(1) En *Grande-Bretagne*, d'après l'usage, l'assurance cesse à l'expiration du temps fixé, bien que le navire se trouve alors encore en mer.

(2) Le délaissement s'était introduit peu à peu dans les usages et il était complètement développé au XVIe siècle. V. Goldschmidt, *Lehrbuch des Handelsrechts* (3e édition), I, p. 377, note 130.

Cet abandon fait par l'assuré à l'assureur est appelé *délaissement*. Lés accidents de mer, à l'occasion desquels il est admis par la loi ou par les polices qui dérogent à la loi, reçoivent le nom de *sinistres majeurs* (1). On dit souvent que l'assuré a deux actions contre l'assureur : *l'action d'avarie* (2), par laquelle il obtient seulement la réparation du préjudice souffert ; *l'action en délaissement* par laquelle, en abandonnant ce qui subsiste de la chose assurée, il obtient l'intégralité de l'indemnité d'assurance. On dit aussi dans le premier cas qu'il y a *règlement par avaries*. Au reste, même dans les cas de sinistres majeurs, le délaissement ne constitue qu'une faculté pour l'assuré qui peut, s'il y trouve plus d'intérêt, opter pour le règlement par avaries.

1268. Dans les assurances non maritimes, la faculté de délaissement pour l'assuré n'existerait qu'en vertu d'une clause formelle de la police. Elle est souvent admise dans les assurances applicables à la navigation intérieure. Mais, en général, une clause expresse refuse à l'assuré la faculté de délaissement dans les assurances contre l'incendie. C'est, au contraire, l'assureur contre l'incendie qui se réserve souvent la faculté de prendre au prix de l'estimation des experts le sauvetage et les débris. Il y a là un moyen de contrôle des expertises qui, en fait, est rarement employé.

1269. Il sera parlé successivement : 1° du règlement par avaries ; 2° du délaissement ; 3° de l'avantage que peut avoir l'assuré à prendre l'un ou l'autre de ces partis ; 4° des règles communes à l'action d'avarie et au délaissement.

1270. *Du règlement par avaries.* — Le *règlement par avaries* a lieu quand l'assuré conserve ce qui reste de la chose assurée et réclame seulement une indemnité proportionnée au dommage qu'il a souffert. Il ne faut donc pas confondre *le règlement par avaries* avec le *règlement d'avaries*. On désigne sous ce dernier nom, l'ensemble des opérations ayant pour but de déterminer si les avaries sont communes ou particulières et, dans le premier cas, de fixer la part contributive de chacun (n° 932). Le *règlement d'avaries* ne sup-

---

(1-2) On appelle parfois *avaries*, par opposition aux *sinistres majeurs*, les accidents de mer qui ne donnent pas lieu au délaissement. Mais, dans un sens large, le mot avaries comprend même les sinistres majeurs. V. n° 803 B.

pose pas, comme le *règlement par avaries*, un contrat d'assurance antérieur.

1271. L'action d'avarie est plus fréquente que le délaissement et forme le droit commun en matière d'assurance maritime. Elle seule peut être exercée quand il n'y a pas sinistre majeur (art. 371, C. com.). Alors même qu'il y a sinistre majeur, l'assuré peut opter pour l'action d'avarie. Enfin, cette action est seule admise quand les délais très courts accordés pour opérer le délaissement, sont expirés sans qu'il ait été fait (art. 373, C. com.).

1272. Le Code de commerce, qui a consacré d'assez nombreuses dispositions au délaissement (art. 369 à 366), a gardé le silence sur l'action d'avarie. Quand cette action est exercée, le point important est de déterminer d'après quelles règles doit être fixée l'indemnité due par l'assureur à l'assuré. Dans le silence de la loi, ces règles ne peuvent se déduire que des principes généraux qui régissent l'assurance maritime et du but de ce contrat. Les solutions à donner ont quelque peu varié par suite des modifications résultant de la loi du 12 août 1885.

La fixation de l'indemnité donne lieu à des difficultés ou à des complications qui sont évitées dans le cas de délaissement, par cela même qu'alors la somme assurée entière est due à l'assuré.

1273. Les règles à suivre pour la fixation de l'indemnité varient selon que les avaries sont particulières ou communes. A propos de chacune des deux espèces d'avaries, il y a à distinguer selon l'objet assuré; il faut résoudre, notamment, la question pour les assurances sur corps et pour les assurances sur facultés.

1274. *Avaries particulières* — Dans les assurances *sur corps*, lorsque le navire subit des avaries particulières autres que des avaries-frais, on les répare autant que possible, afin de permettre au navire de continuer son voyage. Mais il se peut, soit que les réparations ne puissent pas être faites, soit qu'on estime qu'elles sont trop onéreuses pour le propriétaire; il faut bien alors faire procéder à la vente du navire. Le règlement par avaries peut donc avoir lieu dans deux cas différents, soit après la réparation, soit après la vente du navire; ces deux cas doivent être examinés séparément.

1275. Lorsque le navire a été réparé, les frais de réparations doivent être remboursés par l'assureur à l'assuré, dans les limites de la somme assurée. Il en est de même au cas où les réparations n'ont pas encore été faites, mais doivent être opérées, de telle sorte qu'un devis en a été dressé. Toutefois, en principe, le remboursement n'est pas intégral. S'il l'était, l'assuré réaliserait un bénéfice, ce qui serait contraire à l'essence de l'assurance maritime (n° 1108). Ce bénéfice résulterait de ce que, grâce aux réparations, le navire serait muni de pièces neuves remplaçant des pièces déjà en partie usées lors de l'accident. Aussi l'usage s'est-il établi, même en l'absence de stipulation dans les polices, de faire une déduction sur l'indemnité pour différence du neuf au vieux (1). Cette déduction a été pendant longtemps du tiers du montant des réparations. Mais, comme tout ne s'use pas ou ne se détériore pas également par l'usage, il y avait des objets, spécialement les ancres et les chaînes, pour lesquels la déduction était moins forte. C'était là un forfait destiné à éviter les difficultés d'évaluation. Ce forfait était mal établi et conduisait à des résultats trop favorables pour l'assuré quand le navire était vieux, trop défavorables, au contraire, pour lui lorsque le navire était neuf. Aussi, à la déduction du tiers pour différence du neuf au vieux, la police française d'assurance sur corps a-t-elle substitué une déduction qui varie à la fois avec l'âge du navire et avec la matière dont il est fait (2).

1276. La dépense dont l'assureur doit tenir compte à l'assuré, est celle que, sans l'assurance, celui-ci aurait supportée définitivement. Aussi faut-il déduire du montant des frais de réparation le prix du vieux cuivre, du vieux doublage et généralement des débris divers à provenir du navire.

Dans quel ordre doivent se faire la déduction pour différence du neuf au vieux et la déduction du prix des vieux débris? La déduction pour différence du neuf au vieux doit se faire sur le montant net des frais de réparations, c'est-à-dire sur le montant de ces frais après déduction préalable du prix des vieux débris (3). En réalité,

---

(1) Il a déjà été question d'une déduction de ce genre à faire en matière de contribution aux avaries communes. V. n° 940.

(2) V. *Police française d'assurance sur corps*, art. 20.

(3) Cette solution est, sauf quelques contradictions, adoptée par la jurisprudence : Cass. 15 mai 1876, S. 1876. 1. 441; J. Pal. 1876. 1137 (note de Ch. Lyon-Caen); *Journ. de Marseille*, 1877. 2. 3. — *En sens contraire*, Trib. comm. Nantes, 8 nov. 1873, *Journ. de Marseille*, 1874, 2. 137.

les réparations n'ont coûté que les sommes payées pour elles sous cette déduction. Si l'on faisait la déduction pour différence du neuf au vieux sur le montant brut des frais de réparation, on réduirait outre mesure l'indemnité à payer par l'assureur qui, par suite, ferait un bénéfice (1).

1277. Il y a lieu, au contraire, d'ajouter aux frais de réparation proprement dits, certaines dépenses accessoires qui sont une suite nécessaire des avaries, tels que la nourriture et les salaires des gens de l'équipage pendant le temps qu'ont duré les réparations (2).

1278. Lorsque les réparations des avaries particulières ne sont pas faites, mais que le navire est vendu, le montant de l'indemnité ne doit pas consister dans la somme qu'auraient coûtée les réparations fixées par les experts, mais dans la différence entre le prix de vente du navire avarié et la valeur du navire déterminée par la police. De cette somme, il n'y a pas à faire une déduction pour différence du neuf au vieux, car cette déduction a pour but unique d'empêcher l'assureur de profiter de la plus-value résultant des réparations, et ici cette plus-value ne peut pas exister par cela même que le navire

---

(1) Un exemple rendra facilement compte de ce qui est dit au texte. Les frais de réparation sont de 9.000 fr., le prix des vieux débris est de 3.000 fr., et il y a lieu à une déduction de 1/3 pour différence du neuf au vieux. On commence par déduire 3.000 fr. (prix des vieux débris) de 9.000 fr., montant brut des frais de réparation, et des 6.000 fr. qui restent, on déduit le 1/3, soit 2.000 fr., de telle sorte que l'indemnité à payer par l'assureur est de 4.000 fr. — Si la déduction pour différence du neuf au vieux se faisait sur le montant brut des frais de réparation, cela donnerait 6.000 fr. dont on aurait à retrancher 3.000 fr. pour le prix des vieux débris. Ainsi, l'indemnité ne serait que de 3.000 fr.

(2) Cass. 4 nov. 1845, D. 1845. 1. 424. — Les polices des divers ports différaient sur cette question. Les polices de Nantes et de Bordeaux mettaient les salaires et la nourriture de l'équipage à la charge des assureurs, les polices du Havre et de Marseille les en déchargeaient. La police française de 1873 (art. 20) avait pris une moyenne, en faisant payer aux assureurs la moitié des vivres et des salaires, sauf dans un cas spécial prévu par l'art. 18. Cette solution ne se justifie par aucun motif rationnel. La loi du 12 août 1885, qui admet l'assurance du fret, a amené un changement. Les vivres et gages sont une charge du fret. L'armateur est libre de faire assurer le fret; il peut stipuler dans la police que les vivres et gages extraordinaires lui seront remboursés par les assureurs du fret. Les dépenses, hors le cas prévu par les deux derniers alinéas de l'art. 17 de la police où les assureurs les prennent à leur charge, ne sont pas supportées par les assureurs du navire, d'après l'art. 20 de la nouvelle rédaction de la police française d'assurance sur corps.

n'est pas réparé. Mais il doit être fait une autre déduction en vertu des principes généraux qui régissent les assurances maritimes. Ces assurances ne doivent pas être une source de bénéfices pour l'assuré (n° 1108). L'assuré réaliserait un bénéfice, s'il recevait à la fois des assureurs la différence entre le prix de vente du navire avarié et sa valeur au départ avec les mises dehors et des affréteurs le fret brut; car, en cas d'heureuse arrivée, l'assuré aurait dû payer les mises dehors avec le fret. Aussi doit-il déduire les mises dehors de la somme qu'il réclame à l'assureur.

Avant la loi du 12 août 1885, l'assurance ne pouvait pas placer en cas de sinistre l'assuré même dans la situation où il eût été après l'heureuse arrivée, c'est ce qu'impliquait la prohibition de l'assurance du fret. Aussi devait-on déduire de la différence entre le prix du navire avarié et sa valeur fixée par la police, le montant du fret net pour que l'assuré ne fût pas placé dans la situation où il se serait trouvé après le voyage terminé sans la survenance de l'accident (1).

(1) Les solutions adoptées au texte, surtout celle qui concerne la déduction du montant du fret, étaient très controversées. Pendant longtemps (jusqu'en 1856 environ), on admettait, en général, qu'il fallait procéder, en cas de vente du navire, de la même façon que lorsque les réparations étaient faites. Ainsi, l'assuré avait le droit de réclamer une somme égale à celle qu'auraient coûtée les réparations avec déduction pour la différence du neuf au vieux. Cette solution est généralement condamnée. Lorsque le navire est vendu, le préjudice éprouvé par l'assureur ne consiste pas dans les dépenses qu'on aurait dû faire pour réparer le bâtiment, mais dans la différence entre le prix de la vente du bâtiment et sa valeur avant le sinistre, telle qu'elle est fixée parla police ou par des experts : Bordeaux, 11 fév. 1856, Trib. de comm. de Marseille, 23 sept. 1856, *Journ. de Marseille*, 1856. 2. 49 et 268 (La Cour de Bordeaux admettait la déduction pour différence du neuf au vieux, tandis que le tribunal de commerce de Marseille la repoussait avec raison pour le motif donné au texte). La jurisprudence paraissait admettre, dans son dernier état avant la loi du 12 août 1885, que l'on doit déduire du montant de l'indemnité les mises dehors que le fret est destiné à supporter, afin que l'assuré ne réalise pas, grâce à l'assurance, un bénéfice en gardant le fret et en se faisant payer par l'assureur les dépenses qui doivent être acquittées à l'aide du fret : Bordeaux, 21 janv. 1861, Trib. comm. du Havre, 1er juill. 1861 (*Journ. de Marseille*, 1861. 2. 20 et *Journ. du Havre*, 1861. 1. 137). — Cette manière d'opérer n'était pas en parfait accord avec le système d'assurance que notre Code avait consacré. D'après lui, l'assuré ne pouvait être, grâce à l'assurance, placé dans la situation où il aurait été en cas d'heureuse arrivée. C'est là ce qui aurait eu lieu, s'il avait pu conserver le fret. — V. en ce sens, J.-V. Cauvet, II, n° 450; Droz, II, n° 635. Nous admettons au texte qu'avant la loi du 12 août 1885, il y avait

1279. Il peut y avoir des avaries-frais pour le navire, c'est-à-dire des dépenses occasionnées par des risques de mer et étrangères à des dommages matériels : tels sont des frais faits pour entrer dans un port de relâche. L'indemnité consiste dans le remboursement de ces frais.

1280. Dans les assurances sur facultés, pour la fixation de l'indemnité à payer à raison d'avaries particulières, il faut tenir compte de ce que les marchandises sont assurées, tantôt pour la valeur de marchandises semblables à destination quand l'assurance comprend le profit espéré, tantôt pour leur valeur au départ ou pour une somme fixe. Avant la loi du 12 août 1885, l'assurance du profit espéré étant défendue, c'était le second cas qui devait toujours se présenter, en laissant de côté l'existence de polices d'honneur.

1281. Il peut y avoir des avaries-frais ou des avaries-dommages. Celles-ci consistent, soit dans une perte totale, soit dans une perte partielle des marchandises (perte de la moitié, du tiers, du quart, etc., des marchandises), soit, enfin, dans des détériorations qui diminuent la valeur des marchandises et non leur quantité. C'est spécialement en cas de détériorations qu'il importe de faire la distinction mentionnée précédemment. V. n° 1281 et n°s 1284 et suiv.

1282. En cas de *perte totale*, quand l'assurance est limitée à une certaine somme, l'assureur doit, en principe, payer à l'assuré cette somme entière.

Quand l'assurance est faite pour la valeur des marchandises au départ, l'assureur doit payer une somme égale à cette valeur. Elles

lieu à la déduction du fret net et des mises dehors ; la déduction du montant du fret brut seul aurait eu le même résultat.

L'intérêt de la question se trouvait restreint par la disposition de l'ancien art. 14 de la police française d'assurances sur corps. Dans quels cas procède-t-on à la vente du navire avarié au lieu de le réparer ? Généralement dans les cas où il est atteint d'une innavigabilité relative qui en permettrait le délaissement. Or, quand l'assuré optait pour l'action d'avarie dans un cas de sinistre majeur, l'indemnité était limitée par la police à 75 0/0 de la somme assurée. Il y avait là une sorte de forfait par suite duquel l'on n'avait pas à examiner s'il fallait déduire les mises dehors ou même le fret. Les questions examinées au texte ne se posaient donc point sous l'empire de la police française d'assurances sur corps, tout au moins quand l'assuré avait opté pour l'action d'avarie, alors qu'il aurait pu délaisser.

sont, dans les rapports entre les parties, considérées comme conservant toujours cette valeur. L'assureur ne peut pas se prévaloir de ce qu'elles valent moins au port de destination, ni l'assuré de ce qu'elles y ont un cours supérieur. Il en serait ainsi même si les marchandises avaient péri au port de destination à un moment où le contrat d'assurance durerait encore. Ainsi, l'assuré ne perd pas la valeur des marchandises au départ. Il ne perd pas le fret par cela même qu'il n'est pas dû (art. 302) ou qu'il a pu le faire assurer s'il était payable à tout événement (n° 1133). Mais il est privé du bénéfice espéré, ce qui est conforme aux conditions mêmes de l'assurance.

Quand l'assurance est faite d'après la valeur des marchandises à destination, l'assureur paie une somme représentant cette valeur. L'assuré est ainsi placé dans la situation pécuniaire où il aurait été en cas d'heureuse arrivée. Il ne peut pas dans ce cas être question de l'assurance du fret; celui-ci est un des éléments de la valeur des marchandises à destination (n° 1138). Aussi y aurait-il assurance cumulative si l'on avait fait assurer à la fois les marchandises d'après leur valeur à destination et le fret (n° 1139).

On suppose toujours que l'assurance, quand elle est illimitée, est faite d'après la valeur des marchandises au point de départ (1).

1283. En cas de perte *partielle*, on applique à la partie les principes applicables au tout en cas de perte *totale*. L'assureur doit, par suite, payer à l'assuré une somme proportionnelle à la valeur des choses qui ont péri, calculée soit sur la somme fixe assurée, soit sur la valeur des marchandises au départ ou à destination, selon que la somme assurée a été déterminée dans la police de l'une ou de l'autre de ces trois façons (2).

---

(1) Desjardins, VI, n° 1606.
(2) Il importe de se rendre un compte plus exact de la situation faite à l'assuré en cas de perte d'une partie des marchandises, quand le profit espéré n'est pas compris dans l'assurance. Soit 100 pièces de vin assurées pour 10.000 fr. Elles se seraient vendues au port de destination 20.000 fr., mais il aurait fallu payer 4.000 fr. de fret pour le transport et 1.000 fr. de droits de douane. Il y aurait donc eu 5.000 fr. de bénéfice pour le chargeur assuré. Mais, 50 pièces ont péri dans le cours du voyage. L'assuré pourra vendre les 50 pièces parvenues à destination 10.000 fr.; pour elles, il aura à supporter 2.000 fr. à titre de fret et 500 fr. de frais de douane, de telle sorte que son bénéfice sera de 2.500 fr. seulement. Pour les 50 pièces qui ont péri, il recevra de l'assureur

L'importance de la perte partielle se calcule en comparant le nombre des colis perdus, au nombre total des colis chargés, si les marchandises sont divisées par colis d'égale importance. Autrement, il faut comparer le poids des marchandises chargées au poids des marchandises arrivées à bon port. Mais le poids de ces marchandises peut avoir augmenté par la mouillure ou diminué par la dessiccation. Il faut alors, pour arriver à préciser l'importance de la perte, ramener les marchandises au poids qu'elles avaient lors du départ du navire (1).

1284. Le règlement de l'indemnité présente de plus grandes complications quand l'avarie consiste dans des détériorations. Le mode de détermination de l'indemnité diffère selon que l'assurance sur facultés comprend ou ne comprend pas le profit espéré.

Quand l'assurance comprend le profit espéré, c'est-à-dire s'applique à la valeur des marchandises au port de destination, le règlement de l'indemnité se fait *par différence*.

Le règlement par différence consiste à comparer au port de destination la valeur des marchandises avariées à la valeur qu'elles auraient eue à l'état sain. L'indemnité à payer par l'assureur est égale à la différence. Ainsi, des marchandises détériorées se vendent 70.000 francs à destination; elles se seraient vendues 100.000 francs à l'état sain; la différence qui est de 30.000 francs doit être payée par l'assureur. De cette façon, l'assuré réalise le bénéfice sur lequel il comptait ou, du moins, celui qu'il aurait fait en cas d'heureuse arrivée.

Le règlement *par différence* n'était pas possible en France tant que, l'assurance du profit espéré étant défendu, les marchandises ne pouvaient pas être assurées pour leur valeur au port de destination (2). Alors le règlement se faisait toujours *par quotité*. Depuis la loi du 12 août 1885, il ne se fait ainsi que lorsque l'assurance a

la moitié de la somme assurée, soit 5.000 fr., et il n'aura à payer ni fret (art. 302), ni droits de douane. En résumé, pour les 50 pièces qui ont péri, il sera privé du bénéfice espéré, mais il recouvrera de l'assureur leur valeur au lieu et au temps du départ.

(1) Desjardins, VI, n° 1607.

(2) Cependant le règlement *par différence* parait avoir été pratiqué à Marseille jusqu'en 1821.

été conclue pour une somme déterminée ou pour la valeur des marchandises au départ.

Dans le *règlement par quotité*, on commence bien par prendre la différence entre le produit à l'état sain et le produit à l'état d'avarie au port de destination. Mais ce n'est pas à la différence entre ces deux produits que l'indemnité d'assurance est égale. Cette différence sert seulement à déterminer la proportion entre l'indemnité à payer et la valeur des marchandises au départ ou la somme assurée, si la police la fixe. Ainsi, supposons que le produit des marchandises à l'état sain et au port de destination eût été de 100.000 francs, qu'il soit de 50.000 francs à l'état d'avarie et que la somme assurée au départ soit de 25.000 francs. On dira que la différence résultant de la comparaison des deux produits au port de destination indique une détérioration équivalente à la moitié de la valeur des marchandises. En conséquence, l'assureur doit payer à titre d'indemnité la moitié de la somme assurée au départ, soit 12.500 francs.

1285. Pour obtenir la valeur des marchandises à l'état d'avarie, on peut procéder de deux manières différentes, recourir à la vente ou à l'expertise. Le premier procédé est évidemment celui qui donne les résultats les plus certains (1).

1286. Au règlement par quotité se rattache une question qui a été longtemps discutée : ce règlement se fait-il sur la valeur *au brut* ou sur la valeur *au net;* en d'autres termes, faut-il ne pas déduire ou déduire, au contraire, du produit des marchandises à l'état sain et de leur produit à l'état d'avarie, les dépenses dont la marchandise est grevée, telles que le fret à acquitter, les droits de douane, les frais de déchargement, etc...? Un exemple fera comprendre ces deux manières d'opérer et montrera les conséquences différentes auxquelles chacune d'elles conduit. Soit des marchandises assurées au départ pour 100.000 francs ; il est constaté qu'elles auraient été vendues au port de destination et à l'état sain 200.000 francs ; mais, comme elles

---

(1) Desjardins, VI, n°1609. — L'art. 12, al. 2, de la police française d'assurance sur facultés décide que l'assureur peut exiger la vente aux enchères publiques de la partie avariée pour en déterminer la valeur. D'après les usages, le même droit est reconnu aussi à l'assuré. V. de Courcy, *Commentaire des polices françaises d'assurance maritime*, p. 310.

y arrivent avariées, elles ne valent que 100.000 francs. Elles sont grevées de diverses dépenses (fret, droits de douane, etc...), montant à 50,000 francs. Si l'on procède d'après la valeur au brut, on devra dire que, la détérioration atteignant la moitié de la valeur à destination, l'indemnité sera de 50 000 francs. Si l'on procède d'après la valeur au net, on constatera une détérioration des deux tiers (valeur à l'état sain 200.000 — 50.000 = 150.000; valeur à l'état d'avarie 100.000 — 50.000 = 50.000, et, en conséquence, l'indemnité sera des deux tiers de 100.000, soit 66.666 francs.

La fixation de l'indemnité doit se faire d'après la valeur au brut (1). Car les dépenses dont sont grevées les marchandises étant, en principe, les mêmes au port de destination, qu'elles y arrivent avariées ou non, sont proportionnellement plus élevées lorsqu'elles sont détériorées, et, par suite, en procédant d'après le produit net, on ferait supporter une partie de ces charges à l'assureur. Il ne doit pas avoir à les supporter dans l'assurance d'après leur valeur au départ. Du reste, s'il en était autrement, on arriverait à un résultat absurde dans le cas où les frais divers à déduire égaleraient le prix de vente des marchandises avariées. Leur valeur se trouvant réduite à rien, l'assureur devrait l'intégralité de la somme assurée, bien que les marchandises fus-

---

(1) Le règlement au brut (et, par suite, à l'acquitté) est aujourd'hui admis en France sans contestation : Rouen, 2 juin 1862, *Journ. de Marseille*, 1862. 2. 192; Rennes, 4 fév. 1866, D. 1869, 1. 327; Rouen, 4 déc. 1868, *Journ. de Marseille*, 1869. 2. 165; Cass. 4 fév. 1869, D. 1869. 1, 327. — J.-V. Cauvet, II, n° 455; Frémery, *Études de Droit commercial*, p. 320; Em. Cauvet, II, n°s 299 et suiv.; Pardessus, n°s 845 et 859; Droz, II, n°s 641 et suiv.; Boistel, n° 1386; Laurin sur Cresp, IV, p. 216 et suiv.; Desjardins, VII, n°s 1610 à 1670 *ter*. C'est ce système qui paraît également admis dans la plupart des pays étrangers. V. C. de comm. *allemand*, art. 879; Arnould, *On maritime insurance*, II, p. 829; Dixon, *Law of shipping*, n° 640.
Mais la question du règlement au brut ou au net (spécialement à l'entrepôt ou à l'acquitté) a été autrefois l'objet de vives discussions. Consult. notamment Marseille, 22 janv. 1846, *Journ. de Marseille*, 1846. 1. 148 (ce jugement admettant le règlement au net a été infirmé par un arrêt de la Cour d'Aix, du 3 juin 1846, même recueil, 1846. 1. 192; S. 1847. 2, 246).— La police française d'assurances sur facultés (art. 12, 3e alin.) s'est prononcée sur la question relativement aux droits de douane, en faisant une distinction : « la quotité « des avaries particulières est déterminée par la comparaison des valeurs à « l'entrepôt, si la vente des marchandises avariées a eu lieu à l'entrepôt, « et, par la comparaison des valeurs à l'acquitté, si la vente a eu lieu à l'ac- « quitté. »

sent peut-être vendues par l'assuré pour une somme assez importante.

Cette question a été particulièrement agitée à propos de la déduction des droits de douane. On la formule, lorsqu'on la restreint à ces droits, dans les termes suivants : le règlement d'avaries particulières des marchandises entre l'assureur et l'assuré se fait-il d'après leur valeur *à l'entrepôt*, c'est-à-dire déduction faite des droits de douane, ou d'après leur valeur *à l'acquitté*, c'est-à-dire sans déduction de ces droits (1) (2)? Sauf stipulation contraire dans la police, la dernière solution doit être admise.

1287. *De la mévente.* — Parmi les avaries particulières dont l'assureur répond, il faut évidemment comprendre la perte pécunaire qui résulte de la *mévente* en cours de route. Il y a mévente en cours de route, lorsque, par suite d'accidents de mer, les marchandises sont vendues avant d'arriver au port de destination et cela pour un prix inférieur à celui pour lequel la vente y aurait été faite. L'assureur répond certainement du préjudice subi par l'assuré. Mais, comment doit-on alors fixer le montant de l'indemnité? Des systèmes très divers ont été soutenus sur ce point. Ainsi, l'on a proposé notamment, soit de régler l'indemnité comme si le navire était parvenu à destination, en comparant hypothétiquement ce qu'aurait valu la marchandise à l'état d'avarie et à l'état sain au port de destination, soit de faire payer à l'assureur la différence entre le produit de la vente opérée au port de relâche et la somme assurée (3), ou encore d'appliquer au capital assuré la différence entre la valeur des marchandises à l'état d'avarie dans le port intermédiaire et leur valeur à l'état sain prise dans le même lieu. Toutes ces opinions ont le tort ou de donner lieu à des calculs problématiques, ou de ne pas tenir compte de ce que l'assuré avait dû avoir en vue le marché du port de destination. Il paraît plus rationnel de comparer le prix obtenu dans le port de relâche au prix pour lequel, d'après le cours, les marchandises se seraient vendues à des-

---

(1) Voir la note de la page précédente.

(2) La question ne se posait pas pour les droits de douane *ad valorem*. Comme ces droits diminuaient en proportion des avaries, la proportion entre la valeur des marchandises à l'état d'avarie et leur valeur à l'état sain demeurait toujours le même, qu'on opérât ou non la déduction de ces droits.

(3) C'est là le système du Code de commerce *allemand* (art. 881).

tiuation. La différence est supportée dans la même proportion par l'assureur sur la somme assurée. Ainsi, des marchandises ont été assurées pour 40.000 fr. au départ; elles ont été vendues dans un port de relâche 50.000 fr.; leur prix eût été à destination de 100.000 fr. Il y a une perte de moitié par suite de la mévente. En conséquence, l'assureur est tenu de payer une indemnité de 20.000 fr. (1). Cette manière de procéder s'applique quand les marchandises sont assurées sans le profit espéré. Quand ce profit est compris dans l'assurance, l'indemnité doit être égale à la différence entre le prix des marchandises au port de relâche et le prix qu'on en aurait obtenu au port de destination.

1288. L'assureur supporte les avaries-frais relatives aux marchandises. En ce qui concerne ces avaries, il n'y a jamais lieu au règlement par quotité.

1289. *Assurance du fret.* — Le règlement par avaries peut s'appliquer à l'assurance du fret. Les avaries particulières du fret sont assez fréquentes. Elles résultent de ce que, par suite d'évènements de mer, le fret n'est aucunement dû ou n'est dû qu'en partie (art. 302, 303, 296, etc., C. com.) (2).

On peut aussi considérer comme avaries particulières du fret les dépenses extraordinaires à supporter sur le fret, spécialement les frais de nourriture et les salaires dûs pendant des relâches forcées, les frais de rapatriement. Avant la loi du 12 août 1885, qui a permis l'assurance du fret (n° 1134), on se demandait si ces dépenses devaient être supportées par l'assureur sur corps (3). Aujourd'hui, il n'est pas douteux qu'il y a là une charge de l'assureur du fret. A défaut

---

(1) Trib. comm. Nantes, 3 mai 1873, *Journ. de Marseille*, 1873. 2. 143. — Em. Cauvet, II, n° 310; Desjardins, VII, n° 1011. — Cette manière d'opérer ne s'applique pas sans difficulté, par cela même qu'on doit rechercher quel eût été le prix des marchandises au port de destination. Delaborde, dans le *Traité des avaries particulières sur marchandises* (n°s 22 et suiv.), après avoir exposé toutes les opinions, déclare qu'aucune n'est exclusivement admissible et que la question doit se trancher d'après les circonstances.

(2) V. ci-dessus, n°s 665 et suiv.; 772 et suiv.

(3) D'après la police française d'assurance sur corps antérieure à la loi du 12 août 1885 (art. 10), un terme moyen avait été admis, en ce sens que les dépenses extraordinaires dont il s'agit étaient supportées pour moitié par l'assureur sur corps. V. note 1 de la page suivante.

d'assurance du fret, ces dépenses sont supportées par le propriétaire du navire sans recours contre l'assureur sur corps (1).

1290. *Avaries communes.* — Les assureurs répondent des avaries communes. Cela signifie qu'ils sont responsables : 1° envers celui dont le navire ou les marchandises ont été atteints par le sacrifice ou qui a fait la dépense extraordinaire ; 2° envers ceux qui souffrent un préjudice pécuniaire comme tenus de l'obligation de contribuer. Pour ces derniers, il y a une sorte d'avarie-frais. Les assureurs sont, dans ce cas, garants du recours d'un tiers, parce que ce recours a sa cause dans un acte fait dans l'intérêt commun (n° 1247).

1291. A raison des conséquences qu'ont les règlements d'avaries communes intervenus entre le propriétaire du navire et les propriétaires de la cargaison, on y appelle ordinairement les assureurs ; ils peuvent même y intervenir sans être appelés. D'ailleurs, les compagnies d'assurances maritimes importantes ont des agents chargés de les représenter dans les principaux ports ; souvent un même agent représente à la fois plusieurs compagnies. Mais il se peut que, par suite de l'éloignement du lieu du règlement, qui est le port de reste, les assureurs n'y assistent pas. Le règlement opéré entre les propriétaires du navire et de la cargaison seuls est-il opposable même alors aux assureurs, de telle façon que les assurés puissent, en l'invoquant, réclamer une indemnité égale à la somme pour laquelle ils doivent contribuer d'après le règlement ? Il faut distinguer : le règlement au port de reste, fait en justice ou devant l'autorité compétente dans les formes prescrites par la loi (art. 414), lie les assureurs, comme s'ils y avaient été parties. Cette règle n'est pas écrite dans les lois ; elle est consacrée par une coutume commerciale constante (2). Dans un but de célérité facile à comprendre, les assureurs n'ont jamais été considérés comme des tiers au point de vue des règlements d'avaries

(1) Depuis la loi du 12 août 1885, la police française d'assurance sur corps (art. 20), dispose que les dépenses en question sont considérées comme une charge du fret à supporter par celui qui l'a assuré : elles ne sont pas remboursées par l'assureur du navire, sauf dans le cas spécial prévu par l'art. 17 de cette police.

(2) Aix, 20 janv. 1847, 4 août 1852, *Journ. de Marseille*, 1847, 1. 37; 1852. 1. 197; Bordeaux, 11 mai 1868, *Journ. de Marseille*, 1869. 2. 89

L'intervention de l'autorité compétente et l'accomplissement des formalités prescrites par la loi sauvegardent les intérêts des assureurs. Ceux-ci ne seraient pas admis à alléguer l'erreur du juge, puisque cette erreur est à leur charge (V. n° 1246). Mais, si, par fraude ou par négligence, l'assuré avait accepté un règlement erroné, il va de soi que l'assureur pourrait lui réclamer des dommages-intérêts qui seraient déduits de l'indemnité d'assurance (1). Au contraire, le règlement fait à l'amiable (2) ou ailleurs qu'au port de destination (3), n'est pas opposable à l'assuré qui peut en réclamer la révision.

Ces principes s'appliquent, du reste, aussi bien au cas où le règlement d'avaries communes a été fait devant un juge étranger qu'à celui où il l'a été devant un juge français (4) (5). La jurisprudence, comme il a été dit plus haut (n° 983), admet que la loi du port de reste sert à déterminer quelles avaries sont communes ou particulières et quel est le mode de contribution de chacun des intéressés. Cette règle est opposable aux assureurs qui ne peuvent pas invoquer la loi du pays où l'assurance a été faite, pour ne pas supporter la part contributive de l'assuré, sous le prétexte que, d'après cette loi, l'avarie est une avarie particulière. A l'inverse, les assureurs peuvent invoquer cette même règle, pour refuser de payer une indemnité à l'assuré qui soutiendrait que l'avarie, traitée comme particulière d'après la loi du port de reste, doit être considérée comme avarie commune à l'égard de l'assureur en vertu de la loi du pays où l'assurance a été conclue (6).

(1) Montpellier, 25 mai 1849, *Journ. de Marseille*, 1849. 2. 34.

(2) Marseille, 27 août 1840, *Journ. de Marseille*, 1840. 1. 208.

(3) L'assureur n'est, en effet, tenu des avaries communes qu'autant qu'elles sont réglées selon la loi et celle-ci prescrit de faire le règlement au port de reste (art. 414). Il en serait autrement, comme cela va de soi, si l'assureur avait consenti à ce qu'il fût fait dans un autre lieu. Mais on ne pourrait opposer à l'assureur un règlement d'avaries communes fait dans un port intermédiaire dans lequel l'assuré et le capitaine sont convenus de terminer le voyage : Aix, 27 fév. 1865, *Journ. de Marseille*, 1865. 1. 85.

(4) Émérigon, ch. XX, sect. 2, § 5. Cpr. Marseille, 25 juin 1868, *Journ. de Marseille*, 1868. 1. 262. V. aussi, art. 839, C. de comm. *allemand*.

(5) Il n'est pas admissible que l'assureur se refuse à rembourser à l'assuré le montant de la contribution mis à la charge de celui-ci par un juge étranger et payé de bonne foi par l'assuré. Aussi la solution admise au texte doit être adoptée, quelque opinion qu'on ait sur l'autorité des jugements étrangers en France.

(6) Nous avons admis ci-dessus (n° 983), contrairement à la jurisprudence et à

1292. La perte subie par l'assuré dont la chose a été sacrifiée est réduite par les sommes que ses co-intéressés lui paient à titre de contribution. L'assuré peut-il, sans attendre ce paiement, réclamer à l'assureur le montant de la perte ? Ne doit-il pas, au contraire, faire déduction des sommes qui lui sont dues à titre de contribution ? La question offre un grand intérêt pratique au point de vue de la promptitude avec laquelle le paiement de l'indemnité peut être exigé de l'assureur ; elle est surtout importante lorsque, parmi les intéressés soumis à contribution, il y a un ou plusieurs insolvables. On peut dire, dans le but d'obliger l'assuré à la déduction des sommes qui lui sont dues à titre de contribution, que, si on ne l'admet pas, on transforme l'assurance en l'appliquant à la solvabilité des contribuables (1). Mais cette opinion n'est pas admissible ; l'assuré peut réclamer le montant de la perte, sans tenir compte de ses droits contre les contribuables (2). L'assureur est responsable de toute perte ou dommage qui arrive aux objets assurés par fortune de mer (article 350). Cela n'implique-t-il pas qu'il y a perte dès que l'objet assuré se trouve atteint par un risque de mer, sans qu'il y ait à se préoccuper des droits que peut avoir l'assuré de se faire indemniser en tout ou en partie du préjudice qu'il éprouve ?

L'assureur est subrogé aux droits de l'assuré nés à l'occasion du risque donnant lieu à l'action d'avarie (n° 1312). L'assureur est donc subrogé à l'action en contribution, de telle sorte que, si les contribuables sont solvables, la charge qu'il supporte se trouve diminuée d'une somme égale au montant de leurs parts contributives.

Les questions qui viennent d'être examinées, se présentent aussi

l'opinion des auteurs, que la loi du pavillon du navire doit être appliquée aux avaries communes. Il est évident que, dans notre doctrine, cette loi seule s'applique dans les rapports entre assurés et assureurs. A ce point de vue spécial, notre système a des avantages pratiques énormes. Avec lui, l'assureur sait à quoi il s'oblige, en tant qu'il doit répondre des avaries communes. Il ne le sait pas avec le système contraire, puisqu'on ne connaît pas nécessairement par avance le lieu de reste.

(1) Aix, 4 fév. 1858, *Journ. de Marseille*, 1858. 1. 66. — Laurin sur Cresp, I. V. p. 203 ; Em. Cauvet, I n° 345.

(2) Il a été décidé dans ce sens que, lorsqu'il s'agit de savoir si la perte est égale aux trois quarts et autorise, en conséquence, le délaissement, il faut tenir compte aussi bien des avaries communes que des avaries particulières : Bordeaux, 16 août 1869, *Journ. de Marseille*, 1869. 2. 179.

bien dans les assurances sur corps que dans les assurances sur facultés. Mais les règlements d'avaries communes font naître deux questions spéciales à chacune de ces assurances.

1293. Dans les assurances sur facultés, quand les marchandises sont assurées pour leur valeur au port de destination, il va de soi que l'assureur doit rembourser à l'assuré le montant de sa contribution qui est calculé précisément sur la valeur des marchandises au même lieu (art. 417, C. com.). Ainsi, dans le cas où les marchandises valant au port de destination 200.000 fr. ont été assurées avec le profit espéré, si la contribution payée par l'assuré est de 10 0/0, soit 20.000 fr., celui-ci a le droit d'exiger de l'assureur le remboursement d'une somme égale.

Mais, quand l'assurance est faite pour une somme déterminée ou pour la valeur des marchandises au port de départ, des questions naissent à raison de ce que la base de la contribution aux avaries communes est la valeur des marchandises au port de destination (art. 417, C. com.). Ces questions se présentent, soit quand la valeur des marchandises au port de destination dépasse la somme assurée, soit, au contraire, quand la valeur des marchandises au port de destination est inférieure à la somme assurée. Ces deux cas doivent être distingués.

Premier cas. — La valeur des marchandises soumises à contribution dépasse au port de destination la somme assurée. L'assureur ne doit qu'une somme proportionnelle à cette somme. La contribution proportionnelle est alors payée sur une somme supérieure à cette valeur. On pourrait être tenté de penser que l'assureur doit rembourser à l'assuré le montant de sa contribution, par cela même que telle est la perte que celui-ci éprouve. Cette solution ne doit pas être admise : les assureurs ne doivent jamais qu'une somme proportionnelle à la valeur assurée au départ. Les marchandises sont toujours réputées à leur égard conserver cette valeur et c'est, d'ailleurs, elle seule que l'avarie commune leur a conservée. Il est juste que l'assuré garde à sa charge la portion de la contribution qui correspond au bénéfice espéré ; car, c'est grâce à l'avarie commune qu'il a pu le réaliser. En conséquence, si l'on suppose des marchandises embarquées à Marseille, où elles ont été assurées pour 100.000 fr., et ayant à destination une valeur de 200.000 fr., puis une contribution de 10 0/0 due pour avarie commune, le montant de cette contribution sera de 20,000 fr. ; mais, l'assuré ne pourra réclamer à l'assureur que 10.000 fr. ; les 10.000 fr. d'excédent seront supportés par l'assuré, sans aucun recours contre son assureur (1). Autrement, du reste, on arriverait à un résultat inique. Le propriétaire, dont les marchandises sont intactes grâce à l'avarie commune, pourrait, tout en faisant l'opération sur laquelle il comptait, toucher de l'assureur l'indemnité qui serait due en cas de perte entière. Ainsi, la valeur assurée étant de 20.000 fr. et les marchandises sauvées valant à destination (fret déduit) 40.000 fr., si la contribution était de 50 0/0, l'assuré obtiendrait de l'assureur 20,000 fr.

C'est à l'assureur du bénéfice espéré, s'il y en a un, à rembourser la contribution afférente au bénéfice.

Deuxième cas. — La valeur des marchandises est moindre au port de destination qu'au port de départ, et, par suite, elle est inférieure à la somme assurée. Faut-il tenir compte de la valeur des marchandises au départ pour laquelle elles ont été assurées ou de leur valeur inférieure à destination en proportion de laquelle elles ont contribué? Ainsi, des marchandises embarquées à Marseille ont été assurées pour 200.000 fr. ; au port de destination, elles ne valent que 100.000 fr. L'assuré doit contribuer pour 10.000 fr., à raison de 10 0/0. Peut-il réclamer à l'assureur une contribution de 10 0/0 établie sur 200.000 fr., soit 20.000 fr. ?

Il a été soutenu que l'indemnité due par l'assureur se calcule sur la valeur des marchandises au port de départ, quand même elles n'ont contribué qu'en proportion d'une valeur inférieure par suite de la diminution qu'elles ont subie (2). En faveur de cette

(1) L'art. 9, 2e alinéa, de la police française d'assurance sur facultés consacre la solution admise au texte dans les termes suivants : Si les contributions proportionnelles ont été payées sur une somme supérieure à la somme assurée, les assureurs ne doivent que la proportion de la somme assurée. — Bordeaux, 29 déc. 1865, *Journ. de Marseille*, 1866. 2. 65; Cass. 10 août 1871, *Journ. de Marseille*, 1872. 2. 47; D. 1871. 1. 114. — Em. Cauvet, II, n° 348 ; Laurin sur Cresp, IV, p. 214; Desjardins, n° 1617, p. 378; Droz, II, n°s 623 et 624; Pardessus, n° 859; Boistel, n° 1389.

(2) Laurin sur Cresp, IV, p. 215; Droz, II, n° 623. — Voir aussi en ce sens Code de commerce *allemand*, art. 839, 1er alin.

doctrine opposée à la nôtre, on fait valoir des arguments qui sont certes très spécieux. Dans les rapports entre l'assuré et l'assureur, dit-on, les marchandises sont toujours réputées conserver la valeur qu'elles avaient au port de départ, que cette valeur soit fixée ou non par la police. On applique sans peine ce principe contre l'assuré, lorsque les marchandises ont augmenté de valeur. N'est-il pas injuste et contradictoire de ne pas l'appliquer à son profit lorsque leur valeur a diminué? On ajoute que c'est bien, du reste, là ce qui est admis en cas d'avaries particulières. En ce qui concerne l'indemnité due par l'assureur à raison de ces avaries, le calcul s'en fait sans tenir compte ni de la hausse ni de la baisse, de telle sorte qu'en cas de perte totale, l'assuré reçoit une somme parfois supérieure à la valeur qu'auraient eue les marchandises au port de reste ou qu'elles avaient au moment où la fortune de mer s'est produite.

Ce système doit être repoussé. L'assureur ne doit à l'assuré que la somme réellement déboursée par celui-ci à titre de contribution aux avaries communes (1). Autrement l'assuré réaliserait un bénéfice, ce qui serait contraire à la nature de l'assurance maritime : l'assuré, qui aurait payé à titre de contribution 10,000 fr. seulement, en recevrait le double de l'assureur! Il n'y a pas à tirer argument de ce qui se passe pour les avaries particulières. Quand il s'agit d'une avarie particulière, on doit ne tenir aucun compte ni de la hausse ni de la baisse. Le principe est, en effet, que l'assurance doit rétablir l'assuré dans la situation où il aurait été s'il n'avait pas entrepris l'opération. Mais, dans le cas qui nous occupe, il ne s'agit pas d'une indemnité destinée à réparer un dommage matériel subi par la marchandise; elle est intacte, seulement elle est soumise à une contribution. Il s'agit donc du remboursement d'une dépense faite ou à faire par l'assuré. Du moment où l'assureur lui rembourse cette somme, l'assuré n'est-il pas dans la situation dans laquelle il aurait été, s'il n'y avait pas eu avarie commune? Assurément oui. De quoi donc l'assuré pourrait-il se plaindre? Ce sont les principes qui conduisent néces-

(1) Parère rapporté dans le *Journ. de Marseille*, 1822. 1. 369; Frémery, *Études de Droit commercial*, p. 318; Em. Cauvet, II, n° 318 ; Desjardins, VII, p. 379.

sairement à donner deux solutions différentes dans le cas d'augmentation et dans le cas de diminution de valeur des marchandises au
port de destination (1).

1294. Quand les marchandises assurées sont les marchandises
sacrifiées, l'indemnité à réclamer de l'assureur, si le profit espéré n'a pas été compris dans l'assurance, se fixe d'après la valeur
des marchandises au départ, bien qu'elles aient diminué de valeur.
Cette solution n'est nullement en contradiction avec celle qui a
été précédemment admise (n° 1294), à l'égard de l'assuré qui est
seulement contribuable. Il est nécessaire que l'assuré reçoive la
somme assurée d'après la valeur des marchandises au départ pour
qu'il soit placé dans la situation où il serait s'il n'avait pas entrepris l'opération. Du reste, dès l'instant où l'on reconnaît que le propriétaire des marchandises sacrifiées peut réclamer de l'assureur
une indemnité entière en faisant abstraction de la contribution à
laquelle sont soumis envers lui les autres intéressés à l'expédition
(n° 1283), on arrive, en définitive, à traiter, dans les rapports entre
l'assureur et l'assuré atteint par le sacrifice, les avaries communes
comme des avaries particulières. Or, il est incontesté qu'à l'égard du
règlement de ces avaries, les marchandises sont, dans les rapports
entre l'assureur et l'assuré, considérées commme conservant toujours la même valeur.

1295. Une autre question est relative, au contraire, à l'assurance
sur corps pour le cas où le propriétaire du navire est soumis à l'obligation de contribuer à une avarie commune. Ainsi que cela a été dit
plus haut (n° 955), le propriétaire du navire contribue aux avaries
communes en proportion de la moitié de la valeur de son bâtiment
au port de destination et de la moitié du fret. Il est incontestable que
l'assureur sur corps doit indemniser l'assuré pour la partie de la
contribution afférente à la moitié du navire. Doit-il aussi l'indemniser pour la partie de la contribution qui correspond à la moitié du
fret?

il faut, pour résoudre cette question, se placer successivement
avant et après la loi du 12 août 1885.

_____

(1) Em. Cauvet, p. 412.

Avant la loi du 12 août 1885, la raison de douter que l'assureur sur corps fût tenu de la part de contribution afférente à la moitié du fret, provenait de la disposition de l'ancien art. 347, C. com., qui prohibait l'assurance du fret. Cette objection n'était pas sérieuse ; malgré elle, il devait être admis que l'assureur sur corps devait payer le montant intégral de la contribution (1). La contribution dont le propriétaire est tenu en proportion de la moitié de la valeur du navire et de la moitié du fret, n'est pas due distinctement pour chacun de ces objets. C'est, comme cela a été expliqué (n°s 954 et 955), le propriétaire du navire que la loi veut faire contribuer en formant un capital contribuable composé des deux éléments dont il s'agit. Il y a là une sorte de forfait. La loi ne fait contribuer le navire que pour la moitié de sa valeur, parce qu'elle impose, par contre, au propriétaire la contribution pour moitié du fret.

Depuis la loi du 12 août 1885, le fret peut être assuré (n° 1134). Il va de soi que, lorsqu'il y a une assurance du navire et une assurance du fret brut, la contribution afférente à la moitié du fret brut doit être supportée par l'assureur du fret, tandis que la contribution afférente à la moitié du navire l'est par l'assureur sur corps. Mais d'autres cas peuvent se présenter.

a. Le propriétaire du navire a fait assurer par des assureurs distincts son navire, le fret net et les mises dehors. Dans ce cas, l'assuré a le droit de réclamer à l'assureur du navire la contribution y afférente et il ne peut obtenir de l'assureur du fret net que la contribution qui le concerne en déduisant préalablement les mises dehors dont l'assureur supporte la contribution relative à la somme que celles-ci représentent.

b. Le propriétaire du navire n'a assuré que son bâtiment. On pourrait être tenté de décider que, le fret n'ayant pas été assuré, les parties ont entendu se placer sous l'empire de la législation antérieure à la loi du 12 août 1885. La conséquence en serait que la contribution

_____

(1) Laurin sur Cresp, IV, p. 210 ; Droz, II, n°s 621 et 622 ; Pardessus, n° 859 ; Em. Cauvet, II, n° 322. — Aix, 24 juin 1829, Marseille, 11 fév. 1830, 16 mars 1882, *Journ. de Marseille*, 1829. 1. 172 ; 1830. 1. 129 ; 1882. 1. 12. — Il a cependant été parfois décidé que l'assureur sur corps ne doit que la part contributive afférente au navire : Marseille, 1er oct. 1828, *Journ. de Marseille*, 1828. 1. 241.

entière afférente au navire et au fret serait supportée par l'assureur sur corps. Mais il est plus conforme à l'esprit de la loi de 1885, qui permet l'assurance du fret, de considérer le propriétaire du navire comme étant demeuré son propre assureur pour le fret qu'il n'a point assuré et, par suite, de laisser à sa charge la portion de la contribution afférente au fret, en n'admettant de recours contre l'assureur que pour la portion de contribution afférente au navire (1).

1296. DES FRANCHISES. — Les polices d'assurances contiennent ordinairement des clauses qui restreignent la responsabilité de l'assureur ; ces restrictions portent la dénomination de *franchises*.

Les franchises sont de deux sortes principales : par les unes, l'assureur n'est tenu de payer une indemnité qu'autant que l'avarie dépasse un tant pour cent de la valeur de la chose assurée ; par les autres, il est dispensé de supporter certaines avaries. Il faut parler, distinctement de ces deux sortes de franchises.

1297. En ce qui concerne les franchises de la première espèce, l'art. 408, C. com. (2), dispose qu'il ne peut y avoir de réclamation qu'autant que le dommage excède un pour cent de la valeur de la chose assurée ou des marchandises et du navire en cas d'avarie com-

---

(1) Les solutions que nous adoptons, sont conformes à celles qu'admet M. Desjardins, VII, n° 1619, p. 380 et 381. Le savant auteur conseille avec juste raison aux parties de s'expliquer dans la police sur cette question, spécialement sur la dernière.

La police française d'assurance sur corps (modifiée après la loi du 12 août 1885) n'a pas manqué de résoudre la question. L'art. 20 de cette police renferme sur ce point la disposition suivante : « La contribution du fret à l'avarie « grosse n'est à la charge de l'assureur sur corps que si les assurés ont pris « l'engagement de ne pas faire assurer le fret. » Cette disposition s'explique aisément. Il est toujours bon pour l'assureur que l'assuré conserve un intérêt pécuniaire à l'heureuse arrivée de son bâtiment. Il en conserve un quand il ne fait pas assurer le fret. Pour encourager le propriétaire du navire à agir ainsi, l'assureur sur corps stipule qu'il ne supportera la partie de la contribution afférente au fret que si le propriétaire du navire renonce à faire assurer le fret. Ainsi, le propriétaire du navire peut toujours, s'il le veut, ne pas supporter la part du fret dans l'avarie commune ; il n'a qu'à renoncer à le faire assurer.

(2) Il a été dit plus haut (n° 979) que, malgré sa place au titre des avaries, l'art. 408 s'applique exclusivement dans les rapports entre assureur et assuré. Du reste, l'art. 408, C. comm., est en partie la reproduction de l'art. 47 (liv. III, tit. 6) de l'Ordonnance de 1681, qui se trouve dans le titre des assurances.

mune. Cette disposition, qui a pour but d'éviter les réclamations trop minimes, n'est presque jamais appliquée, parce que les polices admettent, en général, des franchises atteignant un taux plus élevé. Les usages sont à cet égard différents pour les assurances sur facultés et pour les assurances sur corps (1). Les franchises sont plus nombreuses et plus importantes dans les assurances sur facultés.

1298. Les risques auxquels les marchandises sont exposées, sont de deux sortes. Il en est qui menacent également toutes les choses transportées sur mer; puis, il en est d'autres qui varient avec la nature des marchandises. Ainsi, il est évident que l'eau de la mer, s'introduisant dans le navire par suite d'un accident, cause un plus grave dommage à un chargement de sucre ou de sel qu'à un chargement de marbre. On aurait pu diviser les marchandises en plusieurs classes et fixer les primes à un taux différent pour chacune d'elles. On suit un système de ce genre dans les assurances contre l'incendie. Par exemple, la prime d'assurance d'une maison varie selon qu'elle est en pierre ou en bois, couverte en tuiles ou en chaume. Mais, en matière d'assurances maritimes, on a toujours eu l'habitude de procéder autrement. Il pourrait être difficile d'évaluer les primes d'après les risques variant avec la nature des marchandises et surtout l'on arriverait parfois, en suivant cette méthode, à élever les primes à un taux qui effraierait les assurés. Aussi les primes ont-elles été fixées à un taux uniforme à raison des risques généraux. Mais, pour tenir compte des risques spéciaux, il est, pour la plupart des marchandises, stipulé au profit de l'assureur des franchises qui vont pour quelques-unes, d'après la police française, jusqu'à 15 0/0 de leur valeur. La nature des marchandises a ainsi des conséquences éventuelles; les franchises contribuent à rendre sans application l'art. 355, C. com. V. n° 1195.

1299. Selon la doctrine admise en France, les franchises ont deux effets différents. D'abord elles excluent l'action d'avarie lorsque le

(1) Les clauses relatives aux franchises se trouvent dans les art. 10 et 11 de la police française d'assurance sur facultés et dans l'art. 18 de la police française d'assurance sur corps. — En Grande-Bretagne, les clauses constituant les franchises, forment ce qu'on appelle le *memorandum*, V. Mac Arthur, p. 274 à 300; Sweet, *Law Dictionary*, v° *Memorandum*.

dommage n'atteint pas le taux fixé. Puis, lorsque ce taux est atteint ou dépassé, l'assuré ne peut réclamer que l'excédent du montant du dommage sur le taux de la franchise. Ainsi, en supposant des marchandises assurées pour 100.000 fr. avec une franchise de 10 0/0, l'assuré n'aura rien à réclamer à l'assureur si le dommage subi est de 10.000 fr. ou d'une somme inférieure, et si le dommage excède 10.000 fr., l'assureur ne remboursera que l'excédent du dommage sur cette somme (3). Grâce au second effet attribué aux franchises, l'assuré n'a pas d'intérêt à ce que l'avarie augmente pour toucher une indemnité complète. Ce second effet des franchises est, en outre, tout à fait conforme au but principal qu'elles ont dans les assurances sur facultés. Elles sont destinées à laisser à la charge de l'assuré la portion d'avaries attribuée à la nature propre des marchandises et à rétablir l'inégalité des risques résultant de l'égalité des primes. Ce but serait manqué, si le seul fait de l'augmentation de la perte obligeait l'assureur à répondre dans tous les cas du dommage qui devrait rester à la charge de l'assuré, parce qu'il provient de la nature intrinsèque des choses assurées (1).

Il y a des pays dans lesquels on ne donne aux franchises stipulées dans les polices que le premier des effets indiqués au texte. Il en est, en général, ainsi en Angleterre. La concurrence internationale en matière d'assurances maritimes oblige souvent les assureurs français à accepter le système anglais du remboursement intégral. Les franchises de la police française sont, du reste, exagérées pour certaines marchandises (2).

1300. *Réglements var séries.* — Les franchises, malgré les motifs qui les justifient dans les assurances sur facultés, auraient de graves inconvénients si, dans l'usage, on ne recourait aux règlements par séries ou par capitaux distincts. Le principal inconvénient des franchises consisterait en ce que, lorsque la valeur des marchandises assurées est très grande, la somme qui formerait pour l'assureur un découvert, serait très élevée. Ainsi, une franchise de 10 0/0 sur

---

(1) Le double effet des franchises dans les assurances sur facultés résulte des termes de la police française d'assurance sur facultés. On y lit que les assureurs *ne paient que l'excédent de trois, cinq, dix, quinze pour cent,* etc.

(2) De Courcy, *Commentaire des polices françaises d'assurance sur corps,* p. 296 et suiv.

200.000 fr. empêcherait toute réclamation si le dommage n'atteignait pas plus de 20.000 fr. En outre, lorsque de plusieurs colis assurés un seul serait atteint par des risques de mer, la franchise serait pourtant calculée au profit de l'assureur sur le capital entier.

Pour parer à ces inconvénients, on divise souvent les marchandises assurées par une seule police en plusieurs séries distinctes dont chacune forme un capital particulier (1). C'est sur ce capital que se fait le calcul de l'indemnité réclamée et c'est à lui qu'est appliquée la franchise. Ainsi, supposons que 100 barriques d'eau-de-vie, chacune d'une valeur égale, sont assurées pour une somme de 40.000 fr. avec une franchise de 10 0/0; il faudra que le dommage excède 4.000 fr. pour qu'une réclamation soit possible contre l'assureur. Mais on peut dans la police avoir divisé les barriques asssurées en quatre séries. Chaque série représentant, par exemple, une valeur de 10.000 fr., la franchise ne sera que de 1.000 fr.; par cela seul que les barriques, faisant partie d'une même série, seront avariées pour une valeur dépassant cette dernière somme, une réclamation sera possible.

1301. Dans les assurances sur corps, les franchises sont moins importantes que dans les assurances sur facultés. Elles ont pour but unique d'éviter aux assureurs d'être obsédés par de petites réclamations. D'après un usage très répandu, la franchise est de 3 0/0 (2), et, en France, elle se déduit toujours du montant des avaries qui excèdent cette quotité comme dans les assurances sur facultés (3).

En général, les franchises sont restreintes aux avaries particulières

(1) La police française (art. 11, dern. alin.) fait allusion à la division des marchandises en séries, quand elle dispose : « La franchise est toujours calculée « sur la somme assurée, divisée, s'il y a lieu, en séries ». L'art. 12 (1er alin.) admet le règlement par séries pour les marchandises chargées autrement qu'en vrac.

(2) La police française d'assurance sur corps (art. 18) admet que les avaries ne sont payées par les assureurs que sous la déduction d'une franchise de 3 0/0 de la somme assurée pour les avaries particulières ; 1 0/0 de la dite somme pour les avaries communes ; 1 0/0 de ladite somme pour les recours des tiers. En cas de concours de plusieurs sortes d'avaries, la franchise retenue ne peut être supérieure au maximum de 3 0/0. Ces franchises s'appliquent aux navires à voiles. Pour les navires à vapeur, la franchise d'avarie particulière est réduite à 2 0/0 ; les franchises d'avaries communes et des recours des tiers sont supprimées.

(3) Il en est autrement dans plusieurs pays étrangers, spécialement en Allemagne, en Angleterre, en Hollande.

constituant des dommages matériels; elles ne s'appliquent pas, au contraire, aux avaries-frais, ni, en général, aux avaries communes. Les raisons qui les font stipuler ne se présentent point pour ces avaries (1) (2). En outre, d'ordinaire, les franchises sont écartées dans les cas de délaissement.

1302. Les polices ne se bornent pas toujours à stipuler des franchises partielles fixant le taux que l'avarie doit dépasser pour que l'assureur soit tenu envers l'assuré. Elles contiennent parfois des franchises d'une autre espèce, qui excluent tout droit de réclamation de l'assuré dans certains cas prévus. Dans ce nombre est la clause très usuelle d'après laquelle l'assureur ne répond pas des risques de guerre (n° 1225). Il y a aussi des clauses stipulant pour certaines marchandises d'une grande fragilité que l'assureur ne répondra des avaries subies par elles qu'autant qu'il y aura un accident caractérisé, par exemple, un abordage, un échouement, un incendie (3).

1303. *Clause franc d'avaries.* — Parmi ces clauses, se trouve la *clause franc d'avaries* dont le Code de commerce s'est occupé. L'effet de cette clause est de ne permettre à l'assuré d'agir contre l'assureur que dans les cas de sinistres majeurs, c'est-à-dire dans les cas où le délaissement est admis (4). Mais, d'après l'interprétation que donne

---

(1) La police française d'assurance sur facultés (art. 11) parle des *avaries particulière matérielle.*

(2) Les avaries communes doivent être remboursées intégralement d'après la police française d'assurance sur facultés (art. 9, 1er alin.); mais la police française d'assurance sur corps (art. 19) admet, comme il a été dit plus haut (p. 335, note 2), une franchise de 1 0/0 pour les avaries communes. C'est une disposition qui ne peut se justifier. « Quant à l'avarie commune, dit M. de Courcy, « elle est toujours un accident caractérisé, et la nature des choses ne me pa-« raît pas comporter la déduction d'une franchise de 1 0/0 inconnue dans tous « les pays du nord. » Il a été fait droit à cette critique pour les navires à vapeur. V. de Courcy, *Commentaire des polices françaises d'assurance sur corps*, p. 125 et suiv.

(3) V. *Police française d'assurance sur facultés*, art. 10, alin. 1 et 2.

(4) Les effets de la clause *franc d'avaries* étaient fort discutés dans l'ancien Droit. Valin (sur l'art. 47, liv. III, tit. VI de l'Ordonnance) trouvait cette clause *dangereuse et naturellement injuste*. Il rappelait que, selon les auteurs italiens, elle ne devait pas s'étendre aux avaries extraordinaires et encore moins au jet fait pour éviter le naufrage et il admettait qu'elle n'était licite que pour les petites avaries et les voyages de courte durée. Emérigon (ch. 12, sect. 45 et 46) et Pothier (*Assurances*, n° 163) décidaient que cette clause était licite et

le Code lui-même (art. 409) de cette clause, dès qu'un sinistre majeur s'est produit, l'assuré peut aussi bien exercer l'action d'avarie qu'opérer le délaissement. Cette action est, en effet, de l'essence du contrat d'assurance (n° 1368).

La clause « franc d'avaries » se justifie surtout quand il s'agit de marchandises tellement sujettes à détériorations que l'assureur peut craindre d'être soumis à d'incessantes réclamations.

1304. *Assurance sur bonne arrivée.* — Parfois les polices vont encore plus loin. Ainsi, un navire peut être l'objet d'une *assurance sur bonne arrivée.* Dans cette assurance, toute réclamation de l'assuré est exclue, même en cas de sinistre majeur, si le navire n'est pas réduit à l'état de débris. Il est dangereux pour les assureurs de conclure de telles conventions ; l'assuré se trouve intéressé par elles à la destruction du navire lorsqu'il a subi seulement des avaries légères. Aussi l'assurance sur bonne arrivée est-elle fort rare (1).

1305. *Assurance partielle.* — Il a toujours été supposé jusqu'ici pour plus de simplicité, que la chose assurée l'avait été pour l'intégralité de sa valeur. Il arrive souvent que la somme assurée est inférieure à cette valeur. Dans ce cas, il y a lieu d'appliquer les règles posées précédemment pour le règlement par avaries, en tenant compte seulement de ce que l'assuré a conservé un dé-

devait être interprétée en ce sens que l'assuré ne pourrait faire des réclamations à l'assureur que dans les cas de sinistres majeurs. C'est l'interprétation que consacre l'art. 409, C. com..

Les assureurs ont cherché à échapper au danger incontestable que la clause peut présenter pour eux. D'après l'art. 19 de la police française d'assurance sur corps, « en cas d'échouement suivi de remise à flot, tous les frais à la « charge du navire faits pour le renflouement, sont remboursés sans retenue « au prorata des sommes assurées, *même dans les risques souscrits franc* « *d'avaries.* » Cette clause de la police prévoit un cas spécial. Mais peut-être est-il possible, même dans le silence des polices, de généraliser l'idée y renfermée, en décidant que le capitaine (ou le propriétaire du navire) peut, malgré la clause *franc d'avaries,* réclamer le remboursement des dépenses extraordinaires qu'il a faites pour restreindre, dans les limites du possible, les conséquences de la fortune de mer. Cette opinion est défendue par M. Laurin sur Cresp, IV, p. 221 et 222.

(1) L'art. 22 1° de la police française d'assurance sur corps interdit les assurances sur bonne arrivée du navire. Toute assurance faite contrairement à cette prescription réduit d'autant la somme assurée sur le navire.

couvert et est, par conséquent, resté son propre assureur pour l'excédent de la valeur de la chose assurée sur le montant de l'assurance. Aussi, dans tous les cas, quelque minime que puisse être le dommage, l'assuré le conserve à sa charge dans la mesure où il est resté son propre assureur. Si, par exemple, une cargaison de 100,000 fr. est assurée pour 50,000 fr. seulement et si une avarie n'atteint que 20,000 fr., l'assureur n'a à payer que 10,000 fr., par cela même que l'assurance n'est faite que pour la moitié de la valeur de la chose assurée.

Du reste, la convention contraire est possible, c'est-à-dire qu'il peut être stipulé que, l'assurance n'étant faite que pour une partie de la chose assurée, les avaries seront remboursées intégralement par cela seul qu'elles ne dépasseront pas la somme assurée.

1306. L'assuré doit notifier à l'assureur les avis qu'il reçoit d'accidents de mer ; cette notification doit être faite dans les trois jours de la réception de l'avis. La règle posée à cet égard par l'art. 374, C. com., est commune à l'action d'avarie et au délaissement ; le texte de l'article l'indique expressément. Cette obligation a pour but principal de mettre l'assureur à même de prendre les mesures nécessaires pour atténuer encore, s'il est possible, les conséquences du sinistre, notamment par un sauvetage.

Aucune forme spéciale n'est prescrite pour cet avis ; mais il semble résulter du mot *signification* employé par le Code de commerce, qu'un avis verbal ne serait pas suffisant.

L'avis doit être donné à l'assureur. En conséquence, un avis donné à la Chambre de commerce d'une ville déterminée et mentionné sur un registre, ne serait pas admissible, à moins qu'il n'y eût à cet égard une clause formelle dans la police (1).

Le défaut complet d'avis ou le retard mis à le signifier, n'entraîne pas la nullité de l'assurance. Ils peuvent seulement permettre à l'assureur de réclamer une indemnité, en vertu de l'art. 1382, C. civ., à raison du préjudice en résultant pour lui, c'est-à-dire que l'assuré doit conserver à sa charge les pertes, frais et dommages qui auraient

---

(1) Sous l'empire de l'Ordonnance de 1681, on se contentait, en général, d'une déclaration insérée dans un registre tenu à la Chambre de commerce, V. Émérigon, chap. XVII, section V.

pu être évités par l'assureur, s'il avait reçu l'avis de l'accident dans le délai fixé par la loi. L'indemnité à payer par l'assureur peut se trouver ainsi diminuée par voie de compensation.

1307. En cas de délaissement, sous des sanctions sévères, le Code de commerce exige la déclaration des autres assurances conclues par l'assuré (art. 379 et 380) (1). Par une singularité impossible à justifier, aucune obligation de ce genre n'est imposée à l'assuré en cas d'exercice de l'action d'avarie ; on ne peut suppléer au silence de la loi sur ce point (2).

1308. Le délai du paiement de l'indemnité qui est, pour le cas de délaissement, fixé par la loi (art. 382, C. com.) à défaut de stipulation dans la police, ne l'est pas, au contraire, pour le cas de règlement par avarie. Aussi, dans ce dernier cas, le paiement peut en être réclamé dès qu'il est justifié de l'avarie (3). Les polices dérogent seulement presque toujours à la règle, en accordant un délai après la remise des pièces justificatives (4).

1309. L'indemnité à payer ne subit pas toujours une réduction seulement à raison des franchises. On la réduit aussi parfois quand elle est payée avant l'époque fixée ; il y a alors *bonification* ou *escompte pour prompt paiement*. Sur certaines places, cette déduction se fait en vertu de l'usage en l'absence même de toute stipulation dans la police.

1310. En principe, l'assuré est complètement libéré et n'est plus responsable des avaries qui peuvent survenir par la suite, quand il a payé une indemnité égale à la somme assurée (5). Dans le cas opposé, l'assureur reste garant des accidents de mer jusqu'à concurrence de l'excédent de la somme assurée sur l'indemnité antérieurement payée, pourvu que ces accidents se produisent avant la fin de l'assurance.

1311. Le paiement de l'indemnité d'assurance ne produit pas toujours seulement la libération totale ou partielle de l'assureur. Quand

---

(1) V. nᵒˢ 1400 et suiv.
(2) V. pourtant de Valroger, IV, nᵒ 1834.
(3) De Valroger, IV, nᵒ 1856.
(4) V. *police française d'assurance sur corps*, art. 25 ; *police française d'assurance sur facultés*, art. 14.
(5) V. nᵒ 1609.

des tiers ont causé l'accident par leur faute, l'assureur est légalement subrogé aux droits de l'assuré contre ceux-ci. Dans les assurances non maritimes, on discute sur le point de savoir si l'assureur est subrogé légalement à l'assuré, en vertu de l'art. 1251 3°, C. civ., quant aux créances nées des accidents dont l'assureur est garant (1). Mais, en matière d'assurances maritimes, la tradition est favorable à la subrogation légale (2), bien qu'il n'y ait pas de motif rationnel pour distinguer entre les différentes assurances. Il va de soi qu'une subrogation conventionnelle est également possible (art. 1250 1°, C. civ.); on comprend qu'on la fasse pour éviter toute difficulté.

1312. Le fait du tiers auquel l'avarie est imputable, a été la cause du dommage subi par l'assureur, en ce sens qu'il a donné naissance à l'action d'avarie contre celui-ci. Aussi, en vertu du principe général des art. 1382 et 1383, C. civ., l'assureur a contre ce tiers, de son chef, une action directe (3).

1313. Malgré l'action directe fondée sur les art. 1382 et 1383, C. civ., l'assureur peut avoir intérêt à invoquer le bénéfice de la subrogation. L'action directe de l'assureur ne peut exister que contre ceux auxquels il peut reprocher un délit ou un quasi-délit à son égard. Or, comme généralement nous sommes obligés de nous abstenir d'actes dommageables aux autres personnes, non d'agir à leur profit, il faut, pour qu'il y ait délit ou quasi-délit, un fait actif; une simple omission ne suffit pas. L'assuré a bien contre les personnes avec lesquelles il a contracté, une action pour omission de soins ; l'assureur peut être subrogé à cette action contre ces personnes; mais il ne pourrait agir contre elles de son chef en vertu des art. 1382 et

---

(1) Demolombe, XXVII, n° 595.

(2) Pothier, *Traité du contrat d'assurance*, n°s 52, 65 et 165. Trib. comm., Marseille, 23 nov. 1860, *Journ. de Marseille*, 1860. 1. 317. — J.-V. Cauvet, I, n° 319.

(3) Trib. comm. Seine, 15 fév. 1883, *la Loi*, n° du mars 1883; Trib. comm. Seine, 12 juill. 1888, *Revue internat. du Droit maritime*, 1888-89, p. 614. — L'action directe fondée sur les art. 1382 et 1383, C. civ., est admise aussi dans les assurances non maritimes. V. Cass. 22 déc. 1852, S. 1853. 1. 109; Chambéry, 5 fév. 1881. — Cour d'assises du Jura, 28 juin 1884, S. 1885. 2. 219; *J. Pal.* 1885. 1. 1253. L'action directe a pour les assurances non maritimes une importance plus grande si l'on reconnaît que, dans ces assurances, la subrogation légale n'est pas admise.

1383, C. civ. Ainsi, l'assuré sur facultés a une action en indemnité contre le capitaine dont le défaut de soins a causé des avaries aux marchandises et contre le propriétaire du navire civilement responsable; l'assureur peut intenter cette action comme subrogé à l'assuré, mais l'assureur n'aurait pas de son chef, en pareil cas, d'action contre le capitaine ni contre le propriétaire du navire.

1314. Au contraire, l'assureur peut parfois avoir avantage à agir en vertu des art. 1382 et 1383, C. civ., plutôt que d'invoquer la subrogation. Ainsi, il peut se faire que, par la faute d'un capitaine étranger, un navire appartenant à des étrangers soit abordé. Si le navire a été assuré par une compagnie d'assurance française, on peut soutenir que, comme subrogée, elle n'a pas plus de droit que l'assuré; elle ne peut donc actionner le capitaine étranger devant les tribunaux français (1) (2). Au contraire, le droit de la compagnie française d'agir devant nos tribunaux résulte avec certitude de l'art. 14, C. civ., si elle agit de son chef en vertu des art. 1382 et 1383, C. civ.

1345. L'action directe, accordée à l'assureur contre les tiers auteurs du dommage, fait, en matière d'assurance sur facultés, naître une difficulté spéciale. Souvent il est stipulé dans le connaissement que le propriétaire du navire ne sera pas responsable des fautes du capitaine envers l'affréteur. Celui-ci n'ayant pas d'action contre le propriétaire du navire, il ne peut être question pour l'assureur des marchandises d'agir contre lui en vertu de la subrogation. Mais, l'assureur ne peut-il pas actionner le propriétaire du navire en vertu des art. 1382 et 1383, C. civ., en supposant, bien entendu, que le capitaine ait commis une faute *in committendo* (n° 1314)? On pourrait être tenté de résoudre cette question affirmativement, en faisant remarquer que la clause de non-responsabilité n'est pas opposable à l'assureur, par cela même qu'il n'agit pas, comme subrogé, en vertu du contrat d'affrétement. Le résultat serait bien contraire à l'intention des parties; elles ont voulu décharger le propriétaire du navire de la

---

(1) On a discuté, en effet, sur le point de savoir si le Français, cessionnaire de la créance d'un étranger contre un autre étranger, jouit du bénéfice de l'art. 14, C. civ. La même question peut être discutée au cas de subrogation quand le subrogeant et le débiteur étant des étrangers, le subrogé est un Français.

(2) Cass, 12 août 1872, *Journ. de Marseille*, 1873. 2. 181; Trib. comm. Seine, 15 fév. 1883, *la Loi*, n° du 2 mars 1883.

responsabilité des fautes du capitaine. Malgré la clause formelle du connaissement à cet égard, l'assurance des marchandises enlèverait donc au propriétaire du navire le bénéfice de la non-responsabilité.

On doit, selon nous, écarter ce résultat inique et fâcheux, sans méconnaître la nature de l'action de l'assureur qui, agissant de son chef, n'a pas à subir les moyens de défense opposables à l'assuré. Si l'assureur pouvait agir contre la compagnie de transport comme responsable des fautes du capitaine, celle-ci aurait un recours contre le voyageur (ou le chargeur) qui était convenu que la compagnie n'encourrait pas de responsabilité et qui cependant y a donné lieu en contractant une assurance. Le bénéfice même de l'assurance disparaîtrait pour l'assuré par suite de ce recours. L'assureur est, sinon un garant proprement dit, du moins une sorte de garant. Il ne peut former une demande qui, si elle réussissait, ferait subir un dommage à l'assuré qu'il a promis d'indemniser ou, si l'on veut, de garantir. La règle : *quem de evictione tenet actio, eumdem agentem repellit exceptio*, est applicable à l'assureur dans ses rapports avec l'assuré. Grâce à cette règle, on évite de détruire l'effet de la clause de non-responsabilité dans le cas où le chargeur a contracté une assurance.

1316. Prescription. — L'action d'avarie est soumise à la prescription de cinq ans, comme d'ailleurs toute action dérivant du contrat d'assurance (art. 432), autre que l'action en délaissement (1). Il en est ainsi notamment de l'action en paiement de la prime. Cette prescription court de la date du contrat. Il y a là une exception aux principes généraux du droit, d'après lesquels l'action n'aurait dû commencer à se prescrire qu'à partir du jour où l'indemnité d'assurance est devenue exigible (art. 2257, C. civ.). Cette dérogation s'explique surtout par le désir du législateur de mettre un terme aux contestations relatives aux événements de mer. Elle n'a aucun inconvénient pratique. Les contrats d'assurance ont presque toujours une durée bien inférieure à cinq ans et ce laps de temps est suffisant pour comprendre la durée du contrat et le délai de la prescription.

1317. Mais cette règle de l'art. 432 ne peut empêcher d'admettre

(1) V. art. 373, C. com. et nos 1394 et suiv.

que, dans le cas où l'assurance ne doit avoir effet qu'à partir d'une certaine date, la prescription ne court qu'à compter de celle-ci. Le contrat d'assurance n'existe réellement que lorsque cette date est arrivée et il serait exorbitant de faire courir une prescription avant même que l'obligation à laquelle on l'applique ait pu naître (1).

1318. Dans les polices flottantes ou d'abonnement, chaque application nouvelle à un chargement détermine le point de départ d'une prescription de cinq ans (2).

1319. Pour les assurances faites par période, par exemple à l'année, une prescription distincte doit courir pour les actions afférentes à chaque période (3).

1320. Par cela même que la réassurance est une assurance régie, en principe, par toutes les règles applicables à ce contrat, la prescription de cinq ans est faite pour les actions nées de la réassurance (4). Il en est ainsi spécialement de l'action d'avarie appartenant au réassuré contre le réassureur. A défaut de disposition spéciale suspendant la prescription de cette action jusqu'au jour où le réassuré lui-même a été actionné par l'assuré, elle doit courir de la date de la réassurance (5).

1321. FIN DE NON-RECEVOIR. — Il peut arriver que l'action d'avarie soit paralysée en vertu de l'art. 435. Cette disposition déclare non recevables toutes actions contre les assureurs, pour dommage arrivé à la marchandise, si elle a été reçue sans protestation. Il faut que cette protestation soit, à peine de nullité, faite et signifiée dans les 24 heures et suivie d'une demande en justice dans le mois de sa date.

Il résulte des termes mêmes du Code de commerce qui parle *de la*

(1) Desjardins, VIII, n° 1700.
(2) Aix, 14 janv. 1889.
(3) Desjardins, VIII, n° 1700, p. 173; de Valroger, V, n° 2265.
(4) Cass. 3 déc. 1860 D. 1861. 1. 31.
L'application de la prescription de cinq ans donne un grand intérêt à la question de savoir si un contrat constitue ou ne constitue pas une véritable réassurance. V. Trib. comm. Marseille, 17 nov. 1887, Aix, 14 janv. 1889, Paris, 13 déc. 1890, *Revue internationale du Droit maritime,* 1887-88, p. 453; 1888-89, p. 536; 1892-93, p. 516.
(5) Paris, 30 nov. 1887.

marchandise, que cette fin de non-recevoir est inapplicable aux assurances sur corps (1). Au contraire, elle s'applique aux assurances
sur facultés. Elle n'y est même pas admise sans distinction : elle s'applique seulement aux avaries particulières et aux avaries communes,
quand l'assuré est celui dont la chose a été atteinte par le sacrifice
ou qui a fait la dépense extraordinaire. Mais la fin de non-recevoir
doit être écartée :

a. Quand il y a eu perte totale; une des conditions exigées pour
qu'elle soit opposable, la réception des marchandises, fait alors nécessairement défaut.

b. Quand l'assuré, n'ayant pas eu ses marchandises endommagées
par le sacrifice et n'ayant pas fait de dépense extraordinaire dans l'intérêt commun, se borne à réclamer à l'assureur le montant de sa
contribution à l'avarie commune. L'assuré n'ayant dans ce cas rien à
réclamer au moment de la réception des marchandises, on ne com-
prendrait pas comment il serait exigé qu'il protestât dans les
24 heures.

1322. Cette fin de non-recevoir a suscité des critiques. Parfois le
réceptionnaire ne connaît pas l'assureur; il est exorbitant dans ce cas
de déclarer l'assuré déchu pour défaut de réclamation dans les
24 heures (2). Les assureurs paraissent généralement ne pas opposer
alors la fin de non-recevoir. On peut, du reste, soutenir qu'en pareil
cas, il y a une impossibilité qui doit faire écarter la nécessité d'une
réclamation formée dans le délai fixé par l'art. 435, C. com. (3).

Il ne faut pas confondre ce cas avec celui où l'assureur est connu
du réceptionnaire, mais n'est ni présent ni représenté au lieu du déchargement. Dans ce dernier cas, la réclamation est possible, elle peut
être faite et signifiée, soit au maire (art. 68, C. pr. civ.), soit, en
pays étranger, à la chancellerie du consulat (4).

1323. Conformément aux principes généraux du droit, il peut être
stipulé qu'une prescription plus courte que celle de cinq ans sera ap-

---

(1) Laurin sur Cresp, IV, p. 207 et 208. Bordeaux, 7 mai 1839; Trib. comm.
Marseille, 18 sept. 1840, *Journ. de Marseille*, 1840. 2. 1; 1841. 1. 49.
(2-3) De Courcy, *Questions de Droit maritime* (1re série), p. 196 et suiv.;
(4e série), p. 426.
(4) Desjardins, VIII, n° 1736, p. 242; de Valroger, V, n° 2332.

pliquée; mais elle ne peut être remplacée par une prescription de plus longue durée (1).

Quant à la fin de non-recevoir, rien n'empêche, soit de l'exclure complètement, soit de la soumettre à des conditions plus ou moins rigoureuses que celles de l'art. 435, C. com. (2).

1324. Une difficulté s'élève sur le point de savoir si l'assureur a une autre fin de non-recevoir contre l'assuré.

Il est possible que l'assuré n'ait pas fait le nécessaire pour conserver ses droits contre les tiers à raison de l'accident survenu. L'assureur se trouvant alors privé du bénéfice de la subrogation, ne peut-il pas invoquer contre l'assuré la règle de l'art. 2037, C. civ., qui déclare la caution libérée lorsque, par le fait du créancier, la subrogation de la caution à ses droits est devenue impossible?

On a soutenu que l'assureur peut se prévaloir de l'art. 2037, C. civ. (3). Le bénéfice de la fin de non-recevoir établie par l'art. 2037, n'appartient sans doute pas à tous ceux qui ont droit à la subrogation légale. Il n'est accordé qu'à la caution et doit être refusé notamment au débiteur solidaire (4). Cela, toutefois, n'implique pas, dit-on, que le bénéfice de l'art. 2037 doive être refusé à l'assureur. Il y a, en effet, entre l'assurance et le cautionnement la plus grande ressemblance. Ces deux contrats sont des contrats de garantie : l'assureur garantit l'assuré contre les dommages éventuels comme la caution garantit le créancier contre l'insolvabilité possible du débiteur principal. Cette solution est d'ailleurs très équitable. Elle se justifie particulièrement dans le cas très fréquent où l'assureur a garanti la baraterie de patron.

Selon nous, la fin de non-recevoir de l'art. 2037, C. civ., doit au

---

(1) V. ce qui est dit, à propos du contrat de transport, des conventions relatives à la durée de la prescription, *Traité de Droit commercial*, III, n° 686.

A raison même de son caractère exceptionnel, la prescription quinquennale n'est pas applicable aux assurances non maritimes ; les actions qui en naissent, sont soumises seulement à la prescription trentenaire. Mais, en fait, les polices d'assurances non maritimes établissent d'ordinaire une prescription beaucoup plus courte. V. *Journ. des assurances*, 1895, p. 51 et suiv.

(2) Il n'y a pas, en cette matière, de disposition analogue à celle de l'art. 105, C. com., V. *Traité de Droit commercial*, III, n° 652.

(3) J.-V. Cauvet, I, p. 334 et suiv. — C'est l'opinion que nous avons soutenue. V. *Précis de Droit commercial*, II, n° 2246, et note 2 de la p. 423.

(4) Aubry et Rau, IV, § 429, p. 696 à 698.

contraire être exclue en matière d'assurance maritime (1). L'art. 2037, C. civ., prononce une déchéance et ne peut, par suite, être étendu par voie d'analogie. Du reste, entre un assureur et une caution, il y a des différences expliquant qu'en droit, l'assureur ne soit pas traité comme une caution, notamment quant à la fin de non-recevoir dont il s'agit. Le cautionnement est un contrat accessoire se rattachant au contrat principal d'où est née la dette garantie. En outre, la caution rend d'ordinaire au débiteur un service gratuit. A ce titre, la caution est très digne d'intérêt et l'on comprend que la loi lui accorde des bénéfices divers. Au contraire, l'assurance est un contrat indépendant et l'assureur ne rend pas à l'assuré un service gratuit ; celui-ci lui paie une prime. Par suite, on peut supposer, comme le fait la loi, que la caution ne se serait pas obligée si elle n'avait pas compté sur la subrogation aux droits du créancier, et il est équitable de déclarer la caution libérée quand, par suite du fait de ce créancier, la subrogation est devenue impossible. On ne saurait faire le même raisonnement à l'égard de l'assureur ; sans doute, la subrogation aux droits de l'assuré est avantageuse pour lui. Mais elle n'a pas dû être pour lui la cause déterminante de l'assurance ; ce que l'assureur prend en considération, c'est le montant de la prime fixé d'après les chances de réalisation des risques. D'ailleurs, les risques se réalisent parfois sans le fait d'un tiers ; il ne peut pas alors être question de subrogation. Comment l'assureur peut-il soutenir qu'il a compté sur elle et que, sans cela, il n'aurait pas conclu l'assurance ?

Le fait très ordinaire que la police met la baraterie de patron à la charge de l'assureur, implique que les parties ont porté leur attention sur le cas où des risques se réaliseraient par suite d'une faute du capitaine. Mais la clause relative à la baraterie de patron ne modifie point la nature du contrat d'assurance ; l'assureur ne devient pas une caution garantissant l'efficacité des recours de l'assuré contre le capitaine. Les avaries provenant de la faute du capitaine sont seulement assimilées aux avaries provenant d'un cas fortuit au point de vue de la responsabilité de l'assureur.

Mais il ne faut pas conclure de la non-application de l'art. 2037,

---

(1) Cass. 2 mars 1886, S. 1887. 1. 17; *J. Pal.* 1887. 1. 25 (note de Ch. Lyon-Caen); D. 1887. 1. 33.

C. civ., au profit de l'assureur, que celui-ci ne peut pas échapper à toute responsabilité, en prouvant que l'assuré a rendu, par son fait, sa subrogation impossible aux droits de l'assuré contre les tiers. L'assuré n'est pas obligé seulement de payer la prime ; il est encore tenu de plusieurs obligations, notamment d'agir en cas de sinistre comme si l'assurance n'existait pas, c'est-à-dire de faire tout ce qui est en lui pour restreindre le dommage dans les limites les plus étroites possibles. C'est en vertu de cette obligation générale que l'assuré doit, d'après l'art. 381, C. com., travailler au sauvetage des effets naufragés. Si l'assuré ne travaille pas au sauvetage ou n'y travaille que d'une façon insuffisante, il est responsable envers l'assureur et l'indemnité à laquelle il a droit contre celui-ci peut être, par suite, diminuée.

Ce que le Code dit du sauvetage n'est qu'une application de l'obligation générale de l'assuré. De cette obligation il est naturel de déduire que l'assuré doit, en cas de sinistre, remplir toutes les formalités nécessaires pour conserver ceux de ses droits qui sont destinés à passer à l'assureur par l'effet de la subrogation. L'assuré contribue ainsi à diminuer l'indemnité qui lui est due par l'assureur; ce que l'assuré touche des tiers auteurs du dommage vient en déduction de cette indemnité. Si l'assuré manque à cette obligation et perd ses droits contre les tiers, il est responsable envers l'assureur, et cette responsabilité entraîne la réduction ou la diminution de l'indemnité due à l'assuré (1) (2).

Au reste, l'assureur ne peut reprocher à l'assuré sa négligence et

---

(1) De Courcy, *Revue critiq. de législ. et de jurisp.*, 1887, p. 315; *Questions de Droit maritime* (4ᵉ série), p. 413 et suiv.; Cruysmans, article dans la *Jurisprudence du Port d'Anvers*, 1886. 2. 72.

(2) Des Codes étrangers plus récents que le Code français, ont eu le soin d'indiquer l'obligation générale de l'assuré que nous venons de mentionner et d'en déduire cette conséquence que l'assuré doit remplir toutes les formalités nécessaires pour la conservation des droits qui doivent passer à l'assureur. Loi *belge* sur les assurances du 11 juin 1874 (art. 17); loi *belge* sur le commerce de mer, du 21 août 1879 (art. 221). D'ailleurs, à défaut de texte légal formel, les polices contiennent des clauses ayant précisément cette portée. Ainsi l'art. 30, 2ᵉ alin., de la *police française d'assurance sur corps*, et l'art. 19 3ᵉ alin., de la *police d'assurance sur facultés*, disposent : « L'assuré est responsable de sa négligence à prendre les mesures de conservation, ainsi que des obstacles qu'il apporterait à l'action des assureurs. »

repousser l'action de celui-ci en tout ou en partie qu'autant que cette négligence a causé un préjudice à l'assureur. En bien des cas le préjudice n'existe point, parce que l'assureur a, de son chef, indépendamment de la subrogation contre les tiers ayant causé le dommage, une action fondée sur les art. 1382 et 1383, C. civ. (n° 1313). Mais, parfois il n'en est pas ainsi : l'assureur ne peut avoir contre ces tiers qu'une action dérivant de la subrogation et, s'il en est privé par suite de la négligence de l'assuré, l'assureur ne peut aucunement agir. C'est là ce qui se produit quand un tiers est responsable envers l'assuré à raison d'une simple omission et non d'un fait actif (n° 1314).

1325. Du délaissement. — Le délaissement a un caractère exceptionnel. Le Guidon de la mer (Chapitre VII) le qualifiait *d'extrême remède*. C'est seulement dans des cas déterminés, qu'on appelle cas de *sinistres majeurs*, qu'il peut être fait.

Il est facile d'apercevoir quels avantages généraux le délaissement présente pour l'assuré. Celui-ci touche la somme assurée entière, sans avoir à subir les lenteurs auxquelles donne lieu dans le règlement par avaries la fixation d'une indemnité proportionnée au dommage. Il est un cas où l'assuré attendrait indéfiniment pour toucher une indemnité si le délaissement n'était pas admis, c'est celui du défaut de nouvelles; par suite de l'impossibilité de prouver la perte, l'assuré ne pourrait rien réclamer à l'assureur.

Mais, en fait, le délaissement donne souvent lieu à des abus. L'assuré a intérêt à délaisser pour toucher la somme assurée, quand celle-ci excède la valeur de la chose assurée. L'assuré peut également vouloir se débarrasser sur l'assureur d'une spéculation qui paraît tourner mal. Aussi arrive-t-il que des assurés usent de moyens frauduleux pour faire croire qu'on se trouve dans un cas de sinistre majeur. Le délaissement ne peut se justifier d'une façon rationnelle que : 1° lorsque l'assuré est dépossédé de la chose assurée; 2° quand la perte partielle ou la détérioration est assez grave pour empêcher l'assuré d'atteindre son but; 3° quand il y a eu défaut de nouvelles pendant un temps assez long pour qu'il soit vraisemblable qu'il y a eu perte totale.

On peut présenter le délaissement comme reposant sur une fiction en vertu de laquelle, la chose assurée étant considérée comme ayant péri entièrement, l'assuré touche de l'assureur la somme assurée entière (1).

Le délaissement paraît être contemporain de l'introduction de l'assurance dans la pratique commerciale ; il était admis au xvie siècle (2). Les législations maritimes modernes l'ont consacré ; il est connu en Grande-Bretagne sous le nom d'*Abandonment;* en Allemagne, on l'appelle *Abandon* et en Italie, *Abbandono.*

1326. Malgré la similitude de sens qu'ont les deux mots dans le langage ordinaire, le *délaissement* et l'*abandon* constituent en droit maritime deux bénéfices entièrement différents. L'abandon du navire et du fret n'a aucun lien avec l'assurance ; c'est l'acte par lequel le propriétaire d'un navire, pour se libérer des obligations dont il est tenu à raison des actes ou des faits du capitaine, abandonne aux créanciers le navire et le fret. L'abandon est donc fait par un débiteur à ses créanciers. Le délaissement, au contraire, suppose essentiellement une assurance ; c'est l'acte par lequel l'assuré, voulant toucher la somme assurée entière, bien qu'il n'y ait pas perte totale ou que celle-ci ne soit pas prouvée, abandonne à l'assureur ce qui peut rester de la chose assurée. Le délaissement est donc fait par un créancier (l'assuré auquel la somme assurée est due) à son débiteur (l'assureur qui la doit).

1323. A propos du délaissement, les quatre points suivants doivent être examinés :

1° *Quels sont les cas de sinistres majeurs ou cas dans lesquels le délaissement est possible;* 2° *que doit comprendre le délaissement;* 3° *quels effets produit le délaissement;* 4° *quelles sont les formes du délaissement et dans quels délais doit-il être opéré, à peine de déchéance pour l'assuré?*

1328. 1° DES CAS DE DÉLAISSEMENT. — Le Code de commerce (art. 369

---

(1) C'est bien à cette sorte de fiction qu'on fait allusion en Angleterre lorsqu'on indique que le délaissement est possible dans les cas de *constructive total loss,* V. n° 1374 *bis.*

(2) V. Goldschmidt, *Handbuch des Handelsrechts* (3e édition), p. 377.

à 371 et 375) énumère les cas de délaissement, et cette énumération est limitative, comme cela résulte de l'art. 371, C. com., d'après lequel *tous autres dommages sont réputés avaries et se règlent entre les assureurs et les assurés à raison de leurs intérêts.* Du reste, l'énumération légale n'a qu'une importance pratique resteinte ; elle n'est pas impérative, mais interprétative. Elle ne reçoit son application que dans le silence de la police ; les parties peuvent à leur gré augmenter ou diminuer le nombre des cas où le délaissement sera possible. Ordinairement les polices le diminuent ; il en est ainsi des polices françaises d'assurances qui, en même temps, substituent aux dispositions du Code de commerce, parfois obscures et interprétées d'une façon peu rationnelle par la jurisprudence, des clauses plus claires et mieux coordonnées (1).

Il est néanmoins toujours utile d'expliquer les dispositions du Code de commerce. Les polices françaises d'assurances ne sont pas toujours admises. Puis, comme on l'a fait justement observer (2), il a été dérogé par les polices françaises aux art. 369 et suiv., C. com., plutôt en la forme qu'au fond, et les termes substitués à ceux du Code de commerce ont surtout pour but de dégager en quelque sorte l'esprit de la loi, qui ne résulte pas bien clairement de ses dispositions. Du reste, on ne saurait bien comprendre la portée des clauses des polices ayant pour but principal de corriger les vices de la loi, si l'on ne connaît les règles admises par elle et les interprétations parfois abusives qu'en a données la jurisprudence.

1329. D'après les art. 369 à 371 et 375, C. com., il y a *sept* cas de délaissement :

1° La prise ; 2° le naufrage ; 3° l'échouement avec bris ; 4° l'innavigabilité par fortune de mer ; 5° la perte ou la détérioration des effets assurés, si la détérioration ou la perte va au moins à trois quarts ; 6° le défaut de nouvelles ; 7° l'arrêt d'une puissance étrangère ou du gouvernement français. On a dit souvent que le Code

(1) La *Police française d'assurance sur corps* détermine les cas de délaissement dans les art. 8 à 12 ; la *Police française d'assurance sur facultés* les énumère dans l'art. 8. V. de Courcy, *Commentaire des polices françaises d'assurance maritimes*, p. 72 à 105 et p. 248 à 266.

(2) Laurin sur Cresp., IV, p. 99 et 100.

admet *huit* cas de délaissement. On arrive à ce chiffre, en s'attachant au texte de l'art. 369 qui fait, de l'arrêt par ordre d'une puissance étrangère et de l'arrêt par ordre du gouvernement français, deux cas distincts de délaissement (1). Cette distinction est sans utilité; les mêmes règles s'appliquent, quel que soit le gouvernement duquel l'arrêt émane. V. n°⁵ 1363 et suiv.

Le législateur ne paraît avoir visé que les assurances sur corps et sur facultés. Il y a lieu de se demander si le délaissement est admis dans les autres assurances, spécialement dans les assurances du fret et du profit espéré et, s'il y est admis, dans quels cas il y est possible. V. n°⁵ 1371 à 1374.

Il sera parlé des cas de sinistres majeurs admis par le Code de commerce (2), des clauses des polices françaises qui en restreignent le nombre et des cas où le délaissement est possible dans les assurances autres que les assurances sur corps ou sur facultés.

1330. *Défaut de nouvelles.* — Il arrive parfois que des navires se perdent au milieu des mers et qu'on n'a jamais cependant aucune preuve certaine de leur perte. A la rigueur, à défaut de cette preuve, l'assuré ne pourrait pas réclamer d'indemnité (art. 383, C. com.). Mais le législateur a admis que, lorsqu'un certain temps se serait écoulé sans qu'on reçût des nouvelles, la perte serait légalement présumée et qu'en conséquence, le délaissement serait possible (3). Il y a là quelque chose d'analogue à ce qu'est l'absence pour les personnes; la mort de l'absent ne peut pas être prouvée; mais, afin de ne pas laisser en souffrance une foule d'intérêts divers, les choses sont traitées, au moins à certains égards, comme si l'absent était mort. Il n'y a qu'une certaine analogie avec l'absence. En cas d'absence, les intérêts pécuniaires sont, en principe, réglés comme si l'absent était mort; mais ce règlement n'est pas définitif; il a lieu

---

(1) On lit dans l'art. 369, C. com.: *le délaissement des objets assurés peut être fait, en cas d'arrêt d'une puissance étrangère.* — *Il peut être fait en cas d'arrêt de la part du gouvernement après le voyage commencé.*

(2) Les cas de sinistres majeurs seront examinés sans suivre rigoureusement l'ordre de l'énumération faite par le Code de commerce.

(3) Cette cause de délaissement paraît avoir été une des plus anciennes admises : *Ordonnance de Barcelone de* 1435; *Guidon de la mer*, chap. 7, articles 12 et 15.

provisoirement, sous la réserve de la preuve, soit de la vie de l'absent, soit de celle du jour de son décès (art. 131 et 132, C. com.). Au contraire, quand les conditions exigées pour qu'il y ait défaut de nouvelles dans le sens légal sont réunies, le délaissement produit des effets définitifs qui subsistent, quoiqu'on vienne à prouver l'existence du navire. Dès qu'au moment où le délaissement devient irrévocable (V. n° 1386), le défaut de nouvelles s'est prolongé pendant le laps de temps requis, aucun fait postérieur ne peut faire revenir sur ce qui a été fait. D'après l'art. 385, 2e alin., C. com., « *l'assureur ne peut,* « *sous prétexte du retour du navire, se dispenser de payer la somme* « *assurée* ».

1331. Pendant combien de temps faut-il que le défaut de nouvelles ait persisté pour que le délaissement soit possible? Ce délai varie selon que le voyage entrepris par le navire était un voyage de long cours ou un voyage au cabotage. Il est d'un an dans le premier cas, de six mois dans le second (art. 375, C. com.) (1). C'est à propos de cette distinction que le Code de commerce (art. 377) définit les voyages de long cours; tous les autres voyages sont des voyages au cabotage (2). La définition du Code de commerce est reproduite dans la loi du 30 janvier 1893 relative à la marine marchande (n° 99).

Le point de départ du délai est le jour du départ du navire, si l'on n'a pas reçu de nouvelles, ou la date des dernières nouvelles (art. 375). On ne prend pas en considération la date de la réception des nouvelles, parce que l'existence du navire à cette date n'est pas prouvée. C'est pour une raison semblable qu'en matière d'absence, les délais après lesquels peut être prononcée la déclaration d'absence, courent de la date des dernières nouvelles (art. 115 et 121, C. civ.).

1332. Les règles qui viennent d'être posées, s'appliquent sans peine à l'assurance au voyage. Dans l'assurance à temps, se pose une question spéciale que le Code de commerce a résolue. Comment peut-on savoir s'il doit être présumé que la perte a eu lieu pendant

---

(1) Ces délais ont été établis par une loi du 2 mai 1862, qui a diminué de moitié les délais admis par le Code de commerce. Ils sont encore trop longs avec la rapidité et la facilité actuelle des communications.

(2) Une loi du 14 juin 1854 a modifié l'art. 377, C. com., qui définit les voyages de long cours.

la durée de l'assurance? On conçoit que l'assureur prétende qu'il n'est pas responsable, que, par suite, le délaissement ne peut pas lui être fait, parce que la perte est postérieure à l'expiration du temps de l'assurance. L'assureur échapperait à toute responsabilité s'il prouvait qu'il en a été effectivement ainsi. A défaut de cette preuve, la perte est réputée avoir eu lieu dans le temps de l'assurance, si c'est à cette période que se rapportent, par leur date, les dernières nouvelles, art. 376, C. com. (1).

Cette règle reçoit application au cas où il y a eu deux assurances successives. Lorsqu'il y a défaut de nouvelles, la perte est présumée s'être produite pendant l'assurance en cours à la date des dernières nouvelles. C'est à l'assureur ayant fait cette assurance, que, par suite, le délaissement peut être fait (2).

1333. En vertu du principe consacré par l'art. 376, C. com., si l'assurance à temps limité a été conclue après le départ ou après la date des dernières nouvelles, et si les délais de l'art. 375 expirent sans autres nouvelles du navire, l'assurance est réputée n'avoir jamais existé entre les parties; le délaissement ne peut pas plus être fait que l'assuré n'est obligé de payer la prime (3). L'art. 376 suppose une assurance qui a commencé à produire ses effets.

1334. Pour qu'il y ait défaut de nouvelles dans le sens de l'art. 375, C. com., il faut que personne n'ait reçu de nouvelles du navire. La présomption de perte serait détruite par des nouvelles reçues par un tiers aussi bien que par l'assuré; car, quel que soit le destinataire, la réception de nouvelles établit toujours l'existence du navire à la date de celles-ci.

1335. L'absence de nouvelles pendant le temps requis pour permettre le délaissement, est un fait négatif absolu. A raison de ce caractère, il n'est pas susceptible de preuve. L'assuré n'a qu'à déclarer qu'il n'a reçu aucune nouvelle du navire depuis la date qu'il indique. C'est ce que suppose l'art. 375, C. com. Il incombe à l'as-

---

(1) La question était discutée sous l'empire de l'Ordonnance de 1681 : Valin, art. 58, liv. III, tit. 6; Emérigon, chap. XIV, sect. IV, t. 7.

(2) De Valroger, VI, n° 1814 ; Desjardins, VII, n° 1569.

(3) Paris, 29 déc. 1893, Cpr. Bordeaux, 10 déc. 1890, *Revue internat. du Droit maritime*, 1890-91, p. 661. — Desjardins, VII, n° 1569, p. 278.

sureur de démontrer, s'il veut échapper au délaissement, que des
nouvelles ont été reçues du navire depuis moins de six mois ou
d'un an par l'assuré ou par toute autre personne (1).

1336. *Naufrage.* — Le naufrage est l'accident qui réduit le navire
à l'état de débris (2), à l'exclusion toutefois de l'échouement avec
bris qui, d'après l'art. 369, C. com., forme un cas de sinistre majeur distinct (n°⁵ 1340 et suiv.). Accurse disait : *dicitur naufragium
quasi navis fractura a nave et frango.* Une Déclaration royale du
15 juin 1735 (art. 5) avait défini le naufrage « la submersion du na-
« vire par l'effet de l'agitation violente des eaux, de l'effet des vents,
« de l'orage ou de la foudre, de manière à ce qu'il s'abîme entière-
« ment ou que de simples débris en surnagent. » Cette définition n'a
plus de valeur légale. Elle était, du reste, incomplète : il peut y
avoir naufrage sans submersion. C'est notamment ce qui a lieu au
cas d'abandon par son équipage d'un navire qui a perdu sa mâture,
ou dont la machine a fait explosion, de telle façon qu'il est devenu
ingouvernable. Dans ces cas, il y a vraiment une dépossession totale
justifiant la faculté de délaissement (3).

Il va, du reste, de soi que, lors même qu'il y a submersion, elle
ne peut constituer un naufrage quand elle est momentanée. En cas
de difficultés, il appartient au juge du fait de décider si elle a ou non
ce caractère (4).

1337. Mais, dès l'instant où il y a sauvetage, il n'y a pas naufrage
permettant de délaisser. Si le délaissement est possible, ce ne peut
être qu'en vertu d'une autre cause, spécialement de la perte ou de la
détérioration des trois quarts. Il serait exorbitant d'attacher la faculté
de délaisser à certains événements, en faisant abstraction de leurs
conséquences matérielles. Cette doctrine était celle de Pothier (5) et

---

(1) Cependant *la police française d'assurance sur corps* (art. 8. dern. alin.),
admet que « l'assuré doit justifier de la non arrivée ». D'après l'art. 8,
3ᵉ alin., de *la police française d'assurance sur facultés,* « l'assuré est tenu de
justifier de la non arrivée et de la date du départ ».

(2) V. Cass. 27. juill. 1857, D. 1858. 1. 392.

(3-4) V. sur ces points : Pardessus, II, n° 840; Em. Cauvet, I, n°⁵ 153 à 158;
Laurin sur Cresp, p. 101 et suiv.; de Courcy, *Questions de Droit maritime* (2ᵉ série), p. 328 et suiv.; de Valroger, IV, n° 1727; Desjardins, VII,
n° 1538.

(5) Pothier, *Traité de l'assurance,* n° 116.

de Valin (1). Mais elle était déjà combattue par Emérigon qui attachait au fait d'un naufrage une sorte de présomption légale de perte (2). L'opinion d'Emérigon a aujourd'hui pour elle la jurisprudence de la Cour de cassation (3) et beaucoup d'auteurs (4). On invoque en sa faveur le texte de l'art 369, qui mentionne le naufrage parmi les cas de sinistres majeurs sans réserver le sauvetage. On fait aussi valoir qu'autrement, l'assuré pourrait ne pas travailler au sauvetage pour ne pas se rendre non recevable à délaisser.

Du reste, on ne peut apercevoir la portée de cette question spéciale qu'autant qu'on a pris parti sur la question générale de savoir à quel moment on doit se placer pour examiner si, d'après les circonstances, il y a naufrage. V. n° 1387.

1338. Le naufrage du navire assuré permet le délaissement de celui-ci. Est-ce là aussi une cause de délaissement des marchandises assurées, alors même qu'elles seraient demeurées intactes ? Déjà cette question était discutée sous l'empire de l'Ordonnance de 1681 (5). La controverse a repris sous le Code de commerce. La jurisprudence est favorable au délaissement des marchandises assurées à raison du seul fait du naufrage du navire (6). Elle se fonde surtout sur ce que le Code de commerce, dans l'art. 369, ne fait pas de distinction entre le navire et les marchandises. Selon nous, au contraire, le délaissement des marchandises suppose qu'elles-mêmes ont été atteintes par le naufrage et, par suite, il ne peut être question d'en opérer le délaissement quand elles sont intactes, alors même qu'il y aurait naufrage du navire (7). Quand il s'agit d'autres cas de

---

(1) Sur l'art. 46, liv. III, tit. 6, de l'Ordonnance de 1681.

(2) Emérigon, *op. cit.*, chap. XVII, sect. II, § 5.

(3) Cass. 20 janv. 1869, S. 1869. 1. 243; *J. Pal.*, 1869. 615.

(4) Pardessus, III, n° 840; Desjardins, VII, n° 1538; de Valroger, IV, n° 1727.

(5) Valin (sur l'art. 46, liv. III. tit. VI) se prononçait contre le délaissement des marchandises assurées. Il constate que sa solution ne concordait pas avec l'opinion commune. Émérigon (chap. XVII, sect. 2, § 5) admettait, au contraire, le délaissement des marchandises.

(6) Cass. 7 janv. 1857, D. 1858. 1. 115; 20 janv. 1869, S. 1869. 1. 243; *J. Pal.*, 1869. 615; D. 1869. 1. 361. — Em. Cauvet, n° 157.

(7) Boistel, n° 1347; Laurin sur Cresp. IV, p. 101 et suiv.; Droz, II, n°s 495 et suiv.; Desjardins, VII, n° 1538 *bis*; de Courcy, *Questions de droit maritime* (2e série), p. 328 et suiv. — M. de Valroger, IV, n° 1730, rapporte la jurisprudence sans en faire la critique.

sinistres majeurs, de l'innavigabilité (art. 391 et suiv.) et de l'arrêt de puissance (art. 387 et 388), le Code de commerce distingue nettement, au point de vue du délaissement, le sort du navire et celui des marchandises. On ne voit pas pour quel motif on n'appliquerait pas la même distinction aux autres cas de sinistres majeurs, spécialement au naufrage. Autrement le naufrage du navire permettrait au propriétaire de marchandises demeurées intactes de se décharger sur son assureur des conséquences mauvaises de la spéculation entreprise par lui. On méconnaîtrait l'idée éminemment juste selon laquelle c'est la dépossession ou une détérioration y équivalant par sa gravité qui justifie le délaissement.

1339. *Echouement avec bris.* — L'échouement est l'action d'un navire qui touche un bas-fond, un rocher, un écueil, le rivage et s'arrête faute d'une quantité suffisante d'eau pour être maintenu à flot.

L'échouement peut provenir de causes diverses. Il peut y avoir échouement forcé, c'est-à-dire provenant d'un accident fortuit, comme la force du vent ou des vagues. L'échouement peut être volontaire, c'est-à-dire avoir lieu par la volonté du capitaine, dont le but est de faire échapper à un danger commun le navire et la cargaison (n° 913). Enfin, l'échouement peut provenir de la faute du capitaine ou des gens de l'équipage. Il est évident que, dans ce dernier cas, il ne peut être question ni du délaissement ni même de l'action d'avarie, à moins, ce qui, du reste, est le cas ordinaire, que l'assurance ne s'applique à la baraterie de patron (n°ˢ 1230 et suiv.).

1340. Les dispositions du Code de commerce (art. 369 et 389) se rattachent à l'interprétation de l'Ordonnance de 1681, qui avait prévalu. L'Ordonnance (art. 40, livre III, titre 6) admettait le délaissement en cas *de bris et d'échouement.* Valin décidait que l'échouement avec bris autorisait le délaissement, mais non le simple échouement sans bris, si le navire pouvait être relevé, radoubé et conduit à destination. Émérigon (chapitre XII, sect. XIII, § 2) critiquait la jurisprudence d'après laquelle l'échouement, fût-il sans bris, autorisait le délaissement alors même que le navire était conduit à destination ; il prétendait que l'Ordonnance avait entendu seulement le cas d'*échouement avec bris.* Afin d'écarter cette jurisprudence exorbitante, une

Déclaration royale du 17 août 1779 (art. 5) décida que le délaissement ne serait pas admis si le navire relevé continuait sa route jusqu'à destination.

Le Code de commerce vise expressément *l'échouement avec bris* et le comprend seul parmi les cas de délaissement, à l'exclusion de l'échouement simple.

Le mot *bris* a été la source de nouvelles difficultés, par cela même qu'aucun texte de loi n'en donne la définition. Il paraîtrait exagéré d'exiger que le navire lui-même fût brisé; il suffit que, par suite de la fracture d'une partie essentielle du navire, celui-ci ne puisse plus naviguer (1), comme cela arrive par la rupture de la machine, si le navire n'a pas une voilure suffisante pour naviguer. Il est vrai que l'art. 369 mentionne expressément l'innavigabilité et la perte des trois quarts parmi les causes du délaissement; mais c'est sans doute pour indiquer que, lorsque le navire est innavigable, lors même qu'il n'y aurait pas un échouement avec bris ou un naufrage caractérisé, le délaissement peut avoir lieu. Au reste, des cas de délaissement rentrent à la fois dans plusieurs dispositions de l'art. 369, C. com. On peut dire que sans doute le législateur a voulu permettre à l'assuré de toucher l'indemnité d'assurance sans attendre les résultats d'une tentative hasardeuse de renflouement et sans être dans la nécessité de prouver qu'il y a, soit innavigabilité, soit perte ou détérioration des trois quarts.

1341. En cas d'échouement avec bris, la faculté de délaisser subsiste-t-elle alors même que le navire peut être réparé et conduit jusqu'au port de destination? On soutient qu'elle subsiste, en faisant observer que l'échouement avec bris n'est pas l'innavigabilité, mais une fortune de mer constituant par elle-même un sinistre majeur (2). Du reste, on ne conteste pas qu'à raison de la facilité du renflouement, le juge peut décider qu'il n'y a pas réellement un échouement avec bris. Selon nous, au contraire, dès que le navire peut être, après un échouement avec bris, réparé et conduit au port de desti-

(1) Aix, 9 mars 1859, Marseille, 13 oct. 1865 et 5 août 1869; Aix, 21 avr. 1871, *Journ. de jurispr. de Marseille*, 1859. 1. 138; 1865. 1. 308; 1870. 1. 286; 1872. 1. 48. — Laurin sur Cresp, IV, p. 106 et suiv.; Em. Cauvet, nos 168 et suiv.; Boistel, no 1402; de Courcy, *Questions de droit maritime* (2e série), p. 338.
(2) Desjardins, VII, no 1541, p. 204; Em. Cauvet, II, no 168 ; De Valroger, IV, no 1729.

nation, le délaissement n'est pas admis (1). La Déclaration précitée de 1779 excluait le délaissement dans ces circonstances au cas d'échouement simple. Rien n'indique que le Code de commerce ait repoussé cette solution si rationnelle pour le cas d'échouement avec bris. L'art. 389, 1er alin., C. com., la consacre pour le cas d'innavigabilité ; il serait incompréhensible qu'une solution opposée fût admise au cas d'échouement avec bris. Il y a des motifs identiques pour donner la même solution dans les deux cas. Au reste, il va de soi que l'action d'avaries existe dans le cas prévu pour les avaries causées par l'échouement.

1342. L'échouement avec bris du navire permet-il par lui seul le délaissement des marchandises ? Cette question est toute semblable à celle qui se pose en cas de naufrage du navire, lorsqu'il s'agit de savoir si le naufrage du navire est une cause de délaissement pour les marchandises assurées (n° 1339). Nous ne saurions admettre, pour les motifs donnés à propos du naufrage, que l'échouement avec bris du navire soit de plein droit une cause de délaissement des marchandises (2). La question est pourtant généralement résolue dans un sens favorable au délaissement des marchandises (3), comme elle l'était déjà par la jurisprudence sous l'empire de l'Ordonnance de 1681 (4).

1343. *Innavigabilité par fortune de mer.* — A propos de ce cas de sinistre majeur que n'indiquait pas l'Ordonnance de 1681, le Code de commerce a nettement distingué entre le navire et les marchandises. On ne peut donc pas soutenir que l'innavigabilité du navire suffit pour donner lieu au délaissement des marchandises, comme on soutient que le naufrage ou l'échouement avec bris du navire est une cause suffisante de délaissement pour les marchandises.

L'innavigabilité consiste dans la situation d'un navire qui n'est plus en état de tenir la mer. Mais, par cela même que les assureurs ne

---

(1) Paris, 27 fév. 1841, *Journ. de jurispr. de Marseille*, 1841. 2. 59.

(2) Laurin sur Cresp, IV, p. 109 et suiv.; Boistel, n° 1402; de Courcy, *Questions de droit maritime*, 2e série, p. 332 et suiv.

(3) Marseille, 28 sept. 1855, 14 août 1857, *Journ. de Marseille*, 1855. 1. 302; 1857. 1. 229. — Em. Cauvet, II, n° 177; de Valroger, IV, n° 730.

(4) Valin critiquait vivement cette jurisprudence sur l'art. 46, liv. III, tit. 6, de l'Ordonnance.

répondent pas du vice propre (n° 1237), il faut que cet état provienne, soit d'un accident de mer, soit des fatigues de la navigation, pour qu'ils en répondent.

On a toujours distingué l'innavigabilité *absolue* et l'innavigabilité *relative* (1). La première existe lorsque le navire est tellement brisé ou détérioré qu'il est impossible de le réparer et de le faire ensuite naviguer avec sécurité ; il y a *irréparabilité*. C'est évidemment à ce cas que fait allusion l'art. 389, C. com., en excluant le délaissement à titre d'innavigabilité *quand le navire échoué peut être relevé, réparé et mis en état de continuer sa route pour le lieu de sa destination*, tout en réservant l'action d'avaries contre les assureurs pour les frais et avaries.

L'innavigabilité *relative* a un tout autre caractère : elle se présente quand, à en considérer l'état matériel, le navire est réparable, mais que l'impossibilité de le réparer provient de circonstances extrinsèques, par exemple du défaut de fonds et de crédit pour payer les ouvriers, du défaut de moyens matériels pour opérer les réparations. On peut aussi comprendre parmi les cas d'innavigabilité relative, celui où les dépenses seraient excessives ; car souvent l'élévation des dépenses qu'il faudrait faire tient à la cherté des matériaux et au prix de la main-d'œuvre dans le lieu où les réparations devraient être faites. Quand les dépenses sont-elles assez élevées pour qu'on puisse dire qu'il y a innavigabilité relative ? Parfois, des tribunaux ont admis qu'il en est ainsi quand les dépenses atteignent les trois quarts de la valeur du navire. Mais il n'y a pas à cet égard de règle absolue ; le délaissement peut être admis même quand les dépenses sont inférieures aux trois quarts (2).

1344. Afin de faciliter la solution des questions litigieuses relatives à l'existence de l'innavigabilité, les capitaines sont dans l'usage de faire déclarer le navire innavigable par le consul ou par l'autorité étrangère. On dit alors que le navire est *condamné* (n° 136). Le Code de commerce fait dans plusieurs dispositions allusion à la déclaration d'innavigabilité (art. 237 (3) et 390). Mais cette formalité n'est pas

(1) Cass. 14 août 1876. D. 1877. 1. 314.
(2) Aix, 22 avr. 1874, *Journ. de jurispr. de Marseille*, 1875. 2. 156.
(3) V. n° 130.

nécessaire pour que le délaissement puisse avoir lieu. Le capitaine peut se borner à faire dresser un rapport d'experts ou même attendre que le délaissement soit refusé par les assureurs pour faire reconnaître l'innavigabilité par les tribunaux. Du reste, la déclaration préalable d'innavigabilité n'a pas le caractère contentieux et, dès lors, l'autorité de la chose jugée n'y étant pas attachée, les tribunaux saisis d'une action en délaissement, peuvent, malgré elle, refuser de l'admettre (1).

1345. L'innavigabilité du navire n'autorise pas par elle seule le délaissement des marchandises. Qu'importe aux propriétaires de la cargaison que le navire soit innavigable si, malgré cela, les marchandises parviennent à destination, fût-ce même par un autre bâtiment? Ils ne sont pas privés de leurs marchandises. Voici sur ce point quel est le système très rationnel consacré par le Code de commerce : quand le navire est déclaré innavigable, l'assuré sur le chargement doit en faire la notification à l'assureur dans les trois jours de la réception de la nouvelle (art. 390), comme, d'ailleurs, l'assuré doit faire connaître à l'assureur tous les accidents aux risques de celui-ci (art. 374, C. com.). Au reste, la déclaration d'innavigabilité n'est pas obligatoire (n° 1344). Le capitaine est tenu de faire toute diligence pour se procurer un autre navire, à l'effet de transporter les marchandises au lieu de leur destination (art. 391). Il est évident que les assureurs peuvent aussi faire, soit séparément, soit de concert avec le capitaine, des démarches dans le même but (analog. art. 388, 2e alin.) (2).

Si l'on parvient à trouver un autre navire pour achever le voyage, le délaissement des marchandises n'est pas admis ; l'assureur court les risques des marchandises chargées sur cet autre navire jusqu'à leur arrivée à destination (art. 392). Le changement de navire ne rompt pas l'assurance dans ce cas, parce qu'il est forcé (n° 1265). En

---

(1) **Cass.** 27 avr. 1887, *Revue intern. du Droit maritime*, 1887-88, p. 10. — Desjardins, VII, n° 1548 *bis*.

(2) L'art. 388, 2e alin., ne vise que le cas d'arrêt de puissance; mais il n'y a pas de raison pour restreindre à ce seul cas le droit pour les assureurs de faire ce qui est en eux pour restreindre le désastre et empêcher qu'il n'y ait sinistre majeur donnant lieu au délaissement. D'ailleurs, les textes sont loin de résister à cette solution. L'art. 394 relatif à l'innavigabilité quant aux facultés se réfère à l'art. 387 qui, lui-même, est visé par l'art. 388.

outre, l'assureur sur facultés est tenu des avaries subies par les marchandises, des frais divers occasionnés par leur déchargement, leur emmagasinage, leur rechargement et de l'excédent du fret dû à raison du nouvel affrétement (art. 393). V. n° 678.

Mais, si le capitaine ou l'assureur n'a pu trouver de navire pour recharger les marchandises et les transporter au port de destination, le délaissement peut en être fait (art. 394). Le délai dans lequel il faut qu'un navire n'ait pu être trouvé est de six mois ou d'un an à partir de la signification de l'avis de l'innavigabilité faite à l'assureur, selon l'éloignement du lieu où se trouvent les marchandises. Ces délais sont réduits à un mois et demi ou à trois mois quand les marchandises sont de nature à se détériorer promptement (Cbn. art. 394 et 387, C. com.).

D'après tout ce qui vient d'être dit sur l'innavigabilité, l'on voit qu'en bien des cas, l'innavigabilité du navire se confond avec le naufrage ou avec l'échouement accompagné de bris. Mais on conçoit qu'il y ait innavigabilité soit absolue, soit relative, sans qu'aucun de ces deux sinistres se soit produit. Cela explique l'utilité de la mention spéciale de l'innavigabilité parmi les sinistres majeurs.

1346. En ce qui concerne les marchandises, le défaut de fonds qui empêche l'arrivée à destination dans les délais fixés par la loi (art. 393), constitue toujours un cas d'innavigabilité relative. Mais il ne saurait en être toujours de même pour le navire. On peut, en effet, dire que le propriétaire du navire aurait dû prévoir le manque de fonds et prendre les précautions nécessaires pour y remédier. On conçoit cependant que le navire se trouve dans un pays très lointain, qu'il soit impossible de faire parvenir des fonds au capitaine qui ne trouve pas à emprunter et que le besoin d'argent n'ait pas pu être facilement prévu. C'est seulement dans des cas de ce genre qu'il peut être question du délaissement (1).

1346 bis. Il a été admis plus haut (n°s 1339 et 1342), contrairement à la jurisprudence, que le naufrage ou l'échouement avec bris du navire ne permet pas, par lui seul, le délaissement des marchandises. Mais ces événements, comme l'innavigabilité du navire, font que les marchandises se trouvent arrêtées en cours de voyage. Aussi

(1) V. Droz, II, n°s 525 et suiv.

faut-il appliquer, au point de vue du délaissement des marchandises, les règles admises dans le cas d'innavigabilité et décider, en conséquence, qu'elles peuvent être délaissées lorsque le capitaine ne parvient pas à affréter un autre navire pour les y transborder dans les délais des art. 387 et 394, C. com. (1).

1347. *Perte ou détérioration des trois quarts.* — Il se peut que la chose assurée n'ait pas péri complètement et que cependant il en reste une partie si minime ou qu'elle soit dans un état de détérioration tel qu'il ne soit plus possible d'en tirer l'usage et le profit sur lesquels on comptait. A ce point de vue, le législateur considère comme équivalant à une perte totale la perte d'une quantité égale aux trois quarts ou la détérioration enlevant à la chose assurée les trois quarts au moins de sa valeur (2).

La perte et la détérioration diffèrent. Il y a perte quand la chose est diminuée matériellement : il y a perte des trois quarts si, sur 400 sacs de blé ayant chacun séparément une égale valeur, 300 ont été enlevés par la tempête et précipités dans la mer. La détérioration suppose que la chose assurée n'a pas diminué matériellement, mais a perdu une partie de sa valeur ; il y a détérioration des trois quarts, si les 400 sacs de blé subsistent, mais que, par suite d'avaries, ils ne valent plus que 1.000 francs au lieu de 4.000.

Il se peut qu'il y ait à la fois perte d'une partie des marchandises et détérioration de celles qui subsistent. Il faut évaluer la partie perdue et la diminution de la partie détériorée, puis examiner si le total équivaut, au moins, aux trois quarts.

En admettant cette cause de délaissement, le législateur paraît avoir pensé surtout à l'assurance sur facultés, car dans le cas de perte du navire ou de détérioration des trois quarts, il y a, soit naufrage ou échouement avec bris, soit innavigabilité absolue ou rela-

---

(1) Desjardins, VII, n° 1553, p. 230.
(2) L'Ordonnance de 1681 (art. 46, liv. III, tit. VI) parlait de *perte entière.* Sa disposition sur ce point avait fait naître des controverses très vives sur le point de savoir s'il fallait qu'il y eût perte totale. Valin se contentait d'un dommage ayant diminué la valeur des marchandises *de plus de moitié.* Emérigon (chap. XVII, sect. 2) s'en tenait au texte de l'Ordonnance. Le Code de commerce a tranché la difficulté. Il l'a fait si équitablement que les polices reproduisent à cet égard sa disposition. Mais l'application de l'art. 369 sur la perte ou la détérioration des trois quarts est loin d'être toute simple.

tive. Mais, en l'absence de toute distinction, il n'est pas douteux que cette cause de délaissement s'applique aussi à l'assurance sur corps (1).

1348. La question capitale à résoudre à propos de cette cause de délaissement, est celle de savoir comment on doit s'y prendre pour déterminer si la perte ou la détérioration atteint au moins les trois quarts. Cette question doit être examinée séparément pour les marchandises et pour le navire.

1349. Dans les assurances sur facultés, pour savoir s'il y a perte des trois quarts au moins, on s'attache à la quantité ou au poids quand les divers objets compris dans l'assurance sont de même valeur. Ainsi, sur quatre sacs de blé de 100 francs chacun, trois ont péri ; il y a perte des trois quarts et, par suite, le délaissement est possible. On arriverait, du reste, en pareil cas, à un résultat identique, en s'attachant à la valeur de chaque objet. Mais, si chacun des objets assurés n'a pas la même valeur, on doit considérer la valeur des choses perdues comparée à la valeur totale des choses assurées. Ainsi, quatre sacs de blé ont été assurés ; trois valent ensemble 200 francs et le quatrième 600 francs. Il suffit que ce dernier ait péri, pour qu'on puisse dire qu'il y a perte des trois quarts. Au contraire, on ne serait pas dans un cas de délaissement, si les trois autres sacs de blé avaient péri.

1350. Mais la détermination de la méthode à suivre quand il s'agit de la *détérioration* des marchandises est plus difficile. Des systèmes divers ont été proposés. On a notamment prétendu que l'on doit comparer la valeur des marchandises à l'état sain *au jour et au lieu du chargement* avec la valeur qu'elles auraient eue dans leur état d'avarie *à la même époque et au même lieu* (2). Cette manière de procéder a le grave inconvénient de rendre nécessaires des expertises conjecturales ; car elle implique des évaluations à faire dans un lieu et dans un temps autres que ceux où les experts procèdent. En outre, dans cette opinion, l'assuré qui éprouve une perte équivalant aux trois quarts, peut ne pas être indemnisé. Que lui importe la valeur qu'auraient au port de départ les marchandises détériorées? Ce qui doit être considéré, c'est la valeur réelle des marchan-

(1) Laurin sur Cresp, IV, p. 124.
(2) Pardessus, II, nº 845; Bédarride, IV, nº 1433; Em. Cauvet, II, nº 152.

dises au lieu où elles se trouvent et où elles doivent être vendues.

On a soutenu qu'il faut comparer la valeur des marchandises *à l'arrivée*, à la *valeur assurée* (1). Ce système a, sans doute, le mérite de la simplicité, mais il se heurte à une grave objection. La diminution de valeur des marchandises au port de destination peut tenir à des causes étrangères aux risques de mer, elle provient parfois des différences de cours résultant de la diversité des marchés. L'assureur n'a pas à répondre des conséquences dommageables de ces différences et on les lui fait supporter.

Le système le plus rationnel consiste, selon nous, à comparer la valeur des marchandises à l'état d'avarie à la valeur qu'elles auraient eue à l'état sain *au lieu d'arrivée* (1). De cette façon le délaissement est possible si, à l'état d'avaries, les marchandises ne valent pas le quart de ce qu'elles auraient valu à l'état sain. Cette manière de procéder est analogue à celle qui est adoptée, en cas de règlement par avaries, pour la fixation de l'indemnité (n°s 1284 et suiv.) (2).

1351. Pour le navire, la perte des trois quarts se confond évidemment avec l'innavigabilité absolue (3). Cela ne doit pas étonner : comme nous l'avons déjà fait observer, un sinistre majeur peut parfois être rattaché à plusieurs des cas visés dans l'art. 369, C. com. Quant à la détérioration du navire, on en fixe l'importance en comparant la valeur du navire à l'état d'avarie à la valeur qu'il aurait à l'état sain. Il faut être fixé sur la manière dont on apprécie la valeur du navire dans ces deux cas.

La valeur du navire à l'état sain est celle pour laquelle il a été évalué dans la police. Pour savoir s'il y a perte ou détérioration des trois quarts, il faut considérer les dépenses qui seraient nécessaires pour le réparer ; le délaissement est admis si elles atteignent les trois quarts de la valeur agréée dans la police (n° 1352). Cette formule a

(1) Rennes, 29 août 1845, D. 1845. 4. 34; Rouen, 5 juill. 1858, D. 1859. 2. 22. — J.-V. Cauvet, II, p. 28 et suiv.; Droz, II, n° 554; Laurin sur Cresp, IV, p. 131 et suiv. — Cette opinion est celle qui avait été adoptée dans notre *Précis de Droit commercial* (V. 1re édition du présent ouvrage), II, n° 2170.

(2) De Valroger, IV, n° 1739.

(3) M. Desjardins (VII, n° 1559, p. 251 à 253) expose les trois systèmes et déclare qu'il est difficile de faire un choix entre eux.

été depuis longtemps adoptée par la jurisprudence (1). Elle est simple et se justifie aisément. L'évaluation du navire assuré dans la police est réputée représenter l'intérêt du propriétaire. Quant à la valeur vénale du navire avarié, elle s'élève ou s'abaisse selon que le coût des réparations est moins élevé ou plus élevé, de telle sorte que c'est le coût des réparations qui permet de fixer l'importance des détériorations.

Des dissidences se sont pourtant produites. On a soutenu qu'il faut comparer la valeur du navire détérioré à sa valeur au départ ou à sa valeur fixée par la police (2). Ce système n'est pas admissible : la diminution de valeur du navire au lieu d'arrivée peut tenir à des causes indépendantes des avaries.

Selon un autre système, il y aurait lieu de comparer la valeur du navire *au lieu de départ* avec la valeur qu'il aurait *au même lieu* à l'état d'avarie (3). Au point de vue pratique, ce dernier système est inapplicable. Comment des experts du lieu d'arrivée pourraient-ils fixer la valeur qu'aurait au lieu de départ le navire détérioré? Ils manquent d'autant plus pour cela des éléments nécessaires que, pour les navires, il n'y a, par cela même qu'ils ne sont pas destinés à être vendus, ni marché ni cours.

1352. Dans la formule du système adopté (n° 1351), il a été supposé qu'il s'agit d'une police évaluée, mais la police peut être ouverte; quel est alors le terme de comparaison remplaçant la valeur agréée? Dans l'usage, on s'attache à la somme assurée. Il y a là un expédient illogique conduisant à des résultats irrationnels : le délaissement peut ainsi être rendu admissible dans des cas où il n'y a pas, en réalité, détérioration des trois quarts. Ainsi, un navire ayant une valeur de 500.000 francs, est assuré pour 400.000 francs seulement dans une police ouverte. Avec le système qui vient d'être indiqué, le délaissement doit être admis si les dépenses à faire pour ré-

---

(1) Aix, 22 fév. 1870, S. 1871. 2. 152; *Journ. de Marseille*, 1870. 1. 173; Cass. 8 mai 1872, S. 1872. 1. 182; Bordeaux, 23 août 1875, S. 1876. 2. 270 et D. 1877. 2. 314. — Les auteurs adoptent, en général, la même solution : de Courcy, *Quest. de droit maritime* (2ᵉ série), p. 363 et suiv.; Laurin sur Cresp, IV, p. 124 et suiv.; Em. Cauvet, II, n°ˢ 144 et suiv.

(2) Bordeaux, 5 avr. 1832, S. 1832. 2. 13. — Bédarride, n°ˢ 1435 et 1436.

(3) Cpr. Bordeaux, 26 fév. 1856, D. 1857. 2. 46.

parer le navire s'élèvent à 300.000 francs (1). Il serait moins simple sans doute, mais plus rationnel d'évaluer le navire, en recherchant la valeur qu'il avait au temps et au lieu du départ et en comparant à cette valeur le montant des dépenses à faire pour le réparer (2).

1353. Le montant des réparations à prendre en considération doit être la somme à payer pour les faire au port d'arrivée (3), non le prix qu'elles coûteraient au port de départ où le navire a été évalué quand la police n'est pas ouverte (4). Ce dernier système, qui a parfois été admis, doit être repoussé ; il serait singulier de calculer le prix des réparations d'après ce qu'elles coûteraient dans un lieu où elles ne doivent pas être faites (5).

Une autre difficulté est relative au moment où l'on doit se placer pour évaluer le prix des matériaux, à celui du délaissement ou à celui du jugement qui en prononce la validité. Les variations qui peuvent se produire dans le prix des matériaux, donnent à cette question un certain intérêt pratique. Il paraît naturel de se placer au moment du jugement ; car on doit présumer que les parties ont voulu que le prix *réel* des réparations fût pris en considération (6).

1354. Avec le système admis pour déterminer s'il y a détérioration du navire pour les trois quarts au moins, le prix des matériaux et la cherté de la main-d'œuvre influent sur l'admission du délaissement et l'on arrive ainsi à confondre pour le navire la détérioration des trois quarts avec un cas d'innavigabilité relative. Cela ne doit pas arrêter : il n'y a pas une séparation absolue entre les divers cas de délaissement ; ainsi l'on peut souvent dire à la fois qu'il y a soit innavigabilité, soit perte des trois quarts, soit naufrage, etc. (7).

---

(1) Le navire, on doit le supposer, a diminué de valeur. Autrement le propriétaire ne délaisserait pas un navire de 500.000 fr., pour ne toucher que 400.000 fr.

(2) V. en faveur du système critiqué au texte, Laurin sur Cresp, IV, p. 125. — V. contre ce système, de Courcy, *Questions de droit maritime*, (2ᵉ série), p. 368 et suiv.; Desjardins, VII, n° 1562, p. 256 et 257.

(3) Aix, 21 fév. 1870, D. 1871. 2. 52. V. note 4.

(4) V. pourtant Trib. comm. Marseille, 16 juin 1869, *Journ. de Marseille*, 1869. 1. 247.

(5) Desjardins, VII, n° 1562, p. 257; de Valroger, IV, n° 1744.

(6) Cass. 31 août 1881, D. 1884. 1. 339. — Les polices parlent généralement des réparations *à faire*. C'est ce qui avait eu lieu dans l'espèce à l'occasion de laquelle a été rendu l'arrêt précédent.

(7) V. nᵒˢ 1345 et 1347.

Du reste, comme cela a été indiqué plus haut (n° 1347), en parlant
de la perte ou de la détérioration des trois quarts, le législateur paraît avoir eu en vue surtout les marchandises et c'est pour obéir à la
généralité des termes de l'art. 369, qu'on mentionne cette cause de
délaissement même à propos du navire. On peut, du reste, faire observer que l'innavigabilité peut exister en dehors du cas de perte ou
de détérioration des trois quarts; c'est là ce qui se présente quand
les réparations, quel qu'en soit le montant, ne sont pas possibles dans
le lieu où se trouve le navire et qu'il ne peut pas le quitter pour
aller se faire radouber ailleurs (1).

1355. Quels éléments doivent servir à fixer le montant des réparations dont le total doit s'élever aux trois quarts de la valeur agréée
du navire ?

Il faut y comprendre toutes les dépenses qui sont nécessaires pour
réparer le navire; ainsi l'on doit ajouter au coût de la réparation la
prime de grosse à payer pour se procurer les sommes indispensables
pour l'opérer (2), les frais d'expertise (3). Il faut tenir compte de
ce que la loi ne veut pas seulement une perte pécuniaire des trois
quarts, mais veut une perte ou détérioration matérielle pouvant faire
considérer l'objet assuré comme perdu au point de vue de sa destination ou de son usage. Par application de cette idée, l'on doit écarter
du coût des réparations les sommes nécessaires pour payer les salaires
et la nourriture des gens de l'équipage et généralement les frais de
relâche (4), le montant d'une contribution aux avaries communes due
par l'objet assuré (5). Ces frais ou dépenses peuvent seulement être
l'objet d'un règlement par avaries.

Par réciprocité, il n'y a pas à déduire des frais de réparation les
sommes dues au propriétaire de la chose assurée pour contribution
aux avaries communes. Il semble juste de ne pas faire non plus de

---

(1) Aix, 27 avr. 1876, *Journ. de Marseille*, 1876. 1. 251.

(2) Cass. 3 avr. 1849, S. 1849. 1. 707; D. 1849. 1. 178; Bordeaux,
25 fév. 1856, S. 1856. 2. 684; Cass. 18 juill. 1883, D. 1884. 1. 154.

(3) *En sens contraire*, Aix, 29 nov. 1856, *Journ. de Marseille*, 1859. 1. 224.
Desjardins, VII, p. 259.

(4) Rennes, 16 avr. 1869, *Journ. de Marseille*, 1869. 2. 195; Cass. 8 mai 1872,
D. 1872. 1. 306; Rouen, 24 mars 1872, D. 1874. 2. 5.

(5) Pardessus, II, n° 845; Droz, II, n° 544.

déduction, ni pour différence du neuf au vieux (1), ni pour le montant des vieux matériaux (2). Ces deux dernières solutions sont aisées
à justifier. Quand un règlement par avaries a lieu et que le navire
doit être réparé, on fait une déduction pour différence du neuf au
vieux, afin que l'assuré ne s'enrichisse pas. Mais, en cas de délaissement, les réparations n'étant pas faites, cette déduction n'a pas de
raison d'être. Puis, ce que veut la loi, c'est que le navire puisse être
délaissé quand il a subi une détérioration des trois quarts. La détérioration du navire, comme instrument de navigation et de commerce,
n'est pas diminuée à raison de ce qu'il a été possible d'en tirer quelques débris et de les vendre. La déduction du prix des vieux matériaux ne se justifie que lorsqu'il y a à fixer le montant de l'indemnité
due à l'assuré, ce qui est à faire en cas de règlement par avarie. V.
n° 1276.

1356. Les réparations à faire après une fortune de mer peuvent
être aggravées par la vétusté, la pourriture ou, d'une façon plus générale, par le vice propre. Doit-on, quand il s'agit de déterminer s'il y
a détérioration des trois quarts, déduire une somme pour les réparations nécessitées par ces causes et n'admettre le délaissement que si
le chiffre restant net après ces déductions atteint au moins les trois
quarts? Il n'y a pas à faire de déduction (3). L'âge du navire a dû
être connu de l'assureur. La prime a été fixée en conséquence. L'assureur n'a pas pu douter que le navire, tout en étant en état de na-
vigabilité, n'était pas dans toute sa nouveauté. Seulement il lui est
bien entendu loisible de soutenir que la somme assurée dépassait la
valeur réelle du bâtiment.

1357. Peu importe, du reste, que la détérioration des trois quarts
n'apparaisse qu'après les réparations opérées. D'après le Code de
commerce, tout au moins, la perte et la détérioration des trois quarts

---

(1) Bordeaux, 25 fév. 1856, S. 1856. 2. 684; D. 1857. 2. 46; Rennes,
5 avr. 1861, S. 1861. 2. 558. Cpr. Code de commerce *allemand*, art. 444.

(2) Rennes, 3 avr. 1861. 2. 558. — Droz, II, n° 545. *En sens contraire*,
Rennes, 22 juin 1869, S. 1869. 2. 301; D. 1870. 1. 295. — Em. Cauvet, I,
n° 149; de Valroger, IV, n° 1746; Desjardins, VII, p. 260.

(3) Cass. 16 déc. 1868, D. 1869. 1. 219; Cass. 15 mars 1869, D. 1878. 1. 122.—
de Valroger, IV, n° 1747; de Courcy, *Questions de droit maritime* (2e série),
p. 370 et suiv.

constitue une cause de délaissement distincte de l'innavigabilité (1).

1358. Quand il s'agit de bâtiments à vapeur, les polices stipulent souvent que le règlement des avaries sera établi distinctement sur le corps et sur les machines. *La police française d'assurance sur corps de navires à vapeur* admet cette règle dans les clauses supplémentaires. Elle a ajouté que le délaissement du corps donnera lieu à celui des machines. L'accessoire suit le sort du principal; la machine est alors sans emploi utile pour l'armateur et, comme on l'a dit, il est difficile d'exiger de lui qu'il construise tout exprès un navire afin d'utiliser la machine. Parfois l'armateur obtient que, réciproquement, le délaissement de la machine entraîne celle du navire. Cette clause rare est dangereuse pour l'assureur; avec elle l'armateur, selon son intérêt, délaisse le navire, alors qu'il pourrait être ramené à la voile ou remorqué (2).

1359. A la perte du navire, considérée comme cause de délaissement, se rattache une question qui se pose en cas d'abandon du navire et du fret. L'abandon autorise-t-il le délaissement, alors même qu'aucun cas de sinistre majeur spécial ne s'est produit? On a soutenu que l'abandon entraîne la perte du navire, en ce sens que le propriétaire en est privé comme par une perte matérielle (3). Mais cette doctrine est mal fondée. L'abandon n'est pas une cause de délaissement, il résulte du fait de l'assuré; or, l'assureur ne répond pas des dommages résultant du fait de l'assuré. V. art. 351, C. com. (4).

Mais il peut arriver que, dans un cas où il y a sinistre majeur, l'abandon ait lieu. Alors se présentent deux questions: le délaissement et l'abandon peuvent-ils être faits en même temps? S'ils peuvent être faits, comment se combinent-ils l'un avec l'autre? V. nᵒˢ 1392 et 1393.

(1) La *Police française d'assurance sur corps* (art. 10) donne une solution contraire, parce que, d'après cette police, la perte ou détérioration des trois quarts n'est pas admise comme cause de délaissement distincte de l'innavigabilité.

(2) De Courcy, *Commentaire des polices françaises d'assurance maritime*, p. 201 à 203.

(3) Marseille, 22 août 1856, *Journ. de Marseille*, 1856. 1. 253.

(4) Marseille, 8 août 1859, Rennes, 23 mai 1859, *Journ. de Marseille*, 1859. 1. 257; 1859. 2. 91. Paris, 28 août 1863, D. 1863. 1. 393. — De Courcy, *D'une réforme intern. du Droit maritime*, p. 44 et suiv., p. 224 et suiv.; Laurin sur Cresp, IV, p. 136 et suiv.; Droz, II, nᵒ 567; de Sèze, *De la responsabilité des propriétaires de navires*, p. 259 et suiv.

1360. Une question spéciale se présente aussi dans les assurances sur facultés. On se demande si le délaissement y est possible lorsque, par suite d'un événement de mer, les marchandises assurées ont été vendues en cours de voyage. C'est là ce qui a lieu notamment dans le cas de vente ordonnée par les autorités sanitaires ou dans les cas prévus par les art. 234 et 298, C. com. (n^cs 593 et suiv.). Des systèmes divers ont été soutenus. On a prétendu qu'en cas de vente des marchandises assurées, le délaissement n'est pas possible, parce qu'en parlant de la perte ou de la détérioration, le législateur n'a songé qu'à la destruction ou à la dégradation matérielle et n'a nullement prévu la perte ou dépossession résultant d'une vente (1). Mais les rédacteurs du Code ne semblent pas s'être placés sur un terrain aussi étroit, comme le prouve l'admission du délaissement en cas d'arrêt de puissance (art. 394, C. com.). Dans une opinion intermédiaire, on reconnaît que la vente forcée des marchandises assurées peut permettre le délaissement, mais à la condition que le prix n'atteigne pas les trois quarts de la valeur agréée des marchandises (2), il y aurait alors une perte des trois quarts. — Les partisans de cette seconde doctrine ne vont pas assez loin. La vente forcée des marchandises entraîne la faculté de faire le délaissement, sans qu'il y ait à se préoccuper du montant du prix à en provenir (3). Il y a là, en effet, une perte au sens légal du mot, parce que l'assuré est dépossédé des marchandises et que son opération commerciale a, par cela même, avorté.

1361. *Prise.* — La prise est le sinistre majeur mentionné en premier lieu dans l'art. 369, C. com. Elle consiste dans la capture du navire ou des marchandises. Elle est opérée, soit par un vaisseau de guerre ennemi ou par un corsaire, soit par un pirate. Dans le cas de capture par un pirate, on dit parfois qu'il y a *pillage* (art. 350, C. com.).

(1) J.-V. Cauvet, II, p. 25 et 26.
(2) Desjardins, VII, n° 1558, p. 547.
(3) Aix, 5 mars 1855, *Journ. de Marseille*, 1855. 1. 231; Trib. comm. Nantes, 2 mars 1869, *Journ. de Marseille*, 1871. 2. 117; Trib. comm. de Marseille, 23 avr. 1875, *Journ. de Marseille*, 1875. 1. 183. — Laurin, IV, p. 138; de Courcy, *D'une réforme intern. du Droit maritime*, p. 149.

La prise autorise le délaissement parce que, si elle n'amène pas la destruction du navire ou de la cargaison, du moins elle entraîne pour le propriétaire de l'un ou de l'autre la dépossession.

Il va de soi que la prise opérée par un vaisseau de guerre ou par un corsaire ne donne lieu au délaissement qu'autant (ce qui est un cas rare) que les risques de guerre ne sont pas exclus de l'assurance (n° 1225). Quand ils en sont exclus, l'assuré n'a pas même l'action d'avarie. Au contraire, la capture opérée par des pirates constitue un sinistre majeur, même au cas d'exclusion des risques de guerre, parce qu'il ne s'agit pas là d'un risque de cette dernière sorte. .

La prise peut s'appliquer, soit à la fois au navire et aux marchandises, soit au navire seul, soit aux marchandises, seules. Elle s'applique au navire et aux marchandises quand ils sont également ennemis ou quand le navire même neutre a été capturé comme tentant de violer un blocus. Elle s'applique au navire seul, quand le navire est ennemi et que les marchandises sont neutres, sauf dans le cas où elles constituent de la contrebande de guerre; car *le pavillon ne confisque pas la marchandise*. Enfin, la prise ne peut avoir, en principe, pour objet que les marchandises quand elles sont chargées sur un navire neutre et constituent de la contrebande de guerre (1). A raison de ce dernier caractère des marchandises, il est dérogé à la règle, *le pavillon couvre la marchandise*.

1361 *bis*. La prise du navire seul ne permet de délaisser que le navire. A l'inverse, la prise des marchandises seules n'autorise pas à faire le délaissement du navire. Il y a là des solutions sur lesquelles on est généralement d'accord et qui doivent être approuvées. Quand la loi vise un sinistre majeur, elle suppose que c'est la chose assurée qui en a été atteint. Les solutions admises en cas de prise ne concordent pas avec celles que la jurisprudence consacre dans les cas de naufrage (n° 1339) et d'échouement avec bris (n° 1342).

1362. Il n'y a point à distinguer selon que la prise opérée en temps de guerre est légale ou est illégale (2). Dans le premier comme

---

(1) Il est généralement admis, d'après les règlements établis par l'autorité maritime, que le navire neutre est aussi capturé lorsque la contrebande de guerre forme les trois quarts de la cargaison.

(2) Par conséquent, il ne pourrait être soutenu qu'avant que le délaissement soit admis, il faut que la prise ait été déclarée valable par la juridiction com-

dans le second cas, il y a dépossession de l'assuré. L'espérance de la restitution d'une prise illégale ne peut suffire pour faire écarter le délaissement.

Mais, du moins, faut-il que la restitution ou la reprise du navire n'ait pas eu lieu avant le moment où l'on doit se placer pour déterminer si les conditions constitutives d'un sinistre majeur sont réunies? V. sur ce point, ci-après, n° 1387.

1363. *Arrêt de puissance.* — On donne ce nom à l'obstacle qu'un gouvernement apporte à la sortie d'un navire. Une mesure de ce genre peut être fondée sur des motifs très divers. Ainsi l'on arrête des navires dans un port pour empêcher la divulgation de certains secrets relatifs, par exemple, à des préparatifs militaires, pour procéder à des mesures d'instruction concernant un délit ou un crime, pour exercer des représailles contre une puissance étrangère (*embargo*). Il est aussi possible qu'on frappe de réquisition des navires étrangers pour leur faire effectuer des transports; on dit alors qu'il y a exercice du *droit d'angarie*. Ce droit est rarement exercé.

L'arrêt de puissance a toujours pour effet de retenir le navire plus ou moins longtemps dans un port; mais il n'entraîne pas la dépossession du propriétaire assuré. Cependant, si les effets de la mesure se prolongent, il y a pour celui-ci l'équivalent d'une dépossession. Aussi l'arrêt de puissance n'est-il pas par lui-même un cas de sinistre majeur. Pour qu'il prenne ce caractère, il faut qu'il se soit écoulé un certain temps sans que la mainlevée de l'arrêt ait été prononcée.

1364. L'assuré est tenu de signifier l'avis de l'arrêt de puissance comme, en général, celui des sinistres majeurs et de tous autres événements aux risques des assureurs, à l'assureur dans les trois jours de la réception de la nouvelle (art. 374 et 387); c'est à partir seulement de cette signification que court le délai après lequel le délaissement peut avoir lieu. Il est de six mois, si l'arrêt a eu lieu dans les mers d'Europe, dans la Méditerranée ou dans la Baltique; d'un an, si l'arrêt a eu lieu en pays plus éloigné. Ces délais sont réduits à un mois et demi et à trois mois, lorsque les marchandises arrêtées

pétente. Le fait de la saisie et de la capture constitue la prise au point de vue du délaissement.

sont périssables (art. 387). Ces délais sont excessifs avec la facilité actuelle des communications.

1365. L'art. 369 semble établir une distinction entre l'arrêt opéré par ordre du gouvernement français et l'arrêt émanant d'une puissance étrangère, pour exiger seulement dans le premier cas qu'il soit prononcé après le voyage commencé. Mais cette distinction ne doit pas être faite : il faut toujours que le voyage *assuré* soit commencé pour que le délaissement soit possible, en ce sens qu'il est nécessaire que les risques aient alors commencé à courir à la charge de l'assureur.

Le voyage qui doit être commencé pour que le délaissement soit possible, est le voyage *assuré*, non le voyage *réel* (n° 1204). On sait que les risques sont le plus souvent à la charge de l'assureur même avant le départ du navire par lequel le voyage *réel* commence (1). Qu'importe que le voyage *réel* n'ait pas commencé lorsque l'arrêt de puissance intervient, si, à ce moment, l'assurance avait déjà commencé à produire ses effets?

1366. L'assuré est tenu de l'obligation générale de faire ce qui est en lui, pour restreindre le sinistre. Aussi doit-il chercher à obtenir la mainlevée de l'arrêt (art. 388, 1er alin.). L'assureur peut l'aider dans ses démarches ou faire des démarches isolées ; il y a intérêt pour éviter le délaissement (art. 388, 2° alin.). Ainsi que cela a été dit plus haut (n° 1345), la disposition contenue dans l'art. 388, 2e alin., doit être généralisée en ce sens que, même en dehors du cas d'arrêt de puissance, l'assureur peut toujours faire des démarches ou des efforts personnels pour restreindre la gravité de l'avarie ou empêcher qu'une avarie ne devienne assez grave pour constituer un sinistre majeur.

1367. L'arrêt de puissance est une mesure qui peut être prise en temps de paix comme en temps de guerre (n° 1365). Dans le cas où l'arrêt a lieu en temps de guerre, il y a là un risque dont l'assureur ne répond ordinairement point, par cela même que les polices excluent les risques de guerre (n° 1226).

Il va de soi, du reste, que, même en temps de paix, l'arrêt de puissance ne saurait donner lieu au délaissement quand il a sa cause

_____

(1) V. nos 1203 à 1208.

dans un fait exclusif de toute responsabilité des assureurs ; il en est
ainsi quand un navire est arrêté par ordre de puissance à raison de
ce qu'il aurait introduit sur le territoire d'un État des marchandises
prohibées (1). La contrebande n'est pas, en effet, un risque de mer
à la charge de l'assureur maritime (2).

1368. Clauses des polices françaises d'assurances relatives aux
cas de délaissement. — Les dispositions du Code de commerce relatives aux sinistres majeurs laissent beaucoup à désirer. Elles ont
donné naissance à de nombreuses difficultés d'interprétation et permis
à des prétentions exorbitantes de se produire, notamment à celle
d'après laquelle le naufrage ou l'échouement avec bris autorise le
délaissement des marchandises même demeurées intactes (nᵒˢ 1339
et 1342). On n'aperçoit pas très nettement les idées générales qui
ont servi de guide au législateur de 1807 pour déterminer les cas
de délaissement. Les assureurs, profitant de ce que les dispositions
du Code de commerce ne sont pas impératives (nᵒ 1329), ont cherché
dans les polices à établir sur ce point un système rationnel. Les
polices françaises d'assurances contiennent des dispositions fort bien
coordonnées. Leurs rédacteurs sont partis de l'idée que le délaissement est légitime seulement lorsque l'assuré est, par suite d'une
fortune de mer, dépossédé ou placé dans l'impossibilité de mener à
fin la spéculation qu'il a entreprise. Les rédacteurs des polices ont
spécialement voulu empêcher que l'assuré ne trouvât dans le délaissement un moyen de rejeter sur l'assureur les erreurs commises dans
l'opération commerciale ou de se débarrasser d'un navire usé par
l'âge (3). Ils n'ont admis, en aucun cas, que le sinistre majeur atteignant le navire soit, par lui seul, une cause autorisant à délaisser les

---

(1) Laurin sur Cresp, IV, p. 122 et 123.

(2) L'art. 3 de la *police française d'assurance sur facultés* dispose notamment « que les assureurs sont exempts de captures, confiscations et événe-
« ments quelconques, provenant de contrebande ou de commerce prohibé ou
« clandestin. »

(3) M. de Courcy a à plusieurs reprises très bien montré à quels abus
donne facilement lieu un système trop large relatif aux sinistres majeurs et
indiqué les principes dont un système rationnel doit être déduit : *Questions
de Droit maritime*, 2ᵉ série, p. 289 et suiv.; *D'une réforme intern. du Droit
maritime*, p. 241 et suiv.

marchandises. Par suite, pour indiquer les cas de sinistres majeurs admis par les polices françaises, il faut distinguer entre la police d'assurance sur corps et la police d'assurance sur facultés.

1369. La *police française d'assurance sur corps* (art. 8 à 13) admet seulement trois cas de délaissement (1). Le navire peut, d'après cette police, être délaissé :

1° Dans le cas *de défaut de nouvelles* (art. 8 de la police). La police réduit les délais du défaut de nouvelles fixé par le Code de commerce; elle les abrège plus particulièrement pour les navires à vapeur.

Les rédacteurs de la police, voulant éviter les difficultés d'interprétation de l'art. 369, en tant qu'il mentionne parmi les sinistres majeurs le naufrage et l'échouement avec bris (nos 1337 et suiv.), n'ont admis le délaissement que dans deux autres cas (art. 9) :

2° Dans le cas de *disparition* ou de *destruction totale du navire;*

3° Dans celui d'*innavigabilité produite par fortune de mer*. Mais dans quels cas le navire est-il réputé innavigable? Il l'est : *a.* quand les dépenses à faire dépassent les trois quarts de la valeur agréée du navire (art. 10) (2); *b.* quand il y a défaut de moyens matériels de réparation (3); *c.* quand le navire a été condamné faute de moyens matériels de réparation. — On a exclu l'innavigabilité pour le cas de manque de fonds ou de crédit, qu'admettait la police dans sa rédaction primitive. Les communications sont très faciles aujourd'hui avec les pays d'outre-mer et le crédit n'y est plus rare.

L'abandon est écarté par une disposition formelle (art. 12, 36), comme cause de délaissement.

1370. La *police française d'assurance sur facultés* admet quatre

---

(1) De Courcy, *Commentaire des polices d'assurance maritime*, p. 72 à 112.

(2) Sur ce point la police française d'assurance sur corps adopte la règle admise par la jurisprudence et que nous avons nous-mêmes approuvée. L'art. 10, 1er alin., de la police indique qu'on ne tient pas compte des primes de grosse et des autres frais accessoires et qu'on déduit les vieux doublages et autres débris. V. ci-dessus, n° 2172. — D'après le même article, bien que les dépenses à faire dépassent les trois quarts, le délaissement n'est pas admis si le navire parvient à destination.

(3) Il faut alors qu'il soit établi que le navire ne pouvait pas relever avec sécurité pour un autre port où il eût trouvé les ressources nécessaires (art. 11, 1er alin.).

cas de sinistres majeurs. D'après l'art. 8 de cette police (1), les marchandises peuvent être délaissées :

1° Dans le cas de *défaut de nouvelles*. Les délais légaux sont ré-duits comme dans la police d'assurances sur corps.

2° Dans le cas *d'innavigabilité* prévu par l'art. 394, C. com. La police réduit seulement beaucoup les délais dans lesquels il faut que le rechargement sur un autre navire n'ait pas pu avoir lieu.

3° *Dans le cas de vente ordonnée ailleurs qu'aux points de départ ou de destination pour cause d'avaries matérielles provenant de naufrage, d'échouement, d'abordage ou d'incendie.*

4° Dans le cas où, indépendamment de tous frais quelconques, *la perte ou la détérioration matérielle absorbe les trois quarts de la valeur.*

L'art. 8 de la *police française d'assurance sur facultés* indique expressément qu' « aucun autre cas ne donne droit au délaissement » et qu'il est dérogé aux dispositions du Code de commerce, spéciale-ment aux art. 369 et 375.

1371. Le Code de commerce, en traitant des cas de délaissement comme des autres sujets se rattachant aux assurances maritimes, ne paraît avoir visé que les assurances sur corps ou sur facultés. Ce-pendant, il n'est pas douteux que le délaissement doit être admis dans les autres assurances. Ces autres assurances sont devenues plus nombreuses depuis la loi du 12 août 1885.

1372. La créance du prêteur à la grosse peut être assurée. Le prêteur a la faculté d'opérer le délaissement de cette créance quand, par suite du défaut de nouvelles, l'emprunteur ne peut être contraint au remboursement. Il y a lieu aussi au délaissement pour perte des trois quarts. La difficulté est seulement de déterminer quand on peut dire que cette perte existe. Peu importe que la chose affectée au prêt soit perdue ou détériorée dans cette proportion, si la valeur en de-meure encore suffisante pour l'acquittement de la dette par l'em-prunteur (2). Le délaissement ne doit être admis que lorsque ni l'ac-tion réelle du prêteur, ni son action personnelle contre l'emprunteur,

---

(1) V. de Courcy, *Commentaire des polices françaises d'assurance maritime,* p. 248 à 266.

(2) Cpr. Cass. 9 mars 1869, D. 1869. 1. 463.

ne lui fait obtenir au total les trois quarts de la somme prêtée (1). Ainsi, le délaissement est possible lorsque le prêteur en est réduit à l'action réelle qui ne lui fait obtenir le remboursement que jusqu'à concurrence du quart, ou quand, tout l'actif de l'emprunteur consistant dans la chose affectée au prêt, la valeur de cette chose ne va pas aux trois quarts de la somme prêtée. Il serait exorbitant d'admettre le délaissement quand, grâce à l'action personnelle, le prêteur est remboursé du quart au moins.

1373. Le délaissement est aussi possible dans l'assurance du fret (2). Ainsi l'on conçoit que le propriétaire du navire, ne touchant pas de fret en cas de défaut de nouvelles, fasse le délaissement de la créance du fret.

L'armateur, qui, par suite de la perte des trois quarts des marchandises due à une fortune de mer, perd les trois quarts du fret, peut également délaisser. Mais le naufrage ou l'échouement avec bris ne permet pas, par lui-même, de délaisser le fret qui peut être dû si les marchandises sont sauvées. Cette solution est en concordance avec celle qui, contrairement à la jurisprudence, a été admise plus haut à propos du délaissement dans les assurances sur facultés. V. n°s 1339 et 1342.

Mais on ne saurait parler de délaissement du fret en cas de détérioration des marchandises atteignant les trois quarts par cela même que, malgré la détérioration, le fret est dû intégralement (art. 309 et 310, C. com.). V. n°s 759 et suiv.

L'innavigabilité ne saurait non plus permettre sans distinction le délaissement du fret alors même que les marchandises ne sont pas parvenues à destination. L'armateur touche alors un fret proportionnel ou fret de distance (art. 296, C. com.) (3). Le fret ne pourrait être délaissé que si le fret proportionnel dû n'atteignait pas au moins les trois quarts du fret stipulé.

L'abandon n'est pas plus une cause de délaissement du fret que du navire (n° 1359).

---

(1) Desjardins, VII, n° 1563, p. 263.

(2) V. sur le délaissement dans l'assurance du fret, Desjardins, VII, p. 297 et suiv.

(3) V. n° 772.

Mais, la prise des marchandises est une cause de délaissement. L'armateur peut avoir intérêt à le faire par cela même que, l'espérance de la restitution n'excluant pas le délaissement (n° 1362), il touche immédiatement de l'assureur une somme égale au montant du fret qui, selon qu'il n'y aura pas ou qu'il y aura annulation de la prise, ne sera pas ou sera dû.

Il semble plus difficile de comprendre comment l'arrêt de puissance pourrait autoriser le délaissement du fret même après les délais de l'art. 387, C. com. Il a été sans doute dit qu'alors le fret est légalement perdu (1). Mais nous ne reconnaissons pas qu'il y ait des faits ou événements auxquels la loi attache la faculté de délaisser, en faisant abstraction des résultats dommageables qu'ils produisent ou ne produisent pas. L'arrêt de puissance n'empêche pas que le fret ne soit dû; il met obstacle seulement à ce que le fret court ou à ce qu'il soit augmenté (art. 300, C. com.) (2).

1374. On ne peut concevoir le délaissement du profit espéré. Si le profit espéré a été assuré par l'assureur sur facultés, celui-ci, quand le délaissement des marchandises lui est fait, recouvre sans difficulté tout ce qui peut être obtenu par la vente des choses délaissées. Si le profit espéré a été l'objet d'une assurance distincte, l'assureur des marchandises ne peut être empêché d'en recouvrer le produit intégral; l'assurance du profit espéré lui est étrangère et il peut même ne pas en connaître l'existence. Il est sans doute possible que les marchandises ne soient pas délaissées à l'assureur sur facultés. Mais il serait absurde que l'assuré pût délaisser, sous le prétexte que le profit espéré est réduit des trois quarts, réclamer, par exemple, à l'assureur, les 100.000 francs assurés à titre de profit espéré, parce que l'assuré n'a réalisé qu'un bénéfice de 25.000 francs et allègue qu'il a perdu les trois quarts, soit 75.000 francs.

1374 bis. Droit étranger. — La faculté de délaissement est admise dans tous les pays maritimes et, dans les pays où la législation est codifiée, les Codes énumèrent les cas de sinistres majeurs. Les énumérations concordent sur beaucoup de points. Mais spécialement en

(1) Desjardins, VII, p. 297.
(2) V. n° 782.

cette matière, les clauses des polices, dérogeant souvent à la loi, ont une importance pratique très grande. V. n° 1328.

La loi *belge* du 21 août 1879 (art. 199, 201 et 207) s'est bornée à reproduire les dispositions du Code de commerce français. Aussi peut-on discuter en Belgique sur le point de savoir si le naufrage ou l'échouement avec bris du navire est une cause de délaissement pour les marchandises assurées, fussent-elles demeurées intactes (1).

Les Codes de commerce *hollandais* (art. 663 et suiv.), *espagnol* (art. 784 et suiv.), *chilien* (art. 1283 et suiv.), *argentin* (art. 1232 et suiv.), admettent aussi les mêmes cas de sinistres majeurs que notre Code.

Le Code de commerce *allemand*, après avoir traité de la perte totale absolue (*absoluter Totalverlust*) (2), admet des cas de sinistres majeurs où, la perte étant seulement présumée, on dit qu'il y a *konstruktiver Totalverlust* (3). Ces cas sont ceux de disparition, de danger résultant de ce que la chose assurée a été frappée d'embargo, prise par une puissance belligérante, arrêtée par ordre de puissance, capturée par des pirates et non relâchée dans un délai qui, selon les distances, est de six, neuf ou douze mois. V. art. 865 à 867 du Code de commerce *allemand*.

Le Code de commerce *italien* (art. 632 et suiv.) et le Code de commerce *roumain* (art. 644 et suiv.) reproduisent l'énumération des cas de sinistres majeurs faite par le Code de commerce français. Ils considèrent comme innavigable le navire qui ne peut être radoubé ou qui ne pourrait l'être qu'en faisant des frais montant aux trois quarts au moins de sa valeur (art. 632 7°).

Les Codes maritimes *scandinaves* (art. 256 et suiv.) admettent le délaissement en cas de perte totale ou de déclaration de bonne prise et ils reconnaissent qu'il y a perte totale quand le navire ou les marchandises ont subi des avaries telles qu'il faut les considérer comme détruits par rapport à leur utilité et à leurs caractères primitifs. Ils réputent aussi la perte survenue dans les cas de défaut de nouvelles,

(1) Jacobs, *op. cit.*, II, n° 845.
(2) Les art. 858 et 864 définissent ce qu'il faut entendre par perte totale pour chacune des choses qui peuvent être assurées.
(3) Ces expressions sont imitées de celles dont on se sert en Grande Bretagne. V. plus bas, p. 380.

d'arrêt de puissance. C'est la distinction du Code allemand entre la perte totale réelle ou absolue et la perte totale présumée.

Le Code maritime de *Finlande* (art. 214 et suiv.) admet aussi le délaissement, comme s'il y avait perte totale, quand les objets détruits ou avariés ne peuvent plus servir à leur destination, quand ils ont été capturés, quand il y a arrêt de puissance ou défaut de nouvelles.

Les règles consacrées par l'usage en *Grande-Bretagne* et dans les *États-Unis d'Amérique* sont toutes spéciales ; elles ne sont pas, du reste, tout à fait semblables dans ces deux pays.

En *Grande-Bretagne*, on distingue la perte totale absolue (*actual total loss*) et la perte totale relative ou présumée (*constructioe total loss*) (1). L'intérêt de cette distinction consiste en ce qu'en cas de perte totale absolue, l'assuré peut réclamer la somme assurée entière sans avoir besoin de notifier le délaissement à l'assureur, tandis qu'en cas de perte totale relative, une notification du délaissement (*notice of abandonment*) est nécessaire. Il y a perte totale absolue quand la chose assurée a entièrement péri ou quand elle est réduite à un tel état qu'elle ne peut plus servir à l'usage auquel elle est destinée, qu'on ne saurait plus la désigner sous sa dénomination originaire. Il y a, au contraire, perte totale relative quand la chose assurée existe bien *in specie* ou qu'on a quelque espoir de la recouvrer, mais que les frais à faire pour la réparer ou la recouvrer seraient excessifs. Ainsi, il y a perte de cette dernière sorte dans les cas de défaut de nouvelles prolongé (2), d'arrêt de puissance durant un certain temps (3). On considère que les dépenses seraient excessives quand elles dépassent la valeur qu'aurait la chose assurée après les réparations. La vente des marchandises en cours de voyage, à raison de ce qu'on ne peut trouver un autre bâtiment pour les transporter jusqu'à destination ou de ce qu'elles ne pourraient supporter un plus long voyage, constitue un cas de perte relative permettant le délaissement.

Dans les *États-Unis d'Amérique*, on fait la même distinction entre

---

(1) Arnould, *On marine insurance*, p. 344 et suiv.; Mac Arthur, *The contract of marine insurance*, p. 145 à 153.

(2-3) Toutes ces règles étant consacrées par l'usage, il n'y a pas de délais fixes; c'est au juge à apprécier selon les circonstances.

les deux sortes de pertes ; mais il est généralement admis que le délaissement est possible par cela seul que les frais des réparations à faire atteignent la moitié de la valeur qu'aurait le navire une fois réparé (1).

1375. Que doit comprendre le délaissement. — Le principe général est que le délaissement doit comprendre la chose assurée et ses accessoires (art. 372, 2° phrase, C. com.). L'assuré doit, en délaissant, se mettre dans la situation où il serait s'il y avait perte totale ; c'est même là ce qui justifie qu'il ait droit à la somme assurée entière.

Il importe d'appliquer spécialement ce principe aux deux grandes espèces d'assurances maritimes, c'est-à-dire aux assurances sur corps et aux assurances sur facultés. En ce qui concerne les premières, des modifications sont résultées de l'abrogation de l'art. 386, C. com., par la loi du 12 août 1885.

1376. Dans les assurances sur facultés, le délaissement doit comprendre les marchandises ou ce qui peut en rester. L'assureur devenant, comme cela sera expliqué à propos des effets du délaissement (n° 1388), propriétaire de ces marchandises, peut les vendre pour son compte. De cette façon les chances de la spéculation entreprise par l'assuré sont transmises à l'assureur. Celui-ci peut donc éprouver une perte pécuniaire par suite de l'abaissement des cours.

Si, avant que le délaissement n'eût lieu, l'assuré avait encaissé pour une partie des effets sauvés le produit de la vente, il devrait le comprendre dans le délaissement.

Mais le délaissement ne peut s'appliquer qu'aux marchandises en risque. Il ne saurait, par suite, être question d'y comprendre des marchandises qui ont déjà été déchargées lors de l'événement constituant un cas de sinistre majeur (2).

Dans le délaissement doit être compris le droit à contribution résultant d'une avarie commune antérieurement survenue. Autre-

---

(1) Townsend, *A Compendium of mercantile law*, n° 574 et suiv.

(2) Il va de soi que, dans ce cas, la somme assurée à payer par l'assureur subit une diminution égale à la valeur des marchandises antérieurement déchargées. V. n° 1344.

meut l'assureur ne serait pas mis à la place de l'assuré. Celui-ci pourrait s'enrichir contrairement au but de l'assurance et de la contribution aux avaries communes : il toucherait et la somme assurée de l'assureur et une somme due par voie de contribution et représentant la valeur des choses sacrifiées dans l'intérêt commun.

Par des raisons analogues, l'assuré doit aussi comprendre dans le délaissement le droit à indemnité pour dommage causé par un abordage aux marchandises assurées.

1377. Dans l'assurance sur corps, le délaissement doit comprendre le navire assuré ou ses débris avec ses accessoires. Parmi ceux-ci se trouvent spécialement le droit à contribution du propriétaire du navire assuré à raison d'une avarie commune antérieure au sinistre majeur et le droit à indemnité à raison d'un abordage. V. analog. nᵒ 1375.

1377 bis. Avant la loi du 12 août 1885, le délaissement devait comprendre avec le navire, aux termes de l'art. 386, C. com., le fret des marchandises sauvées. L'obligation de délaisser ainsi le fret s'expliquait par deux idées. Le délaissement met l'assureur à la place de l'assuré quant au navire; l'assureur doit aussi lui être substitué pour le fret, qui est un accessoire, un fruit civil du navire. Du reste, l'ancien art. 347, C. com., prohibait l'assurance du fret à faire ; cette prohibition n'aurait pas été respectée si le propriétaire du navire avait pu toucher de son assureur une somme représentant la valeur du navire et garder le fret. Il aurait été ainsi, grâce à l'assurance, placé, en cas de sinistre, dans la situation où il se serait trouvé en cas d'heureuse arrivée, ce qui eût été contraire au système d'assurance admis avant la loi du 12 août 1885 (nᵒ 1128) (1). Au reste, l'application de l'art. 386, C. com., donnait lieu à de nombreuses difficultés, spécialement pour la détermination précise de ce qu'il fallait entendre par marchandises sauvées (2).

1378. Le délaissement du navire ne comprend plus le fret des marchandises sauvées ; l'art. 386, C. com., a été abrogé par la loi du 12 août 1885. Il y a là une conséquence pouvant être rattachée à

---

(1) En s'appuyant sur ces motifs de l'art. 386, C. com., on pouvait soutenir qu'il était défendu de stipuler que le fret des marchandises sauvées ne serait pas compris dans le délaissement. V. notre *Précis de Droit commercial*, II, nᵒ 2192.

(2) V. notre *Précis de Droit commercial*, II, nᵒˢ 2188 à 2190.

la faculté reconnue au propriétaire du navire de faire assurer le fret (n° 1134). Il n'est plus vrai, par suite, de dire que l'assurance ne peut pas servir à placer, en cas de sinistre, l'assuré dans la situation pécuniaire où il aurait été en cas d'heureuse arrivée. Au reste, l'assurance du fret étant permise, il faut, quand elle a été faite, qu'en cas de sinistre majeur, l'assuré puisse le délaisser à l'assureur du fret, ce qui ne pourrait avoir lieu si le fret était à comprendre dans le délaissement fait à l'assureur sur corps.

Quand il n'y a pas d'assurance du fret, le propriétaire du navire doit être considéré, à l'égard de celui-ci, comme son propre assureur et, par conséquent, il le conserve tout en délaissant le navire. Cela s'applique notamment au cas où, malgré le sinistre majeur ayant atteint le navire, des marchandises ont été sauvées, au cas où des marchandises ont été débarquées avant le sinistre dans un port de relâche, au cas où le fret a été stipulé non restituable ou payable à tout événement.

1379. L'art. 386, C. com., était, avant la loi du 1er août 1885, appliqué, par identité de motifs, au prix de passage dû à l'armateur. Ce prix, par assimilation au fret, ne doit plus être compris dans le délaissement fait à l'assureur sur corps.

1380. D'après l'ancien art. 386, C. com., le délaissement qui devait s'appliquer au fret, n'affranchissait pas la créance du fret des charges qui le grevaient, telles que les loyers des matelots, les frais de relâche, etc... Ces charges sont supportées naturellement par le propriétaire du navire qui conserve le fret ou par l'assureur du fret auquel le délaissement est fait, depuis la loi du 12 août 1885.

1381. On a prétendu que dans le délaissement doit être comprise la prime accordée pour le sauvetage d'un autre bâtiment (1) (Ordonnance de 1681, livre IV, titre 9, art. 27) (2). C'est là une solution inexacte (3). Cette prime ne constitue point un accessoire du navire; elle est accordée aux sauveteurs pour les rémunérer du service qu'ils ont rendu.

1382. Il ne faut pas non plus admettre que le propriétaire du na-

---

(1) Trib. comm. Marseille, 24 avr. 1863, *Journ. de Marseille*, 1863. 1. 121; Em. Cauvet, II, n° 343.

(2) V. n° 1061.

(3) Laurin sur Cresp, IV, p. 191, *note*; Droz, II, p. 361 et suiv.

vire doit comprendre dans le délaissement les primes à la navigation qui lui sont dues, en vertu du système de la loi du 21 janvier 1881 renouvelé pour une période nouvelle par la loi du 30 janvier 1893 (n°s 22 et suiv.). Ces primes sont sans doute gagnées par le navire ; mais elles ont pour les armateurs un caractère personnel, par cela même qu'elles ont été établies pour encourager le commerce des armements (1). En faveur de l'opinion contraire (2), on avait fait valoir que les primes à l'armement, étant destinées à remédier à la baisse du fret, doivent être considérées comme un accessoire du fret et, par suite, délaissées avec lui. Mais, cet argument même ne peut plus être donné depuis que, par suite de l'abrogation de l'art. 386, C. com., le fret n'est plus compris dans le délaissement.

La solution admise n'est pas en contradiction avec celle d'après laquelle le fret doit être compris dans l'abandon fait aux créanciers en vertu de l'art. 216, C. com. (n° 246) (3). Il y a là une faculté exceptionnelle pouvant nuire aux créanciers ; le propriétaire d'un navire ne doit être admis à en user qu'autant qu'il ne conserve aucun des bénéfices pouvant résulter pour lui de la navigation.

1383. *Indivisibilité du délaissement.* — L'assurance est indivisible ; elle porte sur la chose assurée en entier. Par suite, le délaissement est indivisible (art. 372), c'est-à-dire que l'assuré n'a pas le droit de délaisser une partie seulement de la chose assurée et d'exercer l'action d'avarie pour le restant (4). Mais le délaissement ne s'étend qu'aux effets qui sont l'objet de l'assurance et du risque (art. 372). L'assuré ne pourrait donc pas, si l'assurance s'applique à tout le chargement, délaisser les marchandises de telle espèce et réclamer un règlement par avaries pour les marchandises de telle autre espèce. Il n'en est ainsi qu'autant que toutes les marchandises forment l'objet d'une assurance unique. Si plusieurs assurances distinctes avaient été faites sur des marchandises, fût-ce par le même chargeur, l'assuré pourrait prendre un parti différent pour chaque groupe de mar-

---

(1) De Courcy. *Questions de Droit maritime* (3e série), p. 81 et suiv.

(2) V. *Jugement arbitral rendu à Marseille,* le 19 août 1884 ; article de M. Denis Guillot dans *La Loi,* n° du 17 juin 1884.

(3) V. de Courcy, passage cité à la note 1.

(4) Voir une application du principe qui exclut le délaissement partiel, Trib. comm., Marseille, 14 juin 1894, *Revue int. du Droit marit.,* 1894-95, p. 85.

chandises, délaisser les unes et régler par avaries pour les autres.

Il peut être difficile de décider si pour les marchandises il y a ou non plusieurs assurances. La difficulté se présente surtout lorsqu'il n'existe qu'une seule police pour des marchandises diverses. On peut la trancher en examinant si ces marchandises ont été assurées pour une somme unique ou si chacune de leurs catégories l'a été pour une somme distincte ; dans le second cas, il y a plusieurs assurances.

Il y a lieu d'appliquer les mêmes règles au cas où une police contient l'assurance du navire et de la cargaison (n° 1200).

Lorsqu'il y a plusieurs assureurs pour une seule chose, le délaissement doit être fait à chacun en proportion de la somme assurée par lui. De même, l'assuré qui a conservé un découvert, peut, tout en délaissant, conserver pour lui une partie de la chose assurée proportionnelle à celle dont il est resté son propre assureur. Ainsi, un état de copropriété se trouve établi entre l'assuré et l'assureur.

1384. Lorsque dans la police se trouve la clause de faire échelle, si des marchandises ont été déchargées en cours de route, le risque se réduit pour l'assureur à celles qui étaient à bord lors du sinistre donnant lieu au délaissement. L'assuré n'est pas tenu de délaisser les marchandises déchargées avant le sinistre. Mais, pour déterminer quelle est en pareil cas l'obligation de l'assureur, une distinction doit être faite. Lorsque les marchandises restées à bord ont une valeur inférieure à la somme assurée, l'assureur ne doit qu'une somme égale à cette valeur. Ainsi, l'on peut supposer une cargaison d'une valeur de 30.000 francs assurée pour cette même somme avec clause de faire échelle. Si, lors du sinistre majeur, des marchandises représentant le tiers de cette somme ont été antérieurement déchargées, l'assuré ne peut réclamer que 20.000 francs à l'assureur; en même temps il n'a à délaisser que les marchandises se trouvant à bord lors du sinistre. Mais si les marchandises ont une valeur égale au moins à la somme assurée, toute l'indemnité doit être payée malgré les déchargements antérieurement opérés; l'assuré a pu user de son découvert comme il l'entendait (1). Il faut donc repousser l'avis de quelques auteurs (2) qui sont d'avis que les assureurs se trouvent

(1) Émérigon, *op. cit.*, chap. XVII, sect. VIII.
(2) Boistel, n° 1519; Droz, n° 592.

libérés envers l'assuré d'une somme proportionnelle à la valeur des marchandises déchargées comparée à la somme assurée. Ils prétendent que, quand la police ne spécifie pas les marchandises assurées, l'assurance s'applique à toutes les marchandises, mais que chacun des objets ainsi compris dans l'assurance n'est garanti que partiellement par elle.

1385. Le délaissement doit être pur et simple, il ne peut pas être conditionnel (art. 372); l'assureur aurait donc le droit de le refuser, par cela seul que l'assuré voudrait le subordonner à une condition quelconque et l'assuré pourrait protester contre toute condition à laquelle l'assureur voudrait le soumettre. Ainsi, l'assuré ne peut obliger l'assureur à accepter un délaissement sous la condition que le navire assuré lui sera restitué à la charge par lui de rendre l'indemnité d'assurance, si l'on en a des nouvelles. Cela serait contraire au but même du délaissement qui est de permettre un règlement prompt et définitif, indépendant des évènements postérieurs.

1386. *Moment où le délaissement devient irrévocable.* — L'assuré a l'option entre le délaissement et l'action d'avaries (n° 1267). Il peut même revenir sur l'option qu'il a faite pour le délaissement tant que celui-ci n'est pas devenu irrévocable. Il le devient, soit du moment où il a été accepté par l'assureur, soit du moment où il a été déclaré valable par jugement.

1387. L'irrévocabilité du délaissement subit toutefois quelque restriction. Le délaissement est un acte de volonté; la volonté de l'assureur ou celle de l'assuré peut être affectée d'un des vices du consentement qui, en général, rendent les actes nuls; il y aurait lieu alors d'admettre la nullité du délaissement. Il en serait ainsi dans les cas où l'assuré aurait usé de fraude, où le délaissement aurait été fait à raison d'un sinistre qui ne s'était pas réellement produit, par exemple à raison d'une prise imaginaire (1). Il y a alors dol ou erreur (2).

Ne faut-il pas aussi reconnaître que le délaissement peut être résolu par suite du défaut du paiement de l'indemnité d'assurance? Cette question sera examinée ci-après (n° 1391).

---

(1) Trib. comm. Marseille, 8 juill. 1892, *Revue intern. du Droit maritime,* 1892-93, p. 112. — V. Em. Cauvet, II, n° 386.
(2) Desjardins, VII, n° 1591.

1387 *bis.* Mais il reste à déterminer à quelle époque le juge doit, en cas de contestation, se placer, pour décider s'il y a eu réellement un sinistre majeur à raison duquel le délaissement doit être déclaré valable. La question a une véritable importance pratique. Il peut y avoir, en effet, dans les faits des changements tels, qu'un événement qui était apparu comme constituant un cas de sinistre majeur, n'en a plus à un moment donné les caractères. Ainsi, selon le moment auquel le juge doit se placer, le délaissement doit être admis ou exclu.

Des opinions très diverses sont défendues. Des auteurs soutiennent, en principe, que dès qu'à un moment donné le sinistre majeur a existé (1) ou dès qu'il y avait sinistre majeur lors de la signification du délaissement (2), celui-ci doit être admis malgré les faits postérieurs qui ont pu se produire. Ils appliquent notamment leur doctrine au cas de prise suivie de restitution. Selon nous, aucune de ces deux opinions n'est exacte; il faut, pour que le délaissement doive être validé, que les conditions constitutives du sinistre majeur existent au moment où le délaissement devient irrévocable par l'acceptation de l'assureur ou en vertu d'un jugement. Il serait exorbitant de reconnaître la faculté de délaisser, dans des cas où les faits prouvent qu'il n'y a pas eu sinistre majeur. Du reste, l'art. 385, C. com., paraît bien confirmer cette doctrine. C'est après avoir indiqué le moment où le délaissement devient irrévocable, que l'art. 385 dispose : *l'assureur ne peut, sous prétexte du retour du navire, se dispenser de payer la somme assurée.* Cette disposition ne vise que le cas de délaissement pour défaut de nouvelles. Mais il est impossible d'appliquer des principes différents aux divers cas de sinistres majeurs. On pourrait objecter contre ce système que l'art. 381, C. com., admet qu'en cas de naufrage ou d'échouement avec bris, l'assuré doit, sans préjudice du délaissement à faire en temps et lieu, travailler au recouvrement des effets naufragés. Cela paraît impliquer que, dès qu'il y a naufrage ou échouement avec bris, le délaissement est possible malgré les faits postérieurs de sauvetage. Tel n'est pas le sens de cette disposition; elle signifie seulement que

(1) Desjardins, VII, p. 180.
(2) Boistel, n° 1396; de Valroger, n°s 1717 et 1721.

la participation de l'assuré au sauvetage, qui constitue pour lui une obligation à l'égard de l'assureur, ne saurait permettre à celui-ci d'alléguer que l'assuré a, par sa conduite, renoncé à l'exercice de la faculté de délaisser; mais il faut, pour qu'il en soit ainsi, qu'on ne puisse pas dire, en définitive, que, grâce au sauvetage, il n'y a pas naufrage ou échouement avec bris.

Il n'en est pas moins vrai, il faut le reconnaître, que notre système offre un inconvénient. Avec lui, l'assureur a intérêt à contester le délaissement pour retarder ce jugement; cela peut laisser le temps à des faits nouveaux, destructifs du sinistre majeur, de se produire.

1388. *Effets du délaissement.* — Le délaissement a des effets multiples; il transmet des droits à l'assureur et donne lieu à l'obligation corrélative pour lui de payer la somme assurée entière.

Par suite du délaissement, l'assureur acquiert les droits de l'assuré sur la chose assurée et ceux que l'assuré a acquis à l'occasion de cette chose. Comme, d'ordinaire, l'assuré est propriétaire de la chose assurée, c'est le plus souvent la propriété qui est transmise à l'assureur. C'est ce qui fait ranger le délaissement parmi les modes d'acquisition spéciaux au droit maritime. V. n° 164.

Si l'assuré a quelque droit contre le capitaine ou contre des tiers qui, par leur faute, ont causé la perte ou la détérioration de la chose assurée, ces droits passent avec cette chose à l'assureur. Mais, pour être saisi à l'égard des tiers des créances de l'assuré, l'assureur n'a pas besoin de remplir les formalités de l'art. 1690, C. civ. (1). Du moins, un usage constant est établi en ce sens.

Il va de soi que, comme dans le cas d'exercice de l'action d'avaries, l'assureur peut agir directement de son chef contre les tiers qui, par leur faute, ont causé le sinistre à l'occasion duquel le délaissement a été fait. V. n⁰ˢ 1312 et suiv.

1389. L'assureur est tenu de payer la somme assurée entière. La chose assurée est réputée avoir péri en totalité. L'un des avantages pratiques du délaissement est d'éviter les difficultés que fait naître

_____

(1) Il résulte de là que les cessionnaires des créances de l'assuré contre des tiers seraient écartés par cela seul que le délaissement serait antérieur en date aux cessions (art. 1328, C. civ.).

la fixation d'une indemnité proportionnée au dommage souffert (n° 1326).

Dans l'usage, quand il y a délaissement, on ne déduit même pas de franchises du montant de la somme assurée.

1390. A partir de quel moment le délaissement produit-il son effet translatif à l'égard de l'assureur? L'art. 384, C. com., semblerait impliquer qu'il ne le produit que pour l'avenir, en disposant que *les effets assurés appartiennent à l'assureur à partir du délaissement.* Cette disposition indique seulement le moment où le lien de droit se forme d'une façon définitive entre l'assuré et l'assureur. D'après la tradition, la transmission des droits de l'assuré à l'assureur remonte dans ses effets au jour où s'est produit le sinistre qui a permis le délaissement. A partir du sinistre, l'assureur est tenu de payer la somme assurée et de recevoir les objets assurés, si l'assuré les délaisse. Quand le délaissement a lieu, il constate en quelque sorte l'accomplissement d'une condition qui rétroagit au jour où est né l'engagement (1). Cette rétroactivité a des conséquences pratiques de quelque importance à plusieurs points de vue : 1° le capitaine étant considéré comme le préposé de l'assureur à partir du jour du sinistre, l'assureur est de ce jour responsable des fautes du capitaine, alors même qu'il ne s'est pas rendu garant de la baraterie de patron (2) ; 2° c'est comme préposé de l'assureur que l'assuré travaille au sauvetage, il peut donc réclamer les frais faits par lui jusqu'à concurrence de la valeur des objets sauvés. V. art. 381, C. com. (3) ; 3° si ces objets sont vendus, l'assureur est créancier de l'acheteur et non de l'assuré qui est étranger à la vente (4) ; 4° quand un sinistre a atteint des marchandises dans un voyage d'aller, les assurances de retour sont annulées pour ces mêmes marchandises que l'on rapporterait, bien que le délaissement n'ait été signifié que pendant le retour (5).

Cependant, cette doctrine est contestée et cela dans deux sens opposés. Les uns ne font rétroagir le délaissement que jusqu'au jour de

(1) J.-V. Cauvet, II, n° 325; Em. Cauvet, II, n° 379.
(2) Trib. comm. Marseille, 14 mars 1839, *Journ. de Marseille*, 1839. 1. 198.
(3-4) Trib. comm. Marseille, 24 mai 1832, *Journ. de Marseille*, 1832. 1. 185; Paris, 18 juin 1889, *la Loi*, n° du 25 janv. 1890.
(5) Trib. comm. Marseille, 26 juin 1826, *Journ. de Marseille*, 1826. 1. 167.

la signification du délaissement (1); les autres, au contraire, admettent la rétroactivité jusqu'au jour où l'assurance a été conclue (2). La première de ces opinions méconnaît l'idée selon laquelle la cause du délaissement existe dès que le sinistre majeur s'est produit. Quant à la seconde, elle a le tort de faire rétroagir les effets du délaissement à une date antérieure même à la cause qui permet de l'opérer (3).

La question de savoir jusqu'à quel moment les effets du délaissement se produisent dans le passé est, du reste, tout à fait distincte de la question relative à la détermination du moment où le délaissement devient irrévocable, de telle façon que l'assuré ne peut plus revenir sur le parti qu'il a pris et réclamer un règlement par avaries.

1391. *Le délaissement est-il résoluble à défaut de paiement de l'indemnité d'assurance?* — Il se pourrait que l'assureur auquel le délaissement a été fait, ne payât pas à l'assuré l'indemnité d'assurance. L'assuré aurait-il le droit en ce cas de faire résoudre le délaissement? La question présente un grand intérêt pratique dans le cas de faillite de l'assureur. On a invoqué en faveur de la résolution du délaissement le principe général de l'art. 1184, C. civ., et l'on a été jusqu'à comparer le délaissement à la vente (4). Mais cette doctrine ne nous paraît pas admissible. Le délaissement est, en règle générale, irrévocable (art. 385). Sans doute, les principes du droit commun doivent faire en quelques cas, d'ailleurs fort rares, admettre la nullité ou la résolution du délaissement (n° 1387). Mais, ces principes ne peuvent être invoqués ici; le délaissement n'est pas un contrat régi

---

(1) Laurin sur Cresp, IV, p. 182 et 183.

(2) Desjardins, VII, n° 1592.

(3) Émérigon (*Traité des assurances,* chapitre XVII, section VI, § 4) touche la question dans les termes suivants : « Le délaissement a un effet rétroactif « vis-à-vis des assureurs, lesquels, jusqu'à la concurrence de l'intérêt assuré, « sont présumés avoir été, dès le principe, propriétaires de la chose assurée.» On a invoqué ce passage pour ranger Émérigon parmi les partisans de la rétroactivité jusqu'à la date de la police. Mais, la phrase d'Émérigon permet seulement d'affirmer qu'il admettait l'effet rétroactif, sans qu'on puisse dire jusqu'à quelle époque il l'admettait.

(4) Trib. comm. Nantes, 4 sept. 1858, *Journ. de Marseille,* 1859. 2. 83. V. la note 1 de la page suivante.

comme tel par l'art. 1184, C. civ.; c'est une des conséquences du contrat d'assurance (1).

1392. *Combinaison du délaissement et de l'abandon du navire et du fret.* — Il a été admis plus haut (n° 1359) que l'abandon ne constitue pas par lui-même une cause de délaissement. Mais il est possible qu'on se trouve dans un cas de sinistre majeur et que le propriétaire du navire soit tenu envers des tiers à raison d'actes ou de faits du capitaine. Le propriétaire du navire peut-il, à la fois, faire abandon aux créanciers et délaissement à son assureur? On a soutenu que ces deux actes sont inconciliables (2). Si chacun de ces actes est translatif de propriété, comment le propriétaire d'un navire assuré pourrait-il en transmettre par l'abandon la propriété aux créanciers, alors que, par l'effet du délaissement, cette propriété est déjà passée à l'assureur, ou, à l'inverse, comment, après qu'elle a été transmise aux créanciers par l'abandon, pourrait-elle l'être par le délaissement à l'assureur? Cependant l'opinion la plus générale, qui paraît exacte, reconnaît que l'abandon et le délaissement ne s'excluent pas et peuvent être faits à l'occasion du même navire (3).

Le délaissement est possible après l'abandon fait aux créanciers.

(1) Rennes, 8 avr. 1859, *Journ. de Marseille*, 1859. 2. 83 (Cet arrêt infirme le jugement du tribunal de commerce de Nantes, cité à la note précédente).

(2) Trib. comm. Marseille, 27 juill. 1888, *Revue intern. du Droit maritime*, 1888-89, p. 438. — Jacobs, *le Droit maritime belge*, I, n° 78.

M. de Courcy (*Questions de Droit maritime*, 2e série, p. 197 et 198) admet que les principes rigoureux du droit devraient conduire à cette solution. Mais il reconnaît qu'elle déconcerterait les armateurs et jetterait dans leurs opérations une perturbation énorme. Il propose alors des solutions d'expédient qui sont précisément celles qui sont adoptées au texte, de telle façon qu'en nous plaçant au point de vue purement pratique, nous pouvons invoquer l'autorité de M. de Courcy en faveur des décisions que nous adoptons.

(3) Marseille, 13 déc. 1859, Aix, 22 déc. 1860, le Havre, 6 avr. 1870, *Journ. de Marseille*, 1860. 1. 11; 1861. 1. 58; 1872. 2. 246. — Dans les espèces de ces décisions judiciaires, il s'agissait d'un abandon fait après délaissement; mais le premier jugement cité indique nettement dans ses motifs que *l'abandon et le délaissement peuvent exister ensemble.* — Laurin sur Cresp, I, p. 637; IV, p. 137; Desjardins, II, p. 101 et 102; J.-V. Cauvet, *Assurances maritimes*, II, n° 327; Demangeat sur Bravard, IV, p. 158; de Séze, *op. cit.*, p.244 et suiv. Ce dernier auteur arrive, en définitive, aux mêmes résultats que nous; mais il a un point de départ quelque peu différent, par cela même qu'il ne considère pas l'abandon comme un acte translatif de propriété (n° 1678). V. aussi de Courcy, passage cité à la note précédente, sous la réserve que nous y faisons.

Le délaissement a moins pour effet nécessaire de transférer la propriété du navire à l'assureur que de le mettre aux lieu et place de
l'assuré. Ainsi, l'assureur se trouve ne rien acquérir quand il y a eu
perte entière, prise ou défaut de nouvelles sans que le navire revienne. — L'abandon n'est pas non plus exclu par le délaissement
antérieur. Le délaissement ne peut être fait à l'assureur qu'avec les
charges qui grèvent le navire, et l'on ne concevrait pas que, par suite
du délaissement, le propriétaire du navire assuré se trouvât tenu sur
sa fortune de terre. Il serait exorbitant et contraire à l'intention probable des parties, de considérer le délaissement comme impliquant
une renonciation à la faculté d'abandon.

1393. Il ne suffit pas de reconnaître que le délaissement et
l'abandon ne sont pas incompatibles. Il faut encore, en supposant
qu'ils soient faits à propos du même navire, déterminer la situation
respective des créanciers et de l'assureur. Les créanciers sont étrangers à l'assurance, contrat conclu par le propriétaire du navire sans
leur participation. L'assurance ne leur profite pas (n° 241) ; il est
juste qu'elle ne puisse pas non plus leur préjudicier. Aussi, sur le
fret et sur le navire, ils doivent être préférés à l'assureur : c'est à
eux que le fret et le navire appartiennent à l'exclusion de celui-ci.
Seulement l'assureur ne doit pas non plus être lésé par l'abandon ;
aussi la valeur des débris sauvés et du fret compris dans l'abandon
sont déduits sur le montant de l'indemnité à payer à l'assureur (1).
En définitive, la situation de l'assureur n'est pas empirée par suite
de l'abandon pas plus que celle des créanciers ne l'est par suite du
délaissement.

Par cela même que le navire reste aux créanciers auxquels il a été
abandonné, l'assureur ne pourrait pas évidemment, malgré le délaissement, se livrer à l'exploitation de ce navire, comme il peut le faire
ordinairement (2). Mais l'assureur se trouve mis à la place de l'assuré. En conséquence, s'il y a intérêt, il peut, comme l'aurait pu faire

---

(1) Cela n'est vrai que si le principe des créances est étranger aux risques
des assureurs. Si l'action des créanciers dérivait d'un abordage survenu pendant la durée de l'assurance, l'assuré n'aurait pas à supporter la réduction dont
il est question au texte. V. de Courcy, *loc. citat.*, p. 199 et 200.

(2) C'est là une faculté dont les assureurs usent fort rarement. En général,
ils n'ont intérêt qu'à vendre le navire délaissé.

l'assuré lui-même, révoquer l'abandon tant qu'il n'a pas été accepté par les créanciers, à charge de payer toutes les dettes. Il va de soi que l'assureur pourrait également, une fois le délaissement opéré, faire l'abandon du navire et du fret, s'il n'avait pas déjà été opéré par l'assuré.

Tout ce qui vient d'être admis à propos du navire doit être étendu aux marchandises, si l'on reconnaît, comme nous l'avons fait (n° 277), que la faculté d'abandon existe au profit des propriétaires de marchandises à raison des actes du capitaine concernant celles-ci.

1394. DÉLAIS DANS LESQUELS DOIT ÊTRE FAIT LE DÉLAISSEMENT. — Le délaissement a un caractère exceptionnel; aussi la loi veut-elle qu'il soit fait promptement à peine de déchéance. Les actions qui dérivent du contrat d'assurance se prescrivent, en général, par le délai de cinq ans à partir du jour du contrat (art. 432) (1). L'action en délaissement est éteinte après un laps de temps beaucoup plus court qui est, d'après la loi, de six mois, d'un an ou de dix-huit mois.

Le délaissement doit être fait aux assureurs dans le terme de six mois à partir du jour de la réception de la nouvelle de la perte arrivée aux ports ou côtes d'Europe, ou sur celles d'Asie ou d'Afrique dans la Méditerranée, ou bien, en cas de prise, de la réception de celle de la conduite du navire dans l'un des ports ou lieux situés aux côtes ci-dessus mentionnées ; — dans le délai d'un an après la réception de la nouvelle de la perte arrivée, ou de la prise conduite en Afrique en deçà du cap de Bonne-Espérance ou en Amérique en deçà du cap Horn ; — dans le délai de dix-huit mois après la nouvelle des pertes arrivées ou des prises conduites dans toutes les autres parties du monde (art. 373). Ces délais

_____

(1) Il serait bon qu'il fût permis à l'assureur d'abréger les délais de l'art. 373, en mettant l'assuré en demeure de faire le délaissement. L'assureur a un intérêt sérieux à ne pas attendre que le temps, continuant l'œuvre de la fortune de mer, achève de détruire l'objet qui lui est délaissé. Aussi le projet de 1865 disposait dans l'art. 377 : « Sans attendre l'expiration des délais ci-dessus, l'as- « sureur peut sommer l'assuré de faire le délaissement. Si l'assuré ne l'a pas « fait dans le délai d'un mois, il n'est pas recevable à le faire. » — L'art. 204 de la loi *belge* du 21 août 1879 s'est approprié cette disposition du projet fran- çais.

ont été fixés par une loi du 3 mai 1862 qui a abrégé ceux que fixait primitivement le Code de commerce.

Ils ne courent pas du jour du contrat comme la prescription de l'art. 432, C. com., mais de celui de la réception de la nouvelle du sinistre. En outre, ils ne sont pas fixes, ils varient avec la distance du lieu où le sinistre s'est produit. Le but de la loi a été de laisser à l'assuré le temps nécessaire pour se renseigner sur les caractères de l'accident et pour se décider en connaissance de cause entre le délaissement et le règlement par avaries. Aussi le délai court-il même avant que l'assuré sache exactement si l'accident a les caractères constitutifs d'un sinistre majeur (1).

1395. Le point de départ du délai donné pour délaisser est le même pour la réassurance que pour l'assurance ; la loi ne fait aucune distinction (2). Mais les parties agissent prudemment en convenant que le délai pour délaisser ne courra contre le réassuré qu'à partir du moment où son propre assuré lui aura fait le délaissement. Autrement le réassuré peut n'être averti du sinistre par le délaissement qui lui est fait que dans les derniers jours du délai qui lui est accordé et n'avoir ainsi qu'un très court laps de temps pour opter entre le délaissement et le règlement par avaries (3).

Quand les délais de l'art. 373 sont écoulés, le réassuré n'a plus que l'action d'avaries, bien que l'assuré ait fait le délaissement.

Au reste, il faut remarquer que, pour que le réassuré ait l'option entre l'action d'avaries et le délaissement, il faut supposer que l'assuré a délaissé. Quand celui-ci a exercé l'action d'avaries, le réassuré ne peut pas évidemment délaisser un navire ou des marchandises que l'assuré a conservés.

---

(1) V. Desjardins, VII, n° 1585.

(2) Cass. 1er juin 1824, S. 1824. 1. 199. — De Valroger, IV, n° 1787; Desjardins, VII, n° 1585 *ter*. — V. au n° 1321, la solution donnée à une question analogue relative au point de départ de la prescription de cinq ans (art. 432, C. com.) en matière de réassurance. V. la note suivante.

(3) La loi *belge* du 21 août 1879 a écarté cette solution rigoureuse dans l'article 205, qui est ainsi conçu : « Dans le cas de réassurance, les assurés doivent dénoncer le délaissement au réassureur dans le délai fixé par l'art. 57 de la loi du 20 mai 1872 relative à la lettre de change. Ce délai commence à courir du jour de la notification du délaissement fait par les assurés primitifs. » V. aussi Code de commerce *allemand*, art. 358. C'est en ce sens que se prononçait Émérigon, chap. XIX, sect. XVI.

1396. Ce que doit faire l'assuré dans les délais fixés par l'art. 373, c'est d'exercer l'action en délaissement. Il faut qu'avant leur expiration l'assuré ait formé une demande en justice tendant au paiement par l'assureur de l'indemnité entière avec offre de délaisser ; une signification extrajudiciaire ne serait pas suffisante (1). L'art. 431, C. com., dispose que *l'action en délaissement est prescrite dans les délais exprimés par l'art. 373.*

Le délaissement fait après les délais doit être repoussé sur la demande de l'assureur (art. 373 *in fine*) ; mais l'assuré demeure libre alors d'exercer l'action d'avarie.

1397. FORMES DU DÉLAISSEMENT. — L'assuré qui veut faire le délaissement est tenu de différentes obligations.

Il doit avant tout, comme, du reste, dans le cas où il y a règlement par avaries, signifier à l'assureur l'avis des accidents qu'il a reçus dans les trois jours de leur réception (art. 374). Cette obligation a pour but principal de mettre l'assureur à même de prendre les mesures nécessaires pour atténuer encore, s'il est possible, les conséquences du sinistre, notamment par un sauvetage, par la mainlevée de l'arrêt de puissance (art. 374, 387, 390).

1398. Quant au moment où l'assuré peut faire la déclaration de délaissement, une option lui est laissée.

L'assuré peut d'abord, par l'acte même où il donne à l'assureur avis du sinistre, déclarer qu'il délaisse et sommer, par suite, l'assureur de lui payer la somme assurée dans le délai fixé par la police ou, à défaut de clause de la police, dans le délai fixé par la loi (art. 384, C. com.).

L'assuré peut aussi se borner à notifier l'avis du sinistre, il n'en conserve pas moins le droit de faire le délaissement dans les délais de l'art. 373, C. com.

1399. Au reste, la déclaration de la volonté de délaisser n'est soumise à aucune forme spéciale. Il suffit que l'assuré manifeste, d'une façon suffisamment claire, la volonté de faire le délaissement (2).

(1) Em. Cauvet, II, n° 415.
(2) Trib. comm. Marseille, 11 févr. 1889, *Revue intern. du Droit maritime*, 1888-89, p. 690; Trib. civ. de Tunis, 28 nov. 1889, *Revue intern. du Droit maritime*, 1889-90, p. 701. — Cpr. Trib. comm. Seine, 9 mars 1887, 1886-87, p. 694.

1400. En faisant le délaissement, l'assuré est tenu d'une obligation dont le but est d'assurer l'observation des dispositions qui défendent de contracter des assurances pour une somme totale dépassant la valeur de la chose assurée (n°s 1114 et suiv.). D'après l'art. 379, *l'assuré est tenu, en faisant le délaissement, de déclarer toutes les assurances qu'il a fait faire, même celles qu'il a ordonnées et l'argent qu'il a pris à la grosse, soit sur le navire, soit sur les marchandises* (1).

Il importe que l'assureur sache s'il y a eu d'autres assurances faites sur le même navire ou sur les mêmes marchandises, car, à raison d'assurances antérieures, il peut avoir le droit de demander l'annulation ou la réduction de celle qu'il a souscrite (art. 357 et 359, C. com.). Et, afin que l'assureur soit renseigné d'une façon complète, l'assuré doit déclarer les assurances qu'il a fait conclure par un commissionnaire ou même celles qu'il a simplement donné l'ordre de conclure. Peu importe que les ordres de l'assuré n'aient pas été exécutés; pour éviter les faux-fuyants, la loi veut que l'assuré déclare tout ce qu'il sait. Cette exigence, quant à la déclaration des assurances que l'assuré a ordonné de faire, n'existait pas sous l'empire de l'Ordonnance. Il n'y a pas non plus à distinguer entre les assurances antérieures et les assurances postérieures à celle qui donne lieu au délaissement. A raison même du but de la loi, l'assuré doit déclarer, en cas d'assurance du navire, les assurances du fret ou des mises dehors; en cas d'assurance des facultés, l'assurance du profit maritime (2). Il y a toujours à craindre des assurances cumulatives qui, malgré l'apparence, violent la règle selon laquelle on ne peut contracter plusieurs assurances pour une somme totale dépassant la valeur de la chose assurée (n°s 1135 et 1139).

Le prêt à la grosse équivaut à une assurance, en ce sens qu'en cas de sinistre, l'emprunteur n'a rien à rembourser; et lorsqu'un navire ou une cargaison a déjà été affecté à un prêt de ce genre, l'assurance n'est possible que pour l'excédent de la valeur de la chose sur le montant de la somme empruntée. Aussi l'assuré doit-il déclarer les

---

(1) Cette disposition est la reproduction presque textuelle de l'art. 53, livre III, titre 6, de l'Ordonnance de 1681.

(2) Trib. comm. Marseille, 16 juill. 1851, *Journ. de Marseille*, 1851. 1. 301.

emprunts à la grosse faits par lui. Mais cela ne s'applique pas aux prêts à la grosse faits en cours de voyage postérieurement à l'assurance à l'occasion de laquelle le délaissement est fait (1).

1401. L'obligation de faire la déclaration des autres assurances reçoit une sanction qui varie suivant que la déclaration de l'assuré est *tardive, frauduleuse* ou *inexacte.*

Lorsque la déclaration est *tardive*, le délai donné à l'assureur pour payer qui court ordinairement du jour du délaissement (art. 382), est suspendu jusqu'au jour de la déclaration (art. 379). Lorsqu'elle est *frauduleuse*, l'assuré est privé de l'assurance (art. 380). Cela ne veut pas dire que l'assurance soit complètement nulle; elle tient au point de vue des avantages en résultant pour l'assureur qui peut toucher la prime comme si le contrat était pleinement valable.

On doit prévoir un autre cas non mentionné expressément dans le Code. Il peut se faire qu'il y ait *inexactitude* sans fraude; l'assuré peut alors rectifier les inexactitudes qu'il a commises; mais, le délai du paiement ne peut courir qu'à partir du moment où ont été faites ces rectifications.

Du reste, la déclaration tardive ou inexacte n'a pas pour conséquence de prolonger le délai donné à l'assuré pour faire le délaissement (art. 379). Le législateur ne veut pas qu'en retardant sa déclaration ou en y insérant par erreur des inexactitudes, l'assuré échappe à la déchéance prononcée par l'art. 373 contre celui qui ne délaisse pas dans le laps de temps fixé (2).

1402. Pour le cas où la déclaration frauduleuse se rapporte à un emprunt à la grosse qui a été dissimulé par l'assuré, l'art. 380, C. com., dispose que *l'assuré est tenu de payer les sommes empruntées, nonobstant la perte ou la prise du navire.* Cette disposition ne peut être prise à la lettre. Elle signifierait que l'assuré qui n'a pas déclaré à l'assureur un emprunt à la grosse, perd le bénéfice de ce contrat, en ce qu'il est tenu de rembourser à tout événement la

(1) De Valroger, IV, n° 1826.
(2) Sous l'empire de l'Ordonnance, Valin (sur l'art. 53) et Pothier (*Assurances*, n° 140) soutenaient que le délaissement était nul, bien qu'ayant été opéré dans les délais légaux, si, durant ces délais, l'assuré n'avait pas déclaré les assurances et les emprunts à la grosse. Émérigon (ch. XVII, sect. V, § 3) s'élevait contre cette solution rigoureuse; elle ne peut être soutenue aujourd'hui. — V. Laurin sur Cresp, IV, p. 165 et 166.

somme empruntée. Le manquement à une obligation existant à l'égard de l'assureur recevrait une sanction qui se rapporterait à un autre contrat. Le législateur a peut-être voulu indiquer simplement que l'emprunt à la somme fait sur une chose déjà couverte par une assurance est nul (1); mais cela n'a aucun trait à la matière à laquelle se rattache l'art. 380, C. com.

1403. Si l'assuré n'a pas fait d'autre assurance que celle qui donne lieu au délaissement et n'a aucunement emprunté à la grosse, faut-il qu'il fasse une déclaration négative? La question est discutée. On a fait surtout valoir, pour exiger une déclaration négative, que, sans cette déclaration, l'assureur ignorerait que les délais accordés pour le paiement de la somme assurée ont commencé à courir (2). Nous croyons préférable de ne pas admettre la nécessité d'une déclaration négative. L'art. 379 est une disposition qui entraîne des sanctions rigoureuses, il ne faut pas l'étendre; or, cet article ne vise pas le cas où il y a une seule assurance; dans cette hypothèse, les motifs de la loi ne s'appliquent, du reste, point (3).

1404. L'art. 379, C. com., ne prescrit expressément la déclaration des assurances et des emprunts à la grosse qu'en cas de délaissement. On soutient que la même déclaration est exigée en cas de règlement par avaries (4). Il est certain que les motifs mêmes de l'art. 379, tirés des règles relatives aux doubles assurances, auraient dû logiquement faire imposer à l'assuré l'obligation qu'il consacre, que l'action d'avaries ou l'action en délaissement soit exercée; car ces règles s'appliquent quel que soit le parti pris par l'assuré. Mais, dans le silence de la loi, il nous paraît impossible d'obliger l'assuré, en cas de règlement par avaries, à faire une déclaration des autres assurances qu'il a conclues sous les sanctions édictées par les art. 380 et 381, C. com. V. n° 1308.

1405. COMPARAISON DU DÉLAISSEMENT ET DU RÈGLEMENT PAR AVARIES.

---

(1) De Valroger, IV, n° 1827.
(2) Trib. comm. Marseille, 12 nov. 1820; 12 nov. 1824; 2 mars 1830, *Journ. de Marseille*, 1821. 1. 51; 1824. 1. 303; 1830. 1. 312. — De Valroger, IV, n° 1827.
(3) Laurin sur Cresp, IV, p. 16 et suiv.
(4) De Valroger, n° 1834.

— Tout ce qui a été dit sur les effets du délaissement et sur ceux du règlement par avaries, permet de comparer les avantages que l'un ou l'autre présente pour l'assuré. Cette comparaison est d'autant plus nécessaire qu'en cas de sinistre majeur, l'assuré peut, à son choix, délaisser ou exercer l'action d'avaries. Ce droit d'option, qui existe même quand il y a dans la police la clause franc d'avaries (art. 409) (1), n'est pas perdu pour lui par cela seul qu'il a exercé l'action en délaissement ou celle d'avaries, tant que le délaissement n'est pas devenu irrévocable ou que le règlement d'avaries n'a pas été admis par une convention ou par un jugement ayant force de chose jugée (2).

On ne peut pas dire d'une façon absolue que l'action d'avaries ou le délaissement constitue le parti le plus avantageux pour l'assuré. Selon les circonstances, il a plus d'avantage à prendre l'un ou l'autre de ces partis.

En cas de défaut de nouvelles, l'assuré a grand intérêt à délaisser, parce que, s'il voulait régler par avaries, il faudrait, pour toucher une indemnité de l'assureur, qu'il attendît d'être à même de faire la preuve de la perte.

Mais, en dehors de ce cas, pour apercevoir comment le délaissement ou le règlement par avaries offre plus d'avantage pour l'assuré, il faut considérer distinctement l'assurance sur facultés et l'assurance sur corps.

1406. 1er *cas.* — 100 tonneaux de vin dont chacun vaut 200 fr., ont été assurés au départ pour 20.000 fr.; 75 tonneaux ont péri sur

---

(1) V. n° 1303.

(2) M. Laurin (sur Cresp, IV, p. 226) admet que l'action d'avaries peut bien être exercée par l'assuré qui a commencé par opter pour le délaissement, mais que la réciproque n'est pas vraie. La raison qu'il en donne, c'est que l'action d'avaries est moins avantageuse que l'action en délaissement. La solution nous semble inexacte en elle-même et l'argument erroné. Les renonciations ne se présument pas, et, quand même il serait vrai que l'action d'avaries est moins avantageuse pour l'assuré, on ne voit pas pour quelle raison l'exercice de cette action le ferait déchoir du droit de faire le délaissement, s'il vient à changer d'avis. D'ailleurs, il est inexact de dire d'une façon absolue, comme le fait M. Laurin, que l'action d'avaries offre pour l'assuré moins d'avantage que l'action en délaissement. La vérité est que, selon les circonstances, l'une ou l'autre de ces actions est plus avantageuse, ainsi que nous le prouvons dans la suite du texte.

100 et 25 sont arrivés à l'état sain à destination. Il y a perte des trois quarts de la chose assurée. Si l'assuré délaisse, il touchera de l'assureur 20.000 fr.; mais il ne pourra pas vendre les 25 tonneaux restants qui appartiendront à l'assureur et que celui-ci pourra vendre à son seul profit, à la charge de payer le fret, les droits de douane et de chargement. Au contraire, si l'assuré ne délaisse pas, il obtiendra de l'assureur par l'action d'avaries 15.000 fr.; de plus, il vendra les 25 tonneaux qui lui restent. S'il les vend 7.000 fr. et touche, déduction faite du fret, des droits de douane, etc., 6.500 fr., il obtiendra en tout 21.500 fr. Dans ce cas, l'action d'avaries est plus avantageuse. Il peut seulement y avoir à tenir compte des franchises (nos 1296 et suiv.) qui en diminuent le bénéfice plus ou moins notablement d'après leur importance.

2e cas. — 100 tonneaux de vin ont été assurés au départ pour leur valeur entière de 20.000. Ils arrivent avariés et ne valent plus que 3.000 fr. Il y a détérioration de plus des trois quarts et, dès lors, le délaissement est possible. Si l'assuré le fait, il touchera 20.000 fr.; l'assureur vendra les tonneaux et recevra 3.000 fr. moins les frais à supporter. Si l'assuré opte pour l'action d'avaries, il recevra de l'assureur 17.000 fr. moins le montant des franchises et touchera le prix de la vente, soit 3.000 fr. avec déduction à faire des charges. Dans ce second cas, le délaissement offre plus d'avantage pour l'assuré.

1407. Dans l'assurance sur corps, avant l'abrogation de l'article 386, C. com., par la loi du 12 août 1885, l'assuré pouvait, en cas de sinistre majeur, avoir intérêt à régler par avaries. Il en était ainsi quand il y avait de nombreuses marchandises sauvées. En effet, en cas de règlement par avaries, l'assuré a toujours gardé le fret des marchandises, tandis qu'en cas de délaissement, d'après l'ancien art. 386, le fret devait être délaissé avec le navire (1). Cet avantage de l'action d'avaries a disparu par suite de l'abrogation de l'art. 386,

---

(1) Du reste, pour éviter que l'assuré n'eût trop grand intérêt à préférer l'action d'avaries au délaissement, la *police française d'assurance sur corps* (art. 22) décidait que, dans les cas de sinistres majeurs, quand l'assuré optait pour le règlement par avaries, l'indemnité due par les assureurs était limitée, au maximum, à 75 0/0 de la somme assurée. V. la note suivante.

C. com., grâce à laquelle l'assuré même qui délaisse n'a pas à comprendre dans le délaissement le fret des marchandises sauvées (1).

Mais l'assuré peut encore préférer le règlement par avaries, s'il tient au navire, veut le conserver et le faire réparer pour continuer à le faire naviguer. Au contraire, il peut aimer mieux le délaissement pour échapper aux difficultés relatives à la fixation de l'indemnité et pour ne pas avoir à subir la déduction des franchises.

1408. RÈGLES COMMUNES AU DÉLAISSEMENT ET AU RÈGLEMENT PAR AVARIES. — Le délaissement et le règlement par avaries ne sont pas, à tous égards, régis par des règles différentes. Des règles communes leur sont applicables spécialement au point de vue de la limite des obligations de l'assureur, des preuves à faire par l'assuré pour que l'assureur soit tenu envers lui, de la personne à laquelle l'indemnité d'assurance est payable, des exceptions opposables par l'assureur.

1409. *Limite des obligations de l'assureur.* — Que le délaissement ait lieu ou qu'il y ait règlement par avaries, l'assureur ne peut être tenu de payer une somme supérieure à la somme assurée qu'a fixée la police (2). Ainsi, en supposant qu'un navire assuré pour 100.000 fr. subisse des avaries montant à 20.000 fr. qui ont été réparées, puis périsse postérieurement par suite d'un accident de mer, l'assuré ne peut réclamer à l'assureur que 100.000 fr., de telle façon que l'assuré supporte sans recours un préjudice s'élevant à 20.000 fr.

1410. Quand l'assurance est d'une somme limitée, l'assuré ne peut éviter de supporter un préjudice dans le cas où la chose assurée périt après avoir subi des avaries qui ont été réparées, qu'en faisant assurer spécialement les dépenses afférentes aux réparations opérées en cours de voyage, de telle sorte qu'il en reçoive le remboursement de l'assureur si le navire venait à périr ou qu'en empruntant à la grosse la somme nécessaire pour payer les dépenses. L'emprunt à la grosse

(1) La clause de la police française d'assurance sur corps mentionnée à la note précédente a, par suite, été supprimée.

(2) Cette règle est expressément consacrée par la *police française d'assurance sur facultés* (art. 13). La *police française d'assurance sur corps* (art. 15) admet implicitement la même règle, en y apportant une exception pour les assurances à terme et à prime liée. V. n° 1410.

équivaut pour l'assuré à une assurance de cette sorte, par cela même qu'en cas de perte du navire, il n'a pas à rembourser à son prêteur la somme empruntée.

1411. La règle limitant à la somme assurée les obligations de l'emprunteur, s'applique, en principe, à l'assurance à temps comme à l'assurance au voyage. Mais, en cas d'assurance à temps, les accidents survenus dans chaque voyage, pourraient laisser à l'assuré un découvert important. Afin d'éviter cela, l'art. 16 de la *police française d'assurance sur corps*, admet que, dans les assurances à temps et à prime liée, chaque voyage est l'objet d'un règlement distinct et séparé et que chaque règlement est établi comme s'il y avait autant de polices distinctes que de voyages.

1412. Le principe selon lequel, dans les assurances d'une somme limitée, l'assureur ne peut être tenu au-delà de la somme assurée, ne souffre-t-il pas des exceptions? On pourrait croire qu'il y a des exceptions dans le cas de rachat opéré après la prise des choses assurées et dans le cas de sauvetage opéré par l'assureur après le délaissement. Ces exceptions ne sont qu'apparentes. Les solutions admises se justifient dans ces cas par des motifs prouvant qu'elles sont tout à fait conformes au principe.

a. En cas de prise, si l'assuré ne peut en donner avis à l'assureur, il peut opérer le rachat des choses assurées sans attendre les ordres de celui-ci. Seulement, l'assuré doit alors signifier à l'assureur la composition qu'il a faite, dès qu'il en a les moyens (art. 395). L'assureur a, dans ce cas, le droit d'opter entre deux partis, à la charge de notifier à l'assuré son choix dans les vingt-quatre heures qui suivent la signification de la composition. Il peut ou renoncer au profit de la composition ou, au contraire, la prendre à son compte. Si l'assureur prend le premier parti, il doit payer la somme assurée sans rien pouvoir prétendre aux effets rachetés (art. 396). L'assureur est réputé avoir renoncé au profit de la composition, quand il n'a pas notifié son choix dans le délai de vingt-quatre heures (art. 396, dern. alin.). Si l'assureur prend la composition à son compte, il paie le montant de la rançon et il continue à courir les risques du voyage. Quand la chose assurée périt postérieurement, il est tenu de payer la somme assurée entière, bien qu'il ait déjà payé la rançon (396). En réalité, dans ce cas, l'assureur s'est obligé à acquitter la rançon et a formé avec l'assuré un nouveau contrat d'assurance.

b. Lorsqu'un navire assuré a fait naufrage, l'assureur paie la somme assurée entière. Il peut se faire que l'assureur procède au sauvetage et ne recouvre pas de quoi en supporter les frais. Il se trouve avoir à les acquitter en sus de la somme assurée. Il n'y a pas non plus là d'exception véritable au principe. Quand, à la suite d'un naufrage, il y a délaissement, c'est en qualité de propriétaire des objets assurés que l'assureur procède au sauvetage. Il se trouve ainsi payer une somme dépassant la somme assurée, non à raison de ce qu'il en est tenu comme assureur, mais par suite d'un acte fait par lui-même comme étant devenu propriétaire des choses délaissées.

Il va de soi qu'au contraire, en cas de règlement par avaries, les frais du sauvetage ne doivent pas rester à la charge de l'assureur qui y a procédé. On ne saurait dire qu'il a agi comme propriétaire des choses assurées, puisque la propriété en reste alors à l'assuré.

1413. *Preuves à faire par l'assuré.* — En cas soit de délaissement, soit de règlement par avaries, l'assuré doit, pour obtenir le paiement de l'indemnité d'assurance, s'il y a contestation, faire différentes preuves, en vertu de la règle, *actori incumbit probatio.* Il doit procurer : *a.* la mise en risque de la chose assurée; *b.* la fortune de mer à raison de laquelle il agit contre l'assureur; *c.* son intérêt; *d.* la valeur de la chose assurée, au moins dans certains cas.

1414. *a. Preuve de la mise en risques.* — L'assuré doit procurer avant tout que la chose assurée a été exposée aux risques de mer.

Dans les assurances sur corps, le plus souvent le lieu de l'accident et la notoriété suffisent pour établir que le voyage a été entrepris. S'il est, par hasard, besoin de justifications, elles se font à l'aide des expéditions délivrées au port de départ et de toutes les pièces de bord.

1415. *Preuve du chargé.* — Dans les assurances sur facultés, l'assuré doit prouver le chargement des marchandises soit dans le navire désigné dans la police, soit sur un navire quelconque si l'assurance a été faite *in quovis.* Cette preuve appelée *preuve du chargé* se fait ordinairement à l'aide du connaissement. Il a été dit précédemment (n° 705) que le connaissement fait preuve du chargé à l'égard des tiers et spécialement des assureurs (art. 283, C. com.). Les conditions sous lesquelles le connaissement a cette force probante, ont été indiquées (n° 707). La preuve contraire peut, du reste, être faite par l'assureur, comme, en général, par les tiers contre lesquels le connaissement est invoqué. Il peut, en effet, se faire qu'il y ait eu une fraude consistant à constater par un connaissement, un chargement qui n'a pas été réellement opéré. V. n° 708.

Si l'assurance a été faite avec désignation de l'espèce des marchandises assurées et si le connaissement contient la clause *que dit être* (n° 741), il faut que l'assuré produise, en outre, les factures et autres pièces de nature à prouver l'espèce, la quantité et la qualité des marchandises effectivement chargées.

D'ailleurs, il n'y a, en matière de preuve du chargement, aucune règle exclusive. Le juge est souverain appréciateur des pièces produites pour prouver le chargement; ainsi celui-ci pourrait être établi par les expéditions des douanes, par les manifestes, par la correspondance, etc., s'il n'y avait pas de connaissement ou s'il était irrégulier. L'art. 383 emploie des expressions très larges en parlant des *actes justificatifs du chargement*. Cet article ne vise que le cas de délaissement comme, du reste, les autres dispositions du Code de commerce, mais il n'est pas douteux qu'il s'applique aussi au cas de règlement par avaries. La faculté qu'il laisse de prouver le chargement par tous les moyens, n'est que l'application de la règle selon laquelle un fait matériel peut se prouver de toutes les manières (1).

(1) Faut-il aller jusqu'à admettre que la preuve du chargé peut se faire par témoins? La question est discutée. On a prétendu exclure ce genre de preuve (et, par suite, les présomptions de fait), en disant que cette exclusion constitue la règle générale en matière maritime, Laurin sur Cresp, IV, p. 169.
Nous ne croyons pas que cette doctrine soit exacte. Selon nous, tous les moyens de preuve doivent être ici recevables. Il s'agit de la preuve d'un simple fait, non d'un acte juridique, et les règles restrictives en matière de preuves ne concernent point les faits. La jurisprudence paraît favorable à notre opinion : Bordeaux, 20 août 1846; Trib. comm. Marseille, 20 juin 1851, Req. 18 fév. 1863, Trib. comm. Marseille, 8 mai 1876, *Journ. de Marseille*, 1847. 2. 41; 1851. 1. 88; 1864. 2. 57; 1876. 1. 164. Quelques décisions judiciaires assimilent la preuve du chargé à la preuve de l'accident de mer; or, il est bien certain que celle-ci peut être faite par tous les moyens. Mais il faut reconnaître qu'entre un accident de mer et le fait du chargement, il y a cette différence que du premier il n'est pas possible de se procurer une preuve écrite.

1415 *bis.* Cependant des règles spéciales ont paru nécessaires pour les cas de perte de marchandises assurées et chargées pour le compte soit du capitaine, soit d'un homme de l'équipage ou d'un passager. Dans le premier cas, on ne devait pas admettre que le connaissement signé du capitaine seul ferait à son profit preuve du chargement; autrement il se serait créé un titre à lui-même; il serait à craindre qu'il ne constatât dans son intérêt la réception à bord de marchandises qui n'ont jamais été chargées. Le capitaine doit alors à la fois justifier aux assureurs de l'achat des marchandises et en fournir un connaissement signé par deux des principaux de l'équipage (art. 344) (1). Si le connaissement signé dans ce cas du capitaine seul n'a aucune force probante, du moins il peut y être suppléé par d'autres documents (2). De même, la preuve de l'achat fait par le capitaine peut être fournie par tous les moyens (3).

Le législateur a craint la fabrication après coup de faux connaissements même lorsque le chargeur est un homme de l'équipage ou un passager. Aussi, l'art. 345 prescrit-il de laisser alors un connaissement entre les mains du consul de France, et, à défaut, entre les mains d'un Français notable négociant ou du magistrat du lieu. Cette prescription n'est faite, d'après le texte formel de l'art. 345, que pour les marchandises venant de l'étranger. Pour les marchandises chargées en France, les formalités de douane remplies lors du départ peuvent servir à déjouer les fraudes.

1415 *ter.* Il se peut que, tout en reconnaissant le fait du chargement des marchandises assurées, l'assureur soutienne qu'elles ont été déchargées dans un port d'échelle avant le sinistre. Jusqu'à preuve du contraire, il est présumé qu'il en a été ainsi lorsque le connaisse-

---

(1) Il faut bien remarquer que l'art. 344 parle *de marchandises assurées et chargées pour le compte du capitaine sur le vaisseau qu'il commande.* Il y a lieu de conclure de là que, bien que le chargement n'ait pas été fait par le capitaine, si son intérêt est en jeu, l'art. 344 s'applique.

L'art. 344 exige spécialement la preuve de l'achat fait par le capitaine. La raison en est qu'il est à craindre que le capitaine ne parvienne à obtenir, par menace ou par ruse, la signature des deux principaux de l'équipage. V. Valin sur l'art. 62, livre III, titre 6, de l'Ordonnance de 1681.

(2) Trib. comm. Marseille, 2 déc. 1853 et 10 déc. 1859, *Journ. de Marseille,* 1854. 1. 15 et 1859. 1. 301.

(3) Cpr. Aix, 30 janv. 1840, *Journ. de Marseille,* 1840. 1. 80.

ment prévoit ce déchargement. Dans le silence du connaissement, c'est à l'assureur à établir la réalité de son allégation, par cela même qu'il élève une prétention contraire aux énonciations de cet acte.

1416. *b. Preuve de la fortune de mer.* — L'assuré doit prouver la fortune de mer à raison de laquelle il agit contre l'assureur. Les modes de preuve dépendent de la nature des événements à prouver. Les événements de mer n'ont presque jamais pour témoins que le capitaine, les gens de l'équipage et les passagers. La preuve de ces événements et de leurs causes résulte ordinairement du journal de bord et du rapport de mer dûment vérifié, fait par le capitaine (articles 224, 242, 247) (1). Il peut, du reste, être suppléé au registre de bord et au rapport de mer par d'autres moyens de preuve, il s'agit ici de purs faits et non d'actes juridiques.

Il importe de connaître non seulement les sinistres en eux-mêmes, mais encore les causes qui les ont produits; selon la nature de ces causes, l'assureur est ou n'est pas responsable. On suppose, en principe, jusqu'à preuve contraire, que tout sinistre arrivé sur mer a sa cause dans un risque maritime. C'est à l'assureur qui prétend qu'il ne répond pas d'un sinistre à raison de sa cause (fait de l'assuré, vice propre, etc...), à prouver le fait allégué par lui. Seulement il faut, dans les assurances sur corps, tenir compte de la présomption de vice propre résultant pour le navire de l'absence du certificat de visite. V. nos 547 et 1243.

1417. *c. Preuve de l'intérêt.* — L'assuré doit prouver son intérêt à la conservation des choses formant l'objet de l'assurance, car à défaut d'intérêt de l'assuré, l'assurance devient une gageure (no 1107). Dans les assurances sur corps, l'assuré fait cette preuve au moyen de l'acte de francisation qui porte son nom ou de toutes autres pièces, particulièrement d'un acte constatant la vente du navire faite à son profit. Dans les assurances sur facultés, le connaissement établit l'intérêt de celui qui en est le légitime porteur.

Dans les assurances pour compte d'autrui, le commettant, comme il sera expliqué plus loin (no 1421), a le droit, à l'exclusion du commissionnaire, de toucher l'indemnité d'assurance. Il doit prouver

(1) V. nos 605 et suiv.

l'ordre donné par lui au commissionnaire de contracter l'assurance. Autrement, par suite d'une connivence avec le commissionnaire, une personne pourrait arriver à toucher une indemnité alors qu'elle n'avait, en réalité, aucun intérêt en risque. D'ailleurs, il peut y avoir un mandat tacite. En outre, il n'y a aucun inconvénient à admettre que l'assurance peut être conclue même par une personne qui n'a pas de mandat, si la personne intéressée donne sa ratification avant que le sinistre ne se produise (1).

Bien qu'au point de vue de sa transmission, la police *pour* compte de qui il appartiendra soit traitée comme un titre au porteur, la nature même du contrat d'assurance conduit à exiger du porteur réclamant une indemnité, son intérêt dans la chose assurée (2).

1418. *d. Preuve de la valeur de la chose assurée.* — Parfois l'assuré a une quatrième preuve à faire, il doit prouver la valeur des choses assurées. Cette preuve n'est exigée qu'autant que la police ne contient pas une estimation (*police ouverte*). Lorsqu'elle en contient une (*police évaluée*), c'est à l'assureur à démontrer l'exagération de l'estimation pour faire, soit annuler, soit réduire l'assurance (art. 357 et 358, C. com.). V. n° 1201.

1419. Il va de soi que, conformément au droit commun, relativement à chacun de ces faits, l'assureur est admis à faire la preuve contraire. Mais, pour y arriver, il peut être nécessaire de se procurer des renseignements dans des pays éloignés, ce qui exige parfois d'assez longs délais. Par suite, les contestations peuvent durer longtemps. Afin de ne pas faire attendre l'assuré jusqu'à ce qu'elles soient terminées, le Code de commerce (art. 384, 2° al.) autorise les juges à ordonner le paiement provisoire de l'indemnité. Mais, comme il est possible que le bien fondé des allégations de l'assureur soit prouvé par la suite, l'assuré ne peut recevoir alors le paiement qu'à la charge de fournir une caution. Cette caution est libérée lorsque quatre ans se sont écoulés sans qu'il y ait eu de poursuite. Il est bien probable qu'alors la contestation de l'assureur est mal fondée.

1419 bis. *Clauses déchargeant l'assuré du fardeau de la preuve.*

---

(1) V. Em. Cauvet, I, p. 64 et suiv.
(2) Trib. comm. Seine, 29 oct. 1894, *Revue intern. du Droit maritime,* 1894-95, p. 411.

— Au surplus, la police peut valablement dispenser l'assuré de faire ces différentes preuves, spécialement de prouver la mise en risques et son intérêt. Cette stipulation est dangereuse ; elle pourrait parfois servir à déguiser des paris ; mais elle n'est pas illicite ; elle n'exclut pas la nécessité du chargement et de l'intérêt de l'assuré ; elle met seulement la preuve à la charge de l'assureur, c'est à lui, s'il ne veut pas payer d'indemnité, à prouver, soit qu'il n'y a pas eu de chargement, soit que l'assuré n'a pas d'intérêt (1). Mais la clause excluant même la preuve contraire à faire par l'assureur serait nulle. Avec cette clause on pourrait, sous l'apparence d'une assurance, faire une véritable gageure.

1420. Il faut aussi, par identité de motifs, reconnaître la validité de la clause de la police de réassurance en vertu de laquelle le réassuré n'aura, pour obtenir une indemnité du réassureur, qu'à produire la quittance de la somme payée au premier assuré (2). On doit présumer que toutes les preuves nécessaires ont été faites par celui-ci. D'ailleurs, la preuve contraire est toujours possible de la part du réassureur. — Celui-ci n'est, du reste, pas lié par la clause dont il s'agit quand il y a eu mauvaise foi ou erreur grave de la part de l'assureur qui a payé une indemnité à l'assuré (3).

1421. A qui doit être payée l'indemnité d'assurance. — L'indemnité d'assurance est payable à l'assuré originaire ou au porteur de la police, quand elle a été transmise dans les formes variant selon qu'elle est à personne dénommée, à ordre ou au porteur (n° 1213).

Quand l'assurance a été conclue pour le compte d'une autre personne par un commissionnaire agissant en son nom, le droit de toucher l'indemnité appartient au commettant, et le commissionnaire ne peut exercer ce droit qu'au nom de ce dernier. Il faut donc qu'après la survenance d'avaries, le nom du commettant soit révélé à

---

(1) Rouen, 21 août 1867, D. 1868. 2. 100, *Journ. de Marseille*, 1869. 2. 160. Laurin sur Cresp, IV, p. 173 et 174 ; Émérigon, ch. XI, sect. 8. *Contrà*, Pothier (*Assurances*, n° 144) et Valin (sur l'art. 57, livre III, titre 6 de l'Ordonnance). Le Code allemand (art. 890) consacre la doctrine admise au texte. Elle est combattue notamment par J.-V. Cauvet, I, n° 268.

(2) Emérigon l'admettait déjà. V. *Traité des assurances*, chapitre XX, sect. 9. V. Rouen, 7 mars 1861, *Journ. du Havre*, 1862. 2. 145.

(3) Consulter sur cette clause, qui est de style dans les polices de réassurance, de Courcy, *Questions de Droit maritime*, 4e série, p. 264 et suiv.

l'assureur. Il y a là une dérogation aux règles générales de la commission selon lesquelles le commissionnaire n'a pas à révéler aux tiers avec lesquels il a contracté pour le compte du commettant, le nom de celui-ci (1). Ce qui rend la révélation du nom du commettant indispensable dans l'assurance faite pour le compte d'autrui, c'est que celui qui réclame l'indemnité doit avoir eu un intérêt dans la chose assurée et en faire même au besoin la preuve. Autrement, l'assurance pourrait trop facilement dégénérer en gageure.

Il y a, du reste, d'autres points de vue qui justifient la nécessité de la révélation du nom du commettant après le sinistre. L'assureur n'est pas responsable du fait de l'assuré (art. 351). Si l'assuré n'était pas connu, on ne pourrait savoir si le sinistre lui est ou non imputable. De plus, l'art. 379 exige, au moins en cas de délaissement, que l'assuré déclare toutes les assurances qu'il a faites ou fait faire, même celles qu'il a ordonnées (nos 1400 et suiv.). Cette déclaration ne peut être complète que si elle émane de l'assuré lui-même ou d'une personne à laquelle il a donné, pour la faire, tous les renseignements nécessaires.

Il sera expliqué plus loin que, si le commettant seul est créancier de l'indemnité, cela n'empêche pas que l'obligation de payer la prime pèse toujours sur le commissionnaire (n° 1434).

1422. L'existence d'hypothèques ou de privilèges sur le navire n'enlève point à l'assuré ou au porteur de la police le droit de toucher l'indemnité d'assurance.

D'après la loi du 10 décembre 1874 (art. 17) sur l'hypothèque maritime, dans les cas de sinistres majeurs, l'inscription de l'hypothèque était considérée comme valant de plein droit opposition au paiement de l'indemnité entre les mains de l'assureur; c'était le créancier hypothécaire qui avait le droit de la toucher de l'assureur et qui exerçait ainsi sur l'indemnité son droit de préférence.

Il sera expliqué dans le chapitre suivant que, depuis la loi du 10 juillet 1885, les créanciers hypothécaires, comme les créanciers privilégiés sur les navires ou sur les marchandises, doivent, s'ils veulent empêcher que l'assuré ne touche l'indemnité, former une opposition

(1) *Traité de Droit commercial*, III, n° 461.

entre les mains de l'assureur et qu'en vertu d'une loi du 19 février 1889 (art. 2), ces créanciers exercent leurs droits de préférence
sur l'indemnité.

1423. Le Code de commerce ne fixe l'époque du paiement de l'indemnité que pour le cas de délaissement en laissant, du reste, la
faculté de déroger dans les polices à la règle qu'il pose. Aux termes
de l'art. 382, C. com., *si l'époque du paiement n'est point fixée
par le contrat, l'assureur est tenu de payer l'assurance trois mois
après la signification du délaissement.* — Pour le cas de règlement
par avaries, aucune disposition légale ne fixe l'époque où, dans le
silence de la police, doit être fait le paiement.

1424. Lorsque la police est à personne dénommée et, qu'en conséquence, la cession a dû, pour être opposable aux tiers, être signifiée
à l'assureur ou acceptée par lui dans un acte authentique (art. 1690,
C. civ.), il est certain que l'assureur peut opposer au cessionnaire
les exceptions opposables au cédant, sauf qu'il ne peut se prévaloir
contre celui-ci, en cas d'acceptation, de la compensation qu'il eût
pu avant l'acceptation opposer au cédant (art. 1295, C. civ.). En est-
il de même, quand il s'agit d'une police à ordre ou au porteur, se
trouvant entre les mains d'un tiers porteur, ou faut-il, par application
des règles sur les effets de la transmission des titres à ordre ou au
porteur, décider que l'assureur ne peut pas opposer au dernier porteur les exceptions opposables aux porteurs précédents et spécialement à l'assuré? Cette question est examinée plus loin (n° 1457) à
propos de l'obligation pour l'assuré de payer la prime et de la nullité
de l'assurance pour cause de réticence ou de fausse déclaration de
la part de l'assuré.

SECTION IV.

Des obligations de l'assuré. — Du privilège qui garantit la créance de la prime.

1425. La principale obligation de l'assuré consiste à payer la
prime; mais ce n'est pas la seule (1). On peut dire, en effet, que

(1) M. Laurin sur Cresp, IV, p. 228, fait justement observer que les autres
obligations ne sont que des conditions de l'exercice des droits de l'assuré; il

l'assuré est tenu : 1° de payer la prime ; 2° de ne pas commettre de réticence et de ne pas faire de fausse déclaration dans la police (article 348) ou, autrement dit, de déclarer avec exactitude à l'assureur toutes les circonstances pouvant permettre à celui-ci d'apprécier les risques qu'il prend à sa charge ; 3° de faire, en cas de sinistre, différentes justifications ou preuves de faits essentiels à l'existence de son droit à une indemnité (art. 374, 379) ; 4° d'agir, en cas d'accident, comme si la perte devait être pour son compte, c'est-à-dire de faire tout ce qui est en lui pour éviter le dommage ou en restreindre l'importance (art. 381). Les deux dernières obligations ont déjà été examinées dans la section précédente, à propos des obligations de l'assureur, parce que l'assuré ne peut exercer ses droits contre l'assureur sans les exécuter (1) ; aussi ne sera-t-il question ci-après que des deux premières obligations.

1426. OBLIGATION DE PAYER LA PRIME. — Le montant de la prime est fixée librement par les parties dans la police et, en principe, elle demeure invariable, quels que soient les événements postérieurs à la conclusion de l'assurance.

1427. Il va de soi que la prime n'est pas susceptible d'être réduite ou augmentée pour cause de lésion de l'une des parties. L'assurance est un contrat aléatoire et, dans les contrats aléatoires, la lésion n'est pas prise en considération. Du reste, dans notre droit moderne, la lésion est un vice dont il n'est tenu compte que dans les contrats déterminés par la loi (art. 1118, C. civ.). Les anciens auteurs indiquaient formellement que la lésion n'avait aucun effet dans l'assurance, parce que, dans l'ancien droit, la lésion d'*oultre* moitié viciait, en principe, tous les contrats (2).

1428. La survenance d'une guerre pendant la durée d'une assurance n'autorise pas l'assureur à réclamer une augmentation de

n'en est pas moins vrai que l'obligation de payer la prime n'est pas la seule dont soit tenu l'assuré. Aussi avons-nous décidé plus haut (nᵒˢ 1103 et 1178 *bis*) que le contrat d'assurance est un contrat synallagmatique soumis comme tel à l'art. 1325, C. civ., alors même que la prime est payée au moment de la signature de la police.

(1) V. nᵒˢ 1366, 1414 et suiv.

(2) V. Émérigon, *op. cit.*, chap. III, sect. III; Pothier, *Traité du contrat d'assurance*, nᵒˢ 82 et 197.

prime, bien que la guerre ait pour conséquence d'augmenter même les risques purement maritimes. Cela résulte par argument *a contrario* de l'art. 343, C. com , qui suppose une augmentation ayant lieu en vertu d'une stipulation.

La question de savoir si, en cas de survenance d'une guerre, la prime devait être augmentée, fut souvent discutée sous l'empire de l'Ordonnance. L'opinion la plus générale était en faveur de l'invariabilité de la prime. Mais le gouvernement intervint à plusieurs reprises pour augmenter les primes à raison de la survenance de la guerre (1). D'ailleurs, dans l'ancienne France, où le plus souvent les polices comprenaient les risques de guerre, l'état de guerre ou l'état de paix avait, par cela même, sur le taux des primes une influence plus grande qu'aujourd'hui.

Au contraire, il en serait autrement si la police contenait une clause stipulant une augmentation de prime en cas de survenance d'une guerre (2). A défaut de fixation par la police du montant de cette augmentation, les tribunaux ordinaires sont seuls compétents pour en fixer le montant, art. 343, C. com. Le recours au gouvernement sur ce point ne serait plus admissible comme il l'était sous l'ancienne monarchie (3).

1429. On concevrait, à l'inverse, que, dans une police souscrite en temps de guerre, il fût convenu que la prime sera diminuée en cas de conclusion de la paix avant la fin de l'assurance. Il y aurait lieu d'appliquer à la diminution de la prime, par analogie, la disposition de l'art. 343, C. com., par cela même qu'elle ne fait que consacrer le droit commun (4).

---

(1) Émérigon, *op. cit.*, chap. III, sect. V.

(2) Cette clause est devenue rare par suite du petit nombre des guerres maritimes; elle était, au contraire, d'usage sous l'empire de l'Ordonnance. Elle faisait naître plusieurs difficultés. On discutait notamment sur les points suivants : 1° A quel moment pouvait-on dire qu'il y avait survenance de la guerre? 2° Dans quelle proportion avait lieu l'augmentation de la prime? 3° Par qui était-elle fixée? 4° L'augmentation était-elle fixée en raison du voyage assuré ou prenait-on en considération l'état d'avancement du voyage au moment où la guerre éclatait? V. Émérigon, chap. III. sect. V.

(3) V. Émérigon, chap. III, sect. IV; Pothier, *Assurances*, nos 83 et 85.

(4) Sous l'ancienne monarchie, des arrêts du Conseil ont à plusieurs reprises réduit les primes stipulées en temps de guerre à raison de la survenance de la paix. V. Pothier, *Assurances*, n° 86; Émérigon, chap. III, sect. IV.

1429 *bis.* La prime supplémentaire stipulée pour le cas de survenance d'une guerre est désignée sous le nom de *surprime* (1).

Actuellement les polices ne stipulent guère de surprime en prévision de la guerre. Mais il en est fixé souvent une pour le cas, soit de
navigation dans certaines mers réputées particulièrement dange-
reuses, soit de prolongation de voyage (2).

1430. Pour que la prime soit due intégralement, il faut, en règle
générale, que les risques aient commencé à courir. Aussi, dans le
cas où le voyage est rompu avant le départ même par le fait de l'assuré, l'assurance est-elle annulée et aucune prime n'est due. Il est
vrai que, d'après l'art. 349, l'assuré doit payer le demi pour cent de
la somme assurée. Mais c'est là une sorte d'indemnité fixée à forfait
et non une portion de la prime. Aussi est-il généralement admis que
le privilège attaché par la loi à la créance de la prime (n° 1464) ne
garantit pas la créance du demi pour cent (3).

1431. Si, pour que la prime soit due, il est indispensable que les
risques aient commencé à courir, cela suffit du moins pour qu'elle
soit due intégralement. Aussi ne subit-elle aucune réduction quand
même, par suite de circonstances exceptionnelles, l'assurance cesse
avant le temps fixé par la police. V. art. 351 et 364, C. com.; V.
n°ˢ 1256, 1258, 1264.

1432. Au reste, cette dernière règle ne met pas obstacle à ce que
la prime ne soit due qu'à proportion du temps que dure le voyage,
quand elle est fixée à tant par jour ou par mois. Généralement alors
toute période commencée est traitée, au point de vue de la prime,
comme finie (4). Mais une exception est admise par le Code de com-

(1-2) V. des exemples de surprimes dans les polices françaises d'assurances
sur corps (art. 7 et 23) et sur facultés (art. 5). — Le taux des surprimes dues
à raison de la navigation dans certaines mers, est constaté par les courtiers
d'assurances comme le taux des primes.

(3) On peut rapprocher de l'art. 349, dont la disposition est analysée au
texte, les art. 288 et 291, qui, en cas d'affrétement, reconnaissent à l'affréteur
le droit de rompre le contrat avant le départ et décident qu'en pareil cas, le
fret est dû pour moitié. On admet aussi que ce demi fret, comme la demi
prime dans le cas prévu au texte, n'est qu'une indemnité fixée à forfait et l'on
refuse, par suite, à l'armateur pour ce demi-fret le privilège attaché à la
créance du fret. V. n° 806.

(4) La police française d'assurances sur corps (art. 23, dern. alin.) consacre
cette règle.

merce même au principe selon lequel la prime est due en entier dès que les risques ont commencé, dans le cas d'assurance *à prime liée* (1). Par cela même qu'il n'y a qu'une prime pour l'aller et pour le retour, elle est due sans réduction, alors même que les marchandises ou le navire viennent à périr dans la traversée d'aller. Mais, si l'assurance a pour objet des marchandises pour l'aller et le retour, et si, le vaisseau étant parvenu à destination, il n'y a pas de chargement de retour, ou si ce chargement n'est pas complet, l'assureur ne reçoit que les deux tiers de la prime convenue, sauf convention contraire (art. 356). Ainsi l'assureur reçoit à la fois moins qu'il ne toucherait si l'assurance était maintenue et plus qu'il n'obtiendrait si l'assurance cessait pour la portion non effectuée du voyage.

L'application de la disposition de l'art. 356 est très simple dans le cas où il n'est fait *aucun* chargement pour le retour. Elle est un peu plus compliquée quand ce chargement est seulement *incomplet*. Dans ce dernier cas, la prime est due entière pour le chargement qui a fait les deux trajets et l'assureur n'a droit qu'aux deux tiers de la prime sur la portion du chargement qui a fait seulement le voyage d'aller. Ainsi, en supppsant qu'une assurance de marchandises soit faite pour 120.000 francs à raison d'une prime de 10 0/0 et que le chargement de retour ne soit que de 40.000 francs, l'assureur recevra : 1° la prime entière de 10 0/0 sur 40.000 francs, soit 4.000 francs ; 2° Les deux tiers de la prime convenue sur 80.000 francs, soit 5.332 francs (2).

1433. La prime est due par l'assuré (contractant) et reste due par lui seul, alors même que la police à ordre ou au porteur se trouve entre les mains d'un tiers auquel elle a été transmise. La cession d'une police d'assurance opère une transmission des droits du cédant au cessionnaire, non une transmission d'obligations. En conséquence, en cas d'heureuse arrivée, si la prime n'a pas encore été payée, l'assureur n'a aucun droit contre le porteur de la police (3). Mais il y a lieu de se demander si l'assureur ne peut pas opposer à ce porteur

---

(1) V. sur l'assurance à *prime liée*, ci-dessus, n°s 1209 et 1251.
(2) V. Boistel, n° 1366.
(3) Marseille, 31 août 1825 et 29 mai 1856, *Journal de Marseille*, 1826. 1. 215 et 1856. 1. 172.

la compensation, quand le porteur, par suite d'un accident de mer, réclame une indemnité à l'assureur. Cette question sera examinée ci-après. Elle se rattache à la question de savoir quelles sont les exceptions opposables au porteur d'une police, spécialement quand cette police est au porteur ou à ordre. V. nos 1438 et 1457.

1434. En cas d'assurance pour compte d'autrui, le commissionnaire seul doit la prime et cela même dans le cas où, soit dans la police, soit après sa souscription, le commettant a été désigné (1). C'est au commissionnaire que l'assureur a fait crédit quand la prime n'a pas été payée immédiatement. Il n'y a aucun motif pour déroger sous ce rapport aux principes généraux qui régissent la commission et d'après lesquels le commissionnaire ayant contracté en son nom est seul obligé envers les tiers avec lesquels il fait des opérations pour le compte du commettant (2). Il n'en serait autrement que si une convention expresse avait mis le paiement de la prime à la charge du commettant. L'assureur ne peut-il pas, du moins, lorsque le commet-

(1) La question de savoir par qui la prime est due en cas d'assurance pour compte d'autrui, est et paraît avoir toujours été discutée. Les principaux commentateurs de l'Ordonnance étaient en désaccord à ce sujet. Pothier (*Assurances*, n° 95) reconnaissait à l'assureur une action solidaire contre le commettant et le commissionnaire; Valin (sur l'art. 3, livre III, titre 6 de l'Ordonnance) faisait des distinctions. Il admettait la même solution que Pothier lorsque le commettant était nommé après que les risques avaient commencé; il décidait que le commettant seul était tenu de payer la prime quand il avait été nommé dans la police et donnait une solution toute spéciale pour le cas où le commettant était nommé après que la police avait été signée, mais avant que les risques eussent commencé. Valin constatait, du reste, que, d'après l'usage du commerce, le commissionnaire était actionné par l'assureur en paiement de la prime. Quant à Émérigon (ch. V, sect. IV. § 1), il considérait que l'assuré seul était obligé de payer la prime.

La jurisprudence actuelle ne paraît pas bien fixée sur la question. Des décisions judiciaires ont admis, comme nous, l'obligation du commissionnaire : Marseille, 31 août 1825; Bordeaux, 7 juin 1836, *Journal de Marseille*, 1826. 1. 215 et 1836. 2. 60. D'autres décisions ont admis que le commettant doit la prime quand son nom a été indiqué dans la police (Aix, 5 juill. 1833, même journal, 1833. 1. 380) ou que le commissionnaire n'en est tenu qu'autant que le commettant ne le paie pas et que l'assureur ne peut se faire payer au moyen de son privilège sur la chose assurée (Trib. comm. Nantes, 19 mars 1861, *Journal de Marseille*, 1862. 2. 38). — Quant aux auteurs, ils admettent, à peu d'exceptions près, que le commissionnaire seul doit la prime : Em. Cauvet, I, nos 98 et suiv.; J.-V. Cauvet, I, n° 23 ; Laurin sur Cresp, III, p. 14, note 2; Desjardins, VII, n° 1454.

(2) V. *Traité de Droit commercial*, III, n° 479.

tant dont le nom a été révélé lui réclame une indemnité, lui opposer à titre de compensation la dette de la prime? Cette question, analogue à celle qui se pose pour le tiers porteur de la police (nᵒˢ 1433 et 1438), sera résolue ci-après (nᵒ 1439).

1435. La prime est, comme toute autre dette, en principe immédiatement exigible. Anciennement la prime se payait lors de la signature de la police (1). C'est de cet usage même consacré par les textes légaux que vient sans doute le nom de prime; elle se payait avant tout (*primo*) (2). Mais, depuis longtemps, cet usage est abandonné (3); aujourd'hui le plus souvent l'assureur fait crédit de la prime à l'assuré, pendant un an ou davantage (4). L'assuré peut, selon les conventions, ou se borner à s'obliger dans la police à payer la prime ou souscrire au profit de l'assureur un billet à ordre, c'est là ce qu'on appelle un *billet de prime*. Si le billet est à ordre, il reçoit l'application de toutes les règles relatives à cette sorte d'effet de commerce. A moins de clause formelle, la souscription de ce billet n'entraîne pas novation et laisse, par conséquent, subsister le privilège qui est attaché à la créance de la prime et dont il est traité ci-après (nᶜˢ 1460 et suiv.). La novation ne se présume pas plus en matière commerciale qu'en matière civile (art. 1273, C. civ.) (5).

1436. Il peut certainement être stipulé dans la police qu'en cas

---

(1-2) L'Ordonnance de 1681 (livre III, titre 6, art. 6) disposait : *La prime, ou coût de l'assurance, sera payée en son entier lors de la signature de la police...* Valin faisait sur cette disposition les observations suivantes : « De droit et par « le sens naturel du terme, la prime, qui est le coût de l'assurance, devrait se « payer comptant à l'assureur, et en entier lors de la signature de la police. « Cela se pratique, en effet, de la sorte dans les pays étrangers et en quelques « endroits du Royaume. Mais ici et en beaucoup d'autres places, la prime ne « se paie qu'après la cessation des risques, c'est-à-dire qu'après qu'elle est « acquise sans retour; et cela est tellement d'usage qu'il n'est pas nécessaire « de l'exprimer dans la police. A Marseille, sans stipulation contraire, la prime « est exigible aussitôt après la signature. »

(3) L'usage du paiement d'avance s'est maintenu pour les assurances contre l'incendie et sur la vie. Généralement il est stipulé dans les polices d'assurances sur la vie qu'elles n'auront d'existence et ne produiront d'effet qu'après le paiement de la prime de la première année ou, si la prime a été fractionnée, de la fraction convenue de cette prime.

(4) Le contrat d'assurance conserve-t-il le caractère de contrat synallagmatique malgré le paiement de la prime fait au moment de la signature de la police? V. sur ce point nᵒˢ 1103 et 1178 *bis*.

(5) V. *Traité de Droit commercial*, III, nᵒ 41.

de sinistre, si la prime n'est pas encore payée, elle se compensera jusqu'à due concurrence avec l'indemnité due par l'assureur. En l'absence d'une telle stipulation dans la police, l'assureur et l'assuré peuvent aussi convenir postérieurement à la signature de la police que cette compensation aura lieu. Il y a dans ces cas une compensation conventionnelle. Si aucune convention n'a été faite à cet égard, il ne peut être question de compensation légale à raison du défaut de liquidité de la dette de l'assureur (art. 1291, C. civ.).

Il y aurait lieu seulement à compensation facultative sur la demande de l'assureur. Mais si un règlement d'avaries intervient entre les parties sans que la prime soit payée, la dette de l'assureur étant devenue liquide, rien ne met plus obstacle à la compensation légale. Elle peut, du reste, avoir lieu même pour des primes dues en vertu d'une police autre que celle à l'occasion de laquelle l'assureur doit une indemnité à l'assuré. L'identité de cause n'est pas exigée dans notre législation pour qu'il y ait compensation légale entre deux dettes.

1437. Les solutions qui viennent d'être données, s'appliquent aisément lorsque la police n'a pas changé de mains et que l'assurance n'a pas été faite pour le compte d'autrui. Mais l'assureur peut-il opposer la compensation légale entre l'indemnité et les primes dues, quand la police a passé entre les mains d'un tiers porteur ou que, l'assurance ayant été faite pour le compte d'autrui, c'est le commettant qui réclame une indemnité à l'assureur? Ni le porteur de la police ni le commettant n'est à la fois créancier de l'indemnité d'assurance et débiteur de la prime; car, ainsi qu'il a été dit plus haut (nos 1433 et 1434), la transmission de la police transfère bien au cessionnaire la créance éventuelle d'indemnité, mais non l'obligation de payer la prime; cette obligation continue de peser sur l'assuré originaire ou sur le commissionnaire. Cependant la compensation doit être admise, selon nous, dans les deux cas. Il est indispensable, pour plus de clarté, de les distinguer.

1438. a). Lorsqu'il s'agit d'un tiers porteur de la police, il se présente du chef de l'assuré (son cédant). Aussi le porteur ne peut pas avoir plus de droit à l'égard de l'assureur que n'en aurait l'assuré lui-même, si la police n'avait été l'objet d'aucune transmission. Cette solution, avec la raison qui la justifie, s'applique aisément lorsque la police est un titre à personne dénommée cessible dans les formes de l'art. 1690, C. civ. Mais le plus souvent la police d'assurance maritime est à ordre ou au porteur. Quand il s'agit de titres revêtant l'une de ces formes, on peut soutenir que le débiteur, étant réputé obligé directement envers le dernier porteur, ne peut, en général, opposer à celui-ci les exceptions qui eussent été opposables au porteur antérieur. En admettant que cette règle, consacrée par la tradition en matière de lettres de change et de billets à ordre (1), soit applicable à tous les titres à ordre et au porteur (2), spécialement aux polices d'assurance maritime (3), elle devrait être écartée dans les circonstances prévues. L'exception que veut opposer l'assureur à l'assuré a sa cause dans le contrat d'assurance lui-même et l'assuré en a dû connaître l'existence par l'examen de la police indiquant que la prime n'a pas été payée. Le non paiement de la prime est révélé par le contexte même de la police. On peut dire, du reste, que, par cela même qu'il agit contre l'assureur, le tiers porteur se soumet à l'obligation de payer la prime. S'il en était autrement, la cession de la police aurait pour effet de compromettre le droit de l'assureur à la prime, particulièrement dans le cas d'insolvabilité de l'assuré ; le porteur de la police toucherait une indemnité complète et l'assureur ne recevrait qu'un dividende sur la prime qui lui est due (4).

1439. *b).* Quand un commettant réclame une indemnité à l'assureur, la même solution doit être admise. Sans doute le commettant est créancier de l'indemnité et c'est le commissionnaire seul qui, en principe, doit la prime (n° 1434), de telle sorte qu'on serait tenté de dire que les deux dettes n'existent point entre les deux mêmes personnes, comme cela est exigé pour la compensation légale. Ce raisonnement n'est pas exact : le commettant, en exerçant une action contre l'assureur en vertu du contrat d'assurance, se soumet aux

---

(1) V. *Traité de Droit commercial*, IV, n°s 130 et suiv.
(2) V. *Traité de Droit commercial*, IV, n° 157.
(3) Cpr. plus loin, n° 1457.
(4) Marseille, 31 août 1825 ; Marseille, 29 mai 1856, *Journ. de Marseille*, 1826. 1. 215 et 1856. 1. 172. — Laurin sur Cresp, IV, p. 230 et suiv. ; Droz, I, p. 55 et suiv.

obligations inhérentes à ce contrat. Il ne peut le diviser, pour en accepter les avantages, sans en supporter les charges (1).

1440. Mais les motifs que nous donnons pour admettre la compensation légale même à l'égard d'un tiers porteur ou d'un commettant, impliquent qu'elle ne peut s'appliquer qu'à la prime due à raison de la police dont le tiers porteur ou le commettant se prévaut. L'assureur ne pourrait opposer la compensation à raison de primes qui sont dues par l'assuré *ex aliâ causâ*, c'est-à-dire en vertu d'autres polices ou à raison de toutes autres dettes de l'assuré envers lui (2). Une convention formelle insérée dans la police pourrait, bien entendu, étendre la compensation même à ces dettes (3).

1441. *Faillite de l'assureur ou de l'assuré.* — Par cela même que la prime ne se paie ordinairement pas immédiatement (n° 1435), l'assuré peut tomber en faillite avant de l'avoir acquittée, comme l'assureur peut y tomber lui-même avant la fin des risques. L'art. 346 donne à l'assureur dans le premier cas et à l'assuré dans le second le droit de demander caution ou la résiliation du contrat. Cette disposition se justifie aisément; il serait exorbitant que l'assuré restât lié par le contrat, alors que la faillite de l'assureur l'empêcherait de toucher une indemnité complète ou que l'assureur demeurât engagé à indemniser l'assuré, quand la faillite de celui-ci mettra obstacle au paiement intégral de la prime. Il y a là une application du principe général de l'art. 1184, C. civ., sur la condition résolutoire sous-entendue dans les contrats synallagmatiques. Toutefois une petite modification est apportée à l'art. 1184, C. civ. D'après le droit commun, celui des contractants envers lequel l'autre contractant

---

(1) M. Em. Cauvet (I, n° 104) adopte pourtant la doctrine contraire. Il se borne à dire, en faveur de son opinion, que ce qui est dû au mandant ne peut pas être compensé avec ce qui est dû par le mandataire au tiers avec lequel il a traité, pas plus que ce qui est dû au mineur ne peut être compensé avec ce que doit le tuteur (L. 5. Dig. XVI, 2, *De compensat.*).

(2) Le Havre (Trib. comm.), 31 mars 1875, *Journ. de Marseille*, 1876. 2. 93. Cette solution paraîtrait impliquer que la règle selon laquelle le débiteur ne peut opposer au porteur d'un titre à ordre les exceptions opposables aux endosseurs, régit les polices d'assurance à ordre.

(3) V. un exemple d'une telle stipulation dans la police française d'assurance sur corps (art. 26). Cpr. de Courcy, *Commentaire des polices françaises d'assurance maritime*, p. 161 et suiv.; Laurin sur Cresp, IV, p. 230 et 231.

n'exécute pas ses obligations, ne peut que réclamer en justice la résolution du contrat ou son exécution avec dommages-intérêts. L'art. 346, C. com., laisse, en outre, à la partie demeurée *in bonis* le droit de réclamer une caution.

Il n'est pas douteux que l'art. 346 s'applique au cas de liquidation judiciaire comme au cas de faillite de l'assureur ou de l'assuré. Outre qu'il y a identité de motifs, la liquidation judiciaire a, en principe, les mêmes effets que la faillite (L. 4 mars 1889, art. 24). On reconnaît même généralement qu'il faut, au point de vue de l'application de l'art. 346, assimiler la cessation de paiements à la faillite déclarée (1). Les motifs à invoquer sont les mêmes.

Lorsqu'il y a résiliation, il est juste que, tout au moins, la prime soit due en proportion du temps pendant lequel l'assurance a subsisté dans le passé (2).

D'après le texte même de l'art. 346, C. com., le droit de demander caution ou de faire prononcer la résiliation n'existe au profit de l'une des parties qu'autant que la faillite de l'autre partie se produit avant la fin du risque. Une fois que le contrat a pris fin, la résiliation n'est plus possible et la demande d'une caution ne se justifierait pas.

Mais il semble juste d'assimiler au cas où, en réalité, les risques n'ont pas pris fin, celui où les parties ignoraient que le contrat d'assurance avait cessé. En matière d'assurance, les risques putatifs sont, en général, assimilés à des risques réels. Cette assimilation est admise quand il s'agit de la formation du contrat (art. 365) ; *a fortiori*, doit-elle l'être aussi lorsqu'il s'agit, soit de la résiliation, soit d'une modification apportée à ses effets (3) ; les risques ne doivent être considérés comme finis que lorsque la cessation en est connue.

(1) Trib. de paix d'Oran, 5 déc. 1894, *la Loi*, n° du 12 déc. 1894. — Laurin sur Cresp, IV, p. 114 en note. — V. aussi *Polices françaises d'assurance sur corps* (art. 27) *et sur facultés* (art. 61).

(2) V. art. 27 de la *Police française d'assurance sur corps*.

(3) Bordeaux, 5 mars 1861 ; Marseille, 21 nov. 1861, *Journ. de Marseille*, 1861. 1. 179; 1862. 1. 113; 1862. 2. 54. Dans le même sens, Laurin sur Cresp, IV, p. 114 en note. En sens contraire, Bédarride, t. III, n° 1180. — M. Laurin (*loc. cit.*) fait très exactement observer que le système opposé à celui que nous adoptons conduirait à des conséquences pratiques inadmissibles. Avec lui un assuré de bonne foi, par exemple, serait obligé d'exécuter un contrat dont il aurait obtenu la résiliation en justice, alors qu'il aurait déjà conclu une autre assurance pour remplacer la première

Selon les règles du droit commun, une demande en justice est nécessaire pour faire prononcer la résiliation du contrat, à moins que les parties ne soient convenues de s'en dispenser (1).

L'art. 346 paraît bien laisser au demandeur la faculté d'opter entre la résiliation et la réclamation d'une caution. Cela peut avoir un inconvénient : l'assureur peut prendre un parti différent selon que le risque lui paraît être ou n'être pas devenu mauvais par suite de circonstances postérieures à la conclusion du contrat. Aussi souvent les polices ne permettent de demander la résiliation du contrat qu'à défaut de caution fournie par le contractant failli (2).

1442. OBLIGATION DE DÉCLARER TOUT CE QUI CONCERNE LES RISQUES. RÉTICENCES. FAUSSES DÉCLARATIONS. — Une importante obligation de l'assuré est celle de déclarer à l'assureur, lors de la conclusion du contrat, toutes les circonstances de nature à lui faire connaître la chose assurée et à lui faire apprécier exactement les risques auxquels elle est soumise. Cette obligation se justifie aisément : entre les deux contractants la situation n'est pas égale; l'assureur prend à sa charge les risques afférents à un navire ou à une cargaison que le plus souvent il n'a pas vus, à une expédition maritime qu'il n'a pas conçue (3).

_____

(1) Afin d'éviter les frais et surtout pour que les délais de procédure ne mettent pas les intéressés dans l'impossibilité matérielle de profiter de la disposition de l'art. 346, la *police française d'assurance sur corps* (art. 27) dispense de la demande en justice, en décidant qu'en cas de sommation restée infructueuse faite au domicile de l'assuré d'avoir à payer ou à fournir caution valable dans les vingt-quatre heures, les assureurs peuvent annuler par une simple notification toute assurance en cours.

(2) *Sic, polices françaises d'assurance* (articles précités). — M. Boistel (n° 1364, admet que l'option entre la résiliation et la dation d'une caution appartient à la faillite, alors même qu'il n'y a aucune clause dans la police. — Nous reconnaissons que cette solution est très rationnelle, qu'elle est conforme aux dispositions des art. 120, C. com. et 1613, C. civ.; mais elle nous paraît en contradiction manifeste avec le texte de l'art. 346, C. com.

En fait, le plus souvent, quand l'assureur est en faillite, l'intérêt commun des parties est favorable à la résiliation. La faillite de l'assureur serait exposée, pour une prime parfois minime, à payer une indemnité peut-être très importante. En outre, d'un côté l'assuré ne recevrait qu'un dividende et d'un autre côté il ne pourrait pas contracter une autre assurance valable (art. 359, C. com.).

(3) Aussi les anciens auteurs comparaient-ils souvent l'assureur à un incapable qui a un besoin spécial de protection. Voici ce qu'on lit à cet égard dans le *Guidon de la mer* : « L'assureur en tout se confie à la prud'hommie de son

Cette obligation est sanctionnée par l'art. 348, 1er alin. (1), aux termes duquel *toute réticence, toute fausse déclaration de la part de l'assuré, toute différence entre le contrat d'assurance et le connaissement, qui diminueraient l'opinion du risque ou en changeraient le sujet, annulent l'assurance* (2). Le Code de commerce indique implicitement l'obligation de l'assuré en la sanctionnant.

1443. Dans les cas prévus par l'art. 348, ou il n'y a pas de concours de volontés ou, tout au moins, le consentement de l'assureur est considéré par la loi comme vicié : le consentement a été surpris par le dol de l'assuré ou est entaché d'erreur (3). Mais, en matière d'assu-

« assuré; car nonobstant que le marchand chargeur expose sur sa police les
« pactions et conditions sous lesquelles il entend se faire asseurer : toutefois,
« l'asseureur lorsqu'il signe la somme, il n'entre en conférence verbale avec
« l'asseuré, il lit seulement ce qui est écrit au-dessous du style d'icelle police,
« sans voir la sorte, la quantité, ny qualité des marchandises, suivant en cela
« la relation, prud'hommie et fidélité de son marchand chargeur, presuposant
« qu'il soit loyal en sa trafique : s'il fait autrement, il ne faut trouver estrange
« perte arrivant si comme le pupille, la veuve, l'absent, qui ne peuvent ou ne
« doivent être trompés, l'asseureur forme ses deffenses et ses exceptions sur le
« dol et fraude de son asseuré, auxquelles il est recevable les prouvant. »

(1) L'art. 348 n'a pas de correspondant dans l'Ordonnance de 1681. Mais les commentateurs suppléaient à son silence et reconnaissaient que, plus que dans tout autre contrat, le dol de l'assureur pouvait être une cause de nullité. Dans l'exposé des motifs du titre des assurances maritimes, Corvetto disait, à propos de l'art. 348 : « Quoique cet article soit nouveau, il est moins une addition à « l'Ordonnance qu'un sommaire des principes qu'elle avait consacrés. » L'article 348 a eu surtout l'avantage de couper court à des controverses sur les conséquences des réticences ou des fausses déclarations qui s'étaient élevées entre les anciens jurisconsultes.—Pothier, *Traité des assurances*, nos 191 à 196; Émérigon, *op. cit.*, chap. I, sect. V, § 2; chap. XV, sect. III, § 3; Valin, sur les art. 3 et 7, livre III, titre 6 de l'Ordonnance de 1681. Quelques-uns des points sur lesquels ils étaient en désaccord seront indiqués ci-après dans les notes.

Droit étranger. — On trouve dans les lois étrangères des dispositions, parfois même assez développées, qui consacrent des règles semblables à celles que contient l'art. 348 : Codes de commerce *allemand*, art. 810 à 815; *italien*, art. 429. V. la note suivante; loi *belge* du 11 juin 1874 sur les assurances (art. 9 à 11).

(2) L'art. 348 a d'autant plus d'importance qu'il est appliqué par analogie aux assurances non maritimes, spécialement aux assurances sur la vie. Le plus souvent, les polices reproduisent même le texte de l'art. 348. V. Chavegrin, *Étude sur les réticences et déclarations fausses ou inexactes dans l'assurance sur la vie* (*Le Droit*, no du 1er août 1889). — Les textes de la loi belge et du Code italien, visés à la note précédente, sont communs à toutes les assurances.

(3) L'art. 348 a eu surtout en vue le cas de dol de l'assuré. Ce n'est pas à dire qu'il doive être écarté en cas d'erreur de l'assureur non accompagnée de dol. V. no 1447.

rance maritime, le Code de commerce n'applique pas exclusivement les règles générales sur les vices du consentement. Il y déroge d'une façon assez notable en ce qui concerne le dol. Il se montre particulièrement sévère pour l'assuré, à raison de la situation inégale dans laquelle se trouve l'assureur (note 3, page 421). C'est cette sévérité qui fait dire que l'assurance est un contrat de bonne foi, bien que, dans la législation moderne, il n'y ait plus de contrats de droit strict (V. n° 1103, page 198).

1444. D'après le droit commun, le dol n'est une cause de nullité qu'autant qu'il est évident que sans lui la partie dont le consentement a été surpris, n'aurait pas contracté (art. 1116, C. civ.). C'est le dol que les commentateurs appellent *dolus dans causam contractui*, par opposition au *dolus incidens*. En outre, si l'on ne peut dire que l'emploi de manœuvres actives est toujours nécessaire pour qu'il y ait dol entraînant la nullité, du moins, il s'en faut que le seul fait du silence d'un contractant soit assimilé à des manœuvres caractérisées (1). Il n'en est pas ainsi dans les assurances. Le Code de commerce n'exige pas que le dol de l'assuré ait déterminé l'assureur à contracter, il suffit qu'il ait pu changer les conditions du contrat; l'art. 348 parle de la diminution de l'opinion du risque pour l'assureur. Puis le Code paraît mettre exactement sur la même ligne le silence gardé par l'assuré et la fausse déclaration (2).

1445. L'art. 348 parle : *a.* de la *fausse déclaration, b.* de la *réticence, c.* de la *différence entre le contrat d'assurance et le connaissement*. Il exige, pour que l'assurance soit annulée à raison de ces faits, qu'ils diminuent l'opinion du risque ou en changent le sujet.

La fausse déclaration consiste dans la déclaration d'une circonstance contraire à la réalité; la réticence est le silence gardé par l'assuré sur une circonstance que celui-ci aurait eu intérêt à connaître pour bien apprécier les risques qu'il prend à sa charge.

Ce que l'art. 348 entend par le sujet du risque, c'est la chose

---

(1) Aubry et Rau, IV, § 343 *bis,* p. 301 et suiv. (4ᵉ édition).

(2) Pothier (*Traité du contrat d'assurance,* n° 196), fait une distinction entre la fausse déclaration et la réticence, en admettant que celle-ci ne concerne que le for de la conscience ou for intérieur. Émérigon (chap. XV, sect. III, § 3) repousse toute distinction.

assurée elle-même. Il y a *changement du sujet du risque*, lorsque, par suite d'une fausse déclaration ou d'une réticence de l'assuré, l'assureur a cru que la chose assurée était autre que celle que l'assuré voulait faire garantir contre les risques de mer. Il y a *diminution de l'opinion du risque*, quand, par suite d'une de ces causes, l'assureur a cru les risques moindres qu'ils ne le sont en réalité. Il en peut être ainsi en cas d'indications incomplètes ou inexactes données par l'assuré sur le tonnage, sur l'âge, sur le mode de construction du navire assuré. Toutefois, quand il s'agit d'un navire coté au *bureau Veritas*, les réticences ou les fausses déclarations ne peuvent vicier le contrat, par cela même que l'assuré a la possibilité de se renseigner facilement en consultant le registre de classification des navires (1). Mais il va de soi qu'il cesserait d'en être ainsi, si l'assuré avait déclaré faussement que le navire n'est pas coté sur ce registre ; cette déclaration peut, en effet, déterminer l'assureur à ne pas faire de recherches dans le registre de classification. Les cas dans lesquels l'art. 348 peut être appliqué, sont d'une très grande variété. Bien que l'art. 348 soit fait aussi bien pour les assurances sur facultés que pour les assurances sur corps, son application aux premières est plus rare. Cela tient à ce que souvent les indications inexactes relatives à la nature des marchandises ne peuvent pas exister par cela même que l'assurance est faite sur le chargement *en quoi qu'il puisse consister*. Mais il y aurait certainement lieu à l'application de l'art. 348 aux assurances sur facultés comme aux assurances sur corps, si le voyage n'avait pas été exactement indiqué, si le navire sur lequel les marchandises sont chargées, avait été faussement désigné et dans beaucoup d'autres cas.

1446. En principe, la question de savoir si la réticence ou la fausse déclaration a les caractères nécessaires pour entraîner la nullité de l'assurance maritime, est une question de fait dont la Cour de cassation ne peut pas avoir à connaître. Il en serait pourtant autrement si le juge du fait avait décidé en thèse que la fausse décla-

---

(1) Cpr. Aix, 8 août 1866, D. 1867. 5. 28. Cet arrêt décide qu'il n'y a pas réticence lorsque l'assuré ne déclare pas que le navire assuré a cessé d'être inscrit au registre du *bureau Veritas*.

ration ou la réticence portant sur telle circonstance n'est pas de nature à diminuer l'opinion du risque (1).

1447. Il est certain que la nullité de l'art. 348 s'applique toutes les fois que la réticence ou la fausse déclaration est entachée de mauvaise foi. Les expressions employées par la loi paraissent surtout viser ce cas. Le mot *réticence* même paraît plutôt impliquer une mission *intentionnelle* qu'une omission causée par négligence ou par ignorance. Mais il se peut que l'assuré, sans aucune intention frauduleuse, par suite d'une négligence ou de sa propre ignorance, commette une omission ou fasse une déclaration inexacte. Y a-t-il même en ce cas nullité de l'assurance? L'affirmative peut être déduite à la fois du texte de l'art. 348 et des principes généraux du droit (2). Le Code de commerce ne distingue pas selon que l'assuré est de bonne ou de mauvaise foi. En outre, l'erreur de l'assureur sur le sujet des risques ou sur leur étendue est une erreur sur l'identité même de la chose assurée ou sur la substance. L'erreur qui a l'un ou l'autre de ces objets, est, d'après le droit commun même, soit une

(1) Cass. 10 nov. 1851, 5 avr. 1876, S. 1852. 1. 29; 1876. 1. 442; 4 avr. 1887, D. 1887. 1. 241. — Desjardins, VII, n° 1463, p. 45.

(2) Cette solution était admise par les anciens auteurs. Émérigon (*op. cit.*, chap. I, sect. V, § 3) s'exprime ainsi : « L'assurance est nulle, si l'assuré a « omis, *même par inadvertance*, de déclarer quelque circonstance essentielle. » Les interprètes du Code de commerce enseignent aussi cette doctrine : Pardessus, II, n°s 883 et suiv.; de Courcy, *Questions de Droit maritime*, 1re série, p. 301 et suiv.; Boistel, n° 1351; G. Denis-Weil, *De la réticence commise sans fraude par l'assureur*, dans *Le Droit*, n° des 9-10 août 1880. La jurisprudence est aussi favorable à la même opinion: Bordeaux, 7 avr.1835, *Journ. de Marseille*, 1835. 2. 164; Trib. comm. Nantes, 12 juill. 1882, même recueil, 1863, 2. 40 ; Cf. Ch. req. 1er déc. 1869, D. 1870. 1. 200; Paris, 3 fév. 1891, *Revue intern. du Droit marit.*, 1890-91, p. 646. Cela paraît plus certain dans le cas de fausse déclaration que dans celui de réticence; car alors, il y a presque toujours une faute à reprocher à l'assuré. On peut citer des décisions judiciaires qui ont refusé d'annuler l'assurance à raison d'une omission commise de bonne foi par l'assuré. Trib. comm. Marseille, 16 sept. 1834, *Journ. de Marseille*, 1835. 1. 94. L'art. 348 est appliqué aux autres assurances que les assurances maritimes, spécialement aux assurances sur la vie (note 2 de la page 422). Des arrêts écartent l'application de cet article au cas où il y a bonne foi de l'assuré : Paris, 29 janv. 1892, *la Loi*, n° du 20 avr. 1892. Enfin plusieurs lois étrangères indiquent expressément qu'il n'y a pas à distinguer entre le cas de simple erreur et celui de dol : Loi *belge* sur les assurances du 11 juin 1874, art. 9 ; C. *italien* de 1882, art. 429 ; C. *allemand*, article 813, 2e alin.

cause qui, en mettant obstacle au concours des volontés, empêche le contrat d'exister, soit une cause de nullité dans les termes de l'article 1110, C. civ. Du reste, il n'est même pas exigé par l'art. 348 que l'erreur porte sur la substance dans le sens de l'art. 1110, C. civ. Il suffit qu'elle ait eu pour effet de diminuer sérieusement l'opinion du risque chez l'assureur, alors même qu'elle porterait sur une qualité non substantielle, susceptible de plus ou de moins, telle que l'âge du navire. Il y a là, en ce qui concerne l'erreur, une dérogation aux règles du droit commun. Ainsi, l'erreur, comme le dol, sont, en matière d'assurance, des causes de nullité dans des cas où ils ne seraient pas pris en considération dans les autres contrats.

1448. La réticence qui entraîne la nullité de l'assurance en vertu de l'art. 348, C. com., est celle qui se produit au moment du contrat. Mais doit-on aussi appliquer l'art. 348 au cas où l'assuré garde, après la conclusion du contrat, le silence sur des faits qui se sont produits postérieurement et qui sont de nature à modifier pour l'assureur l'opinion des risques? La question se pose notamment quand l'assuré contracte des assurances postérieures pour son découvert ou des assurances accessoires, comme celles du fret ou du profit espéré alors que l'assurance primitive avait été faite pour le navire ou pour les marchandises d'après leur valeur au port de départ. Des arrêts ont décidé que l'art. 348 s'applique même à la réticence postérieure (1). Ils se fondent sur ce que l'art. 348 ne fait pas de distinction et ils ajoutent que le contrat d'assurance est un contrat continu, dont les conditions ne peuvent être modifiées par l'assuré à l'insu et au préjudice de l'assureur pendant la période des risques auxquels celui-ci a entendu se soumettre.

(1) Cass. 13 juill. 1852, S. 1852. 1. 785; D. 1852. 1. 278; Cass. 4 avr. 1887, D. 1887. 1. 241; *Revue internationale du Droit maritime*, 1887-88, p. 6. Dans les espèces de ces arrêts, il s'agissait d'un propriétaire de navire qui, après avoir contracté une assurance sur corps, avait fait assurer le fret et contracté une assurance sur bonne arrivée (n° 1305). Le navire ayant péri, le premier assureur se refusa à payer toute indemnité; il alléguait que l'assuré avait commis à son égard une réticence en ne lui déclarant pas l'assurance postérieure sur bonne arrivée, qui avait créé pour l'assureur un intérêt à la perte du bâtiment. La *police française d'assurance sur corps* (art. 23), afin d'éviter toute difficulté, interdit à l'assuré certaines assurances qui pourraient créer pour lui intérêt à la perte et réduit d'autant la première assurance, lorsqu'il est contrevenu à ces interdictions par des assurances nouvelles.

C'est là une doctrine mal fondée; il ne peut être question de réticence postérieure à la conclusion du contrat (1) (2). Aucune disposition légale n'oblige l'assuré à tenir l'assureur au courant des faits nouveaux qui sont de nature à augmenter pour celui-ci l'opinion des risques. Du reste, l'art. 348 parle de la nullité du contrat, et la nullité ne peut résulter d'une circonstance n'existant pas au moment où il a été conclu. L'art. 348 a toujours été présenté comme fondé sur l'existence d'un vice du consentement de l'assureur (3); c'est au moment où le contrat se forme et à ce moment-là seulement qu'un tel vice peut se produire. Cela n'implique point que l'assuré ait le droit de changer à son gré l'objet même des risques. Un pareil changement entraîne les conséquences déterminées par les art. 351 et 352, C. com. V. nᵒˢ 1255 et suiv.

Du reste, rien n'empêche évidemment de stipuler dans une police que le défaut de déclaration de faits postérieurs déterminés, comme la conclusion d'assurances complémentaires, entraînera la résiliation de l'assurance (4). On comprend que l'assureur désire recevoir avis de faits de ce genre notamment dans le but de contracter une réassurance s'il juge que les risques sont aggravés par suite de la survenance des faits nouveaux.

1449. Pour que la réticence ou la fausse déclaration rende l'assu-

---

(1) Trib. comm. Marseille, 16 déc. 1830 et 17 juill. 1838, *Journ. de Marseille*, 1830. 1. 297 et 1838. 1. 222. — De Valroger, article dans *le Droit*, nᵒ du 1ᵉʳ juin 1889; Desjardins, VII, nᵒ 1463 *bis*, p. 47 et suiv.; Em. Cauvet, I, nᵒ 497.

(2) DROIT ÉTRANGER. — La doctrine adoptée au texte est celle qui est consacrée dans les pays étrangers. V. Code de commerce *allemand*, art. 810 et 811 ; V. pour la *Grande-Bretagne*, Mac-Arthur, *op. cit.*, p. 5 et suiv., pour le *Brésil*, arrêt de la Cour de Rio-de-Janeiro du 13 juill. 1886, *Revue internationale du Droit maritime*, 1888-89, p. 91.

(3) C'est bien là l'idée développée dans l'exposé des motifs présenté au Corps législatif sur le Code de commerce. On y lit le passage suivant : « Quoique cet « article (art. 348) soit nouveau, il est moins une addition à l'Ordonnance qu'un « sommaire des principes qu'elle avait consacrés... L'assureur a le droit de « connaître toute l'étendue du risque dont on lui propose de se charger ou dont « il ne se chargerait qu'à des conditions différentes, ce serait, en un mot, le « tromper. Dès lors, le consentement réciproque qui seul vient animer un con- « trat viendrait à manquer. »

(4) On trouve des stipulations de ce genre dans des polices d'assurance contre l'incendie.

rance nulle, il n'est pas nécessaire que le fait non déclaré ou inexactement indiqué ait influé effectivement sur le risque, il suffit qu'elle ait diminué l'opinion du risque ou en ait changé le sujet (art. 348, alin. 2). Car il n'y a pas eu accord des volontés ou il y a eu tout au moins vice du consentement, dès l'instant que les parties ne se sont pas entendues sur la chose assurée et sur les risques. L'assureur peut toujours alléguer, quels que soient les faits postérieurs, que, s'il avait été renseigné d'une façon exacte et complète sur toutes les circonstances qu'il lui importait de connaître, il n'aurait pas consenti à l'assurance. Ainsi, un navire qui doit faire échelle, est assuré avec déclaration qu'il ne s'arrêtera dans aucun port intermédiaire; alors même que le navire périrait dans la ligne des risques avant de s'être détourné de sa route pour s'arrêter dans un port d'échelle, l'assureur pourrait invoquer la nullité de l'assurance en vertu de l'art. 348, C. com. De même, l'on peut supposer qu'en temps de guerre, un navire appartenant à des sujets d'une des nations belligérantes a été assuré comme s'il était neutre, et, par conséquent, non exposé à la prise. Quoique le navire périsse par suite d'un événement n'ayant avec l'état de guerre et avec sa nationalité aucun rapport, tel qu'un naufrage, l'assurance peut être annulée.

1450. A la réticence ou à la fausse déclaration, le Code (art. 348) assimile toute différence entre le contrat d'assurance et le connaissement qui diminuerait l'opinion du risque ou en changerait le sujet. Cela concerne seulement les assurances sur facultés. Le connaissement désignant les marchandises, le nom du navire, les points de départ et de destination, constate des faits qui ne peuvent être indiqués différemment dans la police. S'ils le sont autrement, il y a fausse déclaration; s'ils sont passés sous silence, il peut y avoir réticence. En conséquence, le législateur aurait pu s'abstenir de prévoir ce cas qui rentre dans l'un des deux autres (1).

Il va de soi que cela n'est pas applicable quand l'assureur a vu le connaissement qui lui a été présenté lors de la conclusion du contrat d'assurance maritime; il en a alors connu les énonciations et a dû s'attacher à elles.

_____

(1) J.-V. Cauvet, I, n° 220.

1451. L'art. 348 prononce la nullité de l'assurance sans s'expliquer sur la nature et sur les effets de cette nullité. Aussi y a-t-il sur ces points, à côté de solutions certaines, quelques questions douteuses.

Il est tout d'abord hors de doute que dans aucun cas, même dans celui où l'opinion du risque a été seulement diminuée chez l'assureur, l'assuré ne peut échapper à la nullité en offrant un supplément de prime. Comme cela a été déjà indiqué (n° 1449), l'assureur peut toujours prétendre qu'il n'aurait pas consenti à l'assurance, s'il avait été bien renseigné, alors même qu'une prime plus forte lui eût été offerte.

Cette solution est admise aujourd'hui sans contestation. Il n'en était pas de même avant le Code de commerce. Valin (1) paraissait reconnaître que, quand il y avait, pour l'assureur, diminution de l'opinion du risque, l'assuré pouvait se mettre à l'abri de la nullité de l'assurance en payant un supplément de prime.

1452. Qui peut demander la nullité? Est-ce l'assureur seul ou bien est-ce également l'assuré? La question ne paraît pas susceptible de recevoir une solution unique (2); il y a des distinctions à faire selon la cause de la nullité; car la nature de la nullité n'est pas toujours la même. Il va de soi que, quand il y a dol de la part de l'assuré, celui-ci ne peut pas, en principe, obtenir l'annulation de l'assurance; la nullité est alors relative; elle ne peut être invoquée que par l'assureur. Il en est de même quand la nullité peut être considérée, indépendamment de toute fraude, comme provenant

(1) Commentaire de l'Ordonnance de 1681, liv. III, titre VI, art. 3 et 7.

(2) L'*Exposé des motifs* présenté par Corvetto sur le titre des assurances paraîtrait, si on le prenait à la lettre, favorable à l'idée que, dans tous les cas où l'art. 348 s'applique, il y a inexistence du contrat, ce qui impliquerait que l'assuré peut toujours, comme l'assureur, soutenir qu'il n'y a point de contrat. Voici comment s'exprimait Corvetto : « Le consentement réciproque, qui seul « peut animer un contrat, viendrait à manquer, le consentement de l'assuré « se porterait sur un objet, et celui de l'assureur sur un autre; les deux « volontés, marchant dans un sens divergent, ne se rencontreraient pas, et il « n'y a cependant que la réunion de ces volontés qui puisse constituer le con- « trat. » Ce raisonnement, qui est certainement fort exact pour le cas où il y a erreur sur le sujet du risque, ne saurait s'appliquer au cas où il y a diminution de l'opinion du risque. Dans le dernier cas, il n'y a pas absence de consentement; il y a seulement consentement vicié.

d'une erreur sur la substance (art. 1110) ou sur quelque qualité ou circonstance accidentelle. Mais, au contraire, l'assuré comme l'assureur, peut se prévaloir de la nullité du contrat qui est réellement inexistant, lorsque l'assureur a commis une erreur sur l'identité de la chose assurée (*in ipso corpore rei*). Il en serait même ainsi dans le cas où cette sorte d'erreur aurait été provoquée par le dol de l'assuré; la fraude n'empêche certainement pas qu'il n'y ait point eu concours des volontés, et par conséquent, que le contrat n'existe pas. Son seul effet peut être de permettre à l'assureur de réclamer des dommages-intérêts à l'assuré, si l'assureur a éprouvé une perte ou a été privé d'un gain. Il se peut qu'ainsi l'assureur puisse obtenir une somme égale à la prime stipulée par lui ou même supérieure. Mais, comme cette somme constitue une indemnité et non la prime, l'assureur ne peut invoquer, pour en garantir le paiement, le privilège attaché à la créance de la prime (art. 191 10°, C. com.).

1453. Il est certain qu'en cas de réticence frauduleuse ou de déclaration fausse faite de mauvaise foi, il n'y a pas lieu, comme au cas soit d'exagération frauduleuse dans l'évaluation de l'objet assuré soit d'assurance d'une chose que l'assuré savait perdue (art. 357 et 368), au paiement d'une double prime. Ce serait une sorte de peine que l'art. 348 ne prononce pas et les peines ne s'étendent pas d'un cas à un autre par analogie (1). On peut regretter que le législateur n'ait pas attaché une peine pécuniaire de cette sorte à la fraude dont il s'agit; mais on ne saurait sans arbitraire suppléer au silence de la loi (2).

1454. Bien plus, la nullité de l'assurance semble devoir conduire à ce résultat que la prime n'est pas due et qu'en conséquence, si elle a été payée, elle peut être répétée (3). L'assureur n'a même pas droit à une indemnité d'un demi pour cent de la somme assurée (4).

---

(1) Em. Cauvet, I, n° 531.
(2) De Courcy, *Questions de Droit maritime*, 1ʳᵉ série, p. 301 et suiv.
(3) Pothier, *Traité du contrat d'assurance*, n° 196.
(4) V. cependant Laurin sur Cresp, III, note 72, p. 210. Cet auteur dit que le demi pour cent de la somme assurée (qu'il qualifie de pénalité) est dû sans distinction du cas où la personne a été ou non de bonne foi. Cette solution lui parait découler forcément de l'économie des art. 357 et 358. — Ce que nous disons au texte nous parait être une réfutation suffisante de cette doctrine. Les

S'il y a quelque faute ou quelque fraude à reprocher à l'assuré, les dommages-intérêts à payer par lui à l'assureur sont fixés d'après les dispositions des art. 1149 et suiv., C. civ.; ils ne le sont pas à forfait; on ne peut pas, par analogie, appliquer ici l'art. 358, C. com., qui est une disposition exceptionnelle (1).

1455. Lorsque l'assureur invoque l'art. 348 pour faire prononcer la nullité de l'assurance, il a plusieurs justifications à faire. Il doit prouver, s'il allègue la réticence : 1° le fait qu'il se plaint d'avoir ignoré; 2° l'influence de la réticence sur l'opinion du risque. En cas de fausse déclaration, l'assureur doit démontrer : 1° l'inexistence du fait déclaré; 2° son influence sur l'opinion qu'il s'est faite du risque. Il n'y a point à parler de la connaissance exacte du fait dont il s'agit par l'assuré. Car, comme cela a été dit plus haut (n° 1447), l'ignorance de l'assuré, qui le constitue en état de bonne foi, n'est pas exclusive de la nullité de l'assurance.

Au cas où l'assureur allègue une réticence, si l'assuré la nie et prétend avoir fait des déclarations complètes à l'assureur, il ne peut le prouver qu'au moyen de la police, de l'aveu de l'assureur ou du serment. L'emploi de la preuve testimoniale ou le recours à des présomptions de fait serait contraire aux principes généraux sur la preuve de l'assurance maritime (art. 332). Il s'agit là d'une preuve à faire outre le contenu à la police.

Du reste, la réticence ou la fausse déclaration de l'assuré ne devrait pas être prise en considération, s'il était démontré qu'en fait, l'assureur a eu connaissance de la circonstance non déclarée ou inexactement indiquée dans la police. Cette connaissance pourrait

---

art. 357 et 358, C. com., que notre regretté collègue invoque, nous paraissent absolument étrangers à la question, aussi bien que l'art. 349, C. com.

(1) On trouve dans différentes lois étrangères des dispositions formelles qui règlent le sort de la prime; mais ces dispositions sont quelque peu divergentes. Le Code de commerce *allemand* (art. 815) reconnaît le droit de l'assureur à la prime entière, sans distinguer selon qu'il y a mauvaise foi ou erreur de l'assuré. La loi *belge* sur les assurances du 11 juin 1874 (art. 10 et 11) fait, au contraire, une distinction : d'après l'art. 11, l'assureur conserve la prime en cas de fraude ou de mauvaise foi ; d'après l'art. 10, l'assureur doit restituer la prime, si l'assuré a agi de bonne foi. Le Code *italien* (art. 429, 3° alin.) n'admet aussi la conservation de la prime par l'assureur que si, de la part de l'assuré, il y a eu mauvaise foi.

être présumée s'il s'agissait d'un fait connu dans le public en général ou connu à la Bourse. Il y a là, pour le juge, une question d'appréciation dans chaque espèce. Il va de soi qu'à cet égard, tous les moyens de preuve sont admissibles (1).

1456. L'art. 348 s'applique évidemment à l'assurance pour compte d'autrui comme à toute autre assurance. Il faut seulement remarquer qu'au point de vue des réticences et des fausses déclarations, le commettant et le commissionnaire se confondent, en ce sens que la fausse déclaration ou la réticence de l'un est réputée celle de l'autre. Aussi, la réticence du commissionnaire vicie l'assurance comme si le commettant en était l'auteur, bien qu'il ait renseigné complètement le commissionnaire : seulement le commettant lésé par la faute du commissionnaire a, en pareil cas, un recours contre celui-ci. A l'inverse, peu importe que le fait non déclaré ait été inconnu du commissionnaire, s'il y a eu réticence du commettant qui ne le lui avait pas révélé pour que la déclaration en fût faite à l'assureur. Il n'y a, du reste, au point de vue de la nullité de l'assurance, d'après la doctrine admise par nous (n° 1447), qu'à rechercher s'il y a eu erreur de l'assuré, en faisant abstraction de la cause qui a pu la produire.

1457. L'application de l'art. 348, C. com., au cas où il s'agit d'une police à ordre ou d'une police au porteur, donne naissance à une difficulté. Celle-ci se rattache à la question de savoir si l'on doit appliquer à ces polices, comme, en général, aux titres à ordre et spécialement aux effets de commerce, la règle selon laquelle les exceptions opposables aux endosseurs ne peuvent pas être opposées au dernier porteur.

Quand il y a eu réticence ou fausse déclaration de la part de l'assuré, le vice qui entache par suite l'assurance, peut-il être invoqué par l'assureur contre le porteur de la police qui réclame le paiement de l'indemnité d'assurance, comme il aurait pu l'être contre l'assuré, si la police n'avait pas changé de mains avant le sinistre ?

(1) Cela n'est point en contradiction avec ce qui est décidé dans le paragraphe précédent. Il ne s'agit plus de prouver une déclaration faite par l'assuré, mais de démontrer le fait matériel de la connaissance que l'assureur avait ou qu'il doit être présumé avoir eue, lors de la conclusion de l'assurance, de la circonstance dont il s'agit.

La possibilité d'opposer à un porteur la nullité pour réticence ou pour fausse déclaration est soutenue (1). On allègue ou que la règle, *exceptio quæ obstabat cedenti, non obstat cessionnario*, n'est vraie que pour les effets de commerce ou qu'elle ne l'est, en matière d'assurance, que pour les exceptions n'ayant pas leur cause dans un vice originaire du contrat. On fait valoir aussi qu'autrement, la situation de l'assureur dont le consentement a été vicié, serait empirée par la transmission de la police, que des fraudes seraient possibles; l'assuré transmettrait la police, et ainsi l'assureur serait privé du droit d'invoquer la réticence ou la fausse déclaration.

Il faut, selon nous, s'en tenir à la règle selon laquelle les exceptions opposables aux endosseurs ou aux porteurs précédents, en matière de titres à ordre ou au porteur, ne le sont pas au dernier porteur (2). Quand il s'agit des formes de l'endossement, on s'accorde généralement à appliquer à tous les titres à ordre les dispositions du Code de commerce relatives aux effets de commerce, spécialement à la lettre de change (art. 136 à 138, C. com.). Il est logique et naturel d'appliquer aussi à tous les titres à ordre les règles concernant les effets de l'endossement de ces titres. Parmi ces règles se trouve celle dont il s'agit. Il est arbitraire de faire à cet égard des distinctions entre les règles de forme et les règles de fond; il est aussi arbitraire de distinguer entre les différentes exceptions. Du reste, on ne saurait parler des dangers de la fraude. La règle relative aux exceptions non opposables au dernier porteur est écartée en présence d'un porteur de mauvaise foi, c'est-à-dire coupable de collusion avec l'endosseur (3). La doctrine opposée peut porter au crédit une fâcheuse atteinte. Il est facile de s'en rendre compte si l'on réfléchit que souvent les polices d'assurances sur facultés sont transmises à des créanciers gagistes auxquels les marchandises sont affectées,

---

(1) Trib. comm. Seine, 1er août 1882, *Journ. de jur. de Marseille*, 1882. 2. 180; Paris, 3 fév. 1891, S. et P. 1894. 2. 301 ; Cass. 31 juill. 1893, D. 1895. 1. 137; S. et P. 1894. 1. 212. — Tissier sous Cass. 19 déc. 1892, S. et P. 1895. 1. 225. Cet arrêt rejette le pourvoi formé contre l'arrêt de la Cour de Paris du 3 février 1891, en se fondant sur des motifs étrangers à la question.

(2) Cpr. *Traité de Droit commercial*, IV, n° 157. V. Lyon-Caen, dans la *Revue crit. de législ. et de jurispr.*, 1892, p. 361 ; 1894, p. 489. V. Levillain, note dans le *Recueil de jurisprudence de Dalloz*, 1895. 1. 137.

(3) V. *Traité de Droit commercial*, IV, n° 131.

comme cela arrive dans le cas des traites documentaires (1). Du reste, l'assureur, s'il redoute l'application de notre règle, peut, soit refuser de signer une police au porteur ou à ordre, soit stipuler dans l'une de ces polices qu'il aura le droit d'opposer au dernier porteur de la police les exceptions qui étaient opposables à l'assuré originaire (2).

Il importe de remarquer que cette doctrine ne conduit nullement à reconnaître au porteur le droit d'agir en indemnité contre l'assureur quand il n'y a pas eu mise en risques, chargement de marchandises en matière d'assurance sur facultés. L'assureur peut se prévaloir à l'égard de toute personne du défaut de mise en risques. Car, en l'absence de risques, il n'y a pas de dommage éprouvé. Le porteur doit, comme l'assuré lui-même, pour agir efficacement contre l'assureur, prouver son intérêt dans la chose assurée.

1457 bis. Ce qui vient d'être dit est certainement sans application au cas où il s'agit d'une assurance conclue par un commissionnaire. La réticence ou la fausse déclaration est opposable au commettant qui ne peut avoir plus de droit que le commissionnaire (n° 1456). Mais, au contraire, si, avec nous (n° 1214), on considère la police souscrite pour le compte de qui il appartiendra comme une police au porteur (3), les solutions admises ci-dessus (n° 1457) sont applicables. Le premier point de vue a des partisans ; ils se refusent à faire une différence entre le cas où l'assurance a été souscrite pour le compte d'une personne indiquée dans la police même et le cas où l'assurance a été souscrite pour le compte d'une personne qui sera déterminée par la suite, en vertu de la formule : *pour le compte de qui il appartiendra* (4). Selon eux, la personne qui se prévaut de la police, doit être considérée comme ayant joué dès l'origine le rôle de commettant. Il est difficile de comprendre comment il est possible de

(1) V. *Traité de Droit commercial*, IV, n° 106.
(2) Il y a une stipulation de ce genre dans la police française d'assurance sur facultés (art. 26). V. ci-dessus, n° 1440.
(3) Laurin, *Précis de Droit maritime*, p. 328. *Revue intern. du Droit marit.*, 1885-86, p. 602.
(4) Cette idée est indiquée dans l'arrêt précité de la Cour de cassation du 19 déc. 1892, S. et P. 1895. 1. 225. Elle est soutenue avec beaucoup de force dans une note de M. Tissier placée sous cet arrêt.

traiter la police pour le compte de qui il appartiendra comme une police souscrite par un commissionnaire et cependant de reconnaître que la transmission s'en opère par la simple tradition, parce qu'on la considère comme une police au porteur. Si elle a ce dernier caractère, les conséquences naturelles doivent en être déduites au point de vue des exceptions opposables au porteur aussi bien que du mode de cession. La forme et le fond sont ici, selon nous, indissolublement unis.

1458. L'art. 348 ne s'occupe que des conséquences civiles des fausses déclarations, et, à cet égard, peu importe qu'elles soient le résultat d'une erreur ou d'une négligence ou qu'elles soient frauduleuses (n° 1147). Mais les fausses déclarations peuvent avoir aussi des conséquences pénales ; elles constituent parfois un délit (1). Pour qu'il en soit ainsi, la fraude de l'assuré est un élément essentiel. Lorsque les fausses déclarations sont accompagnées de manœuvres, elles peuvent constituer une escroquerie (art. 405, C. pén.) ; il peut aussi y avoir faux ou usage de pièces fausses (art. 162, C. pén.), si l'assuré a produit, à l'appui de ses déclarations, un connaissement ou toute autre pièce contenant de fausses indications destinées à tromper l'assureur.

1459. Le Code de commerce, qui parle de la réticence et de la fausse déclaration de l'assuré, est muet sur les vices du consentement de l'assuré. Il faut en conclure qu'à cet égard, on doit s'en tenir aux principes généraux du droit. Cela se comprend. L'assuré n'a pas besoin d'être protégé comme l'assureur ; l'assuré connaît la chose assurée et les différentes circonstances permettant d'apprécier la nature et l'étendue des risques. Il y aurait nullité de l'assurance s'il y avait dol de l'assureur dans les termes du droit commun (2). Il faudrait donc que le dol de l'assureur eût déterminé l'assuré à contracter ; il ne suffirait pas qu'il eût contribué à lui faire accepter des conditions que, sans le dol de l'assureur, l'assuré n'aurait sans doute point consenti à accepter. V. art. 1116, C. civ.

---

(1) La loi *belge* du 11 juin 1874 (art. 11) dispose qu'en cas de fraude, l'assureur conserve la prime, *sans préjudice de l'action publique*, s'il y a lieu.

(2) V. un cas où il y avait dol de l'assureur dans un arrêt de la Cour de Paris du 20 déc. 1890, *le Droit*, n° du 17 fév. 1891.

1460. Privilège de la créance de la prime. — Le Code de commerce attache un privilège à la créance de la prime dans les assurances sur corps. Aux termes de l'art. 191, sont privilégiées... les dettes ci-après désignées : 10° *le montant des primes d'assurances faites sur le corps, quille, agrès, apparaux, et sur armement et équipement du navire, dues pour le dernier voyage.*

L'Ordonnance de 1681 n'indiquait pas que l'assureur maritime eût un privilège sur le navire assuré. Elle supposait sans doute que, conformément à un ancien usage, la prime se payait comptant. Des interprètes en avaient conclu que l'assureur n'avait pas de privilège; mais Émérigon (chap. III, sect. IX), repoussait cette solution. Il justifiait l'admission du privilège en disant « qu'on doit considérer « que la prime des assureurs est comprise dans les frais d'armement « ou de facture, elle fait donc en quelque manière partie de la chose « assurée, qui, par ce moyen, est présumée valoir davantage. Par « conséquent, le privilège que l'Ordonnance accorde au vendeur ou « fournisseur de la chose doit être rendu commun à l'assureur, « créancier de la prime. » — Pothier (*Traité des assurances maritimes*, n° 142) et Valin, sur l'art. 16, livre I, titre XIV de l'Ordonnance de 1681, admettaient la même solution. Il faut remarquer, en outre, que d'après les principes généraux de l'ancien Droit français, l'assureur avait une hypothèque générale sur les biens de l'assuré, lorsque la police avait été reçue par un notaire ou par un courtier.

1461. Il résulte des termes de l'art. 191-10° précités (n° 1460), que toutes les primes d'assurances dues à raison d'un même navire ne sont pas privilégiées. La loi, pour ce privilège comme pour les autres privilèges maritimes, a voulu à la fois éviter l'accumulation des dettes privilégiées et, dans une certaine mesure, punir le créancier de sa négligence. Dans ce but, l'art. 191-10° n'attache de privilège qu'au *montant des primes dues pour le dernier voyage.* Ces expressions (*dernier voyage*) manquent de clarté et donnent lieu à des difficultés dans les assurances soit au voyage soit à temps (1). La loi vise-t-elle le voyage réel du navire ou le voyage assuré ? L'in-

---

(1) On peut remarquer que les mêmes expressions (*dernier voyage* ou *voyage*), employées par l'art. 191 à propos d'autres privilèges que celui de l'assureur, font aussi naître des discussions entre les interprètes.

térêt de la question est très grand. Si la loi s'est attachée ici au voyage assuré, il faudra décider que, dans le cas où il y aurait deux assurances distinctes pour l'aller et pour le retour, la prime de l'assureur du voyage d'aller ne serait pas privilégiée, tandis qu'elle le serait si le législateur a considéré le voyage réel. Cette dernière solution semble préférable (1). Le législateur a trouvé juste et utile de traiter avec faveur l'assureur qui a couru les risques de la navigation à la suite de laquelle le navire est vendu. On ne voit pas pourquoi cette faveur n'existerait pas pour la navigation entière. Les autres créanciers de l'assuré ne peuvent légitimement se plaindre ; peu leur importe qu'il y ait eu pour le voyage réel un seul assureur ou plusieurs. On peut, du reste, dire qu'autrement l'assureur de la première partie du voyage serait traité d'une façon trop rigoureuse, qu'on ne lui reconnaîtrait qu'un privilège nominal. Il ne pourrait plus l'exercer après la fin du voyage réel et il ne pourrait pas non plus le faire valoir en cours de voyage, par cela même qu'alors le navire ne peut pas être saisi (art. 215, C. com.).

1462. La détermination du sens de l'expression *dernier voyage* a une importance spéciale pour les assurances à temps qui aujourd'hui sont très nombreuses (n° 1206). Si, pendant la durée d'une assurance de cette espèce, le navire assuré a fait plusieurs voyages, s'il a été désarmé et réarmé, l'assureur sera-t-il privilégié pour toute la prime ou seulement pour la portion de la prime correspondant au dernier voyage effectué depuis le plus récent armement. Les auteurs qui, à propos de l'assurance au voyage, admettent que l'art. 191-10° se réfère, non au voyage réel, mais au voyage assuré, appliquent naturellement leur doctrine à l'assurance à temps limité et décident que la prime entière est privilégiée, parce que, dans cette sorte d'assurance, au point de vue de l'assureur, il n'y a, en réalité, qu'un seul voyage qui a la même durée que le contrat (2). Mais la question est plus

---

(1) Dufour, I, n°s 221 à 223 ; Desjardins, I, n° 153 ; Demangeat sur Bravard, IV, p. 80. *En sens contraire*, Laurin sur Cresp, I, p. 113 et 114 ; Bordeaux, 5 mars 1861, D. 1862. 2. 54.

(2) V. Rouen, 26 mai 1840 ; Trib. comm. Bordeaux 28 mars 1865, *Journ. de Marseille*, 1840. 2. 171 et 1865. 2. 124. La loi *belge* du 21 août 1879 (art. 5-12°) admet cette solution, mais, comme l'avait fait le projet français de 1865, elle restreint, dans les assurances à temps limité, le privilège à la prime de la dernière année.

embarrassante pour les interprètes qui, avec nous, admettent que
l'art. 191-10° vise le dernier voyage réel. Parmi eux, il en est qui
ne croient pas se mettre en contradiction avec eux-mêmes en décidant que, dans l'assurance à temps limité, la prime entière est privilégiée (1). Ils se fondent surtout, pour le décider ainsi, sur ce que la
prime, étant indivisible, est due pour le tout par cela seul que le
navire a commencé à naviguer et a fait même une seule traversée.
Ils nous paraissent manquer de logique et invoquer une solution
qui n'a aucun lien avec la question. L'art. 191-10° ne distingue pas
entre les différentes espèces d'assurances quand il restreint le privilège à la prime due *pour le dernier voyage*. Ces expressions
se rapportent donc au dernier voyage réel pour l'assurance à temps
limité comme pour l'assurance au voyage. L'argument tiré de l'indivisibilité de la prime prouve seulement qu'elle est due intégralement
par cela seul que le navire a commencé le voyage; mais une prime
peut être due sans être privilégiée et ici il s'agit de savoir, non
si la prime est due, mais si elle est pour le tout garantie par le
privilège (2).

1463. Pour qu'un voyage postérieur fasse disparaître le privilège
de l'assureur garantissant la créance de la prime, il n'est certainement
pas nécessaire que ce voyage réunisse les conditions indiquées par
l'art. 194, C. com. Cet article a pour but de déterminer sous quelles
conditions le droit de suite des créanciers privilégiés ou chirographaires sur un navire est éteint en cas d'aliénation. Or, dans l'article 191, il est question exclusivement des rapports des créanciers
privilégiés, soit entre eux, soit avec les créanciers chirographaires
ou hypothécaires, non des rapports des créanciers avec les tiers
acquéreurs du navire (3).

1464. L'assureur n'est privilégié que pour la prime. En conséquence, il ne peut invoquer de privilège pour le demi pour cent de
la somme assurée due dans les cas, soit de rupture du contrat d'assu-

(1) Dufour, I, n° 226; Desjardins, I, 153. V. les décisions judiciaires citées
à la note précédente.
(2) De Valroger, I, n° 69.
(3) Cass. 12 mai 1858, D. 1858. 1. 208, Marseille, 15 déc. 1855, *Journ. de
Marseille*, 1856. 1. 18. Dufour, I, n° 227.

rance avant le départ (art. 349), soit de ristourne pour cause d'exagération de la valeur des choses assurées (art. 358). C'est là une indemnité fixée à forfait, non une portion de la prime (n° 1430).

1465. Comme pour les autres privilèges sur le navire, le Code de commerce indique comment doit être prouvée la créance privilégiée (art. 192, C. com.). Pour l'exercice de son privilège, l'assureur justifie du montant des primes par les polices ou par les livres des courtiers d'assurances (art. 192-8°) (1) ou des notaires (2). Une police, même sous seing privé, suffirait, puisque l'art. 332, C. com., n'exige pas que les assurances maritimes soient faites par acte authentique (n° 1177) (3).

1466. Ni le Code de commerce, ni aucune loi spéciale n'accordent expressément un privilège à l'assureur *sur facultés* pour le paiement de la prime. On en a parfois conclu que la créance de la prime n'est pas privilégiée dans les assurances *sur facultés* (4-5). Cela n'est pas admissible : dans l'ancien Droit, on ne distinguait pas entre les assurances sur corps et les assurances sur facultés au point de vue du privilège (6). Rien n'indique que les rédacteurs du Code de commerce aient voulu innover à cet égard. D'ailleurs, le prêteur à la grosse est privilégié pour le profit maritime qui lui est dû (article 320, C. com.); ce profit comprend une véritable prime due au prêteur qui joue en partie le rôle d'assureur de l'emprunteur. Il serait singulier qu'un privilège fût refusé au véritable assureur. Il doit, par *a fortiori*, lui être reconnu (7). Presque tous les auteurs sont dans ce sens (8); mais il s'en faut de beaucoup qu'ils s'accordent sur

---

(1) V. sur le rôle important joué par les livres des courtiers, à raison de la manière dont sont faites les polices dressées par eux, n° 1179.

(2) V. sur le droit des notaires de dresser des polices d'assurance maritime en concurrence avec les courtiers, n°ˢ 1015 et 1178.

(3) Cass. 4 mai 1853, D. 1853. 1. 125; *J. Pal.* 1853. 2. 656.

(4) Desjardins, I, n° 189.

(5) Trib. comm. Marseille, 19 mars 1856, *Journ. de Marseille*, 1856. 1. 172. — Em. Cauvet, I, n° 143; Droz, I, n° 184.

(6) Émérigon, chap. III, sect. VII; Valin, sur l'art. 16, liv. I, tit. XIV, de l'Ordonnance de 1681.

(7) Trib. comm. Marseille, 28 oct. 1822; Aix, 16 mars 1857, *Journ. de Marseille*, 1822. 1. 353; 1857. 1. 81 (l'arrêt de la Cour d'Aix infirme le jugement du tribunal de commerce cité à la note 5 ci-dessus).

(8) J.-V. Cauvet, I, n° 245; Laurin sur Cresp, I, p. 111 et suiv.; IV, p. 239 et 240; de Valroger, I, n° 72; Boistel, n° 1369.

les motifs à donner à l'appui de leur opinion. On a souvent, au lieu d'invoquer les arguments tirés de l'ancien Droit et de l'art. 320, C. com., produit l'un des raisonnements suivants : 1° On a dit, en reproduisant l'argumentation d'Émérigon, la prime de l'assurance *sur facultés* doit être privilégiée comme la prime de l'assurance *sur corps*, parce qu'elle est comprise dans les frais de facture et fait partie de la chose assurée qui est présumée valoir davantage. Ce raisonnement n'est pas probant; il est vrai que la prime payée à l'assureur entre en ligne de compte dans la fixation du prix de toute chose assurée, que, par suite, l'assuré peut faire assurer la prime comme tous ses autres déboursés (art. 342, C. com.); mais, dans notre législation, les frais d'amélioration ne sont pas privilégiés. 2° On le reconnaît dans une seconde explication. On va jusqu'à prétendre que la prime est privilégiée dans les assurances sur facultés, parce qu'il y a là une dépense faite pour la conservation de la chose assurée (art. 2102-3°, C. civ.); le motif n'est pas exact. De deux choses l'une, ou les marchandises périssent ou elles arrivent à bon port. Dans le premier cas, on ne saurait dire que la chose assurée a été conservée; l'assuré reçoit seulement de l'assureur une indemnité qui, dans une certaine mesure, en tient la place; dans le second cas, l'assureur n'a certainement rien conservé; ce n'est pas grâce à lui que les marchandises sont arrivées à destination sans accident (1); 3° enfin, on s'est borné à argumenter par analogie de l'art. 191-10° (2). Cette dernière explication n'est pas non plus satisfaisante; les privilèges ne s'étendent pas par analogie. L'argument tiré de l'art. 320 est le seul vraiment décisif.

Le privilège de l'assureur sur facultés ne présente pas à beaucoup près autant d'avantages que celui de l'assureur sur corps : 1° D'abord, par cela même qu'il n'y a pas de droit de suite sur les marchandises, le privilège de l'assureur ne peut pas être exercé à l'encontre d'un tiers acquéreur des marchandises assurées. Mais, du moins, il subsiste sur le prix tant qu'il n'a pas été payé (3). A ces points de

---

(1) V. n° 1469, sur une conséquence à laquelle conduirait l'argument tiré de l'art. 2102-3°, C. civ. et réfuté au texte.

(2) Trib. comm. Marseille, 28 oct. 1822, *Journ. de Marseille*, 1822. 1. 353.

(3) Laurin sur Cresp, IV, p. 239 et 240.

vue, la situation de l'assureur sur facultés ne diffère pas de celle de tous autres créanciers privilégiés sur les meubles ; 2° ce n'est pas tout, le privilège de l'assureur sur facultés peut être inefficace en bien des cas ; ainsi il est certain qu'il ne peut être opposé ni au commissionnaire auquel les marchandises assurées servent de gage pour ses avances (1), ni au tiers porteur d'une lettre de change à laquelle les marchandises assurées servent de provision (2).

1467. Ce qui vient d'être dit pour les assurances sur facultés, doit être, par identité de raison, admis dans toutes les assurances maritimes, quel qu'en soit l'objet ; spécialement l'assureur a un privilège dans l'assurance du fret (3). Le privilège s'éteint avec la créance du fret qui en est grevé ; c'est ce qui a lieu en cas de paiement du fret (4).

1468. Il va de soi que, pour les assurances autres que celle du navire, il n'y a pas à parler de restriction à la prime du dernier voyage. Pour les choses assurées autres que le navire, il ne peut être question de plusieurs voyages successifs pour chacun desquels il est possible qu'une assurance distincte soit conclue.

Il y a des assurances sur facultés faites pour l'aller et le retour (art. 356, C. com.). Les marchandises formant la cargaison ne sont pas les mêmes au retour qu'à l'aller. Mais la prime est unique dans ces assurances et la stipulation de la police établit une sorte d'indivisibilité entre le retour et l'aller considérés comme formant un seul voyage ; aussi ne peut-on diviser la prime, et le privilège qui la garantit porte-t-il sur les marchandises de retour pour la totalité de son montant.

1469. Si l'on doit, comme nous le croyons, malgré le silence de nos lois, admettre un privilège au profit de l'assureur sur facultés pour la prime, il est impossible, au contraire, d'aller jusqu'à reconnaître un privilège au profit de l'assureur dans les assurances terrestres. Sous ce nom, il faut comprendre même les assurances portant soit sur des bâtiments de rivières, soit sur des marchandises trans-

---

(1) Trib. comm. Marseille, 8 août 1865, *Journ. de Marseille*, 1865. 1. 265
(2) Trib. comm. Marseille, 3 avril 1865, *Journ. de Marseille*, 1865. 1. 102.
(3) Desjardins, VII, n° 1459.
(4) V. analog. n° 382.

portées sur ces bâtiments. Une semblable extension du privilège de l'assureur violerait la règle fondamentale selon laquelle les privilèges, étant de droit étroit, ne peuvent être étendus par voie d'analogie (1). Cette solution ne serait évidemment pas exacte s'il était vrai de dire que l'assureur maritime est créancier privilégié parce qu'il contribue à la conservation de la chose assurée. Le privilège de l'assureur n'étant qu'une application de l'art. 2102-3°, C. civ., il n'y aurait pas de raison pour ne pas accorder ce privilège à un assureur dans toutes les assurances. Mais l'opinion qui considère le privilège admis dans l'assurance maritime comme une application du privilège des frais de conservation a été réfuté plus haut (n° 1466).

(1) Trib. comm. Marseille, 14 nov. 1860, 15 fév. 1861, *Journ. de Marseille*, 1860. 1.316 ; 1861. 1. 194; Trib. comm. Seine, 5 juin 1886, *Gazette des Tribunaux*, n° du 18 juin 1886. — Pardessus, II, n° 591; Desjardins, VII, n° 1459; Ruben de Couder, *Dict.*, v° *Assurance terrestre*, n° 271.

CHAPITRE VII.

DES DROITS DES CRÉANCIERS CHIROGRAPHAIRES SUR LES NAVIRES.
DU PRÊT A LA GROSSE. — DE L'HYPOTHÈQUE MARITIME.
DES PRIVILÈGES SUR LES NAVIRES.
DE LA SAISIE ET DE LA VENTE DE NAVIRES (1).
DES CONFLITS DE LOIS RELATIFS AUX DROITS DES CRÉANCIERS SUR LES NAVIRES.

GÉNÉRALITÉS.

1470. Les bâtiments de mer d'une personne, comme ses autres biens, servent de gage à ses créanciers (art. 2092, C. civ.), et ceux-ci n'ont pas les mêmes droits, suivant qu'ils sont simplement chirographaires, privilégiés ou hypothécaires. Pour déterminer la nature de ces droits, les conditions et les formes de leur exercice, on ne peut se borner à renvoyer aux règles du droit commun applicables, en général, aux biens mobiliers ou immobiliers ; sur plusieurs points importants, la législation commerciale a dérogé à ces règles. Ce chapitre sera consacré à l'étude des divers droits que les créanciers peuvent avoir sur les navires.

1471. Le Code de commerce, reproduisant en ce point les dispositions de l'Ordonnance de 1681, favorise, en matière maritime, spécialement les créanciers chirographaires. Il leur reconnaît, outre le droit de gage général fondé sur les art. 2092 et 2093, C. civ., un droit de suite tout particulier sur les navires de leur débiteur (n⁰ˢ 1473 et suiv.). Quelque avantageux qu'il soit en cas d'aliénation d'un bâtiment, ce droit de suite ne constituerait pas toujours un avantage suffisant pour déterminer à faire crédit au propriétaire d'un navire. Du reste, il y a, surtout en matière maritime, des créances qui, à raison de leur

---

(1) C. com., art. 190 à 194, 196, 197 à 215, 311 à 331 ; L. 10 juill. 1885, décret du 18 juin 1886.

cause, méritent un traitement spécialement favorable. Nos lois mettent donc à la disposition des propriétaires de navires (ou de leurs capitaines), deux moyens de crédit réel : *a. l'emprunt à la grosse; b. l'hypothèque maritime.* En outre, elles admettent de nombreux privilèges sur les navires, en dehors même de ceux qu'établit le Code civil. Les créanciers chirographaires, privilégiés ou hypothécaires, ont, pour réaliser leur gage, le droit de saisir et de faire vendre le navire, afin de se payer sur le prix; la saisie et la vente des bâtiments de mer sont régies par des dispositions spéciales (1). Enfin, comme il y a encore de grandes divergences entre les lois des divers pays relatives aux droits des divers créanciers sur les navires, il s'élève à leur occasion, quand un navire est saisi et vendu dans un port situé hors du pays où se trouve son port d'immatricule, de nombreux conflits de lois. Il peut y avoir des conflits de lois même quand le navire est saisi et vendu à son port d'attache; ils naissent alors de ce que les droits des créanciers sont nés dans des lieux soumis à des législations différentes.

1472. Ce chapitre sera, en conséquence, divisé de la façon suivante :

Section I. DES DROITS DES CRÉANCIERS CHIROGRAPHAIRES SUR LES NAVIRES ET SPÉCIALEMENT DE LEUR DROIT DE SUITE. — *Section* II. DU PRÊT A LA GROSSE. — *Section* III. DE L'HYPOTHÈQUE MARITIME. — *Section* IV. DES PRIVILÈGES SUR LES NAVIRES. — *Section* V. DE LA SAISIE ET DE LA VENTE DES NAVIRES. — *Section* VI. DES CONFLITS DE LOIS RELATIFS AUX DROITS DES CRÉANCIERS SUR LES NAVIRES.

SECTION Iʳᵉ.

Des droits des créanciers chirographaires sur les navires et spécialement du droit de suite.

1473. DROIT DE SUITE DES CRÉANCIERS CHIROGRAPHAIRES. — ORIGINE. — INCONVÉNIENTS. — En droit commun, les créanciers chirographaires

---

(1) Les règles relatives à la saisie et à la vente forcée des navires contenues dans les art. 197 à 215, C. com., ont été modifiées sur des points importants par la loi du 10 juillet 1885, qui traite à la fois de l'hypothèque maritime et de la saisie des navires.

ont un droit de gage général sur les biens de leur débiteur (art. 2092 et 2093, C. civ.). Ce droit est fort précaire; non seulement il ne renferme aucun droit de préférence, mais encore il s'éteint en l'absence de tout droit de suite, par suite des aliénations à titre particulier faites par le débiteur. Les créanciers chirographaires ne peuvent atteindre les biens aliénés qu'exceptionnellement, soit en cas de fraude en exerçant l'action paulienne (art. 1167, C. civ.), soit en cas de faillite ou de liquidation judiciaire de l'aliénateur, en invoquant les art. 446 et 447, C. com. Le législateur français a cru devoir fortifier le droit de gage général des créanciers chirographaires, en tant qu'il porte sur un navire. Sur les bâtiments de mer ces créanciers ont un droit de suite, grâce auquel ils peuvent les saisir et les faire vendre, alors même qu'ils ont passé entre les mains de tiers acquéreurs. La concession de ce droit de suite constitue une dérogation à deux principes fondamentaux de notre législation : *a*. il n'y a pas de droit de suite sur les meubles (art. 2119, C. civ.); *b*. même sur les immeubles, un droit de suite n'existe qu'au profit des créanciers privilégiés ou hypothécaires.

Le Code de 1807 n'a fait en ce point que reproduire les dispositions de l'Ordonnance de 1681 (liv. II, tit. 10, art. 1 et 2). Voici les raisons qui ont ordinairement été données pour expliquer la reconnaissance d'un droit de suite sur les navires. Cet avantage a pour but d'augmenter le crédit des propriétaires de navires, il s'explique d'autant mieux que souvent les créanciers ne peuvent, en réalité, se faire payer que sur le ou sur les navires de leur débiteur qui n'a pas d'autres biens. Les biens mobiliers sont, en général, destinés à être transmis et un droit de suite établi sur eux aurait pour effet de mettre obstacle à leur libre circulation, au détriment du commerce. Les navires ne sont pas l'objet du commerce maritime, ils en sont l'instrument (n° 54), et ce commerce peut prospérer, encore que l'existence du droit de suite sur les navires puisse gêner leur transmission.

Cependant le droit de suite des créanciers chirographaires est généralement rejeté par les législations étrangères; elles se bornent à l'admettre au profit des créanciers privilégiés ou hypothécaires (1);

---

(1) DROIT ÉTRANGER. — Codes de commerce *allemand*, art. 757 à 781 ; *italien*,

le projet français de 1865 (art. 193) le supprimait aussi. Il a l'inconvénient d'entraver la transmission des navires. Il retarde nécessairement le paiement du prix de la vente ; car, s'il est possible d'évaluer approximativement les dettes privilégiées qui sont peu nombreuses et de connaître les dettes hypothécaires qui sont inscrites, on ne peut ni évaluer ni connaître facilement les dettes chirographaires. Les créanciers, qui ne se font pas donner de sûreté spéciale et auxquels la loi ne confère pas de privilège, font crédit à la personne plutôt qu'à la chose, et l'on ne voit pas pourquoi le navire serait, à leur égard, autrement affecté que les autres biens du débiteur (1). Il ne paraît pas douteux que le droit de suite des créanciers chirographaires soit destiné à disparaître de notre législation ; mais il existe encore et il faut examiner les règles qui le régissent ; malheureusement le Code de commerce les a formulées d'une façon incomplète ou obscure. Au profit de quelles personnes le droit de suite existe-t-il ? quelle en est la nature et quels en sont les effets ? sur quel objet porte-t-il ? quelles causes en entraînent l'extinction ? comment s'exerce-t-il ?

1474. *Créanciers auxquels appartient le droit de suite.* — Sur les navires le droit de suite existe au profit des créanciers chirographaires, privilégiés et hypothécaires. Mais ce n'est pas à dire que ce droit ait absolument la même nature pour ces trois classes de créanciers et soit à tous égards soumis aux mêmes règles. Le droit de suite des créanciers chirographaires et privilégiés est régi par le Code de commerce ; celui des créanciers hypothécaires l'est par la loi du 10 juillet 1885. Le droit de suite des créanciers hypothécaires a plus de force que celui des créanciers chirographaires ou privilégiés ; il n'est pas soumis aux causes d'extinction admises par le Code de commerce (art. 193 et 194) pour les derniers (nᵒ 1493, 1°). Il n'est question dans cette *Section* que du droit de suite des créanciers chirographaires qui est, du reste, régi par les mêmes règles que celui des créanciers privilégiés. Le Code de commerce s'occupe en même

art. 284 ; *portugais*, art. 574 et suiv. ; *hollandais*, art. 312 et suiv. ; Codes maritimes *scandinaves*, art. 267 et suiv ; *finlandais*, art. 11 à 15. Loi *belge* du 21 août 1879, art. 3. — Maclacklan, *op. cit.* (édit. de 1876, p. 63).

(1) Ces motifs sont le résumé de ceux que contient *la note explicative sur le projet de révision du livre II du Code de commerce*, p. 5 et suiv.

temps du droit de suite de ces deux classes de créanciers (art. 190, 193 et 194, C. com.).

1475. On a nié l'existence du droit de suite des créanciers chirographaires (1). En faveur de cette opinion, on a fait surtout valoir que le Code ne consacre pas expressément le droit de suite de ces créanciers ; une disposition formelle serait, dit-on, d'autant plus nécessaire qu'il s'agit là d'un droit tout à fait exceptionnel. On a ajouté que l'art. 193, C. com., qui s'occupe de l'extinction du droit de suite, ne parle que des privilèges : « LES PRIVILÈGES *des créanciers seront éteints, etc.* »

La jurisprudence (2) et presque tous les auteurs (3) ont, au contraire, admis avec raison que le Code de commerce reconnaît un droit de suite aux créanciers même chirographaires. L'Ordonnance de 1681 (4) le consacrait déjà et il leur est reconnu, sinon expressément, au moins implicitement, par le Code de 1807. L'art. 190 dispose que les navires sont affectés aux dettes du vendeur, *et spécialement à celles que la loi déclare privilégiées.* Ces derniers mots indiquent qu'il y a d'autres dettes que les dettes privilégiées auxquelles le navire est affecté. Ce ne peuvent être que les dettes chirographaires du vendeur ; le Code de 1807 ne reconnaissait pas l'hypothèque sur les navires ; elle n'a été introduite dans la législation française que par la loi du 10 décembre 1874 remplacée par la loi du 10 juillet 1885. Quant à l'art. 193 dont on invoque le texte dans l'opinion contraire, il ne peut constituer un argument décisif. S'il ne parle que des privilèges sur les navires, c'est par suite d'une négligence de rédaction amenée par une critique de la disposition correspondante du projet primitif du Code. Dans ce projet, l'art. 193 était ainsi conçu : « Les

(1) Cauvet, *Revue de législation*, III, p. 275 et suiv. ; Houzard, *Revue pratique de droit français*, t. XXIII, p. 174 et suiv. — Cpr. Bordeaux, 22 août 1860, D. 1863. 1. 290 ; S. 1861. 2. 49 ; *J. Pal.*, 1861, 326.

(2) Rouen, 20 mai 1863, S. 1863. 2. 234 ; *J. Pal.* 1864. 281 ; *Journ. de Marseille*, 1864. 2. 18 ; Cass. 16 mars 1864, D. 1864. 1. 161.

(3) Dufour, I, nᵒˢ 34 et suiv., Laurin sur Cresp, I, p. 89 ; Desjardins, I, p. 206 ; Boistel, 3ᵉ édit., nᵒ 1144, p. 884 et 885.

(4) Sur l'art. 2, livre II, titre X, qui déclarait le navire affecté aux dettes du vendeur, Valin disait : « Comme l'article ne distingue pas, il faut l'entendre de toutes dettes, tant simples, chirographaires qu'hypothécaires et privilégiées ».

« droits des créanciers privilégiés *et autres* seront éteints. » On fit
remarquer que cette rédaction était vicieuse, en ce qu'elle pouvait
faire croire qu'il s'agissait de l'extinction des créances elles-mêmes
et non pas seulement du droit de suite ; on modifia la rédaction, mais,
par inadvertance, on ne parla plus expressément que des privilèges.

1476. *A quels créanciers chirographaires appartient le droit de
suite.* – Il n'appartient naturellement qu'à ceux qui sont devenus
créanciers de l'aliénateur avant l'aliénation. Mais il faut tenir compte
ici du système de publicité admis par notre législation : d'après ce
système, l'aliénation des navires n'a pas d'effet à l'égard des tiers tant
que la mutation en douane n'a pas eu lieu (n° 122). Il résulte de là
que tous les créanciers de l'aliénateur qui le sont devenus avant la
mutation en douane, fût-ce après l'acte d'aliénation, ont le droit de
suite (1). Selon la doctrine adoptée précédemment (n° 126), cela devrait être admis même à l'égard des créanciers qui auraient traité en
connaissant l'aliénation.

1477. *Restriction du droit de suite aux bâtiments de mer.* —
Comme, en général, toutes les dispositions du livre II du Code de
commerce, les art. 190, 193 et 194 relatifs au droit de suite ne
sont faits que pour les bâtiments de mer. Au surplus, les conditions
auxquelles les art. 191 et 194 subordonnent l'extinction du droit de
suite, seraient d'une application impossible aux bâtiments de rivière
(n° 1486). Ces bâtiments sont assimilés, en tous points, aux autres
meubles (2) ; ils ne sont donc l'objet d'aucun droit de suite même
au profit des créanciers privilégiés et ils ne sont pas susceptibles
d'hypothèque (3) ; on leur applique les art. 2119 et 2279, C. civ.
Aussi est-ce notamment à propos du droit de suite que des questions
relatives au point de savoir si des navires sont ou ne sont pas des
bâtiments de mer, s'élèvent (4).

---

(1) Cass. 3 juin 1863, D. 1863. 1. 289; Rouen, 31 juill. 1876, D. 1878. 2.
103.

(2) V. n°s 88 et 89.

(3) Bordeaux, 5 juill. 1870, S. 1870. 2. 327; *J. Pal.*, 1870. 1. 190; D. 1871.
2. 138; Cass. 7 avr. 1874, S. 1874. 1. 205; *J. Pal.*, 1874. 518; D. 1874. 1.
289.

(4) V. notamment, Cass. 10 juill. 1888, S. 1888. 1. 430; *J. Pal.*, 1888. 1.
1058; D. 1889. 1. 187.

1478. *Aliénations donnant lieu au droit de suite.* — A l'imitation de l'Ordonnance de 1681, le Code de commerce (art. 190) ne parle, à propos du droit de suite, que de la *vente*. Cela s'explique, c'est là le mode d'aliénation le plus usuel ; mais il n'est pas douteux que toute autre aliénation à titre particulier donne également lieu au droit de suite. — Il résulte de la nature reconnue (nos 152 et 154) au contrat par lequel un entrepreneur s'oblige à construire un navire à forfait, que le droit de suite appartient aux divers créanciers de cet entrepreneur contre celui qui a fait la commande. Mais, comme le contrat n'est pas soumis à la mutation en douane (n° 159), dans ce cas, les créanciers qui ont le droit de suite sont ceux qui le sont devenus avant la date de la conclusion même de ce contrat.

Par exception à la règle générale qui vient d'être posée, la vente sur saisie (art. 193) ne donne pas lieu au droit de suite, puisqu'elle en entraîne, au contraire, l'extinction (n° 1483), et, à ce point de vue, d'autres ventes doivent, selon nous, être assimilées à la vente sur saisie (n° 1484).

1479. *Nature du droit de suite.* — Ni l'Ordonnance de 1681, ni le Code de commerce ne déterminent la nature du droit de suite. Valin paraît dire qu'il y a là une application de l'action paulienne (1) ; cela n'est pas admissible : le droit de suite, à la différence de cette action, ne suppose ni la fraude du propriétaire du navire, ni son insolvabilité produite ou augmentée par l'aliénation du bâtiment. D'ailleurs, le Code de commerce (comme l'Ordonnance) présente le droit de suite comme dérogeant à la nature mobilière reconnue aux navires. Or, l'action paulienne s'applique assurément aux meubles comme aux immeubles.

Quand il s'agit de créanciers privilégiés, le droit de suite n'est pas autre chose qu'un attribut du droit réel de privilège, attribut que la loi ne supprime pas pour les navires comme elle le fait pour

---

(1) Valin disait (sur l'art. 2, liv. II, tit. 10 de l'Ordonnance) : « Ce ne peut être que l'action révocatoire fondée sur ce qu'aux termes de cet article, l'acheteur n'a pu acquérir le navire à leur préjudice. » Il rattachait cette solution à l'idée qu'il ne pouvait pas s'agir de l'action hypothécaire, puisque les navires ne sont pas susceptibles d'hypothèque. Nous démontrons au texte qu'on peut expliquer la nature du droit de suite, même dans une législation qui n'admet pas l'hypothèque maritime, sans recourir à l'action paulienne.

les autres biens mobiliers. Quand il s'agit de créanciers chirographaires, le droit de suite conserve toujours le même caractère, c'est
un des attributs des droits réels que la loi confère séparément à des
personnes auxquelles, en réalité, aucun droit réel n'appartient. Le
droit de suite étant d'ordinaire l'un des attributs des droits réels,
suppose un droit de préférence qui coexiste avec lui (1). Pour les
créanciers chirographaires, le droit de suite existe sur le navire seul
indépendamment de tout droit de préférence.

Grâce à ce droit, sans qu'il soit besoin de prouver ni l'insolvabilité
ni la fraude de l'aliénateur, les créanciers de celui-ci peuvent saisir
et faire vendre le navire contre l'acquéreur dans les formes prescrites par les art. 197 à 215, C. com. Le tiers détenteur se trouve ainsi
tenu des dettes de son auteur envers les créanciers même simplement
chirographaires. Il va de soi qu'il n'est tenu que *propter rem*. Il y a
des conséquences importantes à tirer de ce caractère de l'obligation
du tiers acquéreur à propos des différents partis qu'il peut prendre
et que le Code n'a pas nettement précisés. V. n° 1509.

1480. *Conflits entre les créanciers du vendeur et les créanciers
de l'acheteur.* — L'existence du droit de suite des créanciers chirographaires de l'aliénateur peut donner naissance à des conflits. Il se
peut qu'alors que ce droit de suite subsiste encore, l'acquéreur constitue des hypothèques sur le navire ou que des privilèges naissent de
son chef. Le droit de suite permet-il aux créanciers chirographaires
de l'aliénateur de passer avant les créanciers hypothécaires ou privilégiés de l'acquéreur? Il y a lieu de distinguer. Tant que le droit
de suite subsiste, le tiers acquéreur ne peut pas, en contractant des
dettes, nuire aux créanciers de son vendeur. Aussi croyons-nous que
les créanciers chirographaires de l'acheteur ne peuvent concourir
avec ceux-ci. Mais, en ce qui concerne les créanciers privilégiés de
l'acquéreur, la solution ne saurait être la même; leur rang est déterminé par l'art. 191, C. com.; et cet article ne distingue point selon
qu'il y a conflit entre les créanciers du même débiteur ou entre les

---

(1) Aussi, en matière d'hypothèques et de privilèges, ne peut-il y avoir de
survie du droit de préférence au droit de suite. V. Larnaude, *Revue critique
de législation et de jurisprudence*, 1880, p. 193.

créanciers de deux débiteurs différents. Le droit de suite n'implique pas en cette matière un droit de préférence. V. n° 1479.

1481. *Causes d'extinction du droit de suite.* — Ce droit s'éteint évidemment avec la créance elle-même, puisque c'est un droit accessoire, art. 193, al. 1, C. com., cf. anal. art. 2180-1°, C. civ.; il y a alors une extinction indirecte ou par voie de conséquence. Il suffit à cet égard de renvoyer aux causes générales d'extinction des obligations. V. art. 1234 et suiv., C. civ.

Comme tous les droits qui sont le résultat de l'affectation d'un bien au paiement d'une dette (1), le droit de suite est indivisible de sa nature ; en conséquence, il ne s'éteint que par suite de l'extinction totale de la créance qu'il garantit.

1482. Si le droit de suite ne s'éteignait qu'en même temps que la créance elle-même, ce droit aurait parfois une durée indéfinie qui constituerait une entrave fort grave à la transmission des navires. On a cherché à éviter ce résultat en admettant des causes d'extinction qui atteignent le droit de suite, encore que la créance subsiste ; on peut dire alors qu'il y a extinction directe. Le Code de commerce n'a indiqué que deux causes d'extinction (art. 193, 194 et 196). Ce ne sont pas les seules ; il y en a d'autres non indiquées expressément par la loi et qui seront examinées plus loin (n°s 1494 et suiv.).

1483. *Vente en justice.* — L'art. 193, al. 2, déclare, en premier lieu, le droit de suite (2) éteint *par la vente en justice faite dans les formes établies par le titre suivant.* Il s'agit dans ce titre (tit. II, art. 197 à 215) de la saisie opérée par les créanciers et de la vente qui la suit. Par cela même qu'une vente sur saisie a eu lieu, le droit de suite est éteint, en ce sens que les créanciers de l'aliénateur en peuvent plus inquiéter l'acquéreur. Mais il va de soi que les créanciers conservent leurs droits sur le prix non encore payé à leur débiteur (3). Cette cause d'extinction du droit de suite sur les navires

(1) V. art. 2082, 2087 et 2114, C. civ.

(2) Nous avons expliqué ci-dessus (n° 1475) pourquoi l'art. 193 parle des *privilèges* et comment nous sommes autorisés à appliquer cet article au droit de suite en général.

(3) Le projet de 1865 le disait formellement pour le droit de suite des créanciers privilégiés L'art. 193, dern. al., de ce projet disposait : « Néanmoins les « droits de préférence des créanciers subsistent sur le prix, tant qu'il n'a pas « été payé ou distribué. »

peut être rapprochée des dispositions du Code de procédure civile qui admettent la purge des hypothèques sur les immeubles par l'effet d'une adjudication sur saisie (art. 717, C. proc. civ.). La publicité, qui entoure la vente sur saisie, assure que le prix atteint le chiffre le plus élevé possible. Les créanciers, avertis par cette publicité, sont mis à même de prendre toutes les précautions nécessaires pour empêcher le paiement du prix entre les mains de leur débiteur. L'extinction du droit de suite par l'effet de la vente sur saisie se justifie encore par une autre considération. L'adjudicataire doit verser le prix dans le délai de 24 heures sans frais à la Caisse des dépôts et consignations (L. 10 juillet 1885, art. 30). Il serait inique que la loi, après lui avoir imposé cette obligation, le déclarât encore tenu envers les créanciers du saisi.

1484. *Ventes assimilées à la vente sur saisie.* — Par *vente en justice*, faut-il entendre exclusivement la vente faite après saisie? Ne faut-il pas appliquer la disposition à d'autres ventes ordonnées par justice, telles que les ventes faites par un tuteur au début de la tutelle en vertu de l'art. 452, C. civ., par un héritier bénéficiaire, par le curateur d'une succession vacante (art. 805 et 814, C, civ.), par le syndic d'une faillite (art. 486 et 534, C. com.)., enfin, les ventes sur licitation opérées en vertu de l'art. 220, C. com., quand les propriétaires ne s'entendent pas pour faire une licitation amiable?

Il est certain que l'Ordonnance de 1681 (liv. II. tit. X, art. 2) n'admettait la purge du droit de suite que dans le cas de vente sur saisie; elle parlait seulement de *la vente par décret* (1). Le Code de commerce est loin d'être aussi précis (2); il résulte du texte de l'arti-

---

(1) L'art. 2 (liv. II, tit. 10) de l'Ordonnance est ainsi conçu : *Seront néanmoins tous vaisseaux affectés aux dettes du vendeur..., si ce n'est qu'ils aient été vendus par décret.*

(2) Les modifications apportées, dans les travaux préparatoires, au texte de l'art. 193, paraissent bien impliquer que les rédacteurs du Code de commerce ont entendu ne pas restreindre la purge opérée de plein droit au cas de vente sur saisie. Le projet primitif disposait : « L'affectation cesse *s'il y a vente judiciaire.* » Sur les observations des tribunaux qui demandaient s'il y avait là une extension de l'Ordonnance, on substitua au mot *vente judiciaire* les expressions de *décret interposé en justice dans les formes établies par le titre suivant.* Il y avait là assurément une consécration du système de l'Ordonnance. Mais le Conseil d'État adopta, en définitive, la rédaction actuelle dont la portée semble plus large.

cle 193 que, pour que le droit de suite soit purgé de plein droit, il faut
qu'il y ait à la fois vente en justice et vente opérée dans les formes
établies par le titre suivant. Les ventes, au sujet desquelles s'élève
notre question, satisfont à la première de ces conditions. Satisfont-
elles toujours à la seconde ? Assurément non. Elles n'y satisfont point,
quand il est procédé à ces ventes par des courtiers maritimes (1), en
vertu de la loi du 3 juillet 1861 (2). Mais, quand on ne recourt pas
à ces officiers publics et que les formalités de la vente sur saisie sont
observées, on ne voit pas pourquoi la purge ne résulterait pas des ventes ainsi opérées (3). Les auteurs (4), qui ont soutenu l'opinion contraire, pour restreindre l'art. 193, al. 2, aux ventes sur saisie, nous
paraissent avoir ajouté au texte de l'article (5) et avoir peut-être été
induits en erreur par une analogie erronée tirée du droit commun (6).

(1) *Traité de Droit commercial*, IV, n° 1025. V. sur la compétence des courtiers maritimes pour les ventes de navires, Douai, 20 déc. 1872, S. 1873. 2.
141; D. 1873. 5. 150.

(2) Trib. comm. du Havre, 21 nov. 1893, *Revue internat. du Droit marit.*,
1894-95, p. 218.

(3) Dufour, *op. cit.*, tit. II, n°s 358 et suiv. ; Desjardins, I, n° 197.
Lorsqu'il s'agit de la purge du droit de suite des créanciers hypothécaires,
l'art. 17, dern. alin. de la loi du 10 juillet 1885 l'admet en cas de licitation
quand il a été procédé dans les formes prescrites par les art. 201 et suiv., C.
com. Cette disposition, quoi qu'on en ait pu dire, est favorable à la doctrine
admise au texte ; elle implique que la saisie n'est pas une condition essentielle
de la purge. Car, s'il est possible qu'une licitation suive une saisie, cela n'est
pas nécessaire et n'est pas exigé par la loi de 1885.

(4) Demangeat sur Bravard, IV, p. 89 et 90; de Valroger, I, 93 ; Boistel,
n° 886.

(5) V. la note suivante.

(6) En Droit commun, la vente d'un immeuble soit appartenant à un mineur
soit dépendant d'une succession bénéficiaire ou vacante et licité en justice,
n'opère pas la purge de plein droit quant aux hypothèques, comme le fait
l'adjudication sur saisie (art. 717, C. prov. civ.). V. Aubry et Rau, III,
§ 293 *bis*, p. 582, note 15. Aussi MM. Demangeat et Boistel (*loc. cit.*), en admettant que la vente sur saisie opère seule de plein droit la purge du droit de
suite qu'ont sur les navires les créanciers privilégiés et hypothécaires, ne
manquent-ils pas de faire remarquer qu'ils adoptent une solution conforme au
droit commun. La comparaison est exacte en elle-même; mais elle nous paraît
toute superficielle et peu probante pour qui va au fond des choses. Comment
se justifie, en droit commun, dans la matière des hypothèques, la distinction
faite entre la vente sur saisie et toutes les autres ventes faites en justice? Elle
s'explique par cette considération que, dans la vente sur saisie seule, les
créanciers sont liés à la procédure au moyen des sommations prescrites par
les art. 692 à 693, C. prov. civ. On ne trouve aucune formalité de ce genre
motivant une pareille distinction en matière de vente de navires sur saisie.

Au surplus, il va de soi que les ventes ordonnées par justice qui n'entraînent pas purge par elles-mêmes, doivent être assimilées à des ventes volontaires et entraîner l'extinction du droit de suite sous les conditions multiples exigées pour que ces sortes de ventes aient cet effet. V. n°s 1485 et suiv.

1485. *Vente volontaire.* — A la différence de la vente sur saisie et de la vente en justice faite dans les formes établies par les articles 197 et suiv., C. com., la vente volontaire (ou bien entendu tout autre mode d'aliénation volontaire) d'un navire n'entraîne point par elle même extinction du droit de suite appartenant aux créanciers privilégiés ou chirographaires. Mais, cet effet se produit postérieurement à la vente même volontaire, lorsque plusieurs conditions sont remplies. L'article 193, dern. alin., dispose que le droit de suite (1) est éteint... *lorsqu'après une vente volontaire, le navire aura fait un voyage en mer sous le nom et aux risques de l'acquéreur et sans opposition de la part des créanciers du vendeur.* Il résulte de cette disposition que trois conditions sont exigées pour qu'après une vente volontaire, le droit de suite soit éteint. Il faut : 1° que le navire ait fait un voyage en mer ; 2° que ce voyage ait été fait au nom et aux risques de l'acquéreur ; 3° que ce voyage se soit terminé sans opposition de la part des créanciers du vendeur.

Chacune de ces conditions doit être examinée avec soin ; le défaut d'une seule d'entre elles empêche l'extinction du droit de suite. Avant de les étudier en détail, il importe de se rendre compte du but de ces conditions et des idées générales qui peuvent servir à les expliquer. — Le navire qui a été vendu, est grevé d'un droit de suite que l'acquéreur veut purger, afin de payer son prix avec sécurité ; or, les créanciers auxquels ce droit de suite appartient ne sont pas connus. Les privilèges sur les bâtiments de mer, à la différence de l'hypothèque maritime, et, *a fortiori*, les créances chirographaires, ne sont soumis à aucune formalité de publicité. Il s'agit de notifier aux créanciers l'aliénation du navire et de les mettre en demeure de se faire connaître sous peine de déchéance. Une interpellation individuelle

(1) Les expressions de l'art. 193, C. com., sont défectueuses, en tant qu'il parle de l'extinction des *privilèges* sur les navires. V. du reste, n° 1475.

est impossible, les créanciers privilégiés ne sont pas connus. Aussi la loi a organisé une sorte d'interpellation collective (1). Si les créanciers n'y répondent point en se faisant connaître, ils sont, en quelque sorte, réputés avoir renoncé à leur droit de suite et le navire est purgé, comme il l'est en cas de vente sur saisie, par le seul effet de l'adjudication. Ces idées sont excellentes; la manière dont le Code de commerce les a réalisées, laisse beaucoup à désirer (2). Les vices du système du Code résulteront bien de l'examen des trois conditions exigées pour l'extinction du droit de suite.

1486. 1° *Voyage en mer fait par le navire* (3). — L'Ordonnance de 1681 exigeait aussi que le navire eût fait un voyage en mer. Elle n'indiquait pas ce qu'on devait entendre par là. On décidait qu'il était satisfait à cette condition quand un navire était entré dans un port dépendant d'une autre amirauté (4). Ce système était vicieux : d'un côté, avec lui, un navire naviguant au long cours pouvait rester fort longtemps grevé du droit de suite; d'un autre côté, en se rendant dans un port très rapproché, un navire pouvait échapper au droit de suite avec une rapidité dommageable aux créanciers. Les rédacteurs du Code de commerce ont voulu éviter ces deux inconvénients. Dans ce but, ils ont fixé la durée que doit avoir le voyage en mer pour amener l'extinction du droit de suite; mais, voulant tenir compte de la diversité des espèces, ils n'ont pas pu poser de règle uniforme. L'art. 194 distingue *trois* cas différents; il est ainsi conçu : *Un navire est censé avoir fait un voyage en mer, lorsque son départ et son arrivée auront été constatés dans deux ports différents et trente jours après le départ; — lorsque, sans être arrivé dans un autre port,*

(1) C'est ainsi qu'en cas de purge des hypothèques légales dispensées d'inscription et non inscrites, le Code civil (art. 2194 et suiv.) a dû prescrire des formalités ayant pour but une interpellation collective.

(2) Aussi les lois étrangères n'ont généralement pas admis le système du Code de commerce français sur la purge du droit de suite après une aliénation volontaire et le projet de 1865 l'avait lui-même abandonné.

(3) C'est particulièrement à cette condition qu'il est fait allusion ci-dessus (n° 1477), quand il est dit que des conditions prescrites pour l'extinction du droit de suite sont d'une application impossible aux bâtiments de rivière.

(4) Telle était notamment l'opinion de Valin sur l'art. 2, liv. II, tit. 4, de l'Ordonnance de 1681. Il ne dérogeait à cette règle posée par lui que lorsqu'un navire se rendait d'une amirauté dans une autre pour se faire réparer.

il s'est écoulé plus de soixante jours entre le départ et le retour dans le même port, ou lorsque le navire, parti pour un voyage de long cours, a été plus de soixante jours en voyage sans réclamation de la part des créanciers du vendeur.

1487. 1er cas. — *Un navire est censé avoir fait un voyage en mer lorsque son départ et son arrivée ont été constatés dans deux ports différents, et trente jours après le départ* (art. 194).

Dans cette première hypothèse, quatre faits doivent se trouver réunis.

a. Le navire est parti d'un port. — Ce que la loi exige, ce n'est pas une sortie quelconque du navire, c'est une sortie dans le but de voyager. Il n'y aurait donc pas départ dans le sens de l'art. 194, si un navire avait quitté un port dans le but d'aller se faire radouber ailleurs. Le départ est ici un des éléments du voyage en mer.

b. Le navire est arrivé au port de destination. — La loi n'entend pas parler d'une arrivée dans un port quelconque. Ainsi, en cas de relâche (1), il n'y a pas une arrivée entraînant l'extinction du droit de suite; le voyage n'est pas terminé. Cette décision offre un certain intérêt pour les créanciers : les déclarations faites au port du départ leur font connaître le voyage projeté; sur la foi de ces déclarations, ils prennent leur temps pour exercer leurs droits; ils les perdraient sans avoir pu le prévoir, si une simple relâche constituait une arrivée du navire dans le sens légal du mot (2).

c. Constatation du départ et de l'arrivée du navire. — Cette constatation se fait en France au moyen d'un registre spécial d'entrée et de sortie des bâtiments dont la loi du 27 vendémiaire an II (art. 36) prescrit la tenue. A l'étranger, il y a des modes de constatation analogues. Du reste, l'art. 194 exige la constatation du départ et de l'arrivée du navire sans se préoccuper de la manière dont cette constatation s'opère.

---

(1) Nous ne parlons que d'une relâche imprévue. Le motif de notre décision, indiqué dans la suite du texte, ne s'appliquerait point au cas où le navire s'arrêterait dans un port d'échelle déterminé par avance lors du départ. V. Dufour, *op. cit.*, II, n°s 448 et 449.

(2) V. sur l'importance de ce motif et la conséquence à en tirer, la note précédente.

d. Expiration d'un délai de 30 jours depuis le départ du navire. — Comment faut-il entendre cette quatrième condition? La loi a-t-elle voulu dire qu'il fallait que la navigation eût duré trente jours ou a-t-elle voulu indiquer seulement qu'il fallait que trente jours se fussent écoulés depuis le départ du navire, encore que le navire n'eût peut-être navigué que pendant un délai moindre? La question présente un assez grand intérêt, lorsque le voyage s'est effectué entre deux ports voisins. Des auteurs, sans motiver leur opinion, ont soutenu que le départ et l'arrivée doivent avoir lieu à trente jours d'intervalle (1). Cette doctrine doit être repoussée. Le droit de suite est éteint par cela seul que le navire a fait un voyage et qu'il s'est écoulé trente jours depuis le départ (2). Pour que les créanciers n'aient pas le droit de se plaindre de la perte de leur droit de suite, il suffit qu'un temps raisonnable pour l'exercer leur soit laissé. Que leur importe à ce point de vue la durée de la navigation? Avec la doctrine précédente, contrairement au but certain de la loi, bien des navires demeureraient indéfiniment grevés du droit de suite. Il y a des bâtiments qui ne restent jamais trente jours en mer; c'est là un fait bien fréquent, surtout depuis que la navigation à vapeur s'est développée et que les navires à voiles ont été perfectionnés (3).

On doit même admettre que si, après avoir fait un voyage qui n'a pas eu une durée de trente jours, le navire revient au port de départ avant que ce délai soit expiré, le droit de suite est éteint dès qu'il est écoulé. Rien dans le texte du Code n'implique qu'il faille que les trente jours s'écoulent avant le retour du navire; autrement, du reste, bien des navires qui font un service régulier entre deux ports n'échapperaient jamais au droit de suite.

1488. *2e cas.* — Il peut se faire qu'un navire parti d'un port n'arrive pas dans un autre. Cela se présente notamment pour les navires affectés à la pêche et pour ceux qui sont destinés à faire la course (4). Du reste, indépendamment de la destination spéciale

—————

(1) Pardessus, II, n° 950, p. 541; Alauzet, III, n° 1074.
(2) Cresp et Laurin, I, p. 174; Dufour, II, n°s 451 et 453; De Valroger, I, n° 116; Desjardins, I, n° 202; Demangeat sur Bravard, IV, p. 94.
(3) Les travaux préparatoires sont favorables à l'opinion admise au texte. V. Locré, XVIII, p. 303 et 304, séance du Conseil d'Etat du 7 juillet 1807.
(4) Malgré l'abolition de la course opérée en 1856, il peut encore se faire,

d'un navire, des causes imprévues peuvent mettre obstacle à son arrivée dans un port; des accidents de mer et des risques de guerre ont parfois ce résultat (1).

Dans les hypothèses de ce genre, la condition du départ d'un port et de l'arrivée dans un port différent ne peut être remplie. Aussi le Code de commerce a-t-il substitué pour elles l'extinction du droit de suite à la double condition du voyage et de l'expiration d'un délai déterminé. Dans ce cas, le navire est censé avoir fait un voyage, au point de vue de l'extinction du droit de suite, *quand il s'est écoulé plus de 60 jours entre le départ et le retour au même port.* L'augmentation du délai se justifie aisément alors. Quand un navire entre dans un port de destination, il se produit à son occasion des faits multiples qui, dans une certaine mesure, sont de nature à révéler aux créanciers la mutation de propriété après laquelle leur droit de suite s'éteint, s'ils ne le font pas valoir. Au contraire, rien de semblable ne peut exciter la vigilance des créanciers en ce qui concerne un navire qui revient avant d'avoir atteint un port de destination.

Comme nous l'avons décidé à propos du premier cas, on ne saurait admettre que la navigation doit avoir eu une durée de soixante jours. Il suffit de l'expiration de ce délai, quand bien même le navire rentrerait au port de départ avant qu'il soit écoulé. Autrement la purge du droit de suite ne serait pas possible pour le plus grand nombre des bateaux de pêche, par cela même qu'en général, ils rentrent à leur port de départ au bout d'un très court délai (2).

Mais, comme cela a été dit précédemment (n° 1487), on se trouve dans le premier cas, non dans le second, quand un navire, après être arrivé dans un port autre que celui du départ revient dans ce dernier.

dans des cas exceptionnels, que des navires de commerce français soient armés en guerre. Cela se présenterait en cas de guerre de la France contre un des Etats qui n'ont pas adhéré à la suppression de la course en 1856, comme les Etats-Unis d'Amérique, l'Espagne et le Mexique.

(1) Cela arrivait souvent à l'époque de la rédaction du Code de commerce; alors de nombreuses croisières anglaises, sillonnant les mers, faisaient la chasse à nos navires de commerce et les contraignaient à retourner, par mesure de sûreté, à leur port de départ.

(2) De Valroger, I, n° 120.

1489. 3⁰ *cas*. Il y a (et il y avait surtout avant le développement de la navigation à vapeur et les progrès de la navigation à voiles) des navires qui, après un délai de soixante jours écoulé, ne sont ni arrivés dans un port de destination, ni revenus au port de départ. Ce sont les navires faisant la navigation au long cours (1). Pour ces navires qui peuvent être encore en voyage soixante jours après leur départ, il suffit de l'expiration d'un délai excédant ce nombre de jours pour que le navire soit censé avoir fait un voyage en mer.

Mais aujourd'hui il y a beaucoup de navires qui, faisant des voyages de long cours, reviennent au port de départ sans dépasser ni atteindre le délai de soixante jours ; c'est ainsi qu'en neuf ou dix jours, nos paquebots transatlantiques vont du Havre à New-York. Ne faut-il pas admettre qu'alors on rentre dans le premier cas prévu par l'art. 194 et qu'après trente jours le navire est réputé avoir fait un voyage en mer? On l'a nié (2) en soutenant qu'il y a dans l'art. 194 une règle absolue concernant les navires partis pour un voyage de long cours et que, si l'on faisait varier la règle à appliquer avec la longueur du voyage, les créanciers pourraient être facilement induits en erreur. Nous croyons, au contraire, que, dès l'instant où il y a eu arrivée dans un port et expiration d'un délai de trente jours, on se trouve dans le premier cas de l'art. 194 (3). Le but du législateur, en plaçant à part les navires naviguant au long cours, a été, dans l'intérêt des tiers acquéreurs, de permettre l'extinction du droit de suite, encore que le navire ne soit ni arrivé à destination, ni revenu au port de départ. La disposition spéciale de l'art. 194 se retournerait contre les tiers acquéreurs, si l'on admettait que jamais le navire naviguant au long cours n'est réputé avoir fait un voyage en mer, tant que soixante jours ne sont pas écoulés.

1490. 2⁰ *Voyage sous le nom et aux risques de l'acquéreur*. — Cette condition de l'extinction du droit de suite est empruntée dans ses termes mêmes à l'Ordonnance de 1681 (liv. II, tit. 10,

---

(1) V. sur la définition de cette navigation art. 377, C. com., et loi du 30 janvier 1893, art. 4; ci-dessus, n° 990.

(2) Dufour, I, n° 468.

(3) Desjardins, I, n° 204; De Valroger, I, n° 121.

art. 2). Valin l'expliquait très clairement dans son Commentaire (1) en disant : « Pour purger les dettes de son vendeur, il fallait néces- « sairement que l'acquéreur fît faire un voyage au navire sous son « nom et à ses risques ; qu'à cette fin il déclarât par un acte et au « greffe de l'Amirauté que le navire lui appartenait comme l'ayant « acquis, et qu'en conséquence, il prît les expéditions du navire « sous son nom. »

Que veut dire le Code du commerce en employant les expressions mêmes de l'Ordonnance? On a soutenu (2) qu'il n'y a pas de règle absolue à poser, que le navire a voyagé sous le nom et aux risques de l'acquéreur toutes les fois qu'il résulte des circonstances que les créanciers ont pu ou dû connaître la mutation de propriété ; ce serait donc au juge à apprécier dans chaque espèce. Ainsi, la mention du nom de l'acquéreur sur l'acte de francisation serait une sorte de pré- somption de publicité qui, selon les cas, pourrait être repoussée. A l'inverse, des assurances contractées par l'acquéreur, des emprunts faits en son nom, des marchés conclus par lui, etc... pourraient être jugés suffisants.

Cette doctrine ne doit pas être admise. Avec elle, l'acquéreur d'un navire ne saurait jamais s'il est à l'abri du droit de suite, et de nombreux procès s'élèveraient sur le point de savoir s'il y a eu des faits donnant à la vente une publicité suffisante pour amener l'ex- tinction du droit de suite. Il est vraisemblable que le Code de com- merce, en reproduisant les termes mêmes de l'Ordonnance, a voulu reproduire la même idée et qu'il n'y a d'autres modifications à la législation antérieure au Code que celles qui résultent des change- ments apportés aux formalités de publicité accompagnant les muta- tions dans la propriété des navires.

Il faut que le navire ait fait un voyage en mer *aux risques* de l'acquéreur. Cela ne veut pas dire assurément qu'il faut que l'acqué- reur ait à supporter la perte du navire arrivée par cas fortuit, si elle vient à se produire. Une pareille idée était inutile à exprimer ; car il va de soi, d'après les principes généraux du droit (art. 1138 et 1583,

---

(1) Sur l'art. 3, liv. II, tit. 10, de l'Ordonnance.
(2) Article de M. Cauvet inséré dans la *Revue de législation*, t. III, p. 273 et suiv.

C. civ.), que l'acquéreur supporte la perte ou les détériorations du bâtiment à partir de la conclusion de la vente. Cela signifie que l'acquéreur doit avoir rempli la formalité à la suite de laquelle il est tenu envers l'Administration des diverses obligations qui incombent aux propriétaires de navires ; cette formalité est celle de la mutation en douane (nᵒˢ 120 et suiv.). Elle remplace celle qui, sous l'empire de l'Ordonnance, s'accomplissait au siège de l'amirauté.

Enfin, il faut que le voyage ait été fait sous le nom de l'acquéreur. C'est ce qui a lieu quand les expéditions (c'est-à-dire le congé et l'acte de francisation), ont été requises sous le nom de l'acquéreur (1).

1491. *Vente du navire en cours de voyage. Ses effets sur le droit de suite.* — Il résulte de la nécessité d'un voyage fait sous le nom et aux risques de l'acquéreur une conséquence importante que, du reste, le Code de commerce lui-même en a tirée dans l'art. 196 : *la vente volontaire d'un navire en voyage ne préjudicie pas aux créanciers du vendeur.* Lorsqu'un navire est vendu en cours de voyage, après que les expéditions ont été délivrées au nom du vendeur, l'achèvement du voyage commencé ne peut entraîner l'extinction du droit de suite. Pour que le droit de suite s'éteigne, il faut alors que de nouvelles expéditions soient délivrées au nom de l'acquéreur et qu'un autre voyage soit entrepris dans les termes de l'art. 194 (2).

---

(1) Cass. 16 mars 1864, S. 1864. 1. 111 ; *J. Pal.*, 1864. 551, D. 1864. 1. 162. — Req. 27 fév. 1877, D. 1877. 1. 209. — Les auteurs adoptent presque tous la doctrine à laquelle nous nous rangeons : Dufour, II, nᵒˢ 367 et 384 ; Desjardins, I, nᵒ 205 et 206 ; Demangeat sur Bravard, IV, p. 96 et 97.—MM. Bédarride (I, nᵒ 145) et de Valroger (I, nᵒ 95, p. 179) se contentent de la mutation en douane. Cette opinion a le tort de s'écarter de l'interprétation donnée à l'Ordonnance dont le Code reproduit les termes.

(2) Tant que le voyage n'est pas achevé, la mutation en douane, condition essentielle de l'extinction du droit de suite, n'est pas possible, puisqu'elle comprend notamment une mention faite au dos de l'acte de francisation (V. nᵒ 120) et que cet acte doit se trouver sur le navire avec les autres pièces de bord (V. nᵒ 552).

Voici ce que disait à ce sujet Valin (sur l'art. 3, liv. II, tit. 10 de l'Ordonnance) : « Tout ce que pourrait faire l'acquéreur, ce serait de faire enregistrer « son contrat au greffe de l'Amirauté avec déclaration qu'il entend que le « voyage soit continué à son nom et à ses risques ; mais cela ne serait pas « notoire, comme les expéditions du navires prises au nom du propriétaire « vendeur sur la foi desquelles expéditions les créanciers ont le droit de se « tenir tranquilles, sans aucun soupçon d'une pareille vente... »

Le voyage doit être considéré comme commencé par cela seul qu'au moment de la vente, des expéditions ont été déjà délivrées au nom du vendeur et il n'est achevé que lorsque des expéditions l'ont été au nom de l'acquéreur (1).

L'achèvement du voyage commencé laissant intacts les droits des créanciers, ceux-ci peuvent où exercer leur droit de suite ou, s'il y a eu aliénation frauduleuse, attaquer cette aliénation au moyen de l'action paulienne (art. 196). Ce dernier droit est absolument distinct du droit de suite, si bien qu'il peut lui survivre.

1492. 3º *Défaut d'opposition des créanciers.* — Il faut que le voyage en mer ait été fait sans réclamation de la part des créanciers du vendeur. Le voyage en mer fait aux risques et sous le nom de l'acquéreur, interpelle collectivement les créanciers ; mis en demeure de se faire connaître, ils doivent, pour répondre à cette interpellation, former opposition entre les mains de l'acquéreur. Cette opposition conserve leur droit de suite et l'acquéreur qui paierait son prix au vendeur, demeurerait exposé aux poursuites des créanciers opposants. Il faut donc que l'opposition n'ait pas été faite pour que le droit de suite des créanciers soit éteint.

Cette opposition n'est, du reste, soumise à aucune forme spéciale ; elle peut même être opérée sans l'autorisation du juge (2). Si elle doit être signifiée à l'acquéreur, rien n'oblige à la signifier au vendeur. Il ne s'agit pas, en effet, ici d'une véritable saisie-arrêt, mais d'une formalité ayant pour but de notifier à l'acquéreur l'existence

(1) On a beaucoup discuté sur le point de savoir quand le voyage doit être considéré comme achevé : les opinions les plus diverses ont été soutenues. On a prétendu qu'un navire est en voyage tant qu'il ne rentre pas à son port d'immatricule et que, par suite, il ne peut entreprendre le voyage destiné à le libérer qu'après être rentré dans ce port (Cresp et Laurin, 1, p. 280). Ce système aurait de graves inconvénients pratiques : avec lui, les navires très nombreux qui ne rentrent jamais à leur port d'immatricule, seraient indéfiniment soumis au droit de suite. On a proposé aussi de décider que le voyage est achevé, quand le navire est revenu à son port de départ, quel qu'il soit (Pardessus, II, nº 950), ou quand il est parvenu au lieu de sa destination (Dufour, I, p. 368 et suiv.). Tous ces systèmes nous paraissent faire abstraction du but et des motifs de l'art. 196 combiné avec les art. 193 et 194. V. en notre sens, De Valroger, I, nº 148.

(2) On ne peut pas étendre à notre cas la disposition de l'art. 558, C. proc. civ.; comme il est dit dans la suite du texte, il ne s'agit pas ici d'une saisie-arrêt.

de créanciers du vendeur, afin que l'acquéreur ne croie pas à tort pouvoir se libérer valablement entre les mains du vendeur (1).

L'opposition n'a pas besoin d'être formée avant le commencement du voyage en mer défini par l'art. 194 ; il suffit qu'elle le soit avant la fin de ce voyage. Autrement le but de la loi serait manqué ; les créanciers non avertis n'auraient pas le temps de former opposition (2).

Les effets de l'extinction du droit de suite ont été indiqués plus haut à propos de la vente faite en justice (n° 1483). Il y aura lieu plus loin (n°s 1500 et suiv.), en supposant, au contraire, que le droit de suite est conservé, d'examiner les règles qui en régissent l'exercice.

1493. La purge du droit de suite en cas de vente sur saisie est conforme aux principes du droit commun, et toutes les législations l'admettent. Mais le système du Code de commerce relatif à l'extinction du droit de suite en cas de vente volontaire, est sous plusieurs rapports très critiquable. Avec lui la purge du droit de suite n'a pas lieu pour un navire qui ne fait point de voyage. Du reste, le fait d'un voyage est tellement normal dans l'existence d'un navire qu'il ne provoque guère l'attention des créanciers ; c'est un mode d'interpellation très imparfait. Il faut ajouter que, dans l'organisation de ce mode d'interpellation, la loi est obscure et compliquée. Il serait utile de la modifier.

Le projet de 1865 admettait, pour la purge du droit de suite des créanciers privilégiés (on sait qu'il ne reconnaissait pas ce droit aux créanciers chirographaires (n° 1473), un système plus simple et plus rationnel. D'après l'art. 193 de ce projet, l'acheteur qui voulait purger les privilèges pouvant grever le navire, devait : 1° faire mentionner la vente sur l'acte de francisation ; 2° la faire publier dans le journal désigné pour les publications judiciaires de l'arrondissement du port d'attache ; 3° enfin faire afficher l'acte de vente au mât ou à

_____

(1) V. analog. loi du 19 fév. 1889, art. 2.
(2) Valin et Emérigon étaient en désaccord sur la question de savoir jusqu'à quel moment les oppositions des créanciers pouvaient être utilement faites pour la conservation de leur droit de suite. Emérigon adoptait l'opinion à laquelle nous nous rangeons. (*Traité du contrat à la grosse*, ch. XII, sect. 2, § 1). Valin, au contraire, soutenait que les oppositions devaient être faites avant le départ du navire.

la partie la plus apparente du navire. Les créanciers, avertis par toutes ces formalités de publicité, devaient se faire connaître par une opposition notifiée, dans le mois de la publication et de l'affiche, tant au vendeur qu'à l'acheteur.

Le système du projet français de 1865 a été adopté par la loi *belge* du 21 août 1879 (art. 6). Le Code de commerce *italien* de 1882 (art. 678) admet l'extinction du droit de suite des créanciers privilégiés, qui, en cas de vente volontaire, n'ont pas actionné en justice l'acquéreur pour faire reconnaître l'existence de leurs privilèges, dans un délai de trois mois. Ce délai court à partir de la date de la transcription de l'acte de vente si, lors de cette transcription, le navire se trouvait au port d'attache, et à partir de la date du retour du navire, si, lors de la transcription, le navire était déjà en voyage.

Le Code de commerce *allemand* (art. 761) admet l'extinction du droit de suite par l'effet de la vente faite par le capitaine en cas de nécessité extrême et en vertu de ses attributions légales (art. 499). Il ajoute (art. 768) : « Il est réservé aux législations particulières des « divers États de disposer que les droits de gage s'éteignent encore « dans d'autres cas de vente, quand les créanciers du navire ont été « en vain sommés officiellement de déclarer leur droit, ou quand ils « ne l'ont pas déclaré à l'autorité compétente dans un délai déter- « miné, à partir du moment où le navire s'est trouvé au port d'at- « tache ou dans un autre port du pays (1) . »

En Angleterre, les privilèges sur les navires (*maritime liens*) subsistent, en principe, nonobstant la vente volontaire (2).

1494. *Application restreinte des art. 193 et 194.* — Il faut avoir soin de n'appliquer les art. 193 et 194 que pour le but en vue duquel ils ont été faits; ils ne l'ont été que pour régler les conditions de l'extinction du droit de suite des créanciers privilégiés et chirographaires. Il faut en conclure:

1° Qu'ils sont étrangers à l'extinction du droit de suite des créan-

---

(1) V. les dispositions des lois introductives visées aux notes 3 de la page 325 et 1 de la page 326 de la traduction du *Code de commerce allemand*, publiée par le *Comité de législation étrangère*.

(2) Abbott (*On ships and seamen*, p. 601 et 602), dit : *There seems to be no certain limit to the duration of a maritime lien.*

ciers hypothécaires qui n'est purgé que sous les conditions déterminées par la loi du 10 juillet 1885 (art. 18 et suiv.). C'est à ce point
de vue spécialement que, comme nous l'avons dit (n° 1474), le droit
de suite des créanciers hypothécaires est plus fort que celui des
créanciers chirographaires ou privilégiés;

2° Qu'au cas où un navire a été vendu par une personne autre que
le propriétaire ou son mandataire, l'acquéreur même de bonne foi ne
peut repousser la revendication sous le prétexte que le navire a fait
un voyage en mer sous son nom et à ses risques sans opposition du
propriétaire (1). La propriété ne peut en être acquise que par la prescription trentenaire. V. n°ˢ 84 et 161;

3° Que la définition donnée par l'art. 194 du voyage en mer n'a
de valeur qu'au point de vue de l'extinction du droit de suite. Ainsi,
il sera expliqué plus loin que souvent l'art. 191, C. com., en établissant des privilèges, ne les attache qu'aux créances nées pendant le
dernier voyage. Il n'est pas nécessaire alors, pour que le privilège
soit perdu, que le voyage postérieur réunisse les conditions déterminées par l'art. 194 (2).

1495. *Causes d'extinction du droit de suite non indiquées par le
Code de commerce.* — La vente sur saisie et la vente volontaire
suivie d'un voyage en mer, aux risques et sous le nom de l'acquéreur,
sont les seuls modes d'extinction directe du droit de suite expressément mentionnés dans le Code de commerce. Il n'est cependant pas
douteux qu'en vertu des principes généraux du droit, il n'y en ait
d'autres. Bien que d'une importance pratique moindre que les précédents, ils méritent d'être mentionnés. Ce sont notamment la *renonciation des créanciers*, la *prescription*, la *perte du navire*, la *confiscation*, etc...

1496. *Renonciation au droit de suite.* — Il va de soi que les
créanciers peuvent renoncer à leur droit de suite (analog. art. 2180-2°,
C. civ.). Cette renonciation, qui ne doit presque jamais se présenter,
n'est soumise à aucune condition spéciale de forme. Il n'y a pas ici

---

(1) De Valroger, I, n° 113. En sens contraire, Pardessus, II, n° 618; Dufour,
II, n°ˢ 595 à 604. — Valin ne peut être invoqué dans aucune opinion; il adoptait un système intermédiaire.

(2) Caen, 12 août 1861, *Journ. de Marseille*, 1862. 2. 56.

à opérer une radiation comme à la suite d'une renonciation à une hypothèque (art. 2157 et 2158, C. civ. et loi du 10 juillet 1885, art. 13 et 15). Le droit de suite n'est soumis à aucune publicité pour sa conservation et, par suite, aucune formalité spéciale n'est exigée pour en constater l'extinction.

1497. *Prescription du droit de suite.* — Il paraît aussi naturel d'admettre, par analogie de ce que décide, pour l'hypothèque immobilière, l'art. 2180-4°, C. civ., que le tiers acquéreur peut prescrire le droit de suite. Cette prescription est accomplie, quand il s'est écoulé trente ans depuis qu'il a été mis en possession du navire. On ne saurait, à défaut de dispositions spéciales, appliquer ici la prescription de dix à vingt ans, quand il y a titre et bonne foi (1). Le législateur ne paraît pas avoir songé à cette prescription en matière maritime ; la base de la distinction entre la prescription de dix et celle de vingt ans fait, du reste, défaut quand il s'agit de navires (n° 161). L'extinction du droit de suite après un voyage en mer sous les conditions des art. 193 et 194 rend évidemment d'une application bien rare, en notre matière, la prescription de trente ans.

1498. *Perte du navire.* — D'après les principes du droit commun, le droit de suite est nécessairement éteint en cas de perte du navire, il y a là une sorte d'application de la règle : *Re corporali extinctâ, pignus hypothecave perit* (2). A cette cause d'extinction se rattachent deux questions célèbres :

a. Un navire peut être l'objet de réparations que des détériorations rendent nécessaires, il peut se faire que ces réparations aient été si nombreuses qu'il ne reste presque aucune partie du navire primitif. Doit-on dire alors que le navire n'existe plus et décider, en conséquence, que le droit de suite est éteint ? La négative n'est pas douteuse ; c'est la forme particulière résultant des éléments divers dont le navire se compose, qui constitue son individualité ; tant que la forme subsiste de façon à ce qu'on puisse reconnaître le bâtiment,

---

(1) Dufour (I, n° 338) paraît adopter une autre opinion. Car, visant le cas ou la prescription suppose un titre, il dit que la mutation en douane remplace pour les navires la transcription. Cpr. art. 2180-4°, C. civ. — Cpr. Cass. 8 novembre 1887, S. 1890. 1. 310 ; *J. Pal.*, 1890. 1. 757 ; D. 1888. 1. 479.

(2) Marcianus, L. 8, Dig. *Quib. mod. pign. vel. hyp.* (XX-6).

on ne saurait dire qu'il a péri et le droit de suite doit subsister (1).

b. Mais si, au lieu d'être l'objet de réparations plus ou moins nombreuses, un navire avait été démoli et et qu'à l'aide de ses matériaux, on eût reconstruit un bâtiment, faudrait-il considérer celui-ci comme n'étant que le navire primitif et décider qu'il sera grevé des mêmes droits? L'hypothèse paraît avoir été discutée entre les jurisconsultes romains (2). Il y a là une pure question de fait. Si les matériaux de l'ancien navire entrent, soit pour la totalité, soit pour une grande partie, dans la construction nouvelle, on peut dire que le même navire subsiste et que le droit de suite n'est pas éteint. Mais il n'en saurait être ainsi quand une faible partie seulement des anciens matériaux est employée à nouveau. Peu importe, du reste, que la destruction du navire ait été volontaire ou produite par un cas fortuit. Peu importe aussi qu'au moment de la démolition du bâtiment, le propriétaire ait eu ou n'ait pas eu l'intention d'en employer les matériaux à la construction d'un nouveau bâtiment. Sous peine de se heurter à des difficultés inextricables, il faut s'attacher au fait matériel (3).

1499. *Prise. Confiscation.* — Il faut assimiler à la perte matérielle du navire la perte légale qui se produit quand le propriétaire du bâtiment est dépouillé en vertu d'une règle, soit du droit des gens, soit de la législation intérieure d'un État. Ainsi, la prise d'un navire opérée en temps de guerre amène l'extinction du droit de suite, pourvu que la prise soit légitime. Il en est de même de la confiscation du navire prononcée à titre de peine. Il y a lieu notamment à confiscation, lorsqu'un navire navigue sans congé (4), quand il trans-

____

(1) On doit rappeler ici la discussion célèbre concernant le vaisseau de Thésée. Le vaisseau mythologique, sur lequel Thésée se rendit en Crète pour combattre le Minotaure et soustraire sa patrie à un horrible tribut, aurait été conservé, dit-on, pendant près de neuf siècles par les Athéniens. On dut naturellement y faire tant de réparations qu'aucune de ses parties n'était plus contemporaine de la fameuse expédition. Devait-on pourtant dire que c'était le même navire? Les jurisconsultes ne paraissent pas avoir hésité à admettre l'affirmative, tandis que les philosophes soutenaient, avec Plutarque, la doctrine opposée. — Cpr. Alfenus, L. 76, Dig. *De judiciis* (V-1).

(2) L. 10, Dig. Ulp. (VII-8) et Paul, L. 83, p. 5 (45-1), L. 98, p. 8 (46-3). Cpr. Dufour, II, n°s 343 à 345.

(3) Desjardins, I, n° 193.

(4) L. 27 vendémiaire an II, art. 5.

porte des marchandises prohibées (1), quand il est employé à la traite des nègres (2).

1500. *Ventes faites par l'autorité administrative.* — Dans quelques cas exceptionnels, l'administration se substitue au propriétaire d'un navire ainsi qu'à tous les ayants-droit et opère la vente du bâtiment. Cela se présente notamment lorsqu'un navire a été trouvé en pleine mer ou tiré de son fond. Le sauveteur, qui le conduit au port, a droit, à titre de récompense, au tiers des objets sauvés, tandis que les deux autres tiers continuent d'appartenir au propriétaire (n° 1061). Le sauveteur doit, dans les vingt quatre heures, faire la déclaration de son sauvetage au bureau de l'inscription maritime. L'administration de la marine se saisit alors des objets sauvés et généralement elle fait procéder à la vente du navire. Cette vente entraîne l'extinction du droit de suite des créanciers. Les intéressés sont réputés avoir vendu par l'intermédiaire de l'administration et avoir renoncé à leurs droits sur le navire (3).

1501. *Mode d'exercice du droit de suite.* — Il va de soi que tant que l'acheteur doit encore un prix au vendeur, les créanciers de celui-ci peuvent exercer contre l'acheteur l'action en paiement du prix dû à leur débiteur. Il y a là une faculté qui, dérivant de l'art. 1166, C. civ., est étrangère au droit de suite et qui subsiste alors même que ce droit est éteint (4).

Le Code de commerce, qui s'est occupé des principales causes d'extinction du droit de suite, a, au contraire, gardé le silence sur la manière dont s'exerce ce droit. Il faut chercher à combler cette lacune. Pour le faire, on est naturellement conduit à se demander dans quelle mesure peuvent s'appliquer ici les dispositions du Code civil sur l'exercice du droit de suite des créanciers hypothécaires et privilégiés. Le droit de suite des créanciers chirographaires et privilégiés sur les navires est de même nature que le droit des créanciers hypothécaires (n° 1479). Il est donc à présumer que les rédacteurs

(1) L. 28 avril 1816, art. 41.
(2) L. 15 avril 1818, art. 1 ; L. 4 mars 1831, art. 5.
(3) V. Dufour, I, n° 363.
(4) Demangeat sur Bravard, IV, p. 99.

du Code de commerce ont entendu implicitement se référer aux dispositions du Code civil concernant l'hypothèque *immobilière*. On ne saurait invoquer ici les dispositions de la loi sur l'hypothèque *maritime*, pour les appliquer par analogie. Si on le faisait, on oublierait qu'il y a là une institution bien postérieure au Code de commerce à laquelle les rédacteurs de ce Code n'ont pu songer (1).

1502. Le Code civil, s'écartant de l'ancien Droit, n'exige pas que le créancier hypothécaire actionne le tiers acquéreur de l'immeuble hypothéqué en reconnaissance d'hypothèque. Il exige seulement que le créancier qui veut exercer son droit de suite, fasse sommation au tiers acquéreur de payer ou de délaisser et signifie un commandement au débiteur (art. 2169, C. civ.). Il semble raisonnable de ne pas exiger non plus que les créanciers chirographaires ou privilégiés actionnent en reconnaissance de leur droit de suite, le tiers acquéreur du navire. Un commandement signifié au vendeur et une sommation faite au tiers acquéreur doivent suffire (2). Un procès intenté contre le tiers-acquéreur ne devient nécessaire que s'il conteste l'existence du droit des créanciers ou si les créanciers privilégiés ou chirographaires n'ont pas de titre exécutoire. Tout commandement suppose un titre de cette nature. Pour se procurer un titre exécutoire, ces créanciers doivent poursuivre le débiteur et obtenir contre lui un jugement de condamnation.

1503. *Partis à prendre par le tiers acquéreur.* — En matière d'hypothèques, le tiers acquéreur peut prendre plusieurs partis : il peut payer intégralement les dettes hypothécaires, les payer jusqu'à concurrence de son prix, purger, délaisser, se laisser exproprier.

Le tiers acquéreur d'un navire exposé à l'exercice du droit de suite des créanciers privilégiés ou chirographaires, peut opter entre ces divers partis. Il y a cependant doute pour la purge. V. n° 1505.

1504. Si le tiers acquéreur d'un navire paie les créanciers, il leur

---

(1) M. **Desjardins** semble pourtant adopter l'opinion contraire (I, n°s 211 et suiv.). V. note suivante.

(2) Demangeat sur Bravard, IV, p. 99 et 100 ; de Valroger, I, n° 103 ; Desjardins, I, n° 210. Ce dernier auteur se fonde, comme nous, par analogie, sur les dispositions du Code civil ; mais il a tort de se prévaloir aussi des dispositions de la loi du 10 décembre 1874. V. ci-dessus, n° 1501 *in fine*. — Dufour (II, n° 398) tient, au contraire, pour la nécessité d'une action en justice.

est légalement subrogé. Mais le bénéfice de la subrogation légale lui
appartient en vertu de l'art. 1251-3° et non de l'art. 1251-2°, C. civ. (1).
Cela n'a, du reste, pas d'intérêt; la subrogation légale produit, dans
tous les cas où elle est admise, des effets identiques.

1505. *De la purge.* — Le tiers acquéreur d'un immeuble peut
offrir aux créanciers hypothécaires son prix ou une somme en représentant la valeur. Si les créanciers acceptent cette offre, le droit des
créanciers est éteint, encore que la somme payée soit inférieure au
montant des créances; on dit alors qu'il y a *purge*. Mais les créanciers ont la faculté, au lieu d'accepter les offres ainsi faites, de requérir la mise de l'immeuble aux enchères en surenchérissant (art. 2181
et suiv., C. civ.). La loi du 10 juillet 1885 (art. 18 à 22) admet une
procédure analogue à l'encontre des créanciers ayant des hypothèques
sur les navires. Le Code de commerce ne fait pas allusion à la
procédure de purge en ce qui concerne les créanciens chirographaires
ou privilégiés. Est-ce donc qu'il n'y a rien de semblable pour eux?
Les opinions sont très divisées. On a soutenu que le tiers acquéreur
d'un navire peut se libérer en offrant son prix aux créanciers privilégiés et chirographaires, mais sans aller jusqu'à reconnaître aux
créanciers le droit de surenchérir (2). Cette opinion n'est pas admissible. Le droit de surenchérir est le correctif nécessaire de la faculté
de purger; là où ce droit n'existe pas, cette faculté ne saurait exister.
Aussi a-t-on proposé d'admettre à la fois la faculté de purger pour
le tiers acquéreur d'un navire et la faculté de surenchérir pour les
créanciers (3). Mais, dans le silence du Code, on ne peut conférer
au tiers acquéreur une faculté aussi exorbitante que celle de la
purge (4). Du reste, si on l'admettait, on se heurterait à de nombreuses difficultés de détail sur les formalités à remplir et sur les
délais à observer; on ne pourrait les déterminer qu'en tombant dans
l'arbitraire. Il n'est pas rationnel de se prévaloir en sens contraire de
ce que la purge est admise avec droit de surenchère au profit des

(1) Le premier de ces articles suppose que l'acquéreur d'un *immeuble* emploie
le prix de son acquisition à payer les créanciers *hypothécaires*.
(2) Dufour, I, n°s 406 et suiv.; de Valroger, I, n° 104.
(3) Desjardins, I, n° 211.
(4) Demangeat, IV, p. 100 et 101.

créanciers ayant une hypothèque maritime (L. 10 juillet 1885, art. 18 et suiv.). Une loi de 1885 ne peut servir à interpréter et à compléter le Code de 1807 (n° 1500) (1). La conséquence du système que nous croyons le seul juridique, est grave ; il importe de la faire ressortir. L'acquéreur peut sans doute offrir son prix, mais les créanciers sont libres de ne pas l'accepter et de faire procéder purement et simplement à la saisie et à la vente du navire aux enchères ; ils ne contractent aucune obligation à raison de cette mise en vente. Il peut donc arriver que la mauvaise volonté d'un créancier aboutisse à faire vendre le navire pour un prix inférieur à celui pour lequel il a été antérieurement vendu à l'amiable.

1506. *Délaissement.* — Si l'acquéreur ne peut pas purger, il est certain, au contraire, qu'il peut, quand il n'est pas obligé personnellement, délaisser comme le tiers acquéreur d'un immeuble hypothéqué (art. 2172, C. civ.). La faculté de délaissement était déjà admise dans l'ancien Droit (2). Rien n'indique que les rédacteurs du Code de commerce aient voulu la supprimer. Du reste, cette faculté dérive des principes généraux du droit ; elle existe nécessairement au profit de toute personne qui n'est tenue d'une obligation que *propter rem* (3). C'est assurément de cette façon qu'est tenu ordinairement le tiers acquéreur d'un navire envers les créanciers ayant le droit de suite contre lui.

1507. Le délaissement d'un immeuble hypothéqué se fait au greffe

---

(1) V. cependant Desjardins, I, n° 211. — Le savant auteur dit notamment que la réquisition de mise aux enchères doit être faite par les créanciers chirographaires ou privilégiés dans les dix jours de la notification des offres conformément à la loi du 10 décembre 1874 (loi sur l'hypothèque maritime qui a été remplacée par celle du 10 juillet 1885), et non dans les quarante jours par application du droit commun. Qu'aurait donc décidé, quant à ce délai, le savant auteur, avant la loi de 1874 ? Il aurait sans doute admis le délai de quarante jours seul connu alors, puisque, l'hypothèque maritime n'existant pas, il n'y avait d'autre purge que celle des hypothèques immobilières. Comment la loi de 1874 a-t elle pu modifier un délai à l'égard des créanciers chirographaires et privilégiés dont elle ne s'occupe point ? — M. Desjardins doit évidemment maintenir son opinion sous l'empire de la loi du 10 juillet 1885 ; cette loi (art. 23) reproduit, sur le délai accordé pour surenchérir, les dispositions de la loi de 1874 (art. 22).

(2) Valin, sur l'Ordonnance de 1681, art. 2, liv. II, tit. X.

(3) V. des applications de cette idée générale dans les art. 658, 802-1° et 2172, C. civ.

du tribunal civil de la situation de cet immeuble (art. 2174, 1er al.,
C. civ.). Le délaissement d'un navire doit se faire au greffe du tribunal du domicile du tiers acquéreur ; un navire n'a pas de situation
fixe et l'on ne saurait sans arbitraire, en l'absence d'une disposition
légale expresse, assimiler au lieu de la situation de l'immeuble le
port d'attache du navire (1). Le tribunal compétent est le tribunal civil
et non pas le tribunal de commerce ; le délaissement se lie à des
questions d'exécution pour lesquelles les tribunaux civils ont compétence, à l'exclusion des tribunaux de commerce (art. 442, C. proc.
civ.) (2).

Comme pour les immeubles délaissés (art. 2174. 2e al., C. civ.),
il est nommé, à la demande du plus diligent des intéressés, un curateur sur lequel la vente est poursuivie. Cette vente se fait dans les
formes de la vente sur saisie (art. 197 et suiv., C. com.).

1508. Conformément à la doctrine généralement admise en matière
de délaissement d'immeubles hypothéqués, le délaissement n'efface
pas l'aliénation (3) ; le tiers acquéreur perd la détention et non la
propriété. Il faut tirer de là notamment les conséquences suivantes :

a. Les créanciers opposans seuls ont le droit de se faire payer sur
le prix. Les droits de ceux qui ont laissé s'accomplir le voyage et
s'écouler les délais fixés par les art. 193 et 194, sont définitivement
éteints. Le délaissement, ne résolvant pas la vente, ne peut les faire
revivre (4).

b. Si le navire vient à périr avant l'adjudication à faire après le
délaissement, le tiers acquéreur n'est pas libéré de l'obligation de
payer son prix.

c. Si l'adjudication est faite pour un prix supérieur au montant
des droits des créanciers qui ont conservé le droit de suite, l'excédant
appartient à l'acheteur et non pas au vendeur.

1509. Le Code de commerce ne fixe pas le délai donné au tiers
acquéreur pour délaisser ou pour payer. Le Code civil (art. 2169)

(1) Cpr. analog., n° 161.
(2) V. *Traité de droit commercial*, I, n°s 374 et suiv.
(3) Aubry et Rau, III, § 287, p. 443.
(4) Valin, sur l'art. 2, liv. II, tit. X, de l'Ordonnance, adoptait la solution
opposée.

accorde pour cela au tiers détenteur d'un immeuble hypothéqué trente jours à partir du commandement et de la sommation. Ce délai est celui qui doit s'écouler entre le commandement et la saisie immobilière pratiquée par un créancier sur son débiteur (art. 674, C. proc. civ.). Par analogie, on peut admettre que, comme c'est après vingt-quatre heures depuis le commandement qu'il peut être procédé à la saisie d'un navire sur le débiteur (art. 198, C. com.), le tiers acquéreur d'un navire a ce même délai de vingt-quatre heures, à partir du commandement et de la sommation, pour délaisser ou pour payer.

1510. Aucun bénéfice de discussion n'est accordé au tiers acqué- reur pour faire discuter préalablement les biens du débiteur. On ne peut appliquer par analogie les dispositions des art. 2170 et 2171, C. civ., qui accordent le bénéfice de discussion au tiers acquéreur d'un immeuble hypothéqué. Ce sont là des dispositions exception- nelles qui ne s'appliquent même pas à l'égard de tous les créanciers hypothécaires.

1511. *Distribution du prix.* — Quand la vente a été opérée, soit sur le tiers détenteur, soit sur le curateur au délaissement, il y a lieu de procéder à la distribution du prix. Elle ne peut être faite régulièrement qu'autant que les délais donnés aux créanciers du vendeur pour former opposition (art. 193 et 194) sont expirés. Car, tant que ces délais ne sont pas écoulés, des créanciers peuvent survenir pour exercer leur droit de suite.

1511 *bis.* Si, le navire ayant navigué pour le compte de l'acquéreur, de nouvelles dettes ont été contractées, les créanciers de l'acquéreur pourront se faire payer sur le prix. Ils seront primés, en principe, par les créanciers du vendeur, par cela même que ceux-ci ont con- servé leur droit de suite. Mais si les créanciers de l'acquéreur sont privilégiés, ne doivent-ils pas primer ceux du vendeur ? On a sou- tenu la négative, en argumentant, par analogie, de l'art. 2177, al. 2, C. civ. On a été jusqu'à dire : tout créancier du vendeur qui a conservé son droit de suite, fût-il simple chirographaire, doit passer avant les créanciers de l'acheteur même les plus privilégiés ; c'est seulement entre créanciers d'un même débiteur qu'on fait passer les privilégiés avant les chirographaires, et que, pour colloquer les différents privilégiés, on observe l'art. 191, C. com. (1). Il est préférable d'admettre que les créanciers de l'acquéreur pour le dernier voyage peuvent se faire colloquer par préférence en vertu de l'article 191. L'opposition des créanciers du vendeur conserve seulement leur droit de suite contre le tiers acquéreur. Quant à la question du rang des divers créanciers, elle est réglée par l'art. 191 : cet article ne distingue nullement selon que le conflit s'élève ou non entre les créanciers du même débiteur (2).

1511 *ter. Insuffisance des droits des créanciers chirographaires. Moyens de crédit réel.* — Les droits des créanciers chirographaires sur les navires, quoique plus forts que sur tous autres biens, sont loin de leur donner une complète sécurité (n° 1471). Ils sont soumis à la loi du concours (art. 2092 et 2093, C. civ.) et leur droit de suite s'éteint facilement. Aussi, pour avoir du crédit, est-il souvent nécessaire que le propriétaire d'un navire ou son capitaine puisse affecter le bâtiment à des créanciers. Cette affectation résulte soit du *prêt à la grosse*, soit de l'*hypothèque maritime*. Il est traité de ces deux moyens de crédit maritime dans les deux sections suivantes.

SECTION II.

Du prêt à la grosse (3).

Généralités.

1512. Les expéditions maritimes sont à la fois coûteuses et dange-

(1) Demangeat sur Bravard, IV, p. 102 et 103.
(2) Dufour, II, n°s 441 et 442.
(3) Code de commerce (livre II, titre 9), art. 311 à 331. En plaçant le titre des *contrats à la grosse* avant les titres des *assurances maritimes* et des *avaries*, les rédacteurs du Code de commerce se sont conformés à l'ordre suivi dans l'Ordonnance de 1681. Cet ordre est vicieux à un double point de vue. D'abord, les dispositions concernant le prêt à la grosse ne peuvent être bien comprises que par celui qui connaît la théorie des avaries. Le prêt à la grosse met les avaries à la charge du prêteur; pour saisir l'utilité et les effets de ce contrat, il faut donc savoir quelles personnes en son absence supportent les risques de mer. V. ci-dessus, n°s 858 et suiv. Ensuite, à raison de sa grande importance, le contrat d'assurance mérite d'être placé avant le prêt à la grosse ; le Code est plus laconique sur le second que sur le premier contrat et l'on est obligé de faire, à propos du prêt à la grosse, de fréquents renvois aux règles des assurances. Nous n'avons pas suivi cet ordre qui serait plus vicieux encore dans

reuses. Les propriétaires des navires ou leurs capitaines ont besoin de sommes importantes pour les armer, les équiper, les mettre en état de prendre un chargement, les réparer, s'il y a lieu, en cours de voyage. Les commerçants qui veulent affréter un bâtiment, ont besoin de capitaux pour payer le prix de leurs achats et les frais du transport. Ces personnes n'ont pas toujours à leur disposition les fonds qui leur sont indispensables; il leur faut alors recourir à l'emprunt. Pour rembourser les sommes empruntées, les armateurs et les chargeurs comptent sur le succès de leur entreprise; parfois le navire ou la cargaison forme la partie principale de leur fortune. Mais il peut se faire que, par suite de risques maritimes, la réussite de l'expédition soit compromise, que le navire ou la cargaison périsse en totalité ou en partie ou bien subisse des avaries qui en réduisent la valeur. Les emprunteurs peuvent alors éprouver de grandes difficultés pour rembourser la somme prêtée. Un moyen leur est offert d'échapper à ces difficultés : il leur suffit de ne s'obliger au remboursement que pour le cas où soit le navire, soit la cargaison arrivera au port de destination heureusement et sans avoir subi d'avaries. Le prêteur supporte dans ce cas des risques analogues à ceux dont répond l'assureur maritime (1). Mais comment peut-on trouver des prêteurs à des conditions pareilles? On y parvient en leur conférant des avantages spéciaux. D'abord, le navire ou la cargaison, dont le sort influe sur la créance du prêteur, lui est spécialement affecté, de telle sorte que le prêteur a sur l'un ou l'autre (ou sur les deux conjointement) un privilège qui lui permet de se faire payer avant les autres créanciers de l'emprunteur au rang que la loi détermine (2). Ensuite, pour le cas d'heureuse arrivée, l'emprunteur s'oblige à payer, outre le capital,

---

un livre que dans un Code. — La mise au premier rang du prêt à la grosse s'explique peut-être par une considération historique : ce contrat est, comme cela est expliqué au texte (n° 1516), beaucoup plus ancien que l'assurance. — Émérigon a composé un célèbre *Traité des contrats à la grosse aventure*, qui fait suite à son *Traité des assurances*.

(1) V. sur les rapports entre l'assurance et le prêt à la grosse, ci-après n°s 160 et suiv.

(2) Le privilège du prêteur à la grosse n'est pas de l'essence de ce contrat, il y a même une sorte de prêt à la grosse dans lequel le privilège du prêteur a été supprimé par la loi du 10 déc. 1874 sur l'hypothèque maritime (article 27), confirmée sur ce point par la loi du 10 juill. 1885 (art. 39).

un intérêt qui peut être très élevé; cet intérêt est garanti par le même privilège que la somme prêtée elle-même. Le risque de perte se trouve ainsi compensé pour le prêteur par la chance, pour le cas où l'expédition finit heureusement, de rentrer dans son capital augmenté d'un intérêt qui pouvait même dépasser le taux maximum fixé par la loi du 3 septembre 1807 avant la loi du 12 janvier 1886 admettant la liberté de l'intérêt en matière de commerce (1).

1513. C'est au prêt dans lequel le prêteur supporte ainsi les risques de mer qu'on donne le nom de *prêt à la grosse aventure*, à raison même des risques courus par lui. On désigne aussi ce contrat sous les noms de *prêt à la grosse, contrat de grosse, prêt à retour de voyage* (2). Cette dernière dénomination, moins usuelle que les précédentes, est tirée de ce que souvent le remboursement n'est dû qu'en cas de retour du navire au port de départ. Le prêteur est appelé indifféremment *prêteur* ou *donneur à la grosse* et l'emprunteur *emprunteur* ou *preneur à la grosse*. — L'intérêt promis au prêteur reçoit les noms variés de *profit maritime* (art. 311 et 334, C. com.), *change maritime, intérêt* ou *profit nautique, prime de grosse.*

1514. S'il est aisé de donner du contrat à la grosse une idée générale, il est difficile de le définir d'une façon précise et l'explication des règles qui le concernent est parfois assez ardue. La complication du sujet tient à deux causes principales. Le prêt à la grosse n'est pas un contrat simple; c'est un contrat formé, pour ainsi dire, du mélange de deux contrats, le prêt et l'assurance maritime. En outre, comme cela sera expliqué plus loin (nos 1518 et 1519), ce contrat intervient dans deux circonstances différentes; il est fait, soit avant le départ par le propriétaire même du navire, par exemple pour subvenir aux frais d'armement, soit pendant le voyage par le capitaine, par exem-

---

(1) Les notions générales sur le prêt à la grosse sont très bien développées par Cresp, II, p. 209 à 211.

(2) On appelle le prêt à la grosse : en Allemagne, *Bodmerei;* en Angleterre, *Bottomry* ou *respondentia*, selon que c'est le navire ou la cargaison qui est affecté au prêt; en Italie, *prestito a cambio marittimo*. — Les mots *Bodmerei* et *Bottomry* viennent des anciens mots *Bodem* et *Bottom* qui signifient quille de navire; souvent c'est le navire qui est affecté au prêt. On trouve dans le langage français ancien, spécialement au XVᵉ et au XVIᵉ siècle, le mot *Bomerie* employé pour désigner le prêt à la grosse. Ce mot vient du mot flamand *Bome*, qui veut dire quille du navire. V. Émérigon, *op. cit.*, chap. I, sect. II, § 2.

ple pour payer les dépenses de réparation, pour acheter des victuailles, etc... Sous des rapports fort importants, le prêt à la grosse est soumis à des principes différents, selon qu'il intervient avant le départ ou en cours de voyage. Cependant le Code de commerce n'a pas fait nettement la distinction ; l'on est parfois embarrassé pour déterminer quelles sont les dispositions qui s'appliquent aux deux espèces de prêts à la grosse et quelles sont celles qui ne concernent que l'une d'elles(1).

1515. Au surplus, nous pourrons être assez brefs sur ce sujet. Le prêt à la grosse est, à bien des égards, soumis aux mêmes règles que l'assurance maritime ; nous aurons donc souvent à faire de simples renvois aux explications données, à propos de l'assurance, dans le chapitre VI (2). Une considération pratique permet, du reste, de ne pas trop s'appesantir sur le prêt à la grosse : pour des raisons développées ci-après (nos 1518 et 1519), ce contrat tend à devenir de plus en plus rare.

1515 bis. Les notions générales, qui viennent d'être données, permettent de tracer le plan qui sera suivi. Il nous faudra avant tout rechercher quelle est l'origine du prêt à la grosse, quels en sont les divers caractères et les éléments esssentiels. Ce contrat est soumis à des formes spéciales. Il exige chez les parties des conditions particulières de capacité. Il produit des effets consistant dans les droits du prêteur, dans les risques auxquels sa créance est soumise, dans les obligations de l'emprunteur que ces risques font disparaître ou restreignent. Un prêteur à la grosse peut se trouver en conflit, soit avec d'autres prêteurs, soit avec des assureurs, si la chose affectée au prêt a été aussi assurée. Ces conflits méritent d'être spécialement exa-

(1) M. de Courcy (*Questions de droit maritime*, 1re série, p. 30 et suiv.) s'est efforcé de montrer les différences existant entre les deux contrats.

(2) Lors de la confection du Code de commerce, la Cour de Rennes demanda que le titre des contrats à la grosse fût fondu avec celui des assurances, sous ces trois divisions : 1° dispositions communes aux deux contrats ; 2° du contrat à la grosse ; 3° du contrat d'assurance. A raison des différences existant entre les deux contrats, la commission de rédaction refusa de suivre cet ordre.

Il faut citer dans cet ordre d'idées l'art. 633 du Code de commerce *portugais*, selon lequel les dispositions de ce code relative aux assurances maritimes et aux avaries seront applicables an contrat à la grosse, lorsqu'elles ne sont pas contraires à son essence et qu'il n'y est pas dérogé.

minés. Le contrat à la grosse est soumis à des causes de nullité ou de résiliation (*ristourne*) et les actions qui dérivent de ce contrat s'éteignent par une prescription spéciale. Le contrat à la grosse a de nombreux points de ressemblance avec l'assurance maritime ; il y a pourtant entre ces deux contrats des différences notables et il est indispensable de les comparer.

Nous diviserons, par suite, l'étude de cette matière de la façon suivante : A. *Origine, nature, caractères, éléments essentiels du prêt à la grosse (choses qui peuvent être prêtées ou affectées à un prêt à la grosse, risques, profit maritime).* — B. *Preuve et formes du contrat. Capacité et pouvoirs nécessaires pour emprunter à la grosse.* — C. *Des effets du prêt à la grosse. Droits du prêteur. Risques courus par lui. Obligations de l'emprunteur. Concours de plusieurs prêteurs à la grosse entre eux et des prêteurs avec des assureurs.* — D. *De la prescription des actions résultant du prêt à la grosse. De la résiliation (ou ristourne).* — E. *Comparaison entre le prêt à la grosse et l'assurance maritime* (1).

A. — ORIGINE, NATURE, CARACTÈRES, ÉLÉMENTS ESSENTIELS DU PRÊT A LA GROSSE.

1516. A la différence de l'assurance (nº 1091), le prêt à la grosse est un des plus anciens contrats maritimes (2) ; il était connu dans l'Inde ancienne (3), en Grèce (4) et spécialement à Rome. C'est au *nauticum fœnus* des Romains (5) que se rattache le prêt à la grosse du droit moderne. Il a seulement subi des modifications profondes.

---

(1) L'hypothèque maritime a été introduite dans notre législation en grande partie à raison de l'insuffisance du prêt à la grosse comme moyen de crédit maritime. Les avantages que présente l'hypothèque maritime sur le prêt à la grosse sont indiqués dans le chapitre suivant.

(2) Consulter sur l'histoire du prêt à la grosse : Frémery, *Études de droit commercial*, p. 244 à 262 ; Bernhard Matthias, *Das fœnus nauticum und die geschichtliche Entwickelung der Bodmerei* (1881) ; Desjardins, V, nºˢ 1133 et 1134. V. aussi Goldschmidt, *Handbuch des Handelsrechts* (3e édition), p. 55, 78, 86, 345 et suiv.

(3) V. Bernhard Matthias, *op. cit.*, p. 1 à 4 ; Pardessus, *Collection des lois maritimes*, etc..., t. VI, p. 385 et suiv.

(4) V. Caillemer, *Lettres de change et contrats d'assurances*.

(5) *De nautico fœnore*, Dig. (XXII, 2). — C. J. (IV, 33). — V. l'explication des textes du Droit romain dans Émérigon, *op. cit.*, chap. I, sect. 1.

Le prêt à la grosse fait en cours de voyage au capitaine, le seul pratiqué aujourd'hui (n° 1519), ne paraît pas avoir été connu des anciens avec les caractères spéciaux qu'il affecte (1). Ce contrat nous vient plutôt du moyen âge et du commencement des temps modernes. En outre, la responsabilité du prêteur a subi une grande extension et le prêt à la grosse s'est de plus en plus rapproché de l'assurance maritime.

1517. On peut donner du prêt à la grosse la définition suivante : le contrat par lequel un des contractants prête à l'autre une somme d'argent, à la condition qu'en cas de perte ou de détérioration du navire ou de la cargaison sur lequel le prêt est fait, perte provenant d'une fortune de mer, le prêteur n'aura droit à aucun remboursement ou aura droit seulement à la restitution d'une somme ne dépassant pas la valeur de la chose affectée au prêt, et qu'en cas d'heureuse arrivée, le prêteur aura le droit de réclamer, outre le capital, des intérêts pour la jouissance du capital et les risques courus (2).

Ce contrat a avec l'assurance la plus grande analogie. « Ce sont, « dit Emérigon, deux frères jumeaux auxquels le commerce mari- « time a donné le jour. » La ressemblance qui existe entre eux et qui peut faire penser que l'assurance a son origine dans le prêt à la grosse (n° 1091), a toujours été en s'accentuant. Le prêteur à la grosse joue le rôle d'assureur en ce sens qu'il avance une somme à l'emprunteur que celui-ci, jouant le rôle d'assuré, ne remboursera pas ou ne remboursera qu'en partie, si une fortune de mer se produit ; le profit maritime est l'équivalent de la prime. La différence essentielle entre les deux contrats, c'est que, dans l'assurance, l'assureur ne paie rien lors de la conclusion du contrat, et qu'il n'a même rien à payer par la suite si aucun risque ne se réalise ; le prêteur à la grosse, au contraire, fait une avance à l'emprunteur, il se prive immédiatement d'un capital. C'est là un côté par lequel le prêt à la grosse est inférieur à l'assurance ; c'est aussi l'une des causes

(1) Nous faisons allusion à ce que, dans ce prêt, il n'y a pas de personne obligée, tenue personnellement sur tous ses biens (V. ci-après, n° 1519).

(2) Cette définition est, avec quelques variantes dans les termes, celle que donnaient Pothier (*Traité des assurances*, n° 1) et, d'après lui, Émérigon (*op. cit.*, chap. 1, sect. II). Mais il faut noter qu'aujourd'hui d'autres choses que le navire et des marchandises de la cargaison peuvent être affectées à un prêt à la grosse (n°s 1530 et suiv.).

qui expliquent que souvent le profit maritime est plus élevé que la prime d'assurance.

Aussi, tandis que la responsabilité de l'assureur se traduit, en cas d'avarie, par l'obligation de payer une indemnité représentant la totalité ou une partie de la somme assurée, celle du prêteur se résout dans la perte totale ou partielle du droit de réclamer le remboursement de la somme avancée et le paiement du profit maritime.

On a dit que le prêt à la grosse n'est qu'une forme d'assurance. Un savant jurisconsulte (1) a même été jusqu'à proposer la définition suivante : « le contrat à la grosse est un genre particulier d'assu-« rance, où l'assuré (appelé donneur) fait à son assuré (appelé pre-« neur) l'avance de l'indemnité de la perte ou du dommage qu'é-« prouverait en mer une certaine chose, sous l'affectation de cette « même chose au remboursement éventuel des fonds avancés et « moyennant une prime (appelée change ou profit maritime) que « l'assuré promet de payer, le cas échéant, à son assureur. »

Cette ingénieuse définition peut assurément éclairer beaucoup le sujet; mais deux réserves doivent être faites. Tout d'abord, le contrat à la grosse n'est pas une pure assurance (2), il y a dans ce contrat un prêt et, grâce au privilège qui grève la chose affectée, un moyen de crédit maritime assez puissant, presque le seul connu en France jusqu'à l'introduction dans notre législation, en 1874, de l'hypothè-que maritime. Aussi existe-t-il entre le prêt à la grosse et l'assurance maritime des différences multiples (V. ci-après, n° 1606). La seconde réserve à faire, c'est que la définition ne peut s'appliquer qu'au prêt à la grosse le moins fréquent aujourd'hui, au prêt fait avant le départ et non au prêt fait au capitaine en cours de voyage. Cette distinction est fondamentale.

1518. *Prêt à la grosse fait avant le départ.* — Le prêt à la

(1) Cresp, *op. cit.*, t. II, p. 107.
(2) Nous pouvons invoquer contre cette assimilation exagérée ce que dit Émé-rigon notamment dans les deux passages suivants : (Préliminaire) « Le contrat « à la grosse et celui d'assurance ont une grande affinité. Ils paraissent sou-« vent régis par les mêmes principes. Ce sont deux frères jumeaux auxquels « le commerce maritime a donné le jour, *mais qui ont chacun une essence et* « *une nature particulière.* » (Chap. I, sect. II) « Le contrat à la grosse est « adopté dans toutes les places maritimes. Il n'est ni une vente, ni une société, « ni un prêt proprement dit, *ni une assurance.* »

grosse peut d'abord être fait au propriétaire lui-même qui a besoin de capitaux, notamment pour armer son navire, pour acheter peut-être une cargaison (1); il est alors généralement antérieur au départ (2). Le propriétaire emprunteur se trouve obligé personnellement; il est tenu sur tous ses biens du paiement du capital et du profit maritime, comme il l'est, du reste, de toutes les obligations contractées par lui en personne (n° 204). Seulement son obligation personnelle disparaît ou est réduite en cas de perte ou d'avaries de la chose affectée au prêt (n°ˢ 1564 et suiv.). Il y a là, au point de vue du résultat obtenu, l'équivalent d'une assurance que le propriétaire aurait pu conclure. A ce cas on peut appliquer, sous la première réserve faite au numéro précédent, la définition précitée (n° 1517).

Mais le prêt à la grosse avant le départ, très répandu anciennement, est devenu rare; il n'est plus guère connu aujourd'hui. Il y a de cela plusieurs causes. D'abord, la nécessité de l'avance fait qu'on trouve souvent plus facilement à assurer un navire qu'à emprunter sur lui à la grosse. Puis, comme cela a été dit plus haut, le prêteur exige, par cela même qu'il fait un déboursé, un profit maritime souvent beaucoup plus élevé que ne l'est la prime d'assurance. Aussi les emprunts à la grosse multipliés seraient-ils une cause de ruine pour celui qui les ferait. Il faut ajouter que le prêteur avant le départ n'a pas une garantie sérieuse de remboursement dans le privilège que la loi lui concède. Celui qui prête ainsi ne peut être certain de ne pas avoir à subir le concours d'autres prêteurs. Aucune formalité de publicité ne révèle l'existence des privilèges pour prêts antérieurs au départ (3) et tous ceux qui, à quelque date que ce soit, ont prêté avant le départ viennent en concours sur la chose

(1) Nous supposons que le propriétaire du navire emprunte pour les besoins de la navigation. Est-ce à dire que le propriétaire d'un bâtiment ne puisse pas emprunter à la grosse dans tout autre but, par exemple pour faire construire une maison, pour doter sa fille, etc...? C'est là une question discutée qui sera examinée plus loin (n° 1598).

(2) Il pourrait à la rigueur être postérieur. Du reste, l'emprunt à la grosse fait par le propriétaire lui-même est toujours soumis aux mêmes règles, à quelque époque qu'il ait lieu. Si on le qualifie de prêt à la grosse avant le départ, c'est qu'en général, il intervient à cette époque.

(3) Il sera expliqué (n° 1549) que, malgré les apparences, la formalité de l'enregistrement du prêt au tribunal de commerce, prescrite par l'art. 312, C. com., ne peut être considérée comme une formalité de publicité.

affectée à ces prêts. Du reste, le législateur, en admettant l'hypothèque maritime, a fait une réforme qui a porté le dernier coup au
prêt à la grosse antérieur au départ. Il a dû, pour ne pas entraver
le succès de la nouvelle garantie, supprimer le privilège du prêteur
à la grosse antérieur au départ, tout au moins quand c'est un navire
de vingt tonneaux ou plus qui est affecté au prêt (1) ; ce privilège,
en effet, aurait ôté à l'hypothèque maritime toute son utilité, par
cela même qu'il l'aurait primée.

1519. *Prêt à la grosse fait en cours de voyage.* — Il peut se
faire qu'en cours de route, il y ait à pourvoir à des frais de réparation d'avaries, à des achats de victuailles ou à d'autres nécessités urgentes. La loi (art. 234, C. com.), comme cela a été
expliqué précédemment (nos 571 et suiv.), en prenant quelques
précautions pour éviter les abus, reconnaît alors au capitaine le
pouvoir d'emprunter à la grosse, soit sur le navire, soit sur la
cargaison. C'est là ce qu'on appelle le prêt à la grosse en cours de
voyage.

Dans ce contrat, l'analogie avec l'assurance, sans pouvoir être
niée, est beaucoup moindre. Comme on l'a dit exactement, il y a
alors une sorte d'obligation réelle pesant sur le navire ou sur la cargaison. La somme prêtée et le profit maritime sont remboursables
seulement sur les choses affectées au prêt et jusqu'à concurrence de
ce qui en reste. Le capitaine n'est pas tenu sur ses biens, puisqu'il a
contracté seulement au nom du propriétaire du navire (n° 273), et le
propriétaire lui-même a la faculté d'abandon (n° 202). On ne saurait
s'étonner que ce contrat soit régi par beaucoup de règles différentes
de celles qui s'appliquent au prêt avant le départ ; mais il n'est pas
exact de dire, comme on l'a fait, qu'il n'y a personne d'obligé personnellement (2). Le propriétaire du navire pour le compte duquel

---

(1) Il résulte, selon nous, de ce motif même, malgré les termes généraux de
l'art. 39 de la loi du 10 juill. 1885 reproduisant ceux de l'art. 27 de la loi du
10 déc. 1874, que le privilège du prêt à la grosse fait avant le départ existe
encore quand la chose affectée au prêt ne peut pas être grevée d'une hypothèque maritime, c'est-à-dire quand il s'agit soit de la cargaison, soit d'un navire
de moins de 20 tonneaux : V. en ce sens, Aix, 22 nov. 1876, *Journ. des tribunaux de commerce*, 1879, p. 348. V. en sens contraire, Desjardins, V, n° 1152,
p. 212 ; Boistel, n° 1164.

(2) De Courcy, *Questions de droit maritime*, 1re série, p. 25 et suiv.

le capitaine emprunte, est obligé, seulement il a la faculté d'abandon, en vertu du principe général de l'art. 216.

Le prêt à la grosse en cours de voyage est le seul qui soit encore quelque peu répandu ; dans les législations de nombreux États, c'est même le seul admis (1). Ce prêt à la grosse lui-même tend à disparaître ; les propriétaires de navires ont souvent aujourd'hui des représentants dans les ports d'échelle les plus importants ; ceux-ci se chargent de remettre aux capitaines les sommes qui leur deviennent nécessaires par suite d'accidents imprévus (2).

1520. Nos anciens auteurs ont beaucoup discuté sur la nature du contrat à la grosse ; quelques-uns y ont vu un mélange de plusieurs contrats. La vérité, déjà reconnue par Emérigon (3), c'est qu'il y a

(1) L'art. 156 de la loi *belge* du 21 août 1879 dispose : « Le prêt à la grosse « ne peut être fait qu'au capitaine pour subvenir à des dépenses de réparations « ou autres besoins extraordinaires du navire ou de la cargaison, pour remplacer des objets perdus par suite d'accidents de mer. » L'art. 680 du Code de commerce *allemand* donne du prêt à la grosse une définition supposant essentiellement qu'il est consenti au capitaine en cours de voyage. Il en est de même des Codes maritimes *scandinaves* (art. 174) et *finlandais* (art. 122). Mais plusieurs Codes étrangers reconnaissent encore le prêt à la grosse antérieur au départ. V. Codes de commerce *espagnol*, art. 720 et suiv. ; *hollandais*, art. 313, 6° et 9°, art. 570 et suiv. ; *italien*, art. 590 et suiv. ; *chilien*, art. 1168 et suiv., art. 835, 6° et 8° ; *argentin*, art. 1120 et suiv. Dans le projet français de 1865, le prêt à la grosse en cours de voyage était seul admis (V. *note explicative sur le projet*, p. 93 et suiv.). Il faut bien comprendre quelle conséquence pratique résulte en droit de la non-admission par la loi du prêt à la grosse avant le départ. Dans les pays où il est exclu, rien n'empêche assurément que le propriétaire d'un navire faisant un emprunt convienne que la créance du prêteur sera soumise aux chances de la navigation ; mais cette créance n'est pas privilégiée. Il y a alors un contrat aléatoire qu'on devrait appeler, dans le langage des commentateurs du Droit romain, *fœnus quasi nauticum*. V. L. 5, pr. Dig., *De nautico fœnore* (22. 3). Mais on peut concevoir que le prêt à la grosse avant le départ étant admis par la loi, le prêteur ne soit pas privilégié. C'est ce qui a lieu en France depuis l'introduction de l'hypothèque maritime.

(2) Il résulte de tout cela que l'assurance est infiniment plus répandue que le prêt à la grosse, et rend aujourd'hui au commerce de mer de beaucoup plus grands services. Il y a déjà longtemps qu'il en est ainsi. Émérigon paraît bien le dire dans le passage suivant de son Traité (*préliminaire*) : « On ne saurait disputer le droit d'aînesse au contrat à la grosse. Il jouit de certains privilèges dont le contrat d'assurance se voit privé ; mais celui-ci a su acquérir un plus vaste empire, et sa noblesse, quoique moins ancienne, l'emporte parmi nous sur celle de l'autre. » V. Cresp et Laurin, *op. cit.*, p. 33 et suiv.

(3) Émérigon, *op. cit.*, chap. I, sect. II. Ce qui donnait lieu surtout à de vives discussions sur la nature du prêt à la grosse, c'est qu'on se préoccupait de justifier le profit maritime qui paraissait en désaccord avec la prohibition

là un contrat spécial qui se rapproche surtout de l'assurance et du prêt.

1521. Ce contrat est à titre onéreux, puisque chaque partie se propose de réaliser un bénéfice.

Il est aléatoire (C. civ., art. 1964) : le prêteur supporte les risques de la chose affectée au prêt; il a, en retour, la chance de recouvrer le capital avec un profit maritime élevé; l'emprunteur est exposé à avoir à faire ce paiement onéreux, mais il peut échapper aussi à toute obligation ou son obligation peut être restreinte par suite de la réalisation de risques de mer.

Le prêt à la grosse est-il unilatéral ou synallagmatique? La question n'offre d'intérêt qu'au point de vue de la formalité des doubles prescrite par l'art. 1325, C. civ. (1). Nos anciens auteurs (2) et la plupart des auteurs modernes (3) y voient un contrat unilatéral. Nous croyons que c'est avec raison ; l'emprunteur seul est obligé en vertu du contrat et il n'y a d'action qu'au profit du prêteur. Ce qui a trompé certains auteurs (4), c'est l'analogie qui existe entre le contrat à la grosse et le contrat d'assurance, ils ont assimilé le prêteur à l'assureur et ils ont dit que le premier comme le second était *tenu de supporter les risques.* Il y a là une véritable confusion : le prêteur supporte sans doute les risques, mais il n'est pas obligé au sens ordinaire de l'expression; seulement son droit de créance est exposé à s'éteindre par suite de certains événements; il court certains risques, ce qui ne veut pas dire que le contrat a produit une créance de l'emprunteur contre le prêteur. Ajoutons que les expressions de *lettre* ou de *billet de grosse,* qui servent à désigner l'écrit dressé pour constater le prêt (n° 1540), font allusion à un contrat unilatéral.

---

ancienne de l'intérêt dans le prêt. V. ci-après, note 1, p. 494. Émérigon (*op. cit.,* chap. I, sect. IV et V) consacre deux sections à l'exposé des différences entre le prêt à la grosse et le prêt ordinaire, la société, l'assurance, etc.

(1) Nous croyons que la formalité des doubles qui, en principe, n'est pas exigée en matière commerciale, doit être observée même quand il s'agit d'actes de commerce, si ce sont des actes qui, par dérogation à l'art. 109, C. com., doivent être constatés par écrit. V. *Traité de Droit commercial,* III, n° 58 *ter.*

(2) Pothier (*Assurances,* n° 3); Émérigon (*op. cit.,* chap. I, sect. II, § 4).

(3) Pardessus, t. II, n° 888; Desjardins, V, n° 1135; Boistel, n° 1428.

(4) Cresp et Laurin, II, p. 114 et suiv.; de Courcy, *D'une réforme internationale du droit maritime,* p. 83.

C'est un contrat réel : comme tout prêt, il suppose la numération des espèces faite à l'emprunteur (1) ; autrement l'obligation de rendre ne pourrait exister.

1522. De même que tous les contrats maritimes (2), le prêt à la grosse constitue un acte de commerce (art. 633, C. com.) (3). Il a ce caractère à l'égard des deux parties, sans qu'il y ait à rechercher quelle est la profession habituelle, soit du prêteur, soit de l'emprunteur, et quel emploi celui-ci fait du navire ou des objets transportés. Par suite, les tribunaux de commerce sont compétents pour connaître des procès relatifs au prêt à la grosse. Mais, pour lui, comme pour les autres contrats maritimes, le Code de commerce déroge, quant à la preuve, à la règle générale de l'art. 109 ; il a même exigé des formalités spéciales (nos 1548 et suiv.).

Aucune des difficultés qui s'élèvent quand il s'agit de déterminer si un prêt est civil ou commercial (4), ne saurait donc se présenter pour le prêt à la grosse. Du reste, ces difficultés naissent surtout au point de vue du taux de l'intérêt (limitation à 5 0/0 ou liberté), et, en matière de prêt à la grosse, il a toujours été admis que les parties fixent librement le taux de l'intérêt ou profit maritime (n° 1512).

1523. ÉLÉMENTS ESSENTIELS DU PRÊT A LA GROSSE. — Dans le contrat à la grosse, on doit rencontrer, outre les conditions générales exigées pour l'existence de tout contrat, quatre éléments essentiels, ce sont : 1° une somme ou une chose prêtée ; 2° une chose affectée au remboursement du capital et au paiement du profit maritime ; 3° des risques maritimes courus par la chose affectée au prêt et mis à la charge du prêteur ; 4° un profit maritime stipulé par le prêteur (5). Chacun de ces éléments du prêt à la grosse exige un examen spécial.

(1) Émérigon (*op. cit.*, chap. I, sect. II, t. IV) disait que notre contrat est *beaucoup plus réel que personnel*. Il prenait là le mot réel en un sens spécial ; il faisait allusion à ce que le sort de la créance du prêteur est subordonné à celui du navire ou de la cargaison.

(2) V. n° 107.

(3) L'art. 633 paraît avoir voulu éviter tout doute sur le caractère commercial de l'acte pour les deux contractants. Il dispose : *La loi répute pareillement actes de commerce... Tout emprunt ou prêt à la grosse.*

(4) V. *Traité de Droit commercial*, IV, n° 694.

(5) Ces éléments essentiels du prêt à la grosse correspondent aux éléments

1524. 1° *Somme ou chose prêtée.* — Dans l'usage, on ne donne à la grosse que des sommes d'argent, mais rien ne s'opposerait à ce que le prêt à la grosse eût pour objet, comme le prêt de consommation ordinaire, toutes autres choses fongibles, de telle sorte que l'emprunteur eût à en rendre de semblables ou leur valeur en argent (1).

Si celui qui reçoit à la grosse certaines choses s'obligeait à les restituer *in specie*, il y aurait là ce qu'on appelle un louage à la grosse; c'est là un cas extrêmement rare (2).

1525. 2° *Chose affectée au prêt à la grosse.* — Il n'y a pas de prêt à la grosse sans une chose affectée au prêt. Du sort de cette chose exposée aux risques de mer dépendent l'existence et le montant de la créance du prêteur (nᶜˢ 1564 et suiv.). C'est aussi, sur cette chose, tout au moins dans le prêt à la grosse fait en cours de voyage (3), que le prêteur à la grosse a un privilège pour le capital prêté et pour le profit maritime (4). Au premier point de vue, la chose affectée au prêt joue le rôle de la chose assurée en matière d'assurance. La réalisation de risques de mer atteignant la chose assurée donne lieu au paiement d'une indemnité égale ou inférieure à la somme assurée. De même, la réalisation de risques de mer pour la chose affectée au prêt libère, en tout ou en partie, l'emprunteur de l'obligation de rembourser la somme prêtée (5). La non restitution

essentiels de l'assurance maritime (n° 1106), sauf que, dans l'assurance, il n'y a pas de somme avancée (n° 1517).

(1) V. Desjardins, V, n° 1186. — M. Boistel (n° 1431) exige que le remboursement à faire ait pour objet la somme à laquelle sont évaluées les choses prêtées. Il nous paraît y avoir là une exigence arbitraire. Dans le prêt de consommation ordinaire, il suffit que les choses prêtées soient des choses fongibles; il n'est pas nécessaire que l'emprunteur ait à payer une somme d'argent. Pourquoi en serait-il autrement dans le prêt à la grosse? Il n'est pas possible d'en donner une bonne raison. Au surplus, ce que nous disons n'a d'intérêt qu'en théorie. En pratique, on ne conçoit guère, quelles que soient les choses prêtées, que l'emprunteur ait à restituer autre chose qu'une somme d'argent. C'est toujours ce que supposaient nos anciens auteurs : Émérigon, *op. cit.*, chap. V, sect. IV, § 1.

(2) Émérigon, *op. cit.*, chap. IV, sect. XI; Pardessus, II, n° 891; Cresp et Laurin, II, note de la page 353.

(3-4) V. n° 1518. Avant la loi du 10 déc. 1874 (art. 27), ce qui est dit au texte était vrai également pour le prêt à la grosse antérieur au départ.

(5) On peut (ce qui revient du reste au même), en se plaçant au point de vue du prêteur, dire que la réalisation des risques enlève, en tout ou en partie, au prêteur le droit de réclamer le capital et le profit maritime.

de la somme prêtée procure à l'emprunteur le même avantage que le paiement de l'indemnité d'assurance procure à l'assuré. Aussi ce sont, en principe, les mêmes choses qui peuvent être ou qui ne peuvent pas être, soit assurées, soit affectées à un prêt à la grosse.

En règle générale, toute choses exposées aux risques de mer et ayant une valeur vénale peuvent être affectées à un prêt à la grosse, comme elles peuvent être assurées (art. 315 ; Cf. art. 334). Mais, de même qu'en matière d'assurance maritime, le Code de commerce apportait à ce principe de nombreuses exceptions (Cpr. ancien art. 318, art. 319 et art. 347). Le principe restrictif du Code était, en général, pour le prêt à la grosse, l'objet des mêmes critiques que pour l'assurance. Aussi la loi du 12 août 1885 qui a augmenté le nombre des choses pouvant être assurées contre les risques de mer, a, sauf une exception (n° 1533), augmenté de la même manière le nombre des choses pouvant être affectées à un prêt à la grosse.

1526. D'après l'art. 315, C. com., modifié par la loi du 10 juillet 1885, *les emprunts à la grosse peuvent être affectés : sur le navire et ses accessoires, sur l'armement et ses victuailles, sur le fret, sur le chargement, sur le profit espéré du chargement, sur la totalité de ses objets conjointement ou sur une partie déterminée de chacun d'eux.*

Les prêts les plus usuels sont les prêts *sur corps* et les prêts *sur facultés* (1). Comme le suppose l'art. 315, on peut faire un prêt à la grosse sur le navire seulement ou seulement sur les accessoires du navire, par exemple sur les agrès et apparaux, c'est-à-dire sur tous les objets destinés à l'usage permanent du navire pendant la navigation ; ou sur l'armement et les victuailles, ce qui comprend l'artillerie du bâtiment, les munitions de guerre et de bouche. Mais il y a longtemps que cette décomposition ne se fait plus ; on ne connaît plus guère que le prêt *sur corps* et le prêt *sur facultés*.

Le *prêt sur corps* ou prêt fait sur le navire affecte tous ses accessoires, c'est-à-dire les agrès, apparaux et victuailles (art. 320, 1er alin., C. com.). Pour des raisons spéciales expliquées ci-après (n° 1572 *bis*), le fret acquis par l'armateur se trouve compris dans

(1) C'est ainsi que les assurances les plus nombreuses sont les assurances *sur corps* et les assurances *sur facultés*.

cette affectation (art. 320, 2e alin., C. com.). Il résulte de l'art. 315, C. com., qu'une convention formelle peut exclure les agrès et les victuailles. Le fret acquis pourrait-il aussi être soustrait à l'action du prêteur? Cette question sera examinée à propos des droits du prêteur à la gròsse (n° 1572 *bis*).

Le *prêt sur facultés* peut porter sur la cargaison entière ou seulement sur une partie des marchandises qui la composent (art. 320, 3e alin., C. com.). L'emprunteur peut affecter les marchandises déjà chargées lors du départ ou celles qu'il n'a pas encore chargées et qu'il se propose d'acheter avec la somme empruntée, celles qui seront chargées dans des ports d'échelle. Bien plus, l'affectation peut être en quelque sorte déplacée et transportée sur de nouvelles marchandises. C'est là ce qui se présente, lorsqu'il s'agit d'un prêt *d'entrée et de sortie*, c'est-à-dire fait à la fois pour l'aller et le retour du même navire : après le déchargement et la vente des marchandises d'entrée au port de destination, ce sont les marchandises de sortie, chargées en retour pour le compte de l'emprunteur, qui sont affectées au prêteur.

1527. Le Code de commerce, avant les modifications faites par la loi du 10 juillet 1885, apportait deux classes de restrictions à la faculté d'affecter à un contrat de grosse des choses ayant une valeur vénale; elles dérivaient de deux règles générales admises par le législateur et déjà expliquées à propos des assurances maritimes (n°s 1128 et suiv.).

a. Le prêt à la grosse ne peut pas être une source de bénéfices pour l'emprunteur. En d'autres termes, au moyen du prêt à la grosse, l'emprunteur ne peut pas être, en cas de sinistre, placé dans une situation meilleure qu'en cas d'heureuse arrivée. On peut dire à ce point de vue que le prêt à la grosse est pour l'emprunteur, comme l'assurance maritime pour l'assuré, un contrat d'indemnité.

b. Bien plus, si, grâce au prêt à la grosse, l'emprunteur pouvait être placé dans la même situation qu'avant le prêt, il ne pouvait pas être mis, d'après les dispositions du Code de commerce en vigueur avant la loi du 12 août 1885, en cas de perte, dans la même situation qu'en cas d'heureuse arrivée.

1527 *bis. a.* Du premier principe admis par toutes les législations, résultent les conséquences suivantes :

1. L'emprunteur à la grosse ne peut pas affecter à un prêt des choses dont la perte ne lui causerait aucun dommage, soit parce qu'il n'a aucun droit sur elles, soit parce qu'elles sont déjà garanties par une assurance ou affectées à un prêt. Cela ne doit s'entendre que du cas où la somme assurée ou déjà prêtée est égale à la valeur de ces choses; si des marchandises déjà assurées ou affectées à un prêt avaient une valeur supérieure à la somme assurée ou prêtée, un prêt à la grosse pourrait être fait pour l'excédant (1).

2. On ne peut emprunter à la grosse une somme dépassant la valeur des choses affectées au prêt; autrement, en cas de perte, l'emprunteur réaliserait un bénéfice. Ainsi, que l'on suppose un emprunt de 300.000 fr., fait sur un navire qui n'en vaut que 200.000 : en cas d'heureuse arrivée, l'emprunteur aura à rembourser 300.000 fr. plus le profit maritime; en cas de perte, il conservera les 300.000 fr. et gagnera la différence entre cette somme et la valeur de son navire.

Ce premier principe, avec les conséquences que nous venons d'en tirer, se justifie par une raison décisive : si le prêt à la grosse pouvait être fait pour une somme dépassant la valeur de la chose affectée ou porter sur des choses que l'emprunteur n'est pas exposé à perdre, celui-ci aurait intérêt à la perte de la chose affectée au prêt; cette perte lui faisant gagner, en partie ou même en totalité, la somme empruntée.

1528. Qu'arriverait-il si, en fait, le prêt était fait pour une somme excessive? Le Code (art. 316 et 317) fait une distinction semblable à celle qu'il adopte pour les assurances exagérées (art. 357 et 358), (V. ci-dessus, n° 1111). Lorsqu'il y a fraude de l'emprunteur, c'est-à-dire quand il connaissait la valeur inférieure de la chose affectée, le contrat est nul à l'égard du prêteur seulement. Celui-ci peut donc, selon qu'il y a intérêt, ou laisser le prêt à la grosse produire ses effets comme tel ou le faire annuler, de façon à ce qu'il ne vaille plus que comme prêt ordinaire. Dans ce dernier cas, le prêteur peut réclamer le remboursement du capital entier, même en cas de sinistre;

---

(1) V. n°s 1585 et suiv., les conflits soit entre prêteurs à la grosse, soit entre prêteurs à la grosse et assureurs.

mais, par cela même qu'il n'a pas couru de risques, il n'a pas droit au profit maritime tel qu'il a été stipulé. Il peut seulement se faire payer des intérêts. Il paraît juste de les considérer comme des intérêts conventionnels courant du jour du prêt indépendamment de toute mise en demeure de l'emprunteur (1). Si, au contraire, il n'y a pas fraude, c'est-à-dire si l'emprunteur ignorait la valeur réelle de la chose affectée, le prêt n'est pas nul; il peut seulement être réduit à la valeur des choses affectées et cela sur la demande de l'un ou de l'autre contractant. Pour l'excédant, il y a prêt ordinaire; la somme constituant cet excédant est donc remboursable à tout événement. L'art. 317 dispose que l'intérêt est dû au cours de la place; il s'agit encore ici d'un intérêt conventionnel. La loi renvoie, quant à son montant, au cours de la place. Avant la loi du 12 janvier 1886, le taux ne pouvait être supérieur à 6 0/0, mais il n'en est plus ainsi depuis cette loi qui a admis la liberté de l'intérêt en matière de commerce.

1529. Dans le cas où l'emprunteur n'aurait aucun droit sur les choses exposées aux risques de mer, l'emprunteur n'a rien en risque. Aussi le prêt à la grosse est nul et le remboursement de la somme prêtée est dû immédiatement et intégralement, malgré les fortunes de mer qui atteignent ces choses. Il faut appliquer ici à toute la somme prêtée les dispositions des art. 316 et 317 relatives au cas où cette somme excède la valeur de la chose affectée (2).

1530. *b.* Le second principe qu'admettait implicitement le Code français, avant la loi du 12 août 1885, est que, par un emprunt à la grosse, on pouvait seulement, en cas de sinistre, se faire placer dans la même situation qu'avant le contrat et non dans la situation où l'on eût été en cas d'heureuse arrivée. En conséquence, le Code

(1) En stipulant un profit, le prêteur a suffisamment manifesté la volonté de ne pas laisser la somme prêtée improductive. Du reste, il résulte de l'art. 317 qu'en cas de bonne foi de l'emprunteur, les intérêts sont dus au cours de la place, ce qui implique qu'il s'agit d'intérêts conventionnels. On ne voit pas pourquoi, en cas de mauvaise foi de l'emprunteur, il s'agirait seulement d'intérêts moratoires.

(2) On ne peut invoquer l'art. 1965, C. civ., pour refuser au prêteur toute action en justice, car il ne s'agit pas ici d'une action tendant au paiement d'un gain fait par suite d'un jeu ou d'un pari. Pour que l'art. 1965 fût applicable, il faudrait qu'il y eût mauvaise foi de la part du prêteur.

prohibait tous emprunts sur le fret à faire du navire, sur le profit espéré des marchandises (art. 318). Les motifs donnés pour justifier ces diverses prohibitions qui se trouvaient déjà dans l'Ordonnance de 1681 (liv. III, t. V, art. 4), étaient ceux-là mêmes qu'on alléguait pour expliquer les prohibitions correspondantes en matière d'assurances maritimes. Ils pouvaient se réfuter aussi de la même manière que ceux-ci (n⁰ˢ 1128 et suiv.). En cas de violation de ces prohibitions, le prêteur avait droit à tout événement au remboursement immédiat du capital et ne pouvait réclamer aucun intérêt (art. 318, 2ᵉ al.) (1). Autrement l'emprunteur se serait enrichi injustement au détriment du prêteur.

1531. D'après le système du Code de commerce (ancien art. 318) emprunté à l'Ordonnance de 1681, l'emprunt à la grosse ne pouvait placer, en cas de sinistre, l'emprunteur que dans la situation pécuniaire où il était avant le départ, non dans celle où il eût été en cas d'heureuse arrivée. C'est de cette idée générale que dérivaient les prohibitions de l'emprunt à la grosse sur le fret et sur le profit espéré des marchandises. Ces prohibitions ont disparu depuis la loi du 12 août 1885; le nouvel art. 318, C. com., permet d'affecter ces deux choses à un prêt à la grosse, de façon que l'emprunteur est placé en cas de sinistre dans la situation pécuniaire où il aurait été en cas d'heureuse arrivée.

1532. Par suite des modifications apportées au système du Code de commerce par la loi du 12 août 1885, on peut affecter à un emprunt à la grosse, en général, les profits espérés, comme les produits de la pêche à faire (2), les prises à opérer, les primes d'exportation (3). Cpr. n⁰ 1166.

1533. Il est toutefois une prohibition que la loi du 12 août 1885 n'a pas fait disparaître, c'est celle de l'art. 319, C. com., d'après lequel *nul prêt à la grosse ne peut être fait aux matelots ou gens*

_____

(1) Cette sanction se trouvait dans l'Ordonnance de 1681 (liv. III, tit. V, art. 3 à 5). — V. aussi loi *belge* du 21 août 1879, art. 158; Code de commerce *italien*, art. 593.

(2) V. pour la nullité d'un prêt à la grosse fait sur ces produits, avant la loi du 12 août 1885, trib. comm. de Dunkerque, 7 déc. 1864, *Journ. de Marseille*, 1864, 2. 117.

(3) Desjardins, V, n⁰ˢ 1160 et 1160 *bis*.

de mer sur leurs loyers ou voyages. Sur ce point, le Code de commerce est plus sévère que ne l'était l'Ordonnance de 1681. Celle-ci, (liv. III, tit. 1er, art. 4 et 5) défendait, en principe, l'emprunt sur les loyers des gens de mer (1), mais elle faisait exception à cette défense quand l'emprunt était fait en présence et du consentement du capitaine et quand la somme prêtée était inférieure à la moitié des loyers. Pour justifier la prohibition, Valin (sur l'art. 3, liv. III, tit. 5, de l'Ordonnance de 1681), disait : « Pour ce qui est des matelots, on « conçoit de quelle dangereuse conséquence il serait de leur permet- « tre d'emprunter sur leurs loyers, puisque le gain de leurs loyers « les attache autant que la crainte de la mort à la conservation du « navire. » On considérait toutefois que, dès l'instant où la somme empruntée n'atteignait pas la moitié des loyers, les gens de mer avaient un intérêt suffisant à ce que le navire ne pérît pas. Cette dernière considération était invoquée pour justifier la faculté exceptionnelle accordée par l'Ordonnance. En fait, il paraît qu'il n'en était fait aucun usage. Emérigon (chap. V, sect. 2, § 2) le constate et il dit : « Un tel commerce serait odieux; il ne pourrait convenir qu'à des « cabaretiers et autres gens de cette espèce, qui s'engraissent de la « substance du pauvre ». Ces motifs ont encore décidé le législateur de 1885 à défendre d'affecter à un prêt à la grosse les loyers des gens de mer. Il semble que le maintien de cette prohibition ne concorde pas bien avec les modifications apportées par la loi du 12 août 1885 à l'art. 258, C. com. (2), et avec la faculté conférée par cette loi aux gens de mer de faire assurer leurs loyers (art. 334, C. com.) (3).

Au reste, il n'est pas interdit aux gens de mer d'affecter à un emprunt à la grosse les marchandises qu'ils chargent pour leur compte. Sous ce rapport, ils sont traités comme tous les autres chargeurs.

1533 bis. DROIT ÉTRANGER. — Les lois étrangères, sans être aussi restrictives que l'était le Code français avant la loi du 12 août 1885, n'admettent cependant pas, en général, que toutes les choses dont l'assurance est possible, puissent être aussi affectées à un

(1) La violation de cette prohibition entraînait pour le prêteur la confiscation de la somme prêtée et une peine de 50 livres d'amende.
(2) V. nos 435 et suiv.
(3) V. nos 1147 et suiv.

prêt à la grosse. Le Code de commerce *allemand* (articles 680 et 681) admet l'affectation du fret à faire, mais non celle du profit espéré ou des loyers des gens de mer. Il en est de même de la loi *belge* du 21 août 1879 (art. 157 et 158), du Code de commerce *espagnol* (art. 725). Le Code de commerce *italien* de 1882 (article 593) admet, au contraire, le prêt à la grosse sur le profit espéré (art. 594, 3º alin.), mais non sur les loyers des gens de mer (art. 593, dern. alin.). Les Codes de commerce *hollandais* (art. 577 et 578), *portugais* (art. 628), *chilien* (art. 1190), prohibent le prêt à la grosse sur le fret à gagner, sur le profit espéré et sur les loyers des gens de mer. En *Angleterre* et aux *Etats-Unis d'Amérique,* les loyers des gens de mer seuls, comme en *Italie,* ne peuvent pas être affectés à un prêt à la grosse.

1534. 3º *Risques des choses affectées au prêt assumés par le prêteur.* — Il n'y a pas de prêt à la grosse si les choses affectées au prêt ne sont pas exposées aux risques de mer (1) et si le prêteur ne consent pas à s'en charger. Ce transfert des risques de l'emprunteur au prêteur est l'un des caractères qui distinguent le plus profondément le prêt à la grosse du prêt ordinaire ; c'est lui qui justifiait la liberté laissée aux contractants quant à la fixation du profit maritime avant même que la loi du 12 janvier 1886 eût admis la liberté du taux de l'intérêt en matière de commerce. Il résulte de là que, si des choses qui ne sont pas encore en mer sont affectées au prêt et ne sont pas exposées aux fortunes de mer, parce que le navire ne part pas ou que les marchandises ne sont pas chargées, il y a un prêt ordinaire et non un prêt à la grosse (art. 329). Cpr. nº 1110.

1535. 4º *Profit maritime.* — Il ne peut y avoir de prêt à la grosse sans profit maritime, c'est-à-dire sans une somme que l'emprunteur s'oblige à payer en sus du capital prêté en cas d'heureuse arrivée, pour le prix des risques dont s'est chargé le prêteur. A défaut de prime, il y aurait une donation faite à l'emprunteur pour le cas de perte. Le prêteur perdrait alors son capital sans avoir eu la chance de réaliser un bénéfice en cas d'heureuse arrivée. Ce profit peut être

---

(1) Cass. 19 nov. 1872, D. 1873. 1. 153; *Journ. de Marseille,* 1874. 2. 23.

comparé à la prime d'assurance. Aussi le profit maritime est souvent appelé *prime de grosse*. Il est, comme la prime d'assurance, le prix des risques et varie avec leur étendue plus ou moins grande ; c'est précisément pour cela que les lois limitatives ou prohibitives de l'intérêt n'ont été appliquées au profit maritime qu'à des époques où les saines notions de droit étaient méconnues ou oubliées (1). Du reste, la liberté du taux de l'intérêt existe même en matière civile toutes les fois que le créancier est exposé, fût-ce en dehors d'un prêt à la grosse, à perdre sa créance par suite d'un événement aléatoire (2).

1536. Le profit maritime est, en général, plus élevé que la prime d'assurance. Il y en a plusieurs motifs. D'abord le profit maritime, par cela même qu'il y a eu un capital prêté, ne constitue pas seulement, comme la prime, le prix des risques, il représente aussi l'in-

---

(1) En Droit romain, avant Justinien, le profit maritime était illimité, *Pauli sententiæ*, III; XI, § 14. On admet généralement que Justinien a fixé le maximum du profit maritime à 12 0/0 par an, alors que celui de l'intérêt était en principe de 6 0/0 (Accarias, *Précis de Droit romain*, 2ᵉ éd., t. II, p. 1157, note 4). Cette limitation du profit maritime paraît résulter de la loi 26, Code de Justinien, *De usuris* (IV, 22). Mais des interprètes modernes ont donné de cette constitution une interprétation qui, si elle est exacte, prouve que, même dans le dernier état du Droit romain, les parties fixaient, comme bon leur semblait, le taux du profit maritime : V. Ihering, *Jahrbücher für die Dogmatik*, XIX, p. 1 à 23; Bernhard Matthias, *op. cit.*, p. 29 et suiv. — Une célèbre décrétale du pape Grégoire IX, datée de 1236 et connue, à raison de son premier mot, sous le nom de décrétale *naviganti*, paraît avoir prohibé le prêt à la grosse comme ayant un caractère usuraire. Voici le texte de cette décrétale : *Naviganti vel eunti ad nundinas certam mutuam pecuniæ quantitatem, eo quod suscepit in se periculum, recepturus aliquid ultra sortem, usurarius est censendus*. D'anciens commentateurs ont donné de cette décrétale les explications les plus variées pour prouver qu'en réalité, elle ne prohibait pas le prêt à la grosse. V. leur exposé dans Émérigon, *op. cit.*, chap. I, sect. II. Émérigon finit par dire avec Molina qu'on pouvait indifféremment, au point de vue pratique, opter pour l'interprétation qu'on voulait. La décrétale dont il s'agit n'avait pas force de loi en France, puisqu'elle n'y avait pas été publiée. V. sur la décrétale de Grégoire IX, Desjardins, V, p. 162. — En Droit romain, il y avait une autre exception aux principes généraux relativement au profit maritime. Alors qu'en général, les intérêts n'étaient dus en matière de prêt qu'en vertu d'une stipulation, un simple pacte suffisait pour que l'emprunteur dût un profit maritime, L. 5, § 1 et L. 7, Dig., *De nautico fœnore* (XXII, 2).

(2) Telle paraît avoir été aussi la doctrine admise en Droit romain, V. L. 5, Dig., XXII, 2, *De nautico fœnore*. Les commentateurs appellent généralement le prêt aléatoire visé au texte *fœnus quasi nauticum*. Il a de l'analogie avec le prêt à la grosse, en ce que la créance du prêteur est exposée à des risques par suite desquels elle peut cesser d'exister. — V. sur le prêt aléatoire, *Traité de Droit commercial*, IV, nº 697 et II, nº 569.

térêt du capital avancé. En outre, il n'y a, en matière de prêt à la grosse, rien de semblable aux franchises (n°ˢ 1296 et suiv.) qui, diminuant l'indemnité due par l'assureur, ont pour conséquence de faire réduire la prime. Enfin, à la différence de la prime d'assurance, le profit maritime n'est pas payable à tout événement ; il ne l'est qu'au cas d'heureuse arrivée. C'est là, du moins, ce qui a lieu d'ordinaire, car il sera admis plus loin (n° 1579) qu'il peut être stipulé que la prime de grosse sera payable à tout événement, comme l'est habituellement la prime d'assurance.

1537. Le profit maritime consiste d'ordinaire, comme la prime d'assurance, dans une somme d'argent. Cette somme peut être soit une somme fixe de tant pour cent pour tout le voyage, quelle qu'en soit la durée, soit une somme de tant pour cent par mois. Du reste, le profit maritime pourrait consister en autre chose qu'en de l'argent ; il pourrait consister notamment dans une part dans les bénéfices de l'expédition ou, comme la prime d'assurance, être implicite (1).

B. — DE LA PREUVE ET DES FORMES DU PRÊT A LA GROSSE. DE LA CAPACITÉ ET DES POUVOIRS NÉCESSAIRES POUR EMPRUNTER A LA GROSSE.

1538. Le prêt à la grosse ne peut, pas plus que les autres contrats maritimes (2), être prouvé par tous les moyens. D'après l'art. 311, 1ᵉʳ alin., *le contrat à la grosse est fait devant notaire ou sous signature privée.* La portée de cette disposition soulève les mêmes difficultés qu'en matière d'assurances l'art. 332 (3). En nous référant à ce que nous avons admis à propos de cette dernière disposition (n° 1176), nous devons décider que l'écrit est exigé ici non pas *ad solemnitatem*, mais *ad probationem* dans le but d'exclure la preuve testimoniale et les présomptions de l'homme. Il faut en conclure que le prêt à la grosse pourrait être prouvé par l'aveu ou par le serment.

(1) V. Émérigon, chap. III, sect. I, § 2 ; Cresp et Laurin, II, p. 227 ; Desjardins, V, n° 1136, p. 168.

(2) V. n°ˢ 107, 642, 1175.

(3) Valin et Émérigon étaient en désaccord sur la portée de la disposition de l'Ordonnance de 1681 (liv. III, art. 1, tit. 5) qui exigeait un acte notarié ou un acte sous seing privé. Émérigon (chap. II, sect. I, § 1) admettait que cette disposition excluait complètement la preuve par témoins. Valin déclarait la preuve par témoins admissible pour les sommes ne dépassant pas cent livres.

Mais, à raison des formalités spéciales prescrites pour l'existence du privilège du prêteur à la grosse (n°s 1549 et suiv.), un prêt prouvé par l'un de ces deux moyens ne permettrait pas au prêteur d'invoquer le privilège.

1539. Il suffit que l'acte de prêt à la grosse soit dressé en un seul exemplaire, par cela même que c'est un contrat unilatéral (n° 1521). Il devrait l'être en double exemplaire, si on lui reconnaissait le caractère synallagmatique (1). En fait, il est souvent, par crainte de perte, dressé en plusieurs exemplaires.

1540. La loi n'attribuant compétence à aucun officier public spécial pour dresser les actes de prêt à la grosse, il faut en déduire que, quand on veut leur donner un caractère authentique, l'on ne saurait s'adresser aux courtiers d'assurances (art. 79, C. com.) (2); on doit recourir aux officiers publics compétents pour donner, en général, l'authenticité aux actes, c'est-à-dire aux notaires ou aux chanceliers des consulats. En outre, à défaut de dispositions légales et d'usages contraires, les formes à observer sont les mêmes que pour tous les actes authentiques. V., au contraire, pour les assurances maritimes, n°s 1179 et 1180.

L'écrit ou acte dressé pour constater le prêt à la grosse est désigné dans l'usage sous les noms de *contrat de grosse, billet de grosse* (3), *lettre de grosse.*

1541. Comme pour la charte-partie (art. 273), le connaissement (art. 281), la police d'assurance (art. 332), le Code de commerce indique les énonciations à insérer dans le contrat de grosse. D'après l'art. 311, il énonce :

Le capital prêté et la somme convenue pour le profit maritime. — Il a été indiqué en quoi peut consister, soit le capital prêté (n° 1524),

____

(1) M. Laurin (sur Cresp, III, note 49, p. 124) prétend que l'art. 1325, C. civ., par la force même des choses, ne peut trouver ici son application. La raison qu'il en donne, c'est que le contrat a été partiellement exécuté et qu'aux termes de la loi elle-même, le défaut de doubles ne peut plus alors être opposé. Il nous parait y avoir là une erreur. La remise de la somme prêtée est une condition essentielle à l'existence du prêt, par cela même que c'est un contrat réel; il n'y a pas là l'exécution d'une obligation résultant du prêt.

(2) V. pourtant Desjardins, V, p. 170 ; De Valroger, III, n° 972.

(3) Ce nom s'applique spécialement au cas où l'écrit a la forme d'un billet à ordre ou d'un billet au porteur.

soit le profit maritime (n° 1535). Dans le cas où le profit maritime ne serait pas énoncé, on pourrait y suppléer, en se référant au cours du lieu dans lequel le prêt a été fait, s'il ne résultait pas des circonstances que le prêteur a entendu faire une donation (n° 1535).

Les objets sur lesquels le prêt est affecté. — On joint assez souvent à la désignation des objets affectés l'indication de leur valeur. Cette estimation n'est pas indispensable et elle n'est pas nécessairement tenue pour exacte; elle n'a (n° 1583) d'effet qu'au point de vue de la preuve (Cpr. analog. ci-dessus, n° 1201).

Les noms du navire et du capitaine. — La première de ces désignations est indispensable quand la chose affectée au prêteur est un navire. Elle est, au moins, très utile, quand il s'agit de marchandises; le navire est alors, sinon l'objet, au moins le lieu des risques. On peut, du reste, appliquer ici tout ce qui a été dit, en matière d'assurances, à propos des énonciations correspondantes (V. n°s 1194 et suiv.). Cependant une restriction doit être faite. Il y a des assurances dans lesquelles des marchandises sont assurées sans indication ni de leur nature, ni du navire sur lequel elles sont chargées (n°s 1196 et 1197). Rien de pareil ne peut se rencontrer dans le prêt à la grosse; comme, pour être remboursé, il faut que le prêteur prouve l'heureuse arrivée (n° 1583), il est indispensable que les indications contenues dans l'acte de prêt lui rendent la preuve possible (1).

Les noms du prêteur et de l'emprunteur. — On ne conçoit pas d'écrit dressé pour constater un contrat et muet sur les noms des parties. La loi n'exige pas pour l'emprunteur à la grosse qu'il soit indiqué, comme pour l'assuré, s'il agit pour son compte ou en qualité de commissionnaire (art. 332; V. n° 1192). Il paraît rationnel d'étendre cette exigence d'un contrat à l'autre; elle n'est pas, d'ailleurs, bien gênante: les formules usitées permettent de tourner facilement la loi (2).

Si le prêt a lieu pour un voyage, pour quel voyage et pour quel temps. — Ces indications ont une grande importance. Le voyage énoncé

---

(1) Pardessus, II, 902.
(2) Cela n'a pas beaucoup d'importance pratique; les emprunts ne sont guère faits que soit par le propriétaire du navire ou de la cargaison, soit par le capitaine.

ne saurait être remplacé par un autre, sous peine d'amener la résiliation du contrat (n° 1604). Quand le prêt est fait pour un temps
déterminé, la durée est très importante à fixer; à l'expiration du
délai, les risques cessent d'être pour le prêteur.

L'époque du remboursement. — Cette époque ne coïncide pas
ordinairement avec celle de la cessation des risques; un certain délai
est en général accordé à partir de l'arrivée (n° 1560).

Il va de soi, bien que le Code de commerce ne l'indique pas, que
le contrat de grosse doit être daté; mais, à défaut de disposition spéciale, on ne saurait exiger, comme pour l'assurance, qu'il soit indiqué si le contrat est conclu avant ou après midi. La date peut être
utile notamment quand la valeur de la chose affectée à plusieurs
prêts successifs faits avant le départ est inférieure au montant de ces
prêts; ce sont alors les derniers prêts qui sont ristournés.

Il paraît aussi devoir être admis que la clause compromissoire peut
être insérée dans le contrat de grosse. Cette clause est sans doute,
en principe, prohibée (1) et aucune disposition expresse ne l'autorise
pour le prêt à la grosse comme pour l'assurance (n° 1210). Mais, en
présence de l'analogie existant entre ces deux contrats, nous ne
croyons pas pouvoir aller jusqu'à exclure dans le premier une clause
licite dans le second.

Bien qu'il s'agisse, en définitive, d'une obligation ayant pour
objet une somme d'argent, il n'y a pas lieu d'appliquer l'art. 1326,
C. civ. (2). Le prêt à la grosse est un contrat dont la loi a minutieu-
sement déterminé les conditions de validité au point de vue de la
forme. On ne peut pas y ajouter (3).

Du reste, les parties peuvent ajouter aux énonciations prescrites
par l'art. 311 telles autres qui leur conviennent, pourvu qu'elles ne
soient contraires ni aux principes généraux du droit ni à l'essence
du prêt à la grosse. V. analog. n°s 1186 et 1212.

1542. *Cession des droits du prêteur.* — Le prêteur à la grosse
peut, comme tout créancier, transmettre ses droits à une autre per-

---

(1) V. *Traité de Droit commercial*, I, n° 521.

(2) Boistel, n° 1428.

(3) V. analogie pour la lettre de change et pour le billet à ordre, *Traité de
Droit commercial*, IV, n°s 60 et 509.

sonne. Le cessionnaire supporte, à la place du cédant, les risques des choses affectées au prêt. Les formes de la transmission varient nécessairement ainsi que ses effets avec les formes du contrat de grosse. S'il est à personne dénommée, il faut remplir les formalités de l'article 1690, C. civ., pour rendre la cession opposable aux tiers; s'il est à ordre (art. 313, 1er alin.) (1), il se transmet par voie d'endossement; enfin s'il est au porteur, il se transmet par la simple tradition. Aucune disposition du Code de commerce ne prévoit ce dernier cas, mais tous les titres de créance peuvent revêtir la forme au porteur (2). C'est ainsi, du reste, que l'on reconnaît qu'une police d'assurance maritime peut être à ordre ou au porteur, bien qu'aucun texte spécial n'autorise à donner cette forme aux polices, V. n° 1213 bis.

1543. Si le billet de grosse est à ordre, la négociation de cet acte a les mêmes effets et produit les mêmes actions en garantie que celle des autres effets de commerce à ordre (art. 313, alin. 2). Des conséquences nombreuses peuvent être déduites de cette assimilation.

a. A défaut de paiement, le prêteur doit, à peine de déchéance, faire dresser le protêt et recourir contre l'un des endosseurs ou contre le prêteur lui-même, en notifiant le protêt et en assignant en justice dans la quinzaine de ce protêt (art. 165 et suiv., C. com.) (3). Mais, en matière de prêt à la grosse, une difficulté spéciale peut être soulevée quant à la date du protêt. En règle générale, le protêt doit être dressé le lendemain de l'échéance (art. 162, C. com.). Il semble tout simple au premier abord de dire qu'en notre matière, le protêt sera fait le lendemain du jour où la somme prêtée deviendra exigible. Cela peut s'appliquer sans peine quand le capital est remboursable à un jour fixe connu à l'avance. Il est très loin d'en être toujours ainsi. Dans le prêt fait au voyage, l'exigibilité n'a lieu qu'à l'arrivée du navire ou un certain nombre de jours après son arrivée. Ce n'est pas tout : des événements exceptionnels peuvent rendre le capital exigible

(1) Tout titre de créance peut, du reste, renfermer la clause à ordre. V. *Traité de Droit commercial*, III, n° 97. Sous l'empire de l'Ordonnance, cela était admis pour le prêt à la grosse, bien qu'il n'y eût pas de texte formel.
(2) V. *Traité de Droit commercial*, III, n° 97. En ce sens, Desjardins, V, n° 1149. En sens contraire, de Fresquet, *Cours de Droit maritime*, p. 158.
(3) V. *Traité de Droit commercial*, IV, n°s 346 et suiv.

avant l'époque fixée, c'est ainsi que le remboursement est dû immédiatement quand il y a résiliation du contrat, par suite du changement volontaire de voyage, de route ou de navire. Comment exiger du prêteur qui ignore ces événements, qu'il dresse le protêt le lendemain? On ne peut sortir de difficulté qu'en admettant qu'il suffira au porteur du billet de grosse de faire dresser le protêt le lendemain du jour où il aura été instruit de l'événement qui rend le capital exigible (1). Mais il faut reconnaître qu'il y a là quelque chose de tout particulier, puisqu'en matière d'effets de commerce il est de règle que l'échéance ne peut être indéterminée, ne peut spécialement dépendre d'un événement incertain (2).

1544. *b.* Si l'emprunteur ne paie pas, le porteur du billet de grosse peut agir en garantie contre l'endosseur (art. 313, 2° alin.); mais le Code (art. 314) décide que cette garantie n'a pas lieu pour le profit maritime, à moins que le contraire n'ait été expressément stipulé (3). La garantie est ainsi restreinte au capital et, bien entendu, aux frais du protêt et aux intérêts courus depuis le protêt (4). Pourquoi la garantie ne s'étend-elle pas, en principe, au profit maritime? On en a donné deux raisons : on a dit d'abord que l'endossement n'est pas un cautionnement du contrat. Puis on a ajouté : si l'endosseur est un garant, du moins sa garantie ne doit pas s'étendre au delà de ce qu'il a reçu; or il n'a reçu que le capital et il serait injuste de l'obliger à garantir peut-être 15 à 20 0/0 du capital. Ces deux raisons sont mauvaises. Si l'endossement n'était pas un cautionnement, il ne devrait pas plus donner lieu à la garantie du principal qu'à celle du profit qui n'en est que l'accessoire. En négociant son billet à la grosse avant le retour, le prêteur se décharge de tous les risques qui passent au bénéficiaire de l'endossement; il reçoit ainsi, outre le capital déboursé par lui, la décharge des risques que le porteur a pris sur lui. Du reste, la disposition de l'art. 314 n'a pas de

___

(1) Trib. comm. Marseille, 19 avr. 1820, *Journ. de Marseille*, 1820. 1. 138. — Cresp et Laurin, II, p. 320 et suiv.; Boistel, n° 1429; Desjardins, V, n° 1148, p. 188.

(2) V. *Traité de Droit commercial*, IV, n°s 81 et 518.

(3) L'Ordonnance était muette sur la question, qui était résolue dans le sens même du Code par Emérigon (*op. cit.*, chap. IX, sect. II).

(4) Emérigon, *op. cit.*, chap. IX, sect. II).

grands inconvénients, par cela même qu'il peut y être dérogé par des clauses extensives de la garantie (1).

On a prétendu que l'obligation de garantie ne peut, d'ailleurs, dériver de l'endossement d'un billet de grosse qu'autant qu'il correspond à un prêt fait avant le départ. En cas de prêt fait en cours de voyage, il n'y a pas, dit-on, d'obligé principal, le capitaine n'est pas obligé et le propriétaire du navire a la faculté d'abandon; comment y aurait-il, dit-on, un obligé accessoire (2)? Il y a là une erreur provenant de l'exagération d'une idée exacte en elle-même. Il est vrai qu'en cas de prêt fait en cours de voyage, le propriétaire du navire pouvant, en vertu de l'art. 216, abandonner le navire, il n'y a plus alors d'obligé personnel. Il est certain que le porteur d'un billet de grosse est exposé à ce que cet abandon lui soit fait et qu'il ne peut pas s'en prendre au prêteur de ce qu'il n'est pas remboursé; l'abandon est, en quelque sorte, un risque inhérent au prêt à la grosse fait en cours de voyage. Mais si l'abandon n'est pas fait, on ne voit pas pourquoi l'on écarterait l'obligation de garantie dans les termes où elle est admise par l'art. 313 (3). Tout ce qu'on peut dire, c'est que cette obligation peut être bien plus rarement invoquée dans le prêt à la grosse fait en cours de voyage que dans le prêt antérieur au départ (4). Cpr. n° 1519.

1545. *c.* L'emprunteur ne peut opposer au cessionnaire les exceptions qu'il aurait eues contre le prêteur lui-même. Il est considéré comme obligé directement envers le porteur (5). Cela ne doit être toutefois admis qu'avec une restriction. Les énonciations du billet de grosse indiquent bien au porteur qu'il s'agit d'un contrat à la

---

(1) V. Cresp et Laurin, II, p. 316 à 318. — Le Code de commerce *italien* de 1882 (art. 502) adopte la règle inverse de celle du Code français; il décide que la garantie s'étend au profit maritime, sauf convention contraire.

(2) De Courcy, *Questions de droit marit.* (1re série), p. 36, 128 et 121; de Sèze, *De la responsabilité du propriétaire de navire et du prêt fait au capitaine en cours de voyage,* p. 135 et suiv.

(3) Desjardins, V, n° 1148, p. 187.

(4) Aussi le projet de 1865, qui n'admettait que le prêt à la grosse en cours de voyage, avait-il pourtant reproduit (art. 344) la disposition de l'art. 313 relative à la garantie.

(5) V. sur les effets de l'endossement quant aux exceptions opposables au porteur, *Traité de Droit commercial,* IV, n°s 130 à 132, n° 519.

grosse. Il semble donc que l'emprunteur pourrait opposer tout au moins au porteur des exceptions se rattachant aux conditions d'existence ou de validité du prêt, par exemple, des exceptions tirées de ce que l'emprunteur n'avait pas d'intérêt en risque ou de ce que la somme prêtée excédait la valeur de la chose affectée au prêt (1) (2).

1546. *d.* Les formes de l'endossement doivent être celles que la loi a déterminées pour la lettre de change (art. 137 et suiv., C. com.). Il en résulte qu'un endossement en blanc d'un billet de grosse ne vaudrait que comme procuration et que, par suite, l'emprunteur pourrait, à la suite d'un tel endossement, opposer au porteur les exceptions qui eussent été admises contre le prêteur (3).

1547. *e.* La forme à ordre donnée au billet de grosse entraîne-t-elle la substitution de la prescription de l'art. 189, C. com., à la prescription admise pour le contrat à la grosse par l'art. 432, C. com.? C'est une question qui sera examinée plus loin (n° 1602).

1548. FORMES SPÉCIALES DU PRÊT A LA GROSSE. — Le Code de commerce ne se borne pas à exiger que le prêt à la grosse soit constaté par écrit; il entoure encore ce contrat de formalités spéciales. Ces formalités diffèrent selon que le prêt à la grosse est fait en France soit au propriétaire, soit au capitaine, ou est consenti au capitaine en cours de voyage en quelque pays que ce soit.

1549. Quand il s'agit d'un prêt fait en France, le contrat doit être enregistré au greffe du tribunal de commerce dans les dix jours de sa date (art. 312) (4). Cette formalité, qui est prescrite aussi bien pour les actes notariés que pour les actes sous seing privé, n'a pas d'utilité réelle. Elle a pour but d'éviter les antidates; mais les actes au-

---

(1) Bordeaux, 3 juin 1862, *Journ. de Marseille,* 1862. 2. 162; Aix, 2 mars 1865, même recueil, 1865. 1. 68; Cass. 4 déc. 1866, S. 1867. 1. 128. Cpr. ce qui est dit des exceptions opposables au porteur d'une police d'assurance maritime à ordre, n° 1457.

(2) Laurin sur Cresp, II, p. 251, note 40. — Cpr. Code de commerce *allemand,* art. 687.

(3) Bordeaux, 5 fév. 1839, *Journ. de Marseille,* 1839. 2. 6. Cpr. *Traité de Droit commercial,* IV, n° 142.

(4) En prescrivant cette formalité, les rédacteurs du Code de commerce ont voulu donner satisfaction à un vœu émis par Valin, *Commentaire de l'Ordonnance de* 1681, liv. I, tit. IX, art. 26; liv. III, tit. IV, art. 68. Mais Valin ne parlait que des contrat de grosse sous seing privé.

thentiques ne font-ils pas par eux-mêmes preuve de leur date *ergà*
omnes et les actes sous seing privé n'acquièrent-ils pas date certaine
à l'égard des tiers seulement dans les cas déterminés par l'art. 1328,
C. civ. (1)? On pourrait penser qu'il y a là une formalité de publicité destinée à révéler aux tiers l'affectation des choses sur lesquelles
le prêt a été fait. Il n'en est rien : aucune disposition ne prescrit la
communication au public des registres tenus dans les tribunaux de
commerce. Du reste, les tiers intéressés ne sauraient où aller faire
leurs recherches; la loi n'a pas pris soin d'indiquer au greffe de quel
tribunal de commerce l'enregistrement doit être opéré. Aussi l'enregistrement pourrait être opéré indifféremment au greffe du tribunal
de commerce du domicile de l'emprunteur ou du domicile du prêteur ou du port d'attache du navire ou même au greffe de tout autre
tribunal de commerce (2).

Le défaut d'enregistrement n'empêche pas le contrat de valoir
comme prêt à la grosse; il prive seulement le prêteur négligent du
droit de faire valoir son privilège (art. 312 *in fine*). Le Code ne
considère pas le privilège du prêteur comme étant de l'essence du
prêt à la grosse. V. n° 1550.

Les termes généraux de l'art. 312 impliquent qu'il régit tous les
prêts consentis en France, qu'ils soient faits avant le départ au propriétaire ou même en cours de voyage au capitaine (3). Seulement,
dans ce dernier cas, il y a, de plus, à remplir les formalités prescrites par l'art. 234, C. com., pour les prêts faits en cours de voyage
au capitaine. Depuis la loi du 10 décembre 1874, l'art. 312 ne paraît même plus applicable d'une façon absolue qu'au prêt fait en
cours de voyage; comme cela a déjà été dit à plusieurs reprises, le
privilège du prêteur à la grosse avant le départ a été supprimé par
cette loi, tout au moins pour les navires de 20 tonneaux au moins
qui seuls sont susceptibles d'hypothèque. Comment appliquer alors
au prêt une disposition ayant pour but unique la conservation du

(1) Il est admis que l'art. 1328, C. civ., ne s'applique pas, en principe, aux
contrats commerciaux; mais il faut remarquer qu'il s'agit ici d'un cas où la
loi exige formellement un acte écrit qui doit alors être régi par les règles ordinaires. V. *Traité de Droit commercial*, III, n° 58 *ter*.

(2) Cass. 20 fév. 1814, *Journ. du Palais*, 1844. 54; S. 1844. 1. 199.

(3) Desjardins, V, p. 273.

privilège? Mais l'art. 312 continue à s'appliquer au prêt à la grosse
même antérieur au départ quand il est fait, soit sur des marchandises, soit sur un navire de moins de 20 tonneaux (1).

1550. Quand il s'agit d'un prêt fait au capitaine en cours de
voyage (2), comme cela a déjà été expliqué (n°ˢ 576 à 579), le
législateur, pour éviter les abus de pouvoir, prescrit deux formalités.
Il faut : 1° qu'un procès-verbal signé des principaux de l'équipage
constate la nécessité de la dépense à faire (3) ; 2° qu'une autorisation
d'emprunter soit donnée en France par le tribunal de commerce ou,
à défaut, par le juge de paix, à l'étranger par le consul français ou,
à défaut, par le magistrat du lieu (4).

Ces formalités servent au capitaine dans ses rapports avec l'armateur ; elles lui facilitent la preuve de la nécessité des dépenses. En
outre, l'existence du privilège du prêteur sur le navire est subordonnée à la confection du procès-verbal (art. 192-5°) (5). Mais l'ab-

---

(1) Quelques auteurs, notamment Laurin sur Cresp (t. II, note 63 de la
p. 258), se trompent donc, selon nous, en déclarant sans aucune restriction que
l'art. 312 ne s'applique plus au prêt fait avant le départ. Cela ne serait vrai
que si la loi du 10 décembre 1874 avait supprimé complètement le privilège du
prêt à la grosse antérieur au départ. M. Desjardins (V, n° 1138, p. 173) n'admet l'opinion adoptée au texte que pour l'emprunt à la grosse fait sur les marchandises. Cela tient à ce qu'il décide que le privilège du prêteur à la grosse
antérieur au départ est supprimé absolument même pour les navires non susceptibles d'hypothèque comme étant de moins de 20 tonneaux. Cpr. Desjardins, V, n° 1152, p. 212.

(2) Cresp (II, p. 259) admet que les formalités de l'art. 234 sont aussi obligatoires pour le cas où, en cours de voyage, l'emprunt est fait par le propriétaire même des choses affectées. Il y a là une erreur : comme le fait remarquer
très bien M. Laurin (sur Cresp, t. II, p. 259, note 44), l'art. 234 vise seulement
le cas d'un emprunt fait par le capitaine et les motifs de cette disposition, qui
a pour but d'éviter les abus et de fournir au capitaine une preuve facile de la
nécessité de l'emprunt, sont inapplicables au cas où l'emprunteur contracte
pour son propre compte. V. n° 1552.

(3) Cette formalité n'est pas fort utile. Les principaux de l'équipage ne sont
pas toujours bien renseignés ou se laissent influencer par le capitaine. Aussi
le projet de 1865 (art. 143) la supprimait-il. V. la note suivante.

(4) Le Code de commerce *allemand* (art. 686) exige que la nécessité de
l'emprunt soit constatée authentiquement, soit par le consul, soit, à son défaut,
par l'autorité compétente du lieu du contrat, soit, à défaut de ceux-ci, par les
officiers du bord. La loi *belge* du 21 août 1879 (art. 156, 2ᵉ alin.) se borne
aussi à exiger une autorisation. V. analog. Code de commerce *italien* (art. 591).
Il faut remarquer que ce Code prescrit de mentionner le prêt à la grosse sur
l'acte de nationalité.

(5) Compléter ce qui est dit au texte par le n° 580. Il peut arriver que le pré-

sence d'un procès-verbal n'empêche pas le prêt à la grosse de produire tous ses effets entre les parties (1).

1551. Dans l'usage, afin que l'emprunt se fasse aux meilleures conditions possibles pour le propriétaire du navire, l'autorité compétente, en autorisant le capitaine à emprunter, prescrit le plus souvent de procéder à l'emprunt par voie d'adjudication, c'est-à-dire que, le public ayant été averti de l'opération à faire, la préférence sera donnée à celui qui offrira de prêter pour le profit maritime le moins élevé (2).

1552. Les formalités de l'art. 234, C. com., n'étant exigées que pour éviter les abus de pouvoir, sont inapplicables au cas où l'emprunt est fait par le propriétaire même du navire sur son bâtiment, fût-ce en cours de voyage (3).

1553. QUELLES PERSONNES PEUVENT PRÊTER OU EMPRUNTER A LA GROSSE. — Toute personne ne peut pas prêter ou emprunter à la grosse.

Le prêt à la grosse étant un acte de commerce, il faut pour y figurer être capable de faire un acte de commerce (4). Cette capacité n'est pas suffisante pour l'emprunteur. Il faut, en outre, en principe, que celui qui emprunte soit propriétaire de la chose affectée au prêt ou ait mandat du propriétaire. Cela résulte, soit de ce que l'emprunteur doit avoir un intérêt en risque, soit de ce que la chose affectée doit être grevée d'un privilège; il ne serait pas concevable

---

teur à la grosse ait le privilège des frais de conservation, en vertu de l'art. 2102-3°, C. civ.

(1) Voilà encore un cas où le prêt à la grosse existe indépendamment du privilège. V. n°s 1518 et 1549.

(2) Le projet de 1865 prescrivait de procéder au prêt par voie d'adjudication. L'art. 339 de ce projet était ainsi conçu : « L'emprunt a lieu par adjudication, « aux conditions déterminées par le magistrat, à moins qu'à raison des cir- « constances, il n'ait autorisé l'emprunt amiable. Si l'enchère ouverte ne « donne pas de résultat ou n'amène que des offres qui paraissent trop oné- « reuses, le magistrat peut, d'office, sur la requête du capitaine ou de tout « intéressé, ordonner qu'il sera procédé à une nouvelle enchère, ou autoriser « un emprunt amiable. »

(3) Laurin sur Cresp, II, p. 259; Desjardins, V, p. 176. V. note 2 de la p. 504.

(4) V. les règles générales sur ce point dans notre *Traité de Droit commercial*, I, n°s 217 et suiv.

qu'une chose fût grevée d'un droit réel sans le consentement du propriétaire. Mais, pour les marchandises, en vertu de la règle *en matière de meubles possession vaut titre*, celui qui en est possesseur, spécialement qui est détenteur du connaissement, en est réputé propriétaire et peut, par suite, les affecter à un prêt à la grosse (1).

Il résulte de ces principes que le propriétaire peut emprunter avant le départ sur le navire, mais qu'il ne pourrait le faire sur le chargement; que le propriétaire de marchandises peut les affecter à un prêt à la grosse. Mais les emprunts à la grosse sur le chargement faits par les chargeurs, ne se font plus dans la pratique (2).

1553 *bis*. Le capitaine ne peut pas, conformément aux principes généraux, emprunter à la grosse dans le lieu de la demeure de l'armateur (art, 232, C. com.). La loi exige, pour qu'il emprunte dans ce lieu, une autorisation authentique ou l'intervention du propriétaire (art. 321). Ce n'est pas à dire pourtant qu'un emprunt fait par le capitaine dans ce lieu serait nul, il vaudrait sans doute comme emprunt à la grosse, à l'égard du prêteur de bonne foi, mais le navire ne serait pas affecté par privilège au prêt; il ne le serait du moins que pour la part de copropriété du capitaine avec sa part corrélative dans le fret (art. 321) (3). On ne peut assimiler le capitaine d'un navire au possesseur de bonne foi, il n'est qu'un simple détenteur. Aussi ne doit-on pas appliquer ici les solutions données pour le cas où des marchandises sont affectées à un prêt à la grosse par un possesseur de bonne foi. Cpr. n° 1553.

1554. Mais, en cours de voyage, le capitaine est réputé avoir reçu du propriétaire le mandat d'emprunter à la grosse en cas de nécessité. Il doit seulement remplir les formalités de l'art. 234 (n°s 577 et 578). Ce pouvoir implicite peut sans doute être enlevé au capitaine par le propriétaire, mais, dans l'intérêt du commerce de mer, il faut admettre que cette restriction apportée aux pouvoirs du capitaine ne saurait être opposée aux tiers de bonne foi qui contractent avec lui (V. analog. n° 569 *b*).

(1) De Valroger, III, n° 932; Desjardins, V, n° 1152, p. 213.
(2) De Courcy, *Questions de Droit maritime* (1ʳᵉ série), p. 28.
(3) L'art. 321 ne contredit donc point la solution d'après laquelle les actes faits par le capitaine seul, même dans le lieu de la demeure de l'armateur, sont valables à l'égard des tiers de bonne foi (n° 185).

Ce n'est pas seulement, du reste, sur le navire que le capitaine peut ainsi emprunter en cours de voyage, c'est sur la cargaison elle-même, bien que l'armateur n'en ait point la propriété. Cette dérogation aux principes s'explique aisément. En présence d'un besoin imprévu, le capitaine peut ne trouver à emprunter qu'en affectant la cargaison en tout ou en partie; il est de l'intérêt des chargeurs et des destinataires eux-mêmes que le prêt soit fait, car il est possible que sans lui, le capitaine, manquant d'argent, ne puisse conduire le navire au port de destination (1). Il va de soi, du reste, que la charge de l'emprunt doit peser, en définitive, sur le propriétaire du navire, puisque la somme empruntée sert à payer des dépenses qu'il doit seul supporter. En conséquence, en cas de vente des marchandises opérée par le prêteur, le propriétaire des marchandises vendues a un recours contre l'armateur. Ce recours est garanti par le privilège de l'art. 191-7° qui porte sur le navire (2). V. analog., art. 298, C. com.

Il faut se garder de conclure de là que le propriétaire d'un navire peut, avant le départ, affecter à un prêteur des marchandises de la cargaison pour faire les dépenses nécessaires à la mise en état du navire. Un semblable prêt n'aurait aucun effet à l'égard des chargeurs : le propriétaire sait qu'il doit pourvoir à tous les besoins de la navigation avant le départ et il ne saurait imposer aux propriétaires de la cargaison la charge même d'une simple avance (3).

1555. D'après les principes qui régissent la copropriété des navires, un emprunt à la grosse peut être fait sur un navire dans l'intérêt

---

(1) La loi française laisse à l'autorité compétente toute liberté pour autoriser l'emprunt, soit sur le navire seul, soit sur le navire et la cargaison, soit sur la cargaison seule (n° 575). Le Code de commerce *allemand* (art. 681) contient des dispositions restrictives à cet égard. Il distingue selon que le capitaine emprunte pour achever le voyage ou pour la conservation et le transport ultérieur de la cargaison : dans le dernier cas, le capitaine ne peut emprunter que sur la cargaison; dans les autres, la cargaison ne peut être engagée que si le navire ou le fret le sont en même temps, mais le capitaine peut emprunter isolément sur le navire ou sur le fret.

(2) Cpr. Trib. comm. Seine, 27 fév. 1889 et Paris, 22 nov. 1890, *Revue intern. du Droit marit.*, 1888-89, p. 662; 1890-91, p. 405.

(3) Trib. comm. Marseille, 24 mai 1864, *Journ. de Marseille*, 1864. 1. 147. Ce jugement décide avec raison qu'il en est de même, au port d'armement, du capitaine qui ne peut avoir plus de droits que l'armateur. V. Desjardins, V, p. 213.

commun, dès l'instant que la majorité des copropriétaires est d'avis d'emprunter (art. 220, C. com. V. n° 284.)

1556. Le Code de commerce admettait dans un cas tout spécial que, dans le lieu même de la demeure des copropriétaires, le capitaine pouvait, malgré leur résistance, emprunter à la grosse sur le navire pour le pourvoir de ce qui est nécessaire à l'expédition (article 233) (V. pour les détails, ci-dessus n° 1534 et suiv.). Mais, le privilège du prêteur à la grosse avant le départ ayant été supprimé par la loi du 10 décembre 1874, un capitaine pourrait ne trouver que difficilement à emprunter à la grosse. La loi de 1874 (art. 28), confirmée sur ce point par la loi du 10 juillet 1885 (art. 35), a, en conséquence, supprimé la faculté donnée au capitaine d'emprunter à la grosse, en lui conférant, dans le même cas, celle d'emprunter avec hypothèque sur les parts des récalcitrants. Dans l'espèce prévue par l'art. 233, C., com., il s'agit de pourvoir à des dépenses à faire pour le navire avant le départ. Aussi la cargaison ne peut-elle être affectée alors par le capitaine à un emprunt à la grosse. Mais, même depuis la loi de 1874, on peut soutenir que le capitaine peut emprunter à la grosse sur un navire de moins de 20 tonneaux, par cela même que des navires de ce tonnage ne peuvent pas être grevés d'une hypothèque maritime.

1557. En ce qui concerne les prêts à la grosse, on doit constater qu'il n'y a pas de compagnies constituées spécialement pour les faire (1); ils sont faits ou par des particuliers ou par des compagnies d'assurances.

D. — DES EFFETS DU PRÊT A LA GROSSE. DROITS DU PRÊTEUR. RISQUES COURUS PAR LUI. OBLIGATIONS DE L'EMPRUNTEUR. CONCOURS DE PLUSIEURS PRÊTEURS A LA GROSSE ET DES PRÊTEURS AVEC DES ASSUREURS.

1558. Les effets du prêt à la grosse consistent dans les obligations de l'emprunteur. La principale obligation de l'emprunteur (2) est

(1) M. de Courcy (*Questions de Droit maritime*, 1ʳᵉ série, p. 56) mentionne la *Compagnie française des prêts à la grosse* fondée en 1853; mais cette compagnie a cessé d'exister.

(2) Nous disons la *principale*, car il y en a d'autres accessoires. Telles sont l'obligation de faire des déclarations exactes permettant au prêteur d'apprécier les risques, celle de prouver, conformément aux principes généraux, les événements de mer qui sont allégués par lui pour éteindre ou réduire son engagement, etc. V. n° 1584.

celle de rembourser le capital et de payer le profit maritime. Mais cette obligation est détruite ou, au moins, réduite en certains cas, par cela même que le prêteur doit supporter les risques de mer. Lorsque l'obligation de l'emprunteur disparaît, le prêteur conserve tout au moins le droit de se faire payer sur la chose affectée au prêt; il a alors, comme on le dit parfois, une simple action réelle. Dans les cas où le privilège du prêteur à la grosse est encore admis, les droits du prêteur sont ainsi garantis.

Aussi, pour connaître exactement les droits et les obligations des contractants, faut-il les examiner, soit dans le cas où l'obligation de l'emprunteur existe dans toute son étendue, soit dans le cas où elle est éteinte ou réduite.

1559. Heureuse arrivée. — Le prêteur à la grosse ne peut, en principe, exiger le remboursement intégral du capital et le paiement du profit entier qu'autant qu'il y a heureuse arrivée, c'est-à-dire que la chose affectée au prêt a complètement échappé aux risques dont le prêteur est responsable.

Il en est toutefois exceptionnellement de même quand, avant la fin normale de ces risques, le prêt est *ristourné*, ce qui a lieu quand, par le fait de l'emprunteur, la chose affectée au prêt est exposée à d'autres risques que ceux dont le prêteur doit répondre d'après le contrat de grosse, par exemple lorsque, le prêt étant fait pour un voyage déterminé, il y a changement volontaire de voyage ou quand les marchandises sont volontairement rechargées sur un navire autre que celui qui avait été désigné, etc. Cpr. art. 324 à 326, C. com.

Le prêteur jouant le rôle de demandeur, il lui incombe de prouver le fait sans lequel il ne serait pas créancier, c'est-à-dire l'heureuse arrivée (1) ou le fait de l'emprunteur qui a mis fin aux risques.

1560. Généralement le paiement se fait au lieu dans lequel se trouve le navire quand le risque finit, bien que ce ne soit pas le terme du voyage, si aucun autre lieu de paiement n'a été convenu. Il se fait entre les mains du porteur régulier du contrat de grosse ou

_____

(1) Ce que nous entendons par là, c'est évidemment l'existence de la chose assurée lors de la fin du voyage, ou lors de l'expiration du temps fixé, selon que le prêt a été fait au voyage ou à temps.

de son mandataire (1). Si personne ne se présente pour recevoir, l'emprunteur peut soit faire le dépôt de la somme due dans les termes de la loi du 6 thermidor an III, quand le billet de grosse est à ordre ou au porteur (2), soit la conserver. Il est alors dispensé de payer un intérêt quelconque; mais, dans le second cas, les fonds sont à ses risques.

En principe, le remboursement est dû dès que le risque est fini; le plus souvent, dans la pratique, un délai est donné à l'emprunteur par la convention; il est juste de lui laisser le temps de se procurer de l'argent en recouvrant le fret, en vendant les marchandises, etc.

A défaut du délai accordé par la convention, le juge peut en accorder un à l'emprunteur (art. 1244, C. civ.) (3), à moins toutefois que le billet de grosse ne soit à ordre. Car, en matière de titres à ordre, aucun délai de grâce ne peut être accordé au débiteur (article 157, C. com.).

1561. *Intérêts de terre du capital.* — Lorsque le capital et le profit sont devenus exigibles, deux questions se posent relativement aux obligations de l'emprunteur.

Le profit maritime étant le prix des risques cesse, en principe, de courir avec eux, en tant qu'il dépasse (ce qui est fréquent) le taux maximum fixé par la loi du 3 septembre 1807 (4). Mais le profit maritime est-il alors de plein droit remplacé par l'intérêt ordinaire (qu'on appelle souvent par opposition au profit maritime, *intérêt de terre*)? La question ne s'élève qu'autant que le contrat de grosse est muet à cet égard; car les parties ont la liberté de convenir qu'il en sera ainsi. Au reste, depuis qu'en vertu de la loi du 12 janvier 1886, la liberté du taux de l'intérêt existe en matière de commerce, il pourrait être valablement convenu que le profit maritime supérieur à l'intérêt légal de 6 0/0 continuera de courir même après l'heureuse

---

(1) A Rome, un esclave accompagnant le navire était souvent chargé de recouvrer le montant du prêt : L. 4, § 1, Dig. (XXII, 2), L. 23, Dig. (XLIV. 7).

(2) V. *Traité de Droit commercial*, IV, n° 309.

(3) En règle générale, le juge peut accorder un terme de grâce en matière commerciale V. *Traité de Droit commercial*, III, n° 40 et IV, n°s 287 et 518.

(4) C'était déjà la solution du Droit romain, L. 1, *Code de Justinien* (IV. 33).

arrivée. Cette convention n'eût pas été possible avant la loi du 12 janvier 1886.

On a soutenu que les intérêts de terre ne peuvent courir qu'à partir de la demande en justice (1). Puisque, dit-on, ce ne sont pas des intérêts conventionnels, il ne peut s'agir que d'intérêts moratoires; or, pour ces intérêts, la règle se trouve dans l'art. 1153, C. civ. Il paraît plus juste d'admettre que l'intérêt de terre court de plein droit (2). Cette solution est conforme à l'usage commercial et il ne faut pas oublier que l'art. 1153, C. civ., en posant la règle qu'on rappelle, réserve *les usages spéciaux au commerce*. La doctrine opposée serait très rigoureuse, par cela même que le prêteur peut ignorer que le capital est devenu exigible.

1562. *Intérêts du profit maritime.* — Mais le profit maritime produit-il lui-même des intérêts et, en cas d'affirmative, à partir de quel moment en est-il productif? La difficulté provient des règles légales concernant l'anatocisme. Prohibé dans l'ancien Droit, l'anatocisme n'est permis par le Code civil (art. 1154) qu'autant qu'il s'agit d'intérêts dus au moins pour une année entière; en outre, les intérêts échus des capitaux ne produisent des intérêts sous cette condition que par une demande judiciaire ou par une convention spéciale. Si l'on applique cette disposition au profit maritime, il faut dire que non seulement il ne produit pas d'intérêts de plein droit, mais que, de plus, une convention ou une demande en justice ne peut lui en faire produire que quand, ce qui est rare, il est dû pour une année entière. Cette opinion a été soutenue et nous la croyons seule exacte (3). On n'a pu la combattre (4) qu'en prétendant, ce qui est arbitraire, que le profit maritime, étant pour partie le prix des risques, ne constitue pas un intérêt. Les partisans de cette dernière opinion reconnaissent, du reste, qu'une convention ou une demande en justice est nécessaire pour que le profit maritime produise des intérêts.

---

(1) Pothier, *Contrat à la grosse,* n° 51. V. aussi Pardessus, II, n° 917.

(2) Émérigon, *op. cit.*, ch. III, sect. IV, § 1; Cresp et Laurin, II, p. 302 et suiv.; Boistel, n° 1431; Desjardins, V, n° 1183.

(3) Boistel, n° 1431. — V. pour l'ancien Droit, Pothier, *Contrat à la grosse*, n° 51.

(4) Émérigon, chap. III, sect. V, § 2; Cresp et Laurin, II, p. 307; Desjardins, V, n° 1183, p. 302.

1563. De même que la prime d'assurance, le profit maritime est dû par cela seul que les risques ont commencé à courir (n° 1431). Peu importe que le voyage entrepris n'ait pas été achevé par la volonté de l'emprunteur ou par toute autre cause. Mais la prime d'assurance est régie par deux dispositions qu'à raison de leur caractère exceptionnel, il ne paraît pas possible d'étendre au prêt à la grosse.

Quand, par suite de la rupture du voyage avant le départ, l'assurance est annulée, l'assureur reçoit, à titre d'indemnité, demi pour cent de la somme assurée (art. 349) (1). En cas d'annulation du prêt à la grosse pour défaut de mise en risques, l'indemnité qui peut être due, n'étant pas fixée à forfait par la loi, doit être, conformément aux principes généraux, déterminée par le juge, d'après les circonstances.

En cas d'assurance de marchandises pour l'aller et le retour, lorsque, le navire étant parvenu à sa première destination, il ne se fait pas de chargement en retour ou si le chargement en retour n'est pas complet, l'assureur reçoit seulement les deux tiers proportionnels de la prime convenue, s'il n'y a stipulation contraire (art. 356) (2). Cette disposition déroge à la règle d'après laquelle la prime est due en entier par cela seul que les risques ont commencé. En conséquence, dans le silence de la loi, il faut décider qu'en cas de prêt à la grosse d'entrée et de sortie, si le chargement n'a pas lieu ou n'est pas complet, la prime de grosse est pourtant due intégralement (3).

1564. RISQUES DONT RÉPOND LE PRÊTEUR A LA GROSSE. — L'emprunteur n'est obligé de payer intégralement le capital prêté et le profit maritime qu'en cas d'heureuse arrivée. Il n'y a pas heureuse arrivée, lorsque les choses affectées au prêt ont péri ou ont subi, par suite de risques de mer, des avaries qui sont à la charge du prêteur. Le prêteur, suivant la nature et la gravité de ces avaries, n'a plus qu'une

---

(1) V. n° 1430.

(2) V. n° 1432.

(3) Cresp, II, p. 230; Ruben de Couder, *Dict.*, v° *Grosse aventure*, n° 104. — V. en sens contraire, pour l'extension de l'art. 356 : Trib. comm. Marseille, 18 nov. 1846, *Journ. de Marseille*, 1846. 1. 19; Laurin sur Cresp, II, p. 230, note 25. — Pour l'ancien Droit, Valin, sur l'art. 15, liv. III, tit. 5 et sur l'art. 6, liv. III, tit. 6 de l'Ordonnance.

action réelle sur les débris ou peut agir contre l'emprunteur par une action personnelle, mais seulement pour une portion de la somme prêtée et du profit maritime.

Quelle doit être la cause des avaries et quelle en doit être la nature, pour que le prêteur en réponde? Quelles sont les conséquences des avaries dont le prêteur est responsable sur ses droits et sur les obligations de l'emprunteur? Telles sont les questions à résoudre. Elles correspondent à celles qui ont été examinées dans le chapitre précédent, quand il s'est agi de déterminer les obligations de l'assureur (n⁰ˢ 1218 et suiv.).

1565. Le prêteur à la grosse, comme l'assureur maritime, ne supporte les avaries qu'autant qu'elles proviennent de risques de mer. Il y a lieu d'appliquer ici tout ce qui a été dit, à propos des assurances, sur la nature de ces risques. On entend par là les accidents arrivés sur la mer ou par la mer (art. 350). Les déchets, diminutions et pertes qui arrivent par le vice propre de la chose et les dommages causés par le fait de l'emprunteur ne sont pas à la charge du prêteur (art. 326, C. com.). Il est certain qu'en principe, le prêteur ne répond pas non plus de la baraterie de patron (anal. art. 353).

1566. Il ne suffit pas, du reste, que des accidents de mer causent des avaries à la chose affectée pour que le prêteur en réponde, il faut encore que ces accidents se soient réalisés dans le temps et dans le lieu des risques (n° 1247 et suiv.).

Le Code de commerce (art. 328) détermine relativement aux prêts faits au voyage, quand les risques commencent et quand ils finissent pour le prêteur (1), mais il ne paraît résoudre la question que pour le prêt fait avant le départ. Au reste, comme l'indique l'art. 328, la règle qu'il pose ne s'applique qu'à défaut de stipulation déterminant le temps des risques. Pour ce qui est du prêt fait en cours de voyage, les risques doivent être à la charge du prêteur à partir du moment même du prêt. Le navire ou la cargaison est, en effet, exposé dès lors aux risques de mer.

De ce que les risques doivent être réalisés dans le temps et dans les lieux convenus, il résulte qu'en cas de changement volontaire soit de route, soit de voyage, ou de changement volontaire de navire,

_____
(1) V. n° 4128.

quand des marchandises sont affectées au prêt, le prêteur cesse d'être responsable (art. 324, analog. art. 351). Aussi, dans ces cas, le capital et le profit deviennent-ils immédiatement exigibles (n° 1559).

1567. L'exclusion de la responsabilité du prêteur, en ce qui concerne le vice propre, le fait de l'emprunteur, la baraterie de patron, a lieu certainement dans le prêt antérieur au départ. Doit-on donner la même solution pour le prêt fait en cours de voyage? On a soutenu que non et prétendu que, dans ce dernier prêt, toute avarie subie par la chose affectée est à la charge du prêteur, quelle qu'en soit la cause (1). En faveur de cette doctrine, on fait observer qu'en cas de prêt fait en cours de voyage, le propriétaire du navire, en faisant l'abandon du navire et du fret, se décharge des risques sur le prêteur, sans que celui-ci puisse invoquer, pour y échapper, le vice propre ou le fait de l'emprunteur. Cette doctrine n'est pas, selon nous, absolument exacte. On ne saurait assurément y opposer que l'art. 326 ne fait pas de distinction entre les deux sortes de prêts à la grosse. Il y a des dispositions du Code de commerce qui ne distinguent pas et qui ne sont pourtant applicables qu'au prêt fait avant le départ (notamment les art. 328 et 331); ce sont celles dont l'application au prêt fait en cours de voyage serait contraire aux principes qui régissent ce prêt, et il n'en est pas ainsi de la disposition de l'art. 326. La vérité est qu'on doit rechercher quel parti prend le propriétaire du navire à l'égard du prêteur qui a traité en cours de voyage. Opte-t-il pour l'abandon du navire et du fret? Il va de soi qu'alors le prêteur se trouve répondre même du vice propre et du fait de l'emprunteur. Mais, si l'emprunteur ne fait pas l'abandon, il se trouve tenu personnellement envers le prêteur et il n'est pas admis à invoquer des avaries, pour réduire cette obligation sous prétexte qu'elles proviennent du vice propre ou de son fait. Il est facile de comprendre que l'emprunteur ait intérêt à ne pas faire l'abandon : cela se présente quand, malgré l'avarie, la chose affectée au prêt a encore une valeur supérieure à la somme prêtée et au profit maritime réunis.

1568. Au point de vue de la responsabilité du prêteur, le prêt à la

(1) De Courcy, *D'une réforme internationale du Droit maritime*, p. 82 et suiv.; *Questions de Droit maritime* (1re série), p. 30 et suiv.

grosse s'est de plus en plus rapproché de l'assurance maritime. Dans le Droit athénien et dans le Droit romain, le prêteur ne supportait que la perte totale et peut-être la perte partielle (1). L'Ordonnance de 1681 (livre III, tit. 5, art. 16) mettait à la charge du prêteur, en outre, les avaries communes et ne lui faisait supporter les avaries particulières qu'en vertu d'une convention spéciale. Le Code de commerce (art. 330), renchérissant encore sur l'Ordonnance, fait supporter par le prêteur les avaries particulières aussi bien que les avaries communes. Ainsi, le prêteur à la grosse encourt la même responsabilité que l'assureur.

1569. Le Code de commerce a été bien loin dans l'assimilation entre le prêt à la grosse et l'assurance maritime et a, contrairement à l'intention probable des contractants, exagéré la responsabilité du prêteur. Il semblerait plus conforme à cette intention de la restreindre à la perte totale ou partielle et aux avaries communes, en excluant les détériorations et les dépenses extraordinaires. Le système du Code est surtout critiquable en ce qui concerne l'emprunt fait en cours de voyage. C'est une mesure de salut; il ne faut pas décourager les prêteurs en leur imposant une responsabilité trop lourde. Le projet de 1865 (art. 345) décidait que le prêteur à la grosse ne supporte pas les avaries particulières des choses affectées ; qu'il contribue aux avaries communes survenues postérieurement au prêt, si l'acte n'exprime pas que le prêteur en est affranchi.

1569 *bis.* Droit étranger. — Les lois étrangères se sont aussi, pour la plupart écartées du Code français. Le Code de commerce *allemand* (art. 691) admet que le prêteur à la grosse ne supporte ni les avaries grosses ni les avaries particulières; il ajoute seulement que, si les objets affectés à l'emprunt sont devenus, par suite d'avarie grosse ou particulière, insuffisants pour désintéresser le prêteur à la grosse, le préjudice qui en résulte tombe à sa charge. La loi *belge* du 21 août 1879 (art. 167), adoptant les règles conte-

(1) Valin, sur l'art. 2, liv. III, tit. 5 de l'Ordonnance, et Pothier (*Prêt à la grosse*, n° 47) reconnaissaient qu'en cas de perte partielle causée par une avarie même particulière, le prêteur supportait la perte. Emérigon (chap. XI, sect. I, § 3) excluait la responsabilité du prêteur même en cas de perte partielle, dès que l'avarie était particulière. Consult. Frémery, *op. cit.*, p. 265 et suiv.

nues dans le projet français de 1865, ne met à la charge du prêteur
que la perte totale et les avaries communes, sauf convention contraire. — Le Code de commerce *italien* (art. 599 et 603) déclare
le prêteur responsable de la perte totale, de la perte partielle, des
avaries communes *nonobstant toute convention contraire*, et des
avaries particulières, mais seulement si, par suite d'une avarie particulière, les effets affectés au prêt ne suffisent pas à satisfaire le
créancier. Il en est de même du Code de commerce *portugais* (article 613).

1570. Pour le prêteur à la grosse, comme pour l'assureur, les
effets de la responsabilité diffèrent selon qu'il y a, soit perte totale ou
sinistre majeur, soit des avaries proprement dites.

1571. *Perte totale.* — En cas de perte totale, l'emprunteur est
complètement libéré envers le prêteur ; il n'a à payer ni le capital,
ni le profit maritime (art. 325, C. com.) (1). Le prêteur n'a plus
même d'action réelle, puisque rien ne subsiste de la chose qui lui
avait été affectée.

1572. *Sinistres majeurs.* — Les sinistres majeurs déterminés
par la convention ou, à défaut, par le Code de commerce (art. 369 et
suiv.) (2), doivent être assimilés à la perte. S'il reste des débris, le
prêteur peut s'en faire rendre compte par toute personne qui en est
dépositaire ou qui en a touché le prix. Il est payé sur eux déduction
faite des frais de sauvetage (art. 327) L'emprunteur échappe comme
tel à toute action personnelle du prêteur ; il se pourrait seulement

(1) L'art. 325, C. com., ne parle que de la somme prêtée qui ne peut pas
être réclamée. Il en est *a fortiori* ainsi du profit maritime qui est l'accessoire de cette somme. L'Ordonnance (art. 11, liv. III, tit. 5) se servait d'une
expression inexacte en disant qu'en cas de perte entière, tous contrats à la
grosse demeurent *nuls*. La nullité suppose un vice entachant le contrat lors
de sa conclusion. — Le Code de commerce *italien* emploie, au contraire, des
termes très exacts en disant qu'en cas de perte entière, celui qui a reçu les
deniers prêtés est libéré (*è liberato*).

(2) L'art. 327 ne parle que du cas de naufrage ; mais on doit, par identité
de motifs, l'appliquer à tous les cas de sinistres majeurs. — Il ne mentionne
que le capital comme réduit aux effets sauvés ; il est évident que le profit
maritime est réduit aussi dans la même mesure. — Cependant il est soutenu
que l'action personnelle subsiste en dehors du cas de naufrage avec perte entière. — V. Rouen, 25 mars 1868, D. 1869. 1. 454; Desjardins, V, n° 1191. Les
partisans de cette opinion ne veulent pas qu'on étende, par analogie, au prêt à
la grosse les règles de l'assurance maritime.

qu'il fût responsable envers le prêteur, parce qu'il aurait touché le prix des objets sauvés ou n'aurait pas fait le nécessaire pour sauver les débris.

Cette restriction du droit du prêteur aux débris avec suppression de toute action personnelle contre l'emprunteur, correspond au délaissement en matière d'assurances. Il n'y a toutefois pas de délaissement proprement dit; jamais l'emprunteur ne transfère au prêteur la propriété de ce qui reste des choses affectées au prêt. Le prêteur a seulement le droit de se faire payer sur elles et, s'il y a un excédant, il appartient à l'emprunteur (1).

1572 bis. *Affectation du fret acquis.* — Lorsque la chose affectée au prêt est le navire, le prêteur n'a pas seulement un droit sur ce qui en reste, il peut encore se faire payer sur le fret des marchandises sauvées; le fret acquis (2) est considéré par la loi comme affecté au prêteur avec le navire (art. 320, 1er alin.) (3). Cette règle correspondait à l'ancien art. 386, C. com., d'après lequel le fret devait être compris par l'assuré dans le délaissement; elle dérivait de ce que le prêt à la grosse ne pouvait permettre à l'emprunteur de se placer, en cas de sinistre, dans la même situation qu'en cas d'heureuse arrivée, mais seulement dans celle où il était avant la mise en risques. La convention qui aurait exclu le fret, aurait donc été nulle comme l'était, selon nous, la convention qui aurait exclu le fret du délaissement fait par l'assuré (4). Mais, depuis la loi du 12 août 1885 qui permet d'affecter le fret à faire au prêt à la grosse, l'affectation de fret acquis comme accessoire du navire, n'est qu'une interprétation de volonté que la convention peut écarter.

(1) Emérigon, chap. XI, sect. I; Frémery, *Études de Droit commercial*, p. 279 et 280.

(2) Il s'agit du fret *acquis* et, par conséquent, l'art. 320, 1er alin. ne contredisait nullement la prohibition du prêt à la grosse sur le fret à faire édictée, avant la loi du 12 août 1885, par le Code de commerce (ancien art. 318).

(3) Le Code de commerce *allemand* (art. 681) décide, au contraire, que l'emprunt à la grosse sur le navire ne comprend le fret que s'il en est fait mention; il le considère comme s'étendant au fret quand l'emprunt est fait sur le navire et sur la cargaison.

(4) Emérigon (*op. cit.*, chap. I, sect. IV) admettait cette solution pour le prêt à la grosse. Il voyait même là une différence entre le prêt et l'assurance maritime. On sait qu'une Déclaration de 1779 avait expressément permis d'exclure le fret du délaissement à faire par l'assuré.

1572 *ter*. *Avaries particulières.* — Sous l'empire de l'Ordonnance, les avaries particulières n'étaient à la charge du prêteur qu'en vertu d'une clause expresse qui était, du reste, très usuelle (1). Le Code de commerce (art. 330, alin. 2), se conformant à l'usage, a pour ainsi dire sous-entendu cette clause dans tous les prêts à la grosse.

Les avaries simples peuvent consister en une perte partielle, en détériorations et en dépenses extraordinaires ; dans tous les cas, elles sont supportées par le prêteur.

1573. *Affectation partielle.* — Les droits respectifs du prêteur et de l'emprunteur sur la chose affectée ne peuvent être bien fixés qu'autant qu'on sait dans quelle mesure est affectée la chose sur laquelle le prêt est fait. Il va de soi que la chose entière est affectée au prêt quand la somme prêtée est égale à la valeur de cette chose ; le prêteur peut alors se faire payer sur tout ce qui en reste. Il est aussi évident que, quand une portion seulement de la chose a été affectée au prêt, le prêteur n'a droit, sur ce qui reste, qu'à une partie proportionnelle de la somme prêtée. Ainsi il a été fait un prêt de 50.000 fr. sur une cargaison de 100.000 fr. avec convention que la moitié seulement de la cargaison garantirait ce prêt. Si, par suite d'une avarie, il ne reste que 60.000 fr., le prêteur ne pourra réclamer que 30.000 fr., le surplus appartiendra à l'emprunteur qui concourra ainsi avec le prêteur. Mais, quand la somme prêtée est inférieure à la valeur de la chose affectée, si l'acte de prêt ne restreint pas expressément l'affectation à une part proportionnelle, faut-il admettre la même solution ou décider que la chose entière garantit le prêt? Un exemple fera saisir le grand intérêt pratique de la question. 50.000 fr. ont été empruntés sur une cargaison de 100.000 fr. sans indication d'affectation d'une part déterminée. Par suite d'avaries, la cargaison ne subsiste plus que pour 60.000 fr. Si l'on admet que l'affectation est totale, le prêteur sera toujours

---

(1) Valin dit que cette clause se rencontrait dans tous les contrats à la grosse. Emérigon (chap. VII, sect. I, § 1) dit, au contraire : « Parmi nous, je « n'ai jamais vu de clause pareille, et les donneurs ne contribuent point aux « avaries simples à l'exception de celles qui, occasionnées par l'innavigabilité « ou l'échouement du navire, mettent l'emprunteur hors d'état de remplir ses « engagements. » Il résulte de là que les usages n'étaient pas identiques sur tout le littoral.

créancier de 50.000 fr.; il ne subira donc aucune perte. Si, au contraire, l'on admet qu'elle est partielle, le prêteur ne pourra exiger du prêteur que 30.000 fr.

Les avis étaient déjà partagés sur cette question dans l'ancien Droit français (1); ils n'ont pas cessé de l'être. En faveur de l'affectation totale (2), on fait remarquer qu'un débiteur ne peut jamais concourir avec son créancier sur le gage qu'il lui a donné. Mais cette doctrine ne doit pas être adoptée (3). Il y a dans l'argument invoqué un véritable cercle vicieux : si l'on admet l'affectation partielle, il en résulte que, dans la proportion de l'avarie, l'emprunteur n'est plus obligé; on ne saurait donc parler du concours d'un débiteur avec son créancier sur le gage. Du reste, les principes généraux et les textes du Code peuvent être invoqués en faveur de l'affectation partielle. Le prêt à la grosse doit, en cas de doute, s'interpréter en faveur de l'emprunteur (art. 1162, C. civ.). En cas de prêts à la grosse faits avant le départ, les différents prêteurs concourent ensemble sur ce qui peut rester des choses affectées au prêt. S'il y avait une affectation totale, il ne pourrait être question d'un concours, les premiers prêteurs en date primeraient les suivants. L'art. 331, C. com., qui suppose qu'il y a, sur la chose affectée au prêt, un concours entre un prêteur à la grosse et un assureur, paraît encore confirmer notre opinion (n° 1593). Elle a l'avantage de traiter les choses en présence d'un prêt partiel comme en présence d'une assurance partielle. Cela n'est-il pas conforme au rapprochement fait par le Code entre les deux contrats?

1574. *Avaries communes.* — Le prêteur à la grosse contribue aux avaries communes. Il peut se faire que l'avarie commune ait atteint une chose autre que celle qui est affectée au prêt ou cette chose même; il importe de distinguer ces deux cas. Dans le premier, la part contributive de l'emprunteur dans les avaries communes

---

(1) Valin tenait pour l'affectation partielle (sur l'art. 16, liv. I, tit. 14, sur les art. 16, 17 et 18 du liv. III, tit. 5 de l'Ordonnance). Pothier (*Prêt à la grosse*, n° 49) et Emérigon (*Assurances*, chap. 17, sect. XII) étaient partisans de l'affectation totale.

(2) Pardessus, II, n° 924; Bédarride, *Du commerce maritime*, III, n°s 960 et suiv.; Ruben de Couder, *Dict.*, v° *Grosse aventure*, n° 291.

(3) V. pour l'affectation partielle, Frémery, *op. cit.*, p. 254 et suiv. et p. 278; Cresp et Laurin, II, p. 369 et suiv.; Desjardins, V, n° 1192.

vient en déduction de la somme prêtée. Cela paraît très équitable ; en définitive, l'emprunteur s'étant déchargé des risques de mer sur le prêteur, c'est ce dernier seul qui profite du sacrifice volontaire sans lequel il aurait perdu sa créance (1). Si donc un prêt de 100.000 fr. a été fait sur une cargaison d'une égale valeur, et que, par suite d'une avarie commune, elle ait à supporter une contribution de 10 0/0, la charge en incombera au prêteur envers lequel l'emprunteur ne sera obligé que pour 90.000 fr.

1575. Mais, si la somme prêtée est inférieure à la valeur de la chose affectée au prêt, le prêteur, au lieu de supporter l'entière part contributive afférente à cette chose, n'y contribue qu'en proportion de la somme prêtée comparée à la valeur de cette chose (2). Par conséquent, si, sur une cargaison de 100.000 fr. un prêt à la grosse des 50.000 fr. a été fait, et que la contribution soit de 10 0/0, le prêteur sera créancier de 45.000 fr. et non pas seulement de 40.000 ; il ne supportera donc que 5.000 fr., sur une contribution de 10.000 fr. Le prêteur qui n'a couru le risque de perte que pour 50.000 fr., ne doit pas contribuer à raison d'une somme supérieure. Autrement, il pourrait se faire qu'une contribution absorbât entièrement la somme due, bien qu'elle fût minime. Ainsi, en supposant un navire de 100.000 fr. affecté à un prêt de 5.000 fr., il suffirait que la contribution due à raison d'une avarie commune fût de 5 0/0, pour que l'emprunteur se trouvât libéré envers le prêteur ; cela serait exorbitant et peu équitable.

1576. Quand il s'agit d'un prêt fait sur marchandises, en cas d'augmentation de valeur des marchandises assurées, l'assureur contribue-t-il à raison de leur valeur au port de départ ou au port de destination ? Il est naturel de présumer que le prêteur a entendu limiter sa responsabilité par la valeur des marchandises au moment du prêt. On ne se conformerait, ni à l'intention probable des parties, ni à la nature du contrat, en lui faisant perdre plus (3). Cpr. n° 1293.

---

(1) M. de Courcy fait observer que pourtant le sacrifice volontaire n'est pas toujours avantageux pour le prêteur.

(2) Le projet de 1865 (art. 345, *in fine*) le décidait formellement ainsi, en disposant : « Le prêteur contribue, à la décharge des propriétaires des choses « affectées au prêt, proportionnellement au montant de la créance. »

(3) De Valroger, III, n° 1141 ; Desjardins, V, n° 1200 D.

1577. Il est possible, en cas d'avarie commune, que le sacrifice ait atteint précisément la chose affectée au prêt. En quoi consiste alors la responsabilité du prêteur? Les choses sacrifiées dans l'intérêt commun sont, à raison même de la contribution, réputées arrivées (art. 415 et 301, C. com.). En conséquence, l'emprunteur est tenu de payer le capital et le profit, sous la déduction de sa part contributive à l'avarie commune. Mais, comme en réalité la chose affectée au prêt est perdue, si le remplacement de cette chose par voie de contribution n'est pas opéré par suite de l'insolvabilité des contribuables, le prêteur doit en répondre; le dommage provient d'une perte totale (1). En tous les cas, le prêteur doit couvrir l'emprunteur de sa contribution sur lui-même qui reste à la charge de celui-ci.

1578. Dans tous les cas où le prêteur cesse en tout ou en partie d'être créancier de l'emprunteur, il perd dans la même proportion son droit au capital et à la prime. Si donc il y a perte totale, il ne peut pas plus réclamer le profit maritime que la somme prêtée. S'il y a sinistre majeur, il peut se faire payer, mais seulement sur les débris, du profit comme de la somme prêtée. V. n° 1572.

En cas d'avaries, si le prêteur doit subir la déduction de l'avarie sur le capital et sur le profit, comment se fait cette déduction? L'avarie s'impute-t-elle sur le principal de manière à réduire proportionnellement le profit maritime? Ou bien s'impute-t-elle sur les montants réunis du capital et du profit entier tel qu'il a été stipulé? Cette dernière solution est généralement admise (2). Le profit maritime est calculé sur le capital primitif et l'avarie est déduite de ce capital et de ce profit réunis. Ainsi, un emprunt à la grosse de 5.000 fr. a été fait pour un profit de 10 0/0; il y a une avarie s'élevant à 1.000 fr. Si l'on déduit sur ce capital et ce profit maritime réunis le montant de l'avarie, on arrive au résultat suivant:

Capital prêté. . . . 5.000 fr.
Profit à 10 0/0 . . <u>500 »</u>
5.500 »
A déduire pour l'avarie. 1.000 »
Reste. . . . . 4.500 fr. que l'emprunteur doit au prêteur.

(1) Frémery, *op. cit.*, p. 263 et 264; Alauzet, IV, n° 1984.
(2) Cresp et Laurin, II, p. 387 et suiv.; Bédarride, t. III, n° 994.

Si, au contraire, on déduit l'avarie du capital en réglant le profit maritime en proportion, on trouve:

Capital prêté. . . . . 5.000 fr.

A déduire pour l'avarie. . . . . . . 1.000 »

Reste . . 4.000 »

Qui à 10 0/0 donnent pour profit maritime. . . . . 400 »

Total . . . 4.400 fr.

1579. *Profit maritime stipulé payable à tout événement.* — Si, en règle générale, le profit maritime, à la différence de la prime d'assurance, n'est dû qu'en cas d'heureuse arrivée, est-ce à dire qu'il ne pourrait pas être convenu que le profit sera, comme cette prime même, dû à tout événement? Une pareille convention n'aurait rien d'illicite; elle aurait pratiquement le grand avantage d'abaisser beaucoup le taux du profit maritime (1). V. n° 1536.

1580. *Clauses restreignant la responsabilité du prêteur.* — Si le prêteur répond, en principe, de la perte totale, des sinistres majeurs, des avaries communes ou particulières, est-ce à dire qu'une convention spéciale ne pourrait pas en tout ou en partie l'affranchir de cette responsabilité? Il ne serait pas possible d'exclure tous les risques; autrement il y aurait là un prêt ordinaire. On pouvait dire avant la loi du 12 janvier 1886 qu'il y aurait eu un prêt usuraire; les risques courus par le prêteur justifiaient seuls la liberté de l'intérêt dans le prêt à la grosse. Depuis que toute restriction à la fixation de l'intérêt conventionnel en matière de commerce a été supprimée, une stipulation exclusive des risques pour le prêteur n'aurait pour effet que de mettre obstacle à l'existence du privilège du prêteur à la grosse par cela même qu'elle empêcherait qu'il n'y eut prêt à la grosse. On peut, du reste, restreindre la responsabilité du prêteur à la grosse; l'art. 330, al. 2, reconnaît même la possibilité d'une convention déchargeant le prêteur des avaries particulières. Mais pourrait-il être convenu que le prêteur ne contribuera

---

(1) Bien entendu, une convention de ce genre ne se comprend que pour le *profit*, puisqu'il est de l'essence du contrat de grosse que le *capital* soit perdu en cas de sinistre.

pas aux avaries communes? La question est assez vivement discutée.
En faveur de la validité de cette clause (1), on invoque des raisons
spécieuses. Il est permis, dit-on, de stipuler dans une police d'assurance que l'assureur ne répondra pas des avaries communes ; la clause
franc d'avaries (art. 406) qui restreint même encore plus la responsabilité de l'assureur, est très fréquente. Pourpuoi en serait-il autrement dans le prêt à la grosse? Il n'est pas douteux, du reste (l'art. 330
est formel), que le prêteur puisse être déchargé des avaries simples ;
il n'y a pas de bonne raison pour distinguer entre les avaries simples
et les avaries grosses. Il faut, mais il devait suffire dans le système
du Code de commerce auquel il faut toujours se reporter, qu'il y eût
un aléa suffisant pour que le prêt à la grosse n'eut pas un caractère
usuraire. On ajoute que cette solution est favorable au commerce de
mer intéressé à ce que le profit maritime soit aussi peu élevé que
possible ; si le prêteur se charge d'un risque moindre, il reçoit un
profit maritime moins fort. La jurisprudence (2), ainsi qu'un grand
nombre d'auteurs (3), condamne avec raison cette opinion. Au point
de vue rationnel, les arguments de la doctrine opposée ne peuvent
sans doute être réfutés. Mais il s'agit seulement ici de savoir ce qu'ont

(1) Cresp, II, p. 390 et suiv.; De Courcy, *Quest. de Droit maritime* (1re série),
p. 111 et suiv. — Rouen, sentence arbitrale du 2 fév. 1849, *Journ. Pal.* 1850.
1. 576.

(2) Aix, 25 nov. 1859, trib. com. de Marseille, 6 mai et 30 avr. 1867, Aix,
20 nov. 1867, *Journ. de Marseille*, 1860. 1. 158; 1867. 1. 161 et 200; 1868. 1.
D. 1868, 202; 1. 193. — V. la note suivante.

(3) Pardessus, II, n° 895; Desjardins, V, n° 1199, p. 342 et suiv.; Laurin sur
Cresp, II, p. 393 note 105; Bédarride, n° 992; Boistel, n° 1430. Les auteurs et
les arrêts (V. la note précédente) ne se bornent pas, en général, à invoquer les
raisons tirées du texte du Code et des précédents que nous avons mentionnées seules. Ils donnent encore le motif suivant. Le prêteur étant seul intéressé à la conservation de la chose affectée ne peut se dispenser de contribuer.
Autrement le capitaine, en présence d'un danger, pourrait hésiter à faire un
sacrifice indispensable. — Si l'on autorisait à limiter la responsabilité du prêteur, de telles stipulations auraient déguisé des prêts usuraires avant la loi du
12 janvier 1886. — Ces prétendus motifs rationnels n'ont, selon nous, aucune
valeur et ne peuvent qu'affaiblir l'opinion à l'appui de laquelle on les invoque.
Il suffit pour les écarter de rappeler, comme nous le disons au texte, d'abord
que la clause litigieuse est certainement valable dans les polices d'assurance.
Du reste, le prêteur, qui échapperait à la responsabilité des avaries communes, conserverait une responsabilité suffisante qui aurait exclu toute usure
avant la loi du 12 janvier 1886, puisqu'il aurait à sa charge la perte totale et les
avaries particulières.

voulu les rédacteurs du Code de commerce, leur volonté semble bien résulter du texte·même du Code et des précédents. L'art. 330, qui met les avaries particulières à la charge du prêteur, en ayant le soin de réserver la convention contraire, ne fait aucune réserve de ce genre pour les avaries communes. L'absence de toute réserve en ce qui concerne ces dernières avaries paraît décisive, quand on constate que nos anciens commentateurs (1) étaient unanimes à déclarer nulle toute convention excluant la responsabilité du prêteur quant aux avaries communes.

1581. *Clauses extensives de la responsabilité du prêteur.* — A l'inverse, la responsabilité du prêteur pourrait-elle être étendue par la convention à des risques dont, en principe, d'après le Code, le prêteur n'est pas tenu? Pourrait-on l'étendre, par exemple, aux avaries causées par le vice propre, par le fait de l'emprunteur ou résultant de la baraterie de patron? Il faut appliquer, pour résoudre cette question, tout ce qui a été dit précédemment (nos 1229 et suiv.) de l'extension de l'assurance maritime à ces risques qui ordinairement ne sont pas à la charge de l'assureur (2).

1582. *Assurances se rattachant au prêt à la grosse.* — Par cela même que le prêteur à la grosse se charge des risques courus par la chose affectée au prêt, il peut contracter une assurance, faire assurer le profit maritime comme le capital prêté (art. 334, C. com.). Mais il n'en est ainsi pour le profit maritime que depuis la loi du 12 août 1885 (ancien art. 347). V. nos 1144 et 1145. Le prêteur à la grosse jouant le rôle d'un assureur (n° 1091), on peut dire que les assurances contractées par lui sont des sortes de réassurances.

A l'inverse, l'emprunteur ne peut pas contracter une assurance pour la somme empruntée; il ne court pas le risque de perdre cette somme; une semblable assurance l'enrichirait (art. 347). V. n° 1146.

1583. *Preuves à faire par l'emprunteur.* — L'emprunteur qui allègue un sinistre majeur ou une avarie pour se soustraire à ses obligations, se trouve dans une situation analogue à celle de l'assuré

(1) Cpr. art. 12, liv. III, tit. 5, Ordonnance de 1681 et Valin sur cet article; Emérigon, chap. VII, sect. II; Pardessus, II, n° 894; Cresp et Laurin, II, p. 393.
(2) Emérigon, chap. VII, sect. I, § 3; Valin, sur l'art. 16, liv. III, tit. V de l'Ordonnance; Pothier, *op. cit.*, n° 46.

qui réclame une indemnité. Les faits à prouver par le premier sont, en général, les mêmes que ceux à prouver par le second et les moyens de preuve mis à sa disposition sont semblables (nᵒˢ 1413 et suiv.).

En conséquence, l'emprunteur doit prouver :

a. Que la chose affectée au prêt a été exposée aux risques de mer. Cela consiste, dans les prêts sur marchandises, à prouver *le chargé;* il peut être prouvé par le connaissement ou par d'autres moyens (1). *b.* Que la valeur de la chose affectée au prêt n'était pas inférieure à la somme prêtée (art. 329). Cette preuve n'est à faire que lorsque le contrat de grosse ne contient pas d'estimation. Quand la chose affectée au prêt y est estimée, cette estimation est présumée exacte jusqu'à preuve contraire à faire par le prêteur. *c.* Que l'emprunteur était propriétaire de la chose affectée au prêt ou a agi pour le compte du propriétaire. *d.* Quand l'heureuse arrivée n'est pas prouvée par le prêteur (nᵒ 1559), il ne peut pas obtenir le paiement intégral du capital prêté et du profit. Mais l'obligation de l'emprunteur disparaît-elle ou est-elle seulement restreinte et dans quelle mesure? Cela dépend de la nature et de l'étendue des avaries. C'est à l'emprunteur à prouver la nature et l'importance des avaries; lui seul est à même d'en établir l'étendue exacte.

1584. *Obligations de l'emprunteur outre celle de payer le capital prêté et le profit maritime.* — L'obligation de rembourser le capital et de payer le profit maritime est la principale dont soit tenu l'emprunteur; ce n'est pas la seule. L'emprunteur doit, ainsi que cela vient d'être indiqué (nᵒ 1583), lorsqu'il veut échapper en tout ou partie à ces obligations, faire différentes preuves. Il est encore tenu de l'obligation de ne pas commettre de réticence à peine de nullité du prêt, qui alors vaudrait comme prêt ordinaire; il faut appliquer ici l'article 348 (nᵒˢ 1442 et suiv.). Enfin l'emprunteur, en présence d'un accident, doit faire tout ce qui est en lui pour en diminuer les conséquences, comme s'il avait à en supporter les risques (nᵒ 1366) (2). Toutes ces obligations sont identiques à celles de l'assuré.

---

(1) Cpr. **Cass.** 19 nov. 1872, D. 1873. 1. 153. — V. nᵒˢ 705 et 706.

(2) La loi *belge* du 21 août 1879 (art. 164, 2ᵉ alin.) dispose : « L'emprunteur doit faire toutes diligences pour prévenir ou atténuer le dommage, selon ce qui est prescrit à l'assuré à l'art. 17 de la loi du 11 juin 1874. »

1585. Pluralité de prêts a la grosse sur un même bien. Concours d'un prêt et d'une assurance. — Pour plus de simplicité, il a été toujours supposé jusqu'ici qu'une même chose avait été affectée seulement à un prêt, mais il se peut que le navire ou la cargaison ait été affecté à plusieurs prêts à la grosse ou ait été l'objet à la fois d'une assurance et d'un prêt. Il peut y avoir alors des conflits soit entre les prêteurs, soit entre les prêteurs et les assureurs. Comment sont-ils réglés?

1586. Concours de plusieurs prêts a la grosse. — Un prêt à la grosse ne peut être valablement fait pour une somme excédant la valeur de la chose affectée. Il n'est donc pas possible de faire sur un navire ou sur une cargaison des prêts successifs dont le montant total excède sa valeur (1). En cas de contravention à cette règle, les prêts les derniers en date sont ristournés pour l'excédant (art. 359, C. com., analog.), c'est-à-dire que cet excédant est dû à tout événement et que l'emprunteur n'est tenu que de l'intérêt de terre. Mais il se peut qu'une chose ait été affectée à plusieurs prêts dont le montant total n'excède pas sa valeur au moment où ils ont été faits, et que, par suite d'accidents de mer, cette valeur se trouve réduite au-dessous du montant des prêts. Dans quel ordre les différents prêteurs arrivent-ils à se faire payer sur la chose qui leur est affectée? Pour résoudre cette question, il y a lieu de distinguer quatre sortes de conflits qui peuvent se présenter : *a.* les différents prêts ont tous été faits avant le départ; *b.* les uns ont été faits avant le départ, les autres pendant le voyage ; *c.* tous ont été faits pendant le même voyage à des dates différentes; *d.* ils ont été faits chacun durant des voyages distincts.

1587. *a.* Tous les prêts faits avant le départ, à quelque date que ce soit, concourent. Chaque prêteur a, en effet, un privilège d'égale valeur (art. 191, avant-dernier alinéa) ou, dans le cas où le prêt n'engendre pas de privilège, tous les prêteurs sont des créanciers

---

(1) La règle posée au texte s'applique seulement aux prêts à la grosse faits avant le départ. Car, de même qu'après une assurance couvrant l'entière valeur de la chose assurée, un emprunt à la grosse peut être fait en cours de voyage, on ne voit pas pourquoi, après un prêt fait avant le départ pour une somme égale à la valeur de la chose affectée, un autre prêt ne pourrait pas avoir lieu durant le voyage.

chirographaires. Il n'y a pas à tenir compte de la date de l'enregistrement des contrats opéré en vertu de l'art. 312. Cela montre bien
que l'emprunt à la grosse fait avant le départ est un moyen de crédit insuffisant et vicieux, puisque celui qui a ainsi prêté n'est jamais
certain que, par suite d'autres prêts, il n'aura pas à supporter le concours d'autres prêteurs.

1588. *b. c. d.* Si, parmi les prêts à la grosse, les uns ont été faits
avant le départ et les autres durant le voyage, ou à des époques distinctes durant le même voyage ou pendant des voyages différents, la
règle est tout autre; ce sont les derniers prêteurs en date qui sont
préférés. D'après l'art. 323, *les emprunts faits pour le dernier
voyage du navire sont remboursés par préférence aux sommes prêtées pour un précédent voyage.... Les sommes empruntées pendant
le voyage sont préférées à celles qui auraient été empruntées avant
le départ du navire et, s'il y a plusieurs emprunts faits pendant le
même voyage, le dernier emprunt sera toujours préféré à celui qui
l'aura précédé.*

Ces solutions s'expliquent par cette considération que, le dernier
prêt étant présumé commandé par les besoins de la navigation, s'il
n'eût pas été fait, le gage affecté aux prêts antérieurs eût péri. On
peut dire des derniers prêteurs en date, *salvam fecerunt pignoris
causam.* Il faut ajouter que, dans les cas où le prêt à la grosse fait
avant le départ n'est pas privilégié, le prêt à la grosse fait en cours
de voyage jouissant seul d'un privilège, il va de soi que celui qui a fait
ce dernier prêt soit préféré.

1589. Il se peut qu'un prêt ayant été fait pendant un voyage, la
somme prêtée soit laissée à titre de continuation et de renouvellement
du prêt pour un voyage suivant. La loi n'admet pas que cela soit l'équivalent d'un prêt nouveau; en conséquence, le prêteur dont il s'agit
serait primé par ceux qui auraient prêté à la grosse durant le voyage
qui a suivi le prêt ainsi renouvelé (art. 323, 1er al.). Deux raisons
justifient cette solution : avec une règle contraire, il y aurait à craindre des fraudes au préjudice des prêteurs du dernier voyage; du
reste, on ne peut pas dire, en réalité, que la somme prêtée pendant
un voyage et laissée par renouvellement pour le voyage subséquent,
a mis le navire en état de faire celui-ci.

1590. Bien que le Code n'ait pas expressément adopté les solutions suivantes, elles semblent impliquées par les motifs mêmes des solutions qu'il a consacrées :

a. Si plusieurs prêts à la grosse ont été faits dans le même lieu pour subvenir aux mêmes besoins, on n'a aucun égard aux dates respectives des contrats ; tous les prêteurs viennent en concours (1).

b. Un emprunt, fait en cours de voyage par le propriétaire pour ses besoins particuliers et non pour les besoins de la navigation, serait traité comme un emprunt fait avant le départ (2).

c. Un emprunt fait pendant le voyage sur le chargement, non pour les besoins de la navigation, mais pour augmenter la cargaison, ne doit jouir d'aucune préférence par rapport à d'autres emprunts faits avant le départ ou faits en cours de voyage à une date antérieure (3).

1591. *Conflit entre prêteurs à la grosse et assureurs.* — Dans quel cas se présente ce conflit ? Il faut évidemment supposer que la même personne (propriétaire de navire ou de marchandises) a fait sur le même navire ou sur la même cargaison tout à la fois une assurance et un emprunt à la grosse.

On ne peut pas faire une assurance et un emprunt à la grosse sur une chose pour une somme totale en excédant la valeur ; autrement le propriétaire du navire ou des marchandises serait intéressé à la perte comme s'il y avait plusieurs prêts ou plusieurs assurances sur un même objet pour une somme supérieure à sa valeur. Ainsi, supposons qu'une personne ait emprunté 50.000 fr. sur des marchan-

---

(1) Cela se présente spécialement quand un emprunt se trouve insuffisant après que l'exécution des travaux ou le règlement des comptes a fait connaître le chiffre exact de la dépense. Des difficultés pratiques s'élèvent souvent dans cette hypothèse. L'art. 342 du projet de 1865 avait cherché à les éviter ; il était ainsi conçu : « Lorsque, le prêt à la grosse ayant été adjugé avant l'exécution « des travaux ou le règlement des comptes, la dépense se trouve excéder le montant du prêt, le prêteur est préféré pour fournir le complément à toutes « les mêmes conditions sans nouvelle adjudication. — S'il ne consent pas à « fournir le complément, on procède à une nouvelle adjudication pour le complément avec droit de préférence en faveur du second prêteur. — Toutefois, « si l'excédent à emprunter dépasse un sixième, le premier prêteur peut requé- « rir l'annulation de son prêt et le remboursement, sans intérêt ni prime de « grosse, des fonds déjà avancés. — Dans ce cas, il est procédé à une nou- « velle adjudication pour la totalité des dépenses. »

(2-3) Pardessus, II, n° 919.

dises valant pareille somme, elle ne pourra pas les faire assurer, et, à l'inverse, si elle a contracté une assurance pour cette somme, elle ne pourra pas emprunter à la grosse. Si un prêt et une assurance de 50.000 fr. chacun étaient possibles, en cas de perte, cette personne toucherait 50.000 fr. de l'assureur et serait dispensée de rembourser les 50.000 fr. qu'elle a empruntés. En cas d'heureuse arrivée, elle ne toucherait pas d'indemnité et aurait à rembourser le montant du prêt.

S'il a été contrevenu à cette régle et que le montant cumulé de l'assurance et du prêt excède la valeur de la chose objet de l'assurance et du prêt, l'assurance est toujours ristournée de préférence, fût-elle même antérieure en date au prêt. On suit donc une règle toute différente de celle qui est appliquée aux assurances (nᵒˢ 1134 et suiv.) ou aux prêts cumulatifs (nᵒ 1586). On en donne pour raison que le prêt est un contrat exécuté, tandis que l'assurance produit seulement une obligation conditionnelle à la charge de l'assureur et qu'il est de l'intérêt du commerce de mer qu'on puisse trouver facilement à emprunter des fonds.

Du reste, l'assurance n'est un obstacle qu'au prêt à la grosse fait avant le départ; elle n'empêche nullement, quel que soit le montant de la somme assurée, de faire des emprunts en cours de voyage. Ces emprunts sont, en effet, contractés dans l'intérêt des assureurs eux-mêmes; ils ont pour cause des événements de mer engageant leur responsabilité.

1592. Mais rien n'empêche de faire avant le départ une assurance et un emprunt à la grosse sur un même objet, quand il y a un aliment suffisant pour ces deux contrats. Si, les marchandises valant 40.000 fr., il a été emprunté 20.000 fr., on peut faire assurer les 20.000 fr. restant ou, à l'inverse, on peut, après avoir assuré ces marchandises pour 20.000 fr., emprunter encore 20.000 fr. sur elles. Il va de soi qu'alors, si la chose affectée ne subit aucune fortune de mer, l'assureur n'a rien à payer à l'assuré, et que celui-ci est tenu de rembourser le capital prêté avec le profit maritime. Il est évident aussi qu'en cas d'avaries, l'assureur paie à l'assuré une indemnité proportionnelle à la somme assurée et que, dans la proportion de la somme prêtée à la valeur de la chose affectée, l'emprunteur est dispensé de restituer.

VI. 34

S'il y a sinistre majeur et s'il reste seulement des débris, comment sera réglé le conflit entre le prêteur et l'assureur? L'un sera-t-il préféré à l'autre? Ou bien viendront-ils en concours au marc le franc de leur intérêt en risque? Ainsi, supposons un navire d'une valeur de 500.000 fr. ; une ou plusieurs personnes l'ont assuré jusqu'à concurrence de 450.000 fr. ; le propriétaire, pour le mettre en état de partir et pour acheter des victuailles, a emprunté à la grosse 50.000 fr. ; il y a sinistre majeur et les débris produisent 50.000 fr. Que recevra, soit le prêteur à la grosse, soit l'assureur?

La question a été tranchée de deux façons toutes différentes par l'Ordonnance de 1681 et par le Code de commerce. L'Ordonnance (livre III, titre V, art. 18) accordait la préférence au prêteur, en disposant: *s'il y a prêt à la grosse et assurance sur le même chargement, le donneur sera préféré aux assureurs sur les effets sauvés du naufrage, pour son capital seulement* (1). Le Code de commerce admet, au contraire, le concours du prêteur et de l'assureur. L'article 331 dispose: *s'il y a contrat à la grosse et assurance sur le même navire ou sur le même chargement, le produit des effets sauvés du naufrage est partagé entre le prêteur à la grosse, pour son capital seulement, et l'assureur, pour les sommes assurées, au marc le franc de leur intérêt respectif, sans préjudice des privilèges établis par l'art. 191*. La solution du Code est préférable (2). L'idée ancienne selon laquelle le prêt est plus digne de faveur que l'assurance, n'est pas exacte ; le second de ces contrats rend au commerce de mer des services bien plus grands que le premier; il n'est pas, comme celui-ci, une cause de dépenses onéreuses par l'élévation du taux de la prime. En outre, le prêteur à la grosse est une sorte d'assureur. Quand deux assurances distinctes ont été faites sur une chose, chacune pour une partie de la valeur de la chose assurée, les deux assureurs concourent sur les débris de la chose assurée. Le concours est aussi admis entre deux prêteurs à la grosse qui, avant le départ, prêtent chacun une somme représentant une portion de la valeur de la chose affectée. Pourquoi le concours serait-il exclu entre un prê-

---

(1) Valin critiquait cette disposition qu'il trouvait injuste pour l'assureur; Emérigon la défendait au contraire (chap. XI, sect. 3, § 1).

(2) C'est la solution que défendait déjà Valin, en critiquant l'Ordonnance.

teur et un assureur ? Mais ce concours ne peut plus être admis quand il s'agit d'un prêteur à la grosse sur navire n'ayant plus de privilège en vertu de la loi du 10 juillet 1885 (art. 39). Dans l'espèce prévue par l'art. 331, C. com., l'assureur est devenu propriétaire par le délaissement. A quel titre le prêteur à la grosse n'ayant pas de privilège réclamerait-il un droit de concours avec l'assureur (1) ?

1593. La solution donnée par l'art. 331 paraît bien impliquer que, lorsqu'un prêt à la grosse est fait pour une somme inférieure à la valeur de la chose affectée, cette chose reste libre pour l'excédant, de telle sorte qu'en cas d'avaries, le prêteur supporte le dommage proportionnellement au rapport existant entre la valeur de la chose affectée et la somme empruntée, et que l'emprunteur concourt avec le prêteur pour l'excédant. On ne concevrait pas que l'emprunteur pût conférer à un assureur ou à un second prêteur un droit qu'il n'aurait pas conservé. V. n° 1573.

1594. Le concours entre le prêteur à la grosse et l'assureur n'est, du reste, admis, en ce qui concerne le premier, que pour le capital prêté et non pour le profit maritime. La raison en est que le naufrage, ou d'une façon plus générale, le sinistre majeur prive le prêteur de tout droit au profit.

1595. En établissant le concours entre le prêteur à la grosse et l'assureur, le Code vise uniquement le prêt fait avant le départ. En cas de prêt fait en cours de voyage, le prêteur est préféré à l'assureur. L'art. 331 paraît bien, du reste, consacrer implicitement cette décision, en réservant les privilèges de l'art. 191. La préférence accordée ainsi au prêteur est conforme aux principes généraux ; celui qui prête en cours de voyage rend service aux assureurs ; car il contribue par son prêt à la conservation et à l'heureuse arrivée du navire ou de la cargaison.

1596. *Du privilège.* — Le privilège accordé au prêteur à la grosse pour le contrat consenti durant le voyage ne lui appartient qu'autant que le prêt a été fait pendant le dernier voyage (art. 191-7°). A ce point de vue, ce privilège est traité comme celui de l'assureur pour la prime d'assurance (art. 191-10°). Que faut-il entendre ici par

(1) V. Laurin sur Crésp, p. 368, note 97.

dernier voyage? La question est la même que celle qui se pose à propos du privilège de l'assureur (n°s 1461 et suiv.). Elle doit être tranchée de la même manière, c'est-à-dire qu'il faut considérer non pas le voyage pour lequel le prêt a été fait, mais le voyage réel du navire. En conséquence, le prêt à la grosse fait pour l'aller demeurerait privilégié même après le retour, tant qu'un nouveau voyage ne serait pas entrepris (1).

1597. Il résulte de l'absence de toute distinction dans l'art. 191-7° que, dès l'instant où le prêt a été fait pour les besoins du bâtiment, le privilège existe, qu'il s'agisse d'un prêt ordinaire ou d'un prêt à la grosse (2). Il ne paraît pas non plus douteux que, si exceptionnellement l'emprunt était contracté en cours de voyage par le propriétaire même du navire, le privilège existerait (3). L'art. 191-5° ne parle, il est vrai, que du prêt fait *au capitaine*, mais cela tient à ce que c'est là le cas de beaucoup le plus fréquent. Que l'emprunt soit fait par le capitaine ou par le propriétaire, dès l'instant où la cause de l'emprunt est la même, le même privilège doit exister.

1598. En ce qui concerne le privilège garantissant le prêt à la grosse antérieur au départ (art. 191-9°), il y a lieu, dans les cas où il existe encore, de ne l'admettre que pour le prêt fait pour les besoins de la navigation à faire. Quelques auteurs (4) ont soutenu pourtant que le prêt est privilégié, alors même que le propriétaire emprunte dans un but tout à fait étranger à ces besoins, par exemple pour construire une maison, pour doter sa fille, etc... Tout ce qu'on peut dire en faveur de cette doctrine, c'est que l'art. 191-9° ne fait aucune distinction fondée sur la cause du prêt, mais le silence de la loi n'est pas décisif. La destination des sommes prêtées peut seule justifier l'existence du privilège. Comment concevoir que le législateur ait attaché un droit de préférence à un prêt, quelle que soit sa cause, par cela seul que le navire de l'emprunteur a été affecté au

---

(1) Bordeaux, 9 août 1887, *Revue internationale du Droit maritime*, 1887-88, p. 561. — Demangeat sur Bravard, IV, p. 52.

(2) De Valroger, I, n° 36.

(3) De Valroger, I, n° 39.

(4) De Courcy, *Questions de Droit maritime*, 1re série, p. 35 et suiv.; *D'une réforme internationale du Droit maritime*, p. 84 et suiv.; Boistel, n° 1425.

prêteur? Cela ne serait ni rationnel ni conforme aux précédents (1).

1599. Les privilèges des prêteurs à la grosse peuvent se trouver en conflit avec d'autres privilèges. Leur rang qu'indique, quand il s'agit de navires, l'art. 191, sera déterminé dans la section IV de ce chapitre. D'ailleurs, les rangs respectifs des divers prêteurs entre eux ont été fixés ci-dessus, nos 1586 et suiv.

1600. Il serait possible, bien que cela semble très rare, que l'emprunteur à la grosse constituât un gage ou une hypothèque, soit sur des choses non exposées aux risques de mer, soit sur un autre navire que celui dans l'intérêt duquel le prêt est fait. Cette hypothèse, que les lois modernes ne prévoient pas, est mentionnée dans les textes du Droit romain (2). Si elle se présentait encore, il faudrait donner la solution de la loi romaine. Voici en quoi elle consiste : le prêteur à la grosse ne peut invoquer la garantie accessoire qui lui a été concédée qu'en cas d'heureuse arrivée; en cas de perte, il n'est pas créancier, et dès lors, cette garantie ne lui appartient pas (3).

D. — DE LA PRESCRIPTION DES ACTIONS RÉSULTANT DU PRÊT A LA GROSSE. DE LA RÉSILIATION (OU RISTOURNE).

1601. PRESCRIPTION. — L'Ordonnance de 1681 n'admettait pas de prescription spéciale pour les actions résultant du prêt à la grosse. On en concluait qu'elles n'étaient soumises qu'à la prescription de 30 ans (4). C'était là un délai beaucoup trop long; les rédacteurs

---

(1) Valin et Emérigon paraissent d'accord pour exiger la destination maritime de la somme prêtée; Valin, sur l'art. 16, liv. I, tit. XIV de l'Ordonnance; Emérigon, chap. 6, sect. 3. — V. de Sèze, *op. cit.*, p. 78 et suiv.; Desjardins, V. n° 1156, p. 228 et suiv. — Si la solution contraire à la nôtre était exacte, il y aurait là une hypothèque plutôt qu'un privilège. M. de Courcy l'a senti; car il se plaît à substituer l'expression d'hypothèque à celle de privilège pour le prêt fait avant le départ.

(2) L. 6, Paul, Dig. XXII, 2, *De nautico fœnore.*

(3) Si l'on admet cette solution très rationnelle, il faut condamner les décisions contenues dans un arrêt de la Cour de Rennes du 21 nov. 1860, *Journ. de Marseille*, 1861. 1. 49. Cet arrêt a déclaré nul comme prêt à la grosse un prêt fait sur un navire avec obligation du capitaine sur tous ses biens. N'est-il pas pourtant naturel d'interpréter ce prêt en ce sens, non pas qu'en cas de perte même du navire, le prêteur pourra se faire payer sur tous les biens du capitaine, mais qu'en cas d'heureuse arrivée du navire, le prêteur pourra saisir même ses autres[biens ?

(4) Emérigon, *op. cit.*, chap. IX, sect. III.

du Code l'ont abrégé en admettant la même prescription dans le prêt à la grosse que dans l'assurance maritime. D'après l'art. 432, *toute action dérivant d'un contrat à la grosse ou d'une police d'assurance est prescrite après cinq ans, à compter de la date du contrat.* Ce délai, par exception aux principes généraux du droit, court de la date du contrat et non de celle de l'exigibilité de la somme prêtée (V. n° 1316).

1602. La prescription de cinq ans de l'art. 432 est-elle applicable même au cas où le billet de grosse est à ordre? On ne peut pas apercevoir, au premier abord, l'intérêt de cette question. Si la prescription de l'art. 432 est écartée, il y a lieu certainement à la prescription admise pour les billets à ordre par l'art. 189, C. com., et cette dernière prescription est aussi quinquennale. Mais les deux prescriptions de cinq ans n'ont pas le même point de départ : celle de l'art. 432 court de la date du contrat, celle de l'art. 189 court du jour du protêt (1). La question est délicate. Il semble qu'on doive faire prévaloir la prescription de l'art. 432 (2). Le Code établit cette prescription sans distinguer selon la forme du contrat de grosse, et son silence est d'autant plus significatif que le contrat de grosse est très souvent à ordre. La cause indiquée dans le titre avertit suffisamment le tiers porteur que le billet a été souscrit pour un prêt à la grosse; il ne pourrait alléguer une surprise.

Il va de soi que la prescription quinquennale n'est opposable au porteur d'un billet de grosse qu'autant qu'il a conservé ses droits et ne peut pas être déclaré déchu en vertu des art. 313, 162 et suiv., C. com., combinés.

1603. Lorsque le billet de grosse est au porteur, aucune difficulté ne s'élève quant à la prescription ; il est certain que l'art. 432 doit être appliqué ; l'art. 189 est fait pour les effets à ordre seuls : on doit appliquer aux billets au porteur, soit la prescription de 30 ans, soit une prescription moindre qui varie avec la cause de la dette constatée par le billet (3).

---

(1) L'une et l'autre prescription de cinq ans peuvent, bien entendu, être interrompues, spécialement par l'exercice d'une action en justice.

(2) Laurin sur Cresp, II, p. 419, note 119.

(3) V. *Traité de Droit commercial*, IV, n° 779.

1604. Nullité. Résiliation. — Le prêt à la grosse est, d'après les principes développés dans tout le cours de ce chapitre, soumis à des causes de nullité ou de résiliation assez nombreuses et qui correspondent à celles qui sont admises dans l'assurance maritime. Ainsi, il y a nullité pour réticence ou fausse déclaration de la part de l'emprunteur (art. 348, analog.), il y a ristourne totale pour défaut de mise en risques, ristourne partielle lorsque la somme prêtée dépasse la valeur de la chose affectée (n° 1586). Il y a ristourne seulement pour l'avenir quand les conditions des risques sont modifiées après le départ volontairement par l'emprunteur qui charge les marchandises sur un autre navire que le navire convenu, qui fait entreprendre au bâtiment un autre voyage que le voyage convenu ou lui fait suivre une route autre que celle qui a été désignée dans le contrat de grosse.

Dans les divers cas où le prêt à la grosse est ristourné rétroactivement, il subit une transformation dans sa nature ; il perd son caractère aléatoire et subsiste comme prêt ordinaire, de telle sorte que, quel que soit l'événement, le prêteur a toujours droit au remboursement du capital prêté avec l'intérêt de terre seulement. Cet intérêt était nécessairement l'intérêt au taux légal (6 0/0) avant la loi du 12 janvier 1886. Depuis cette loi, cet intérêt est celui qui est admis par l'usage dans le lieu où le prêt a été fait. A défaut d'un usage existant on ne peut que s'en référer au taux légal de 6 0/0.

E. — COMPARAISON ENTRE LE PRÊT A LA GROSSE ET L'ASSURANCE
MARITIME.

1605. Il a été dit, à bien des reprises, dans le présent chapitre que certaines règles régissent à la fois le prêt à la grosse et l'assurance. Il y a donc entre les deux contrats de grands points de ressemblance ; à côté de cela, il y a aussi entre eux quelques différences assez notables. Il importe de présenter le tableau des points de ressemblance et des points de différence. Cette comparaison ne pouvait évidemment être faite d'une façon complète qu'après l'étude séparée des deux matières.

1606. *Ressemblances entre le prêt à la grosse et l'assurance.*

— Les deux contrats se ressemblent aux points de vue suivants :

1° Il y a une personne qui se charge des risques de mer auxquels est exposée une chose appartenant à une autre : c'est l'assureur dans l'un, le prêteur dans l'autre.

2° Il y a un prix des risques, la prime d'assurance ou le profit maritime.

3° Les choses qui ne peuvent pas être assurées ou affectées à un prêt sont, en principe, les mêmes. V. cependant n° 1607.

4° Le prêt à la grosse ne doit pas être pour l'emprunteur une cause d'enrichissement, pas plus que l'assurance ne peut en être une pour l'assuré.

5° La responsabilité du prêteur est, en principe, la même que celle de l'assureur ; l'un et l'autre répondent des avaries simples et des avaries communes.

6° La loi exige de l'emprunteur, comme de l'assuré, une bonne foi spéciale, en annulant le contrat pour cause de réticence ou de fausse déclaration.

7° L'emprunteur peut ristourner le contrat comme l'assureur, en ne faisant pas partir le navire ou en ne chargeant pas la cargaison.

8° La prescription de cinq ans s'applique aux actions résultant soit du prêt à la grosse, soit de l'assurance (art. 432, C. com.).

1607. *Différences entre l'assurance et le prêt à la grosse.* — A côté de ces ressemblances, on peut signaler les différences principales qui suivent :

1° Les loyers des gens de mer qui peuvent être assurés, ne peuvent être affectés à un prêt à la grosse. V. nᵒˢ 1147 et suiv., n° 1533.

2° Le prêteur fait une avance qui, selon les cas, ne lui est pas restituée du tout ou ne lui est rendue qu'en partie. L'assureur ne remet rien à l'assuré lors de la conclusion du contrat ; il n'est obligé envers lui au paiement d'une indemnité que si des avaries se produisent.

3° Par suite, en cas d'avaries, l'emprunteur, à la différence de l'assuré, ne joue pas le rôle de demandeur, mais celui de défendeur. L'un et l'autre ont, du reste, à faire les mêmes preuves.

4° Le profit maritime, à la différence de la prime d'assurance, n'est payable ordinairement qu'en cas d'heureuse arrivée.

5° Les courtiers d'assurances maritimes ne sont pas compétents pour dresser des actes de prêt à la grosse. Le courtage des prêts à la grosse est libre (n° 1540).

6° Les franchises admises dans les assurances sont inconnues dans le prêt à la grosse (n° 1536);

7° Les assureurs peuvent certainement stipuler qu'ils ne répondent pas des avaries communes. La validité de cette stipulation n'est généralement pas admise dans le prêt à la grosse au profit du prêteur (n° 1580).

8° En cas de rupture du voyage avant le départ par le fait de l'assuré, l'assureur reçoit à titre d'indemnité demi pour cent de la somme assurée (art. 349). En semblable hypothèse, le prêteur a droit à une indemnité fixée par les juges (n°s 1550 et 1563).

9° L'assureur à prime liée rend le tiers de la prime si le navire ne fait pas de retour (art. 356), tandis que l'entier profit maritime est dû au donneur, quoique le navire ne revienne pas (n°s 1550 et 1563).

10° Au point de vue de la nature des contrats, on peut faire les remarques suivantes. L'assurance est un contrat consensuel et le prêt à la grosse un contrat réel. Il est évident que l'assurance est un contrat synallagmatique, tandis que les opinions sont divisées sur le point de savoir si le prêt à la grosse a le même caractère (n° 1521).

Ces différences sont beaucoup moins nombreuses que celles qui existaient dans l'ancien Droit français (1). Les deux contrats se sont de plus en plus rapprochés. V. n°s 1568 et suiv.

SECTION III.

De l'hypothèque maritime (2).

Généralités.

1608. En général, tous les biens peuvent être hypothéqués ou

(1) Emérigon (*op. cit.*, ch. I, sect. IV) comptait jusqu'à 13 différences entre les deux contrats.
(2) Loi du 10 juillet 1885 et décret du 18 juin 1886. La loi de 1885 a remplacé la loi du 10 décembre 1874, entrée en vigueur le 1er mai 1875. Nous citerons parmi les commentaires de cette loi : Mallet, *L'hypothèque maritime au point de vue théorique et pratique ;* — J. Alauzet, *Commentaire de la loi sur l'hypothèque maritime ;* — Crouvès, *De l'hypothèque sur les navires* (1889).

donnés en gage. Jusqu'à la loi du 10 décembre 1874, il n'en était
pas ainsi des bâtiments de mer. Une raison de droit rendait impossible l'hypothèque des navires, une raison de fait empêchait de les
donner en gage. Les immeubles seuls sont susceptibles d'hypothèque
dans notre droit moderne (art. 2118, C. civ.), et les navires sont rangés parmi les meubles (art. 190, al. 1, C. com.). En droit, rien ne
s'opposait sans doute à la constitution en gage des navires. Mais,
comment le propriétaire d'un navire aurait-il recouru à ce moyen de
crédit réel? Le gage n'a d'effet à l'égard des tiers que par la mise en
possession du créancier gagiste (art. 2076, C. civ., art. 92, C. com.).
Celui qui a besoin d'argent pour pourvoir son navire de tout ce qui
est nécessaire à l'expédition qu'il veut entreprendre, ne peut assurément pas le condamner à l'immobilité en en transmettant la possession à son créancier.

1609. Il est vrai qu'on a toujours pu affecter un navire à un créancier en recourant à un emprunt à la grosse; mais, c'est là un moyen
de crédit insuffisant sous bien des rapports. D'abord, la personne qui
fait un prêt à la grosse avant le départ est exposée à subir le concours de tous ceux à qui le propriétaire du navire empruntera dans
les mêmes conditions (n° 1587). Il n'a aucun moyen de savoir si le
navire n'est pas déjà affecté à un prêt; la formalité de l'art. 312 n'est
pas une véritable formalité de publicité (n° 1549). Puis, la créance du
prêteur est menacée par toutes les fortunes de mer qui peuvent frap-
par le navire ou la cargaison (n⁰ˢ 1564 et suiv.). Enfin, à raison des
risques que supporte le prêteur, le profit maritime peut atteindre un
taux élevé et les prêts à la grosse devenir ainsi une cause de ruine
pour l'emprunteur.

1610. L'insuffisance de l'enprunt à la grosse comme moyen de
crédit réel, et l'impossibilité d'hypothéquer ou de donner en gage les
navires étaient fort gênantes pour l'industrie maritime qui a besoin
de tant de capitaux (n° 1512). Elle avait eu recours à des détours pour
se procurer les ressources qui lui sont indispensables. A défaut d'un
gage direct et ostensible qui, en fait, était impossible, on déguisait
le contrat de gage sous les apparences d'une vente. L'armateur, qui
voulait emprunter et auquel son prêteur réclamait une garantie
réelle, vendait son navire au prêteur, qui, de son côté, reconnaissait

par une contre-lettre que la vente apparente était un contrat de gage et s'engageait à laisser à l'emprunteur la libre disposition du navire (1).

La validité de cette opération simulée était contestable ; on pouvait soutenir qu'elle contenait une violation des dispositions des articles 2078, C. civ., et 93, C. com., qui prohibent la clause compromissoire (2). Mais, en laissant même de côté toute question de légalité, cette pratique avait de graves inconvénients ; ils résultaient principalement de ce que les contre-lettres ne sont pas opposables aux tiers (art. 1321, C. civ.), tandis qu'ils peuvent s'en prévaloir contre les parties (3) :

a. L'acte simulé de vente étant transcrit en douane, le créancier gagiste considéré comme acheteur était réputé propriétaire à l'égard des tiers ; par suite, il répondait de tous les engagements contractés par le capitaine pour le navire. Il avait sans doute la faculté de se libérer de ses obligations par l'abandon du navire et du fret ; mais, en faisant cet abandon, il renonçait à la garantie qui lui avait été donnée.

b. Par application du même principe, si le créancier, abusant de la qualité de propriétaire qui lui avait été fictivement conférée, vendait le navire même avant l'échéance ou après avoir été payé, le débiteur étant dépouillé de sa propriété, ne pouvait pas revendiquer le navire contre le tiers acquéreur.

1611. La vente simulée était donc un des moyens employés pour échapper à l'impossibilité de fait, s'opposant à la constitution en gage du navire avec mise en possession du créancier gagiste. On recourait encore à d'autres moyens. L'acte de constitution de gage était men-

---

(1) On a dit qu'il y avait là une sorte de retour à l'une des garanties réelles les plus anciennes du Droit romain, l'aliénation fiduciaire (*mancipatio fiduciæ causâ*). L'analogie est évidente. Mais, dans cette forme primitive du crédit réel, il n'y avait rien de déguisé.

(2) La jurisprudence reconnaissait la validité de l'opération : Rennes, 2 juin 1864, Cass. 9 juil. 1877 ; Caen, 7 fév. 1878, *Journ. de Marseille*, 1864. 2. 102 ; 1875. 2. 178 ; 1878. 2. 168.

(3) Cpr. *Traité de Droit commercial*, III, n° 273, ce qui est dit du moyen usité pour constituer en gage en matière commerciale des titres nominatifs avant la loi du 23 mai 1863. Ce moyen est encore employé pour les titres nominatifs des sociétés dans lesquelles le transfert de garantie n'est pas admis.

tionné sur les registres de la douane; des décisions avaient admis qu'il y avait là une formalité de publicité qui équivalait à la mise en possession du créancier gagiste (1). Cette solution n'était pas juridique : la mise en possession du créancier gagiste est exigée par la loi sans qu'elle admette aucun équivalent. Le créancier gagiste a un privilège et, en matière de privilèges, tout est de droit étroit; l'on ne peut modifier les conditions légales de leur existence et les étendre ainsi par voie d'analogie. Du reste, ce moyen était moins fréquemment employé que la vente simulée du navire.

1612. Dans cette situation, notre législation maritime présentait une véritable lacune; il n'y avait pas de moyen de crédit réel suffisant et sûr mis à la disposition des armateurs. On avait pu dire, en faisant allusion à l'impossibilité d'affecter réellement les navires à la garantie des créanciers, que les bâtiments de mer étaient hors la loi. Cela pouvait contribuer à mettre obstacle au développement de la marine marchande française. Pour remédier au mal, la loi du 10 décembre 1874 a introduit l'hypothèque sur les navires ou hypothèque maritime.

1613. L'hypothèque sur les navires avait existé anciennement. En Droit romain, les navires, comme les autres meubles, pouvaient être hypothéqués. Il en fut de même dans les pays de Droit écrit. Dans les pays de coutumes où l'hypothèque sur les meubles était admise, les navires en étaient susceptibles; mais, en général, dans ces pays, l'hypothèque ne conférait qu'un droit de préférence. Cependant on paraît avoir admis dans quelques-uns l'hypothèque sur les navires même avec le droit de suite. Un édit d'octobre 1666 décida que les navires, étant des meubles, ne pouvaient pas être hypothéqués; l'Ordonnance de 1681 consacra cette règle; elle a subsisté jusqu'à la loi du 10 décembre 1874. V. n° 80 (2).

1613 bis. DROIT ÉTRANGER. — Bien avant 1874, l'hypothèque maritime avait été adoptée dans plusieurs pays étrangers et dans quelques-uns elle a été admise postérieurement à notre loi du 10 décembre 1874.

L'hypothèque maritime était admise notamment déjà en *Grande*

---

(1) Trib. comm. Marseille, 30 mai 1855, *Journ. de Jurispr. de Marseille,* 1855. 1. 477.

(2) L'hypothèque maritime figurait dans le projet de 1865, art. 311 à 336.

Bretagne (*merchant shipping act*, de 1862, art. 66 à 83) (1), en
Hollande (Code de commerce, art. 315 et suiv.), en *Portugal* (Code
de 1833, art. 1302) (2), en *Prusse* (Loi du 24 juin 1861) et dans
plusieurs États de l'Allemagne (3), en *Autriche* (Loi 7 mai 1879),
en *Hongrie* (Loi XVI-1879), dans les *États-Unis d'Amérique*, etc....

L'hypothèque maritime a été introduite en *Belgique* (Loi du
21 août 1879, art. 134 à 155) et en *Italie* (C. de 1882, art. 485 à
490). En *Italie*, l'hypothèque maritime est désignée sous le nom de
gage naval (*pegno sulla nave*) ; on n'a pas voulu employer l'expression d'hypothèque, afin de ne pas déroger, du moins en la forme, à
la règle selon laquelle les meubles ne peuvent pas être hypothéqués.
Le Code de commerce *italien* de 1865 (art. 194, 195 et 287) admettait déjà le gage naval ; seulement, pour obéir à la disposition légale
qui exige la mise en possession du créancier gagiste, il prescrivait qu'un
gardien de navire fût désigné ; ce gardien pouvait être le capitaine
quand il n'était pas le propriétaire du bâtiment. Cette condition gênante
a été supprimée dans le Code de 1882. On peut dire ainsi que le
gage naval n'est pas autre chose que l'hypothèque maritime (4). L'hypothèque maritime a été admise par les Codes de commerce *roumain* (art. 495 à 500), *argentin* (art. 1351 à 1367), par la loi *danoise*
du 1er avril 1892 sur l'enregistrement des navires (art. 46 à 56).

1614. Au point de vue juridique, une dérogation a été ainsi apportée au principe fondamental du Droit français moderne qui exclut
toute hypothèque sur les meubles (art. 2118, C. civ.). Cette dérogation ne s'explique pas uniquement par des considérations d'utilité
pratique ; elle se justifie même théoriquement : les deux principaux

(1) Les dispositions légales concernant l'hypothèque maritime (*mortgage f
ship*) se trouvent maintenant dans le *merchant shipping act* de 1894 (art. 31 à 46).

(2) Dans le Code de commerce *portugais* de 1888, les dispositions concernant
l'hypothèque maritime se trouvent dans les art. 584 à 594.

(3) Endemann, *Handbuch des deutschen Handels-Wechsel-und Seerecht*, p. 299 et
suiv., article de M. Schrœder. — Oldenbourg (L. 3 avril 1876) ; Mecklembourg
(L. 28 mars 1881), Lubeck (L. 18 janvier 1882), Hambourg (L. 27 avril 1885),
Brême (L. 15 déc. 1887). On discute en Allemagne sur le point de savoir si, dans
les États allemands où l'hypothèque maritime est admise, les navires peuvent
aussi être constitués en gage, Dernburg, *Preussisches Privatrecht*, I, p. 876,
note 12. Cpr. n° 1675.

(4) Consulter sur ce point le discours prononcé par M. Mancini, le 25 janvier
1882, à la Chambre des députés italienne.

motifs, qui ont fait exclure l'hypothèque sur les meubles, ne s'appliquent point aux navires. Pourquoi, en effet, les meubles ne peuvent-ils pas être hypothéqués? Il n'y a pas de droit de suite sur eux (art. 2119, C. civ.), et, à défaut de droit de suite, l'hypothèque serait une garantie réelle très précaire pour le créancier. En outre, il n'y a pas de système hypothécaire satisfaisant sans publicité; or, le défaut de situation fixe des biens mobiliers est un obstacle à l'organisation de formalités de publicité efficaces; on ne saurait en quel lieu en prescrire l'accomplissement, pour que les tiers pussent en avoir facilement connaissance. Sur les navires, le droit de suite est admis par le Code de commerce au profit des créanciers privilégiés et même chirographaires; il ne pouvait y avoir d'inconvénient à l'admettre au profit d'une nouvelle classe de créanciers. Puis, bien que les navires changent souvent de place, ils ont une sorte de domicile légal, leur port d'attache ou d'immatricule. C'est dans ce lieu que s'accomplissent les formalités de publicité pour les actes relatifs à la translation de la propriété des navires (nos 120 et suiv.); il est fort simple de faire remplir au même lieu les formalités de publicité pour les hypothèques.

L'admission de l'hypothèque sur les navires est une confirmation de l'idée d'après laquelle les bâtiments de mer, bien qu'ils fassent partie de la classe des meubles, sont, sous des rapports multiples, traités comme des immeubles (nos 81 et suiv.).

1615. Le législateur avait voulu imprimer à la marine marchande une grande impulsion, en fournissant des moyens de crédit au propriétaire du navire, au capitaine en cours de voyage, au constructeur, et encourager ainsi à la fois l'industrie des armements et celle des constructions navales. Il ne paraissait pas avoir atteint son but à . la suite de la loi du 10 décembre 1874. Le nombre des hypothèques maritimes constituées depuis la mise en vigueur de cette loi était infime. On attribuait en partie cet insuccès aux imperfections reprochées à la loi de 1874. Aussi, dès 1876, des propositions tendant à modifier cette loi ont été faites à la Chambre des députés. La loi de 1874 a été modifiée et remplacée par la loi du 10 juillet 1885. Comme cela sera indiqué plus loin (no 1676), les résultats de la loi nouvelle n'ont pas été meilleurs.

1616. Nous étudierons les règles de la loi du 10 juillet 1885, en ayant soin d'indiquer les modifications principales apportées par elle à la loi du 10 juillet 1874 et les motifs allégués pour les justifier. L'étude de cette matière sera divisée de la façon suivante :

§ 1. *Des navires qui peuvent être hypothéqués. Des causes et de la constitution de l'hypothèque maritime.* — § 2. *De la publicité de l'hypothèque maritime.* — § 3. *Des effets de l'hypothèque maritime.* — § 4. *Résultats de l'introduction en France de l'hypothèque maritime. Statistique.*

§ 1er. — DES NAVIRES QUI PEUVENT ÊTRE HYPOTHÉQUÉS. DES CAUSES ET DE LA CONSTITUTION DE L'HYPOTHÈQUE MARITIME.

1617. L'hypothèque n'est admise que sur les bâtiments de mer. Aux bâtiments de rivière on applique la règle générale selon laquelle, dans notre législation, les meubles ne sont pas susceptibles d'hypothèque. A ce point de vue, notamment, il importe de distinguer ces deux espèces de bâtiments, V. nos 88 à 90 *bis.* Mais des tentatives ont été faites à plusieurs reprises pour introduire dans nos lois l'hypothèque *fluviale* (1). Il est incontestable que l'hypothèque *fluviale* serait moins utile que l'hypothèque *maritime* par cela même que la navigation fluviale a besoin de capitaux moins considérables que la marine marchande. Mais ce n'est pas cette considération qui a empêché jusqu'ici l'admission de l'hypothèque fluviale. Il n'y a pour les bâtiments de rivière rien de semblable au port d'attache et à la mutation en douane ; il faudrait, pour rendre ces bâtiments susceptibles d'hypothèque, organiser un mode de publicité pour les actes en transmettant la propriété. C'est ce que ne manquent pas de faire les propositions relatives à l'hypothèque fluviale (2).

(1-2) Une pétition adressée en 1882 au Sénat avait pour but de faire admettre l'hypothèque des bâtiments de rivière (*Note remise par le Crédit foncier de la Marine à MM. les sénateurs*). Le Sénat n'y a pas fait droit ; mais la commission a émis le vœu que le gouvernement cherchât les moyens d'organiser cette hypothèque (Rapport de M. Barne, session 1883, no 111 et *Journ. Officiel*, 1883, *Documents parlementaires, Sénat*, p. 569 et suiv.). Une proposition de loi sur le *régime hypothécaire de la batellerie fluviale* a été présentée à la Chambre des députés le 21 février 1895, par M. Plichon (*Journ. Officiel*, 1895, *Documents parlementaires, Chambre*, p. 215 et suiv.). En *Belgique*, un projet de loi déposé à la Chambre des Représentants le 29 avril 1892, a pour objet l'hypo-

Il est, du reste, intéressant de remarquer qu'il y a une certaine tendance à l'admission de l'hypothèque sur les meubles qui ne peuvent en fait être donnés en gage à raison de ce que la dépossession du débiteur offrirait les plus graves inconvénients pratiques. Cette tendance se révèle non seulement par l'admission de l'hypothèque maritime et par les propositions concernant l'hypothèque fluviale, mais encore par les projets relatifs à l'admission du gage sans déplacement pour les récoltes, pour les instruments aratoires, pour les fonds de commerce (1) (2). Le gage ne serait, en définitive, dans ces différents cas qu'une hypothèque mobilière.

1618. Tous les bâtiments de mer même ne peuvent pas être hypothéqués ; la loi du 10 juillet 1885 (art. 36) n'est faite que pour les navires de 20 tonneaux et au-dessus. Quand un navire n'atteint pas un certain tonnage, sa construction et son armement n'exigent pas des capitaux assez importants pour qu'un appel au crédit soit nécessaire et, d'ailleurs, un très petit navire n'a pas assez de valeur pour qu'une hypothèque établie sur lui puisse être considérée comme une garantie sérieuse (3). Il y a là une des dispositions assez nombreuses dans nos lois qui ne s'appliquent qu'aux navires d'un certain tonnage. Cpr. art. 620, C. proc. civ. (4).

1619. *Causes de l'hypothèque.* — L'hypothèque maritime ne peut être établie que par convention (art. 1, loi de 1885) ; elle n'est jamais ni légale, ni judiciaire, à la différence de l'hypothèque immobilière (5). Le législateur a voulu favoriser le crédit maritime ; or, à

thèque fluviale. Ce même projet étend aux bâtiments de rivière la faculté d'abandon du navire et du fret (n° 201). V. *Chambre des représentants, Documents,* session de 1891-1892. L'hypothèque fluviale existe en *Hollande* (Code de commerce *hollandais,* art. 315 et 250) ; une loi de *Hambourg* du 27 avril 1885 l'admet également.

(1) V. *Traité de Droit commercial,* III, n° 287. V. Ad. Coste, *L'hypothèque mobilière et l'organisation du crédit mobilier* (Mémoire présenté le 13 août 1889 à l'*Association française pour l'avancement des sciences*).

(2) Cpr. sur la constitution en gage des fonds de commerce, *Traité de Droit commercial,* III, n° 285. V. proposition de loi de M. Millerand présentée à la Chambre des députés dans la séance du 18 mai 1895.

(3) DROIT ÉTRANGER. — Le Code de commerce *hollandais* n'admet l'hypothèque que sur les navires de 10 *lastes* au moins. La loi *belge* du 21 août 1879 reconnaît la possibilité d'hypothéquer les bâtiments de mer même du plus faible tonnage.

(4) V. n° 91.

(5) DROIT ÉTRANGER. — On trouve la même exclusion dans la plupart des

ce point de vue, l'hypothèque conventionnelle seule peut être utile. Les hypothèques légales des incapables (art. 2121, 1° et 2°, C. civ.), par leur généralité et leur caractère occulte (art. 2135, C. civ.), nuisent au crédit, loin de lui servir. Les autres hypothèques légales (art. 1017, C. civ., art. 490, C. com.), si elles n'ont pas d'aussi graves inconvénients, ne peuvent, du moins, que restreindre le crédit des débiteurs. Quant à l'hypothèque judiciaire, elle n'est pas une sûreté en vue de laquelle on prête à un débiteur; rien ne garantit par avance qu'il aura à l'échéance, quand un jugement sera rendu contre lui, des biens que cette hypothèque pourra frapper utilement (1). Elle a des inconvénients graves et nombreux qui en ont fait demander la suppression même pour les immeubles, toutes les fois qu'il a été question de réformer le régime hypothécaire.

1620. L'hypothèque peut être constituée soit sur le navire entier, soit sur une portion du navire (art. 3 et 4). Ce dernier cas peut se présenter assez souvent, par cela même, que la copropriété des navires est fréquente (n° 279). Quand la propriété est démembrée, l'hypothèque peut être établie soit sur la pleine propriété, soit sur la nue propriété, soit sur l'usufruit.

1621. A un tout autre point de vue, l'hypothèque peut être constituée sur un navire déjà construit ou sur un navire en construction (art. 5) (2). Le législateur a cru utile de mentionner expressément la faculté d'hypothéquer un navire en construction, afin qu'on ne puisse pas soutenir qu'on ne saurait hypothéquer une chose qui n'existe pas encore. L'hypothèque sur un navire en construction peut être utile à plusieurs points de vue. V. n°s 157 et 1629.

législations, V. loi *belge* du 21 août 1879 (art. 134); Code de commerce *italien* (cela résulte de ce que ce Code admet le gage (*pegno*) et non l'hypothèque maritime). Le Code de commerce *portugais* (art. 586) admet, au contraire, expressément que l'hypothèque maritime peut être légale.

(1) On peut ajouter aussi un autre motif donné par M. Grivart, dans son rapport sur la loi de 1874 fait à l'Assemblée nationale : « En matière commerciale surtout, l'utilité de l'hypothèque judiciaire est bien faible, car les créanciers impayés ont presque toujours le moyen de la faire tomber en provoquant la faillite et en la faisant remonter jusqu'à l'origine de la cessation des paiements, c'est-à-dire à une époque antérieure au jugement en vertu duquel l'inscription a été prise. » V. art. 446, C. com.

(2) DROIT ÉTRANGER. — L'hypothèque sur un navire en construction est admise formellement aussi par la loi *belge* du 21 août 1879 (art. 138) et par le Code de commerce *italien* (art. 486).

1622. Au point de vue du temps où l'hypothèque était constituée, la loi du 10 décembre 1874 distinguait encore l'hypothèque constituée avant le départ par le propriétaire et l'hypothèque constituée en cours de voyage par le capitaine. Cette dernière hypothèque, qu'on appelait pour des raisons indiquées plus loin (n° 1646) *hypothèque éventuelle*, était régie par des règles spéciales ; elle a été supprimée par la loi du 10 juillet 1885.

1623. *A quoi s'étend l'hypothèque maritime.* — *Elle s'étend, à moins de convention contraire, au corps du navire, aux agrès, apparaux, machines et autres accessoires* (art. 4). Il y a là une application de la règle *accessorium sequitur principale*. On peut dire que ces accessoires du navire jouent à son égard le rôle des immeubles par destination par rapport aux immeubles par nature (art. 2118 et 2133, C. civ.) (n°s 93 à 97).

Si, comme cela résulte du texte même de la loi (art. 4), une clause expresse peut exclure ces divers accessoires, en tout ou partie, de l'affectation hypothécaire, une hypothèque ne pourrait pas être établie séparément sur eux. Dès qu'ils cessent d'être considérés comme des dépendances du navire, ils doivent être traités comme des meubles ordinaires et, dès lors, ils ne sont pas susceptibles d'hypothèque (1).

1624. Il semble juste de décider que l'hypothèque frappe la créance pour contribution à une avarie commune appartenant à l'armateur contre les intéressés à l'expédition (2); cette créance représente bien réellement la partie du navire qui a été atteinte par le sacrifice volontaire.

1625. Faut-il aussi admettre que l'hypothèque frappe la créance du fret dû au propriétaire du bâtiment? La négative doit être admise. Lorsque la loi veut que le fret soit considéré comme un accessoire du navire, elle l'indique expressément (art. 216, 271, ancien article 386, C. com.). Du reste, comme on l'a dit souvent à propos d'autres questions que celle-ci, le fret est un fruit du navire et,

---

(1) C'est ainsi que les immeubles par destination sont hypothéqués avec l'immeuble par nature auquel ils se rattachent, mais ne pourraient pas être hypothéqués séparément.

(2) Laurin, *Cours élémentaire de Droit commercial*, n° 1262 *bis*.

selon les principes généraux, le propriétaire d'un bien hypothéqué en conserve la libre jouissance et a, malgré l'hypothèque, la libre disposition des fruits. Il est vrai qu'en matière immobilière, il vient un moment où les fruits immobilisés sont atteints par l'hypothèque (art. 2176, C. civ., art 682 et 684, C. proc. civ.) ; mais, à défaut de disposition fixant le moment où le fret du navire en serait considéré comme une dépendance à l'égard des créanciers hypothécaires, on ne peut rien admettre de semblable en matière maritime (1). V. n° 1760.

1626. L'hypothèque peut-elle être encore exercée sur l'indemnité due par l'assureur du navire ? Sur cette question que résolvait la loi de 1874 (art. 17), la législation a varié. Actuellement le créancier hypothécaire peut exercer son droit de préférence sur l'indemnité d'assurance que la loi du 19 février 1889 (art. 2) considère, aussi bien que le prix du navire vendu, comme une représentation de celui-ci. V. n° 1668.

1627. *Qui peut constituer une hypothèque maritime.* — Le propriétaire ayant la capacité d'aliéner a seul, en principe, le droit de constituer une hypothèque sur le navire ou sur sa part de copropriété (art. 3, L. de 1885 ; art. 2124, C. civ.). Mais le propriétaire du navire peut donner mandat de l'hypothéquer. Le mandat doit être spécial ; un mandat d'hypothéquer sans indication des biens qui peuvent être grevés serait nul (art. 3). Il y a là une aggravation de l'art. 1988, C. civ., d'après lequel un mandat d'hypothéquer devrait être suffisant par cela même que cet article se contente d'un mandat exprès.

1628. Cette règle s'applique au capitaine. Bien qu'investi de pouvoirs très étendus, particulièrement en cours de voyage, le capitaine ne peut pas, en vertu de sa seule qualité, faire un emprunt hypothécaire (n°s 568 et 574) ; il lui faut comme à tout autre, en principe, un mandat spécial. Il n'y a d'autre exception à cette règle que celle qui est contenue dans l'art. 233, C. com., modifié par l'art. 35 de la loi du 10 juillet 1885 (2). V. n°s 534 et suiv. Sauf ce cas

---

(1) Millet, *op. cit.*, p. 51 ; Desjardins, V, n°s 1210 et 1242 ; Laurin, *op. cit.*, n° 1262 *bis. En sens contraire*, Vidal Naquet, *Saisie et ventes judiciaires des navires*, p. 71.

(2) Reproduction de l'art. 28 de la loi du 10 décembre 1874.

particulier, le capitaine ne peut pas hypothéquer le navire en cours de voyage.

1629. *Hypothèque constituée sur un navire en construction.* — Le principe, d'après lequel le propriétaire seul ou son mandataire muni d'un mandat spécial peut hypothéquer, s'applique au navire en construction comme au navire déjà construit. Aussi, pour déterminer qui peut hypothéquer le navire en construction, il faut rechercher à qui le navire appartient pendant qu'il est sur le chantier ; une distinction est à faire entre le cas de construction *par économie* et celui de construction *à forfait* (ou à *l'entreprise*) (1).

En cas de construction par économie, le propriétaire est le constructeur ; il peut utilement, s'il a besoin de capitaux pour terminer le navire, offrir une hypothèque qui subsiste après qu'il est achevé.

En cas de construction à forfait, il a été admis précédemment (n° 192) qu'il y a une vente à livrer quand les matériaux (ce qui est le cas ordinaire) ont été fournis par le constructeur, que le constructeur demeure propriétaire jusqu'au jour de l'achèvement du navire et qu'il en est ainsi, alors même que l'armateur fait des avances au constructeur au fur et à mesure de l'avancement du navire (2). En conséquence, le constructeur seul peut, même en ce cas, établir une hypothèque sur le navire en construction. Cette hypothèque subsiste après qu'il est terminé et peut être opposée à l'armateur qui est l'ayant-cause du constructeur en qualité d'acheteur ; la vente à livrer qui intervient en cas de construction à forfait entre l'armateur et le constructeur, n'est pas une vente conditionnelle (n°s 153 et 154). Ainsi, l'hypothèque établie sur un navire en construction peut permettre au constructeur de se procurer les capitaux nécessaires pour son travail. Elle peut aussi, en cas de faillite du constructeur avant l'achèvement, permettre à l'armateur, qui a fait des avances et qui ne peut pas revendiquer les parties déjà terminées, de rentrer dans ses avances (n° 156).

Afin d'éviter les contestations auxquelles peut donner lieu la dé-

(1) V. sur le sens de ces expressions, n°s 148 et suiv.
(2) Il est évident que, lorsque les matériaux ne sont pas fournis par le constructeur, il y a louage d'industrie et que la propriété du navire appartient durant la construction à celui qui en a fait la commande. V. n° 151.

termination du propriétaire du navire en cas de construction à forfait, particulièrement quand il est fait des avances successives, on agit avec prudence en faisant intervenir à l'acte de constitution d'hypothèque à la fois le constructeur et celui qui a fait la commande du navire.

1630. *Hypothèque établie sur une part indivise.* — Sous l'empire de la loi de 1874, tout copropriétaire d'un navire pouvait constituer une hypothèque sur sa part sans le consentement des autres copropriétaires (1). La loi de 1885 a repoussé cette solution (2). D'après l'art. 3, dernier al., de cette loi, *dans le cas où l'un des copropriétaires voudrait hypothéquer sa part indivise, il ne pourra le faire qu'avec l'autorisation de la majorité, conformément à l'article 220, C. com.* Cette disposition exceptionnelle se justifie par une considération pratique. Des hypothèques constituées par chaque copropriétaire, parfois pour des besoins purement personnels, pourraient rendre impossibles ou difficiles par la suite des hypothèques constituées sur le navire entier dans l'intérêt commun. V. n° 235.

Il va de soi que le navire entier peut aussi être hypothéqué alors même qu'il appartient à plusieurs personnes par indivis. C'est alors l'armateur gérant ou titulaire qui hypothèque le bâtiment pour les besoins de la navigation avec l'autorisation de la majorité telle qu'elle est établie par l'art. 220, C. com. Le navire entier est aussi hypothéqué par le capitaine avec l'autorisation de justice dans le cas prévu par l'art. 233, C. com. V. n°s 534 et suiv.

Quand une hypothèque a été constituée sur une part indivise d'un navire, de notables dérogations sont, au point de vue des effets du partage et du droit de saisie des créanciers des copropriétaires, apportées aux règles du droit commun. V. n°s 1656.

Il va de soi que les hypothèques constituées sur une part indivise d'un navire ne se conçoivent pas quand celui-ci appartient à une société constituant une personne morale; il n'y a pas alors indivision :

(1) Il y avait là une dérogation à l'art. 1860, C. civ., lorsque la copropriété impliquait une société entre les communistes. V. n° 298.
(2) C'est là une dérogation à la règle contenue dans l'art. 2124, C. civ. Chaque copropriétaire, qui peut aliéner librement sa part dans le navire, ne peut pourtant pas l'hypothéquer sans le consentement de la majorité.

le navire appartient à la société, c'est en son nom seulement qu'il peut être grevé d'hypothèque.

1631. *Formes de la constitution de l'hypothèque maritime.* — L'hypothèque maritime ne doit pas nécessairement, comme l'hypothèque immobilière, être constituée par un acte passé par devant notaires (art. 2127, C. civ.). Elle doit seulement être constituée par écrit; l'acte constitutif peut être un acte sous signatures privées (art. 2, 1er alin.) (1) et *a fortiori* un acte authentique quelconque passé, soit en minute, soit en brevet. Ainsi, un procès-verbal de conciliation qui ne peut contenir une constitution d'hypothèque immobilière (art. 54, C. pr. civ.), pourrait conférer une hypothèque maritime.

Quand l'acte constitutif d'hypothèque est sous seing privé, il doit être fait en deux exemplaires, bien qu'il ne s'agisse pas d'un contrat synallagmatique. Cela résulte, non d'une disposition expresse de la loi, mais des art. 8 et 9 d'après lesquels un des originaux de l'acte sous seing privé doit rester entre les mains du receveur des douanes qui a opéré l'inscription de l'hypothèque, tandis que l'autre exemplaire est rendu à celui qui a requis l'inscription.

L'authenticité, n'étant pas exigée pour l'acte de constitution de l'hypothèque maritime, ne l'est pas non plus pour l'acte contenant mandat de constituer l'hypothèque; un acte sous seing privé est nécessaire, mais suffisant. En règle générale, les formes exigées soit *ad solemnitatem*, soit *ad probationem* pour un acte, le sont aussi pour le mandat relatif à cet acte.

1632. L'acte constitutif d'hypothèque peut être à ordre. En ce cas, l'endossement emporte la transmission du droit hypothécaire (art. 12). La loi spéciale a ainsi tranché pour l'hypothèque maritime une question qui a été discutée pour l'hypothèque terrestre et que du reste, la jurisprudence, à défaut de texte de loi, a résolue dans le même sens en ce qui concerne celle-ci.

---

(1) Un acte sous seing privé suffit aussi, d'après la loi *belge* du 21 août 1879 (art. 135), et le Code de commerce *italien* (art. 48). En *Grande-Bretagne* il y a des formules en blanc pour la constitution d'hypothèques maritimes comme pour les assurances maritimes. Un modèle d'acte de constitution d'hypothèque (*mortgaje*) est joint au *merchant shipping act* de 1894 (*Schedules, Form* B.).

Une objection a souvent été faite contre la transmission des hypothèques par l'effet de l'endossement. Comment, a-t-on dit, les intéressés peuvent-ils savoir à quelle personne faire les notifications concernant l'hypothèque, alors que, par suite des endossements successifs, le titulaire de l'hypothèque peut changer à chaque instant La réponse est simple. L'hypothèque, soit terrestre, soit maritime (nᵒˢ 1635 et suiv.), doit être rendue publique par une inscription pour être opposable aux tiers. L'inscription doit mentionner que le titre est à ordre. Toutes les notifications (spécialement les notifications à fins de purge) seront valablement faites au créancier, premier bénéficiaire de l'acte que l'inscription aura seul désigné, tant que le porteur ne se sera pas fait connaître par une mention faite en marge de cette inscription (1).

1633. Bien que la loi spéciale n'en dise rien, il faut, par identité de raison, reconnaître qu'on pourrait constituer une hypothèque pour garantir une obligation au porteur. La cession de l'obligation emporterait comme celle d'une créance à ordre (nᵒ 1632), la transmission de l'hypothèque au cessionnaire (2).

1634. *Droits d'enregistrement.* — Les droits établis par la loi de 1874 ont été modifiés par la loi de 1885.

La loi de 1874 faisait une distinction entre l'acte authentique et l'acte sous seing privé contenant constitution d'hypothèque. L'acte authentique était laissé sous l'empire des règles du droit commun et soumis, en conséquence, immédiatement au droit proportionnel de 1 0/0 (L. 22 frimaire an VII, art. 69, § 3, nᵒ 3). Au contraire, d'après l'art. 2, al. 2, de la loi de 1874, l'acte sous seing privé n'était passible que d'un droit fixe de 2 francs (3). Il n'était soumis à un droit proportionnel qu'en cas de procès et sur le montant de la condamnation. On avait appliqué ainsi à l'acte sous seing privé conte-

(1) Cass. 8 mai 1878, D. 1878. 1. 241 (note de notre regretté collègue, M. Beudant). — *Revue critique de législation et de jurisprudence*, 1878, p. 705 et suiv., article de M. Pascaud, *Les obligations à ordre, leur validité, leurs avantages.*

(2) C'est ce qui est, du reste, généralement admis pour l'hypothèque immobilière. V. *Recueil de jurispr. de Dalloz*, 1872. 1. 319; 1882. 1. 106. — De Valroger, III, nᵒ 1236.

(3) Ce droit était de 3 francs d'après certains auteurs. V. G. Demante, *Principes de l'enregistrement*, II, nᵒ 477 bis.

nant constitution d'hypothèque le système de la loi du 11 juin 1859
(art. 22) sur les marchés et traités réputés actes de commerce (1).
Le motif donné pour expliquer cette différence faite entre l'acte authentique et l'acte sous seing privé était tiré de la force exécutoire du
premier. Grâce à elle, a-t-on dit, le créancier hypothécaire qui veut
saisir le navire, n'a pas besoin de recourir à la justice, de telle sorte
que, si l'acte authentique n'était soumis à un droit proportionnel
qu'en cas de procès, il ne paierait jamais qu'un droit fixe. Il n'y a
rien de semblable pour l'acte sous seing privé.

Cette distinction était contraire aux règles du droit fiscal selon lesquelles les actes juridiques sont soumis à des droits variant avec leur
nature, non avec la forme des écrits qui les constatent. D'après
l'art. 2, 2e al., de la loi de 1885, *le droit d'enregistrement de l'acte
constitutif d'hypothèque, authentique ou sous seing privé, est fixé
à un franc par mille francs des sommes en valeurs portées au
contrat.*

§ 2. — DE LA PUBLICITÉ DE L'HYPOTHÈQUE MARITIME.

1635. L'hypothèque maritime est, comme l'hypothèque immobilière, soumise à des formalités de publicité sans lesquelles elle ne
produit pas ses effets à l'égard des tiers. La loi spéciale n'apporte, à
la différence du Code civil, aucune exception au principe, par cela
même qu'il n'y a pas d'hypothèques maritimes légales (n° 1619). En
outre, bien qu'en beaucoup de points la loi de 1885 ait fait des emprunts au Code civil (art. 2148 et suiv.), les règles sur la publicité
des deux espèces d'hypothèques ne sont pas absolument identiques.
Elles étaient toutefois plus différentes selon la loi de 1874, qu'elles
ne le sont d'après la loi de 1885.

1636. Les hypothèques immobilières sont rendues publiques au
moyen d'une inscription prise au bureau de la conservation des hypothèques dans l'arrondissement duquel l'immeuble hypothéqué est
situé. C'est par une formalité semblable que se conserve l'hypothèque
maritime; mais elle n'est pas opérée par les mêmes fonctionnaires.
Ce sont les receveurs des douanes qui sont chargés de procéder à

(1) V. *Traité de Droit commercial*, I, n° 98.

l'inscription de l'hypothèque maritime. Il était naturel de confier à l'administration des douanes la conservation des hypothèques maritimes ; c'est auprès d'elle que s'accomplissent les formalités de publicité concernant la mutation de propriété des bâtiments de mer (1). Le receveur compétent (2) est celui du lieu de la construction ou celui du lieu dans lequel le navire a été immatriculé, selon qu'il s'agit d'un navire en construction ou d'un navire construit et francisé. Pour les chantiers de construction établis en dehors du rayon maritime, des décrets déterminent le bureau des douanes dans la circonscription duquel ils doivent être compris. (Art. 6). V. D. 25 août 1885.

1637. Celui qui requiert une inscription doit représenter au bureau du receveur des douanes un des originaux du titre constitutif d'hypothèque, s'il est sous seing privé ou reçu en brevet, ou une expédition, s'il en existe minute (art. 8, al. 1). Un exemplaire de l'original, dans les deux premiers cas, reste déposé au bureau de la recette des douanes.

Au titre présenté sont joints deux bordereaux dont l'un peut être porté sur le titre. Ces bordereaux contiennent (art. 8, correspondant à l'art. 2148, C. civ.) : 1° Les noms, prénoms et domiciles du créancier et du débiteur et leur profession, s'ils en ont une ; 2° la date et

(1) Cependant on avait proposé de confier la conservation des hypothèques maritimes, soit aux conservateurs des hypothèques terrestres, soit aux greffiers des tribunaux de commerce. Le motif indiqué au texte a fait préférer les receveurs des douanes. En *Belgique*, cette fonction est remplie par le conservateur des hypothèques terrestres d'Anvers (art. 139, L. 21 août 1879). C'est ce même fonctionnaire, du reste, qui est chargé de la transcription des actes d'aliénation de navires (même loi, art. 2, al. 3). — En *Grande-Bretagne*, c'est le *registrar of shipping* qui a ces attributions.

(2) Une circulaire du directeur général des douanes en date du 22 juillet 1885 renferme des explications détaillées sur la loi du 10 juillet 1885 et sur les formalités à remplir par les receveurs des douanes. En principe, les seuls receveurs des douanes compétents sont les receveurs principaux. Aussi les navires attachés antérieurement à un bureau subordonné et sur lesquels on veut constituer hypothèque doivent être préalablement immatriculés au port de la principalité. Mais des recettes de douane principales ayant été transformées en bureaux subordonnés, on a conservé aux receveurs de ces bureaux le droit de recevoir les inscriptions hypothécaires : Lois de finances du 18 décembre 1886, art. 8 ; du 26 février 1887, art. 7. En exécution de l'art. 37 de la loi du 10 juillet 1885, un décret du 18 juin 1886 a fixé les droits à percevoir par les employés de l'administration des douanes chargés du service des hypothèques maritimes.

la nature du titre ; 3° le montant de la créance exprimée par le titre
4° les conventions relatives aux intérêts et au remboursement ; 5° le
nom et la désignation du navire hypothéqué, la date de l'acte de francisation ou de la déclaration de sa mise en construction ; 6° une élection de domicile par le créancier dans le lieu de la résidence du receveur des douanes. Il va de soi, bien que la loi spéciale n'en dise rien,
qu'en outre, si la créance est indéterminée, l'inscription doit en contenir l'évaluation (analog. art. 2148-4°, C. civ.).

Les deux bordereaux doivent être signés du requérant. Il n'y a
rien de pareil pour les bordereaux d'inscription d'hypothèques sur
les immeubles. Cette formalité a été prescrite pour suppléer au
défaut de garantie que peut présenter l'acte constitutif sous seing
privé ; mais, en l'absence de toute distinction faite par la loi, la signature du requérant doit être exigée, lors même que cet acte est
authentique (1).

Le receveur des douanes copie sur un registre spécial le contenu
aux bordereaux. C'est en cela que consiste l'inscription. Une fois
qu'elle est faite, le receveur des douanes remet au requérant l'expédition du titre, s'il est authentique, et l'un des bordereaux au pied
duquel il certifie avoir fait l'inscription (art. 9).

1638. L'inscription est, depuis la loi du 10 juillet 1885, la seule
formalité de publicité exigée pour rendre l'hypothèque maritime
opposable aux tiers. Il n'en était pas de même d'après la loi du 10 décembre 1874. Il fallait, en vertu de l'art. 6 de cette loi, quand le navire
hypothéqué était francisé, que le receveur des douanes fît mention
de l'inscription au dos de l'acte de francisation. Deux formalités de
publicité étaient ainsi requises pour l'hypothèque maritime comme
pour la transmission de la propriété des navires (n° 121). L'acte de
francisation étant au nombre des pièces de bord (art. 225, C. com.),
on pouvait, alors que le navire était en cours de voyage, connaître
son état hypothécaire, sans avoir besoin de s'adresser au port d'attache.
Cela avait une grande utilité pour ceux qui étaient sollicités par le
capitaine de lui faire un prêt sous la garantie d'une hypothèque. La
loi de 1885 n'exige plus la mention de l'inscription au dos de l'acte
de francisation. Le motif principal, qui avait fait exiger cette men-

(1) Mallet, *op. cit.*, p. 68.

tion a disparu : car la loi de 1885 n'admet plus la faculté pour le propriétaire d'autoriser la constitution d'hypothèque en cours de voyage. En outre, l'on a trouvé que cette formalité présente des inconvénients et offre même quelque danger. La nécessité de la mention au dos de l'acte de francisation empêchait le propriétaire de constituer une hypothèque au port d'immatricule sur un navire qui avait quitté ce port. Elle faisait connaître la situation hypothécaire du propriétaire au capitaine et à toutes les personnes auxquelles le dépôt des pièces de bord doit être fait d'après nos lois. Enfin, il pouvait se faire qu'une inscription déjà prise dût être renouvelée pendant que le navire était en voyage. Comment alors satisfaire à la loi en mentionnant l'inscription nouvelle sur l'acte de francisation? Il fallait pour cela attendre le retour du navire (art. 11, L. de 1874). Mais le créancier pouvait ignorer que le navire était revenu et être ainsi victime d'une omission qui ne pouvait lui être reprochée (1).

1639. L'inscription est nécessaire, en droit maritime comme en droit civil, pour la conservation du droit de préférence et du droit de suite que, sans elle, les créanciers ne peuvent invoquer contre les tiers. En outre, selon la loi de 1874 (art. 17), l'inscription avait un autre effet tout spécial : dans les cas déterminés par cette loi, elle valait opposition entre les mains de l'assureur débiteur de l'indemnité d'assurance. V. n° 1665.

1640. *A partir de quel moment et jusqu'à quel moment l'inscription peut être utilement prise.* — L'inscription peut être prise à partir de la constitution de l'hypothèque, et, en principe général, elle continue à pouvoir l'être tant que l'hypothèque subsiste. La loi spéciale n'indique aucune cause mettant obstacle à la prise des inscriptions; aussi faut-il appliquer ici les règles générales du droit civil et du droit commercial. En conséquence, la faillite ou la liquidation judiciaire du propriétaire ou l'acceptation de sa succession sous bénéfice d'inventaire est un obstacle à la prise d'inscriptions d'hypothèque maritime (art. 2146, C. civ. et 448, 1er alin., C. com.). Les inscriptions prises même avant le jugement déclaratif peuvent être annulées

(1) DROIT ÉTRANGER. — La mention au dos de l'acte de francisation n'est point exigée en *Belgique* (L. 21 août 1879, art. 141), ni en *Grande-Bretagne*. Elle l'est, au contraire, en Italie (Code de commerce, art. 485 et 486).

dans les conditions de l'art. 448, 2e alin., C. com. Il s'agit là de règles de la faillite et de la liquidation judiciaire (1). Il n'est pas douteux non plus qu'en cas d'une aliénation du navire, l'hypothèque maritime ne puisse plus être utilement inscrite pour la conservation du droit de suite. Mais à partir de quel moment, dans ce cas, les inscriptions ne peuvent-elles plus être utilement prises? Dans le silence de la loi, il nous paraît rationnel de reconnaître aux créanciers de l'aliénateur le droit de s'inscrire non pas seulement jusqu'au jour de l'acte d'aliénation, mais jusqu'à celui de la mutation en douane. Tant que cette formalité n'a pas été accomplie, la propriété du navire n'est pas sortie des mains de l'aliénateur, à l'égard des tiers parmi lesquels on comprend ses créanciers (analog. art. 6, 1er alin., L. 23 mars 1855). Il est, du reste, admis que des hypothèques constituées par l'aliénateur même après l'aliénation, mais avant la mutation en douane, sont opposables au tiers acquéreur. Il ne servirait à rien de reconnaître le droit des créanciers, si on ne les autorisait pas à accomplir les formalités de publicité indispensables pour sa conservation. Les créanciers postérieurs à l'aliénation ne peuvent être de meilleure condition que les créanciers antérieurs.

Du reste, ce qui vient d'être décidé ne s'applique évidemment pas aux navires hypothéqués avant leur francisation. Les aliénations de ces navires ne sont pas soumises aux formalités de la mutation en douane ; elles sont parfaites par elles-mêmes, même à l'égard des tiers. En conséquence, sur les navires non encore francisés, des inscriptions peuvent être prises du chef de l'aliénateur, seulement jusqu'au jour où l'aliénation a acquis date certaine (art. 1328, C. civ.). Ce cas est, du reste, assez rare ; on n'aliène guère des navires non encore francisés.

1641. La loi spéciale n'a pas plus que le Code civil indiqué la sanction des règles relatives aux mentions à faire dans l'inscription ; elle a entendu par son silence s'en référer aux solutions admises à cet égard à propos de l'art. 2148, C. civ. (2).

---

(1) Aussi sont-elles applicables alors même qu'on n'admettrait pas que la loi de 1885 doit être complétée à l'aide des dispositions de nos lois concernant les hypothèques sur les immeubles. V. n° 1673.

(2) Aubry et Rau, III, § 276; Paul Pont, *Traité des privilèges et des hypothèques*, II, n° 959.

1642. Les formalités de publicité reçoivent quelques modifications quand le navire hypothéqué est en cours de construction ou quand l'hypothèque est constituée sur un navire acheté à l'étranger avant son immatriculation en France. Elles en recevaient aussi, d'après la loi de 1874, quand une hypothèque était constituée par le capitaine en cours de voyage.

1643. *Formalités de publicité pour l'hypothèque constituée sur un navire en cours de construction.* — Quand le navire est en cours de construction, il n'a ni port d'attache ni acte de francisation. Aussi les formalités de publicité sont-elles remplies au bureau du receveur du port de construction. Même sous la loi de 1874, elles consistaient seulement dans une inscription prise à ce bureau. Pour la rendre possible, une déclaration préalable doit y être faite ; elle indique la longueur de la quille du navire et approximativement ses autres dimensions ainsi que son port présumé. Elle mentionne aussi l'emplacement de la mise en chantier du navire (art. 5).

Par cela même que le navire en construction n'a pas encore de nom, l'inscription ne peut que contenir ces mêmes indications destinées à l'individualiser autant que le permet son état d'inachèvement avec mention de la date de la déclaration de construction (art. 8, 5°) (1).

1644. L'hypothèque établie sur un navire en construction subsiste une fois qu'il est achevé et francisé. Alors il a un port d'attache, et c'est à la recette des douanes de ce port que doivent être concentrées toutes les inscriptions y relatives. Autrement l'état hypothécaire du navire ne pourrait pas être connu facilement d'une manière complète des tiers intéressés. C'est là ce qui explique les dispositions de l'article 7, 1er et 2e al., ainsi conçues : *Tout propriétaire d'un navire construit en France, qui demande à le faire admettre à la francisation, est tenu de joindre aux pièces requises à cet effet un état des inscriptions prises sur le navire en construction ou un certificat qu'il n'en existe aucune. Les inscriptions non rayées sont reportées d'office, à leurs dates respectives, par le receveur des douanes sur*

---

(1) L'indication de la date de la déclaration de construction remplace l'indication de la date de l'acte de francisation qui doit être contenue dans les inscriptions d'hypothèques sur des navires francisés.

*l'acte de la francisation ainsi que sur le registre du lieu de la fran-
cisation, si ce lieu est autre que celui de la construction.*

Il se peut aussi qu'après avoir été francisé, un navire change de
port d'immatricule. Les inscriptions non rayées sont pareillement
reportées d'office, par le receveur des douanes du nouveau port où il
est immatriculé, sur son registre et avec mention de leurs dates respectives (art. 7, 3ᵉ alin.).

1645. Lorsqu'une hypothèque est constituée sur un navire en pays
étranger, elle n'a, comme si elle l'était en France, d'effets à l'égard
des tiers que du jour de l'inscription sur le registre de la recette
principale des douanes du port d'immatricule (art. 33, 2ᵉ alin.). Mais
il est possible que des hypothèques soient constituées sur un navire
acheté en pays étranger avant qu'il soit immatriculé en France. Il
suffit alors qu'elles soient inscrites par le consul français sur le congé
provisoire de navigation, sauf à les reporter ensuite sur le registre de
la recette des douanes du lieu où le navire sera immatriculé. Ce re-
port est fait sur la réquisition du créancier, qui doit produire un
bordereau à l'appui (art. 33) (1).

1646. La loi de 1874 admettait l'hypothèque constituée en cours
de voyage par le capitaine. Des règles spéciales régissaient cette
hypothèque appelée *hypothèque éventuelle*, notamment au point de
vue des formalités de publicité (art. 26, L. de 1874).

Le propriétaire, qui voulait se réserver la faculté d'hypothéquer
son navire en cours de voyage, devait, avant le départ du navire, déclarer au bureau du receveur des douanes du port d'immatricule, la
somme pour laquelle il prétendait pouvoir user de ce droit. Cette
déclaration était mentionnée sur le registre du receveur et sur l'acte
de francisation, à la suite des inscriptions déjà existantes. Le propriétaire pouvait faire usage de cette faculté ainsi réservée, soit par lui-
même, soit par un mandataire, spécialement par le capitaine. Les hypothèques réalisées en cours de voyage étaient constatées sur l'acte de
francisation. Cette constatation était faite en France et dans les possessions françaises par le receveur des douanes; à l'étranger, par le consul
de France. Il devait, en outre, en être fait mention sur un registre
spécial qui devait être conservé pour qu'on pût y recourir, au cas de

(1) V. Sur l'hypothèque constituée en pays étranger, n° 1795.

perte de l'acte de francisation par naufrage ou autrement avant le retour du navire. A défaut de consul, la loi (art. 26) chargeait un officier public du lieu de la constitution d'hypothèque de remplir ces formalités, mais cette disposition ne pouvait pas avoir de portée pratique par cela même que la loi française n'est point obligatoire pour les fonctionnaires étrangers.

Les hypothèques ainsi constituées prenaient rang à partir de leur inscription sur l'acte de francisation. Au retour du navire à son port d'immatricule, elles étaient inscrites sur le registre de la recette du bureau avec rappel de leur date réelle. Mais, si l'acte de francisation n'indiquait point qu'il avait été fait usage de la faculté de constituer des hypothèques en cours de voyage, sur la présentation de cet acte, après le voyage accompli, la mention de la réserve faite avant le départ était supprimée par voie de radiation (art. 26, dern. alin.).

Ces formalités expliquaient bien la dénomination d'*hypothèques éventuelles*. Cette dénomination avait été donnée aux hypothèques établies en cours de voyage en les considérant avant leur constitution, à partir du jour de la déclaration faite sur le registre de la douane par le propriétaire antérieurement au départ.

La loi de 1885 modifiant la loi de 1874 n'admet plus l'hypothèque éventuelle. Les raisons alléguées pour la supprimer étaient nombreuses. L'hypothèque éventuelle n'a guère d'utilité pratique ; le prêt à la grosse fait en cours de voyage est universellement connu et est plus avantageux à raison du privilège qui y est attaché. Elle a, en outre, de graves inconvénients : elle rend nécessaire, pour l'hypothèque constituée avant le départ, la mention au dos de l'acte de francisation. Puis, le système de publicité organisé pour l'hypothèque éventuelle est d'une exécution très difficile. Cette hypothèque, quand elle est réalisée en cours de voyage, doit être mentionnée sur l'acte de francisation et inscrite sur un registre spécial tenu par le consul de France, ou, à défaut, par l'officier public du lieu. L'inscription sur ce registre spécial est indispensable pour le cas de perte de l'acte de francisation ; il constitue alors le seul moyen de prouver la réalisation de l'hypothèque. Pourtant la loi française ne peut astreindre les fonctionnaires étrangers à tenir des registres de ce genre. Enfin, alors qu'une hypothèque de cette sorte pouvait être constituée, le propriétaire était dans l'impossibilité d'hypothéquer son navire qui n'était pas au port d'attache. — On peut constater qu'il avait été fait peu usage de la faculté consacrée par l'art. 26 de la loi de 1874. Du 1er mai 1875 au 10 juillet 1885, il y a eu dix réserves d'hypothèques en cours de voyage mentionnées sur les registres des receveurs des douanes, pour une somme de 658.000 fr. La statistique officielle n'indique pas pour quelle somme il a été fait usage de ces réserves.

L'hypothèque constituée en cours de voyage est admise par la loi *anglaise* (*merchant shipping*, Act. de 1894, art. 39 à 46), et par le Code de commerce *italien* (art. 484), qui admet même qu'en cas de nécessité, le capitaine a le pouvoir, en remplissant certaines formalités, soit d'emprunter à la grosse, soit de contracter un emprunt hypothécaire. La loi *belge* de 1879 ne reconnaît pas l'hypothèque constituée en cours de voyage (1).

1647. *Du renouvellement des inscriptions.* — Les inscriptions une fois prises ne conservent pas leurs effets indéfiniment. La loi (art. 11) les soumet à l'obligation du renouvellement, comme les inscriptions d'hypothèque immobilière (art. 2154, C. civ.). Le délai du renouvellement était réduit par la loi de 1874 (art. 11) de 10 à 3 ans pour les hypothèques maritimes. Cette réduction de délai avait été admise parce que, avait-on dit, les prêts maritimes sont, en général, faits pour un moindre temps que les prêts civils, de telle sorte qu'en prescrivant le renouvellement tous les 10 ans, on ne serait arrivé à aucun résultat pratique, l'hypothèque se trouvant éteinte avant l'expiration de ce délai par suite de l'extinction de la créance (2). La loi de 1885 (art. 11) a adopté, pour le renouvellement, le délai de dix ans admis pour les inscriptions d'hypothèques immobilières par l'art. 2154, C. civ. On a reconnu que le délai de trois ans était trop court, alors que des prêts hypothécaires peuvent

---

(1) V. sur les différences, à ce point de vue, entre la loi française et la loi anglaise, Mallet, *op. cit.*, p. 52 et suiv. Les dispositions du *merchant shipping Act.* de 1894 se trouvaient déjà dans celui de 1854 (17 et 18 Victoria, chap. 104).

(2) Bien des objections ont été faites contre l'obligation du renouvellement : Billette, *L'hypothèque maritime et ses conséquences* ; du même auteur, *Révision de la loi du* 10 *décembre* 1874. V. la réponse critique à ces deux brochures dans deux articles de Ch. Lyon-Caen, insérés dans la *Gazette des tribunaux*, nos des 1er et 2 avril 1875.

être faits à des propriétaires de navires par des sociétés de crédit avec stipulation de remboursement en un grand nombre d'annuités.

Comme le Code civil, la loi spéciale est muette sur le moment jusqu'auquel le renouvellement est nécessaire. Il faut donc sur ce point s'en référer aux solutions admises en droit commun. Les mêmes difficultés peuvent s'élever pour l'hypothèque maritime et pour l'hypothèque terrestre (1).

1648. *De la radiation.* — Du reste, au lieu de laisser les inscriptions perdre leurs effets par suite du défaut de renouvellement, on peut en faire opérer la radiation. La radiation ne peut être opérée qu'en vertu soit d'un jugement en dernier ressort ou passé en force de chose jugée, soit d'un acte authentique de consentement à la radiation donné par le créancier ou son cessionnaire justifiant de ses droits. Sur ces points les art. 14 et 15, 1er alin., de la loi spéciale ne font que reproduire l'art. 2157, C. civ. La loi est donc plus exigeante, au point de vue de la forme, pour l'acte de radiation que pour l'acte de constitution d'hypothèque. Le premier doit être authentique, le second peut être sous seing privé (n° 1631). Cette différence se justifie : il n'y a pas, en général, aussi grande urgence à radier une inscription opérée qu'à constituer une hypothèque. En outre, une inscription opérée à tort en vertu d'un acte falsifié, n'a pas de graves conséquences ; on la fait annuler et le dommage causé disparaît. Au contraire, par une radiation opérée à tort, un créancier inscrit perd son rang irrévocablement à l'égard des créanciers qui prennent des inscriptions avant que la sienne ne soit rétablie.

Le receveur constate la radiation sur l'acte constitutif de l'hypothèque qui doit lui être communiqué, s'il est sous seing privé ou passé en brevet (art. 15 dern. alin.).

1649. *Etat des inscriptions.* — Les tiers intéressés à connaître la situation hypothécaire d'un navire s'adressent au receveur qui doit leur délivrer un état des inscriptions subsistantes ou un certificat qu'il n'en existe aucune *(certificat négatif)* (art. 10, V. anal., art. 2196, C. civ.). Ces tiers sont spécialement d'autres créanciers auxquels des hypothèques sont offertes et des tiers acquéreurs (2).

(1) V. Aubry et Rau, III, § 280, § 374 et suiv.
(2) Sous l'empire de la loi de 1874, il fallait aussi mentionner parmi les tiers

1650. Les receveurs des douanes, comme les conservateurs des hypothèques, répondent des fautes qu'ils peuvent commettre (article 2197, C. civ.). Mais, bien qu'en principe, l'Etat soit responsable des fautes des agents des douanes (L. 22 août-6 octobre 1791, titre XIII, art. 19), il ne répond pas des fautes qu'ils commettent au point de vue de la conservation des hypothèques maritimes (art. 37, dern. alin., L. de 1885, reproduisant l'art. 30, alin. 2, L. de 1874) (1). La raison en est qu'alors ils remplissent un service privé et non un service public. Mais, afin de donner une garantie aux tiers lésés par les faits des receveurs des douanes, la loi spéciale (art. 30, 1er alin.) a décidé que leur cautionnement serait augmenté à raison de leurs nouvelles fonctions (2).

§ 3. — DES EFFETS DE L'HYPOTHÈQUE MARITIME.

1651. L'hypothèque maritime produit des effets semblables à ceux de l'hypothèque immobilière. Elle confère au créancier un droit de préférence et un droit de suite (art. 2114, C. civ.).

1652. DU DROIT DE PRÉFÉRENCE. — L'hypothèque donne au créancier dûment inscrit un droit de préférence ; il passe sur le prix du navire avant les créanciers chirographaires, mais il ne vient qu'après les créanciers privilégiés (art. 191, dern. alin., C. com., ajouté par la loi du 10 juillet 1885, art. 34). Aussi, pour que l'hypothèque constitue une sûreté sérieuse, a-t-on dû supprimer le privilège du prêteur à la grosse avant le départ (art. 39) sur le navire de 20 tonneaux au moins (n° 1518). Du reste, le privilège du prêteur à la grosse fait en cours de voyage subsiste : il importe de faciliter ce

---

ayant intérêt à se faire délivrer un état des inscriptions les assureurs du navire dans les cas visés par l'art. 17 de cette loi. V. n° 1665.

(1) L'irresponsabilité de l'État n'a été admise, dans la loi de 1874, par l'Assemblée nationale qu'après discussion.

(2) Le décret du 18 juin 1886 (art. 5) (reproduisant les dispositions du décret du 23 avril 1875), rendu pour l'exécution de la loi du 10 décembre 1874, en conformité de l'art. 30 de cette loi, dispose que le cautionnement des receveurs des douanes chargés du service de l'hypothèque maritime sera augmenté d'un dixième. Cette augmentation n'offrirait pas, si les hypothèques maritimes devenaient nombreuses, une garantie sérieuse aux intéressés. Il est vrai que l'article 6 du décret réserve une révision du taux des cautionnements à l'expiration d'une période de cinq ans. L'application restreinte qui a été faite de l'hypothèque maritime a rendu cette révision inutile jusqu'ici.

contrat qui est destiné à pourvoir à des besoins urgents et constitue souvent une sorte de mesure de salut. On peut ajouter que, quand ce prêt suit la constitution d'hypothèque, il contribue à la conservation du gage du créancier hypothécaire.

1653. Les rangs des créanciers hypothécaires se déterminent par les dates des inscriptions (art. 10). Si plusieurs hypothèques maritimes sont inscrites le même jour, elles viennent en concours, nonobstant la différence des heures des inscriptions (art. 10, 2e alin.; Cpr. art. 2147, C. civ.).

1654. Le rang de préférence déterminé par la date de l'inscription n'est pas seulement garanti à l'hypothèque pour le capital de la créance, il l'est aussi pour les intérêts de deux années en sus de l'année courante. L'art. 13 de la loi de 1885 n'a fait à cet égard que reproduire la formule obscure de l'ancien art. 2151, C. civ. A raison même des difficultés que faisait naître cette formule (1), une loi du 17 juin 1893 a modifié l'art. 2151 en disposant que le créancier hypothécaire a droit d'être colloqué pour trois années seulement au même rang que pour le capital. L'art. 13 de la loi de 1885 n'a, au contraire, subi aucun changement (2). Du reste, il va de soi qu'on doit par analogie, admettre aussi en matière maritime, conformément à la disposition de l'art. 2151, C. civ., que, pour les intérêts autres que ceux garantis par la première inscription, il peut être pris des inscriptions particulières portant hypothèque à compter seulement de leur date.

1655. DU DROIT DE SUITE. — L'hypothèque maritime renferme le droit de suite comme tout droit réel, spécialement comme l'hypothèque sur les immeubles; les créanciers hypothécaires conservent le droit de saisir et de faire vendre le navire, en quelques mains qu'il passe, et de se faire payer sur le prix au rang qui leur appartient d'après l'ordre de leurs inscriptions (art. 17, 1er alin.). Analog. art. 2166, C. civ.).

Les créanciers hypothécaires ne sont pas les seuls créanciers auxquels un droit de suite appartient sur les navires. Les créanciers privilégiés, ou même chirographaires, ont aussi un droit de suite

---

(1) Aubry et Rau, III, § 285, p. 419 et suiv. Il est étonnant que les rédacteurs de la loi de 1874, puis ceux de la loi de 1885, aient reproduit textuellement la formule de l'art. 2151; M. Valette avait écrit à la commission de l'Assemblée nationale, pour la prémunir contre la reproduction d'un texte obscur.

(2) Il y a eu là une négligence de la part du législateur de 1893.

(V. ci-dessus, n°ˢ 1473 et suiv.). Il ne faut pas confondre ces deux droits de suite. Ils ont, sans doute au fond la même nature ; seulement celui des créanciers privilégiés et chirographaires est très fragile : il s'éteint quand le navire a fait un voyage en mer sous le nom et aux risques du nouveau propriétaire sans opposition des créanciers (art. 193 et 194, C. com.). Il n'en est pas de même du droit de suite des créanciers hypothécaires ; il dure, en principe, aussi longtemps que l'hypothèque qui le renferme et ne prend fin que par les causes qui entraînent l'extinction du droit de suite en matière d'hypothèques sur les immeubles. Il en résulte qu'en cas de vente volontaire, la purge seule, à l'exclusion du voyage en mer, peut éteindre le droit de suite des créanciers hypothécaires. V. n° 1474.

1656. *Hypothèque établie sur une part indivise. Règles spéciales.* — Des dérogations notables sont apportées par la loi spéciale aux principes généraux du droit pour le cas où l'hypothèque est constituée sur une part indivise dans un navire. Ces dérogations, déjà contenues en partie dans la loi de 1874, ont été accentuées par la loi de 1885.

Quand une hypothèque est établie sur une portion indivise d'un immeuble, il ne peut être question de droit de suite que lorsque l'immeuble est adjugé à un tiers non copropriétaire. Car, lorsqu'il est adjugé à un copropriétaire autre que celui qui a constitué l'hypothèque, celle-ci est résolue par application du principe de l'article 883, C. civ. Ce n'est pas tout : la part indivise d'un copropriétaire ne peut être saisie par ses créanciers personnels avant le partage ou la licitation qu'ils ont, du reste, le droit de provoquer s'ils le jugent convenable (art. 2205, C. civ.). La vente sur saisie d'une portion indivise se ferait dans de très mauvaises conditions ; l'adjudicataire serait exposé à une éviction pour le cas où l'immeuble serait placé dans le lot d'un copropriétaire autre que celui du chef duquel la saisie et la vente ont été opérées. — La loi de 1885 déroge à la fois aux art. 883 et 2205, C. civ.

La copropriété des navires étant fréquente (n° 279), le législateur a pensé qu'il était utile que chaque copropriétaire pût hypothéquer sa part. Il ne le pourrait que difficilement en fait, si l'hypothèque constituée par lui était exposée à la cause de résolution résultant du principe du partage déclaratif (art. 883, C. civ.). Aussi, les hypothèques constituées durant l'indivision continuent-elles de subsister même après le partage ou la licitation, par dérogation à l'article 883, C. civ. Le législateur a ainsi sacrifié les inconvénients des recours entre copropriétaires après le partage ou la licitation à l'intérêt du crédit des copropriétaires durant l'indivision. Il n'avait, en 1874, pas cru toutefois devoir faire ce sacrifice pour le cas où l'indivision résultait de l'ouverture d'une succession ou de la dissolution d'une communauté. L'égalité entre les copartageants, avait-on pensé, pourrait être rompue si les recours étaient inefficaces par suite de l'insolvabilité de celui qui a constitué l'hypothèque, et cette égalité est surtout désirable dans les partages de communauté et de succession (art. 18, 3e alin., L. de 1874).

La loi de 1885 (art. 17, 3e alin.) a admis une dérogation à l'article 883, C. civ., *dans tous les cas*, c'est-à-dire quelle que soit la cause de l'indivision à laquelle le partage ou la licitation met fin. Il était d'autant plus naturel de généraliser ainsi la dérogation que, selon la loi de 1885, une hypothèque ne peut être établie même sur une part indivise dans un navire sans le consentement de la majorité des copropriétaires (art. 3, al. 3). Aussi peut-on dire que, par avance, les copropriétaires de celui qui a constitué l'hypothèque sur sa part indivise, ont consenti à subir les effets de cette hypothèque à leur égard, c'est-à-dire le droit de suite, après la cessation de l'indivision. Il ne tenait qu'aux copropriétaires de stipuler que, par dérogation à la règle légale, une portion indivise ne pourrait être hypothéquée que du consentement de tous les copropriétaires.

Le créancier ayant hypothèque sur une part d'un navire peut ainsi, soit avant soit après le partage, saisir la part qui lui a été hypothéquée. Après le partage, c'est son droit de suite qu'il exerce, si le navire est placé dans le lot d'un copropriétaire autre que son débiteur ou adjugé à un tiers. Toutefois la loi prive le créancier de son droit de suite pour le restreindre à un droit de préférence sur la partie du prix afférente à l'intérêt hypothéqué, lorsque la licitation s'est faite en justice dans les formes déterminées par les art. 201 et suiv., C. com. Il semble y avoir là une application spéciale du principe de l'art. 29 de la loi de 1885, qui reconnaît qu'une vente judiciaire purge le droit de suite.

Si, en principe général, le créancier ayant hypothèque sur une part d'un navire ne peut saisir et faire vendre que cette part, il en est, du moins, autrement, lorsque plus de la moitié du navire se trouve hypothéquée. Le créancier peut alors après saisie, le faire vendre en totalité à la charge d'appeler à la vente les copropriétaires (art. 19, 2ᵉ alin.). En hypothéquant le navire, la majorité est réputée avoir autorisé la licitation. A la rigueur, il aurait dû suffire que la moitié du navire fût hypothéquée, puisque, d'après l'art. 220, 3ᵉ alin., C. comm., les propriétaires formant la moitié de l'intérêt total du navire peuvent exiger la licitation (1).

1657. *Mode d'exercice du droit de suite.* — La loi spéciale est muette sur le mode d'exercice du droit de suite. Il semble naturel d'appliquer, par analogie, à cet égard, les dispositions du Code civil. Une action en justice n'est donc pas nécessaire ; un commandement fait au débiteur et une sommation au tiers détenteur d'avoir à payer ou à délaisser suffisent (art. 2169, C. civ.). L'acquéreur a l'option entre : 1° le paiement de toutes les dettes hypothécaires exigibles ; 2° le paiement de certains créanciers jusqu'à concurrence de son prix, avec le bénéfice de la subrogation (art. 1251-3°, C. civ.) ; 3° le délaissement ; 4° la purge ; 5° s'il ne préfère laisser saisir et vendre le navire. Il est vrai que la loi spéciale ne mentionne pas le délaissement ; il y a là une faculté qui va de soi pour toutes les personnes obligées seulement *propter rem*. Mais, il ne peut être question du bénéfice de discussion (art. 2170 et suiv., C. civ.). Ce bénéfice n'est pas accordé, d'après le Code civil, au tiers-acquéreur contre le créancier ayant une hypothèque spéciale, et c'est là toujours le caractère de l'hypothèque maritime, par cela même qu'il n'y a pas sur les navires d'hypothèque judiciaire ni d'hypothèque légale (n° 1619).

1658. *De la purge.* — La loi spéciale s'est occupée de la purge des hypothèques maritimes et a modifié, en ce qui la concerne, quelques règles du Code civil relatives à la purge des hypothèques sur les immeubles.

Il est d'abord évident qu'il ne peut y avoir ici qu'une purge des

_____

(1) Une difficulté s'est élevée sur le point de savoir si, quant aux créanciers chirographaires, il suffût que leur débiteur soit copropriétaire de moitié pour qu'ils aient le droit de saisir le navire entier. V. ci-dessous, n° 1744.

hypothèques inscrites ; par cela même qu'il n'y a point sur les na-vires d'hypothèques légales au profit des incapables, il ne saurait être question d'une purge des hypothèques non inscrites et dispensées d'inscription (art. 2193 et suiv., C. civ.).

Dans la procédure à fins de purge, deux points sont à distinguer : il y a des formalités que le tiers détenteur doit remplir pour purger ; puis il y a des formalités à observer par le créancier qui, n'acceptant pas les offres du tiers détenteur, veut requérir la mise aux enchères.

1659. D'après le Code civil, la première formalité à remplir par le tiers acquéreur qui veut purger est la transcription de l'acte d'ac-quisition (art. 2181). Aucune disposition de la loi de 1885 ne pres-crit au tiers détenteur de faire opérer la mutation en douane qui cor-respond pour les navires à la transcription en matière immobilière (n° 126 *bis*). Mais les principes généraux suffisent pour la faire exiger : d'après la solution admise ci-dessus (n° 1640), des inscriptions d'hypothèque peuvent être prises sur un navire du chef du proprié-taire précédent, tant que la mutation en douane n'a pas été opérée. En conséquence, c'est seulement après avoir rempli cette formalité que le tiers acquéreur est certain de connaître les créanciers hypo-thécaires qui ont le droit de suite contre lui et auxquels il a, dès lors, intérêt à faire les notifications à fins de purge.

1660. L'acquéreur qui veut purger doit ensuite, avant la poursuite ou dans le délai d'une quinzaine (substitué au délai d'un mois de l'art. 2183, C. civ.), notifier à tous les créanciers inscrits sur les re-gistres du port d'immatricule, au domicile élu dans les inscriptions : 1° Un extrait de son titre indiquant seulement la date et la nature de l'acte, le nom du vendeur, le nom, l'espèce et le tonnage du navire et les char-ges faisant partie du prix ; 2° un tableau, sur trois colonnes, dont la pre-mière contiendra la date des inscriptions ; la seconde, le nom des créan-ciers ; 3° la troisième, le montant des créances inscrites (art. 18, L. de 1885, Cpr. art. 2183, C. civ.) (1). Cette notification doit contenir cons-

---

(1) Il est à remarquer que ce tableau des inscriptions renseigne mieux les créanciers sur leur situation respective que le tableau analogue dont parle l'art. 2183, C. civ. ; cela vient de ce que, lors de la purge des hypothèques immobilières inscrites, il peut y avoir des hypothèques légales dispensées d'ins-cription que rien ne révèle encore aux créanciers touchés par la notification ;

titution d'avoué (art. 18, in *fine*). L'acquéreur doit déclarer par le
même acte qu'il est prêt à acquitter sur le champ les dettes hypothécaires, jusqu'à concurrence seulement du prix, sans distinction des dettes
exigibles ou non exigibles (art. 19, L. de 1885, *Cpr.* art. 2184, C. civ.).

1661. Les créanciers sont mis, par les notifications, en demeure
d'accepter les offres qui leur sont faites ou de surenchérir en portant
le prix à un dixième en sus et en donnant caution pour le paiement
de ce prix et des charges (art. 20, L. de 1885, *Cpr.* art. 2185, C.
civ.). La réquisition de mise aux enchères signée du créancier doit
être signifiée à l'acquéreur dans les dix jours des notifications
(art. 21, L. de 1885, *Cpr.* art. 2185, C. civ., qui fixe un délai de
quarante jours); elle doit contenir assignation devant le tribunal civil
du lieu où se trouve le navire, ou, s'il est en cours de voyage, du
lieu où il est immatriculé, pour voir ordonner qu'il sera procédé aux
enchères requises (art. 21, L. de 1885, *Cpr.* art. 832, C. proc. civ.).

La vente aux enchères a lieu, à la diligence soit du créancier qui
l'a requise, soit de l'acquéreur, dans les formes établies pour les
ventes sur saisie dans les art. 197 et suiv. (art. 22, L. de 1885, *Cpr.*
art. 2187, C. civ.),

1662. *Purge opérée de plein droit.* — Les formalités de la purge
ne sont utiles au tiers acquéreur qu'à la suite d'une aliénation volontaire. La vente judiciaire d'un navire purge les hypothèques par elle-
même, c'est-à-dire que les créanciers, après une vente de cette nature, ne peuvent plus surenchérir et en sont réduits à leur droit de
préférence sur le prix (art. 29, L. de 1885). La vente ayant été précédée d'une large publicité, on doit croire que le navire a atteint le
plus haut prix possible (*Analog.* art. 717, C. proc. civ., et, à propos du droit de suite des créanciers privilégiés et chirographaires,
art. 193, 1er al., C. com.).

Que faut-il entendre ici par vente *judiciaire*? Est-ce seulement
une vente faite dans les formes des art. 23 et suiv. de la loi de 1885?
N'est-ce pas au contraire toute vente faite avec autorisation et avec
intervention de justice? La question peut se poser pour les ventes de
navires appartenant à des mineurs ou pour les ventes de navires fai-

---

dans notre matière, il n'y a que des hypothèques conventionnelles, toutes également soumises à l'inscription; par conséquent, le tableau est *complet*.

sant partie d'une succession bénéficiaire ou pour les ventes autorisées après faillite et opérées par des courtiers maritimes. Il est certain que l'art. 29 se borne à parler de ventes judiciaires, sans indiquer dans quelles formes spéciales elles doivent avoir été faites pour entraîner de plein droit la purge. Mais on peut invoquer, dans le sens de l'application de l'art. 29 aux seules ventes judiciaires faites dans les formes des art. 23 et suiv., à la fois la loi de 1885 elle-même et des dispositions du Code de commerce. En cas d'adjudication d'un navire indivis, l'art. 17, dern. al., de la loi spéciale n'admet la purge à l'égard des créanciers ayant hypothèque sur une part indivise qu'en cas de vente faite dans les formes des art. 23 et suiv. de la loi de 1885. Or, la disposition correspondante de la loi de 1874 avait été présentée dans les travaux préparatoires de la loi comme une application de l'art. 24 de cette loi qui admettait la purge de plein droit en cas de vente judiciaire d'un navire (1). Enfin, pour que le droit de suite des créanciers privilégiés et chirographaires soit éteint, l'art. 193, 1er al., C. com., exige une vente faite dans les formes établies par le titre II du livre II, du Code de commerce (n° 1484). Comment le droit de suite des créanciers hypothécaires s'éteindrait-il plus facilement (2)?

1663. *Droits des créanciers hypothécaires sur les indemnités d'assurance.* — C'est sur le prix des navires que les créanciers hypothécaires exercent ordinairement leur hypothèque. Mais les navires sont souvent assurés. En cas de sinistre majeur ou d'avaries, les créanciers hypothécaires peuvent-ils exercer leur droit de préférence sur l'indemnité d'assurance? Cette question, qui a une grande importance pratique à raison de la fréquence des accidents de mer, a été tranchée différemment par les lois de 1874 et de 1885, et la loi du 19 février 1889 (art. 2) a posé une règle générale nouvelle concernant les droits des créanciers hypothécaires sur les indemnités d'assurance qui paraît applicable aux créanciers ayant une hypothèque

(1) « Ce n'est là, du reste, dit le rapporteur M. Grivart, que l'application du « principe général consacré par l'art 24. du projet de loi. »

(2) Mallet, *op. cit.*, p. 99 (Cet auteur ne présente même pas la question comme douteuse). — En sens contraire, jug. du Trib. civil de Boulogne-sur-mer, du 24 février 1883 (*Le Droit* du 20 septembre 1883). (Dans l'espèce de ce jugement, il s'agissait de la vente d'un navire opérée après faillite avec l'autorisation du juge commissaire, par le ministère d'un courtier maritime).

sur un navire relativement à l'indemnité d'assurance maritime. Il est indispensable de connaître les phases successives par lesquelles notre législation a passé.

1664. La question qui vient d'être indiquée à propos de l'hypothèque maritime, se pose pour l'hypothèque terrestre, quand l'immeuble hypothéqué a été assuré et vient à être détruit en tout ou en partie par un incendie. Jusqu'à la loi du 19 février 1889 (art. 2), aucune disposition légale ne la tranchait expressément pour cette dernière hypothèque. La jurisprudence décidait que les créanciers hypothécaires ne pouvaient exercer leur droit de préférence sur l'indemnité d'assurance, qui formait le gage commun de tous les créanciers de l'assuré, de telle façon que cette indemnité était distribuée au marc le franc entre tous ces créanciers (1). Cette indemnité n'est pas, disait-on, une somme destinée comme le prix à représenter le bien ; elle est payée en retour des primes acquittées par l'assuré et du risque qu'il courait de les payer sans rien recevoir de l'assureur. Afin de remédier aux inconvénients qu'offrait cette jurisprudence pour les créanciers hypothécaires, les actes de constitution d'hypothèque contenaient ordinairement à leur profit une cession de la créance d'indemnité. Pour éviter que l'assureur ne payât entre les mains du débiteur assuré, les créanciers devaient signifier cette cession à l'assureur (art. 1690, C. civ.).

1665. Le législateur avait cru devoir, en 1874, trancher expressément la question pour l'hypothèque maritime. Afin de donner plus de consistance et de solidité à cette hypothèque, la loi de 1874 avait, contrairement à la solution de la jurisprudence relative à l'hypothèque sur les immeubles, admis, au moins dans certains cas, la subrogation de l'indemnité d'assurance au navire, même en l'absence de toute convention spéciale (2).

L'art. 17 de la loi de 1874 consacrait deux règles dérogeant aux solutions admises par la jurisprudence pour l'hypothèque immobilière

---

(1) Cass. 20 déc. 1859, S. 1860. 1. 23 ; Douai, 3 janv. 1873, S. 1873. 2. 274.

(2) Ce n'est pas là la seule de nos lois qui reconnût, avant la loi du 19 février 1889, la subrogation de l'indemnité d'assurance à la chose dans l'intérêt de certains créanciers : la loi du 28 mai 1858 (art. 10) admet que les porteurs de récépissés et de warrants ont sur les indemnités d'assurance dues en cas de sinistres, les mêmes droits et privilèges que sur la marchandise assurée. V. *Traité de Droit commercial*, III, n° 373.

a. Les hypothèques maritimes, en l'absence même de toute convention spéciale à cet égard, s'exerçaient, dans l'ordre des inscriptions, sur le produit des assurances faites par le débiteur sur le navire hypothéqué.

b. L'inscription de l'hypothèque valait opposition au paiement de l'indemnité d'assurance. Les assureurs se seraient donc exposés à payer deux fois si, nonobstant une inscription, ils s'étaient acquittés entre les mains de l'assuré. Le but de cette seconde règle était d'éviter des frais ; sans elle, disait-on, des notifications auraient été nécessaires et auraient été d'autant plus coûteuses que parfois un navire est assuré par plusieurs compagnies. Pour savoir s'ils pouvaient payer l'indemnité à l'assuré ou s'ils avaient à s'en abstenir, les assureurs devaient réclamer au receveur des douanes du port d'immatricule un état des inscriptions ; ils ne payaient avec sécurité qu'autant qu'il leur était délivré un certificat négatif (n° 1649).

Au reste, cette sorte de subrogation de l'indemnité d'assurance au navire au profit des créanciers hypothécaires n'était pas admise dans tous les cas ; elle ne l'était que dans les cas de sinistres majeurs (1-2).

(1) La loi (art. 17) n'admettait expressément la subrogation de l'indemnité au navire *qu'en cas de perte ou d'innavigabilité.* Mais il ne fallait pas s'attacher rigoureusement à ces expressions ; l'intention du législateur paraissait bien avoir été d'admettre la subrogation de plein droit dans tous les cas de sinistres majeurs, pour l'exclure seulement dans les cas d'avaries. Il fallait donc appliquer l'art. 17 à tous les sinistres majeurs. Il y a lieu, du reste, de remarquer que l'on peut réunir tous les cas de sinistres majeurs sous les noms de perte et d'innavigabilité (n°ˢ 1352 et suiv.). Mais, suffisait-il qu'il y eût sinistre majeur pour que les créanciers pussent exercer leurs droits sur l'indemnité d'assurance? Ne faillait-il pas, en outre, que l'assuré eût fait le délaissement à l'assureur, de telle sorte que l'art. 17 ne s'appliquait point au cas où l'assuré agissait par l'action d'avaries? On a soutenu qu'il fallait qu'il y eût délaissement. V. Ad. Billette, *Révision de la loi du* 10 *décembre* 1874, p. 36 et 37; Bédarrides, n° 252. Cette opinion ne parait pas admissible; quelle que fût l'option faite par l'assuré, dès qu'il y avait sinistre majeur, les créanciers hypothécaires pouvaient exercer leurs droits sur le produit des assurances. Aucune allusion n'est faite dans le texte de l'art. 17 à la nécessité du délaissement. Puis, avec la doctrine contraire, les créanciers hypothécaires auraient été à la discrétion de leur débiteur; ils auraient ou n'auraient point eu leur droit de préférence sur le produit de l'assurance, selon que leur débiteur aurait opté pour le délaissement ou pour l'action d'avaries. V. en ce dernier sens, Laurin, *Cours élémentaire de Droit commercial,* n°ˢ 1260 et 1261; Mallet, p. 86; Boistel, p. 901, note 2.

(2) On peut citer en ce sens le passage suivant du rapport de M. Grivart à l'Assemblée nationale : « Quant aux assureurs, ils n'auront pas à souffrir de la

Pourquoi la loi de 1874 faisait-elle cette distinction entre les sinistres majeurs et les avaries? Cela s'expliquait par des considérations pratiques et non par des raisons de principe. On n'avait pas
voulu, en favorisant les créanciers hypothécaires, créer des embarras
aux assureurs, en les obligeant à vérifier l'état hypothécaire du navire à chaque règlement d'avaries. Grâce à la disposition limitative
de l'art. 17 de la loi de 1874, dans les cas ordinaires d'avaries, les
assureurs pouvaient payer directement l'assuré sans avoir à s'inquiéter des hypothèques grevant le bâtiment.

La disposition de l'art. 17 était inapplicable aux privilèges maritimes. Aussi, sur l'indemnité d'assurance, les créanciers hypothécaires
passaient avant les créanciers privilégiés qui étaient traités comme
les créanciers chirographaires et concouraient avec eux. V. nᵒˢ 1666
et 1712 *bis*.

1666. Malgré le caractère très limité des dispositions de l'art. 17
de la loi de 1874, elles avaient été vivement critiquées.

Voici un résumé des principales critiques dirigées contre l'art. 17.
La subrogation de plein droit est une cause de gêne pour les assureurs. Aucune indemnité ne peut plus être payée avec sécurité par
eux sans une vérification de la situation hypothécaire. Les propriétaires de navires même non grevés d'hypothèques doivent produire
un certificat négatif, c'est une formalité gênante qui peut causer des
retards dans le recouvrement des indemnités. Il y a peut-être même
des cas où les assureurs payant l'assuré sur la production d'un certificat négatif ne sont pas valablement libérés. Ce n'est pas tout : il
est à craindre que les créanciers ne comptent sur l'attribution légale
de l'indemnité d'assurance qui leur est faite, alors que les polices
à renouveler chaque année, expirent avant le remboursement du
prêt. La faculté pour le créancier hypothécaire de se faire céder lors
de la constitution d'hypothèque, la créance d'indemnité, garantit
pleinement les assureurs. On ajoutait une autre considération : si la
loi de 1874 subrogeait l'indemnité d'assurance au navire à l'égard des

« subrogation légale, pourvu qu'il n'en résulte pas pour eux l'obligation de
« vérifier, à chaque règlement d'avaries, l'état hypothécaire du navire et de
« mettre en cause les créanciers inscrits. Or, le projet de loi leur donne à cet
« égard toute satisfaction en limitant la subrogation au cas de sinistres ma-
« jeurs, perte ou innavigabilité. »

créanciers hypothécaires, il n'y avait aucune disposition du même genre au profit des créanciers privilégiés, ceux-ci se trouvaient ainsi primés sur cette indemnité par les créanciers ayant hypothèque (n° 1665). Les créanciers privilégiés étaient sacrifiés.

Les craintes que la loi de 1874 a inspirées aux assureurs étaient telles que les compagnies d'assurances françaises avaient décidé d'insérer dans leurs polices sur corps la clause suivante : « La condition « de la validité de la présente police est que le navire ne soit pas « grevé d'hypothèque maritime actuelle ou éventuelle. — Il est inter- « dit, à peine de nullité de la police, pour les risques à courir, de « faire, pendant la durée des risques, aucun emprunt hypothécaire « sans le consentement des assureurs. » — L'insertion de cette clause dans les polices avait fait accuser les assureurs de se coaliser, pour mettre en interdit la loi de 1874. Ils ont protesté contre cette intention ; pour expliquer la clause nouvelle, ils ont dit qu'elle n'était qu'une application de l'art. 348, C. com., sur la réticence. L'armateur donne moins de soins à un navire hypothéqué qu'à un navire non hypothéqué ; le premier étant ainsi plus exposé à se perdre, l'assureur a intérêt à savoir si le navire est grevé d'hypothèque. Nous croyons que l'art. 17 de la loi de 1874 n'offrait pas tous les inconvénients qu'on lui attribuait. La nécessité de réclamer un état des inscriptions n'était pas une gêne sérieuse et l'assureur qui payait l'indemnité à l'assureur sur la production d'un certificat négatif était toujours libéré (1).

1667. Cependant, touché des critiques dirigées contre l'art. 17 de la loi de 1874, le législateur n'a pas reproduit les dispositions de cet article dans la loi de 1885. En supprimant ces dispositions, il a entendu laisser à cet égard l'hypothèque maritime sous l'empire des règles du droit commun telles quelles étaient admises pour l'hypothèque sur les immeubles (n° 1664). Par suite, entre la loi du 10 juillet 1885 et celle du 19 février 1889, les solutions suivantes ont dû être admises :

a. L'inscription d'une hypothèque maritime ne valait pas opposition entre les mains de l'assureur. C'était au créancier hypothécaire,

(1) V. sur le dernier point, *Gazette des tribunaux*, n°s des 1er et 2 avril 1875, article de Ch. Lyon-Caen.

s'il voulait éviter que l'indemnité d'assurance ne fût payée à l'assuré, à former une saisie-arrêt entre les mains de l'assureur.

b. Les créanciers hypothécaires ne pouvaient pas faire valoir leur droit de préférence sur cette indemnité.

c. S'ils voulaient avoir droit à l'indemnité d'assurance à l'exclusion des autres créanciers, il fallait qu'ils se la fissent céder par leur débiteur. Ils avaient alors à remplir les formalités prescrites par l'art. 1690, C. civ.

Ces solutions s'appliquaient aux créanciers privilégiés comme aux créanciers hypothécaires.

1668. Aucune disposition légale visant l'hypothèque maritime n'a expressément, depuis 1885, écarté pour elle ces solution. Mais elles ont été, selon nous, modifiées par les dispositions générales de l'art. 2 de la loi du 19 février 1889 (1). Cet article est ainsi conçu :

Les indemnités dues par suite d'assurances contre l'incendie, contre la grêle, contre la mortalité des bestiaux ou les autres risques, sont attribués, sans qu'il y ait besoin de délégation expresse, aux créanciers privilégiés ou hypothécaires suivant leur rang.

Néanmoins les paiements faits de bonne foi avant opposition sont valables (2).

Cet article subroge, en principe, dans *toutes* les assurances, l'indemnité à la chose assurée au profit des créanciers hypothécaires et privilégiés. Il modifie ainsi les solutions antérieurement admises par la jurisprudence (nº 1664). La règle nouvelle peut, sans aucun doute, être invoquée, notamment en matière d'assurances sur facultés, par les créanciers ayant des privilèges sur les marchandises assurées. Doit-on appliquer aussi l'art. 2 de la loi du 19 février 1889 en matière d'assurances sur corps au profit des créanciers ayant des hypothèques ou des privilèges sur le navire assuré ?

On a soutenu que cette disposition est étrangère aux assurances

---

(1) La loi dans laquelle se trouve cet article s'occupe aussi (art. 1) de la restriction du privilège du bailleur de fonds rural dans l'intérêt du crédit du fermier.

(2) Consulter sur cette disposition une brochure de MM. A. Darras et E. Tarbouriech, *De l'attribution en cas de sinistre des indemnités d'assurance,* etc. (1890).

sur corps. La loi spéciale du 10 juillet 1885, en ne reproduisant pas l'art. 17 de la loi du 10 décembre 1874, a supprimé complètement la subrogation de l'indemnité d'assurance au navire assuré au profit des créanciers hypothécaires. Les inconvénients de cette subrogation l'ont fait abandonner. Il serait singulier que le législateur de 1889 l'eût rétablie sans même en faire mention. On peut, du reste, invoquer ici la règle, *generalia specialibus non derogant.*

Selon nous, il faut, au contraire, en appliquant l'art. 2 de la loi du 19 février 1889 aux assurances sur corps, admettre que l'indemnité est subrogée au navire et que, par suite, les créanciers hypotécaires et privilégiés peuvent exercer sur elle leur droit de préférence, au rang même où ils pourraient l'exercer sur le prix du bâtiment (1). Les termes de l'art. 2 de la loi de 1889 sont aussi généraux que possible; il y est parlé des assurances contre l'incendie, contre la grêle, contre la mortalité des bestiaux ou *les autres risques*. Il n'est pas fait d'exception pour les assurances sur corps. On ne peut pas alléguer que le législateur n'a pas pensé à ces dernières assurances. Un incident des travaux préparatoires prouve le contraire. Le texte soumis au Sénat parlait des indemnités dues par les *compagnies d'assurances*. La mention de ces compagnies a été effacée sur les observations suivantes du rapporteur (2) : « Nous avons re-« marqué qu'il pouvait y avoir des assurances qui n'étaient pas « l'œuvre de compagnies, des assureurs qui n'étaient pas constitués « en compagnie; *cela a lieu notamment pour les assurances mari-* « *times.* » Au reste, le motif principal qui a fait supprimer dans la loi du 10 juillet 1885 la disposition de l'art. 17 de la loi du 10 décembre 1874, ne se présente nullement pour faire exclure l'application de la loi du 19 février 1889 (art. 2) à l'hypothèque maritime. Les assureurs alléguaient qu'ils avaient la crainte d'être obligés de payer deux fois l'indemnité due par eux et que la disposition de l'art. 17 était de nature à produire de fâcheuses lenteurs dans le paiement des indemnités d'assurance. Ces craintes se rattachaient à ce que, d'après la loi de 1874, l'inscription valait opposition, de telle façon

_____

(1) Darras et Tarbouriech, *op. cit.*, p. 15 et suiv.
(2) M. Labiche. — V. *Journ. Officiel, débats parlementaires, Sénat,* 1883, p. 188.

qu'avant de payer une indemnité au propriétaire du navire assuré, l'assureur devait se faire délivrer un état des inscriptions par le receveur des douanes. La loi de 1889 n'admet point que l'inscription d'une hypothèque vaut opposition; elle exige une opposition formelle entre les mains de l'assureur (1) et elle reconnaît expressément que, en l'absence d'une opposition, le paiement de l'indemnité fait de bonne foi par l'assureur à l'assuré, est libératoire pour celui-ci (2).

L'exclusion de la subrogation en matière d'assurance sur corps conduirait à des résultats divers très choquants. A raison de la fréquence des risques de mer, la subrogation de l'indemnité est plus utile aux créanciers hypothécaires et privilégiés dans les assurances sur corps que dans toutes autres assurances, et pourtant le bénéfice leur en serait refusé. Ce n'est pas tout. Personne ne saurait soutenir que les créanciers ayant un privilège sur des marchandises transportées par mer ne peuvent pas l'exercer sur l'indemnité d'assurance. Ne serait-il pas vraiment singulier de donner pour les assurances sur corps une autre solution que pour les assurances sur facultés?

1669. Il importe de bien constater les différences profondes qui séparent le système consacré par la loi du 19 février 1889 (art. 2) de celui qu'avait adopté la loi du 10 décembre 1874 (art. 17).

a. La subrogation est admise aujourd'hui, que l'indemnité soit due à raison d'avaries ou de sinistres majeurs. Elle n'avait lieu d'après la loi de 1874 (art. 17) que dans les cas de sinistres majeurs. *b.* La subrogation a lieu au profit des créanciers privilégiés comme des créanciers hypothécaires. La loi de 1874 ne s'était occupée que de ces derniers (n° 1665 *in fine*); *c.* Selon la loi de 1874, l'inscription valait opposition au paiement de l'indemnité d'assurance. Il faut, en vertu de la loi de 1889, qu'une opposition soit faite (n° 1668).

1670. Malgré la subrogation, les créanciers hypothécaires ou privilégiés peuvent avoir intérêt à faire assurer, soit leur créance, soit le navire, jusqu'à concurrence du montant de leur créance. Cet intérêt

---

(1-2) L'opposition exigée ici n'est pas une véritable saisie-arrêt. Elle peut être faite dans des formes quelconques. Elle peut être faite par lettre ou même verbalement : Toulouse, 27 mai 1890, *La loi*, n° du 8 août 1890; Trib. civ. de Châteauroux, 5 mars 1895, *la Loi*, n° du 9 mai 1895. — Darras et Tarbouriech, *op. cit.*, n° 67.

existe pour eux à raison de ce que le navire peut ne pas être assuré par le propriétaire ou de ce que l'assurance conclue par lui peut être expirée ou frappée de nullité. » La loi du 10 décembre 1874 (art. 17) reconnaissait expressément aux créanciers hypothécaires le droit de faire assurer le navire de leur chef. A défaut de disposition spéciale consacrant actuellement le droit, pour les créanciers hypothécaires ou privilégiés de faire assurer le navire ou leur créance, on peut le déduire de la règle générale de l'art. 334, C. com., selon laquelle *toute personne intéressée peut faire assurer le navire... et généralement toutes choses estimables à prix d'argent sujettes aux risques de la navigation.* V. n° 1169.

1671. L'assurance contractée par les créanciers ne peut être pour eux une source de bénéfices et les placer en cas de sinistre dans une situation meilleure qu'en cas d'heureuse arrivée. Ils ne peuvent donc pas réclamer une indemnité à leurs propres assureurs et se faire payer par leur débiteur ou exercer leur droit de préférence sur l'indemnité due à celui-ci en vertu des assurances qu'il a contractées. Aussi l'art. 17, 3e al., de la loi 1874, décidait-il que l'assureur des créanciers était *subrogé à leurs droits contre le débiteur.* Il fallait ajouter évidemment, en prévision du cas où ce débiteur aurait fait assurer le navire, qu'il était subrogé aux droits que les créanciers avaient contre les assureurs de leur débiteur en vertu de l'art. 17, 1er al. Ces droits se rattachaient comme un accessoire aux droits des créanciers contre le débiteur lui-même. Cette disposition de l'art. 17 de la loi de 1874 a disparu de nos lois; mais la subrogation légale qu'elle consacrait paraît devoir être encore admise en vertu de la règle générale de l'art. 1251-3°, C. civ. Le débiteur et les assureurs peuvent être considérés comme étant obligés ensemble envers le créancier hypothécaire; l'assureur du créancier qui paie l'indemnité, acquitte une dette dont il est tenu avec l'assureur du débiteur et avec ce dernier lui-même.

1671 *bis*. Droit étranger. — Les lois des divers pays ne s'accordent pas à admettre au profit des créanciers privilégiés et hypothécaires la subrogation de l'indemnité au navire assuré. L'art. 149 de la loi *belge* du 21 août 1879 dispose : « En cas de perte ou d'inna-« vigabilité du navire, les droits du créancier s'exercent sur les

« choses sauvées ou sur leur produit, alors même que la créance ne
« serait pas encore due. — L'inscription de l'hypothèque vaut oppo-
« sition au paiement de l'indemnité d'assurance. Dans le cas d'in-
« demnité d'avaries concernant le navire, le créancier hypothécaire
« pourra intervenir pour la conservation de ses droits ; il ne pourra
« les exercer que dans le cas où l'indemnité, en tout ou en partie,
« n'aurait pas été ou ne serait pas employée à la réparation du na-
« vire. » Cette disposition ne fait, d'ailleurs, qu'appliquer à l'hypothèque maritime les règles que la loi *belge* du 16 décembre 1851
(art. 10) a consacrées pour l'hypothèque terrestre. Les Codes de commerce *portugais* (art. 594) et *argentin* (art. 1301) ne permettent aux
créanciers hypothécaires d'exercer leurs droits sur l'indemnité d'assurance que dans le cas de perte ou d'innavigabilité. En Grande-
Bretagne une subrogation n'est admise par la loi en aucun cas.

1672. L'hypothèque maritime est une garantie dont la solidité est
diminuée par les risques de mer. La subrogation de l'indemnité au
navire assuré protège les créanciers hypothécaires contre le préjudice
résultant de la réalisation de ces risques. Mais une autre cause
pourrait restreindre la garantie que présente l'hypothèque maritime.
Si un navire est vendu à des étrangers de façon à ce qu'il perde sa
nationalité française, l'exercice de l'hypothèque est impossible ou,
tout au moins, est rendu très difficile par suite de son changement de
nom et de port d'attache. Cependant la loi de 1847 ne restreignait
nullement le droit pour le propriétaire d'un navire hypothéqué de le
vendre à des étrangers. La loi de 1885 (art. 33), pour augmenter la
sécurité des créanciers hypothécaires, interdit la vente volontaire
d'un navire hypothéqué faite à un étranger, soit en France, soit à
l'étranger (nº 132) (1). Cette interdiction reçoit une double sanction.
D'abord, tout acte fait en fraude de cette prohibition est nul ; puis, le
vendeur est passible des peines édictées par l'art. 408, C. pén., contre

(1) Il s'agit seulement, d'après les motifs de la loi, d'une vente qui doit faire
perdre à un navire français sa nationalité. Aucune disposition légale ne met
donc obstacle à ce que le propriétaire d'un navire hypothéqué en vende à un
étranger une partie inférieure à la moitié ; alors le navire demeure français.
V. nº 56.

l'abus de confiance, sauf application de l'art. 463, C. pén., sur les circonstances atténuantes (1). Mais, il va de soi que l'interdiction avec ces sanctions rigoureuses rend, non impossible, mais seulement improbable, la vente à des étrangers d'un navire hypothéqué.

Tout en approuvant l'interdiction prononcée par la loi de 1885 (art. 33) quant à la vente volontaire d'un navire hypothéqué faite à des étrangers, on doit reconnaître que cette interdiction ne concorde pas bien avec la liberté laissée au copropriétaire d'un navire français de le rendre étranger en vendant sa part à des étrangers, fût-ce sans le consentement de ses copropriétaires.

1673. Il résulte de tout ce qui a été dit dans les paragraphes précédents, qu'un grand nombre de règles qui régissent l'hypothèque sur les immeubles sont applicables à l'hypothèque maritime. Mais, sur beaucoup de points, la loi spéciale est muette. Doit-on alors appliquer à l'hypothèque maritime les dispositions qui, sur ces points, régissent l'hypothèque sur les immeubles ? Dans plusieurs pays étrangers, cette règle a été admise (2). A défaut de renvoi général fait par la loi spéciale de 1885 aux dépositions relatives à l'hypothèque sur les immeubles, on ne peut admettre une telle extension qu'autant que ces dispositions sont conformes aux principes généraux du droit et ne sont pas en contradiction avec les règles du droit maritime. On peut faire de cette doctrine de nombreuses applications.

a. L'art. 2131, C. civ., qui, par dérogation à l'art. 1188, C. civ., admet la déchéance du bénéfice du terme en matière de dette hypothécaire, lorsque la sûreté est diminuée même sans le fait du débiteur, ne peut être appliqué quand il s'agit d'une hypothèque maritime (3).

(1) Il a été reconnu qu'un consul de France peut s'opposer à la substitution d'un pavillon étranger au pavillon français pour un navire hypothéqué et qu'en conséquence, une indemnité ne peut être, à raison du dommage causé par cette opposition, réclamée à l'État français : Conseil d'État, 1er août 1890, *le Droit*, n° du 13 août 1890.

(2) V. Codes de commerce *portugais* (art. 585) et *argentin* (art. 1367). En *Belgique*, à propos de l'art. 140 de la loi du 21 août 1879, de nombreux orateurs ont déclaré, à la Chambre des représentants, que la loi *belge* du 16 décembre 1851 sur les hypothèques terrestres doit servir à compléter les dispositions relatives à l'hypothèque maritime.

(3) V. pourtant, trib. comm. Nantes, 4 juill. 1885, *Journ. de jurispr. de Marseille*, 1886. 2. 118; *Revue intern. de droit marit.*, 1885-86, p. 623. Crouvès, *op. cit.*, n° 11. V. observat. de Ch. Lyon-Caen, *Revue crit. de législ. et de jurispr.*, 1887, p. 632 et suiv.

b. L'art. 2128, C. civ., ne s'applique pas aux hypothèques constituées en pays étranger sur des navires français. C'est, du reste, ce qui sera exposé plus loin avec détail à propos des conflits de lois concernant l'hypothèque maritime (1). V. n° 1795.

Mais il ne faut pas se méprendre sur la portée de la règle dont deux applications viennent d'être indiquées. Elle ne concerne que les dispositions des lois ayant trait directement aux hypothèques sur les immeubles, mais non les dispositions comprises dans d'autres matières et touchant aux hypothèques. C'est ainsi que les dispositions du Code de commerce sur la nullité des constitutions d'hypothèque faites durant la période suspecte (art. 446 et 447), que les dispositions du Code civil (art. 2146) et du Code de commerce (art. 448) sur les événements qui arrêtent le cours des inscriptions s'appliquent aux hypothèques maritimes (2).

1674. L'exposé des règles relatives à l'hypothèque maritime fait ressortir aisément les avantages que cette garantie réelle présente comme moyen de crédit sur le prêt à la grosse. Les principaux de ces avantages sont les suivants :

a. L'hypothèque maritime garantit un prêt ordinaire. La créance qu'elle garantit, à la différence de celle du prêteur à la grosse, subsiste malgré les risques qui atteignent le navire.

b. Le rang du créancier hypothécaire est déterminé par la date de l'inscription ; il ne peut être modifié en rien par des hypothèques inscrites postérieurement. Les prêteurs à la grosse sont, suivant les cas, primés par les prêteurs à la grosse postérieurs ou subissent le concours de ceux-ci. V. n°ˢ 1585 et suiv.

c. Le droit de suite du créancier hypothécaire est plus persistant que celui du prêteur à la grosse qui s'éteint dans les conditions déterminées par les art. 193 et 194, C. com.

1675. Avant la loi de 1874 qui a introduit l'hypothèque maritime

---

(1) Ch. Lyon-Caen, *Études de Droit international privé maritime*, p. 27 et suiv.

(2) Caen, 24 fév. 1892, *Revue intern. de Droit marit.*, 1892-93, p. 40. V. aussi les observations de Ch. Lyon-Caen dans la *Revue crit. de législ. et de jurispr.*, 1893, p. 276 et suiv.

en France, les navires pouvaient être constitués en gage. La constitution en gage d'un navire de 20 tonneaux au moins est-elle encore possible depuis que l'hypothèque maritime est admise? On peut en douter comme on en doute en Allemagne (n° 1613 *bis*). La règle générale de notre législation est que les biens peuvent être, soit hypothéqués, soit constitués en gage, mais non être affectés réellement au profit des créanciers de l'une ou de l'autre façon selon la volonté des parties. Cependant, selon nous, la constitution en gage d'un navire est demeurée possible en droit même depuis l'admission de l'hypothèque maritime (1). Les lois de 1874 et de 1885 ont reconnu cette nouvelle sûreté réelle sans supprimer le gage, et il est de principe que tous les biens meubles peuvent être donnés en gage. En admettant l'hypothèque maritime, nos lois n'ont pas enlevé aux navires leur caractère mobilier (2).

§ 4. — RÉSULTATS DE L'INTRODUCTION EN FRANCE DE L'HYPOTHÈQUE MARITIME. — STATISTIQUE.

1676. Malgré les avantages que peut présenter l'hypothèque maritime, il y a là une institution qui s'est jusqu'ici fort peu développée en France.

Du 1er mai 1875 au 31 décembre 1891, c'est-à-dire en 16 ans 1/2, d'après la statistique officielle (3), il a été constitué 1795 hypothèques maritimes pour une somme de 243.509.376 fr. 09 cent. Ces chiffres se décomposent de la façon suivante :

465 hypothèques ont été constituées sur des navires en cours de construction pour 143.653.275 fr. 93 cent. (4) ; 1320 hypothèques ont été établies sur des navires francisés pour 99.198.100 fr. 36 cent.

(1) Cpr. Cass. 11 fév. 1885, D. 1885. 1. 148. V. observations de Ch. Lyon-Caen dans la *Revue crit. de législ. et de jurispr.*, 1886, p. 349.

(2) Cette solution a été admise en *Belgique* par la Cour d'appel de Bruxelles dans un arrêt du 14 avr. 1888, *Revue intern. du Droit marit.*, 1888-89, p. 83.

(3) *Bulletin de statistique et de législation comparée* publiée par le Ministère des finances, 1892, 1, p. 617.

(4) La plupart de ces hypothèques ont été inscrites au profit de l'État faisant construire des navires par l'industrie privée et voulant ainsi être assuré du remboursement de ses avances en cas de faillite du constructeur (323 hypothèques pour 82.049.012 fr. 93 cent.).

De 1875 à 1885, il avait été constitué 10 hypothèques en cours de voyage pour 658.000 francs. La loi de 1885 n'admet plus ces hypothèques (n° 1646).

Les hypothèques maritimes ne sont pas devenues plus nombreuses depuis la loi du 10 juillet 1885 qu'elles ne l'étaient sous l'empire de la loi du 10 décembre 1874. Cela prouve bien que le petit nombre des hypothèques maritimes n'était pas dû aux imperfections reprochées à la loi de 1874 et corrigées en 1885 (n° 1615). Il tient à des causes plus profondes. En France, on s'intéresse généralement peu aux choses de la mer, et les capitalistes ne placent pas volontiers leurs capitaux dans les entreprises maritimes. Du reste, la nature des choses qu'on ne peut changer fait que l'hypothèque sur les navires constitue une garantie moins solide que l'hypothèque sur les immeubles.

SECTION IV.

Des privilèges sur les navires (1).

1677. *Généralités.* — L'intérêt du commerce de mer a fait établir de nombreux privilèges sur les navires. Le Code de 1807, plus complet que l'Ordonnance de 1681 (2), les énumère et les classe (art. 191), en déterminant avec précision les créances auxquelles ils sont attachés ; puis il indique (art. 192) les justifications à faire par chaque créancier qui veut exercer un privilège.

Le législateur a été dans cette matière préoccupé de deux idées principales : il a voulu d'abord augmenter le crédit du commerce de mer, en concédant des privilèges d'une façon assez large ; en même temps, il a cherché à éviter que les privilèges ne s'accumulassent sur un seul navire ; cette accumulation aurait pu pour l'avenir faire perdre tout crédit au propriétaire ou au capitaine.

La nature des créances auxquelles des privilèges sont attachés, a depuis longtemps conduit à distinguer, au point de vue qui nous occupe, les navires qui ont déjà et les navires qui n'ont pas encore

---

(1) Code de commerce, art. 191, 192, 193, 194 et 196.

(2) Livre 1, titre XIV, art. 16 et 17. Valin et Émérigon (*Traité des contrats à la grosse*, chap. XII) ne considéraient pas l'énumération de l'Ordonnance comme limitative ; ils y ajoutaient des privilèges non mentionnés par elle. Le Code de commerce s'est inspiré de leurs décisions.

navigué; les privilèges qui grèvent les uns et les autres ne sont pas exactement les mêmes (V. nᵒˢ 1679 et suiv.). La nécessité de restreindre le nombre des privilèges qui peuvent être exercés à la suite d'une vente sur saisie, a fait, en outre, admettre que certaines créances ne sont privilégiées qu'autant qu'elles sont nées, soit durant le dernier voyage qui a précédé cette vente, soit immédiatement avant, soit après ce dernier voyage (1). Ainsi, les privilèges ne subsistent jamais pendant plusieurs voyages et peu à peu, en naviguant, un navire se débarrasse en quelque sorte des privilèges qui le grevaient précédemment.

Les privilèges sur les navires sont pour la plupart fondés sur l'une des causes qui justifient les autres privilèges mobiliers, c'est-à-dire sur des idées d'humanité, sur une constitution de gage tacite, sur la mise ou la conservation d'une valeur dans le patrimoine du débiteur.

1678. Nous examinerons chacun des privilèges indiqués par l'article 191 dans l'ordre de leur énumération qui est celui de leur classement. A propos de chacun d'eux, le mode de preuve de la créance privilégiée, tel qu'il est fixé par l'art. 192, sera indiqué (2).

Pourquoi donc la loi (art. 192, C. com.) a-t-elle, pour l'exercice des privilèges sur les navires, exigé que les créances privilégiées fussent prouvées par certains moyens déterminés? Cela peut surprendre, ces créances sont commerciales. Mais l'art. 192 se justifie par deux considérations. Il s'agit de prouver, non seulement l'existence de la créance, mais encore sa date précise, puisque la question de savoir si elle est née ou non pendant le dernier voyage a sur l'existence du privilège une influence décisive; la preuve testimoniale présenterait trop d'incertitude. En outre, il importe que le règlement des créances privilégiées sur les navires puisse se faire promptement, et cela ne serait pas possible, si l'existence de ces créances pouvait donner lieu à des contestations jusqu'au dernier moment (3).

(1) Le Code ne définit pas ce qu'il faut entendre, à ce point de vue, par voyage. Aussi de grandes difficultés s'élèvent-elles à ce sujet. V. ci-desus, nᵒˢ 1485 et suiv. et ci-dessous, nᵒˢ 1461, 1462 et 1596.

(2) Les dispositions de l'art. 192 sont de droit nouveau; l'Ordonnance ne contenait aucune disposition sur les modes de preuve des créances privilégiées.

(3) Ces raisons sont celles mêmes qui étaient données dans la note explicative

En l'absence des moyens de preuve indiqués par l'art. 192, C. com., le privilège ne peut pas être exercé, mais la créance peut être prouvée comme créance chirographaire.

1679. Au premier rang, l'art. 191 mentionne *les frais de justice et autres faits pour parvenir à la vente et à la distribution du prix.* Le privilège dont il s'agit, comme le privilège général des frais de justice de l'art. 2101-1°, C. civ. (1), est fondé sur cette idée qu'il est équitable de rembourser, avant tout, les avances faites par un créancier dans l'intérêt commun des autres. Ainsi, le privilège de l'art. 191-1° appartient à celui qui, en faisant saisir le navire, l'a mis sous la main de justice; qui a fait procéder à la vente nécessaire pour convertir en argent le gage commun; qui a fait sommation aux créanciers de produire leurs titres afin d'arriver à la distribution du prix (art. 213, C. com.) et a eu des frais à supporter. Le privilège n'appartient pas, au contraire, à celui qui a fait des frais à raison de procédures introduites dans son intérêt exclusif. Ainsi, le créancier qui fait des frais pour obtenir un titre exécutoire ou pour produire ses titres, conformément à l'art. 213, C. com., n'a point le privilège des frais de justice; ces frais s'ajoutent à la créance et viennent sur le navire, au même rang que celle-ci, si elle est privilégiée (article 214, 2e al.) (2).

L'art. 191-1° ajoute aux mots *frais de justice* les mots *et autres.* Il est probable qu'il désigne par là les frais extraordinaires que peuvent occasionner des incidents de procédure (Cpr. art. 714, C. proc. civ.) (3) (V. nᵒˢ 1781 et suiv.).

sur le projet de loi de 1865 pour maintenir l'art. 192 du Code de 1807. — Du reste, il y a des créances privilégiées pour lesquelles la loi n'exige aucune justification spéciale; il faut en revenir pour elles à la règle générale de l'art. 109, C. com. (V. nᵒˢ 1692, 1694 et suiv.).

(1) Dans le silence même de l'art. 191, le privilège des frais de justice aurait dû être admis sur les navires, par cela même que le privilège créé pour ces frais par l'art. 2101-1°, C. civ., est un privilège général. V. nᵒˢ 1716 et 1717.

(2) Les solutions données au texte sont conformes à celles qui sont admises sur l'art. 2101-1°, C. civ. — L'art. 675-1° du Code de commerce *italien* dit d'une façon expresse qu'il s'agit de frais faits dans l'intérêt commun.

(3) Aussi l'art. 192-1° ne parle-t-il plus que des frais de justice: Laurin sur Cresp, I, p. 92; de Valroger, I, nᵒ 17; Desjardins, I, nᵒ 107. — Une autre interprétation des mots : *et autres*, est adoptée par quelques auteurs (Bédarride, I, nᵒˢ 56

1680. Les frais de justice sont constatés par le tribunal compétent représenté par son président (art. 192-1°). Ce tribunal est le tribunal civil, puisque la saisie et la vente du navire se poursuivent devant ce tribunal (n° 1754) (art. 192-1°) (1).

1681. Au second rang viennent, d'après l'art. 191-2°, *les droits de pilotage, tonnage, cale, amarrage et bassin ou avant-bassin.* Ces différents droits doivent être payés pour mettre en sûreté le navire dans le port. Ce sont des frais conservatoires.

Les droits de pilotage sont dus aux *pilotes lamaneurs* ou *locmans* lors de l'entrée ou de la sortie d'un port (n°s 594 et suiv.). Les pilotes *hauturiers* (n° 594) ont le privilège des gens de mer qui n'est classé qu'à un rang postérieur (art. 191-6°). Notre privilège garantit aussi bien les indemnités exceptionnelles dues, en cas de tempête et de péril évident, aux pilotes ou en cas d'avaries subies par la chaloupe d'un pilote en abordant un navire en mer(2), que les taxes fixées par les tarifs. Il devrait être admis au profit de celui qui fait accidentellement fonction de pilote lamaneur comme au profit du pilote de profession (3).

Les droits de tonnage sont des droits divers proportionnels au tonnage du navire. Il y avait autrefois des droits de ce genre frappant les navires étrangers important des marchandises en France (n° 7). Actuellement il y a des droits de quai, perçus au profit de l'État, sur tous les navires venant de l'étranger ou des colonies françaises (Loi du 30 janvier 1872, art. 6) (n° 21). Il y a aussi des droits de ton-

et 73; Demangeat sur Bravard, IV, p. 35). Ils prétendent que ces mots font allusion aux frais que doit faire l'adjudicataire sur saisie pour avoir la libre disposition du navire dans certaines circonstances particulières. On cite notamment un cas où l'adjudicataire n'avait pu se faire remettre les expéditions du navire qu'en payant les droits dus à la Caisse des invalides de la marine sur les salaires des gens de l'équipage. — Il semble y avoir là une erreur : ces frais sont acquittés par l'adjudicataire dans son intérêt personnel et non dans l'intérêt commun; on ne voit pas, par suite, à quel titre ils seraient privilégiés.

(1) L'art. 192-3°, C. com., parle aussi des dettes désignées par le numéro de cet article, et dispose que ces dettes sont constatées par des états arrêtés par le président du tribunal de commerce. Il paraît y avoir là une erreur, puisque ces dettes sont déjà visées par l'art. 192-1° : Dufour, I, n° 279; Desjardins, I, n° 177. Quelques auteurs donnent pourtant un sens à l'art. 192-3°, en le référant aux frais *autres* que les frais de justice mentionnés dans l'art. 191-1°.

(2) Décret du 12 décembre 1806, art. 43 et 46.

(3) Dufour, I, n° 87; Demangeat sur Bravard, IV, p. 39; Desjardins, I, n° 113.

nage ayant un caractère local et perçus au profit des villes et des chambres de commerce à raison des dépenses faites par elles pour l'amélioration et le développement des ports (n° 21).

Les droits de cale sont des taxes perçues par les propriétaires des cales de construction et de réparation pour le chargement et le déchargement des marchandises (1).

Les droits d'amarrage sont acquittés à raison de ce que les navires entrés dans le port sont attachés (amarrés) à des anneaux se trouvant le long des quais ou à des bouées.

Les droits de bassin ou *d'avant-bassin* peuvent être perçus pour le séjour d'un navire dans les enceintes fermées par des portes où les navires sont maintenus à flot.

L'art. 191 ne mentionne pas les *droits de remorquage*. Cela tient à ce qu'à l'époque de la rédaction du Code de commerce, le remorquage était peu usité, par cela même qu'il n'y est guère procédé qu'avec des bâtiments à vapeur (2). On ne peut, dans le silence de la loi, déclarer ces droits privilégiés (3). Ils le sont exceptionnellement quand le remorquage a le caractère d'une assistance maritime. V. n°s 1066 et 1075.

1682. D'après l'art. 192-2°, les droits de tonnage et autres sont constatés *par les quittances légales des receveurs*. Le Code paraît supposer ici que ces droits ont déjà été payés par une personne qui ne doit pas les supporter définitivement et qui, pour se les faire rembourser, se présente comme créancier privilégié sur le navire. Mais le Trésor public ou la personne morale créancière (Etat, ville, chambre de commerce, etc...) pourrait aussi faire valoir le privilège de l'art. 191-2°, s'il n'y avait pas eu déjà un paiement fait par un tiers. Les quittances préparées par le receveur serviraient alors à constater le montant de ces droits.

1683. Le troisième rang est assigné par l'art. 191-3°, *aux gages*

(1) V. sur les droits de cale les détails donnés par Desjardins, I, n° 117. En fait, on ne perçoit plus des droits de cale dans nos ports.
(2) Le remorquage d'un navire par un autre n'avait guère lieu qu'en cas de démâtage du premier.
(3) Il serait juste d'ajouter les droits de remorquage aux créances privilégiées. Cette addition a été faite notamment par la loi *belge* du 21 août 1879 (art. 4-2°).

du gardien et frais de garde du bâtiment, depuis son entrée dans le port jusqu'à la vente.

Quand un huissier procède à la saisie d'un navire, il doit établir un gardien (art. 200, *in fine*). La créance du gardien pour son salaire rentre dans les frais de justice visés par l'art. 191-1°, ce n'est pas du gardien judiciaire, par suite, qu'il est ici question (1). L'article 191-3° suppose qu'après l'entrée du navire au port, on a congédié l'équipage et on a, comme cela se fait d'ordinaire, placé à bord un gardien chargé à la fois de garder le bâtiment et de faire les manœuvres qui pourraient devenir nécessaires. Le gardien veille sur le gage commun ; son salaire est rangé parmi les frais de conservation ainsi que les frais causés par les mouvements qu'il a dû faire faire au navire (2).

1684. Le montant des gages du gardien est fixé par un état arrêté par le président du tribunal de commerce (art. 192-3°).

1685. Le quatrième rang appartient *au loyer des magasins où se trouvent déposés les agrès et les apparaux* (art. 191-4°).

Quand un navire doit séjourner dans un port, on enlève le plus souvent une partie de ses agrès et apparaux, les ancres, les voiles, etc., pour les placer dans des magasins. Le locateur, en les mettant à couvert, a permis de conserver, pour la vente, ces accessoires du navire, avec toute leur valeur ; il y avait donc lieu de lui accorder un privilège. D'après le droit commun (art. 2102-1°, C. civ.), le locateur ne devrait être privilégié que sur ces objets placés dans les magasins ; le Code de commerce le déclare privilégié même sur le corps du navire. Les agrès et les apparaux se vendent, en général, avec le navire pour un prix unique ; grâce à la disposition de l'art. 191-4°, il n'est pas utile de faire une ventilation qui pourrait parfois être difficile. Le locateur ne pourrait même pas invoquer l'art. 2102-1°, C. civ., pour se faire payer sur les agrès et les apparaux, à un rang préférable à celui qui lui assigne l'art. 191 ; il n'en serait autrement que dans

(1) Dufour, I, n°s 90 et suiv.; Demangeat sur Bravard, IV, p. 42, texte et note 3; Desjardins, I, n° 119. Laurin sur Cresp, I, p. 93 est, au contraire, d'avis que les frais du gardien judiciaire même ne viennent qu'au troisième rang.

(2) Trib. civ. du Havre, 16 mai 1873, *Journ. de Marseille*, 1874. 2. 135.

le cas exceptionnel où la vente des accessoires du navire serait faite séparément (1).

1685 *bis.* La créance du locateur, comme celle du gardien, est arrêtée par le président du tribunal de commerce (art. 192-3°).

1686. Au cinquième rang viennent *les frais d'entretien du bâtiment et de ses agrès et apparaux, depuis son dernier voyage et son entrée dans le port* (art. 191-5°). Quand un navire entre au port, il a souvent besoin de réparations d'entretien sans lesquelles il serait difficile de le vendre à de bonnes conditions; les frais d'entretien sont privilégiés, parce qu'ils ont empêché le gage commun de diminuer de valeur.

Le privilège s'exerce sur le prix entier du navire vendu avec ses accessoires, sans qu'il y ait à distinguer selon que les frais d'entretien ont été faits pour la coque du navire ou seulement pour ses agrès et apparaux (analog. n° 1685). Dans l'un et l'autre cas, il est vrai de dire que le prix du navire en est augmenté.

La loi ne vise que les réparations faites *depuis le dernier voyage.* Pour les réparations opérées à la suite d'un voyage précédent, il n'y aurait pas de privilège. Quant aux frais de réparations faites pendant le dernier voyage, ils ne viennent qu'au septième rang (n° 1688) (2).

1686 *bis.* Les créances pour réparations d'entretien sont constatées par des états arrêtés par le président du tribunal de commerce (art. 192-3°).

1687. Au sixième rang viennent *les gages et loyers du capitaine et autres gens de l'équipage employés au dernier voyage* (art. 191-6°). Dans le chapitre consacré aux gens de mer, l'on a déterminé les créances garanties par ce privilège et le sens spécial qu'a ici l'expression *dernier voyage* (n°s 377 et suiv.). Il a été aussi expliqué que ce privilège ne grève pas seulement le navire, qu'il frappe aussi le fret

---

(1) Dufour, I, n° 97; Desjardins, I, n° 121; Demangeat sur Bravard, IV, p. 44.

(2) Dufour, I, n° 101; Desjardins, I, n° 123; Cresp et Laurin, I, p. 95; de Valroger, I, n° 24. C'est par suite d'une erreur que Bédarrides (I, n° 66) admet que les dépenses d'entretien pendant le dernier voyage rentrent dans l'article 191-5°,

(n° 380). V. n° 387 sur le mode de preuve des loyers des gens de mer au point de vue de l'exercice du privilège (1).

1688. Le septième rang appartient *aux sommes prêtées au capitaine pour les besoins du bâtiment pendant le dernier voyage et au remboursement du prix des marchandises par lui vendues pour le même objet* (art. 191-7°). Le capitaine peut, en cours de voyage, pour le cas de nécessité, se procurer les sommes indispensables aux besoins du navire, soit en empruntant sur le navire ou sur les marchandises, soit en vendant une partie de la cargaison (n°s 571 et suiv.). Celui dont les marchandises ont été vendues a le droit de s'en faire rembourser le prix par le propriétaire du bâtiment (n° 585). Le prêteur et ceux dont les marchandises ont été ainsi vendues ont sauvé le gage commun, il est juste que la loi leur accorde un privilège, pourvu que les prêts ou les ventes aient eu lieu durant le dernier voyage.

Il a été parlé, à propos du prêt à la grosse, du privilège appartenant aux prêteurs pour avances faites durant le dernier voyage (n° 1596 et suiv.). La loi met sur la même ligne les chargeurs dont les marchandises ont été vendues par le capitaine et leur privilège est, en règle générale, régi par les mêmes principes que celui des prêteurs. Il y a toutefois quelque difficulté sur le rang à assigner aux chargeurs. Lorsque plusieurs prêts sont, durant le même voyage, faits sur le même navire dans des ports différents, les derniers prêteurs en date sont préférés (art. 323) (2), par dérogation à la règle de l'art. 191, av.-dern. alin., selon lequel *les créanciers compris dans chacun des numéros du présent article viendront en concurrence et au marc le franc, en cas d'insuffisance du prix.* Faut-il appliquer la disposition de l'art. 323, lorsque des marchandises de différents chargeurs ont été vendues dans des ports différents pour subvenir aux besoins du navire? On a soutenu que les chargeurs sont réputés avoir prêté le prix de leurs marchandises vendues et

---

(1) L'Ordonnance donnait la préférence aux gens de mer sur tous les autres créanciers. Valin admettait pourtant qu'il fallait faire passer avant eux quelques créanciers qu'il indiquait; c'est précisément à ceux-ci que le Code donne la préférence.

(2) *Sic erunt novissimi primi et primi novissimi.*

qu'en conséquence il faut leur appliquer l'art. 323 comme aux prêteurs (1). Il paraît plus exact de faire concourir tous les chargeurs (2).
La règle générale se trouve dans l'art. 191, av.-dern. alin.; l'art. 323,
qui y déroge, parle seulement des prêteurs. Les chargeurs, dont les
marchandises ont été vendues, ressemblent sans doute à des prêteurs;
mais ce ne sont pas des prêteurs volontaires. Il serait exorbitant que
le capitaine déterminât les rangs des chargeurs par l'ordre dans lequel il vendrait les marchandises. Du reste, quand le propriétaire
fait abandon du navire et du fret aux chargeurs dont les marchandises ont été vendues, la perte se répartit au marc le franc entre les
chargeurs (art. 298, V. n° 587). S'il en est ainsi dans le cas d'un
navire dont le propriétaire fait l'abandon, pourquoi en serait-il autrement dans le cas où le navire est vendu et où le prix est insuffisant?
Ubi eadem ratio, ibi idem jus esse debet.

Il peut y avoir conflit entre prêteurs et chargeurs. Cela se présente quand, dans le même voyage, on a employé pour les besoins
du navire à la fois des sommes empruntées et des sommes provenant
de la vente de marchandises. Comment classer entre eux les prêteurs
et les chargeurs? On divise la somme afférente à ces deux classes de
créanciers en deux parts proportionnelles à leur montant, puis on
répartit chaque part entre les prêteurs et les chargeurs, d'après les
distinctions faites précédemment (3).

Le capitaine et les autres gens de l'équipage passent, en principe,
avant les prêteurs et les chargeurs. Cela paraît juste. En quelque
endroit qu'eût été vendu le navire qui ne pouvait continuer le
voyage, le capitaine et les gens de l'équipage eussent pu se faire
payer de leurs loyers sur le navire. Du reste, les gens de mer contribuent encore plus que les prêteurs et les chargeurs à l'heureuse arrivée du bâtiment. Mais le capitaine a le droit de renoncer à son rang à
l'égard des prêteurs ou des chargeurs. Une renonciation de ce genre
peut s'induire de ce qu'il s'oblige personnellement envers eux au remboursement (n° 389) (4).

(1) Émérigon, chap. XII, sect. IV; Bédarride, I, n° 84.
(2) Dufour, I, n° 136; de Valroger, I, 43; Demangeat sur Bravard, I, p. 54;
Boistel, 3ᵉ édition, n° 1131.
(3) Dufour, I, n° 137; Demangeat sur Bravard, IV, p. 54.
(4) Rennes, 13 nov. 1886, *Revue internat. du Droit maritime*, 1887-88, p. 24.

Au lieu d'emprunter ou de vendre des marchandises, le capitaine pourrait obtenir un crédit de ceux qui lui feraient des fournitures pour le navire. Les fournisseurs doivent alors être traités comme des prêteurs (1). Ils ont, comme ceux-ci, contribué à la conservation du gage commun.

1689. Le mode de constatation de la créance privilégiée, tel qu'il est prescrit par les art. 234 et 192-5°, a été indiqué en ce qui concerne les prêteurs et les chargeurs (n° 580). Pour ce qui est des créanciers pour fournitures faites durant le voyage, il semble rationnel de les traiter de la même manière, c'est-à-dire d'exiger un état arrêté par le capitaine et un procès-verbal de l'équipage. Les dispositions de l'art. 192-6°, relatives aux fournitures faites par le navire avant le départ, ne peuvent pas être appliquées aux fournitures faites à crédit en cours de voyage (2).

1690. Le huitième rang est attribué aux *sommes dues au vendeur, aux fournisseurs et ouvriers employés à la construction, si le navire n'a point encore fait de voyage* et aux *sommes dues aux créanciers pour fournitures, travaux, main-d'œuvre, pour radoub, victuailles, armement et équipement, avant le départ du navire, s'il a déjà navigué* (art. 191-8°).

Cette disposition accorde des privilèges à trois classes de créanciers, savoir : *a.* le vendeur du navire ; *b.* les fournisseurs et ouvriers employés à la construction du navire ; *c.* ceux qui ont fait des fournitures pour un navire avant son départ. — Des difficultés graves s'élèvent pour le privilège du vendeur. Il importe, pour en saisir la portée, de traiter d'abord des deux autres privilèges.

1691. *Privilèges des ouvriers et fournisseurs.* — Les ouvriers employés à la construction et ceux qui ont fait des fournitures pour cette construction ont mis, en tout ou en partie, le navire dans le patrimoine du débiteur commun. Il est juste que ces créanciers soient privilégiés (3). Mais, afin de ne pas surcharger les navires de

---

(1) Entre plusieurs fournisseurs, les derniers en date doivent avoir la préférence.

(2) De Valroger, I, n°s 41 et 55.

(3) On peut rapprocher ce privilège de celui qu'établit l'art. 2103-4°, C. civ., au profit des architectes, entrepreneurs, maçons et autres ouvriers.

privilèges, le Code n'admet le privilège des ouvriers et fournisseurs qu'au cas où le navire saisi et vendu n'a pas encore navigué.

Rien dans le texte de la loi n'implique, du reste, que le même privilège doive être refusé à ceux qui ont fait des *fournitures pour l'armement et l'équipement* lorsque le navire est saisi avant d'avoir pris la mer (1).

1691 *bis.* Le privilège des ouvriers et fournisseurs employés à la construction existe sans difficulté en cas de construction *par économie;* les ouvriers, comme on le sait, traitent alors directement avec celui qui fait construire pour son compte et doit, par suite, être propriétaire du navire une fois construit comme il l'est des matériaux. Si, au contraire, comme cela a lieu aujourd'hui le plus souvent, la construction se fait à forfait (2), une grave question se pose. Les ouvriers ont assurément un privilège qu'ils peuvent faire valoir sur le navire tant que l'entrepreneur en a la propriété. Mais, une fois que l'armateur en est devenu propriétaire, le privilège peut-il être exercé à son encontre? La question offre un grand intérêt pratique. Si les ouvriers et fournisseurs n'ont pas de privilège, ils n'ont plus rien à réclamer lorsque l'armateur a payé l'entrepreneur. Au contraire, s'ils ont un privilège, ils peuvent saisir et faire vendre le navire au préjudice du propriétaire, même après que celui-ci a désintéressé l'entrepreneur. La question ne se présentait pas souvent à l'époque à laquelle la plupart des constructions de navires se faisaient par économie. Cependant une Déclaration du 16 mai 1747 décida que les fournisseurs et les ouvriers employés à la construction ne pourraient agir que par voie de saisie-arrêt contre le propriétaire du navire, de telle sorte qu'il n'était pas exposé à payer deux fois. Que faut-il admettre actuellement? (3). Trois opinions se sont produites.

Dans la première, l'on soutient que les ouvriers n'ont jamais de privilège, quand même ils auraient ignoré que la construction se faisait à forfait (4). Les partisans de cette doctrine prétendent que la

____

(1) Dufour, I, nos 151 et 152; Demangeat sur Bravard, IV, p. 64.

(2) Nous supposons aussi exclusivement le cas où les matériaux sont fournis par l'entrepreneur; c'est le seul pratique. V. no 152.

(3) La question a été posée au no 154.

(4) Ce système n'est plus guère soutenu. V. Dageville, t. II, p. 690. Rennes, 7 mai 1818, *Journ. de Marseille*, 1823. 2. 189. — Le projet de 1865 adoptait ce système (art. 191-10°, 2e alin.).

Déclaration de 1747, n'ayant pas été abrogée, est toujours en vigueur et ils invoquent aussi l'art. 1798, C. civ. Mais on peut facilement réfuter ces arguments. La Déclaration de 1747 ne fut pas enregistrée dans tous les parlements (1) et les plus célèbres de nos anciens commentateurs n'en tenaient pas compte (2). Quant à l'art. 1798, C. civ., il ne régit que les cas dans lesquels les ouvriers n'ont pas, de leur propre chef, un privilège sur les choses faites à l'entreprise ; en invoquant cet article, on résout la question par la question.

Dans une seconde doctrine, on applique l'art. 1798, mais en le limitant au cas où les ouvriers ont su que la construction avait lieu à forfait (3) ; quand ils ont cru qu'elle se faisait par économie, on admet à leur profit le privilège. — Cette opinion est sans doute équitable ; mais on ne saurait invoquer en sa faveur aucun principe de droit. Elle peut donner lieu à beaucoup de difficultés de fait et ses partisans sont fort embarrassés lorsqu'il s'agit de décider si la présomption doit être pour les ouvriers ou contre eux.

Une troisième doctrine, qui prévaut actuellement avec raison, reconnaît aux ouvriers et aux fournisseurs le privilège de l'art. 191-8° sans distinction, c'est-à-dire même dans le cas où ils ont connu le mode de construction (4). Il faut, en faveur de cette solution, remar-

---

(1) Ainsi, les parlements de Bretagne et de Normandie enregistrèrent la Déclaration de 1747 ; celui de Bordeaux en refusa l'enregistrement.

(2) Valin (sur l'art. 17, livre I, titre 14 de l'Ordonnance), admettait bien que les ouvriers n'avaient aucun privilège sur le navire, si le propriétaire avait payé le prix convenu à l'entrepreneur ; mais il faisait une distinction contraire à la Déclaration de 1747, car il ajoutait : « Tout cela s'entend néanmoins s'ils ont su que l'ouvrage était à l'entreprise et qu'ils n'avaient à faire qu'à l'entrepreneur. » Émérigon (*Prêt à la grosse*, chap. XII, sect. II) faisait aussi une distinction analogue, mais se montrait plus formaliste que Valin ; il exigeait, pour que les ouvriers n'eussent pas de privilège, qu'on les eût avertis. « Ils doivent jouir, disait-il, du privilège à eux accordé, à moins que « dans le principe on ne les ait avertis en due forme que, s'ils n'ont « pas soin de se faire payer par l'entrepreneur, ils n'auront aucun privilège « sur le navire. »

(3) Ce système était celui de Valin (V. la note précédente). Il est soutenu par Dufour, I, nos 173 et suiv. ; Bédarride, I, nos 101 et suiv. — Bordeaux, 4, 18, 19 août 1856, Marseille, 19 fév. 1857, 15 déc. 1865, *Jour. de Marseille*, 1856. 2. 171, 174, 175 ; 1857. 1. 34 ; 1866. 1. 33. — Douai, 11 déc. 1886. — En ce sens, loi *belge* du 21 août 1879, art. 4-10°, 2e alin.

(4) Rennes, 23 juill. 1873 et 21 avr. 1874, S. 1874. 2. 36 et 212 ; *J. Pal.*, 1874, 208 et 991 ; Cass. 17 mai 1876, S. 1877. 1. 337 ; *J. Pal.*, 1877. 881 ; D. 1878. 1. 97 ; Cass. 10 juill. 1888, S. 1888. 1. 430 ; *J. Pal.*, 1888. 1. 1058 ; D.

quer que l'art. 191-8°, en admettant le privilège, ne s'attache nullement à la manière dont la construction a eu lieu. Le silence du Code
sur ce point est d'autant plus significatif qu'à l'époque de sa rédaction, comme aujourd'hui, les constructions de navires ne se faisaient
que très rarement par économie. D'ailleurs, si l'on part de l'idée
admise par nous d'après laquelle il y a dans la construction à forfait
une vente à livrer qui n'est pas conditionnelle (n° 154), on ne voit
pas comment les fournisseurs et ouvriers qui ont le privilège sur le
navire inachevé appartenant à l'entrepreneur, ne le conserveraient
pas, alors que la propriété en est passée à l'armateur. Celui-ci est,
en qualité d'acheteur, l'ayant-cause à titre particulier de l'entrepreneur.

1692. La loi n'a établi aucun mode spécial de constatation pour
les créances des fournisseurs et ouvriers employés à la construction;
elles peuvent donc se prouver par tous les moyens (art. 109, C. com.).
L'art. 192-6° est fait pour d'autres créances (n° 1693) et ne saurait
s'appliquer à celles dont il s'agit (1).

1693. La loi (art. 191-8°) place aussi au huitième rang, *les sommes
dues aux créanciers pour fournitures, travaux, main-d'œuvre pour
radoub, victuailles, armement et équipement, avant le départ du
navire, s'il a déjà navigué.* — Les réparations ont contribué à conserver le navire et à permettre de le vendre pour un meilleur prix. La
loi suppose des réparations faites avant le départ qui a précédé le dernier voyage. Les sommes dues à raison des réparations faites durant ce
voyage lui-même sont privilégiées à un rang supérieur, au septième (article 191-7°; n° 1688). La raison en est que les dépenses faites durant
le dernier voyage, ont servi à sauvegarder le gage commun.

En parlant du privilège pour frais de radoub, etc., l'art. 191-8°
suppose un navire qui a déjà navigué. Est-ce à dire que, si, par
hasard, des frais de cette nature étaient faits avant que le navire

1889. 1. 107; Cass. 27 oct. 1890, S. 1890. 1. 528; *J. Pal.*, 1890. 1. 1270; D.
1891. 1. 72. — Delamarre et Lepoitevin, VI, p. 274, n° 124; Demangeat sur
Bravard, IV, p. 65 et suiv.; Laurin sur Cresp, I, p. 224 et suiv.; Desjardins,
I, n° 144; Boistel, n° 1134.

(1) Req. 17 mai 1876, S. 1877. 1. 337. — Le projet de 1865 (art. 192-6°) déclarait l'art. 109, C. com., applicable.

saisi eût pris la mer, le privilège n'existerait pas? Cela n'est pas admissible. Si le texte du Code de commerce vise le cas où le navire n'a pas navigué, c'est qu'il a prévu le cas le plus ordinaire; il est rare assurément qu'un navire, qui n'a pas fait de navigation, ait besoin d'être réparé (1).

1694. Pour les fournitures dont parle l'art. 191-8°, l'art. 192-6° exige trois justifications spéciales; il faut : 1° que les mémoires, factures ou états soient visés par le capitaine; 2° qu'ils soient arrêtés par l'armateur; 3° qu'un double en soit déposé au greffe du tribunal de commerce avant le départ du navire, ou, au plus tard, dans les dix jours après son départ (2). L'art. 192-6° ne vise pas les ouvriers auxquels des frais de réparation sont dus. Aussi y a-t-il lieu de leur appliquer l'art. 109, C. com., comme aux ouvriers employés à la construction (n° 1692).

1695. *Privilège du vendeur.* — L'art. 191-8° place enfin au huitième rang le *vendeur du navire.* C'est lui qui a mis le bien dans le patrimoine du débiteur. En lui accordant un privilège, la loi commerciale applique les principes du droit commun (art. 2102-4 et 2103-1°, C. civ.). La disposition de l'art. 191-8° relative au vendeur est obscure et donne lieu à de grandes difficultés.

1696. Une première question naît du texte de l'art. 191-8°. Cet article met sur la même ligne les sommes dues aux vendeurs, fournisseurs, ouvriers employés à la construction, *si le navire n'a point encore fait de voyage.* Il résulte assurément de cette disposition, comme il a été dit, que les fournisseurs et employés à la construction n'ont plus de privilège, dès que le navire a fait un voyage. Faut-il dire aussi que le vendeur n'est privilégié qu'autant que la vente a précédé tout voyage du navire? On pourrait le soutenir en s'attachant au texte de l'art. 191-8°; mais cela n'est pas admissible, on ne voit pas pourquoi le privilège serait refusé au vendeur d'un navire ayant déjà fait un voyage. Que le navire soit neuf ou non, au moment de la vente, le vendeur l'a toujours mis dans le patrimoine de

---

(1) Il se peut qu'un navire n'ayant pas navigué soit resté longtemps dans le port et ait besoin d'être radoubé.

(2) Le but de ces formalités est de bien arrêter le montant de la créance privilégiée, de lui donner date certaine et de l'entourer d'une certaine publicité.

l'acheteur et mérite, par suite, la même faveur. Cette solution doit
d'autant plus être adoptée qu'elle est conforme aux principes généraux du droit (art. 2102-4° et 2103-1°) et que, d'ailleurs, elle était
admise déjà dans l'ancien Droit, malgré le texte de l'Ordonnance sur
lequel a été copié l'art. 191-8° (1).

1697. Une autre question relative à ce privilège est celle de savoir
s'il n'est pas soumis à une cause spéciale d'extinction. Trois opinions
sont soutenues.

D'après l'une, il n'y aurait aucune cause d'extinction spéciale au
privilège du vendeur de navire (2). En parlant du cas où le navire
n'a point encore fait de voyage, l'art. 191-8°, dit-on, ne vise que les
fournisseurs et ouvriers employés à la construction. Quant au vendeur, il garde son privilège, que le navire ait ou n'ait pas navigué
depuis la vente; il est exposé seulement, comme tous les créanciers
privilégiés, à perdre son droit de suite, quand le navire ayant été
vendu par l'acheteur, a fait un voyage sous le nom et aux risques du
nouvel acquéreur, en vertu des art. 193 et 194, C. com.

Il n'est pas possible, en présence du texte de l'art. 191-8°, de soutenir que le privilège du vendeur subsiste quand le navire a fait un
voyage depuis la vente; un voyage postérieur à la vente en entraîne
l'extinction. Il est vrai qu'alors on entend les mots, *si le navire n'a
point encore fait de voyage*, dans deux sens différents selon qu'il
s'agit du privilège des ouvriers et fournisseurs ou du vendeur. Mais
mieux vaut encore cela que de les supprimer complètement pour le
vendeur.

(1) L'art. 17, liv. I, tit. XIV de l'Ordonnance, était relatif aux privilèges
établis sur les navires ayant déjà navigué. Cet article était ainsi conçu : « *Si
« le navire vendu n'a point encore fait de voyage, le vendeur, les charpentiers,
« calfateurs et autres ouvriers employés à la construction..., seront payés par
« préférence à tous créanciers, et par concurrence entre eux.* »

(2) Voici ce que disait en ce sens Valin, sur l'art. 17 (liv. I, tit. 14 de
l'Ordonnance), cité à la note précédente : « Mais, sous prétexte qu'il n'est point
« parlé du vendeur dans l'article précédent, s'ensuit-il que le vendeur, au re-
« tour du voyage du navire qu'il a vendu, ne doive pas entrer en concurrence,
« tout de même pour le reste du prix qui lui est dû, avec les créanciers, pour
« le radoub, victuailles et équipement avant le départ. Je ne le pense nulle-
« ment, et c'est pour cela que sur l'article précédent, je l'ai admis à concourir
« avec eux. En effet, où serait la raison de différence ? » En ce sens : Marseille,
19 fév. 1821, *Journ. de Marseille*, 1821. 2. 75. — Demangeat sur Bravard, IV,
p. 59 et suiv.; Boistel, n° 1140.

Est-ce à dire que tout voyage fait par le navire après la vente fasse perdre au vendeur son privilège? On a voulu quelquefois appliquer ici les art. 193 et 194. Mais ces dispositions concernent le droit de suite des créanciers du vendeur; elles ne sont pas relatives au droit de préférence (n° 1494) et ce dernier droit est seul ici en question. Comme l'art. 191-8° ne définit pas ce qu'il faut entendre par voyage, il y a lieu d'en conclure que tout voyage, quelle qu'en soit la durée, amène l'extinction du droit de préférence du vendeur (1). Il ne faut pas s'étonner de ce que ce droit de suite s'éteigne moins facilement que le droit de préférence; pour les navires, le droit de suite n'a rien d'exceptionnel; il appartient, à la différence du droit de préférence, à tous les créanciers, même simplement chirographaires.

1697 *bis*. Quelqu'exacte que soit cette dernière doctrine, elle est fort rigoureuse et elle conduit, on doit le reconnaître, à un résultat assez singulier. D'un côté, le vendeur ne peut pas en fait exiger de l'acheteur le paiement du prix tant que l'acheteur n'a pas fait faire un voyage en mer au navire pour le purger du droit de suite des créanciers du vendeur; le vendeur risquerait de payer deux fois. D'un autre côté, le vendeur qui ne se fait pas payer le prix avant le départ perd son privilège en vertu de l'art. 191-8°, C. com. (2).

Le vendeur peut éviter cette situation difficile en offrant à l'acheteur, pour qu'il paie le prix avant le départ, une caution pour les dettes qui ne seraient pas connues; il peut aussi se faire constituer par l'acheteur une hypothèque sur le navire. D'ailleurs, la rigueur de la solution est bien atténuée si l'on reconnaît, comme il semble juste de le faire, au vendeur de navire, outre le privilège établi par cet article, le privilège du droit commun consacré par l'art. 2102-4° C. civ. Ce privilège subsiste même après le voyage du navire; mais il permet au vendeur de se faire payer seulement après tous les

(1) Cass. 4 janv. 1886, S. 1886. 1. 65; *J. Pal.*, 1886. 1. 140 (note de Ch. Lyon-Caen); D. 1886. 1. 113. — Desjardins, I, n° 140; Dufour, I, n° 183; Laurin sur Cresp, I, p. 105 et 106; Desjardins, I, n° 140. — On peut invoquer en ce sens l'opinion d'Émérigon (*Prêts à la grosse*, chap. XII, sect. IV).

(2) De Valroger, I, n° 59. Aussi le projet de 1865 (art. 191-8°) ne soumettait pas le privilège du vendeur du navire à une extinction résultant d'un voyage postérieur à la vente.

créanciers ayant un privilège fondé sur une cause maritime (1).

1698. D'après l'art. 192-6°, *la vente du navire doit être constatée par un acte ayant date certaine.* Que signifie cette exigence de la date certaine? Il ne peut être question ici d'éviter une antidate ; le vendeur aurait, au contraire, intérêt à postdater la vente pour qu'elle fût considérée comme postérieure au voyage : la nécessité d'une date certaine ne peut servir à éviter les postdates. Le législateur a sans doute voulu que la vente, en vertu de laquelle le vendeur prétend exercer son privilège, eût date certaine avant la saisie. Il importe qu'un saisi ne puisse pas, d'accord avec un compère, passer un acte qui donnerait à ce dernier la qualité de vendeur et lui permettrait d'exercer un privilège au préjudice d'autres créanciers (2).

1699. Le privilège, soit de l'art. 191-8°, C. com., soit de l'article 2102-4°, C. civ., n'est pas la seule garantie accordée au vendeur d'un navire. Il jouit, en outre, des garanties appartenant, d'après le droit commun, à tout vendeur d'effets mobiliers. Il a donc : 1° un droit de rétention sur la chose vendue, si la vente a été faite sans terme (art. 1612 et 1613, C. civ.) ; 2° un droit de revendication, pourvu que la vente ait été faite sans terme, que le navire soit encore en la possession de l'acheteur et que l'action soit exercée dans la huitaine de la livraison (art. 2102-4°, C. civ.) ; 3° un droit de résolution (art. 1654, C. civ.). Sur ces points la loi maritime n'a en rien dérogé à la loi civile.

1700. La faillite ou la liquidation judiciaire de l'acheteur a-t-elle quelque effet sur les différentes garanties appartenant au vendeur de navire? Une distinction est à faire entre les garanties résultant du droit commun et celles qui sont consacrées par le Code de commerce. Les premières sont perdues pour le vendeur en vertu de l'art. 550, C. com. Quant aux secondes, aucune disposition ne les atteignant, elles subsistent malgré la faillite ou la liquidation judiciaire de l'acheteur (3).

---

(1) V. n° 1721. — Cette opinion, généralement admise aujourd'hui, était celle d'Émérigon (chap. 12, sect. IV, *op. cit.*). Dufour, I, n°s 194 et suiv.; Laurin sur Cresp, I, p. 109; Desjasdins, I, n° 141. V. en sens contraire, de Valroger, I, n° 61.

(2) Demangeat sur Bravard, IV, p. 62. — La loi *belge* du 21 août 1879 exige non seulement que l'acte de vente ait date certaine, mais encore qu'il ait été rendu public dans les formes prescrites par la loi.

(3) L'art. 550, C. com., vise le privilège de l'art. 2102-4°, C. civ., et non

1701. A l'action résolutoire se rattachent plusieurs difficultés.

L'action résolutoire subsiste même à l'égard d'un tiers-acheteur de bonne foi ; l'art. 2279, C. civ., ne régit pas les navires comme les autres meubles (n° 184). Mais ne faut-il pas, du moins, admettre que l'action résolutoire ne peut survivre au privilège qui s'éteint par le voyage du navire, en vertu de l'art. 191-8°? On le soutient ; l'extinction du privilège doit, dit-on, entraîner celle des droits analogues par lesquels le vendeur aboutirait au même résultat que par l'exercice du privilège. On argumente en ce sens, par analogie, de l'art. 7 de la loi du 23 mars 1855, qui établit un certain lien, quand il s'agit d'immeubles, entre le privilège et l'action résolutoire (1). Il nous paraît arbitraire d'admettre, dans le silence de la loi, que l'action résolutoire s'éteint nécessairement avec le privilège. La survie de l'action résolutoire a des inconvénients incontestables ; mais ne se produisaient-ils pas dans notre droit avant la loi de 1855, en matière immobilière ; n'a-t-il pas fallu une disposition de cette loi pour couper le mal dans sa racine? Et n'est-il pas vraiment singulier d'invoquer une loi faite en 1855, pour interpréter le Code de commerce de 1807 (2)!

1702. Au neuvième rang viennent, d'après l'art. 191-9°, *les sommes prêtées à la grosse sur le corps, quille, agrès, apparaux, pour radoub, victuailles, armement et équipement avant le départ du navire.* — Il s'agit ici du privilège établi au profit de celui qui a fait un prêt à la grosse avant le départ. Ce privilège a été supprimé par la loi du 10 décembre 1874 (art. 28), dont la loi du 10 juillet 1885

celui de l'art. 191-8°, C. com. ; les déchéances sont de droit étroit : Desjardins, I, n° 141 ; Dufour, I, n° 148 ; Demangeat sur Bravard, IV, p. 63 ; de Valroger, I, n° 63 ; Renouard, *Traité des faillites*, II, p. 264. — Cette solution est, en droit positif, très logique ; mais, au point de vue législatif, elle ne saurait guère se justifier. Le vendeur du navire, en cas de faillite de l'acheteur, n'est pas plus digne de faveur que le vendeur de tout autre bien mobilier.

(1) Laurin sur Cresp, I, p. 108 et 109 ; Desjardins, I, n° 141 ; Dufour, I, n°s 145 et suiv. ; de Valroger, I, n° 62. V. la note suivante.

(2) Du reste, les auteurs dont nous combattons l'opinion, ne privent le vendeur de l'action résolutoire qu'à l'égard des créanciers ayant acquis des privilèges sur le navire, en vertu de l'art. 191, du chef de l'acheteur. V. les auteurs cités à la note précédente.

(art. 39) a reproduit la disposition. Mais il a été dit plus haut (n° 151 8 bien que faite par la loi en termes absolus, cette suppression ne peut pas être considérée comme complète, que le privilège existe encore pour le prêt a la grosse antérieur au départ, quand le navire affecté, ayant moins de vingt tonneaux, n'est pas, aux termes de la loi (art. 20), susceptible d'hypothèque. — V. sur les formalités à remplir pour la conservation de ce privilège, n° 1549.

1703. Le dixième rang est attribué aux *montant des primes d'assurances faites sur le corps, quille, agrès, apparaux et sur armement et équipement du navire, dues pour le dernier voyage* (article 191-10°). Tout ce qui concerne ce privilège a été étudié à propos des assurances (n°s 1460 et suiv.).

1704. Enfin l'art. 191-11° déclare privilégiés au onzième rang *les dommages-intérêts dus aux affréteurs, pour le défaut de délivrance des marchandises qu'ils ont chargées, ou pour remboursement des avaries souffertes par lesdites marchandises par la faute du capitaine ou de son équipage.* — Les règles concernant ce privilège des affréteurs ont été exposées à propos du contrat d'affrétement (n° 1811).

L'art. 191-11° indique le privilège des affréteurs, sans dire s'il existe seulement pour les dommages-intérêts dus pour le dernier voyage. Mais cette restriction paraît s'imposer. Comment les affréteurs des voyages antérieurs seraient-ils privilégiés, alors que les créanciers qui passent avant eux d'après l'art. 191, ne le sont qu'autant que leurs créances ne sont pas nées durant un voyage ayant précédé le dernier ?

1705. Les dommages-intérêts dus aux affréteurs sont constatés par les jugements ou par les décisions arbitrales qui sont intervenus (art. 192-9°).

La justification de la créance de dommages-intérêts pourrait-elle aussi résulter d'une transaction conclue entre les affréteurs et l'armateur ? On a soutenu l'affirmative en disant que la transaction équivaut à un jugement (1). Mais cette opinion n'est pas exacte ; par cela même qu'il s'agit d'un privilège, on ne peut admettre d'équi-

(1) Dufour, I, n° 326.

valent (1). On abuse, dans l'opinion contraire, de l'art. 2052, C. civ., selon lequel *les transactions ont entre les parties l'autorité de la chose jugée en dernier ressort.*

1706. RÈGLES GÉNÉRALES SUR LE RANG DES PRIVILÈGES. — Comme cela a été dit ci-dessus (n° 1678), l'ordre des privilèges établis sur les navires par l'art. 191, est celui de leur énumération dans cet article (art. 191, 1er alin.).

En principe, les créanciers compris dans chacun des numéros de l'art. 191 viennent en concurrence, et au marc le franc, en cas d'insuffisance du prix (art. 191, *av. dern. alin.*). Toutefois cette règle n'est pas absolue ; elle souffre deux exceptions : 1° En cas de plusieurs prêts faits durant le même voyage dans différents ports, les derniers prêteurs en date sont préférés aux premiers (art. 323, C. com. ; n°s 1588 et 1589) ; 2° un créancier ayant un privilège ne peut pas concourir avec ses propres créanciers. Aussi, bien que la loi mentionne dans le même numéro (8°) de l'art. 191, le vendeur de navire, les fournisseurs et ouvriers employés à la construction, il est certain que le vendeur ne peut passer qu'après ceux-ci.

1707. Les privilèges sur les navires ne sont soumis à aucune formalité de publicité analogue à celle qui est prescrite pour la conservation des hypothèques maritimes. Cette publicité aurait pourtant été utile et possible dans un grand nombre de cas (2).

1708. Le rang assigné par la loi aux privilèges sur les navires leur est accordé pour les intérêts de la créance privilégiée comme pour le capital et pour les frais (art. 214, 2e alin., C. com.). Il n'y a pour les intérêts des créances garanties par un privilège aucune restriction analogue à celle qui est admise pour les intérêts des créances hypothécaires (Loi du 10 juillet 1885 (art. 13). V. ci-dessus n° 1654 (3).

(1) Demangeat sur Bravard, IV, p. 83; Desjardins, I, n° 190; de Valroger, I, n° 75.

(2) Nous avons prouvé (n° 1549) que les formalités prescrites par l'art. 312, C. com., pour l'existence du privilège du prêteur à la grosse avant le départ, ne sont pas, malgré les apparences, des formalités de publicité. On pourrait plutôt qualifier ainsi celles qui sont prescrites par l'art. 192-6° relativement aux fournitures pour l'armement, l'équipement et les victuailles du navire
(3) En matière d'immeubles, on discutait sur le point de savoir si l'art. 2151,

1709. ASSIETTE DES PRIVILÈGES. — Il va de soi que les privilèges portent sur le navire et ses agrès et apparaux (n° 94). Mais il n'est pas facile de déterminer leur assiette à tous égards.

1710. Trois questions principales se posent relativement à l'assiette même des privilèges : *a*. En cas de sinistre, portent-ils sur les débris du navire même ? — *b*. S'étendent-ils au fret du navire ? — *c*. S'exercent-ils de plein droit, quand le navire a été assuré, sur l'indemnité d'assurance à l'encontre des créanciers hypothécaires et chirographaires ?

1711. *Débris du navire.* — On soutient que les privilèges de l'art. 191 n'existent point, en cas de sinistre, sur les débris du navire (1). En faveur de cette solution, on dit que l'on ne peut donner le nom de navire aux fragments qui le composaient. On fait aussi observer que l'hypothèque terrestre ne s'étend pas aux matériaux de la maison détruite et que, par analogie, on doit dire la même chose du navire réduit à l'état de débris. Enfin, l'on invoque l'art. 260, C. com., duquel il résulte que les gens de mer engagés au fret n'ont de privilège que sur le navire et non pas sur ses débris.

Il semble plus juste de reconnaître l'existence du privilège sur les débris (2). Les créanciers ayant un privilège sur un meuble, le conservent assurément sur ses débris, quand il est détruit. Pourquoi en serait-il autrement des navires ? Il est impossible d'en donner une bonne raison. Il n'y a aucune analogie à tirer de ce que l'hypothèque constituée sur une maison ne grève pas, en cas de destruction, les matériaux en provenant. La raison spéciale qui justifie cette solution incontestable ne se présente pas pour les navires ; l'hypothèque grevant un immeuble ne peut s'appliquer aux objets mobiliers immobilisés qui le composaient, après qu'ils ont été rendus à leur nature mobilière primitive. Quant à la disposition de l'art. 260 relative aux

C. civ., s'appliquait aux privilèges comme aux hypothèques. La loi du 17 juin 1893, qui a remplacé l'ancien art. 2151 par une disposition nouvelle, a résolu la question dans le sens affirmatif.

(1) Dufour, I, n° 255; Desjardins, I, n° 166.

(2) Émérigon, *op. cit.*, chap. XII, sect. VII; Pardessus, II, n° 955; de Valroger, I, n° 77. — Il faut seulement rappeler ici que sur les débris il y a, en cas de délaissement, concours entre le prêteur à la grosse antérieur au départ et l'assureur (art. 331, C. com.). V. la note suivante.

matelots engagés au fret, elle s'explique par un motif particulier : ils sont associés aux risques de l'opération, on conçoit qu'en cas de sinistre ils perdent leur privilège (n° 441). Du reste, les partisans de l'opinion contraire ne peuvent en tirer toutes les conséquences logiques; ils admettent sur les débris la persistance de quelques-uns des privilèges de l'art. 191) (1).

1712. PRIVILÈGES SUR LE FRET. — Les privilèges existant sur le navire ne paraissent pas devoir être nécessairement admis sur le fret (2) ; ce n'est pas là un accessoire du bâtiment comme les agrès et apparaux (V. n° 98). En droit commun, les diverses créances qui, comme le fret pour les navires, constituent des fruits civils pour les biens grevés de privilèges, ne sont nullement atteints par eux. On ne saurait dire pourquoi il en serait autrement en matière maritime. Du reste, tout est de droit étroit quand il s'agit de privilèges, et l'on ne peut pas plus étendre le nombre des objets sur lesquels la loi les établit que celui des créances qu'ils garantissent. Cpr. n° 1625.

Il y a des cas exceptionnels dans lesquels des dispositions légales formelles admettent l'extension des privilèges au fret ; il en est ainsi pour les privilèges des gens de mer (art. 271) (n° 1387), des affréteurs (art. 280) (n° 811) et des prêteurs à la grosse (art. 320). Il est rationnel d'attribuer sur le fret à ces privilèges les mêmes rangs que sur le navire. Mais, dans le silence de la loi, on ne peut exiger pour leur exercice sur le fret les justifications qui ne sont prescrites textuellement par l'art. 192 qu'en ce qui concerne le navire (n° 387).

1712 bis. PRIVILÈGES. INDEMNITÉ D'ASSURANCE. — Les créanciers ayant un privilège sur un navire peuvent l'exercer sur l'indemnité d'assurance, en vertu de la loi du 19 février 1889 (art. 2). Cette subrogation de l'indemnité d'assurance au navire au profit des créanciers

---

(1) Ainsi M. Desjardins, n° 166, I, reconnaît que sur les débris sont privilégiés outre les frais de sauvetage, les frais de justice, de garde et de magasinage (parce que sans ces frais le gage n'est pas réalisable), les loyers des matelots engagés au voyage ou au mois par application de l'art. 259, les droits des assureurs et ceux des prêteurs à la grosse. Il ne paraît donc écarter sur les débris que le vendeur, les ouvriers ou fournisseurs et les affréteurs.

(2) Le Code de commerce *allemand* (art. 759) admet expressément que les privilèges sur le navire s'étendent au fret. V. aussi Codes maritimes *danois, suédois* et *norvégien*, art. 268.

privilégiés est de droit nouveau (1). En vertu de la loi de 1889, les paiements faits de bonne foi à l'assuré avant opposition sont valables. — Les créanciers privilégiés ont, du reste, la faculté de faire assurer eux-mêmes le navire jusqu'à concurrence du montant de leur créance ou cette créance elle-même. V. analog. n°ˢ 1670 et 1671. Les créanciers privilégiés sont ainsi traités comme les créanciers hypothécaires (2).

(1-2) La question de savoir si les privilèges sur le navire peuvent être exercés sur l'indemnité d'assurance due au propriétaire du bâtiment assuré, a toujours été discutée. Les anciens auteurs étaient en désaccord. Valin (liv. I, tit. XII, art. 3 de l'Ordonnance) décidait, tout au moins pour les ouvriers et pour les fournisseurs, que leur privilège portait sur l'indemnité d'assurance, parce que *le navire est représenté par le produit de l'assurance que l'assureur doit payer.* — Émérigon (chap. XII, sect. VII, § 2) décidait, au contraire, en réfutant la doctrine de Valin, que les privilèges existant sur le navire ne portaient pas sur l'indemnité d'assurance. L'opinion qui triomphait avant la loi du 10 décembre 1874, refusait tout droit de préférence sur l'indemnité aux créanciers privilégiés. V. pourtant Dufour, I, n° 263. Mais, depuis la loi sur l'hypothèque maritime, un nouvel élément s'était mêlé à la question. L'art. 17 de cette loi permettait, en cas de sinistres majeurs, aux créanciers hypothécaires d'exercer leurs droits sur l'indemnité d'assurance (n° 1665). Ne résultait-t-il pas de cette disposition nouvelle que les créanciers privilégiés avaient un droit de préférence sur cette indemnité? On l'avait soutenu (Laurin sur Cresp, I, p. 183). Il n'est pas concevable, disait-on, que les créanciers hypothécaires aient plus de droits que ceux-ci; la loi de 1874 (art. 17) est donc applicable, par *a fortiori*, aux privilèges. Cette doctrine était inexacte. Même sous l'empire de la loi de 1874, les créanciers privilégiés n'avaient aucun droit sur l'indemnité d'assurance : Ch. Lyon-Caen, *Revue crit. de législ. et de jurispr.*, 1877, p. 143 et 1881, p. 611 ; Desjardins, I, p. 144 et 145; Boistel, n° 1320. Cette loi avait pour objet exclusif l'hypothèque sur les navires; elle ne s'était occupée (art. 29) des privilèges que pour prononcer la suppression du privilège pour le prêt à la grosse antérieur au départ. On ne peut, en matière de privilèges, étendre une disposition légale, par voie d'analogie. L'idée, d'après laquelle l'hypothèque ne peut donner plus de droits que le privilège, est sans doute exacte en matière immobilière; le privilège n'y est, en effet, qu'une hypothèque privilégiée. Elle n'est pas vraie en matière maritime; les privilèges ne sauraient être qualifiés d'hypothèques maritimes privilégiées. Ces deux classes de droits sont régies par des principes différents sous bien des rapports. On peut même indiquer des points de vue certains sous lesquels l'hypothèque maritime est plus avantageuse que les privilèges. Ainsi, elle confère un droit de suite qui ne s'éteint pas, comme le droit de suite des créanciers privilégiés, par l'effet d'une vente volontaire suivie d'un voyage fait dans les conditions déterminées par les art. 193 et 194, C. civ. (n° 1474) Les partisans de l'opinion contraire ne pouvaient pas, du reste, appliquer complètement aux privilèges l'art. 17 de la loi de 1874. Cet article renfermait une disposition d'après laquelle l'inscription de l'hypothèque valait de plein droit opposition entre les mains des assureurs. Il ne pouvait certainement y avoir rien de pareil pour les privilèges par cela même qu'ils ne sont soumis ni à l'inscription ni à aucune autre formalité de publicité. Si les créanciers privilégiés avaient eu un droit de préférence sur l'indemnité d'assurance, ils au-

1713. Causes d'extinction des privilèges. — Les privilèges sur les navires peuvent s'éteindre par toutes les causes d'extinction communes aux sûretés réelles accessoires garantissant les créances; par conséquent, ils s'éteignent par suite de l'extinction même des obligations qu'ils garantissent (art. 2180-1°, C. civ.). En outre, il y a pour les privilèges sur les navires des causes spéciales d'extinction. Il faut avoir le soin de bien distinguer, en ce qui les concerne, le droit de suite du droit de préférence.

1714. Le droit de suite des créanciers privilégiés, qui, d'ailleurs, appartient aussi aux créanciers chirographaires, s'éteint par les mêmes causes que le droit de suite de ces derniers créanciers (V. n°ˢ 1474, 1481 et suiv.). Le droit de préférence prend plus facilement fin à raison de la volonté qu'a eue le législateur de ne pas laisser les privilèges s'accumuler sur les navires. On peut dire qu'en principe général, les privilèges d'un voyage *n'enjambent pas sur l'autre*. Si l'on met de côté les privilèges de l'art. 191, 1°, 2°, 3°, qui s'appliquent à des frais ayant précédé immédiatement ou ayant accompagné la vente sur saisie, toutes les créances auxquelles un privilège est attaché par l'art. 191, cessent d'être privilégiées quand le voyage avant lequel ou pendant lequel elles sont nées, a été suivi d'un autre. La loi exige, en effet, que ces créances, pour être privilégiées, soient nées, les unes pendant le dernier voyage, les autres avant le dernier voyage. Il importe donc de déterminer à quelles conditions l'on peut dire d'un navire qu'il a fait un voyage à raison duquel celui auquel se rattachent les privilèges dont il s'agit n'est plus *le dernier*. Le Code n'a donné sur ce point aucune définition. C'est là une cause de grands embarras.

Il est certain, comme cela a déjà été dit ci-dessus (n°ˢ 1463 et 1697), qu'il n'est pas nécessaire que le navire ait fait un voyage réunissant les conditions indiquées dans les art. 193 et 194. Ces dispositions concernent l'extinction du droit de suite et sont même communes aux créanciers privilégiés et aux créanciers chirographaires (1).

raient été obligés, à la différence des créanciers hypothécaires, pour éviter le paiement entre les mains de l'assuré, de former opposition entre les mains des assureurs.

(1) Desjardins, I, n° 153; de Valroger, I, n° 42; Laurin sur Cresp, I, p. 104. — V. Trib. civ. Aix, 29 déc. 1886, *Revue intern. du Droit marit.*, 1887-88, p. 198.

Il ne semble pas y avoir de règle absolue à poser sur le sens des mots *dernier voyage* dans l'art. 191. Ils ont été précédemment interprétés pour les privilèges des gens de mer (n° 385), de l'assureur (n°ˢ 1461 et 1462) et du prêteur à la grosse (n° 1596). Pour ces deux derniers, nous l'avons entendu dans le sens de *voyage réel*. Il semble juste de prendre ce mot dans la même acception pour les autres privilèges. C'est le sens naturel; il est, de plus, conforme au but de la loi; elle a voulu à la fois laisser aux créanciers un temps suffisant pour exercer leurs droits et éviter l'accumulation nuisible au crédit de privilèges sur un même navire. Ce sont les expéditions délivrée antérieurement au départ qui déterminent le voyage.

1715. Si le navire ne se conformait pas à ces expéditions et faisait, avant de revenir, un voyage qui n'y était pas mentionné, les privilèges qui n'existent que pour le dernier voyage, seraient-ils éteints? On le soutient (1). Cela nous semble bien rigoureux pour les créanciers privilégiés qui peuvent ainsi être trompés dans leur légitime atteinte. Nous croyons que les créanciers, qui ont peut-être contracté sur la foi des expéditions indiquant un voyage, ne peuvent être exposés à perdre leur droit par la volonté du capitaine ou du propriétaire du navire (2).

1716. *Privilèges sur les navires non mentionnés dans le Code de commerce.* — L'énumération de l'art. 191 n'est pas limitative (3). Les navires peuvent être grevés de privilèges que cet article ne mentionne pas, mais qui doivent être reconnus, soit en vertu des principes du droit commun, soit en vertu de textes spéciaux non reproduits par le Code de commerce.

1717. Tout d'abord les privilèges généraux de l'art. 2101, C. civ. (4),

---

(1) Boistel, n° 1139.

(2) Desjardins, I, n° 137; Dufour, I, n° 122; Demangeat, t. IV, p. 52.

(3) Le projet de 1865 supprimait, comme l'a fait la loi de 1874, le privilège du prêteur à la grosse avant le départ et ajoutait trois privilèges nouveaux à ceux qu'énumère l'art. 191. Il les attachait : 1° aux frais et indemnités de sauvetage; 2° aux sommes avancées pour la construction; 3° aux dommages-intérêts dus pour cause d'abordage.

(4) Il en est de même du privilège de l'art. 549, C. de com., et des privilèges généraux établis par les lois spéciales.

doivent incontestablement être admis sur les navires. Ils portent sur tous les biens, meubles ou immeubles ; aucune disposition n'exclut les navires. Les considérations d'humanité, qui justifient ces privilèges, exigent qu'on leur donne la plus grande extension. Il y a aussi quelques privilèges spéciaux sur les navires non énumérés par l'art. 191, C. com. Les frais de sauvetage sont privilégiés : outre qu'il existe des textes anciens non abrogés consacrant ce privilège (Ord. de 1681, livre IV, titre IX, art. 25 et 26 ; Déclaration du 10 janvier 1770 ; loi des 9-13 août 1791, art. 5 et 6), on peut dire qu'il y a là une application allant de soi du privilège pour frais de conservation (art. 2102-3°, C. civ. (1). V. n° 1065.

1718. N'y a-t-il pas aussi quelques privilèges spéciaux du Code civil (art. 2102) ou du Code de commerce qui s'appliquent aux navires, encore qu'il n'en soit pas fait mention dans l'art 191 ? Quels sont-ils ? Le privilège de l'art 2102-4°, C. civ., peut, comme cela a été dit précédemment (n° 1697 *bis*), être invoqué par le vendeur, quand le privilège de l'art. 191-8° est perdu à raison de ce que le navire a fait un voyage postérieurement à la vente (2). V. n° 1722.

On en a cité deux autres, le privilège du créancier gagiste et celui du commissionnaire (art. 95, C. com.). Le créancier, a-t-on dit, auquel un navire a été donné en gage, doit être privilégié, conformément à l'article 2102-2°, C. civ. La solution, qui était exacte avant la loi de 1874, n'a pas cessé de l'être. Ainsi, les navires de 20 tonneaux au moins peuvent être soit hypothéqués soit donnés en gage (3). Il y a là assurément une singularité au point de vue de notre législation qui ordinairement ne reconnaît pas qu'un même bien peut, selon la volonté des parties, être hypothéqué ou donné en gage. Le gage n'a pas, d'ailleurs, grande importance pratique pour les navires ; la forme simulée qu'affecte le plus souvent le nantissement des navires (n° 1610), doit empêcher le créancier gagiste de se prévaloir de son

---

(1) Cpr. Rennes, 13 nov. 1886, *Revue int. du Droit marit.* 1886-87, p. 24.

(2) Trib. civ. Marseille, 3 juill. 1891, *Journ. de jurispr. de Marseille,* 1892. 2. 160 ; *Revue int. du Droit marit.*, 1892-93, p. 561.

(3) La faculté de les hypothéquer résulte de la loi de 1874 ; celle de les constituer en gage résulte de l'art. 2072, C. civ., par cela même que les navires n'ont pas cessé d'être classés au nombre des meubles. — Il y a, du reste, deux manières d'affecter un immeuble à un créancier, l'hypothèque et l'antichrèse.

privilège à l'encontre des autres créanciers. Considéré à leur égard comme propriétaire du bâtiment, il ne saurait invoquer un privilège qui suppose chez lui la qualité de créancier.

Le consignataire du navire qui fait des avances au capitaine, doit-il être admis à jouir du privilège accordé par l'art. 95, C. com., au commissionnaire, dans les cas où le consignataire ne peut pas se prévaloir des privilèges de l'art. 191, 5° et 7° ? Il y aurait là une concession très équitable assurément (1); elle ne paraît pas pouvoir être admise (2). Les auteurs, qui restreignent le privilège de l'art. 95 au commissionnaire-acheteur, n'ont pas à discuter la question ; ils repoussent le privilège par cela même que le consignataire d'un navire n'est pas un commissionnaire acheteur (3). Selon nous, le privilège de l'art. 95 existe au profit de tout commissionnaire qui a fait des avances à son commettant, quelle que soit l'opération dont celui-ci l'a chargé (4). Avec cette opinion la difficulté est plus sérieuse. Le privilège de l'art. 95 doit néanmoins être refusé au consignataire d'un navire, bien qu'il ait la qualité de commissionnaire, il ne satisfait pas à une condition essentielle exigée par l'art. 95 : il n'a pas le navire en sa possession.

1749. Il n'y a dans nos lois aucune disposition accordant d'une façon générale un privilège à tous ceux qui sont créanciers pour une cause se ratachant à la navigation maritime (5). En conséquence, ceux de ces créanciers qui n'ont pas de privilège et au profit de qui une hypothèque n'a pas été constituée, ne priment pas les créanciers chirographaires même pour cause étrangère à la navigation ; ils concourent avec eux. Telle est, par exemple, la situation des créanciers auxquels la loi accorde des privilèges sur les navires, quand ils ne

---

(1) Valin l'admettait (liv. II, tit. 10, art. 3 de l'Ordonnance). — V. aussi Marseille, 26 oct. 1869, *Journ. de Marseille*, 1869. 1. 313.

(2) Desjardins, I, n° 163; de Valroger, I, n° 85.

(3) Boistel, n° 1142.

(4) V. *Traité de Droit commercial*, III, n° 495.

(5) Le Code de commerce *allemand* attache un privilège à toutes les créances nées d'actes juridiques accomplis par le capitaine en vertu des pouvoirs que la loi lui accorde comme tel, indépendamment de toute procuration spéciale (art. 757). — Ce Code désigne sous le nom de *Schiffsgläubiger* (qui signifie mot à mot créaciers de navire) les créanciers auxquels il reconnaît des privilèges sur le navire.

sont pas à même de faire les justifications prescrites par l'article 192, C. com.

1720. Le Code de commerce a classé avec précision les privilèges établis par l'art. 191; mais il n'y a aucune règle écrite dans la loi quant au rang des privilèges généraux de l'art. 2101, C. civ., ni des privilèges du créancier gagiste et des créanciers pour frais de sauvetage par rapport aux privilèges de l'art. 191. Aussi deux questions se posent : 1° Quel est sur les navires le rang des privilèges généraux par rapport aux privilèges spéciaux ? 2° quel est le rang des privilèges spéciaux entre eux, selon qu'ils sont établis par l'art. 191 ou par d'autres dispositions légales ?

La première de ces questions est difficile ; le conflit entre privilèges spéciaux et privilèges généraux, même sur les biens mobiliers autres que les navires, n'est pas réglé par la loi et donne lieu à une controverse. Le Code civil s'est borné à attribuer sur les immeubles la préférence aux privilèges généraux (art. 2105) ; on a proposé d'appliquer la même règle lorsqu'il s'agit de biens mobiliers. Si l'on admet cette solution, il n'y a aucune raison pour ne pas préférer aussi sur les navires les privilèges généraux. Mais l'opinion qui paraît triompher et que nous croyons exacte, fait passer, en principe, sur les biens mobiliers les privilèges spéciaux avant les privilèges généraux, sauf les frais de justice (1). Doit-on étendre cette solution aux navires ? On a prétendu que l'art. 2105, même dans cette doctrine, doit être appliqué, par analogie, aux bâtiments de mer (2). Pourquoi, dit-on, l'art. 2105, a-t-il pu sans inconvénient, donner sur les immeubles la préférence aux privilèges généraux ? C'est qu'à raison de la grande valeur des immeubles, le prélèvement du montant de créances modiques, comme celles que garantissent les privilèges généraux, ne peut nuire sérieusement aux créanciers à privilèges spéciaux. Or, la valeur souvent énorme des navires doit avoir le même résultat. Nous estimons, au contraire, que, sur les navires, comme sur les autres biens mobiliers, le premier rang doit être, en principe, attribué aux privilèges spéciaux. A moins

---

(1) Valette, *traité des privilèges et des hypothèques*, p. 160 et suiv.

(2) Laurin sur Cresp, I, p. 138. (Cet auteur dit que le navire pouvant être hypothéqué, est à l'égard des créances privilégiées un immeuble. Il y a là une exagération évidente). Desjardins, I, p. 311.

que le contraire ne résulte du texte ou de l'esprit de la loi, il faut appliquer aux navires les dispositions relatives aux meubles (n°s 80 et suiv). Il n'y a pas ici de texte dérogeant à cette règle et l'esprit de la loi n'implique pas que le classement habituel des privilèges sur les meubles doive être renversé. La disposition de l'art. 2105, C. civ., ne s'explique pas seulement par la grande valeur des immeubles et la modicité des créances garanties par des privilèges généraux ; elle se justifie aussi par le fait que ces créances ne sont admises sur le prix des immeubles qu'à défaut ou en cas d'insuffisance du mobilier. Rien de pareil ne peut être admis assurément pour les navires. D'ailleurs, avec l'opinion contraire, on arrive à cette conséquence fâcheuse de faire passer des personnes dont les créances n'ont avec la navigation aucune relation avant celles dont les créances ont une cause maritime. Par exemple, on place les gens de service (art. 2101-4°, C. civ.) avant les gens de mer (1) !

1721. La seconde question est relative au rang respectif des privilèges spéciaux énumérés par l'art. 191 et des autres privilèges spéciaux admis sur les navires. Nous n'avons reconnu, en dehors de l'article 191, que les privilèges du vendeur, des frais de sauvetage et du créancier gagiste, dans le cas très exceptionnel où il a été mis en possession du navire. Il paraît juste de placer les frais de sauvetage aussitôt après les frais de justice, puisqu'ils ont contribué à la conservation du gage commun. Mais il est conforme à l'esprit de la loi, qui a voulu spécialement favoriser les créances énumérées dans l'article 191, de faire passer les privilèges qu'il consacre avant tous autres privilèges résultant du droit commun (2).

1722. Les créanciers privilégiés tenant leur privilège du droit commun, ont un droit de suite sur le navire. Une solution contraire ne se concevrait pas, alors que le droit de suite appartient sur les bâtiments de mer même aux créanciers chirographaires (n° 1475) (3).

---

(1) De Valroger, I, n° 87.

(2) Consulter en sens divers : de Valroger, I, n° 87 ; Laurin sur Cresp, p. 138 ; Desjardins, I, n° 169. Le Code de commerce *italien* de 1882 (art. 666) décide que les créances, auxquelles des privilèges sont attachées par la loi maritime, sont préférées à toutes autres garanties par des privilèges généraux ou spéciaux sur les meubles établis par le Code civil.

(3) V. pourtant Laurin sur Cresp, I, p. 130.

SECTION V.

De la saisie et de la vente des navires (1).

1723. GÉNÉRALITÉS. — Les bâtiments de mer, comme tous les autres biens, peuvent être saisis par les créanciers chirographaires, hypothécaires ou privilégiés, qui veulent en faire opérer la vente et se faire payer sur le prix. L'art. 197, C. com., ne fait qu'appliquer le droit commun en disposant : *tous bâtiments de mer peuvent être saisis et vendus par autorité de justice* (2). Mais, le législateur a dû, pour empêcher qu'une saisie ne jetât le trouble dans les intérêts du commerce de mer, déclarer le navire insaisissable dans certaines circonstances (art. 215, C. com.). Le Code de commerce a eu spécialement à déterminer les formes de la saisie et de la vente des navires, et à poser les règles concernant la collocation des créanciers et la distribution du prix entre eux. Ce sont là les objets du titre II du livre II du Code de commerce (art. 197 à 215). Ces formes, reproduites de l'Ordonnance de 1681, étaient surannées, compliquées et coûteuses ; aussi ont-elles été assez profondément modifiées par la loi sur l'hypothèque maritime du 10 juillet 1885, qui a abrogé plusieurs dispositions du Code commerce (art. 201 à 207).

1724. Les dispositions de ce titre, comme, en règle générale, toutes celles du livre II, concernent les seuls bâtiments de mer, à l'exclusion des bâtiments de rivière (n° 88) (3). Ces derniers sont soumis aux dispositions concernant la saisie de tous les autres meubles corporels ou *saisie-exécution* avec quelques modifications légères (art. 620, C. pr. civ.), Cpr. art. 531, C. civ.

(1) Code de commerce, liv. I, tit. 2, art. 197 à 215, modifiés par la loi du 10 juillet 1885, art. 23 à 32.

(2) Aussi la disposition de l'art. 197, C. com., était-elle inutile et le projet de 1865 la supprimait-il. Les rédacteurs du Code de commerce ont été entraînés à énoncer cette application des principes généraux du droit, parce qu'elle était déjà faite par l'Ordonnance de 1681 (liv. I, tit. 14, art. 1).

(3) Dufour, II, n° 843 ; Demangeat sur Bravard, IV, p. 109 et 110 ; Laurin sur Cresp, I, p. 50 et 102 ; de Valroger, I, n° 216 ; A. Vidal-Naquet, *Saisie et ventes judiciaires des navires.* Cpr. Bordeaux, 5 juill. 1870, S. 1870. 2. 327 ; *J. Pal.*; 1870. 1170 ; D. 1871. 2. 138.

Ces dispositions paraissent devoir s'appliquer aux bâtiments de plaisance comme aux navires de commerce. V. sur la difficulté principale qui s'élève à cet égard, n° 1740.

1725. Il sera traité successivement ci-après :

a. Des restrictions au droit de saisie des navires.

b. Des formes de la saisie et de la vente des navires, de la collocation des créanciers et de la distribution du prix.

a. Des restrictions au droit de saisie des navires.

1726. Il va de soi que les navires sont insaisissables dans tous les cas où les autres biens mobiliers sont frappés d'insaisissabilité. La nature des choses fait que les art. 581 et 592, C. pr. civ., qui déterminent quelles choses sont insaisissables, sont d'une application très rare pour les navires. Mais, en outre, dans l'intérêt du commerce de mer, le législateur a dû en admettre l'insaisissabilité dans des cas spéciaux que détermine l'art. 215, C. com.

1727. *Navires se trouvant en mer, en rade, au port.* — Un navire ne peut assurément être saisi quand il est en mer. Plusieurs dispositions anciennes du Code de commerce étaient incompatibles avec une pareille saisie : il y était parlé souvent du lieu où le bâtiment est *amarré* (anciens art. 202, 203 et 204, C. com.). Il en est de même de certains articles de la loi du 10 juillet 1885 (art. 27). Au contraire, la saisie d'un navire se trouvant au port est, en principe, possible.

1728. Cette différence admise entre le navire en mer et le navire se trouvant au port donne lieu à une difficulté. Faut-il, au point de vue de la saisie, assimiler le navire se trouvant en rade au navire en mer ou au navire se trouvant au port? En faveur de l'insaisissabilité (1), on a dit que la plupart des dispositions du Code de commerce sur la saisie supposent un navire *amarré* dans le port, que les raisons qui s'opposent à la saisie d'un navire en pleine mer, existent à peu près au même degré pour le navire en rade, que, dans l'un et l'autre cas, il serait impossible (ou tout au moins dangereux)

(1) Dufour, II, n°s 622 et 623; Demangeat sur Bravard, II, p. 106; de Valroger, I, n° 152.

pour l'huissier de se présenter à bord, que les personnes disposées à
se rendre adjudicataires ne pourraient pas facilement visiter le bâtiment. Malgré la force de ces considérations, il semble plus juste
d'admettre qu'en rade comme dans un port, les navires peuvent être
saisis (1). Les causes qui rendent la saisie impossible en mer, ne font
que la rendre difficile en rade. On ne peut étendre par voie d'analogie
l'insaisissabilité qui est nécessairement exceptionnelle. Du reste, le
Code de commerce n'emploie pas exclusivement des expressions faisant allusion au navire se trouvant dans un port. L'art. 204 parle du
lieu où le navire est *gisant ou flottant;* ce dernier mot paraît viser
le navire en rade; il se trouvait dans l'Ordonnance de 1681 (livre I,
titre XIV, art. 5) et était ainsi entendu par Valin (2).

1729. Le navire se trouvant même au port ou en rade ne peut
pas toujours être saisi. L'art. 215 déclare qu'en principe, le *navire
prêt à faire voile n'est pas saisissable.* Il est évident que, malgré
les expressions de l'art. 215, il régit les navires à vapeur; elles
s'expliquent par l'époque de la rédaction du Code de commerce. Au
reste, l'art. 215, 2e alin., donne du navire prêt à faire voile une définition qui convient aux deux sortes de navires. L'intérêt général
du commerce exige alors le sacrifice du droit de saisie. Quand un
navire est prêt à faire voile, la saisie nuirait non seulement au propriétaire, mais encore à tous ceux dont les intérêts se rattachent au
navire : elle entraînerait la rupture de l'engagement des matelots et
l'arrêt des marchandises des chargeurs. V. analog. art. 231, C. com.
Ces considérations avaient fait admettre la même règle ou une règle
analogue dans les anciennes lois maritimes (3); on la retrouve avec

(1) Desjardins, I, n° 222. — V. Trib. civ. Tunis, 26 déc. 1893, *Revue int.
du Droit marit.*, 1894-95, p. 106.

(2) Valin s'exprime ainsi sur l'article de l'Ordonnance indiqué au texte : « Ces
« mots *gisant ou flottant* font voir qu'il n'est pas nécessaire qu'un vaisseau soit
« amarré à quai pour pouvoir être saisi valablement et qu'il peut l'être tout
« de même quoique flottant, c'est-à-dire hors du hàvre, étant à flot ou sur ses
« ancres. »

(3) Consulat de la mer, chap. 233. L'Ordonnance de 1681 (liv. I, tit. 14, art. 18)
ne défendait pas, en principe, comme le Code de commerce, la saisie du navire
prêt à faire voile; elle se bornait à décider qu'en cas de saisie d'une portion d'un
navire prêt à faire voile, les intéressés pouvaient malgré la saisie, le faire naviguer en donnant caution jusqu'à concurrence de l'estimation qui serait faite
de la portion saisie. Le Code de commerce revient à la doctrine du Consulat.

des variantes dans les lois étrangères. V. sur ces lois dernières, n°. 1741.

1730. Le Code ne laisse pas aux juges le soin de déterminer ce qu'il entend par *un navire prêt à faire voile*. D'après l'art. 215, *le bâtiment est censé prêt à faire voile lorsque le capitaine est muni de ses expéditions pour son voyage*. Les expéditions sont les pièces de bord nécessaires pour la navigation (acte de francisation, congé, manifeste, acquits à caution, etc.), art. 226, C. com. V. n°s 550 et suiv.

1731. La définition de la loi doit être prise à la lettre. En conséquence, la saisie serait possible, alors même que le chargement serait complet, si le navire n'était pas muni de ses expéditions (1).

Mais les créanciers peuvent-ils former au bureau des douanes opposition à la délivrance des expéditions? On a soutenu que ce droit leur appartient et que l'administration des douanes qui délivre les expéditions malgré l'opposition, peut être condamnée envers les créanciers à des dommages-intérêts (2). Cela ne saurait être admis, les créanciers ne peuvent former opposition à la délivrance des expéditions (3). Avec le système contraire, le but de la loi serait manqué : par une opposition, les créanciers arriveraient toujours à empêcher la délivrance des expéditions, et ainsi le navire ne serait jamais insaisissable en vertu de l'art. 215, C. com.

1732. A l'inverse, la saisie ne pourrait avoir lieu, par cela seul que les expéditions auraient été délivrées au capitaine, alors même que le navire serait empêché de sortir.

Un navire peut être empêché de sortir par des causes très diverses. Un cas de force majeure peut mettre obstacle à sa sortie. On peut supposer aussi que le capitaine du port ne délivre pas le *billet de sortie* sans lequel le navire ne peut quitter le port ; il n'y a là qu'une

---

(1) L'Ordonnance de 1681 ne définissait pas ce qu'on devait entendre par navire *prêt à faire voile*. Valin disait qu'on devait considérer comme tel le navire en chargement.

(2) Bédarride, I, n° 257.

(3) Rouen, 2 fév. 1841, S. 1841. 2. 261 ; Trib. comm. Marseille, 20 fév. 1855, *Journ. de jurispr. de Marseille*, 1855. 1. 103. — Demangeat sur Bravard, IV, p. 109 ; Desjardins, I, n° 224.

mesure de police intérieure et le billet de sortie ne figure pas parmi les expéditions dont il faut que le navire soit muni, pour être insaisissable comme étant prêt à mettre à la voile (1).

1733. En l'absence de toute distinction faite par l'art. 215, il y a lieu de l'appliquer au cas même où le navire part sur lest. L'article 215 ne distingue pas (2).

1734. Mais, faut-il aussi appliquer l'art. 215 au cas où le navire est sur le point de partir, non pour faire un voyage de commerce, mais pour aller se faire radouber dans un port? La négative nous paraît devoir être admise. On ne donne pas d'expéditions à un navire qui quitte un port pour se faire réparer; il n'est donc jamais prêt à mettre à la voile dans le sens de l'art. 215. On a objecté, il est vrai, que l'art. 215 statue seulement sur le cas le plus fréquent, sans vouloir priver du bénéfice de l'insaisissabilité le navire qui, en raison du voyage à faire ou à continuer, n'a pas besoin d'expéditions. Mais, avec ce système, on ouvre la porte aux difficultés que l'art. 215 a voulu écarter par sa définition. En outre, on méconnaît les motifs de la loi qui ne paraissent pas exister lorsque le navire ne part pas pour un voyage (3).

1735. Par *a fortiori*, le navire une fois parti ne peut pas être saisi, même dans un port d'échelle ou de relâche, tant qu'il n'a pas terminé son voyage. A défaut de définition, c'est au juge à apprécier si le voyage doit être réputé achevé et si, en conséquence, le droit de saisie renaît pour les créanciers (4).

1736. L'insaisissabilité du navire prêt à mettre à la voile n'est pas absolue; l'art. 215 autorise la saisie *à raison de dettes contractées pour le voyage qu'il va faire*. L'exception faite pour des dettes de cette sorte est très équitable (5). On ne peut reprocher aux créan-

(1) Demangeat sur Bravard, IV, note 4, p. 108; Dufour, I, n° 831; Laurin sur Cresp, I, p. 163; Desjardins, I, p. 379.

(2) Marseille, 3 janv. 1867, *Journ. de jurispr. de Marseille*, 1867. 1. 123. Cpr. Trib. civ. de Tunis, 25 oct. 1893, *Revue int. du Droit marit.*, 1894-95, p. 110.

(3) Trib. civ. du Havre, 13 juin 1884, *Gazette du Palais et du Notariat*, numéro du 20 août 1884.

(4) Desjardins, I, n° 225. Cpr. Cour de Catane, 7 juill. 1884, Cour de Gênes, 4 mars 1885, *Revue int. du Droit marit.*, 1885-86, p. 69 et 409.

(5) Aussi est-elle généralement admise par les lois étrangères. V. n° 1741.

ciers leur négligence ; leurs créances ont pris naissance peu de temps avant la délivrance des expéditions. En outre, n'est-ce pas précisément grâce à ces dettes que le navire est prêt à faire voile? Il serait injuste que les créanciers souffrissent de l'état dans lequel ils ont contribué à le placer.

1737. Cette exception ne doit être appliquée qu'avec une distinction au navire se trouvant dans un port de relâche ; il peut certainement être saisi pour les dettes contractées dans ce port même (1) ; mais, il ne saurait l'être pour les dettes contractées avant la mise à la voile, au port de départ. Il serait contraire au but de la loi que ces dettes permissent d'arrêter le navire pendant toute la durée du voyage. C'était aux créanciers à être sur leurs gardes et à user de leur droit avant le départ.

1737 bis. D'ailleurs, le désir du législateur d'éviter qu'une saisie puisse troubler une expédition maritime est tel que, même pour dettes contractées pour le voyage à faire, la saisie n'est pas permise, si le débiteur donne au créancier une garantie lui assurant que le départ du navire ne lui causera pas de préjudice pécuniaire. D'après l'art. 215, *même dans ce cas, le cautionnement de ces dettes empêche la saisie* (2).

La caution dont il s'agit doit s'obliger, non pas à représenter le navire aux créanciers à l'époque indiquée par les expéditions comme devant être celle de son retour, mais à payer les dettes qu'elle garantit (3). Elle est donc tenue envers les créanciers, quand même le navire périrait par suite d'un accident de mer ou subirait des avaries. Autrement, comme on l'a dit, les créanciers se trouveraient, sans

(1) Dufour, II, n° 850 ; Demangeat sur Bravard, IV, p. 109 ; De Valroger, I, n° 216.

(2) Le Code admet qu'un cautionnement peut éviter la saisie exclusivement dans le cas où des créanciers voudraient la pratiquer sur un navire prêt à faire voile pour dettes contractées pour le voyage. Cette disposition avait été généralisée dans le projet de 1865 ; d'après l'art. 222, *dans tous les cas* le débiteur aurait pu faire lever la saisie en donnant caution de payer la créance motivant la poursuite.

(3) La caution qui libère, en s'obligeant, le navire de la saisie a le droit de recourir non seulement contre le propriétaire du bâtiment, mais encore contre toutes les personnes qui ont tiré avantage du cautionnement, spécialement contre les affréteurs : Req. 10 août 1875, S. 1876. 1. 124.

leur consentement, transformés en quelque sorte en prêteurs à la grosse.

1738. Le Code de commerce ne s'est pas occupé spécialement de la saisie conservatoire des navires à laquelle il faut appliquer, par conséquent, les règles générales, notamment celles des art. 172, C. com. et 417, C. proc. civ. (1). L'art. 215 empêche même cette sorte de saisie pour un navire prêt à faire voile. Il ne fait pas de distinction et, du reste, une saisie conservatoire aurait les mêmes inconvénients qu'une saisie destinée à conduire à la vente forcée (2).

1739. Ni l'art. 215, ni aucune autre disposition de nos lois ne restreignent le droit de saisir les marchandises d'une cargaison. En conséquence, elles peuvent être saisies même après qu'elles ont été chargées sur le bâtiment, bien que cette saisie puisse retarder le départ et nuire ainsi aux autres chargeurs et aux gens de mer (3).

1740. Les dispositions de l'art. 215, C. com., s'appliquent certainement aux navires de commerce. Régissent-elles aussi les navires de plaisance? Il y a quelque doute à cet égard. On peut dire, pour écarter l'insaisissabilité des navires de plaisance, que celle-ci n'a été admise que dans l'intérêt du commerce. Mais, il semble plus sûr de traiter sous ce rapport les navires de plaisance comme les navires de commerce. Dès l'instant où l'on applique les dispositions du titre II, livre II du Code de commerce aux navires de plaisance, il est arbitraire de distraire l'une d'elles pour la restreindre aux seconds.

1741. DROIT ÉTRANGER. — Le principe de l'insaisissabilité du navire prêt à mettre à la voile est consacré par la plupart des lois étrangères. Il est admis spécialement en *Belgique* où l'art. 215 est resté en vigueur avec tous les articles du titre II du livre II, du Code

---

(1) Si le président du tribunal de commerce devant lequel un procès est porté, est compétent pour autoriser la saisie conservatoire, le tribunal civil a seul compétence pour statuer sur les questions de validité et de mainlevée de la saisie : Cass. 11 nov. 1885, D. 1886. 1. 168 ; Trib. comm. du Havre, 16 octobre 1894, *Revue int. du Droit marit.*, 1894-95, p. 439. — Il n'y a là qu'une application des principes généraux. V. *Traité de Droit commercial*, I, n° 418 *quater.*

(2) Trib. civ. Havre, 13 juin 1884 (*Gazette du Palais et du Notariat*, n° du 20 août 1884).

(3) Aussi des lois étrangères n'admettent-elles pas, en principe, que des marchandises déjà chargées sur un navire puissent être saisies. V. Code de commerce *allemand*, art. 446 ; *portugais*, art. 401, 2° alin.

de commerce, qui ont été ajoutés au Code de procédure civile, pour
être observés jusqu'à la révision de ce Code (L. 21 août 1879, article 239), en *Italie* (C. de com., art. 881), en *Allemagne* (C. de
com., art. 446), en *Roumanie* (C. de com., art. 904), en *Portugal*
(C. de com, art. 491, al. 1), en *Espagne* (C. de com., art. 584), au
Chili (C. de com., art. 843), dans la *République argentine* (art. 870).
Le Code de commerce *espagnol* (art. 584) n'admet la saisie pour les
créances non privilégiées qu'au port d'attache du navire.

1742. On discute sur le point de savoir si l'art. 215, C. com.,
s'applique aux navires étrangers se trouvant dans les eaux françaises,
comme aux navires français. Cette question sera examinée ci-après à
propos des conflits de lois concernant les droits des créanciers sur
les navires. V. n° 1798. Il sera expliqué à ce sujet que plusieurs
Codes des États de l'Amérique du sud, comme les anciens Codes espagnol et portugais, pour attirer les navires étrangers dans les ports
du pays, accordent à ces navires un bénéfice d'insaisissabilité exorbitant. V. n° 1799.

1743. *Insaisissabilité des navires de l'État et des navires y assimilés.* — Il n'a été parlé que de l'insaisissabilité des navires de commerce qui constitue une exception et qui est seule visée par l'art. 215,
C. com. Mais, pour sauvegarder les intérêts des États, certains navires sont considérés comme ne pouvant pas être saisis. Leur insai-
sissabité résulte soit de règles du droit des gens dérivant des usages,
soit des clauses spéciales des traités (1). D'après les usages internationaux, les vaisseaux de guerre d'un État ne peuvent être saisis
dans les eaux d'un autre État; ils sont traités comme des portions
flottantes du territoire de l'État dont ils portent le pavillon. On reconnaît le même privilège aux navires d'un État qui ne sont pas armés pour le combat, mais qui sont des dépendances de la marine de
guerre, comme les navires qui servent au transport des troupes et
des munitions ou des vivres, même à tous les navires d'un État servant à un but quelconque (but scientifique, pose de câbles sous-
marins, transport des dépêches). On s'entend même pour étendre le

---

(1) Consulter sur ce sujet, dans la *Revue int. de Droit marit.*, 1892-93, p. 717
et suiv.; 1893-94, p. 91 à 100, une étude de M. Max Mittelstein intitulée *De la
saisissabilité et de l'insaisissabilité des navires.*

privilège de l'insaisissabilité aux navires ayant à bord des souverains et des ambassadeurs étrangers dont ceux-ci ont la libre disposition. Mais, on n'admet généralement pas que les navires privés échappent à la saisie quand même ils sont employés à un service de l'État, par exemple au transport des dépêches. Il y a seulement des traités qui stipulent cet avantage au profit des navires postaux. La France a spécialement conclu un certain nombre de traités contenant une clause de ce genre (1).

1744. *Navire appartenant à plusieurs personnes par indivis.* — Le droit de saisie et la restriction qui y est apportée par l'art. 215, C. com., pour les navires prêts à mettre à la voile, s'appliquent au cas où le navire appartient à plusieurs personnes par indivis comme au cas où le navire a un propriétaire unique.

Les créanciers de chacun des copropriétaires peuvent saisir et faire vendre la part de leur débiteur, et, en principe, cette part seulement. L'art. 2205, C. civ., ne régit pas les navires comme les immeubles (2). D'après cet article, « la part indivise d'un cohéritier dans les « immeubles d'une succession ne peut être mise en vente par ses « créanciers personnels, avant le partage ou la licitation qu'ils peu- « vent provoquer, s'ils le jugent convenable, ou dans lesquels ils ont « le droit d'intervenir. » Cette disposition n'a rien d'exorbitant pour les créanciers, puisqu'il ne tient qu'à eux de provoquer le partage ou la licitation par application de l'art. 1166, C. civ. Mais les créanciers d'un des copropriétaires du navire ne peuvent pas plus que lui-même (art. 220 *in fine*, C. com.) demander la licitation, sauf s'il est copro- priétaire de la moitié au moins. Il eût donc été injuste de ne pas lais- ser à ces créanciers le droit de saisir la part de leur débiteur dans le

---

(1) V. Aix, 3 août 1885 (*affaire du Salunto*), *Journ. du Droit internat. privé*, 1885, p. 554. — V. aussi dans ce Journal, 1885, p. 515 et s. l'article de M. Guil- libert, *De l'insaisissabilité dans les rapports internationaux des navires affec- tés au service postal.* — La saisie même des navires postaux est toutefois pos- sible pour contravention aux lois de douane. Trib. civ. Marseille, 27 mai 1887, *Revue int. du droit maritime*, 1886-87, p. 305.

(2) Des auteurs soutiennent, du reste, que l'art. 2205, C. civ., ne s'applique qu'au cas où il s'agit d'une masse indivise et non pas seulement d'un immeu- ble indivis : Aubry et Rau, V, § 581, p. 15, note 18; Demangeat sur Bravard, IV, note 2 de la page 111.

navire. Cette solution, déjà admise avant 1874, a été confirmée par la loi du 10 décembre 1874 (art. 18), comme elle l'est par l'art. 17 de la loi du 10 juillet 1885 qui a remplacé le précédent.

Mais, par exception, le créancier ayant une hypothèque sur plus de la moitié d'un navire, a le droit de le saisir et de le faire vendre en entier (L. 10 juillet 1885, art. 17, reproduisant la loi du 10 décembre 1874, art. 18 (n° 1656). Cette disposition a donné naissance à une question relative aux droits des créanciers chirographaires. Pour qu'un créancier chirographaire d'un copropriétaire d'un navire puisse le saisir et le faire vendre en entier, faut-il que ce copropriétaire ait la copropriété de plus de la moitié ou suffit-il qu'il ait la copropriété de la moitié ? Il a été jugé qu'il suffit que le débiteur ait la copropriété de moitié (1). En ce sens on a invoqué l'art. 220, 2e al., C. com., qui permet au copropriétaire pour moitié de demander la licitation du navire (n° 304). Mais, cette opinion est mal fondée et l'on doit admettre qu'un créancier chirographaire ne peut saisir le navire entier que lorsque son débiteur a la copropriété de plus de la moitié du navire (2). On confond, dans l'opinion opposée, la licitation et la saisie.

La licitation d'un bâtiment de mer peut être désirable par suite du défaut d'entente entre les copropriétaires. D'après les principes du droit commun (art. 815, C. civ.), chaque copropriétaire même de la part la plus minime devrait pouvoir demander la licitation. Le législateur a écarté en matière maritime la règle que nul n'est tenu de demeurer dans l'indivision ; mais, il n'a pas cru pouvoir aller jusqu'à exiger que celui qui réclame la licitation soit propriétaire de plus de la moitié du navire. Le créancier d'un copropriétaire pourrait assurément provoquer la licitation du navire, par application de l'art. 1166, C. civ.; exerçant le droit de son débiteur, ce créancier pourrait agir par cela seul que son débiteur serait propriétaire de la moitié du navire. Mais, il ne s'agit pas d'un créancier demandant la licitation au nom de son débiteur; il s'agit d'un créancier prétendant saisir le navire et le faire vendre en entier, exerçant, par conséquent, un

---

(1) Douai, 8 mai 1883, S. 1886. 1. 261; *Revue int. du Droit marit.*, 1885-86, p. 120.

(2) Cass. 31 mars 1886, *Revue int. du Droit marit.*, 1886-87. p. 7; S. 1886. 1. 261; *J. Pal.*, 1886. 1. 626; D. 1886. 1, 313; Amiens, 21 juillet 1887, *Revue int. du Droit marit.*, 1887-88, p. 672.

droit propre. A défaut de disposition spéciale, il est naturel de s'en tenir à la règle générale de l'art. 220, 1er al. La prépondérance est reconnue à la majorité pour ce qui concerne l'intérêt commun du navire, et la majorité se détermine par une portion d'intérêt dans le navire excédant la moitié. Un copropriétaire n'ayant pas dans le navire une portion dépassant la moitié, ne peut, en s'obligeant, conférer à un créancier le droit de saisir et de faire vendre le navire entier. Du reste, si l'on admettait que le créancier du copropriétaire de moitié peut saisir le navire, on arriverait à une conséquence vraiment choquante. Cette solution ne serait possible que pour les créanciers chirographaires. Car, comme il a été dit précédemment pour les créanciers hypothécaires, la loi du 10 juillet 1885 (art. 17) reproduisant, du reste, sur ce point une disposition de la loi du 10 décembre 1874 (art. 18), décide que, pour qu'ils aient le droit de saisir et de faire vendre le navire entier, il faut qu'ils aient hypothèque sur plus de la moitié du navire. On serait ainsi, dans l'opinion contraire à la nôtre, amené, comme on l'a fait justement remarquer, à ce bizarre résultat que les créanciers chirographaires seraient plus favorisés que les créanciers hypothécaires.

1745. L'art. 215, C. com., s'applique, quand le navire est prêt à faire voile, à chacune des portions indivises du navire appartenant à plusieurs copropriétaires.

L'Ordonnance de 1681 n'admettait pas, en règle générale, l'insaisissabilité du navire prêt à faire voile. Mais, dans le cas spécial où un navire indivis était saisi pour une portion, par les créanciers du copropriétaire de cette portion, il donnait aux autres communistes le moyen de détourner la saisie (art. 18, livre I, titre XIV.) Il est évident que, dans le cas d'indivision, la faculté illimitée pour le créancier personnel d'un copropriétaire de saisir la portion de celui-ci a des inconvénients particulièrement graves (1).

b. DES FORMES DE LA SAISIE ET DE LA VENTE DES NAVIRES, DE LA COLLOCATION DES CRÉANCIERS ET DE LA DISTRIBUTION DU PRIX.

1746. *Procédure de la saisie et de la vente des navires.* — Les

(1) V. sur la disposition de l'Ordonnance de 1681, Dufour, II, nos 825 et suiv.

formes de la saisie et de la vente des navires sont réglées par le Code de commerce modifié par la loi du 10 juillet 1885. Les formes prescrites par le Code de 1807 étaient compliquées et surannées. Le Code les avait empruntées à l'Ordonnance de 1681, sans tenir compte de ce que le système général de procédure auquel elles se rattachaient à l'origine, avait subi de profondes modifications. Ces formes étaient empruntées à la fois à la saisie-exécution et à la saisie-immobilière telle que cette dernière sorte de saisie était réglée dans l'ancien Droit, sous le nom de décret forcé. Aussi, comme pour les immeubles, on disait anciennement que les navires pouvaient être *décrétés par autorité de justice*. Au contraire, l'édit d'octobre 1666 avait décidé que les navires ne seraient saisis vendus ou adjugés, ni les deniers en provenant distribués, que de la manière dont on en usait à l'égard des autres meubles. C'est l'Ordonnance de 1681 qui abandonna cette idée pour consacrer celle qu'a adoptée aussi le Code de commerce.

Le législateur de 1807 a cru que la grande valeur des navires devait empêcher de les soumettre aux formes simples de la saisie-exécution. On pouvait lui reprocher d'avoir sacrifié à l'intérêt des propriétaires des navires celui des créanciers qui ont toujours avantage à la prompte et économique réalisation du gage (1). En 1885, on a tenu compte de ce reproche.

1747. La saisie, préliminaire de la vente judiciaire, comprend : 1° Le commandement ; 2° le procès-verbal de saisie destiné à constater la mise du navire sous la main de justice ; 3° la dénonciation du procès-verbal au saisi ; 4° la transcription du procès-verbal de saisie ; 5° la dénonciation, s'il y a lieu, de la saisie aux créanciers hypothécaires inscrits ; 6° l'assignation du saisi et des créanciers inscrits devant le tribunal qui doit ordonner la vente du navire.

_____

(1) On avait bien souvent réclamé la révision du Code de commerce en cette matière. Le projet de 1865 (art. 195 à 222) le modifiait en des points essentiels. En 1874, lors de la discussion de la loi sur l'hypothèque maritime, l'on pensa à reprendre la réforme de la procédure de saisie et de vente des navires. Le rapport présenté à l'Assemblée nationale qualifie cette réforme d'urgente ; il l'écarte seulement en alléguant le mandat limité de la Commission. La réforme a été réalisée par la seconde loi sur l'hypothèque maritime du 10 juillet 1885. C'est même le désaccord entre les deux Chambres sur une question de compétence relative à la vente sur saisie des navires qui a surtout contribué à retarder pendant plusieurs années le vote de cette loi. V. n° 1754 *in fine*.

1748. *Du commandement.* — La saisie des navires, comme toute autre saisie en général, doit être précédée d'un commandement fait en vertu d'un titre exécutoire constatant une créance liquide et exigible (Cpr. art. 583, 626, 637 et 673, C. pr. civ. et art. 198, C. com.). Le commandement doit être fait dans les formes ordinaires des commandements en matière de saisie-exécution ; car le navire est un bien mobilier. Le commandement doit contenir notification du titre et élection de domicile dans le lieu où doit se faire l'exécution (art. 584, C. pr. civ.). L'huissier qui fait le commandement ne se fait pas plus assister de témoins qu'en matière de saisie-immobilière (art. 673, C. proc. civ.).

La saisie ne peut être pratiquée que 24 heures après le commandement (art. 198, C. com.) (1). Dans le silence de la loi sur ce point, il faut reconnaître qu'il conserve son efficacité pendant trente ans (art. 2262, C. civ.) (2).

En ce qui concerne la personne à qui le commandement doit être fait, le Code a adopté un système nouveau (art. 199). S'il s'agit d'une des créances *qui sont susceptibles d'un privilège sur le navire aux termes de l'art. 191*, le commandement peut être fait au capitaine du navire. Au contraire, *s'il s'agit d'une action générale à exercer contre le propriétaire*, selon les expressions de l'art. 199, 1er alin., le commandement, conformément au droit commun, doit être fait à la personne du propriétaire ou à son domicile. Cette distinction s'explique. Quand la créance est du nombre de celles auxquelles l'art. 191 attache des privilèges, le capitaine connaît les circonstances dans lesquelles elle a pris naissance et son montant ; nul n'est donc plus à même que lui de soulever des contestations, s'il y a lieu. Il n'y a rien de pareil dans le cas opposé.

Ce motif paraît devoir conduire à traiter à ce point de vue comme

---

(1) En matière de saisie-exécution, le délai est d'un jour. V. art. 583, C. proc. civ. Par suite, il ne se compte pas d'heure à heure, comme pour la saisie d'un navire. Dufour, II, n° 642 ; Desjardins, I, n° 232 ; de Valroger, I, n° 160.

(2) Dufour, II, n° 642 ; Desjardins, I, n° 232 ; Laurin et Cresp, I, p. 141 et suiv. En matière de saisie immobilière, le commandement est périmé au bout de 90 jours (art. 674, C. proc. civ.). Il est fâcheux que ce délai n'ait pas été admis en matière de saisie de navire. Mais il n'y a pas non plus de délai spécial pour la péremption du commandement en matière de saisie-exécution.

créances privilégiées les créances auxquelles la loi attache des privilèges, bien que les privilèges soient éteints (1).

Les créances hypothécaires ne sont pas traitées autrement que les
créances chirographaires. C'est donc à la personne du propriétaire
ou à son domicile que le commandement doit être signifié pour les
créances hypothécaires.

Du reste, on reconnaît généralement que, bien qu'il s'agisse d'une
créance rentrant dans l'énumération de l'art. 191, le commandement
doit être signifié au propriétaire, s'il demeure sur les lieux. On peut
déduire de différentes dispositions du Code de commerce que le capitaine ne représente le propriétaire du navire que hors du lieu de la
demeure de celui-ci (art. 223, 232). V. n°s 527 et suiv. Au contraire,
pour les créances non privilégiées, la signification du commandement
au capitaine n'est pas admise alors même que le propriétaire ne demeure
pas sur les lieux. L'art. 201, C. com., qui prévoit ce dernier cas, parle
de la notification du procès-verbal de saisie, non de la signification
du commandement.

1749. *Procès-verbal de saisie.* — Après l'expiration du délai du
commandement (24 heures), le créancier qui n'a pas reçu satisfaction
peut faire procéder à la saisie. L'huissier qui procède à la saisie doit,
d'après les principes généraux de la procédure, en dresser procès-
verbal. A cet effet, l'huissier, conformément au droit commun (article 587, C. proc. civ.), se transporte dans le navire accompagné de
deux témoins (art. 585, C. proc. civ.). Les énonciations que le
procès-verbal doit contenir sont indiquées par l'art. 200. L'huissier
y énonce : *les noms, profession et demeure du créancier pour qui
il agit ; le titre en vertu duquel il procède ; la somme dont il poursuit le paiement ; l'élection de domicile faite par le créancier dans
le lieu où siège le tribunal devant lequel la vente doit être poursuivie et dans le lieu où le navire saisi est amarré ; les noms du propriétaire et du capitaine ; le nom, l'espèce et le tonnage du bâtiment. Il fait l'énonciation et la description des chaloupes, canots,
agrès, ustensiles, armes, munitions et provisions* (2).

(1) de Valroger, I, n° 158; Dufour, II, n° 653; Desjardins, I, n° 232.
(2) Tous ces accessoires doivent être considérés comme compris dans la saisie,
alors même qu'ils auraient été omis dans le procès-verbal. V. Dufour, II, n° 666;

Comme dans toutes les saisies-exécutions, l'huissier établit un gardien (art. 199, *in fine*) auquel, conformément à l'art. 599, C. proc. civ., il est laissé copie du procès-verbal de saisie qu'il doit signer sur l'original et la copie.

A défaut de règles spéciales posées dans le Code, les seules énonciations dont l'omission peut entraîner la nullité de la saisie, sont les énonciations substantielles.

Il y a à signaler, au point de vue du procès-verbal de saisie, plusieurs différences entre la saisie d'un navire et la saisie-exécution :

1° Le procès-verbal ne contient pas, comme en matière de saisie-exécution (art. 586, C. proc. civ.), itératif commandement. Cela tient à ce que la saisie d'un navire ne se pratique pas en la demeure du saisi ;

2° Le procès-verbal de saisie ne contient pas l'indication du jour de la vente comme en matière de saisie-exécution ; car la fixation de ce jour appartient, comme en matière de saisie-immobilière, au tribunal.

1750. Quand le procès-verbal de saisie a été dressé, le navire est placé sous la main de justice. Dans la phase de la procédure qui s'ouvre alors, le législateur de 1885 a introduit des formalités empruntées à la saisie des immeubles. Le Code de commerce se bornait à exiger la dénonciation du procès-verbal de saisie au débiteur (ancien art. 201, C. com.). La loi du 10 juillet 1885 prescrit, en outre, la transcription du procès-verbal de saisie (Cpr. art. 24, 1er alin., L. de 1885 et art. 678, C. proc. civ.) et la dénonciation de la saisie aux créanciers inscrits, s'il y en a (art. 24, 2e alin, L. de 1885).

Ce sont ces emprunts faits à la procédure de saisie-immobilière qui font naître la question de savoir si, sur les points sur lesquels la loi spéciale est muette, il y a lieu d'appliquer les règles du Code de

<hr/>

Desjardins, I, n° 234. — Valin (sur l'art. 2, liv. I, tit. 14 de l'Ordonnance, adoptait cette solution, en principe ; il exceptait toutefois la chaloupe et le canot. Il se référait dans sa décision aux textes du Droit romain, qui ne considèrent pas le canot et la chaloupe comme des accessoires du bâtiment : Dig. L. 29, (XXXIII, VII), L. 44 (XXI, II). Mais aujourd'hui on reconnaît généralement que le canot et la chaloupe sont de véritables agrès du navire. V. n° 95. Il faudrait toutefois ne pas considérer comme frappés par la saisie des agrès et apparaux séparés du navire, si l'on n'avait pas eu le soin de les mentionner dans le procès-verbal. Alors l'on ne peut dire que l'adjudicataire a dû compter sur eux.

procédure civile relatives à la saisie des immeubles. V. spécialement
n°s 1756 et suiv.

1751. *Dénonciation au propriétaire du procès-verbal de saisie.*
— *Assignation.* — Il faut donner connaissance de la saisie au propriétaire du navire (qui est le saisi). Il faut aussi l'appeler en justice ; car il est nécessaire que la vente soit ordonnée par un tribunal
et qu'il y soit procédé devant l'un de ses membres, à moins que le
tribunal n'en ordonne autrement (art. 26, L. de 1885) (1). La loi
(art. 23, L. du 10 juillet 1885) (2) prescrit donc deux formalités :
a. la notification du procès-verbal de saisie ; *b.* la citation en justice
du saisi, afin de faire procéder à la vente.

1752. A qui et dans quel délai doivent être signifiés le procès-
verbal de saisie et la citation en justice ? Il résulte de l'art. 23 de la
loi de 1885 que quatre cas différents sont à distinguer :

1° Le propriétaire du navire saisi a son domicile, ou, tout au
moins, sa résidence dans le ressort du tribunal devant lequel doit se
poursuivre la vente. — C'est à lui, à sa personne ou à son domicile,
que sont signifiés le procès-verbal de saisie et la citation en justice. Art. 23, 1er alin.

2° Le propriétaire du navire saisi n'est pas domicilié dans le ressort du tribunal. — La dénonciation du procès-verbal de saisie et
la signification de la citation en justice sont données au propriétaire
en la personne du capitaine du bâtiment saisi ou, en son absence, en
la personne de celui qui représente le propriétaire ou le capitaine
(art. 23). Les représentants du propriétaire peuvent être, notamment,
le consignataire du navire ou le subrécargue ; ceux du capitaine, le
second, les gens de l'équipage.

3° Le propriétaire du navire saisi n'est pas domicilié dans le ressort du tribunal et n'y est pas représenté ; mais, il a en France son
domicile ou sa résidence. Les significations se font alors au propriétaire à son domicile ou à sa résidence.

4° Le propriétaire du navire saisi n'a, en France, ni domicile ni
résidence et, de plus, n'y est pas représenté. — Les citations et si-

(1) V. n° 1768.
(2) L'art. 23 de la loi de 1885 correspond, avec quelques différences de détail, à l'art. 201, C. com., que cette loi a abrogé.

gnifications sont données au parquet du Procureur de la République près le tribunal civil où se poursuit la vente, conformément à l'article 69-9º, C. proc. civ. (art. 23, dern. alin., L. de 1885).

1753. Le délai dans lequel doivent être signifiés le procès-verbal de saisie et la citation devant le tribunal, varie selon qu'ils le sont au propriétaire lui-même ou à un de ses représentants (capitaine ou autre).

Quand la signification est faite au propriétaire lui-même, elle doit avoir lieu dans les trois jours qui suivent la clôture du procès-verbal de saisie (art. 23, 1er alin.). Quand, au contraire, la signification est faite au représentant du propriétaire, le délai de trois jours est augmenté d'un jour par cinq myriamètres de distance entre le domicile du propriétaire et le lieu de la saisie sans que ce délai puisse dépasser un mois. Cette augmentation de délai, dont le principe est emprunté à l'ancien art. 201, C. com., ne s'explique pas facilement. On n'aperçoit pas pourquoi le saisissant a un délai plus long pour faire les significations, lorsqu'elles sont faites à des personnes résidant dans le lieu de la saisie. Les significations aux représentants n'offrent aucun avantage, si les délais accordés pour les faire sont aussi longs que si elles devaient être faites au propriétaire saisi lui-même. Ce qu'il aurait fallu augmenter, c'est le délai accordé au propriétaire saisi pour comparaître, afin que le représentant, après avoir reçu les significations, ait le temps d'avertir ce propriétaire et d'obtenir ses instructions (1).

Quand la signification doit être faite au domicile réel du propriétaire qui n'est pas domicilié dans le lieu de la saisie et n'y a pas de représentant, le délai est augmenté d'un jour par 5 myriamètres de distance entre ce domicile et le lieu du siège du tribunal (analog. art. 24, alin. 1). Il faut, en effet, que le saisissant ait le temps de s'adresser à un huissier du domicile du saisi.

Enfin, il n'y a pas d'augmentation de délai dans le cas où la signification est faite au parquet du Procureur de la République (art. 23, 3e alin.).

1754. *Tribunal compétent.* — Quel est le tribunal devant lequel

(1) Des auteurs ont cherché pourtant à expliquer l'augmentation de délai dont il s'agit. V. Desjardins, I, nº 235 et V, nº 1241; Dufour, II, nº 686.

la citation doit être faite et qui est, par suite, compétent pour ordonner la vente (n° 1768)? C'est le tribunal civil du lieu de la saisie.
L'art. 23, 1er al., de la loi de 1885 le décide expressément.

Sous l'ancienne Monarchie, la compétence appartenait aux amirautés (n° 49). Le Code ne se prononçait pas expressément sur la
question qui a été tranchée dans le sens de la compétence des tribunaux
civils, à l'exclusion des tribunaux de commerce, par un avis du Conseil d'État du 29 avril 1809. Cette attribution de compétence se justifie théoriquement. La saisie ne peut être opérée qu'en vertu d'un
titre exécutoire qui est, soit un jugement d'un tribunal de commerce,
soit un jugement d'une autre juridiction ou un acte authentique
constatant un contrat. Or, les tribunaux de commerce ne peuvent
connaître ni de l'exécution de leurs jugements (art. 442, C. proc.
civ.), ni *a fortiori* de l'exécution de jugements ou d'actes n'émanant
pas d'eux (1). Du reste, en faisant allusion à l'intervention des avoués
dans la procédure de la vente sur saisie (art. 204), le Code de commerce paraissait écarter la compétence des tribunaux de commerce.

Le projet de 1865, sans méconnaître la valeur de ces raisons théo-
riques, attribuait compétence aux tribunaux de commerce, conformément aux vœux du commerce maritime. On a souvent constaté
que le prétoire des tribunaux civils est peu favorable aux ventes des
navires, que le public maritime ne se rend pas à ces ventes, que,
par suite, les navires saisis ne sont pas vendus pour un prix qu'ils
atteindraient dans un milieu commercial, que l'intervention des
avoués a pour effet d'augmenter les frais. La même modification aux
règles de compétence du Code de commerce avait été admise par la
Chambre des députés dans le projet de loi sur l'hypothèque maritime;
mais le Sénat maintint la compétence des tribunaux civils. C'est
ce désaccord qui a beaucoup retardé le vote de la loi du 10 juillet 1885. La Chambre a fini par se ranger à l'opinion du Sénat (2).

1755. *Transcription du procès-verbal de saisie.* — Le procès-
verbal de saisie doit être transcrit au bureau du receveur des douanes
soit du lieu où le navire est en construction, soit du port d'attache

(1) V. *Traité de Droit commercial*, I, n° 374.
(2) V. Desjardins, V, n° 1241.

du navire. Cette transcription doit être opérée dans un délai de trois jours à partir de la date du procès-verbal de saisie. Si le bureau du receveur des douanes n'est pas dans le ressort du tribunal où se poursuit la vente, le délai de trois jours est augmenté d'un jour par cinq myriamètres de la distance entre ce bureau et le lieu où siège le tribunal. Il faut que le saisissant ait le temps nécessaire pour faire parvenir à ce bureau le procès-verbal de saisie à transcrire (art. 24, 1er alin.)

Cette formalité de la transcription a été empruntée par la loi du 10 juillet 1885 à la procédure de saisie-immobilière (art. 678, C. proc. civ.). Seulement, pour la saisie des navires, la transcription n'a pour objet que le procès-verbal de saisie, alors que, pour la saisie des immeubles, elle comprend aussi la transcription de l'exploit de dénonciation de la saisie. Il y a également des différences au point de vue des délais dans lesquels la transcription doit avoir lieu. Cpr. art. 678, C. proc. civ., et art. 24, L. 10 juillet 1885 (1). Enfin il n'y a pas de délai spécial après lequel la saisie d'un navire transcrite cesse de produire ses effets, tandis que, d'après une disposition ajoutée à l'art. 693, C. proc. civ., par une loi du 2 juin 1881, *la saisie immobilières transcrite cesse de plein droit de produire son effet si, dans les dix ans de la transcription, il n'est pas intervenu une adjudication mentionnée en marge de cette transcription.*

Le but de la transcription est, comme en matière de saisie-immobilière, de faire connaître aux tiers que le bien saisi a été placé sous la main de justice; c'est une formalité de publicité.

1756. La loi du 10 juillet 1885, en prescrivant la transcription du procès-verbal de la saisie des navires, n'en indique pas les effets. Aussi des difficultés se sont élevées sur le point de savoir si les effets de cette transcription sont les mêmes que ceux de la transcription de la saisie d'un immeuble qui sont indiqués par le Code de procédure civile. Ces difficultés se sont présentées au point de vue soit de la constitution d'hypothèque opérée après la transcription soit de l'extension de l'hypothèque au fret.

1757. Il est certain que les effets des deux transcriptions sont sem-

(1) Il va de soi que, si le receveur ne peut procéder à la transcription, l'article 679, C. pr. civ., doit être appliqué.

blables en ce qui concerne les aliénations que pourrait faire le saisi après que la saisie a été transcrite. Selon l'art. 686, C. proc. civ., *la partie saisie ne peut, à compter du jour de la transcription de la saisie, aliéner les immeubles saisis, à peine de nullité.* Le propriétaire d'un navire saisi ne peut pas non plus l'aliéner valablement après que la saisie a été transcrite. La transcription est une formalité de publicité (n° 1754). Tant que la saisie n'a pas été rendue publique par la transcription, les tiers doivent croire que le saisi a conservé intact le droit de disposer du navire. Quand la transcription a eu lieu, la mise du navire sous la main de justice est portée à leur connaissance.

1758. Le propriétaire saisi qui ne peut plus aliéner valablement, peut-il constituer une hypothèque valable sur le navire même après la transcription de la saisie?

En matière de saisie-immobilière, il est généralement admis que l'hypothèque est encore possible après cette transcription (1). Cette solution se déduit du rejet de deux amendements proposés lors de la discussion de la loi du 2 juin 1841 et tendant à interdire au saisi la constitution d'hypothèque.

On a soutenu que le navire saisi peut être aussi valablement hypothéqué après la transcription de la saisie, bien que l'aliénation n'en soit plus possible. En ce sens, on allègue que la loi de 1885 a assimilé la saisie des navires à celle des immeubles, qu'à partir de la clôture du procès-verbal de saisie, le navire saisi est considéré par la loi comme un immeuble (2).

Selon nous, cette solution est inexacte; le navire saisi ne peut pas plus être valablement hypothéqué qu'il ne peut être valablement aliéné après la transcription de la saisie (3). Rien n'autorise à dire que le législateur a entendu établir une assimilation entre les deux saisies, en attachant des effets identiques à une même formalité. On exagère

---

(1) Aubry et Rau, III, p. 271; Boitard et Colmet-Daage, II, n° 931; Garsonnet, *Traité de procédure*, IV, § 668, p. 127. En sens contraire, Glasson sur Boitard et Colmet-Daage, II, n° 931, note 1.

(2) Vidal-Naquet, *Saisie et ventes judiciaires des navires*, p. 43 et 71.

(3) Cass. 6 nov. 1893, S. et J. *Pal.*, 1894. 1. 225 (note de Ch. Lyon-Caen); D. 1895. 1. 273; *Revue int. du Droit marit.*, 1893-94, p. 143; *Journ. de jurispr. de Marseille*, 1894. 2. 74.

singulièrement en disant que le navire devient, aux yeux de la loi, un immeuble une fois que le procès-verbal de saisie a été dressé. La vérité est qu'ici, au point de vue des formalités à accomplir, comme cela arrive aussi pour certaines règles de fond (n°ˢ 80 et suiv.), la loi applique aux navires des dispositions qui, en principe, sont restreintes aux immeubles.

Les solutions admises pour les effets de la transcription d'une saisie-immobilière ne peuvent être étendues à la transcription de la saisie d'un navire quand elles sont des dérogations aux principes du droit commun. Tel est bien le caractère de la solution selon laquelle le propriétaire d'un immeuble saisi qui ne peut plus l'aliéner valablement après la transcription de la saisie, conserve pourtant le droit de le grever d'hypothèques. En principe, en effet, pour pouvoir hypothéquer un bien, il faut pouvoir l'aliéner (art. 2124, C. civ.). Pour les immeubles, les créanciers chirographaires auxquels nuit une hypothèque constituée après la transcription de la saisie, auraient pu éviter ce préjudice en obtenant contre leur débiteur un jugement de condamnation emportant hypothèque judiciaire (art. 2123, C. civ.). Mais, comme il n'y a pas d'hypothèque judiciaire sur les navires (n° 1619), les créanciers chirographaires n'auraient pas le moyen, en actionnant en justice leur débiteur, de se mettre à l'abri des hypothèques constituées par lui après la transcription de la saisie.

1759. A la précédente question s'en rattache une autre : les hypothèques constituées sur le navire saisi avant la transcription de la saisie, peuvent-elles être inscrites même après cette transcription jusqu'à celle de l'adjudication ? En matière de saisie-immobilière, ce droit est reconnu aux créanciers hypothécaires. Mais, il doit leur être refusé en matière de saisie de navire (1). — Si les créanciers hypothécaires antérieurs à la transcription de la saisie d'un immeuble peuvent inscrire leur hypothèque après cette transcription, tant que l'adjudication n'a pas été transcrite, c'est que les créanciers ayant reçu hypothèque après la transcription de la saisie ont ce droit; ceux qui ont reçu une hypothèque avant, doivent en jouir à plus forte raison. En matière de saisie de navire, ceux auxquels une hypothèque a été constituée après la transcription ne peuvent l'inscrire; cette hypothèque est nulle

(1) V. l'arrêt du 6 nov. 1893 cité à la note précédente.

(n° 1758). Au reste, il est conforme aux principes généraux et il est rationnel que le droit de s'inscrire soit arrêté au moment où la constitution d'hypothèque n'est plus possible. V. art. 6, 1er al., L. 23 mars 1855.

1760. En matière de saisie-immobilière, la transcription de la saisie immobilise les fruits civils à l'égard des créanciers hypothécaires et privilégiés (art. 685, C. proc. civ.), de telle façon qu'ils exercent leur droit de préférence sur les fruits comme sur le prix de l'immeuble. Faut-il décider de même, en matière de saisie de navire, qu'à partir de la transcription, le fret, qui est un fruit civil du navire, est atteint par le droit de préférence des créanciers hypothécaires ou privilégiés? On l'a soutenu (1), en invoquant la prétendue assimilation des deux saisies. Nous n'admettons pas cette sorte d'immobilisation du fret, par cela même que l'assimilation dont il s'agit n'est nullement faite par la loi de 1885 (n° 1758) (2). V. n° 1625.

1761. Dans la huitaine de la transcription du procès-verbal de saisie, le receveur des douanes doit délivrer un état des inscriptions hypothécaires au créancier saisissant (art. 24, 2e al.) (3). Dans un délai qui est, en principe, de trois jours à partir de la délivrance de cet état, le créancier saisissant doit dénoncer la saisie aux créanciers inscrits aux domiciles par eux élus dans leurs inscriptions avec l'indication du jour de la comparution devant le tribunal civil (art. 24, 2e al.). Quand le lieu de la résidence du receveur des douanes où les élections de domicile doivent avoir été faites (L. 10 juillet 1885, art. 8-6°), ne se trouve pas dans le ressort du tribunal qui doit connaître de la saisie et de ses suites, le délai de trois jours est augmenté à raison d'un jour par cinq myriamètres (art. 24, al. 2).

La dénonciation de la saisie fait connaître aux créanciers inscrits la saisie dont le navire est l'objet et, par elle, ils deviennent partie à la procédure.

Mais, la loi de 1885 (art. 693, 1er al.) n'exige pas, comme le fait le

(1) Vidal-Naquet, *op. cit.*, p. 71.

(2) Desjardins, V, n°s 1210 et 1241.

(3) Aucune disposition n'autorise à augmenter ce délai à raison de la distance existant entre le domicile du créancier saisissant et la recette des douanes. V. pourtant Vidal-Naquet, p. 74.

Code de procédure civile en matière de saisie-immobilière, que mention des notifications soit faite en marge de la transcription de la saisie. Aussi, ne doit-on pas admettre que les effets attachés à cette mention se produisent. D'après l'art. 690, 2e al., C. pr. civ., du jour de cette mention, la saisie ne peut plus être radiée que du consentement des créanciers inscrits ou en vertu de jugements rendus contre eux. Quand il s'agit d'un navire, la saisie peut être radiée du consentement du seul créancier poursuivant ou en vertu d'un jugement rendu contre lui seul.

1762. Comme il a été dit (n° 1761), la dénonciation de la saisie faite aux créanciers inscrits doit contenir l'indication de la date de la comparution devant le tribunal civil qui aura à décider qu'il sera procédé à la vente du navire (art. 24, 2e al.). Le créancier hypothécaire n'est pas, du reste, tenu de constituer avoué; il faut seulement qu'il ait la possibilité d'assister à l'audience. Conformément à la règle générale de l'art. 72, C. pr. civ., le délai de comparution est de huitaine. Mais, quand le bureau de la recette des douanes ne se trouve pas dans le lieu où siège le tribunal, le délai est augmenté à raison d'un jour par cinq myriamètres (art. 24, 3e al.). En aucun cas, le délai ne peut dépasser les termes fixés par les deux derniers paragraphes de l'art. 23 (art. 24, 3e al.). Cela implique que le délai ne peut dépasser un mois.

1763. *Le tribunal fixe par son jugement la mise à prix et les conditions de la vente* (art. 25). — En matière immobilière, la mise à prix est fixée par le poursuivant dans le cahier des charges qu'il a la mission de rédiger et qui doit être déposé au greffe du tribunal (art. 690, C. proc. civ.), et, s'il le fixe à un prix trop élevé empêchant de trouver des amateurs, il est lui-même déclaré adjudicataire (art. 706, C. proc. civ.). En matière de saisie de navire, c'est le tribunal qui fixe la mise à prix, de telle façon que l'adjudication ne peut pas, faute d'enchères, être prononcée au profit du saisissant. Cette fixation est assurément plus difficile pour le tribunal civil qu'elle ne l'aurait été pour le tribunal de commerce, si sa compétence avait été reconnue.

La loi de 1885 ne prononce pas le nom de *cahier des charges*. Il faut pourtant que les clauses et conditions de la vente, en dehors même du montant du prix, soient déterminées avant l'adjudication. Aucune disposition n'impose, comme en matière de saisie-immobilière (art. 690, C. proc. civ.), au poursuivant l'obligation de le rédiger et de le déposer au greffe. D'après le texte de l'art. 25, c'est le tribunal qui fixe les conditions de la vente comme le montant de la mise à prix (1).

1764. L'adjudication est précédée de formalités de publicité destinées à appeler les enchérisseurs; puis, il est procédé à l'adjudication. Les formalités que prescrivait le Code de commerce (anciens art. 202 à 206), étaient compliquées et occasionnaient des pertes de temps et d'argent (2). La loi de 1885 les a beaucoup simplifiées.

1765. *Publicité antérieure à l'adjudication.* — Toute distinction fondée sur le tonnage des navires a été écartée par la loi de 1885.

---

(1) V. pourtant Vidal-Naquet, *op. cit.*, p. 79 et suiv.

(2) Le Code de commerce distinguait au point de vue de la publicité et des formes de l'adjudication, selon que le navire avait ou n'avait pas plus de dix tonneaux. Quand le navire avait plus de dix tonneaux, les formalités étaient les suivantes (anc. art. 202 à 206). Le saisissant faisait faire à la Bourse et dans la principale place publique du lieu où le navire était amarré une première criée (annonce à son de trompe ou de tambour) et des publications indiquant les conditions de la vente (anc. art. 202 et 204). Avis de cette criée était inséré dans un des journaux du lieu où siégeait le tribunal. Puis, des affiches contenant les mêmes indications que les criées étaient apposées dans les deux jours au grand mât du bâtiment saisi, à la porte principale du tribunal devant lequel on procédait, dans la place publique et sur le quai du port où le bâtiment était amarré, enfin à la Bourse de commerce (anc. art. 203). Huit jours au moins après la première criée, au jour fixé pour l'audience, le juge-commissaire faisait une première adjudication aux enchères; celle-ci n'était pas définitive. Les mêmes formalités étaient répétées une seconde et une troisième fois de huit jours en huit jours et la troisième adjudication était seule définitive (anc. article 205 et 206). Quand le navire était d'une capacité de dix tonneaux ou au-dessous, la procédure, sans différer essentiellement, était plus simple et, par suite, plus rapide. 1° Les criées ou publications avaient lieu, non de huitaine en huitaine, mais trois jours consécutifs; 2° l'affiche n'était apposée qu'au grand mât du bâtiment et à la porte du tribunal; 3° aucun avis n'était inséré dans les journaux; 4° il n'y avait qu'une seule adjudication (anc. art. 207). L'adjudication était faite, à l'extinction des feux, au plus offrant et dernier enchérisseur (anc. art. 206). Les enchères étaient faites par les avoués, intermédiaires nécessaires des parties devant les tribunaux civils. Le juge pouvait, au lieu de prononcer l'adjudication définitive, accorder une ou deux remises de huitaine. Cette faculté pouvait être fort utile notamment quand le juge croyait que le navire allait être vendu beaucoup au-dessous de sa valeur. Grâce à elle, le législateur avait pu se dispenser d'admettre la faculté de surenchère après l'adjudication définitive, faculté admise en matière d'adjudication d'immeuble sur saisie (art. 708, C. proc. civ.).

Quinze jours au moins avant la vente, il doit y avoir une apposition d'affiche et une insertion de cette affiche dans un des journaux imprimés au lieu où siège le tribunal et, s'il n'y en a pas, au chef-lieu du département (art. 26). En outre, les affiches doivent être apposées au grand mât ou sur la partie la plus apparente du bâtiment saisi, à la porte principale du tribunal devant lequel on procèdera, dans la place publique et sur le quai du port où le bâtiment est amarré, ainsi qu'à la Bourse de commerce, s'il y en a une (art. 27). Les annonces et affiches doivent contenir les indications déterminées par l'art. 28 (1).

Comme en matière immobilière (art. 697, C. proc. civ.), le tribunal peut ordonner, à raison des circonstances, des publications extraordinaires (art. 26, al. 1).

1766. En principe, la vente du navire saisi se fait à l'audience du tribunal civil du lieu de la saisie. Mais, il peut y avoir intérêt, pour le saisi et pour les créanciers, à ce qu'il soit procédé ailleurs à la vente. C'est là ce qui se présente notamment quand le lieu de la saisie est un petit port de commerce où il est à craindre qu'il n'y ait peu d'enchérisseurs et que, par suite, le gage ne se réalise à un prix peu élevé. Aussi le tribunal du lieu de la saisie a-t-il le pouvoir d'ordonner que la vente sera faite devant un autre tribunal civil. Le tribunal peut même décider que la vente sera faite, soit en l'étude et par le ministère d'un notaire, soit par un courtier conducteur de navires à la bourse, ou dans tout autre lieu du port où se trouve le navire saisi (art. 26).

Le tribunal du lieu de la saisie qui peut faire vendre le navire à l'audience des criées d'un autre tribunal, doit pouvoir le faire vendre

(1) L'art. 28 de la loi du 18 juillet 1885 est ainsi conçu : Les annonces et affiches devront indiquer : les nom, profession et demeure du poursuivant; les titres en vertu desquels il agit; le montant de la somme qui lui est due; l'élection de domicile par lui faite dans le lieu où siège le tribunal civil et dans le lieu où se trouve le bâtiment; les nom, profession et domicile du propriétaire du bâtiment saisi; le nom du bâtiment et, s'il est armé ou en armement, celui du capitaine; le mode de puissance motrice du navire, à voiles ou à vapeur, à roues ou à hélice; s'il est à voiles, son tonnage légal; s'il est à vapeur, les deux tonnages légaux, brut et net, ainsi que le nombre de chevaux nominaux de sa machine motrice; le lieu où il se trouve; la mise à prix et les conditions de la vente; les jour, lieu et heure de l'adjudication.

aussi à la bourse d'une autre ville (1). Mais, le tribunal désigné ne peut, à son tour, en désigner un autre ou déléguer un courtier (2).

1767. Il est procédé, au jour fixé, à l'adjudication aux enchères, conformément aux règles des art. 705 et 706, C. proc. civ. Les enchères sont donc faites par ministère d'avoué.

Il n'y a plus qu'une seule adjudication. La loi de 1885 a supprimé les adjudications provisoires et les remises successives organisées par le Code de commerce (3).

1768. L'effet principal de l'adjudication est de transférer à l'adjudicataire la propriété du navire avec celle de ses accessoires.

En outre, l'adjudication entraîne la purge du droit de suite des créanciers chirographaires et privilégiés (art. 193 et 197, C. com.) ainsi que des créanciers hypothécaires. L'art. 29 de la loi de 1885 dispose : *la surenchère n'est pas admise en cas de vente judiciaire.* Cette disposition exclut aussi bien la surenchère du sixième admise au profit de toute personne par l'art. 708, C. proc. civ., en matière d'adjudication d'immeuble sur saisie, que la surenchère du dixième spéciale au cas de purge sur aliénation volontaire. A ce point de vue, on peut dire qu'on applique les règles relatives aux ventes mobilières qui ne peuvent donner lieu à aucune surenchère. Il en était déjà ainsi avant la loi du 10 juillet 1885. Mais, l'exclusion de la surenchère du sixième s'expliquait mieux sous l'empire du Code de commerce ; le juge pouvait, en effet, accorder une ou deux remises de huitaine quand il croyait que le navire allait être vendu pour un prix inférieur à sa valeur (4).

L'exclusion de toute surenchère s'applique-t-elle aux ventes faites en justice autres que les ventes sur saisie? Cette question sera examinée plus loin (n° 1787).

On peut encore ajouter aux effets de l'adjudication sur saisie le droit pour l'adjudicataire de congédier le capitaine du navire dans les conditions de l'art. 208, C. com., V. sur cet article, n°s 512 à 515.

1769. En matière immobilière, lorsque la mise à prix n'est pas couverte, le tribunal prononce l'adjudication au profit du saisissant (art. 706, 2e alin., C. proc. civ.). Cela ne s'applique pas en matière

(1-2) Desjardins, V, p. 483 et 484.
(3-4) V. note 2 de la page 634.

de saisie de navire, puisque la mise à prix est fixée par le tribunal et non par le poursuivant (n° 1763). Mais, *si au jour fixé pour la vente du navire il n'est pas fait d'offre, le tribunal déterminera par jugement le jour auquel les enchères auront lieu sur une nouvelle mise à prix inférieure à la première et qui sera déterminée par le jugement* (L. de 1885, art. 25). L'adjudication aux enchères sur rabais, ainsi ordonnée par le tribunal, doit évidemment être précédée des formalités de publicité prescrites par les art. 27 et 28 de la loi du 10 juillet 1885.

1770. Comment le prix de l'adjudication est-il acquitté? Selon l'article 209, 1er alin., C. com., l'adjudicataire d'un navire devait payer le prix dans les 24 heures ou le consigner, sans frais, au greffe du tribunal de commerce (1). Mais, l'ordonnance du 3 juillet 1816 (art. 2-1°) disposait que le prix consigné en vertu de l'art. 209, C. com., devait être versé à la Caisse des dépôts et consignations (2). La loi de 1885 (art. 30, 1er alin.) prescrit de verser le prix, sans frais, à la Caisse des dépôts et consignations, dans les 24 heures. L'adjudicataire ne peut donc plus opter entre le paiement et la consignation. L'art. 209, 1er alin., C. com., qui n'est pas l'objet d'une abrogation expresse, est abrogé comme étant en contradiction avec les dispositions de la loi du 10 juillet 1885. V. l'art. 39, dern. alin., de cette loi.

1771. *Folle enchère.* — Quand l'adjudicataire ne consigne pas son prix dans les 24 heures, il y a lieu à folle enchère (L. 10 juillet 1885, art. 30, derniers mots et art. 209, 2e alin., C. com.), si les créanciers ne préfèrent contraindre l'adjudicataire au paiement par les voies ordinaires. Parmi celles-ci, ne figure plus, depuis la loi du 22 juillet 1867 (art. 1 et 2), la contrainte par corps que visait expressément l'art. 209, 1er alin., C. com.

Tous ceux qui sont liés à la poursuite (saisi, saisissant et autres créanciers) peuvent poursuivre la folle enchère (3). Il est générale-

---

(1) Cette disposition ne concordait pas avec l'attribution de compétence faite au tribunal civil en matière de saisie de navire. V. n° 1754.

(2) Comme une ordonnance ne peut modifier une loi, la portée exacte de la disposition de l'ordonnance de 1816 donnait lieu à difficulté. V. en sens divers, Desjardins, 1, n° 248 et Laurin sur Cresp, I, p. 153.

(3) Desjardins, I, n° 248, p. 416. Valin paraît réserver au saisissant le droit

ment reconnu que la poursuite débute par un commandement fait à l'adjudicataire d'avoir à remplir les conditions de l'adjudication (analog. art. 735, C. proc. civ.). Vingt-quatre heures après ce commandement, si l'adjudicataire n'exécute pas ses obligations, les formalités de publicité (insertion et affiches) prescrites par les art. 26 à 28 de la loi du 10 juillet 1885 doivent être remplies (1). L'insertion doit être faite et les affiches doivent être apposées trois jours francs au moins avant l'adjudication.

Quant aux effets de l'adjudication sur folle enchère, ils sont déterminés par le droit commun. V. art. 740. C. proc. civ. En conséquence, l'adjudication sur folle enchère résout la propriété acquise à l'adjudicataire ; ses obligations sont éteintes jusqu'à concurrence de la somme payée par le nouvel adjudicataire. Le fol enchérisseur est donc tenu de la différence, si le prix de l'adjudication sur folle enchère est inférieur au prix de la première adjudication. Il est aussi obligé de payer les intérêts et les frais. Si, au contraire, le prix de la seconde adjudication dépasse celui de la première, l'excédent profite, non au premier adjudicataire, mais aux créanciers ou, quand ils sont désintéressés, au saisi.

1772. *Procédure postérieure à l'adjudication sur saisie. Collocation des créanciers. Distribution du prix.* — Le prix de l'adjucation est destiné aux créanciers du saisi. Qu'ont-ils à faire pour exercer leurs droits sur le prix? Comment sont-ils colloqués? Comment se fait la distribution du prix?

Jusqu'à la loi du 10 juillet 1885, la procédure à suivre pour parvenir à la distribution du prix entre les créanciers était réglée par les art. 213 et 214, C. com., qui n'apportaient que quelques dérogations aux règles du Code de procédure civile sur la distribution par contribution. La loi du 10 juillet 1885 (art. 30 à 32) a établi un nouveau système de distribution qui se rapproche de la procédure d'ordre réglée par les art. 746 et suiv., C. proc. civ. La loi nouvelle renvoie à plusieurs articles du Code de procédure concernant la procédure

---

de faire procéder à la revente à la folle enchère; mais Valin déclare qu'il y est obligé, si les autres créanciers le requièrent.

(1) Les formalités indiquées dans l'art. 209, 2e alin., C. com., se trouvent modifiées par la loi de 1885.

d'ordre et c'est aux dispositions de ce Code relatives à la procédure d'ordre qu'il paraît naturel de se référer pour résoudre les questions sur lesquelles la loi de 1885 est muette.

1773. La procédure à suivre est, du reste, la même, qu'il y ait ou non des créanciers inscrits sur le navire (1). La loi de 1885 ne fait aucune distinction. L'art. 213, C. com., est donc abrogé comme étant contraire aux dispositions de cette loi.

1774. En matière d'ordre, le Code de procédure civile, modifié par la loi du 21 mai 1858, organise une tentative d'ordre amiable qui précède l'ordre judiciaire. Il y a aussi, après l'adjudication d'un navire sur saisie, une tentative de règlement amiable qui, lorsqu'elle réussit, clôture la distribution. C'est seulement lorsque les créanciers ne peuvent pas s'entendre qu'il y a lieu à un règlement et à une distribution judiciaires.

1775. Les créanciers privilégiés ou chirographaires qui veulent participer à la distribution du prix, doivent former opposition à la délivrance du prix. Ils peuvent la former avant l'adjudication. Une fois que celle-ci a eu lieu, ils n'ont que trois jours pour la faire (art. 212, C. com.). Il y a là une disposition très rigoureuse que rien ne justifie ; il n'y aurait aucun inconvénient à laisser les oppositions se produire jusqu'au moment où est faite la distribution du prix (2).

Au reste, l'art. 212, C. com., ne s'applique pas aux créanciers hypothécaires. L'art. 25 de la loi du 10 décembre 1874 admettait que l'inscription valait opposition. Cette disposition n'est pas reproduite dans la loi de 1885 ; mais, la dispense d'opposition pour les créanciers hypothécaires paraît encore résulter des dispositions de cette loi, spécialement de l'art. 17 (3).

A défaut de disposition spéciale déterminant entre les mains de qui les oppositions doivent être faites, il paraît naturel de distinguer selon qu'elles sont formées avant ou après l'adjudication. Avant l'adjudication, elles sont signifiées au greffe du tribunal qui connaît de la

---

(1) Vidal-Naquet, *op. cit.*, p. 136 et suiv.

(2) Dufour, II, n° 803; Desjardins, I, n° 250. — V. la discussion à laquelle a donné lieu l'art. 212, C. com., lors de la confection du Code de commerce, Locré, *Législation de la France*, XVIII, p. 320 et suiv.

(3) Vidal-Naquet, *op. cit.*, p. 146 et 147.

vente. Après l'adjudication, elles peuvent l'être, soit au greffe du tribunal civil, soit entre les mains de l'adjudicataire qui n'a pas encore consigné son prix ou à la Caisse des dépôts et consignations quand le prix lui a été déposé (1).

Le créancier qui n'a pas fait une opposition dans le délai de trois jours, perd le droit d'en faire une (art. 212, C. com.); il n'est pas appelé à la distribution. Mais, il n'est déchu qu'à l'égard des opposants; il demeure créancier. Aussi, s'il reste un excédent après le paiement des opposants, le créancier retardataire peut le réclamer. Quand il y a plusieurs créanciers, ils doivent être payés sur ce qui reste du prix, comme s'ils avaient formé opposition en temps utile (2).

1776. *Règlement amiable.* — Dans les cinq jours qui suivent le versement du prix de l'adjudication à la Caisse des dépôts et consignations, l'adjudicataire doit présenter requête au président du tribunal civil pour faire commettre un juge chargé de procéder au règlement amiable (art. 30, 2e alin.). A défaut de l'adjudicataire, il semble que rien ne s'oppose à ce que la requête soit faite par un des créanciers (arg. art. 750, C. proc. civ.).

Quand le juge-commissaire a été désigné, l'avoué de celui qui poursuit la procédure, requiert du juge l'ouverture du règlement. Le juge-commissaire fixe les jour, lieu et heure de la comparution des créanciers devant lui, afin qu'ils s'entendent à l'amiable sur la distribution du prix. La convocation doit être publiée et affichée. L'affichage a lieu dans l'auditoire du tribunal et l'insertion est faite dans un des journaux imprimés au lieu du siège du tribunal ou, à défaut, dans l'un de ceux qui sont imprimés dans le département (art. 30, 3e alin.) Mais, ces formalités de publicité n'ont pas d'utilité réelle. Quand elles sont accomplies, les créanciers privilégiés et chirographaires ne sont plus, en vertu de l'art. 212, C. com., dans les délais pour former opposition.

Le délai de la convocation est de quinzaine sans augmentation à raison de la distance (art. 30, 4e alin.).

(1) De Valroger, I, n° 202.
(2) Desjardins, I, n° 250, p. 422; Demangeat sur Bravard, I, p. 144. — V. en sens contraire, Dufour, II, n° 806. — Valin admettait la dernière opinion (sur l'art. 14, liv. 1, tit. 14 de l'Ordonnance de 1681).

Au jour fixé pour la comparution, les créanciers doivent se présenter devant le juge-commissaire qui a des fonctions semblables à celles que le Code de procédure civile (art. 751) confère au juge-commissaire en matière d'ordre. Il n'y a pas là, d'ailleurs, une instance judiciaire. Aussi les avoués n'y interviennent que comme mandataires ordinaires des parties (1).

Si les créanciers s'entendent, le juge-commissaire dresse un procès-verbal de la distribution du prix par règlement amiable. Il ordonne la délivrance par le greffier aux créanciers utilement colloqués des bordereaux ou mandements de collocation, sans lesquels la Caisse des dépôts et consignations ne pourrait pas payer. Sur la présentation d'un extrait de cette ordonnance, le receveur des douanes radie les inscriptions. Ces solutions ne sont pas consacrées par des dispositions expresses de la loi de 1885 qui, par une grande singularité, ne prévoit pas le cas où le règlement amiable réussit; mais on est autorisé à les admettre par analogie des règles de l'ordre amiable que le législateur de 1885 a certainement prises comme modèle (2).

1777. Comme en matière d'ordre, le règlement amiable suppose le consentement de tous les créanciers (3). La tentative de règlement amiable échoue donc lorsqu'il y a une minorité opposante, fût-ce d'un seul créancier ou quand il y a des créanciers absents.

Quand, pour une cause quelconque, le règlement amiable a échoué, le juge-commissaire dresse un procès-verbal des prétentions et des contredits des créanciers. Il n'a pas, comme en matière d'ordre, à dresser un règlement provisoire qui clôt la procédure s'il n'est pas attaqué dans les délais fixés par la loi (art. 755, C. proc. civ.).

Dans la huitaine de la date de ce procès-verbal, chacun des créanciers doit déposer au greffe une demande en collocation contenant constitution d'avoué avec titre à l'appui (art. 31, 2e alin.). Les créanciers ne reçoivent pas une sommation de produire; ils doivent savoir que, d'après la loi, en cas d'insuccès de la tentative de règlement

(1) Desjardins, n° 1247, p. 490. — Cpr. Cass. Ch. crim. 28 mars 1879, S. 1879. 1. 235.
(2) Desjardins, n° 1247, p. 490.
(3) Trib. civ. d'Abbeville, 4 juin 1883, D. 1884. 3. 16 (note de M. Glasson).

amiable, ils ont à produire leurs titres et à faire connaître définiti‐
vement leurs prétentions.

L'expiration du délai de huitaine n'est pas indiquée par la loi
comme entraînant déchéance contre les créanciers non produisants.
Aussi semble-t-il qu'on doit leur reconnaître le droit de produire jus‐
qu'au règlement définitif opéré par le tribunal civil (1).

1778. L'instance judiciaire proprement dite commence ; c'est le
tribunal qui est chargé de statuer et de procéder au règlement. Le
créancier le plus diligent cite les autres créanciers à comparaître devant
le tribunal civil pour qu'il soit statué sur les demandes en collocation
et qu'il soit procédé au règlement (art. 31). Les créanciers cités sont
à la fois ceux qui ont produit et ceux qui ont été déjà cités dans la
phase de la tentative de règlement amiable (2).

C'est le tribunal qui doit examiner les titres présentés à l'appui
des productions, trancher les contestations, ordonner les radiations
d'inscriptions et établir l'état de collocation. Il y a là un règlement
d'ordre fait à l'audience semblable à celui auquel il est procédé quand
il y a moins de quatre créanciers inscrits sur un immeuble qui a été
l'objet d'une adjudication sur saisie (art. 773, C. proc. civ.) (3).

Le jugement doit être signifié dans les trente jours de sa date à
avoué pour les parties présentes et aux domiciles élus pour les par‐
ties défaillantes. Ce jugement n'est pas susceptible d'opposition (ar‐
ticle 32).

1779. Mais, le jugement contenant le règlement peut être frappé
d'appel ; la loi suppose, dans l'art. 32, qu'il a été fait usage de cette
voie de recours.

Le délai d'appel est de dix jours à compter de la signification du
jugement. Ce délai est augmenté d'un jour par cinq myriamètres de
distance entre le siège du tribunal et le domicile élu ou, à défaut
d'élection de domicile, du domicile réel (art. 32, 1er alin.).

Comme en matière d'ordre, l'acte d'appel contient l'assignation et
l'énonciation des griefs à peine de nullité (art. 32, 2e alin.).

---

(1) Desjardins, V, n° 1248, p. 491.
(2) Desjardins, V, n° 1248, p. 491 ; de Valroger, V, p. 359.
(3) Quand il y a beaucoup de créanciers, cette procédure est très longue et
très coûteuse.

Pour ce qui est de la procédure à suivre devant la Cour d'appel, la loi de 1885 (art. 32, 3e al.) déclare applicables les art. 761, 763, 764 et la disposition finale de l'art. 762, C. proc. civ. Selon cette dernière disposition, *l'appel n'est recevable que si la somme contestée excède celle de 1.500 francs, quel que soit le montant des créances des contestants et des sommes à distribuer.*

Cependant l'art. 761, 1er al., ne peut être littéralement appliqué : il dispose que l'audience est poursuivie à la diligence de l'*avoué commis* et, en notre matière, il n'y a pas d'avoué commis; son rôle est rempli par l'avoué de la partie la plus diligente.

Dans les huit jours qui suivent l'expiration du délai d'appel et s'il y a appel, dans les huit jours de l'arrêt, le juge-commissaire reprend son rôle qui avait cessé par suite du défaut d'entente des créanciers lors de la tentative de règlement amiable. Il doit, en conformité du jugement ou de l'arrêt, dresser l'état des créances colloquées en principal, intérêts et frais. Ce règlement définitif est dénoncé à tous les créanciers colloqués (art. 767, C. proc. civ.).

Les intérêts des créances utilement colloqués cessent de courir à l'égard du saisi (art. 32, avant dern. al.). Les dépens des contestations ne peuvent être pris sur les deniers à distribuer; les frais sont à la charge du contestant ou du contesté qui succombe (article 32, 1er al.).

Sur l'ordonnance du juge-commissaire, le greffier délivre des bordereaux de collocation exécutoires contre la Caisse des dépôts et consignations dans les termes de l'art. 770, C. proc. civ. La même ordonnance autorise la radiation par le receveur des douanes des inscriptions des créanciers non colloqués. La radiation est opérée sur la demande de toute partie intéressée (art. 32, dern. al.).

1780. Les collocations doivent être faites conformément aux règles posées par l'art. 214, C. com., complété par l'art. 191 du même Code (dernier al., ajouté par les lois du 10 décembre 1874, art. 27, et du 10 juillet 1885, art. 34). Il y a ainsi lieu de colloquer successivement: 1° Les créanciers privilégiés dans l'ordre fixé par l'art. 191, C. com.; 2° les créanciers hypothécaires; 3° les créanciers chirographaires opposans au marc le franc de leurs créances; 4° les créanciers qui n'auraient pas fait opposition ou produit leurs titres dans les délais légaux.

1781. *Incidents de la saisie des navires.* — Comme toute autre saisie, la saisie des navires peut donner lieu à des incidents, c'est-à-dire à des demandes qui viennent compliquer la procédure en en arrêtant ou en en suspendant le cours. Le Code de procédure civile a consacré un titre entier aux incidents de la saisie-immobilière (articles 718 à 748). Le Code de commerce, à propos de la saisie des navires, ne s'est occupé que des demandes en distraction. A la différence du projet de 1865 (art. 199, 206 à 209), la loi du 10 juillet 1885 a gardé aussi le silence sur les incidents. Il importe d'examiner si les incidents de la saisie-immobilière peuvent se produire au cours de la saisie d'un navire et, en cas d'affirmative, quelles règles de procédure leur sont applicables.

1782. *Demandes en distraction.* — Une demande en distraction est une demande en revendication de tout ou partie de l'objet saisi ; ainsi, un tiers forme une demande en distraction, quand il prétend qu'il a la propriété du navire ou d'une portion indivise du navire exédant la moitié (1), qu'il en est usufruitier, que des agrès et apparaux lui appartiennent et ont été seulement loués par lui au saisi. Mais un affréteur ne pourrait former une demande en distraction par cela même qu'il n'a pas de droit réel sur le bâtiment.

Les demandes en distraction sont formées en même temps contre le saisissant et contre le débiteur saisi (art. 608 et 725, C. proc. civ.). Elles sont formées et notifiées au greffe, parce que le saisissant et le saisi sont réputés y avoir élu domicile. Après la formation de la demande, le demandeur a trois jours pour fournir ses moyens et le défendeur (c'est-à-dire le saisissant) trois jours pour contredire. La demande est portée à l'audience sur un simple acte d'avoué à avoué (art. 211) ; il importe, pour ne pas retarder la vente, que ces sortes de demandes soient promptement jugées ; elles le sont par le tribunal entier et non par le juge-commissaire qui n'a aucun pouvoir de juridiction contentieuse.

Les demandes en distraction doivent être formées avant l'adjudi-

_____

(1) Desjardins, I, n° 237; Laurin sur Cresp, I, p. 148. Valin admettait, au contraire, que le copropriétaire d'un navire pour la part la plus minime, pouvait former une demande en distraction; sur l'art. 11, liv. 1, tit. 14 de l'Ordonnance de 1681, il suppose qu'une demande en distraction est formée par le copropriétaire pour un quart du navire saisi ; il décide qu'alors le navire ne peut être mis en adjudication que pour les trois quarts.

cation (art. 210); alors seulement elles valent comme telles et produisent tous leurs effets : le jugement, qui donne gain de cause au demandeur, fait considérer la saisie comme non avenue en totalité ou en partie, de telle sorte qu'il n'y a point d'adjudication ou que, tout au moins, le saisissant peut modifier la mise à prix (Cpr. article 727, C. proc. civ.).

Cependant, si la demande en distraction est formée après l'adjudication, elle n'est pas sans effet, elle vaut comme opposition (article 210). La loi veut que cette demande tardive ne puisse pas amener l'éviction de l'adjudicataire. Ce n'est pas à dire que le demandeur soit traité comme un simple créancier; il peut prélever sur le prix une portion correspondant à la valeur de sa chose. Il passe ainsi, en principe, avant tous les créanciers (1). Il faut que le juge-commissaire tienne compte de cette règle spéciale qui modifie les principes généraux sur la collocation des créanciers.

Le délai de trois jours depuis l'adjudication, après lequel les oppositions ne sont plus admises, s'applique-t-il aussi aux demandes en distraction qui, n'étant formées qu'après l'adjudication, valent seulement comme oppositions? On a soutenu que ces demandes peuvent être formées utilement avec cet effet restreint tant que le prix n'a pas été distribué, en se prévalant surtout de ce qu'il s'agit ici d'un propriétaire et non d'un créancier (2). Cette doctrine ne saurait être adoptée (3) : dès l'instant où la loi dit que la demande en distraction formée après l'adjudication ne vaut que comme opposition, cela implique qu'elle doit être soumise, quant à ses conditions comme quant à ses effets, aux règles des oppositions faites par les créanciers. Peu importe que l'opposant se présente comme créancier ou comme propriétaire; l'art. 212, C. com., ne distingue pas.

1783. *Des demandes en nullité.* — Dans le silence de nos lois sur

---

(1) Le demandeur en distraction pourrait parfois être primé par certains créanciers privilégiés, par ceux qu'énumère l'art. 191 dans ses cinq premiers numéros. Il s'agit là de frais qui souvent ont profité à ce demandeur lui-même.

(2) Dufour, II, n°s 795 à 800; Demangeat sur Bravard, IV, p. 142 et 143.

(3) Desjardins, I, n° 238; Laurin sur Cresp, I, p. 149; de Valroger, I, n° 198 — C'était l'opinion de Valin, sur les art. 11 et 14, liv. I, tit. 14 de l'Ordonnance.

ces demandes, il semble rationnel de les assimiler aux demandes en distraction quant à leurs formes et quant au délai dans lequel elles doivent être formées. C'est aussi le tribunal entier, et non le juge-commissaire, qui statue sur ces demandes.

1784. Les dispositions des art. 743 et suiv., C. proc. civ., sur la conversion de l'adjudication d'immeuble sur saisie en adjudication volontaire, sont inapplicables en cas de saisie d'un navire. Le tribunal civil n'a pas compétence pour ordonner une vente volontaire d'un bâtiment de mer.

1785. *Ventes par autorité de justice autres que les ventes sur saisie.* — Les ventes sur saisie ne sont pas les seules ventes qui puissent avoir lieu par autorité de justice. Mais nos lois ne se sont pas spécialement occupées des ventes de navires faites par autorité de justice autres que les ventes sur saisie.

1786. Les ventes des navires appartenant à des mineurs ou compris dans une succession bénéficiaire ou vacante, doivent être faites dans les formes des art. 197 et suiv., C. com. Il est de principe général que les ventes des meubles se font en ces différentes circonstances dans les formes prescrites pour les ventes faites après une saisie-exécution (art. 805, 945, 986, 1000, C. proc. civ.). Quant aux ventes de navires compris dans l'actif d'un failli (art. 486) ou d'un commerçant mis en liquidation judiciaire, ce sont des ventes ordonnées par la justice consulaire; il y est donc procédé par des courtiers maritimes, à moins que le tribunal ne désigne d'autres officiers publics pour cette opération.

1787. Il a été dit plus haut (n° 1768) que la vente sur saisie d'un navire ne peut donner lieu à aucune surenchère. Cette exclusion de toute surenchère s'applique-t-elle aux ventes faites d'autorité de justice autres que les ventes sur saisie (n° 1786)? Cette question est née des termes de l'art. 24 de la loi du 10 décembre 1874 et de l'art. 29 de la loi du 10 juillet 1885. L'art. 24 de la loi de 1874 disposait : *la réquisition de mise aux enchères n'est pas admise en cas de vente judiciaire.* L'art. 29 de la loi de 1885 dispose : *la surenchère n'est pas admise en cas de vente judiciaire.*

On a soutenu que ces dispositions ne concernent que la vente sur saisie (1). En ce sens, on se prévaut de l'ancien Droit dans lequel le *décret* seul empêchait la surenchère. Il y a, au contraire, lieu, selon nous, d'admettre que la surenchère n'est jamais possible dès l'instant où il y a eu vente faite par autorité de justice (2). L'art. 29 précité est conçu dans les termes les plus généraux (3). Puis, si l'on admettait qu'une surenchère est possible, on ne pourrait arriver sans arbitraire à déterminer quelle est cette surenchère, tout au moins quand il ne s'agit pas de créanciers hypothécaires ; car la loi n'a organisé de surenchère que pour ceux-ci.

SECTION VI.

Des conflits de lois relatifs aux droits des créanciers sur les navires (droit de suite, hypothèque maritime, privilèges sur les navires) (4).

1788. A l'occasion des droits des créanciers chirographaires, hypothécaires et privilégiés sur les navires, de nombreux conflits de lois s'élèvent. Ils tiennent aux nombreuses différences existant en cette matière entre les lois des divers États.

Il importe surtout de déterminer si ces conflits doivent être résolus de la même manière que les conflits similaires qui se présentent pour les biens mobiliers autres que les bâtiments de mer. A cet égard, les opinions sont très divergentes. Mais, ainsi que nous l'avons indiqué

(1) De Valroger, III, n° 1296 ; V, p. 357.
(2) Trib. civ. Boulogne, 24 février 1883, *Journ. de jurispr. de Marseille*, 1884. 2. 76. (Dans l'espèce, il s'agissait d'une vente de navire après faillite opérée par un courtier maritime). Desjardins, V, n° 1246, p. 487.
(3) Dans le jugement cité à la note 1, la question se posait à propos de l'article 24 de la loi de 1874, puisqu'en 1883, cette loi était en vigueur.
(4) Consulter sur ces questions : Ch. Lyon-Caen, *Études de droit international privé maritime* (1883) ; Wautrain Cavaguari, *Dell'efficacia del diritto di pegno o d'ipoteca sulla nave secondo il diritto internazionale* (Gênes, 1882) ; Pasquale Fiore, *La nave commerciale nei suoi rapporti col diritto internazionale* (*La Legge*, 1882, n° 9, journal publié à Rome) ; Contuzzi, rapport présenté au *Congrès du commerce et de l'industrie de Paris*, en 1889 ; de Bar, *Theorie and Praxis des internationalen Privatrechts*, II, § 321 à 323, p. 195 à 202 ; Wagner, *Handbuch des Seerechts*. — Peu de Codes ont prévu ces questions. V. Code de commerce *portugais*, art. 488. Ces questions ont occupé des congrès et des associations scientifiques. V. *Actes du Congrès de Bruxelles*, 1888 ; *Annuaire de l'Institut de Droit international*, 1888, p. 134.

à plusieurs reprises déjà, en matière maritime, nous croyons qu'il y a généralement lieu d'appliquer, pour résoudre les conflits dont il s'agit, *la loi du pavillon*, c'est-à-dire la loi du pays auquel le navire appartient, dont il porte le pavillon, à l'exclusion de la loi du tribunal saisi de la question (*lex fori*) et de la loi du pays où le navire est saisi et vendu (*lex rei sitæ*), lois qui, en fait, se confondent presque toujours, parce que le tribunal compétent est celui du lieu où se trouve le navire. V. sur l'application de *la loi du pavillon*, nos 86, 268, 584, 983, 1047 et suiv., 1077 et suiv.

Mais, il n'y a pas une question unique à trancher et tout le monde ne résout pas de la même façon tous les conflits de lois qui s'élèvent à propos des droits des créanciers sur les navires. Il faut, par suite, examiner séparément chacun des principaux conflits.

1789. *Droit de suite ; hypothèque maritime ; privilèges.* — Les créanciers chirographaires n'ont pas partout comme en France un droit de suite sur les bâtiments de mer ; l'hypothèque maritime n'est pas admise dans toutes les législations ; les créances privilégiées ne sont pas les mêmes dans tous les pays ; le classement des privilèges sur les navires et le mode de preuve des créances privilégiées sont aussi régis par des règles souvent divergentes. D'après le principe adopté relativement aux biens mobiliers, en général, pour déterminer s'il y a lieu d'admettre le droit de suite, quelles créances sont privilégiées, quel est le rang des privilèges, si des hypothèques ont pu être établies sur le navire, il faudrait consulter la loi du pays où le navire est saisi et vendu. On applique, en effet, aux meubles, quand il s'agit de savoir de quels droits réels ils peuvent ou non être grevés, la *lex rei sitæ* (1). Faut-il adopter le même principe pour les navires? On l'a soutenu Cette opinion, en faveur de laquelle il y a de nombreuses décisions judiciaires (2), s'appuie sur une argumentation spécieuse. Les navires sont des meubles (art. 190, C. com.),

---

(1) Asser et Rivier, *Éléments du droit international privé*, § 13, p. 89 et suiv.
(2) Aix, 9 déc. 1870, S. 1871. 1, 115; Caen, 12 juill. 1870, S. 1871. 2. 57; *J. Pal.*, 1871. 269; Cass. 19 mars 1872 et 25 nov. 1879, S. 1872. 1. 238; 1880. 1. 257; Marseille, 13 juin 1874, *Journ. de Marseille*, 1875. 270; Cour de Bruxelles, 27 déc. 1879, *Belgique judiciaire*, 1880, p. 145. V. note 4 de la page 652. Dufour, II, n° 818; Demangeat sur Bravard, IV, p. 147; Laurent, *Le droit civil international*, t. VII, nos 385 et suiv. — MM. Dufour (I, n° 65) et Desjardins

et, dans le silence de la loi, il faut leur appliquer les mêmes règles qu'aux autres biens mobiliers. Aucune disposition légale n'écarte pour les navires la *lex rei sitæ*. Si, d'ailleurs, l'on n'appliquait pas aux navires se trouvant dans les eaux d'un État les lois de cet État, les nationaux, qui peuvent légitimement ignorer les lois étrangères, pourraient être victimes des erreurs les plus graves et les plus excusables.

Nous ne pouvons adhérer à cette doctrine. Selon nous, le lieu de la saisie et de la vente ne doit pas être pris en considération ; en quelque lieu que se trouve un navire, c'est à la loi de son pays qu'on doit se référer pour savoir s'il est l'objet d'un droit de suite au profit des créanciers chirographaires, quels privilèges existent sur lui, quel est le rang des divers privilèges et si le navire a pu être valablement grevé d'hypothèque (1).

Sans doute les meubles sont régis par la loi du pays où ils se trouvent (*lex rei sitæ*) encore qu'ils appartiennent à des étrangers. Seulement il y a des points de vue multiples auxquels les navires ne sont pas traités comme les autres biens mobiliers, mais comme des immeubles ou même, dans une certaine mesure, comme des personnes (nos 54 et 81). Il est vrai qu'on ne doit pas multiplier arbitrairement les différences à faire entre les navires et les autres biens mobiliers, mais il ne faut pas non plus les restreindre par une interprétation littérale et étroite des textes. Les lois concernant les biens mobiliers en général ne sont pas inapplicables aux navires seulement dans le cas où un texte formel de la loi les écarte ; elles le sont encore lorsque les motifs de la loi générale n'existent pas pour les navires : *Cessante ratione legis, cessat lex*. N'est-ce pas ainsi qu'on s'accorde à ne pas appliquer aux navires la règle : *en matière de meubles possession vaut titre*, et pourtant aucune disposition légale ne l'exclut pour eux

(1, n° 104) admettent que, si la créance est née dans un pays étranger où le droit de suite n'existe pas, ce droit ne peut pas être exercé en France. Ils croient que le lieu dans lequel le contrat a été conclu implique de la part du créancier renonciation au droit de suite. Nous ne pouvons admettre que le lieu du contrat ait une influence sur les droits qui grèvent un navire. Du reste, les renonciations ne se présument pas.

(1) Labbé (note placée sous l'arrêt de la Cour de Caen cité à la note précédente), S. 1871. 2. 57; *J. pal.* 1871. 269; Clunet, Mémoire inséré dans la *Belgique judiciaire*, 1880, p. 145; *Journ. du droit international privé*, 1882, p. 179.

(n° 84). Les raisons qui font admettre l'application de la *lex rei sitæ* (expressément par la loi de certains pays et implicitement par la loi française), n'existent pas pour les navires et il y a les plus grands avantages à l'écarter pour eux, afin d'appliquer *la loi du pavillon*. Comment peut-on justifier la *lex rei sitæ* pour les biens mobiliers en général? La plupart de ces biens, destinés à être vendus, forment l'aliment du commerce. Il n'y aurait aucune sécurité pour les transactions si des meubles se trouvant dans un pays pouvaient être régis par les lois étrangères les plus diverses, par cela seul qu'ils n'appartiennent point à des nationaux; il n'existe aucun signe extérieur pouvant révéler aux tiers la nationalité des propriétaires de biens mobiliers. Rien de tout cela n'est vrai pour les navires. Ils ne sont pas destinés à être vendus, ils sont un instrument, non un objet de commerce. A la différence des autres meubles, ils ont une sorte de siège légal, leur port d'immatricule avec lequel ils ont un lien permanent. Leur nationalité est connue par l'acte de nationalité que le capitaine doit avoir à bord (n° 1599); elle se manifeste même par un signe extérieur, le pavillon national. Comment l'application de la loi du pavillon du navire dans un pays étranger où il se trouve, pourrait-elle donc être une cause d'erreurs et de dommages pour les habitants de ce pays? Loin d'avoir des inconvénients, l'application de la loi du pavillon a d'énormes avantages au point de vue du crédit: les droits des créanciers ne varient pas avec le pays dans lequel le navire est saisi et vendu. Si l'on admettait l'opinion contraire, le droit de suite des créanciers chirographaires, les privilèges sur les navires, l'hypothèque maritime, seraient des garanties peu sérieuses; elles s'évanouiraient par cela seul que le navire serait saisi dans un pays où ces droits ne sont pas admis (1). L'admission de la *loi du pavillon* est nécessaire dans l'intérêt du crédit maritime.

1789 bis. On ne saurait certes dire que la théorie de la loi du

---

(1) M. de Bar qui n'admet pas que la *loi du pavillon* doive être appliquée pour résoudre les conflits de lois dont il s'agit, critique pourtant les décisions qui ont refusé de reconnaître sur un navire saisi et vendu en France, les privilèges et hypothèques ayant valablement pris naissance en pays étranger. Il considère qu'il y a là des droits acquis qui ne peuvent disparaître qu'en présence d'autres droits reconnus par la *lex rei sitæ*. V. spécialement de Bar, *op cit.*, II, p. 196.

pavillon soit admise dès maintenant partout; mais elle tend beaucoup à se répandre. Elle a été adoptée par des congrès internationaux et par des associations scientifiques; elle a été consacrée législativement et, soit en France soit dans des pays étrangers, des décisions judiciaires l'ont adoptée.

En 1888, l'*Institut de Droit international* a voté notamment les résolutions suivantes :

La loi du pavillon doit servir à déterminer :

2° Quels sont les créanciers du bâtiment qui ont ou qui n'ont pas le droit de suite, dans le cas où il est aliéné;

3° Si le navire est susceptible ou non d'être hypothéqué;

5° Quelles sont les créances garanties par un privilège maritime;

6° Quels sont les rangs des privilèges sur le navire.

Le *Congrès international de Droit commercial* réuni à *Bruxelles*, en 1888, a adopté les mêmes principes, en votant les résolutions suivantes :

Art. 1er. *La loi du pavillon servira à déterminer :*

1° Les droits réels dont le navire est susceptible ;

2° Les modes d'acquisition, de transmission et d'extinction des droits réels, ainsi que les formalités à remplir pour ces acquisition, transmission et extinction... (1) ;

3° Les conditions de l'existence, de l'exercice et de l'extinction du droit de suite;

4° Les créances privilégiées sur le navire et leur rang.

Le Code *portugais* de 1888 s'est prononcé aussi pour la loi du pavillon dans son article 488 qui renferme notamment les dispositions suivantes :

Les questions relatives à la propriété du navire, aux privilèges et hypothèques qui le grèvent, sont régis par la loi de la nationa-

---

(1) La fin du texte voté par le Congrès de Bruxelles indique une dérogation à la règle ici posée, en visant le n° 7 des résolutions. Cet alinéa indique que *La loi du pavillon servira à déterminer : Les pouvoirs du capitaine pour pourvoir aux besoins présents du navire, l'hypothéquer, le vendre, contracter un emprunt à la grosse,* SAUF A SE CONFORMER, QUANT AUX FORMALITÉS PRÉALABLES ET A LA FORME DES ACTES, SOIT A LA LOI DU PAVILLON, SOIT A LA LOI DU PORT OU S'ACCOMPLISSENT CES FORMALITÉS.

lité qu'aura le navire au moment où le droit, objet de la contestation, aura été acquis.

§ 1. *Il en sera de même pour les contestations relatives à des privilèges sur le fret ou sur le chargement du navire* (1).

Parmi les solutions qu'ont consacrées différentes juridictions dans divers pays en appliquant la loi du pavillon, les principales sont les suivantes :

a. La loi du pavillon sert à déterminer quels privilèges grèvent le navire (2). Bien que la loi française ne reconnaisse plus sur le navire le privilège du prêteur à la grosse antérieur au départ (L. 10 décembre 1874, art. 27 et L. 10 juillet 1885, art. 39), ce privilège peut être invoqué sur un navire étranger saisi et vendu en France, si la loi du pavillon de ce navire admet le privilège dont il s'agit (3).

b. Le classement des privilèges doit être fait conformément à la loi du pavillon du navire (4).

c. La loi du pavillon sert à décider si un navire est ou non susceptible d'hypothèque. Ainsi, un navire belge qui ne jauge pas 20 tonneaux se trouvant en France, le créancier auquel il a été hypothéqué, peut y invoquer son hypothèque, bien que la loi française n'admette d'hypothèque que sur les navires de 20 tonneaux au moins (L. 10 juillet 1885, art. 36) (5).

---

(1) Dans le silence de nos lois, nous ne saurions admettre en France la solution concernant le chargement. Il se compose de marchandises, choses mobilières qui doivent être traitées comme tous les autres meubles et recevoir, par suite, l'application de la *lex rei sitœ*, au point de vue des privilèges qui peuvent les grever et du classement de ces privilèges.

(2) Trib. comm. Anvers, 5 mars 1886, *Revue int. du Droit marit.*, 1886-87, p. 201; *Jurisprudence du Port d'Anvers*, 1886. 1. 194. Cour du district sud de New-York, 29 juin 1887, *Revue int. du Droit marit.*, 1887-88, p. 367. V, en *sens contraire*, Cour de Bruxelles, 21 déc. 1887, *le Droit*, n° du 7 avr. 1888. V. aussi les arrêts cités à la note 4 autres que celui de la Cour de Copenhague.

(3) Rouen, 7 mai 1888. *Revue int. du Droit marit.*, 1888-89, p. 248. — V. en sens contraire, Aix, 22 nov. 1876, Trib. comm. Marseille, 4 avr. 1881, *Journ. de jurispr. de Marseille*, 1877. 1. 166; 1882. 2. 10.

(4) Cour de Copenhague, 21 août 1889, *Revue int. du Droit marit.*, 1891-92, p. 589. V., au contraire, en faveur de la loi du lieu de la saisie et de la vente, Tribunal de l'Empire d'Allemagne (*Reichsgericht*), 25 novembre 1890, *Journ. du Droit int. privé*, 1892, p. 1043; trib. supérieur hanséatique, 26 avr. 1894, *Revue intern. du Droit marit.*, 1894-95, p. 269. V. dans ce dernier sens, de Bar, *op. cit.*, § 321, p. 199.

(5) Avant l'introduction de l'hypothèque maritime en France, il avait été

Il ne faut pourtant pas se faire d'illusion sur le triomphe définitif de la théorie de la loi du pavillon ; il est difficile d'espérer que cette théorie soit dans un avenir prochain adoptée partout. L'admission de cette loi se heurte à la plus vive résistance dans le plus grand des États maritimes ; en Grande-Bretagne, on ne veut pas abandonner la loi de la situation du navire (*lex rei sitæ*) ; en fait, elle se confond avec la loi du tribunal saisi (*lex fori*), loi qui, on le sait, a, pour presque tous les conflits de lois, les préférences marquées de la jurisprudence et des jurisconsultes anglais. Tant que cette résistance ne cessera pas, le triomphe de la loi du pavillon n'est pas possible ; en ces matières, la réciprocité s'impose ; comment consentirait-on en France à y appliquer aux navires anglais la loi du pavillon si, en Angleterre, la loi du pavillon est écartée lorsqu'il s'agit de navires français ? Ces raisons expliquent que le projet de convention internationale arrêté par le congrès de Bruxelles, en 1888, et soumis par le gouvernement Belge aux gouvernements des États maritimes, n'ait pas jusqu'ici été adopté.

1790. *Changement de nationalité.* — La nationalité des navires peut changer comme celle des personnes. Si un navire, sur lequel existait le droit de suite ou un privilège ou une hypothèque, change de nationalité et se rattache désormais à un pays dont la loi n'admet pas ces droits, ceux-ci vont-ils s'évanouir aussitôt ? Cette solution serait exorbitante. Qu'il s'agisse d'un navire ou d'une personne, un changement de nationalité ne peut enlever des droits acquis (1). Peu importe que la loi du nouveau pavillon prescrive, pour la conservation des droits dont il s'agit, des formalités autres que la loi du pavillon primitif. Il va de soi seulement que, si le créancier ne remplit pas ces formalités dans le nouveau pays auquel se rattache son navire, son droit peut être perdu ou l'exercice en peut être paralysé. C'est ainsi que des hypothèques immobilières valablement acquises pour-

décidé, au contraire, qu'une hypothèque ne pouvait pas être invoquée sur un navire étranger saisi et vendu dans un port français, bien que l'hypothèque fût admise par la loi de pavillon : Cass. 19 mars 1872, S. 1872. 1. 238 ; *J. Pal.* 1872. 1. 560 ; D. 1874. 1. 463.

(1) L'art. 488, § 2, du Code de commerce *portugais* dispose : *le changement de nationalité ne portera aucun préjudice aux droits acquis antérieurement sur le navire, sauf l'effet des traités internationaux.*

raient être perdues en cas de confection de nouveaux registres prescrits par une loi nouvelle, si les hypothèques n'y étaient pas portées (1).

Cela montre bien que les créanciers ayant hypothèque sur un navire peuvent avoir un grand intérêt à ce que le navire hypothéqué
ne change pas de nationalité. Aussi s'explique-t-on que le législateur
français ait, dans la loi du 10 juillet 1885 (art. 33), interdit, sous des
peines sévères, au propriétaire d'un navire hypothéqué, de le vendre
de façon à ce qu'il perde la nationalité française. V. n° 1672.

1790 *bis.* Si un changement de nationalité ne doit pas faire
perdre des droits acquis sur le navire aux créanciers du propriétaire,
peut-il leur faire acquérir des droits nouveaux? On pourrait le soutenir en admettant que la loi du nouveau pavillon s'applique seule doré-
navant aux droits des créanciers même antérieurs au changement de
nationalité. Ainsi, les créanciers chirographaires, qui n'auraient pas le
droit de suite sur un navire étranger, se trouveraient l'acquérir si ce
navire devenait français (2). Mais, cette solution n'est pas admissible. Les droits des créanciers doivent être fixés au moment où leurs
créances prennent naissance. En décidant qu'un changement de nationalité peut avoir pour effet de leur conférer de nouveaux droits,
on risque de porter atteinte à des droits acquis par d'autres personnes. On ne voit pas, du reste, comment les créanciers pourraient se
plaindre; ils ne peuvent compter sur un changement de nationalité
du navire qui augmentera leurs droits.

1791. *Extinction du droit de suite. Effets de l'hypothèque.* —
Les motifs donnés (n° 1789) en faveur de la loi du pavillon doivent
encore la faire appliquer, quand il s'agit de savoir comment le droit
de suite des créanciers chirographaires ou privilégiés s'éteint, quels
sont les rangs des créanciers privilégiés et quels sont les effets de l'hypothèque, notamment quant aux droits des créanciers hypothécaires
sur l'indemnité d'assurance, si l'hypothèque frappe le fret (3).

1792. *Preuve des créances privilégiées.* — Quelle loi sert à déter-

(1) V. de Bar, *op. cit.*, II, § 322, p. 201.
(2) Cette opinion avait été adoptée à tort par un des auteurs de ce traité. V.
de Bar, *op. cit.*, II, § 322, p. 201, note 35.
(3) De Bar, *op. cit.*, II, § 321, p. 200. — Bordeaux, 2 juill. 1888, *Journ. de
jurisprudence de Marseille*, 1892. 2. 3.

miner les modes de justification des créances privilégiées (1)? L'art. 192 indique les preuves à fournir pour l'exercice des privilèges sur les navires. Faut-il l'appliquer même aux navires étrangers saisis et vendus dans un port de France? On admet encore généralement l'application de la loi du lieu de la vente, par conséquent celle de la loi française (art. 192) même aux navires étrangers. C'est en vertu de cette théorie qu'on veut spécialement exiger que les formalités des art. 234, 192-5° soient observées même par le capitaine d'un navire étranger qui emprunte en cours de voyage, pour que le prêteur puisse exercer le privilège de l'art. 191-7° sur le navire vendu en France. Cette solution n'est pas admissible. La loi du pavillon doit, au moins en principe, servir à fixer les modes de justification des créances privilégiées. Autrement il n'y aurait pas de sécurité pour les créanciers privilégiés. Ignorant par avance le pays dans lequel le navire pourra être dans l'avenir saisi et vendu, ils n'auraient jamais la certitude d'avoir rempli toutes les formalités qui seront exigées d'eux pour la justification de leurs créances. Avec un tel système, la reconnaissance sur un navire étranger des privilèges admis par la loi du pavillon deviendrait une lettre morte. Spécialement en ce qui concerne l'emprunt à la grosse fait par un capitaine en cours de voyage, l'application de la loi du pavillon aux formalités à remplir est surtout naturelle si l'on admet que cette loi sert à fixer les pouvoirs du capitaine (2). Les formalités ont ici avec les pouvoirs du capitaine un lien intime, leur but est notamment d'empêcher que le capitaine ne les dépasse ou n'en abuse. Au reste, il résulte de l'art. 234, C. com., que le législateur français tient à ce que les capitaines de navires français, empruntant à la grosse dans un port étranger, observent les formalités prescrites par la loi française. N'est-il pas naturel, par une juste réciprocité, qu'on admette que les capitaines de navires étrangers observent les formalités prescrites par la loi du pavillon de leur navire, alors même qu'ils empruntent à la grosse en France (3)? V., du reste, n° 584.

_____

(1) V. R. de Bévotte, *De la règle locus regit actum et du conflit des lois relatives à la forme des actes en droit maritime* (1895).

(2) V. sur cette question, de Bar, *op. cit.*, II, § 325, p. 203 et suiv.

(3) Bordeaux, 1ᵉʳ avril 1889, *Journ. de jurispr. de Marseille*, 1892. **2. 3.**

1793. A plusieurs reprises, s'est posée la question de savoir si l'article 192-4°, C. com., qui décide que les loyers des gens de mer sont justifiés par les rôles d'armement et désarmement, s'applique aux matelots étrangers. Les avis sont très partagés (1). Selon nous, l'article 192-4° est inapplicable aux marins étrangers. La disposition de cet article a un lien intime avec l'inscription maritime française à laquelle ne sont pas soumis en France les étrangers. Il y a ici un mode de justification tenant à la condition de la personne du créancier. Aussi l'art. 192-4° devrait-il ne pas être appliqué aux matelots étrangers faisant même partie de l'équipage d'un navire français. En ce qui les concerne, il doit suffire qu'on se soit conformé à la loi du pays où ils ont été engagés. *Locus regit actum*.

1794. *Formalités de publicité concernant les hypothèques maritimes.* — Partout les hypothèques sont soumises à des formalités de publicité ; mais, elles ne sont pas identiques dans tous les États. Elles consistent soit seulement dans une inscription opérée sur des registres spéciaux tenus au port d'attache, soit à la fois dans cette inscription et dans une mention faite au dos de l'acte de nationalité. Faut-il, pour savoir quelles formalités ont dû remplir les créanciers hypothécaires afin de conserver leur droit de suite, se référer à la loi du lieu de la vente ou à la loi du pavillon ? La première de ces lois a des partisans (2). On dit en sa faveur que l'hypothèque est un droit réel faisant partie du statut réel et qui ne peut dès lors être exercé en France et consacré par un juge français que par application et en conformité des lois françaises. Cette doctrine doit être repoussée. Toutes les raisons données précédemment à propos d'autres conflits de lois doivent faire prévaloir la loi du pa-

---

(Cet arrêt admet qu'un emprunt à la grosse contracté en cours de voyage, en pays étranger, par le capitaine d'un navire anglais en route pour un port français, est valable s'il a été contracté en conformité de la loi anglaise).

(1) V. *pour l'application de l'art*. 192-4°. C. com., Aix, 9 déc. 1870, *Journ. de jurispr. de Marseille*, 1871. 1. 73; D. 1874. 2. 175; *en sens opposé*, Trib. civ. Marseille, 13 juin 1874, 31 déc. 1881, *Journ. de jurispr. de Marseille*, 1875. 2. 8; 1882. 2. 26.

(2) Trib. civ. Marseille et Aix, 23 mai 1876, S. 1880. 1. 257 (cet arrêt a été cassé par l'arrêt cité à la note suivante). — Laurent, *Le droit civil international*, n° 892.

villon (1) ; il faut et il suffit toujours que l'hypothèque maritime ait
été rendue publique conformément à la loi du pays du navire. On a
peine à concevoir même comment la doctrine contraire pourrait être
appliquée ; elle se heurterait à des difficultés très graves ou à des
impossibilités. Un créancier hypothécaire ne sachant point par avance
le pays dans lequel le navire sera saisi et vendu un jour, serait bien
embarrassé pour remplir les formalités nécessaires à l'exercice futur
de son hypothèque. L'hypothèque deviendrait de cette manière une
garantie illusoire. D'ailleurs, les registres d'inscriptions ne sont ou-
verts que pour les navires du pays ; comment veut-on donc qu'une
hypothèque constituée sur un navire étranger soit inscrite sur les
registres de l'administration des douanes ?

1795. *Des hypothèques maritimes constituées en pays étranger.*
— L'art. 2128 du Code civil contient sur les hypothèques terrestres
constituées en pays étranger la disposition suivante : *les contrats
passés en pays étranger ne peuvent donner d'hypothèque sur les
biens de France, s'il n'y a des dispositions contraires à ce principe dans les lois politiques ou dans les traités.* Faut-il appliquer
cette disposition aux hypothèques constituées sur des navires en
pays étranger ? Nous ne le croyons pas. L'art. 2128 n'a été fait évidemment que pour les hypothèques terrestres, les seules connues en
France jusqu'en 1874. Les dispositions contenues dans le titre des
hypothèques du Code civil ne peuvent être étendues à l'hypothèque
maritime qu'autant qu'elles constituent des applications du droit
commun (n° 1673). Or, l'art. 2128 est contraire au droit commun
et ne peut même pas être justifié rationnellement (2). D'après les
principes généraux du droit, un acte passé à l'étranger produit en
France tous les effets dont il serait susceptible, s'il avait été fait en

(1) Ch. civ. cass. 25 nov. 1879, S. 1880. 1. 257; Grenoble (arrêt rendu après
renvoi), 11 mai 1881, S. 1881. 2. 225 (Conclusions de M. l'avocat général Sar-
rut reproduites par *la Loi*, n° du 23 mai 1881).

(2) L'art. 2128, C. civ., s'explique seulement par l'histoire ; les rédacteurs du
Code civil ont rattaché la constitution d'hypothèque à la force exécutoire, parce
que, dans l'ancien Droit français, tout acte notarié emportait de plein droit hypothèque sur tous les biens du débiteur. — Consulter sur le caractère exceptionnel de l'art. 2128 le discours prononcé par M. Valette à l'Assemblée législative, le 26 décembre 1850 (*Mélanges de Droit, de Jurisprudence et de Législation* de M. Valette, publiés par MM. Herold et Lyon-Caen, t. II, p. 573 et suiv.).

France, à l'exception de la force exécutoire; l'établissement d'une hypothèque sur un bien est indépendant de la force exécutoire. La loi du 10 juillet 1885 (art. 2) contient une preuve de cette dernière idée; elle reconnaît qu'une hypothèque maritime peut être constituée dans un acte sous seing privé (1). Ce n'est pas tout: l'art. 33 de cette loi suppose une hypothèque constituée en pays étranger sur un navire français; sans faire la moindre allusion à la disposition de l'art. 2128, C. civ., qui aurait pour conséquence de rendre une telle hypothèque sans effet en France, il admet que, comme l'hypothèque constituée en France, elle produit ses effets à dater de l'inscription (2).

1796. L'exclusion de l'art. 2128, C. civ., en matière d'hypothèque maritime produit des conséquences sur la portée desquelles il ne faut pas se méprendre. Ainsi, l'hypothèque constituée sur un navire en pays étranger doit être considéré comme le grevant valablement en France, si ce navire est français ou si ce navire est étranger, pourvu qu'il soit susceptible d'être hypothéqué d'après la loi de son pavillon.

Cette hypothèque doit produire en France tous les effets qui sont étrangers à la force exécutoire. Ainsi, le créancier auquel une hypothèque maritime a été constituée en pays étranger, peut se faire colloquer sur le prix à son rang d'inscription. La collocation des créanciers n'a rien de commun avec la force exécutoire. C'est ainsi que des créanciers munis d'un simple acte sous seing privé se font colloquer dans un ordre ou dans une distribution par contribution. Mais, si le créancier auquel une hypothèque a été constituée en pays étranger, veut saisir le navire en France, il doit se procurer un titre exécutoire en faisant rendre un jugement contre son débiteur par un tribunal français.

Il a été parfois décidé que le créancier n'a qu'à faire rendre exécutoire l'acte passé en pays étranger, conformément aux art. 2123,

---

(1) En notre sens, Cass., 25 nov. 1879, S. 1880. 1. 257; *J. Pal.* 1880. 603 (cet arrêt écarte l'application de l'art. 2128 pour les navires étrangers). Nous croyons que les motifs donnés au texte conduisent à l'exclure même pour les navires français grevés d'hypothèques en pays étranger. — La Cour d'Aix, dans son arrêt précité du 22 mai 1876, S. 1880. 1. 257, avait appliqué l'article 2128 au navire étranger sur lequel une hypothèque avait été constituée hors de France. V. la note suivante.

(2) Aussi ne comprend-on plus guère, depuis la loi du 10 juillet 1885, le doute soulevé sous l'empire de la loi du 10 décembre 1874.

C. civ. et 546 C. proc. civ. (1). Il y a là, en théorie, une petite erreur. Les articles de nos Codes invoqués n'exigent un jugement français que pour rendre exécutoires en France les jugements des tribunaux étrangers. Pour les actes passés à l'étranger, il n'y a pas d'autre
règle que celle de l'art. 2128, C. civ., à laquelle le Code de procédure civile (art. 546) renvoie. A défaut de traité ou de loi politique,
le créancier ne peut donc obtenir un titre exécutoire qu'en faisant
rendre un jugement contre son débiteur en vertu de l'acte étranger (2).

1797. *Formes de la saisie et de la vente.* — Les formes de la
saisie et de la vente des navires ne sont pas les mêmes dans les divers
pays. Il va de soi que, pour déterminer la loi à appliquer à ces formes,
il ne faut prendre en considération ni la nationalité du navire, ni
celle du créancier saisissant, ni le pays dans lequel a été accompli
l'acte (contrat ou fait illicite) d'où est née la dette à raison de laquelle
la saisie est opérée. Les formes de la saisie, de la vente et de la distribution du prix sont réglées par la loi du pays de la saisie ; c'est là
une application de la règle, *locus regit actum.* Il est évident qu'en
cette matière, cette règle a un caractère obligatoire. On ne peut
même pas concevoir le plus souvent, en effet, qu'on puisse, dans un
pays, remplir les formalités prescrites pour la saisie, la vente et la
distribution du prix, par la législation d'un autre pays.

Cependant, cette règle ne saurait être admise sans restriction. Il y
a, en matière de saisie de navire, des formalités qui se rattachent
intimement à la nationalité du bâtiment, à tel point qu'un obstacle insurmontable s'oppose à ce qu'on les remplisse en France pour d'autres
navires que des navires français. Il y a lieu nécessairement d'écarter
ces formalités pour les navires étrangers saisis dans les eaux françaises. Cela s'applique spécialement à la transcription du procès-
verbal de saisie ; cette transcription doit être faite au bureau du receveur des douanes du port d'attache du navire (n° 1755). Elle ne

---

(1-2) Des arrêts ont admis que l'acte de constitution d'hypothèque doit être
rendu exécutoire en France et qu'il en est ainsi même lorsqu'il s'agit d'une
simple demande en collocation : Cass. 25 nov. 1879, Grenoble, 11 mai 1881, S.
1881. 1. 257 ; 1881. 2. 225 ; Bordeaux, 2 juill. 1888, *Revue int. du Droit
marit.*, 1888-89, p. 406 ; *Journ. de jurispr. de Marseille*, 1892. 2. 3.

peut être faite en France lorsque le navire saisi est un navire étranger qui, comme tel, n'a pas sur notre territoire de port d'attache. Il ne saurait non plus être question de faire opérer cette formalité au port d'attache du navire situé dans un pays étranger. Il se peut qu'on ne connaisse pas dans ce pays la formalité de la transcription de la saisie et un fonctionnaire étranger ne saurait être obligé de remplir une formalité prescrite par la loi française (1). Au reste, la transcription du procès-verbal de saisie est une formalité de publicité (n° 1755) et, certes, une transcription faite en pays étranger à l'occasion d'une saisie de navire opérée en France, ne rendrait aucunement public le fait de la mise du navire sous la main de justice.

1798. *Insaisissabilité.* — L'art. 215, C. com., déclare, en principe, insaisissables les navires prêts à mettre à la voile (n°s 1724 et suiv.). Cette insaisissabilité existe-t-elle même pour les navires étrangers se trouvant dans un port de France ? L'affirmative est généralement admise (2). Elle se fonde sur ce que l'art. 215, C. com., ne fait pas de distinction entre les bâtiments français et les bâtiments étrangers. L'insaisissabilité des navires prêts à mettre à la voile, n'a pas été, dit-on, consacrée seulement en faveur des propriétaires du navire, mais aussi dans un but de protection pour les intérêts divers qui se rattachent aux expéditions maritimes ; ces intérêts peuvent être des intérêts français : c'est là ce qui se présente lorsque des chargeurs français font transporter des marchandises sur un navire étranger. Du reste, en règle générale, c'est la loi du pays où un bien mobilier se trouve qui sert à décider s'il échappe ou non à la saisie.

En reconnaissant que la question est très délicate, nous préférons encore nous prononcer pour la loi du pavillon, de telle sorte qu'un navire étranger, prêt à mettre à la voile dans un port de France, serait saisissable, s'il n'y avait pas, dans la législation du pays de ce navire,

---

(1) Cpr. ce qui est dit au n° 1646.

(2) Trib. civ. de Nice, 25 juin 1883, S. 1883. 2. 232 ; *J. Pal.*, 1883. 1. 1120 ; Aix, 28 nov. 1883, S. 1884. 2. 46 ; *J. Pal.*, 1884. 1. 313 ; D. 1884. 2. 198. Dufour, II, n° 846 ; Demangeat sur Bravard, IV, p. 110 ; Desjardins, I, n° 226 ; de Valroger, I, n° 215 ; Laurin sur Cresp, I, p. 162 ; Boistel, n° 1170, p. 871.

une disposition semblable à celle de l'art. 215. Celui qui contracte avec le propriétaire d'un navire doit s'informer de la nationalité du bâtiment (comme chaque contractant doit se renseigner sur la condition de son cocontractant), afin de connaître la loi qui le régit notamment au point de vue de la saisie. Il importe que le droit de saisie des créanciers ne puisse pas exister, périr et renaître selon les hasards des voyages qu'entreprend le navire (1). On ne peut contester qu'avec notre doctrine, des intérêts français pourront être compromis par une saisie tardive. Mais cela ne nous semble pas décisif; en affrétant des navires étrangers, en y chargeant des marchandises, les Français doivent savoir qu'ils ne seront pas protégés par la loi française; ils ne peuvent ignorer, sans une grossière négligence, la nationalité du bâtiment auquel ils confient leurs marchandises. Loin d'être fâcheux, ce résultat nous semble excellent; s'il était bien établi, il pourrait contribuer à faire donner plus souvent par les expéditeurs de marchandises la préférence aux navires français et à empêcher la décadence de notre marine marchande nationale.

1799. DROIT ÉTRANGER. — Dans les pays étrangers très nombreux où une disposition légale déclare insaisissable le navire prêt à mettre à la voile, on peut aussi se demander si l'insaisissabilité existe pour les navires de commerce des autres États. Dans plusieurs, la jurisprudence tranche cette question affirmativement (2).

Dans beaucoup d'États de l'Amérique du Sud, une faveur spéciale est faite par la loi aux navires étrangers; ils sont insaisissables pour dettes nées hors du territoire qu'elle régit (3). Cette faveur est destinée à attirer des navires étrangers dans les ports du pays et à développer ainsi les relations maritimes. Elle est exorbitante en ce qu'elle permet à un débiteur de soustraire à l'action de ses créanciers une partie de leur gage; les personnes qui font des prêts à des capitaines

(1) Rouen, 3 août 1891, *Journ. de jurispr. de Marseille*, 1893, 2. 38. — Louis Renault, *Revue critique de législation et de jurisprudence*, 1884, p. 72.

(2) V. pour l'*Italie*, l'arrêt du 4 mars 1885 rendu par la Cour d'appel de Gênes. — V. pour l'*Allemagne*, de Bar, *op. cit.*, II, n° 396, p. 229. Cet auteur décide en termes généraux que la loi du pays où se trouve un navire doit être consultée pour décider s'il est ou s'il n'est pas saisissable.

(3) Codes de commerce du *Chili*, art. 844; *argentin*, art. 568; *brésilien*, article 482; de l'*Uruguay*, art. 1042; du *Pérou*, art. 568; du *Vénézuéla*, art. 490.

de navires se dirigeant vers les pays soumis à ces codes, courent des risques particuliers. Aussi des dispositions de ce genre qui se trouvaient dans les anciens Codes de commerce *espagnol* (art. 605) et *portugais* (art. 1213), auxquels les Codes de l'Amérique du Sud les avaient empruntées, ont disparu dans les nouveaux Codes de 1885 et de 1888.

FIN DU TOME SECOND.

TABLE DES MATIÈRES

DU TOME SECOND.

TABLE

Des principaux textes expliqués dans les deux volumes
consacrés au Droit maritime.

Les chiffres qui suivent les numéros des articles, se réfèrent aux paragraphes.

CODE DE COMMERCE.

Art.		Art.	
265.	463 et s.	328.	1248 et s., 1566.
266.	472-474.	329.	1583.
267.	472-474.	330.	1572 *ter*, 1580.
268.	472-474.	331.	1592 et s.
269.	472-474.	332.	1175 et s., 1186 et s.
270.	446 et s.	333.	1189.
271.	380.	334.	1128 et s., 1169, 1582.
272.	498, 501, 700.	335.	1200.
273.	627, 642 et s., 650 et s., 790-792, 833.	336.	1201.
		337.	1196.
274.	655, 790-792.	338.	1201.
275.	655, 756.	339.	1201.
276.	661, 801.	340.	1201.
277.	781, 783, 802.	341.	1248 et s.
278.	737, 785.	342.	1155 et s.
279.	738-739.	343.	1428-1129.
280.	656, 805 et s., 811.	344.	712, 906, 1415 *bis*.
281.	697 et s.	345.	712, 906, 1415 *bis*.
282.	697 et s., 702 et s.	346.	1441.
283.	699, 705 et s., 1415 et s.	347.	1131-1134, 1144, 1146.
284.	709.	348.	1442 et s., 1584.
285.	722 *bis*, 7.0 *bis*.	349.	1110, 1255, 1430, 1563.
286.	620.	350.	1220 et s.
287.	640, 662.	351.	747, 1245, 1256.
288.	640, 663, 788, 803.	352.	747, 1237-1245.
289.	664.	353.	524, 1224, 1229 et s.
290.	669.	354.	860.
291.	635.	355.	1195 *bis*, 1200.
292.	640, 788.	356.	1432, 1563.
293.	680, 776.	357.	1111.
294.	780.	358.	1111, 1454.
295.	736, 779.	359.	1113-1122, 1198.
296.	672-673, 680-683, 767, 772.	360.	
		361.	
297.	547, 667 et s.	362.	
298.	586 et s., 982.	363.	1206.
299.	774.	364.	1431.
300.	782.	365.	1124.
301.	776.	366.	1124-1125.
302.	679, 766 et s.	367.	1125.
303.	772, 1063.	368.	1126.
304.	946.	369.	1328 et s.
305.	731, 750.	370.	1365.
306.	755, 977.	371.	1328.
307.	808-810.	372.	1375, 1383-1385.
308.	808-810, 976.	373.	1394 et s.
309.	758, 772-773, 977.	374.	1306, 1364, 1397.
310.	277, 759-762, 773.	375.	1331 et s.
311.	1538 et s.	376.	1332 et s.
312.	1549.	377.	99, 100.
313.	1542 et s.	378.	1398.
314.	1544.	379.	1400 et s.
315.	1525 et s.	380.	1401 et s.
316.	1528.	381.	1366, 1425.
317.	1528-1529.	382.	1423.
318.	1530-1531.	383.	1415 et s.
319.	1533.	384.	1390, 1419.
320.	1526, 1572 *bis*.	385.	1330, 1887 *bis*, 1391.
321.	1553 *bis*.	386.	619, 1377 *bis*-1380.
322.	534 et s.	387.	1365.
323.	1588-1589, 1688.	388.	1366.
324.	1566.	389.	1341.
325.	1571.	390.	1345.
326.	1565.	391.	1345.
327.	1572.	392.	1264.

CODE CIVIL.

LOIS SPÉCIALES.

(1) Cet article a été rendu sans objet par suite de la loi du 12 janvier 1886.

TABLE ANALYTIQUE

Des matières contenues dans les deux volumes consacrés au Droit maritime.

———

Les chiffres indiquent les numéros des paragraphes qui ne contiennent qu'une série pour les deux volumes (t. I, nᵒˢ 1-857; t. II, nᵒˢ 858-1799). Quand un chiffre est précédé de la lettre *p.*, il se réfère à la page du volume indiqué.

(1-2) Un projet de loi destiné à éviter les fraudes auxquelles donne lieu la pluralité des connaissements et à réglementer la faculté pour l'armateur de se décharger de la responsabilité des fautes du capitaine, a été déposé à la Chambre des députés, le 22 octobre 1895.

---

(1) La première phrase de la note de la page 450 doit être lue comme suit : Aussi, en matière d'hypothèques et de privilèges, ne peut-il y avoir de survie du droit de *suite* au droit de *préférence*.

E

S